冯邦彦

暨南大学经济学院教授、博士研究生导师，曾先后担任暨南大学特区港澳经济研究所所长（2000—2007年）、暨南大学经济学院院长（2005—2008年），并曾先后担任广东省政协委员、广东省人民政府参事、广州市人民政府决策咨询专家、广东经济学会副会长等社会职务。1987—1994年曾应聘赴港，任香港东南经济信息中心经济分析员。长期从事香港经济、香港资本与财团、香港金融、香港经济史等领域的研究。主要著作有：

《香港英资财团（1841—1996）》（1996）

《香港华资财团（1841—1997）》（1997）

《澳门概论》（1999）

《香港地产业百年》（2001）

《香港金融业百年》（2002）

《百年利丰：从传统商号到现代跨国集团》（2006）

《厚生利群：香港保险史（1841—2008）》（2009）

《香港：打造全球性金融中心——兼论构建大珠三角金融中心圈》（2012）

《香港企业并购经典》（2013）

《香港产业结构转型》（2014）

《香港金融与货币制度》（2015）

《承先启后：利丰冯氏迈向110周年——一个跨国商贸企业的创新与超越》（2016）

《转型时期的香港经济》（2017）

《香港企业并购经典（增订版）》（2017）

香港金融史

HONG KONG
Financial Development
1841—2017

冯邦彦　著

中国出版集团　东方出版中心

图书在版编目（CIP）数据

香港金融史：1841—2017 / 冯邦彦著. —上海：
东方出版中心, 2024.2（2024.11重印）
ISBN 978-7-5473-2351-9

Ⅰ. ①香… Ⅱ. ①冯… Ⅲ. ①金融－经济史－香港－
1841-2017 Ⅳ. ①F832.95

中国国家版本馆CIP数据核字（2024）第050824号

本书中文简体字版本由三联书店（香港）有限公司授权东方出版中心有限公司在中国内地独家出版、发行。

上海市版权局著作权合同登记：图字09-2024-0041号

香港金融史（1841—2017）

著　　者　冯邦彦
策 划 人　刘佩英
责任编辑　肖春茂
封面设计　钟　颖　陈绿竞

出 版 人　陈义望
出版发行　东方出版中心
地　　址　上海市仙霞路345号
邮政编码　200336
电　　话　021-62417400
印 刷 者　徐州绪权印刷有限公司

开　　本　889mm×1194mm　1/16
印　　张　34
字　　数　605千字
版　　次　2024年4月第1版
印　　次　2024年11月第3次印刷
定　　价　168.00元

前 言

1987 年 9 月，笔者受香港东南经济信息中心副董事长兼总经理杨振汉先生之聘，从广州赴香港，前往香港东南经济信息中心工作，任职经济分析员，从事对香港经济的研究。当时，恰逢 1987 年全球股灾爆发，恒生指数从 3,947.73 点的历史性高位大幅滑落至 1,876.18 点，短短两个月跌幅达 52%。其间，香港联合交易所罕有地停市 4 天，期货交易市场濒临崩溃，震撼了整个金融市场及香港社会。这一惊心动魄的剧变，引起笔者对研究香港金融的浓烈兴趣。

这一时期，是香港九七回归的重要过渡时期，各种政治、经济力量正在激烈角力，各种资本、财团积极部署集团的应变策略，尤其瞩目的是老牌英资公司怡和迁册海外、汇丰银行结构重组、本地公司加快向海外发展等，种种变动引发了香港金融市场一系列的震荡，并催化了金融制度的变革。随着英资的逐渐淡出，华资财团迅速崛起并开始主导香港经济，而中资的红筹股、H 股则逐渐成为香港股市的新兴势力。目睹这一历史性的转变，笔者在感叹之余，亦获得了一个极其难得的机会，直接贴近并亲身感受香港金融市场跳动的脉搏。

1994 年 9 月，笔者结束在香港的工作，回到广州暨南大学继续从事教学和研究。在此后的六年间，笔者相继撰写了《香港英资财团（1841—1996）》《香港华资财团（1841—1997）》《香港商战经典——企业收购兼并个案实录》以及《香港地产业百年》等著作。在此基础上，笔者开始了《香港金融业百年》的写作，前后耗时近两年。2008 年，受香港保险业联会的邀请，笔者展开了《厚生利群：香港保险史（1840—2008 年）》的写作。在香港保险业联会的安排下，我们走访了香港主要的保险公司和资深的保险界从业人员，对香港金融业的一个重要分支——保险业做了一次大规模的调查研究，从而进一步加深了对香港金融业的认识。

2009 年，笔者主持了广东省政府金融办的一项课题"深化粤港澳金融合作专题研究"。2010 年，笔者承担了香港金融管理局金融研究中心的课题"在国家金融开放和金融安全总体战略下推进粤港澳金融合作'先行先试'专题研究"。我们先后走访了香港、深圳、广州、澳门等地的相关金融机构，展开了广泛的调研。在完成相关课题研究报告后，笔者撰写出版了《香港：打造全球性金融中心——兼论构建大珠三角金融中心圈》一书。其后，出版了《香港金融与货币制度》（2015 年）。根据上述研究，笔者以《香港金融业百年》为基础，展开了本书——《香港金融史 1841—2017》的撰写工作。

根据笔者的研究，从 1842 年开埠至 2017 年的 175 年间，香港金融业的发展大致经历了六个历史时期：

第一个时期从 1842 年香港开埠到 1941 年日军占领香港，为金融业的起步发展时期。香港金融业的发展，首先是从银行业开始的。这一时期，香港的银行业经历了两次发展高潮。第一次发展高潮由香港开埠初期东藩汇理银行、有利银行、渣打银行等外资银行相继进入开始，到 1865 年香港首家本地注册银行——汇丰银行创办达到高峰。第二次发展高潮发生于 19 世纪末至 20 世纪初。当时，香港的范围扩展至新界，人口增加到 30 万，香港确立了作为远东贸易转口商港的地位。随着香港商业和贸易的发展，一批外资银行包括美国的花旗银行（当时称为"万国宝通银行"）、运通银行、大通银行，英国的大英银行，荷兰的小公银行、安达银行，比利时的华比银行等相继进入香港。与此同时，一批华资银行和银号，如广东银行、东亚银行、恒生银号等相继创办，从而形成香港开埠以来银行业发展的第二次高潮。这一时期，伴随着银行业发展的，还有保险业、早期的黄金市场等。

第二个时期从 1945 年英国恢复对香港的管治到 1960 年代末，为金融业的业务蜕变发展时期。1950—1960 年代，香港从一个传统的贸易转口港迅速演变成为远东地区的出口加工中心。随着香港经济的转型，香港银行业发生了深刻的蜕变：银行经营的主要业务，从二战前单纯的贸易融资逐渐转向为迅速发展的制造业和新兴的房地产业提供贷款。为此，银行展开了激烈的"分行战"和"利率战"，银行的信贷迅速扩张，贷款的用途趋向多元化，但银行体系的安全性下降。这导致了 1960 年代初中期的银行危机。在 1965 年危机高潮期间，香港最大的华资银行恒生银行控制权被转移至汇丰手中。为抑制银行间的恶性竞争，港英政府修订了 1948 年通过的《银行业条例》，银行业签署了"利率协议"。这一时期，保险业也发生了相应的转变：水险业务虽然有了进一步的发展，但是竞争更趋激烈；与水险业务经营的日见困难相比，火险业务获得了蓬勃发展。此外，意外保险业务，特别是"汽车险"和"劳工保险"也获得了发展。

第三个时期从 1960 年代末到 1980 年代初中期，为金融业多元化与国际化发展时期。1960 年代，香港经济"起飞"，工业化进程接近完成，房地产价格稳步回升，工商业活动渐趋正常，许多公司都准备将股票上市以筹集资金。然而，当时香港证券交易所订定的上市条件仍相当严格，不少规模颇大的华资公司的上市申请都被拒之门外，于是有人倡议创办新的证券交易所，这就导致了"远东会""金银会"和"九龙会"的诞生。证券市场的崛兴刺激了市民大众投资股票的兴趣，加上当时政治环境转趋稳定，外资金融机构介入股市，种种因素都推动了 1970 年代初期香港股市的上升，形成二战后罕见的大牛市。这一时期，证券市场的发展，推动了投资银行、财务公司等多种金融机构的迅速崛起，外汇市场、黄金市场得到进一步发展，使香港金融业进入多元化、国际化发展的新时期。这导致了金融三级制度的建立。不过，1980 年代初中期香港再爆发新的银行危机，恒隆银行、海外信托银行及一批中小银行相继倒闭或被接管。为解决危机暴露出的银行业监管漏洞，香港政府颁布 1986 年《银行业条例》。

第四个时期从 1980 年代中期到 1997 年香港回归，为金融业监管制度改革发展时期。1982 年 9 月，英国首相撒切尔夫人访问北京，中英关于香港前途问题的谈判拉开序幕。谈判期间，为稳定港元汇率，港英政府实施港元联系汇率制度。进入过渡时期后，为应对汇丰银行淡出"准中央银行"的国际化部署，为进一步巩固港元联系汇率制度，保持港元的稳定性，港英政府相继推行一系列金融制度改革，包括与汇丰达成"新会计安排"、发行外汇基金票据和债券、建立流动资金调节机制、建立即时支付结算系统等。与此同时，逐步扩大外汇基金功能，并成立香港金融管理局。这一时期，香港证券市场经历了 1987 年全球股灾。为此，香港政府根据顾问公司报告对证券市场展开大刀阔斧的改革，将证券市场的发展提升到现代化、国际化水平。这一时期，银行业还先后发生了 1991 年国商银行倒闭、汇丰银行收购英国米特兰银行、汇丰银行业务重组、中国银行参与发钞等事件。

第五个时期从 1997 年香港回归到 2003 年"非典"事件发生，为亚洲金融危机冲击香港联系汇率制度时期。1997

年 7 月骤起于泰国的亚洲金融风暴，在其后一年多时间内曾四度袭击香港，作为香港货币金融政策基石与核心的港元联系汇率制度受到严峻考验。危机期间，香港最大的本地投资银行百富勤倒闭，一连串证券公司破产，红筹公司粤海集团被迫债务重组。在这次空前的危机中，刚成立的香港特区政府虽然成功捍卫了联系汇率制度，但其简单的"招式"却遭到部分经济学者和金融界人士的批评。其间，香港银行同业隔夜拆息率一度攀升至 280 厘的历史高位，致使在回归初期香港的股市、地产连番暴跌，形成整体经济中的"负财富效应"，香港经济陷入了二战后最严重的衰退和不景气之中。为改善港元联系汇率制度，特区政府先后推出 7 项改革措施和 30 项新措施。其后，更推出多项优化措施，以消除跟港元升值潜力有关的不确定性，改善和优化联系汇率制度的运作。

第六个时期从 2003 年香港与内地签订 CEPA 协议到 2017 年，为金融业转型发展时期。2003 年，中央推出"自由行"政策及与香港签署 CEPA 协议以后，香港整体经济和金融业开始复苏。大批红筹股特别是大批内地大型国有企业（H 股）来香港上市集资，推动了香港证券集资功能的提升及规模的扩展。香港从一个主要为本地经济服务的股票市场，逐渐转型为为内地经济发展与企业融资服务的平台，成为"中国的纽约"。在银行业方面，银行业的业务从过去简单的存贷款业务，发展到全方位的资金融通和理财业务，更重要的是人民币离岸业务取得快速发展。在资产管理／基金业方面，回归以来资产管理／基金业取得了长足的发展，推动香港成为亚洲区主要的基金管理中心和资产管理中心。另外，香港在保险业、债券市场等方面也有不俗的发展。香港与内地金融业的合作也进入到一个更深入的发展阶段，典型的例子是"沪港通""深港通"的开通。在 1997 年亚洲金融危机和 2009 年全球金融海啸之后，为了配合金融业的转型发展，香港特区政府进一步完善了对金融业的监管，使之进一步与国际接轨。这一时期，香港国际金融中心的地位得到进一步的巩固和提升。

金融业是香港历史最悠久的行业，也是现今香港经济中最具战略价值的产业。根据 2015 年的统计数字，金融业创造的增加值达 4,099 亿港元，占香港本地生产总值的比重达 17.6%，已成为香港经济中仅次于进出口贸易业的第二大产业。香港作为亚太区主要的国际金融中心，聚集了大量的国际银行机构。根据 2016 年的资料，在全球排名前 100 位的大银行中，有 74 家在香港营运业务，总共在香港设立 84 家持牌银行、13 家有限牌照银行、5 家接受存款公司及 10 家办事处。而全球排名前 500 位的银行中，有 194 家在香港营运业务。2008 年 1 月，美国《时代》周刊（亚洲版）发表了一篇由该杂志副主编迈克尔·埃利奥特（Michael Elliott）所写的题为《三城记》（A Tale of Three Cities）的署名文章。该文章创造了一个新概念——"纽伦港"（Nylonkong），即世界上三个最重要城市纽约、伦敦及香港的合称。文章认为，在金融全球化时代，香港金融业的重要性正迅速提升，香港有可能成为金融全球化总体格局中的重要角色。从香港金融业的发展优势和潜力来看，香港极有可能进一步发展成为与伦敦、纽约并驾齐驱的全球性国际金融中心，成为香港经济转型的最重要方向之一。

可以说，回归 20 年来，香港经济最瞩目的"亮点"之一，就是它的金融业发展及其在金融全球化中的战略地位。这是多种因素复合支持的结果。从历史的长河中来看，香港金融业的发展不是一蹴而就的。它经历了一个与时俱进的发展历程。本书的写作就是从历史发展的视角，为读者提供一条香港金融业发展的粗略线索，从中了解它的崛起、发展、蜕变、转型的全过程及其背后的深刻历史原因，从中探索金融业发展的一般规律和未来发展趋势。当前，中国正加快金融业的对外开放和人民币的国际化进程，中国的金融业发展特别是金融监管制度仍然处于探索和转型的关键时期，急需借鉴国际上的相关实践经验。在中国金融对外开放的历史进程中，香港肯定将扮演重要的角色，发挥战略性的作用。因此，了解、研究香港金融业及其监管制度的发展演变，无疑具有重要的价值。

需要指出的是，本书录有对一批香港金融业元老及资深人士进行采访的记录，这些记录来自 1997 年由香港联合交易所出资及委托、香港大学亚洲研究中心负责的"香港证券市场学院历史研究计划"，其中许多关于香港回归前金融业发展的重要细节的描述，实在要感激李业广先生、梁定邦先生、叶黎成先生、朱颂田先生、徐国炯先生、潘永祥先生、马清忠先生及王启铭先生，他们慨然答允准予转载其口述历史访问记录。这项计划前后历时三载，并得到许多行内元老、精英的支持，充分表现出证券业内的凝聚力与组织能力。领导这项计划的亚洲研究中心主任黄绍伦教授和副主任冼玉仪博士，访问研究员莫健伟先生、郑明珍小姐的专业和出色细致的工作，使香港证券业"四会时期"的史料得以妥为保存。笔者在此一并鸣谢！

受笔者见识所限，本书定有不少疵瑕和错漏之处，恳请读者批评指出！

冯邦彦谨识

2017 年 2 月

饶 序

最近三十年来，中外学者以中文、英文或其他外文发表的有关香港金融业的著作（包括书籍、论文、报告等），有日益增加的趋势。为什么有这一现象？香港是一主要的国际金融中心，本身便是一主因。另一因素是，香港金融业在其发展过程中，经历了不少戏剧性甚至惊心动魄的危机和事件。当然，香港回归祖国，又是划时代的世界性大事。回归后第二天，震惊中外的亚洲金融危机在泰国爆发，迅即蔓延至香港，也引起全世界的关注。

现在关于香港金融的纯学术性著作，性质较为专门，内容较为深奥，读者对象的局限性较大（一般限于学术界和金融界），而且无可讳言，文字较为枯涩，难以适合广大读者的口味。

冯邦彦教授的这部大作，具有几个特色。第一，它是一通俗性的学术著作。作者以深入浅出的文笔，生动地描绘了香港金融 160 年来的沧桑，趣味盎然，诚为一雅俗共赏的作品。第二，该书收集了大批珍贵的图片，衬托文字，相得益彰，不但为该书生色不少，而且也更能引发一般市民的兴趣。第三，该书范围上自开埠初期，下至亚洲金融风暴，涵盖面极广，香港金融业的大事均网罗其中。这些特色，都是现在文献中所罕见的。

冯教授对香港经济和金融深有研究，他本人曾在香港工作多年，亲身从事实地考察，对本港情况甚为熟悉和了解。由他来编写《香港金融业百年》（编者按：本书前身），是再适合不过的。

承作者及出版社邀请我在卷首说几句话，盛情难却，乃不揣谫陋，撰此短文为序。

饶余庆

经济学家

2002 年 6 月

李 序

香港由一个小渔村，逐渐发展为今天的世界大都会，得享国际金融中心的美誉，殊非幸致。香港今天的成就，是百多年来千万人努力耕耘的结果。

自六七十年代始，香港经济起飞，本地工业开始兴旺，地产和金融业相继蓬勃发展。银行为百业之母，为香港工商业提供信贷，促进贸易发展和经济繁荣，与市民生活更是息息相关。

回顾 20 世纪初的西方银行与华人开办的传统银号，各自服务不同的社会阶层，继后发展至华资银行现代化的经营模式，到今天中资、外资和本地华资银行同时并存，甚或非银行的金融机构提供类似银行的服务及产品，市场上可谓百花齐放，各领风骚。

1948 年政府首次颁布《银行业条例》，至今该条例已作多次修订，以配合经济和社会转变的需求。60 年代，香港一度出现银行危机、挤提；70 年代，"银行多过米铺"，是银行业盛极一时的最佳写照。从当年利率协议的产生、政府颁令实施"银行三级制"、个别银行倒闭事件，及至最近的利率协议解除和监管当局倡议存款保险制等等，无不印证了香港银行业的兴替变迁，说明银行业在整个香港经济发展中扮演了举足轻重的角色。

缅怀往昔，银行业既有艰苦经营的日子，也有经济兴旺带来的光辉岁月，这其实是每个行业发展历程中必然发生的。重要的是我们能同时见到政府实行"积极不干预"政策，体认自由市场的可贵，这对于银行业本身的发展，以至于整体金融业保持国际水平至为重要！

时代巨轮不断向前，而转变的过程可能很痛苦，近年香港经济转型就是一个例子。纵然痛苦，我们也得积极面对，努力求存。银行界和其他行业一样，同业间竞争激烈，要在不断变化的经营环境中寻求最佳效益，可说是挑战重重。但最重要的，就是我们能随时做好准备，化"危"为"机"，抓紧中国经济开放和入世带来的机遇，创造更繁荣的香港，亦要为中国的企业和金融发展作出贡献。

希望冯邦彦教授所著，能使各位读者对香港过去百年金融业的历史有更深的了解，后辈亦可借此为鉴，增进知识，继续发挥香港人勤奋进取、灵活变通的优点，为香港再创辉煌。

李国宝

东亚银行主席兼行政总裁

2002 年 5 月

胡 序

《香港金融业百年》（编者按：本书前身）的出版，可谓适时而有价值。今天香港的金融业一如整体经济般正处于历史转型的关口，若能适当把握契机，将可开创全新局面。在这个时候重温香港金融业如何萌芽、摸索发展而至茁壮成长的过程，实在饶有意义。

我很幸运，有机会同时在证券和黄金这两个拥有悠久历史的行业服务和担任公职，亲身体验两个行业过去 20 年的风云变幻，以及香港社会和经济层面所面对的各种机遇和挑战。当中有许多艰辛岁月，如八七股灾、香港前途问题、公司迁册震荡、九七亚洲金融风暴，以及全球黄金市场持续淡静等。也有令人振奋的时刻，如香港晋身全球第三大金市、四会合并、交易结算顺利电子化、内地企业成功来港集资上市等。或顺或逆，两个行业不同岗位的从业人员都能以专业态度积极求变、把握时机、不言放弃。正是这股进取的香港精神，令证券和黄金业从本地打进国际市场，由众多行业一员而演变为香港经济的主要命脉。

今天，中国经济的迅速增长和开放、国际金融市场令人目眩的整合与竞争、科技发展的冲击等，均迫使两个行业和有关的从业人员以新思维重新定位，并进行长远而大胆的改革。在这个转变的过程中，香港特区政府的引导和支持固然重要，但行业内自强不息、积极面对的精神更是关键所在。

我相信，重温香港金融行业的百年发展历程，回顾前人如何在困难处境中寻求突破，抱持远大的理想，为这两个行业开创佳绩不懈努力，必能有助于今天的香港更好地迎接未来！

胡经昌
香港证券经纪业协会永远名誉会长
金银业贸易场永远名誉会长
2002 年 6 月

目 录

CONTENTS

第三章　香港证券市场的发展与改革

第四章　金融业的多元化与国际化

第五章　过渡时期货币金融制度的演变

第六章 亚洲金融危机的冲击与联系汇率制的完善

第七章 回归后金融业的转型与发展

第八章　特区政府的金融政策与金融监管

第九章 迈向全球性国际金融中心

香港金融业大事记
主要参考文献资料

香港第一家银行东藩汇理银行发行的钞票正面。

第一章
金融业的崛起与早期发展

1. 外资银行进入与汇丰银行创办

香港金融业的发展，

首先是从银行业开始的。香港开埠之初，

随着外资洋行进入香港，它们的主要业务也转移到香港，

其中包括洋行的银行业务部，

当时称为代理店。这是香港最早的金融机构。

早期洋行对华贸易的资金，

主要就是由这些代理店提供的。

1.1 香港开埠初期的外资银行

1860 年代的中区毕打街，右为怡和洋行在中区的办事处，左是宝顺洋行总部。

香港开埠初期最著名的代理店，是英资的怡和洋行（Jardine, Matheson & Co.）、宝顺洋行（Dent and Co.）和美资的旗昌洋行（Russell and Co.）的代理店。这些代理店从广州或澳门移设香港，便即办理大部分银行业务，主要是外汇买卖和贴现一流的汇兑票据。不过，这种状况并不能满足规模较小的洋行的需要，因为代理店同时又是这批小洋行业务上的竞争者，故并不乐于经常向它们提供所需资金。

在这种背景下，香港发展经营全部业务的、独立的银行机构的条件渐趋成熟。[1]

当时，以印度为基地的一批英国资本银行将其业务扩展到香港，侵蚀了这些代理店的活动领域。英资银行的主要目标是夺取有利可图的中国转口贸易，它们普遍都有较广泛的分行及代理行网络，有较雄厚的资金和较丰富的专业知识，能在最短时间内报出优惠汇率，缩小买卖差

香港第一家银行东藩汇理银行发行的钞票正面。

价和提供优良服务，因而很快便主宰了香港的银行业务和外汇业务。这些银行的业务以汇兑为主，押汇不占重要地位，并且不招揽存款，对存款不仅不计利息，还要收取手续费。

第一家在香港开业的银行是"东藩汇理银行"（The Oriental Bank Corporation）。该行创办于1842年，总行设在印度孟买，早期以鸦片押汇为主要业务。1845年，东藩汇理银行将总行迁往伦敦，同年4月在香港德己立街开设分行，成为第一家进入香港的外资银行，也是第一家进入中国的外国银行。东藩汇理银行先后在上海、广州、福州等中国沿海城市设立分行。该银行在中国各口岸的名称颇不统一，在香港称为金宝银行，在福州称为东藩汇兑银行，在上海则称作丽如银行。

东藩汇理银行在香港开业当年即发行钞票，发行总额为56,000元的港钞，唯于1851年才获取发行港钞的皇家特许状。到1857年，东藩汇理银行的钞票被香港政府库房接纳为缴付政府费用的合法货币。东藩汇理银行作为香港首要银行的地位保持了20年之久，到1870年代，它达到了极盛时期，当时连在香港开业多年的汇丰银行和渣打银行也难望其项背。不过，此后该行每况愈下，1884年5月3日，该行由于在锡兰岛对咖啡作物大量贷款，并因咖啡的歉收而被迫宣布破产。

第二家进入香港的是"有利银行"，全称"印度伦敦中国三处汇理银行"（Chartered Mercantile Bank of India, London & China），创办于1853年，总行设于印度孟买，是英国皇家

1941年有利银行发行的5元纸币正背面，纸币正面以中国风景为图，背面则采用西方神话人物，十分独特。

1861 年的香港渣打银行（左二）。

表1.1　渣打银行及香港分行发展里程

年份	内容
1853	印度新金山中国汇理银行成立，创办人为威尔逊先生（James Wilson）。
1862	英国南非标准银行（The Standard Bank of British South Africa Ltd.）于非洲注册。
1956	印度新金山中国汇理银行改称为渣打银行。
1962	英国南非标准银行改称为标准银行有限公司（The Standard Bank Ltd.）。
1969	渣打银行与标准银行合并为标准渣打银行。
1984	"Standard Chartered" 正式成为银行之英文名称，而香港则继续沿用"渣打银行"为其中文名称。
香港渣打银行（1859—1990 年）	
1859	渣打银行在港开设首家分行。
1862	获颁皇家特许状，开始印发钞票。
1933	购买德辅道中 4 至 4 号 A 地盘。
1959	银行大厦落成，为当时香港最高的建筑物。
1962	荃湾分行开张，为现存分行中历史最悠久的一家。
1967	推行电脑化，是香港首家采用电脑系统的银行。
1973	率先推出自动柜员机服务，即现时的"万里灵"。
1981	第一百家分行——友爱分行开张。
1984	发行港币 20 元面额钞票。
1985	除 500 元钞票外，一系列面积较小的钞票正式面世。
1986	旧银行大厦拆卸。为配合银行的新形象，分行装修计划展开。富善分行首先进行装修。
1987	位于德辅道中的银行大厦重建工程展开。连线银行服务——电子银行——开始投入服务。"万里灵"与"银通"联网，成为全港最大的自动柜员机网络。
1988	各分行采用全新的客户服务终端机（ISC Pinnacle）以改善服务速度及效率。
1989	推出面积较小的 500 元钞票。新银行大厦进行平顶仪式。
1990	渣打银行新大厦开张。

资料来源：香港渣打银行。

特许银行。该行于 1857 年在香港开业，1862 年获准发行钞票。有利银行是香港银行体系中具有重要作用的又一家英资银行。在很长一段时间里，它一直是香港三大发钞银行之一。1892 年，该行在改组中放弃发钞特许，并改名为"印度有利银行"，次年以有限公司注册。1912 年，有利银行恢复发钞，直至 1974 年后才停止。1959 年，有利银行被汇丰银行收购，其名称中也删去"印度"一词。1984 年，有利银行被转予美国万国宝通银行（即今花旗银行），1987 年再转售予日本三菱银行。

第三家进入香港的是"渣打银行"，当时称"印度新金山中国汇理银行"（Chartered Bank

of India, Australia & China），在中国内地通称"麦加利银行"，创办于 1853 年，总行设在英国伦敦，亦是英国皇家特许银行。创办人威尔逊（James Wilson）是著名的《经济学人》杂志的创办者，它的董事局成员多数是在东方和与英国殖民地有密切利益的人。该银行开业时，实收资本仅 32.2 万英镑，5 年后增加到 80 万英镑。

渣打银行专门经营东方业务，主要是中国、英国、印度的三地汇兑，为印度棉花、鸦片贸易融通资金，从中赚取汇差。渣打银行于 1859 年在香港开设分行，1862 年根据皇家特许证状发行钞票，在香港、广州等地流通。1933 年，渣打银行购入港岛德辅道中 4 至 4 号 A 地盘，于 1959 年建成渣打银行大厦，当时是香港最高的建筑物。

19 世纪末云咸街与皇后大道中交界，图左（轿旁）为呵加喇汇理银行。

1956 年，该行的中文名改为"渣打银行"。1969 年，渣打银行与创办于 1862 年的标准银行（The Standard Bank Ltd.）合并，成为"标准渣打银行"（Standard Chartered Bank PLC）。长期以来，渣打银行一直是香港银行体系中最重要的银行之一，地位仅次于汇丰银行。在汇丰银行成立前，香港政府的公款均寄存渣打银行，成为该行资金的重要来源。[2]（见表 1.1）

继东藩汇理、有利、渣打等银行之后，法国的法兰西银行（Comptoir d'Escompte de Paris,1860）、英国的呵加喇汇理银行（The Agra & United Service Bank,1862）、印度东方商业

表1.2 香港的主要发钞银行

在香港成立年份	银行	发钞资料
1845	东藩汇理银行	香港第一家发钞银行，1884 年倒闭。
1857	印度伦敦中国三处汇理银行，即有利银行	1859 年起发钞，1892 年停止发钞；1912 年恢复发钞，至 1974 年后停止。1959 年被汇丰银行收购，1984 年转售予美国万国宝通银行，1987 年再转售予日本三菱银行。
1859	印度新金山中国汇理银行，后易名渣打银行	1862 年起发钞至今。
1862	呵加喇汇理银行，后易名为呵加喇马士打文银行	1863 年起发钞，1866 年倒闭。
1863	印度东方商业银行	1866 年起发钞，1866 年倒闭。
1865	香港上海汇理银行，1881 年易名为香港上海汇丰银行	1865 年起发钞至今。
1891	中华汇理银行	1891 年起发钞，1911 年倒闭。
1921	中国银行	1994 年起发钞至今。

资料来源：香港金融管理局。

银行（Commercial Bank Corporation of India & the East,1863）等先后进入香港。其中，呵加喇汇理银行及印度东方商业银行先后于 1863 年及 1866 年获准发行钞票（见表 1.2）。这批银行的进入，形成香港银行业发展的第一次高潮。据统计，从香港开埠到 1865 年汇丰银行成立，至少有 11 家银行在香港开设分行或办事处。[3]

当时，这些进入香港的外资银行总部大多设在伦敦或印度，它们以经营贸易押汇和国际汇兑为主要业务，主要属于从事资助转口贸易的商人银行类型，而不是为一般公众服务的零售商业银行。这些外资银行持有明显的外来偏见，对中国沿海一带内部贸易、香港本地公共事业等亦缺乏提供融资兴趣，香港的主要洋行对它们都普遍感到不满，因而导致了汇丰银行的创办。汇丰银行是第一家以香港为基地的银行，创办时间比香港开埠仅晚 23 年。这是香港银行业的初创阶段。

1.2 香港上海汇丰银行的创办

汇丰银行创办人托马斯·苏石兰。

香港上海汇丰银行的创办，正值西方列强对华贸易进入大扩张时期。第二次鸦片战争后，中英签订《天津条约》和《北京条约》，规定继五口之后，中国进一步开放沿海的牛庄、天津等 7 个口岸及长江流域的镇江、南京等 4 个口岸，使通商口岸增加到 16 个。沿海及长江流域大片腹地的对外开放，为外商提供了广阔的贸易前景。这时，香港洋行的大班们均迫切感到创办一家本地银行的需要，以便为商人提供及时、充足的信贷，应付急剧膨胀的对华贸易，同时可以照顾到香港政府对港口、码头等公用事业建设的需要。当时，洋行的代理店及几家总行设在伦敦或印度的银行，都无法适应客观形势的发展，汇丰银行就是在这种背景下创立的。

汇丰银行创办的导火线，是 1864 年 7 月印度孟买的英国商人计划开设一家在伦敦注册、总部设在香港的"皇家中国银行"。不过，他们只打算在总共 3 万股、每股 200 印度卢比的银行股份中，拨出 5,000 股给中国内地和香港的投资者，这个消息激怒了香港的洋行大班们。7 月 28 日，香港报刊报道了香港洋行大班筹办一家本地银行的计划，并公布了拟议中的这家银行的招股计划书和临时委员会的名单，牵头的是铁行轮船公司监事托马斯·苏石兰和宝顺洋行。

托马斯·苏石兰（Thomas Sutherland,1834—1922 年），苏格兰人，早年在苏格兰鸭巴甸文法学校接受教育，19 岁时前往伦敦，在铁行轮船公司任初级职员。1855 年前往香港，任公司驻港监事，代表公司处理在中国和日本的事务。其间，他将铁行轮船公司的业务，从香港、广州拓展至汕头、厦门、福州。1864年初，他乘铁行轮船公司的"马尼拉号"从香港驶往福州途中，阅读了一些介绍苏格兰银行优点的文章，萌生了根据苏格兰原则在中国开设一家银行的念头。

数月后，苏石兰从一艘由渥太华驶达香港的邮船船长处得知孟买准备成立皇家中国银行的消息，连夜起草了一份汇丰银行创办计划书。次日，苏石兰将计划书交给他的朋友——当时香港著名律师波拉德。波拉德随即联络了香港所有的洋行，并获得了除怡和洋行之外的所有大洋行的支持。不到一个星期，创办银行所需资本即已筹足，这导致了皇家中国银行的夭折和汇丰银行的诞生。当时，怡和洋行没有加入，主要是因为它不愿意与其主要竞争对手宝顺洋行合作，也无意放弃它经营的汇兑业务。直到1877年汇丰银行已奠定基础、业务蒸蒸日上时，怡和才加入汇丰。

汇丰银行创办时资本共500万港元（简称"元"，下同），分成2万股，每股250元。根据1866年5号法例实收4万股，每股125元。1864年8月，由15人组成的汇丰银行临时委员会正式成立。根据苏石兰的提议，临时委员会主席由宝顺洋行的代表乔姆利担任，成员包括：宝顺洋行的乔姆利、琼记洋行的赫德、大英（铁行）轮船公司监事托马斯·苏

汇丰银行（有限公司）计划书

股本 500 万港元，分成 2 万股，每股 250 港元。
公司的组成将经由政府特许。

临时委员会

乔姆利先生	宝顺洋行
赫德先生	琼记洋行
托马斯·苏石兰先生	大英（铁行）轮船公司监事
麦克莱恩先生	怲乜洋行
道格拉斯·拉泼来克先生	
尼森先生	禅臣洋行
莱曼先生	太平洋行
史密脱先生	吷礼查洋行
亚瑟·沙逊先生	沙逊洋行
罗伯特·布兰特先生	公易洋行
巴朗其·弗莱姆其先生	广南洋行
威廉·亚当逊先生	搬鸟洋行
赫兰特先生	毕洋行
腊斯顿其·屯其肖先生	顺章洋行

法律顾问

波拉德先生

长期以来，我们一直想要设立一个在中国多数主要城市都有分行的、自己的银行。过去几年来，在香港及其周围的中国其他港口和日本各港口，当地贸易和对外贸易增长迅速，因此需要有更多银行的服务。目前在中国的银行，都只是一些总行设在英国或印度的银行的分行，它们成立的目的，主要是为了经营这些国家与中国间的外汇业务；对于已经发展得范围广、种类多的香港本地贸易就难以应付了。汇丰银行将补救这个不足，它同本地的关系，事实上将如印度三大管区的银行或澳大利亚的银行在各地区所承担的任务一样。

在香港建立一个造币厂以供应充足可靠的货币，也是必要的。

因此，创办这样一家银行，有不少成功的把握。在中国，那些当地组织的公开股份公司繁荣昌盛，利润丰厚，显然是因为它们的管理机构都在当地，并由一些与公司利害攸关的业主或股东所组成，而这些人的支持自然成了公司赢利的主要因素。

汇丰银行将在香港和上海同时开业。而且由于它在上海的业务最为重要，因此拟在上海设立一个当地的董事会，以便更有效地进行工作。汇丰银行并将根据情况的需要，在其他地点设立分行。

在分配股额方面，香港和上海两地的股数相等，同时还将保留若干股额给予中国和日本的其他口岸以及居住在其他地区而与中国贸易有直接利害关系的人。

认股申请书可寄由宝顺洋行转交临时委员会，有改变时当另行通知。

资料来源：毛里斯·柯立斯著，中国人民银行总行金融研究所译《汇丰——香港上海银行（汇丰银行百年史）》，北京：中华书局，1979年。

图左为获多利大厦，汇丰创办时即以该大厦（东侧）为银行总部。

石兰、孖乜洋行的麦克莱恩、禅臣洋行的尼森、太平洋行的莱曼、吠礼查洋行的史密脱、沙逊洋行的亚瑟·沙逊、公易洋行的罗伯特·布兰特、广南洋行的巴朗其·弗莱姆其、搬鸟洋行的威廉·亚当逊、毕洋行的赫兰特、顺章洋行的腊斯顿其·屯其肖，以及道格拉斯·拉泼来克等，法律顾问为波拉德，可以说几乎囊括了当时香港所有大洋行的代表。临时委员会的组成显示，汇丰银行的股东包括了英国人、美国人、德国人、丹麦人、犹太人和印度人（帕西族人），他们大多属于最早在广州建立洋行的商人。不过，在其后的岁月里，除英商外的其他主要股东陆续退出，汇丰逐渐演变成英国人管理的银行。

1865 年 3 月 2 日，临时委员会改组为汇丰银行董事局。3 月 3 日，汇丰银行正式开业，首任经理是法国人维克多·克雷梭（Victor Kresser，正式职衔是香港分行经理，正经理的职衔一直到 1868 年才设立）。最初，汇丰银行的名称是"香港上海汇理银行"（Hongkong and Shanghai Banking Co., Ltd.），1881 年易名为"香港上海汇丰银行"（The Hongkong and Shanghai Banking Corporation），显示汇丰银行一开始，就以香港和上海为其主要业务基地，而总部则设在香港中区皇后大道中 1 号向沙宣洋行租借的获多利大厦，该大厦前临海港，地点甚佳。

1.3　19世纪下半叶汇丰银行的发展

汇丰银行在创办之初，就经历了香港第一次严重的金融危机。1866 年，欧洲经济危机波及印度和中国，给香港的金融、贸易业带来了灾难性的冲击，首先是印度的呵加喇银行因印度工潮影响，出现财政困难，其香港分行发生挤提，银行宣布破产。当时，香港的洋行尚控制着转口贸易中很大一部分金融业务，银行在金融市场上的地位很不牢固，数家基础薄弱的银行在挤提风潮的冲击下先后倒闭。风潮过后，原有的 11 家银行仅存 5 家，它们是：汇丰银行、东藩汇理银行、渣打银行、有利银行和法兰西银行。

危机后期，英国伦敦一些与中国贸易有关的银行都将英镑汇票的习惯支付期限从 6 个月缩短到 4 个月，但汇丰银行拒绝参加这个协定。汇丰代表认为，在茶叶及其他产品通过海路运到欧美两洲的情况下，维持 6 个月的汇票支付期限是头等重要的目标。汇丰银行的这种做法获得了在中、日两国进行贸易的众多洋行的赞赏，并使它的主要竞争对手处于下风。这一行动大大地巩固了汇丰的地位。

汇丰银行的杰出银行家托马斯·杰克逊。

　　危机过后，汇丰银行的业务获得迅速发展，它不但与当时香港几乎所有的大洋行保持业务往来，而且很快与香港政府建立了密切联系。1866 年，当资深的东藩汇理银行还在犹豫时，汇丰银行迅速向香港政府贷款 10 万元。1872 年，它以提供优惠的条件，从东藩汇理银行手中取得香港政府的往来账户。到 1870 年代后期，汇丰已超过东藩汇理成为香港最大的银行。1880 年，汇丰银行经营的业务已占香港全部业务的 50%。[4]

　　在经历了第一个困难的 10 年后，从 1876 年起，杰出的银行家托马斯·杰克逊（Thomas

19 世纪末的香港上海汇丰银行大厦。

早期设在上海外滩的汇丰银行上海分行。

Jackson, 1841—1915 年）出任汇丰银行总经理，该行的业务进入了一个快速发展时期。这一时期，汇丰银行的分行网络从香港扩展到中国内地的上海（1865 年）、汉口（1868 年）、厦门（1873 年）、福州（1877 年）、天津（1881 年）、北京（1885 年），以及海外的横滨（1866 年）、神户（1869 年）、西贡（1870 年）、马尼拉（1875 年）、新加坡（1877 年）、怡朗（1883 年）、雅加达（1884 年）、曼谷（1888 年）、槟榔屿（1890 年）和仰光（1891 年）等地。汇丰银行的政策是逐渐在与中国内地有贸易关系的东方各口岸建立分行网络，这一政策对汇丰的发展极具意义。

汇丰银行在创办之初就积极向中国内地扩展。1865 年，汇丰在香港创办的同时，就在上海开设分行，首任经理是苏格兰人麦克莱恩（David McLean）。"香港上海汇丰银行"这个名称，反映了汇丰对中国内地市场的高度重视。汇丰在中国的业务发展极为迅速，在当时英国政府以及担任中国海关总税务司的英国人赫德的支持下，汇丰银行取得了对中国政府的贷款优先权，以及独家保管中国关税和盐税的特权，并将贷款领域伸延到重要的铁路、矿山及工厂。它不但在相当大程度上影响着中国的对外贸易，而且在相当长一段时期内左右着中国的汇兑市场，成为中国金融业中最具规模及影响力的外资银行。

杰克逊在任期间，汇丰获准增加钞票发行量。1898 年经香港政府批准，汇丰银行获准超过其资本额发行钞票，条件是汇丰须将与超额数量相等的铸币或金银存于库房作准备金。为此，汇丰拨出 100 万银元存入库房。1902 年，杰克逊离任回伦敦出任汇丰银行伦敦委员会主席。这时，汇丰银行的资产已从 1876 年杰克逊上任时的 4,300 万元增加到 2.8 亿元，每年盈利从不足 50 万元增加到接近 300 万元，而银行的资本额则增加到 2,500 万元。汇丰成了远东著名的英资大银行。

对于汇丰银行早期的成功，银行历史学家巴克斯特曾有这样的评论："它一开始就开辟了新园地。它是在中国的英商汇兑银行中，以该行活动中心地区之一筹募资本、制定方针和取得法人地位的第一家。它和当地的紧密联系，可以部分地解释它从 1865 年以来的惊人发展以及它现在在中国的卓越地位。在资本雄厚、基础稳固并经历过不少异常的多事之秋和重要历史的英国同业中，它是享有无可争议的领导地位的。"[5]

1.4　银行业发展新高潮与中环银行区形成

19 世纪末 20 世纪初，香港的范围扩展至新界，人口增加到 30 万人。其时，香港已确立为远东的贸易转口港，成为南方重要的门户。随着香港商业和贸易的发展，外国银行到香港开

19世纪末的港岛北岸和维多利亚海港。

设分行者日多，计有法国的东方汇理银行，日本的正金银行、台湾银行，美国的万国宝通银行、运通银行、大通银行，英国的大英银行，荷兰的小公银行、安达银行，比利时的华比银行等。这些银行与早前进入的英资银行都聘请华人买办，办理存储、按揭业务。它们与这一时期先后创办的一批华资银行一起，形成香港开埠以来银行业发展的第二次高潮。

东方汇理银行（Banque de l'Indo-Chine）成立于1875年，即法国与安南签订条约的翌年，总部设在巴黎，是法国经营东方贸易的唯一金融机构，早于1876年已在香港设有代理。该行于1895年正

19世纪末的日本正金银行。

式在香港开设分行，业务侧重香港与安南之间的贸易。1885年，该行联合俄国道胜银行向清政府贷款4亿法郎，年息4厘，期限为36年内分期偿还。1900年，八国联军侵华，强迫清政府签订《辛丑条约》，赔款4.5亿两白银，其中法国约占7,088万两，该笔银两尽归东方汇理银行管理。自此，凡外国银行在华所享利益，该行无不利益均沾。

日本的正金银行（Yokohama Specie Bank Co., Ltd.）创办于1880年，总部设在日本横滨，在中国的上海、天津、青岛、北京、牛庄、大连、长春、哈尔滨、广州、汉口等地均设有

1902年美国万国宝通银行第一所办公室，位于旧太子行（右）。

19世纪末的获多利街，是银行的集中地。

分行。正金银行于 1890 年在香港开设分行。1895 年甲午战争后，正金银行成为日本政府在中国的代理。1900 年《辛丑条约》签订后，日本所得赔款约 3,479 万两白银，统归正金银行管理。台湾银行（Bank of Taiwan Co., Ltd.）于 1899 年由日本政府颁发特许证而成立，1901 年进入香港，目的是扩张日本对中国南部各地及南洋华侨中的经济势力。

美国万国宝通银行（National City Bank of New York），在中国内地通称"花旗银行"，总行设于纽约，是美国最具规模的商业银行，分行遍设全球各主要贸易地区。万国宝通银行于 1900 年在香港开设分行，经营业务十分广泛，除了一般商业银行业务外，与中美之间的贸易关系极为密切。运通银行（American Express Co., Inc.）由美国运通转运公司创办于 1840 年，于 1913 年在香港开设分行，除经营一般商业银行业务外，还兼有海陆运输的权能。大通银行（Equitable Eastern Banking Corp.）由美国大通信托公司创办于 1920 年，代理店遍布世界各大城市，在中国上海、天津均设有分行，香港分行则开设于 1923 年。

荷兰小公银行（Netherlands Trading Society）创办于 1824 年，其目的在于发展南洋荷兰属地的经济，总部设于阿姆斯特丹。该行于 1905 年在香港开设分行，其业务重点除了沟通荷兰及东印度属地汇兑外，尚兼营矿山与土木工程，以及海陆运输业的融资。安达银行（Netherlands India Commercial Bank）创办于 1863 年，1906 年在香港开设分行。至于英国的大英银行（P.& O. Banking Corporation, Ltd.），则由铁行轮船公司于 1920 年创办，同年在香港开设分行。不过，该行的业务主要集中在印度。

当时，这些先后进入香港的外资银行，都集中设址在港岛中环维多利亚城东以戟臣道为界，西至毕打街的范围内，这个地区逐渐成为香港著名的银行区，并获得政府特许，进入该区的车辆一律不得任意鸣笛，以免影响各银行的正常运作，故该区又有"禁区"之称。银行区内一栋栋大厦鳞次栉比，其中，最著名的建筑物就是建于 1886 年的汇丰银行大厦。该大厦耗资 30 万元，1882 年动工，4 年后在总行原址及毗邻的一块土地上建成。新总行大厦充满维多利亚时代仿古典结构的风格，坐落在中环最繁华地段，前临日后扩展成的德辅道大道，

19 世纪末的荷兰小公银行（二楼）。

1886 年落成的汇丰银行大厦，充满维多利亚时代仿古典结构的风格，右为拱北行。

表1.3　二战前香港银行利率表（1914—1932年）							
年	月	日	利率	年	月	日	利率
1914	1	8	4.5%	1925	8	6	4.5%
		22	4%		10	1	4%
		29	3%		12	3	5%
	7	30	4%	1927	4	21	4.5%
		31	8%	1929	2	7	5.5%
	8	1	10%		9	26	6.5%
		6	6%		10	31	6%
		8	5%		11	21	5.5%
1916	7	13	6%		12	12	5%
1917	1	18	5.5%	1930	2	6	4.5%
	4	5	5%		3	6	4%
1919	11	6	6%			20	3.5%
1920	4	15	7%		5	1	3%
1921	4	28	6.5%	1931	5	14	2.5%
	6	23	6%		7	23	3.5%
	7	2	5.5%			30	4.5%
	11	3	5%		9	21	6%
1922	2	16	4.5%	1932	2	18	5%
	4	13	4%		3	10	4%
	6	15	3.5%			17	3.5%
	7	13	3%		4	21	3%
1923	7	5	4%		5	12	2.5%
1925	3	5	5%		6	30	2%

资料来源：*The Hong Kong Dollar Directory*, Hong Kong: The Newspaper Enterprise Ltd., 1939.

后面是繁华的皇后大道中，成为银行区的标志。

这一时期，香港银行的同业组织和功能机构也先后成立。1897年，香港外汇银行公会（Hong Kong Exchange Bankers' Association）宣告成立。该组织成为经营外汇业务银行的最高联合组织，其宗旨是调节香港外汇交易及其他有关事项，特别是确定外汇买卖的"公订"汇率以及票据、信用证等业务的"公订"手续费标准。当然，外汇银行公会的规定并不是强制性的，而是具有"君子协定"性质的。

1923 年 9 月 9 日，作为香港银行业及其他金融业的中央票据结算中心——"香港票据交换所"（Hong Kong Bankers' Clearing House）正式成立。该组织的章程规定，会员银行资格以外汇银行公会的会员银行为限，而汇丰银行则是票据交换的中心，所有会员银行须于汇丰开设一无息存款账户，以节省票据交换时现金"入仓""出仓"的麻烦。各交换会员银行存款于汇丰银行，为数甚巨。据估计，在 1939 年 15 家会员银行为此目的存入汇丰银行的款项就达 1,600 万元。汇丰银行在香港银行体系中的地位由此可见一斑。（见表 1.3）

2. 华商经营的金融机构：从银号到西式银行

早期外资银行的业务，

主要是对从事对华贸易的外资洋行提供融资和汇兑服务，

本地客户只限于规模较大的华资商行及少数殷商富户，

与华人社会鲜有联系。华商经营的业务，

其信贷主要依靠华人，

尤其是来自广东南海、九江、顺德、四邑及潮汕等地华人经营的"银号"，

即中国北方所谓的"钱庄"或"票号"。

2.1 早期华商经营的旧式银号

钱庄、银号、票号等均为中国旧式金融机构的名称，朱彬元在《货币银行学》中指出："钱庄与银号实为一类。大抵在长江一带名为钱庄，在北方各省及广州、香港多呼为银号。"鸦片战争以前，广州作为最重要的对外通商口岸，已有众多的银号。当时，广州已有银号的公共组织——忠信堂。据记载，忠信堂建立于清朝康熙年间，它领导的银业公市当时称为银业公所。乾隆十三年（1748年），忠信堂已有银号成员36家，到同治十二年（1873年）增加到68家。

19世纪末酱菜园前的银钱兑换店。

当时，广州的对外贸易处于公行垄断时期，经营银号的大多是与行商有密切联系的"银师"，他们协助外商保管现金、鉴定银两和融通款项。鸦片战争后，情况开始发生变化，除少数银号仍限于单纯兑换银钱业务外，大多数都与商行发生联系，它们办理存贷业务，收受商人的存款，还发行钱票、银票，配合当时的制钱和纹

二战前香港繁华的街道内银号、金铺林立，摄于1920年代。

银，发挥支付作用。广州的银号业务大多限于本省，只有少数与省外的行号有业务联系，而在省外设立代理机构的更只有极少数几家。

　　香港开埠后，随着转口贸易和商业的发展，香港与广东各地及海外各埠的汇兑需求日增，由华人经营的银号纷纷涌现。据考究，香港最早的银号成立于 1880 年间。陈镜勋的《香港杂记》记载：1890 年，香港已有"银号约 30 余间"。[6]到 1930 年代初，香港各类银号已发展至接近 300 家，规模大者资本约有数百万元，多属香港银业行联安公会；规模小者资本也有 4 万至 5 万元，业务以买卖为主，且多属金银业贸易场成员。这些银号主要集中在港岛文咸东街、文咸西街（南北行）及其邻近的皇后大道中、德辅道西一带。它们均在香港政府登记注册，有独资经营的，也有合股经营的，但作为股份有限公司者则极少。经营方式与当时中国内地的钱庄、银号相似，多在广州或其他各地设有联号。

　　其中，著名的银号有冯香泉和郭君梅的瑞吉银号、邓天福的天福银号、潘颂民的汇隆银号、周少岐兄弟的泰新银号、余道生的余道生金铺以及昌记银号等。香港的银号中，瑞吉银号以资本雄厚、业务稳健见称，创办于 1884 年前后。该银号经近半个世纪的经营，突然于 1931 年宣布收盘，一时令同行吃惊。原来是该号股东冯香泉看见掌权者滥取滥支，担心危及其他股东，因而力主收盘。据闻该银号创办时集股共十份，每份出银 500 两，经过数十年后收盘，每股分得港币 10 万元以上。[7]

　　当时，银号的主持人多称为"司理"或"在事"，在组织上虽然从属于合伙人或董事会，但掌握大权。规模较大的银号中，司理之下通常分若干职务，包括：

　　（1）"内柜"1 人，掌管银号的出纳事务；

　　（2）"掌柜"4 人，分任外柜出纳、交收汇兑、订立单据，以及登记客户往来账簿等事务；

　　（3）"行街"1 人，负责外出招揽生意、吸收存款、推广放款，以及信用调查等事项；

　　（4）"帮手行街"1 人，作为"行街"的助手；

　　（5）"文件先生"1 人，专责文件书信往来；

　　（6）"后生"若干人，负责收票、抄录、传递等杂务。

　　规模较小的银号，其组织并无如此周密，大抵人数减少，职务则多兼任。[8]

1930 年代小钱店的银元兑换牌。

香港银号的种类，按其经营的业务划分大致有三种，分别是以按揭业务为主的，从事金银找换、货币兑换的，以及以炒卖为主的。其中，以按揭银号的规模最大，其业务也与银行最相近，即以经营存款及放款为主，亦提供汇款及发信用证等服务，在贸易上则充当华商和外资银行的中介；金银找换银号，虽然业务不大，但集腋成裘，年终盈余也相当可观；至于炒卖银号，多数从事货币、生金银的买卖。当然，从事按揭及金银找换的银号也有兼营炒卖者。

表1.4　1940年香港银号一览表

银号名称	地址	银号名称	地址
大正号	德辅道中 276 号	和源银号	德辅道中 262 号
大昌	干诺道中 126 号	林栈荣银号	乍畏街 81 号
大林	乍畏街 82 号	昌利银号	永乐街 110 号
大源	德辅道中 262 号	昌记银号	大道中 114 号
大益	大道西 53 号	明成银号	干诺道西 51 号
中国建设银公司	公主行	明昌银号	大道中 106 号
仁泰	孖沙街 10 号	明泰银号	大道中 161 号
仁发	毕打街 6 号	泗合银号	德辅道西 52 号 2 楼
公信	永乐东街 121 号	信行金银公司	德辅道中 53 号
公裕	大道中 249 号	信成	永乐街 46 号
天益银号	文咸东街 100 号	恒生银号	永乐街 70 号
天祥	永乐东街 121 号	恒昌银号	大道中华人行
永记	永乐街 131 号	英源银号	德辅道西 6 号
永隆	大道中 112 号	香港银号	毕打街 4 号
生利	永乐东街 101 号	泰昌银号	德辅道西 36 号
生祥	孖沙街 24 号	泰益	大道西 6 号
亦安银号	文咸西街 79 号	真美银公司	大道中 10 号
兆生	孖沙街 13 号	财兴银号	永乐东街 153 号
兆生隆	大南街 62 号	真德	毕打街 15 号
同益	乍畏街 124 号	国源	德辅道中 262 号
安泰银号	文咸东街 73 号	祥栈	德辅道西 143 号
安盛银号	文咸东街 73 号	港利发记银号	德辅道中 299 号
成泰	德辅道西 31 号	陈成昌	德辅道西 44 号
何海记	弓弦巷 20 号	陈万发	德辅道西 32 号
宏兴	文咸东街 39 号	富记	孖沙街 15 号
两荣银号	大道中 14 号	荣兴	大道中 177 号
发昌	德辅道中 118 号	福华	文咸东街 43 号
华渣银号	德辅道中 169 号	纶昌	干诺道西 27 号
顺成	文咸东街 57 号	德信	大道中 155 号
顺昌泰	文咸东街 61 号	邓天福银号	大道中 171 号
顺兴	北河街 70 号	鸿德银号	大道中 165 号
新栈	德辅道西 139 号	鸿兴	德辅道西 4 号
源源兴记银号	德辅道中广东银行	丽源	永乐街 62 号
瑞和银号	文咸东街 97 号	宝德	孖沙街 17 号
瑞昌银号	德辅道西 10 号	宝丰银业公司	文咸东街 45 号
万昌	德辅道西 34 号	显记	永乐街 82 号
裕隆	永乐东街 77 号	诚亨	德辅道西 22 号
诚信荣记	永乐街 48 号	道亨银号	文咸东街 11 号

资料来源：《香港华侨工商业年鉴（1940）》，香港：协群公司，1940 年。

在香港，银号的一个重要资金来源是从外资银行获得由其华人买办作担保的短期"铺保贷款"。19 世纪末以后，外资银行在对中国开展的存放款业务中，经常掌握大量流动资金，但由于它们主要只对从事对华贸易的外资洋行提供资金和汇兑服务，相当大一部分资金需要有新的出路，这就促使它们与银号发生所谓"拆款"关系。而银号通过拆借，获得更多资金，也加强了它们与南北行、金山庄、米行、药材行、花纱行等华人行商的商业联系。也许正因为银号与外资银行的这种联系，1925 年香港银号因工人大罢工而发生财务危机时，汇丰、渣打两家银行向它们提供了紧急贷款，助其渡过难关。可以说，银号在补充外资银行的不足和向华人社会提供必不可少的金融服务方面，扮演了重要的角色。

香港银号最具规模的行业组织是香港银业行联安公会。该会的前身是银业联安堂，创办于 1907 年，是当时银号同业集思广益、联络感情的机构。银业联安堂没有固定的会址，会议主要在例假值岁的银号中召开，同时以该值岁银号的司理作为召集人。1932 年 12 月 12 日，香港银业行联安公会正式成立，会址设于乍畏街，并制定公会修正章程 18 条，呈交香港政府立案，其会员主要是一般按揭银号。[9]（见表 1.4）

1930 年代初，香港政府曾考虑立法监管银业。当时，香港的银业主要建立在贸易信贷基础之上，不少银号一方面接受存款，另一方面又进行其他业务，使得银号和商店之间缺乏明确的划分，数间银号尚未退还存款便突然歇业，令其他几间银号受到牵连而遭到挤提。1935 年 9 月，香港政府辅政司杨诺文（Norman Young）曾致函英国政府的香港事务专员咨询："政府应否尝试管制银号东主与亲友之间的小额存款及其用途？如果不加以管制，我们又应该怎样把它们从存户较广的机构中划分出来？"

1935 年初，香港政府成立特别小组，专门研究对接受存款的银号的管制问题。翌年 3 月，该小组主席致函英国政府："本小组认为，无论政府实施任何银管法例，皆不可将之引用于中国传统银号、一般商店或典当店铺。"至此，有关银业管制的考虑被搁置，直到二战结束后才再度被提到议事日程。[10]

2.2　恒生银号的创办与发展

香港银号的发展，以恒生银号最为瞩目，它在成立初期不过是聚集在港岛文咸街、永乐街众多旧式银号中并不起眼的一家，相信当日连它的创办人亦绝未料及恒生日后蔚然壮观的发展，成为香港仅次于汇丰的第二大持牌银行。

恒生银号创办于 1933 年 3 月 3 日，初期实收资本仅 10 万元，后来因新股东加入，股本增加到 12.5 万元。恒生的创办人是林炳炎、何善衡、梁植伟和盛春霖。银号取名"恒生"，根据恒生银行出版的纪念册的解释，是取其"永恒长生"之意。不过，据曾出任恒生副董事长的何添的说法，"恒生"二字分别取自当时盛春霖开设的恒兴银号和林炳炎开设的生大银号。

二战后迁入皇后大道中 181 号的恒生银号。

恒生银号的主要创办人林炳炎，祖籍广东清远，早年在上海发迹，"一生充满传奇"，走遍大江南北，具有浓厚的江湖道德观念，仗义轻财，从不计较一时的得失。他早年曾在上海开设生大银号，专门买卖外汇黄金。1929 年，林炳炎在上

1930 年代中的文咸东街,是香港金铺、银号的集中地,图中可见大隆银号及金银业贸易场的牌楼。

海被绑架,获释之后决定到香港发展,于是连同好友何善衡、盛春霖、梁植伟在香港创办恒生银号。

四位创办人中,对恒生银号的发展影响最深远的是何善衡。何善衡(1900—1997 年),祖籍广东番禺,早年家境寒微,只读过几年私塾,许多商业知识均靠日后自修得来,故此何氏发迹后极注重倡办教育。何善衡 14 岁时便踏足社会,在广州一家盐馆当杂工,稍后转到一家金铺学做生意,因为做事勤快,22 岁便当上金铺司理,后来自立门户当金融经纪。[11]1933 年恒生银号创办时,他出资最少,仅 1,000 元。不过,何善衡参与创办恒生,不但影响了他的一生,也影响了恒生的发展历程。现时提起恒生银号,相信定有不少市民联想起其勤恳待人、服务周到的形象,这种作风的形成与何善衡待人之道有莫大关系。

恒生银号最初开设于银号、钱庄林立的永乐街 70 号一栋旧式建筑物内,面积仅 89 平方米。据何善衡的回忆:"铺面的设计十分传统,顾客只需走上三步,便已碰上台面。"[12]当时,银号的董事长由林炳炎出任,经理和副经理分别由何善衡和梁植伟出任,整家银号职员仅 11 人,规模颇小。初期,恒生银号的业务主要是买卖黄金、汇兑及找换,走的是传统路线,如仍沿用算盘结算账目,账项也是用毛笔写在账簿上,并盖上银号的朱砂印。开业首年,恒生银号获利 10,389 元。

恒生银号创办不久,就以香港为基地将业务扩展到广州、上海等内地大城市,董事长林炳炎经常往来于香港、广州、上海三地,统筹策应,何善衡则较多专注广州的业务。在林、何二人的领导下,恒生在短短数年内就已稳步发展,渐上轨道。1937 年,日本发动全面侵华战争,内地各大城市殷商富户或纷纷南下,或急于把银元兑换成港币,上海、广州、汉口和香港之间的汇兑业务因而急增,恒生银号早已在各地建立完善的业务网络,因此生意源源不断。据何添回忆,当时,"货车把一箱箱的大洋从内地运来,由于内地政府急需外汇支付抗日军费,因此每隔两天我们便独家代理兑换的工作,把这些大洋换成港币,并从中收取佣金,恒生因而赚了大钱"[13]。

1941 年,日本悍然发动太平洋战争,香港沦陷。面对急剧的变局,恒生银号与其他同业一样，被迫暂停营业。林炳炎、何善衡等人将资金调往澳门，并带着 18 位员工暂避澳门。当时，澳门因为葡萄牙在欧洲持中立态度而未被卷入战火之中，得以偏安一隅。然而，其时澳门已开设一家恒生银号，为区氏家族所拥有。林、何等遂以永华银号的商号经营。永华的命名，体现了恒生银号 4 位创办人的爱国情怀，并没有因为身处困境而改变。就这样，恒生银号在澳门度过了三年零八个月的黯淡日子。

1945 年香港光复后，林、何等人即返香港重整旗鼓，将恒生银号从永乐街旧址迁入中环皇后大道中 181 号的自置物业。新店铺的规模已远较旧铺大。这一时期，利国伟加入了恒生银行。利氏在二战前曾任职国华银行，抗日战争期间曾在澳门协助恒生的股东处理业务，故此在 1946 年应邀加入恒生，负责处理海外黄金买卖。二战后，香港经济迅速复原，南北物资交流和汇兑等业务蓬勃发展，恒生银号及时把握时机，利用过去所建立的网络，再度在黄金买卖、汇兑和找换市场中大显身手，奠定了日后大展宏图的基础。

2.3 早期华商创办的西式银行

20 世纪初叶，香港的转口贸易和商业蓬勃发展，华人行商对使用押汇和信用证、支票的需求迅速增加，然而，传统的银号并不办理此类业务，绝大多数银号的资本额较小，利息高且信贷期短，存贷款极依赖固有的人际关系，具有较大的局限性。很明显，传统银号已日益不能适应香港华商经济发展的客观需要。在这种历史背景下，一批将西方银行先进的经营方法与传统银号结合起来的华资银行应运而生。

香港第一家华资银行是中华汇理银行，创立于 1891 年，创办人潘士成是广州有名的潘、卢、伍、叶四姓大家族中为首的潘姓家族成员。初期，该行董事会共有 7 名成员，其中华人占 3 席，实际上是华洋合资的银行。到 20 世纪初，中华汇理银行实备 291 万余元，分支行及代理处"遍布天下"，并曾在香港发行过面值 5 元、10 元的钞票。该行于 1911 年倒闭。

香港第一家华资银行中华汇理银行发行的 10 元钞票正面。

另一家早期创办的华资银行是广东银行，创办于 1912 年，创办人是来自美国旧金山的华侨李煜堂、陆蓬山等人，总行设在香港中环德辅道 6 号，而非传统银号聚集的上环。初期资本额定为 200 万元，后来扩充至 500 万元，分为 20 万股，每股 25 元。当时，广东银行的业务主要包括汇兑、储蓄、附贮（存款）、来往附贮、按揭（放款、押款）、保管箱等，后来在上海开设分行还获发钞权，从事钞票发行业务。创办初期，由于信用未孚，又缺乏经营银行的经验，广东银行的业务发展不快，"其营业状况不过一大银号而已"。[14]

第一次世界大战期间，金价暴跌，广东银行司理陆蓬山认为机会难得，趁金银比价巨大变动之际，请准香港政府改银本位为金本位，按当时每英镑兑换 4.8 港元的市价，将原已收取的港元资本全部转为英镑，资本总额则定为 120 万英镑，不足之数向社会招股。一战结束后，金价回升到原位，广东银行的资本折合港币已增加到 935 万元，无形中资本增加了近一倍，跻身全国资本

嘉华储蓄银行创办人林子丰。

较雄厚的银行之列。这一时期，广东银行业务发展迅速，分行开至广州、上海、台山、汕头、汉口以至曼谷、旧金山、纽约等地。其中广州、上海的分行办得有声有色，十分活跃。这是广东银行的鼎盛时期。

广东银行创办后，华资银行相继成立。早期的主要有：由华人买办刘铸伯、何福、何甘棠以及罗长肇、陈为明等创办的大有银行（1914 年），由支持孙中山的部分前"仁社"社员和同盟会会员集资创立的工商银行（1917 年），由米商刘小焯、刘亦焯、刘季焯和安南华侨刘希成等合资创办的华商银行（1918 年），由银行买办简东浦和华商李冠春、李子方等人创办的东亚银行（1919 年），由先施公司股东马应彪、蔡兴和退出大东银行的王国旋等创办的国民商业储蓄银行（1922 年）等。此后，相继创办的还有嘉华储蓄银行（1924 年）、永安银行和广东信托商业银行（1931 年）、香港汕头商业银行（1934 年）等。

工商银行创办于 1917 年，总行设于香港，资本总额 500 万元，实缴资本 80 万元。工商银行成立之初，主要作为孙中山与华侨联络的一个机关。1919 年以后，该行在总经理薛仙舟的主持下，业务有了较大发展，除从事一般银行业务外，经营重点放在接受海外华侨汇款上。许多华侨都认为它是华侨银行，把汇款转到该行办理，业务蒸蒸日上，分行设至广州、汉口、上海、天津等地。可惜的是，1930 年薛仙舟去世，工商银行受到外资银行的排斥打击，加上经营汇兑业务失败，被迫停业倒闭。

华商银行创办于 1918 年，总行设于香港，资本额 500 万元，实缴资本 500 万元。该行创办初期即在广州开设分行，其后又先后

1925 年工商银行的业务广告。

在上海、纽约等地开设分行。华商银行的业务重点是储蓄存款，1922 年上海分行开业时为吸引储蓄存款，不惜提高存款利息，规定"于开幕一星期内，新开各存户永远固息 8 厘起息"，结果市民踊跃前往储蓄，开业第一天即吸收存款 50 余万元。可惜，1924年，该行因总行难以维持而牵动各分行，被迫倒闭。

国民商业储蓄银行创办于 1922 年，总行设于香港中环德辅道中，董事长为蔡兴，监督马应彪，正司理王国旋。该行初期实收资本 200 万元，分为 20 万股，每股 10 元。由于主持人都是当时香港的殷富巨商，信用甚高，该银行业务发展迅速，获利相当丰厚，每年盈利都在 20 万元以上，分行亦很快开至香港九龙的油麻地、旺角，中国内地的广州、汉口、上海、天津，以及海外的新加坡等地。当时，国民商业储蓄银行虽然未能与广东银行、东亚银行这两家最重要的华资银行并驾齐驱，但地位已日见重要，被称为广东省"华资经营之银行中后起之健者"。不过，1930 年代以后，该行受到广东银行挤提风潮的影响，一度也被迫停业，后经改组于 1936 年复业，但业务已大不如前。抗日战争全面爆发后，该行自行清理停业。

嘉华储蓄银行创办于 1922 年，当时称为嘉华银号，地址设于广州市西濠口，"嘉华"二字即来自当时银行的两位股东"嘉南堂"的"嘉"及"南华公司"的"华"，创办人是林子丰先生。其实，早在银行创立之前，作为置业公司的嘉南堂和南华公司就已设有银业部。随着公司业务的发展，银业部的存款也不断增加，两家置业公司联合广西梧州的桂南堂、桂林的西南堂成立嘉华银号，资本额为 200 万元，实收资本 52 万元，后增至 100 万元。1924 年，嘉华银号以"嘉华储蓄银行"之名在香港注册成为有限公司，总行设于香港德辅道中 208 ～ 210 号，初期并不对外营业，真正营运的是其广州分行。1926 年，嘉华储蓄银行改名为嘉华银行公众有限公司。嘉华银行的业务方针以储蓄为主，借社会资金为 4 家置业公司的投资提供更好的融资条件。1929 年总行正式对外营业，广州方面转为分行。1935 年，受世界经济大危机的影响，嘉南堂和南华公司相继倒闭，波及银行，该行被迫宣布停业。1936 年复业后，香港、广州两行分离独立，各自经营。

这一时期，内地一批中国资本银行亦开始将业务拓展到香港。1917 年，中国银行（当时

1935 年国民商业储蓄银行的业务广告。

1935 年香港盐业银行的业务广告。

表1.5　1940年香港银行一览表

银行名称	地址	司理
大通银行	大道中 15 号	
中中交农四银行联合办事处香港分处	德辅道中 10 号	
中央银行办事处	上海银行	
中南银行	都爹利街 4 号	章淑淳
中国银行	大道中 4 号	郑寿仁
中国农工银行香港通讯处	德辅道中亚历山大	齐致
中国农民银行广州分行驻港办事处	大道中友邦行	
中国国货银行	铁行屋宇	
中国实业银行	华人行	
友邦银行	大道中 12 号	
四川省银行香港办事处	遮打道圣佐治行	
四明银行香港办事处	国民银行 7 楼	
四海银行	文咸西街 36 号	
永安银行	德辅道中 26 号	
永安银行九龙分行	弥敦道 361 号	
交通银行	雪厂街 5 号	李道南
安达银行	中天行	
有利银行	大道中 7 号	
金城银行	雪厂街 7 号	
东方实业银行	大道中 13 号	
和丰银行	大道中 13 号	
东亚银行	德辅道中 10 号	总理简东浦、司理李子方
上海商业储蓄银行	大道中 6 号	
康年储蓄银行	德辅道中 186 号	
国民商业储蓄银行	干诺道中 8 号 A	
义昌放款银行	大道中 5 号法国银行	威力
东亚银行九龙分行	广东道 642 号	
法国东方汇理银行	大道中 5 号	包德儒
南京商业储蓄银行香港分行	干诺道中 65 号	翟俊千
美国运通银行	德辅道中 4 号	士天那臣
香港上海汇丰银行	大道中 1 号	
香港汕头商业银行	文咸西街 48 号	
国华银行	大道中 11 号	
荷兰银行	荷兰行	
渣打宝源银行	大道中 3 号	甘勿殊
华比银行	德辅道中 4 号 A	毕来
华侨银行	大道中 13 号	
新沙宣银行	大道中 9 号	
义品放款银行	大道中 5 号	
万国宝通银行	大道中 2 号	
嘉华银行	永乐街 24 号	

表1.5　1940年香港银行一览表（续）

银行名称	地址	司理
福建省银行	太子行	
聚兴诚银行	太子行	
台湾银行	太子行	
广州中国银行驻港办事处	大道中 4 号中国银行	
广西省银行香港分行	大道中 10 号	张兆棠
广利银行	德辅道西 15 号	
广东银行	德辅道中 6 号	董事长宋子文、总司理邓勉仁
广东省银行	遮打道 5 号皇后行	
横滨正金银行香港支行	德辅道中 1 号太子行	鹿野克
盐业银行	德辅道中 236 号	
盐业银行九龙支行	弥敦道 353 号	

资料来源：《香港华侨工商业年鉴（1940）》，香港：协群公司，1940 年。

称为大清银行）在香港设立分行。1918 年，盐业银行进入香港。1931 年，日本发动侵华战争，一大批中国资本银行相继涌入香港，包括广东省银行（1929 年），广西省银行（1932 年），交通银行、上海商业储蓄银行、中南银行（1934 年），金城银行（1936 年），新华信托储蓄商业银行（1937 年），中国国货银行、聚兴诚银行、国华商业银行、南京商业银行（1938 年），中国实业银行（1939 年）等，它们与早期进入的中国银行、盐业银行等，构成香港银行业中的一个新类别。此外，来自新加坡的四海通商银行（1915 年）、和丰银行（1923 年）、新加坡华侨银行（1933 年）等亦先后进入香港。

　　随着华资银行的增加，华资银行组织的同业团体也相应成立。1919 年，香港华商银行同业公会（Chinese Bankers' Association，简称"香港华商银行公会"）由中国银行倡议成立，目的在于面对外资银行的歧视时，如何保障华资银行应有的利益。这一时期，华资银行的创办，成为 20 世纪上半叶香港银行业一股令人瞩目的发展趋势，早在 1920 年代就有评论指出："华资银行相继创办，一如雨后春笋。华人以其精明之特性，进军本为外国人垄断之金融领域，实为当时十分瞩目之现象。"[15]

曾于 1917 年在香港开设分行的大清银行位于上海外滩的办事处。

　　到 1941 年日军侵占香港前夕，香港拥有的各类银行已达 40 家左右。当时，由于内地遭受战乱，政局动荡，大量资金涌入香港，香港银行业呈现一片繁荣景象，1939 年出版的《香港华侨工商业年鉴》就载文指出，抗战爆发以来，"吾人所有财力，多数集中本港，以致各大银行营业，多有户限为穿，拒而不纳之势"，"本港银业，可谓极一时之盛"。[16] 二战前，香港各类银行的业务多以汇兑、押汇、侨汇为主，以配合香港作为地区性商业中心和贸易转口港的地位。（见表 1.5）

2.4　东亚银行："华南最稳健、实力最强的华资银行"

东亚银行创办人之一李冠春。

东亚银行创办人之一李子方。

　　东亚银行创办于 1918 年，创办人主要是和发成船务公司老板李冠春、李子方兄弟及德信银号东主简东浦。此外，尚有和隆庄的庞伟廷、殷商周寿臣、昌盛行的黄润棠、有恒银号的莫晴江、晋昌号的陈澄石以及南洋兄弟烟草公司的简英甫。

　　李冠春、李子方兄弟，祖籍广东鹤山。其父亲李石朋早年在广州经商，后来转移到香港发展，经营和发成船务公司，并创办南和行，在香港及安南经营食米、船务、银号及地产等多种生意，成为富商。李石朋晚年曾有意创办一家现代银行，一度要其长子李冠春进入东方汇理银行见习。可惜 1916 年李石朋逝世，其遗愿只好由其子李冠春、李子方兄弟完成。

　　简东浦（1887—1963 年），原籍广东顺德，出身于银行业世家，其父简殿卿是日本正金银行香港分行买办。简东浦完成学业后曾在日本神户的正金银行及万国宝通银行任职。1916 年，简东浦返港与曾任屈臣氏大药房总行买办的刘铸伯合资开设德信银号。简东浦在实践中积累了经营西式银行和传统银号的丰富经验。1918 年，简东浦与李氏兄弟及其他 6 位华商合作，创办东亚银行。

　　1918 年 11 月 14 日，东亚银行有限公司在香港注册成立，法定资本 200 万元，分成 2 万股，每股 100 元，由 9 位创办人各认购 2,000 股，其余股份向社会公开发售。9 位创办人成为东亚银行董事局永远董事。1921 年，东亚银行因应业务发展的需要，将法定资本增加到 1,000 万元，实收资本增至 500 万元，其中，殷商冯平山、简照南、郭幼廷、吴增禄、黄柱臣以每股 100 元各认购 2,500 股，也成为东亚银行永远董事。[17]

　　东亚银行的创办，情形与汇丰银行颇为类似。汇丰银行当年就是由香港最著名的外资洋行和大公司创办的，并得到这些洋行、大公司的充分支持，发展成为香港首屈一指的大银行。无独有偶，东亚银行也是由当时香港最有实力的华商创办的，这批人所主持的南北行、金山庄，包括李氏家族的和发成、南和行，庞伟廷的和隆庄，冯平山的兆丰行，吴增禄的

华资银行创始人——简东浦

早在第一次世界大战期间，创立东亚银行的构思就出现了。虽然银行的创办人共 9 位，但最初的推动力却来自 3 人，即简东浦先生、李冠春先生及其弟李子方先生，简、李两家人投契，友谊遂发展成可贵而持久的商业关系。

简东浦先生出任银行的永远总司理，直至 1963 年去世。他来自银行世家，其父简殿卿是正金银行（东京银行的前身）香港分行的买办。要成为合资格的买办，简老先生想必家境富裕，才拿得出钱、所需抵押，同时还要对华人的商业及财务交易具真知灼见。至于简东浦本人则毕业于极负盛名的皇仁书院，随后前往神户，就职该埠之正金银行，继而在国际银行（万国宝通银行的前身）工作了几年。回港后，于 1916 年与当时立法局华人代表刘铸伯先生开设德信号，而现代化银行的构思就是创立德信后不久形成的。

简东浦不仅是香港杰出的银行家，更被誉为中华现代银行业的巨子。在 1920 及 1930 年代，世所公认的对国际汇兑银行业务有真正认识的华人银行家只有 3 位，其一就是简东浦，其余两位分别是中国银行的贝祖诒及浙江工业银行的李铭。

在东亚银行创立期间，简东浦审慎精明，处事严谨，具领导才华，对银行的作风影响深远，所以他去世后，东亚的职员一直把他看作典范。简东浦把毕生精力全献给了东亚，使银行经历了多少风雨之后仍坚持其方针向前发展。

1963 年，简东浦先生自床上跌下，因脑溢血逝世。董事会新主席在 1964 年股东常会上报告简东浦先生逝世时说："我们敬爱的董事会主席兼总经理简东浦先生于 1963 年 11 月 23 日与世长辞了，我们怀着无比的沉痛记下这一天的哀思。简先生是东亚的创办人和永久董事之一，起先担任总经理，自 1959 年起又兼任董事会主席，45 年来为东亚鞠躬尽瘁，成就卓著。他的逝世是东亚无可弥补的损失，我们悲痛地怀念他的英明教诲与领导。"

这些话绝非溢美之词。东亚银行能形成规模，独具一格，信誉卓著，至今不衰，假若要论贡献，谁也比不上简东浦先生。他从零开始创立了东亚银行，并凭他的稳健作风，渡过了一次又一次的难关。当银行界不顾后果地恶性竞争时，他力排众议，顶住暗流。香港市民和银行同业之所以将东亚银行视为中流砥柱，是因为简东浦先生自东亚创立之初，为该行建立了如斯之形象。在他的领导下，东亚已成为本港具领导地位的银行。这地位不单是资产总额多少的问题，也包括了该行在银行同业心目中的地位。他在任期间，东亚银行成为外汇银行公会执委会之常务执委，直至 1962 年。本港华资银行获此殊荣者，仅东亚一家而已。

我们必须注意到，作为银行家，他的建树远远超越创立东亚银行这一层。我们不应忘记，他是把中国银行业从银号形式推进到现代商业银行的先驱者之一，这等于是从中世纪一下子跃进到 20 世纪。因此，他和贝祖诒、陈光甫、李铭被并列为 1920 年代以来中国最伟大的银行家。

无论他在国际上的声望有多高，简先生从来没有忘记自己是位华人银行家。读者或许还记得他在《东亚银行招股简章》中提出的坚定理想："为祖国策富强"，"组织一名实相符、信用稳固之银行"。招股简章中的这一理想绝非空泛的广告宣传，记得日本先是在 1931 年，其后在 1937 至 1938 年两度发动对华侵略时，简先生发扬爱国大义，带领本港银行界捐款数百万元，支持中国抗日。

简先生的个人榜样为中国银行业作出了无上贡献。当初，华洋双方都有许多人抱怀疑态度，认为中国人一定办不好银行，简先生因此下定决心，要证明这些人是错的。这也许可以说明，他为什么会如此坚持审慎稳健的经营方针——假如本港有的银行失败了，东亚银行仍会屹立不倒，证明华人一样可以办好银行。在这一理想驱使下，他积极协助本港的华资银行同业，帮他们解决实际困难，或与他们分享自己的宝贵经验。香港的银号在发展为现代商业银行过程中的艰辛，华资银行在香港所遭遇的不利处境，简先生作为过来人，无不有切身体会，因此，他毅然以指引同业为己任。在本港银行界中，他被视为"大哥"，备受尊崇，这固然因为他素重信用，又眼光独到，但最主要是因为他乐于助人。自香港华商银行公会于 1920 年代初期创办以来，他出力不少，一心维护华资银行的利益。对于个别的银行，包括未加入公会的银行，他不分彼此，同样热心相助。有道"同行如敌国"，但简先生对待本港的华资银行就从来没出现这现象。正如永隆银行伍宜孙先生宣称：

简东浦先生视我如子弟，面命耳提，不遗余力，不倦服膺明教。因此，本行经营宗旨，向亦以简先生之稳健作风为圭臬。今简先生虽归道山，而遗爱尚存，令人感佩。

伍宜孙先生的话可能也说出了很多华资银行同业的心声。时至今日，同业中仍有许多人对简先生感戴不已。

向他征询意见的尚有许多不同的层面。在第二次世界大战之前，他曾当国民政府的金融顾问。自 1949 年至他逝世为止，他是香港银行业咨询委员会中首位及唯一的华人委员。他以委员的身份，竭力使本港的银行业朝着更理性的方向发展。就在他与世长辞之时，银行业咨询委员会正着手准备颁布新的银行条例，以防止银行危机的发生。简先生当时已十分肯定，风潮随时会爆发。

他的长逝，使东亚银行的发展告一段落。

摘自冼玉仪著，陈毓雷、李仲贤等译：《与香港并肩迈进：东亚银行 1919—1994》，香港：东亚银行，1994 年。

东亚银行总司理简东浦。

1929年东亚银行创办10周年纪念。

吴源兴，黄润棠的昌盛行、昌盛隆，陈澄石的晋昌号，以及周寿臣、简英甫的南洋兄弟烟草公司。这些商行和公司"在香港各大行业，如大米、纺绸、金属、航运、烟草及房地产等皆处于领先地位"，再配合冯平山的亦安银号、维吉银号，简东浦的德信银号，李冠春的同兴银号，莫晴江的有恒银号，在香港形成庞大的商业网络，为东亚银行的成功奠定了坚固的基础。

东亚银行创办之初，以"有意为祖国策富强"为宗旨，它在招股简章中表示："同人等有鉴于此，拟原集巨资，刺激良法，组织一名实相符、信用稳固之银行，按切吾国社会之习惯，参以外国银行之精神，斟酌损益，尽善尽美，庶几胜券可操，而吾国商业也可期发展。"它反映了东亚银行创办人在当时外商势力如日中天之际，试图借西方先进的经商经验发展国家经济，抗衡西方经济侵略的爱国热忱。

东亚银行首届董事局主席由庞伟廷出任，1925年起改由周寿臣出任，其时周氏已出任香港立法局非官守议员，翌年更出任香港行政局议员，是香港出任此职位的首位华人。东亚银行的正、副司理则分别由简东浦和李子方出任。开业首年，东亚银行存、贷款已分别达400万元和200万元。1921年，东亚银行向置地公司购入德辅道中10号及10号A一栋物业，经增建和装修后自用，作为东亚银行总行所在地。

东亚银行创办后，积极拓展业务，致力筹建国际性业务网络。最初，李氏家族的南和行成为银行在西贡和堤岸的代理，到1920年代末，东亚银行的代理已遍及天津、北京、汉口、东京、横滨、神户、长崎、台北、马尼拉、新加坡、槟城、孟买、加尔各答、墨尔本、悉尼、伦敦、巴黎、纽约、西雅图、旧金山及檀香山。东亚银行先后在上海（1920年）、西贡（1921年）、广州（1922年）及九龙广东道和油麻地（1924年）建立分行。1933年，东亚银行与东南亚华侨富商旗下的利华银行在新加坡合资建

东 亞 銀 行 廣 告

啓者本銀行法定資本一千萬元收足資本五百萬元專營銀行一切事業務以利便海內外工商各界爲宗旨於中外滙兌格外通融快捷茲將經有支行及分設代理各埠開列於下

上海　天津　廣州　安南　西貢
星架坡　漢口　渣華　倫敦　東京
舊金山　檀香山　橫濱　神戶　紐約
小呂宋　及斐律濱羣島　長崎

所有定期活期儲蓄存欵不論港幣英美日金均可任便利息從優交收敏捷　如蒙惠顧無任歡迎

茲將存欵息價列下

壹年期五厘　半年期四厘半
日息來往二厘　短期隨時酌議　俱週息計

一九二二年八月一號　總司理人簡東浦謹啓

1922年东亚银行的业务广告。

立外汇部，拓展东南亚业务。

　　东亚银行在香港外的分销网络中，以上海分行最重要。东亚银行上海分行以经营英镑、美元等外汇业务为主，并设有钱庄，几乎垄断了当地广东籍华商客户业务，包括先施、永安纺织，以及规模宏大的茂和兴、茂和昌粮油庄。其中最大的客户是经营化妆品的广生行上海分行，该行老板明令所有存款均存于东亚银行。东亚银行上海分行于1920年加入上海银行公会，1924年成为当地发钞银行。

　　随着业务的发展，东亚银行在香港银行业也开始崭露头角。1921年，东亚银行加入香港华商银行公会，当时公会会员还有广东银行、国民商业储蓄银行、中国银行、华侨银行及盐业银行。东亚银行还先后加入香港外汇银行公会和香港票据交换所。到1930年代末，票据交换所共有16家会员银行，其中华资银行仅5家，东亚银行因而成为若干非会员银行的票据结算代理，奠定了东亚银行日后在香港中央票据结算制度中的结算银行地位。

　　1929年，即东亚银行创办10周年之际，董事局宣布，银行存款已从创办初期的400万元增加到1,050万元，员

1935年落成的东亚银行新厦大堂内景。

工也从当初的18人增加到200人。1935年，被誉为"现代化流线型建筑之楷模"、楼高14层的东亚银行总行大厦落成，标志着东亚银行进入一个新阶段。东亚银行成为"华南最稳健、实力最强的华资银行"。

2.5　1920—1930年代华资银行的挤提风潮

　　20世纪上半叶，华资银行在迅速发展的同时也遭遇到严重的危机。首先受到冲击的是华商银行。华商银行是香港最早创办的华资银行之一，大股东是香港最富有的米商，所经营的主要业务是侨汇、对与安南做生意的米商贷款，以及外汇买卖等。1924年6月，华商银行因从事外汇炒卖遭到严重损失，触发挤提风潮，被迫暂停支付款项，并最终倒闭。

　　华商银行倒闭事件，严重地打击了存户对华资银行的信心，大量存款从华资银行流向外资银行。当时，华资银行开始成为外资银行的竞争者，华商银行事件正好为外资银行提供了机会。同年7月，渣打银行连同数家外资银行致函华资银行，规定华资银行购买外汇时须以现金支付，此举无疑打击了华资银行的外汇业务。

　　1925年，受到省港大罢工的影响，香港的华资银行遭受了一次规模更大的挤提危机。大

约 1925 年的港岛风貌。

批市民由于对政局动荡的恐慌，从华资银行大量提取存款，从 6 月 19 日至 22 日的 4 日内，市民所提取并带离香港的款项达 1,600 万元。当时，香港政府下令，严禁银行及银号向存户支付超过其存款总额一成的款项。这次挤提使大部分银行被迫暂停营业，并导致部分银行、银号的倒闭。幸而两家发钞银行——汇丰和渣打向华资银行垫款 600 万元，使许多银行得以周转，避免遭受倒闭的厄运。

1935 年，受到西方经济大萧条的影响，部分过度向地产贷款、炒卖外汇的华资银行遭受了更大的打击。同年 1 月，嘉华银行因其广州分行过度发展物业按揭而无力支付存户提款，被迫暂停营业。当时遭受打击的还有广东银行。早在 1931 年，广东银行已一度发生挤兑风潮，存户提款高达 390 多万元，但当时该行实力雄厚，仍能从容应付，平安渡过难关。1934 年 9 月，广东银行再度遭到挤提，被提走的款项高达 1,000 万元，总行及海内外 6 家分行被迫停业。后来，该行经国民党政府插手改组，于 1935 年 11 月 23 日复业，由宋子文出任董事长，邓勉仁出任总经理，虽然仍称商办，但人事组织已面目全非。

这次挤提风潮还波及其他华资银行，工商银行被迫限制存户只能提取二成存款，国民商业储蓄银行被迫宣布暂停营业，该行的上海、天津、汉口、广州等分行亦告结业。受挤提风潮影响，大批存户涌到东亚银行挤提，东亚银行将一箱箱的银元、金条搬到营业大堂堆放，

1915 年广东银行的业务广告。

才得以渡过危机。

这次银行危机暴露了香港银行制度的众多问题，或者更准确地说，香港银行缺乏基本的制度。当时，香港仍然没有银行法例，甚至没有任何法律指引银行如何组织，更不用说指引银行如何运作了。香港政府对银行危机的反应，仅是检讨引入银行条例的可行性，结果是不了了之。

3. 保险业的早期发展

保险业是香港最古老的行业。

1842年香港开埠后，

从事鸦片走私的英资洋行纷纷从广州、澳门迁移到香港发展，

它们因航运业而经营的保险业也在香港发展起来。

早期的外资保险公司根据英文Insurance Co.译称"燕梳公司"，

保险公会则称"燕梳行"。

3.1　开埠初期的保险业：谏当与于仁

　　香港保险业最早可追溯到 1805 年在广州创办的谏当保险行（Canton Insurance Society）。该行是外商在中国创办最早的一家保险公司，早期的发起者是英资的宝顺洋行（Dent & Co.）、怡和洋行（Jardine, Matheson & Co.）、端拿洋行（Turner & Co.）和美资的旗昌洋行（Russell & Co.）。[18] 根据《怡和洋行史略（1832—1932）》的记载，早期，谏当保险公司"似乎是由一些保险商组成的私人团体……香港的所有知名洋行，每家都在里面拥有一份或数份股份，而保险业务由怡和洋行经营。每年保险公司都向股东们提交一份有关这一年经营结果的书面报告，而且看起来总是有相当可观的红利可分。事实上，当时收到的保险费将使今天任何一位保险商垂涎三尺"。[19] 可惜的是，该公司早期的历史记载在 1862 年宝顺洋行破产时没能保存下来。谏当保险行主要为外资洋行在对中国贸易（其中以鸦片贸易为最大宗）中的远洋运输货物提供保险服务，其客户就包括了它们的股东。该保险行每 5 年结算并改组一次，由宝顺洋行和怡和洋行轮流负责经营，直到 1835 年这两家洋行决定结束这一协定为

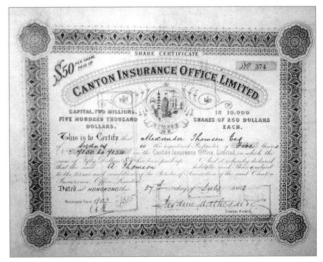

1882 年谏当保险公司签发的股票。

止。1835 年，宝顺洋行从谏当保险行撤出，另组建于仁燕梳公司（Union Insurance Society of

Canton, Ltd. ）。

1836 年，怡和洋行将谏当保险行改组为"谏当保险公司"（Canton Insurance Office Ltd.），其原始实收资本是 26,666 英镑。当时，印度的代理商在争取货运时，就是"利用怡和的海运和保险服务来招徕他们各自范围内的鸦片出口商"的。谏当保险在怡和的经营下，保险范围逐渐扩展到伦敦、印度和其他各地。不过，当时在广州，远洋货运的保险业务主要是由各大洋行代理。据记载，1838 年，设在广州的外资洋行约有 55 家，从事代理保险业务的外籍人员有 20 人，代理 15 家外资保险公司，诸如伦敦保险公司、联盟海险公司、海上保险公司等的在华业务。[20]

1841 年英军占领香港后，谏当保险公司即从澳门迁往香港，并于 1842 年在香港注册，成为香港最早的保险公司之一。该公司将总部迁入香港后，并没有放弃其在中国内地的业务。当

19 世纪末于仁燕梳公司的业务广告。

时，中国被迫开放五口通商，西方各国开始在各开放口岸设立租界，引入现代贸易制度和现代化基础设施。当时保险业发展迅猛，谏当保险率先投入到这一轮发展高潮中。1848 年，谏当保险在上海设立办事处，承保范围逐渐扩大到上海、福州、天津、汕头等地区。直到 1860 年，该公司仍是中国唯一的一家保险公司，当时它还在莫斯科设有代理点，为使用跨西伯利亚铁路的客户承保。到 1890 年，谏当保险公司已在内地 10 多个城市设有办事处或者代理点，其中包括厦门、广州、烟台、福州、汉口、九江、宁波、上海、汕头和天津。[21]谏当保险因应当时华人商行迅速发展的趋势，其分行"在中国商人当中售出保单比在西方商人中售出的数量要多得多"。就连专门处理外商保险业务的泰西分行，向中国商人出售保单的情况也屡见不鲜。[22]1881 年，谏当保险公司正式改组为一家主要经营海险业务的有限公司，总股本 250 万元，股本共计 10,000 股，每股 250 元，已具备相当大的规模。

19 世纪后半叶（1850 年以后），谏当保险公司一直由一个顾问委员会控制，该委员会包括许多香港经济界著名人物，如创办香港置地公司的保罗·遮打（Sir Paul Chater）和大买办何东（Sir Robert Ho Tung）。[23]对于英国及其占领地的公司立法而言，1860 年代是关键性的时期。通过这时期的立法，公司的永久继承权和有限责任制被确立下来，这种确立方式比现今的其他方式都简易与便利。因此在 1872 年，谏当保险公司成为正式法人公司，取代了以往的一系列合伙制。1881 年，谏当保险根据第一部公司法正式改组为一家有限责任公司。几年后，该公司更成

为伦敦保险承保人协会（又称"伦敦保险人协会"，Institute of London Underwriters）的创始会员。

香港早期另一家保险公司是于仁燕梳公司。1835 年，宝顺洋行退出谏当保险行，在广州成立于仁洋面保安行（Union Insurance Society of Canton），独立经营。据有关文献记载，宝顺洋行创办的于仁保险，其原始实收股本为 50,000 美元，原始股东除了宝顺洋行以外，还有英资的怡和洋行（Jardine Matheson & Co.）、特纳洋行（Turner & Co.）以及美资的旗昌洋行（Russell & Co.）等。于仁洋面保安行又称友宁保险行。该行在创办之初就允许华商设股。

两款怡和火险公司徽号之一。

于仁保险创办的初衷，是要让创办人共同分担各自向英国及世界各地运输货物的风险，各股东每 3 年向公司清偿所欠险款。这一做法自公司创办时便开始采用，并且一直沿用到 1874 年。这反映出于仁保险从一开始就是广州"自由商人"相互保险的组织，公司的股东同时又是公司的客户，他们自筹互助金，共同运作，彼此受益。[24] 于仁保险创办初期，即在伦敦、加尔各答、孟买、新加坡、马尼拉等城市设立代理行。[25] 资料显示，在最初的 5 年，该公司的经营十分成功。1842 年香港开埠后，于仁洋面保安行即从澳门迁往香港，并于当年在香港注册，成为最早将公司总部设在香港的保险公司。

1860 年代，对于仁洋面保安行的发展产生深远影响的重大事件，是宝顺洋行的破产。1866 年，印度发生棉业工潮，不少洋行和银行因而破产、倒闭。其中，显赫一时的宝顺洋行亦在工潮中倒闭，成为当时香港经济中的重大事件。受到宝顺洋行破产的影响，于仁保险的公司管理权发生了重要的转变。1862 年，G.D. 威廉斯（G.D. Williams）取代陷于破产的宝顺洋行的颠地，出任公司主管。1868 年，罗伯特·沃特莫尔（Robert Watmore）再接替威廉斯，担任公司主管，直到 1871 年。尽管受到一连串内部管理权变动的影响，但由于其间香港的对外贸易蓬勃发展，公司的业务仍然发展顺利。1868 年，于仁保险在上海设立分支机构，并委派塞缪尔·布朗（Samuel Brown）担任公司驻上海的首席代表。这是于仁保险成立 30 多年来首次向香港境外的业务拓展。1868 年至 1870 年期间，于仁保险的资产已达到 125 万美元，共分为 250 股，每股 5,000 美元，每股实缴 1,000 美元。[26] 这一时期，于仁保险的主要股东和公司董事包括怡和、仁记、沙逊、祥泰、华记、义记、禅臣这香港 7 大洋行。[27]

1871 年，对于仁保险的发展产生深远影响的伊德家族首次进入公司。该年，纳撒尼尔·伊德（Nathaniel Ede）出任公司主管，直到 1897 年，时间长达 26 年。他上任初期，即着手对公司的管理模式进行改革，制定了新的《公司章程》，放弃了传统的每三年一次清算的原则，将公司从早期的共同分担风险的临时性商人互助组织，改组为一家永久性的无限责任制公司。不过，公司仍保留着一些旧式合伙制的特征。如新《公司章程》就规定：对于不向公司提供支持的股东，公司董事会可撤销其股份，重新分配给能为公司带来业务的其他人。1882 年 10 月 24 日，于仁保险根据 1865 年至 1881 年的《香港公司法》进行注册，最终改组为一家股份有限责任制公司，额定资本为 125 万美元，分为 500 股，每股 2,500 美元。

制度创新给公司发展注入新的动力。于仁保险展开了新一轮的业务扩张。1874 年 1 月，于仁在英国伦敦建立了分支机构，与伦敦众多历史悠久、实力雄厚的保险公司展开竞争。1883 年，于仁在澳大利亚的墨尔本设立分支公司，积极拓展大洋洲地区的业务。进入 20 世纪，于仁更是展开了一连串的收购活动，以扩大业务。1904 年，于仁收购了 Russell & Sturgis，该公司代表于仁在马尼拉开展业务，其前身就是公司创办者之一的旗昌洋行。其后，于仁还先后收购了前身为中外保险公司的华商保险公司（China Trades' Insurance Company，1906 年）、中国火灾保险公司（China Fire Insurance Company，1916 年）和扬子保险公司（1925 年）等。到 19 世纪后期，于仁保险成为"活动范围遍及全球的一家大的专业保险公司"。[28]

19 世纪中后期，在香港创办的外资保险公司还有：1865 年太古洋行创办的香港保宁保险公司，1868 年怡和洋行创办的怡和火险公司（Hong Kong Fire Insurance Company Ltd.），1870 年由旗昌、沙逊、琼记等洋行创办的香港维多利亚保险公司（Victoria Insurance Co.）等等。其中，怡和火险公司成为香港最具声誉的一家保险公司。

1897 年怡和火险公司业务广告。

值得一提的是，这一时期各保险公司的业务仍主要由大洋行代理。如 1860 年代，怡和洋行代理谏当保险公司、怡和火险公司、于仁燕梳公司、孟买保险社、孟格拉保险社、特里顿保险公司、孟买海运保险公司等 8 家公司的保险业务；琼记洋行代理美国 3 家保险公司。当时，香港保险业的发展仍与外资洋行从事的对华贸易密切相关，主要应用于保障船舶货物及财产。大部分保险公司都以经营火险、意外保险及洋面保险等一般保险业务为主。香港早期的保险业中，人寿保险的发展远落后于一般保险，第一张寿险保单要至 1898 年才出现。

19 世纪后期，香港华商亦开始投资保险业，初期主要以附股形式投资于外资保险公司，仅限于收取股息，并不参与经营。1870 年代，谏当保险征集 100 股新股，结果 7 名华商成为该公司股东。当时，谏当保险、怡和火险公司中，"中国股东的数目有了增长"。[29] 1871 年 5 月，主要由华商创办的华商保险公司宣告成立，总部设在上海，在香港开设分公司，该公司股本 150 万元，其宗旨是"把华商自己贸易的厚利收归己有，在公司股份之中，务欲华人居其大半"。[30] 1877 年，香港金山庄和兴号东主李陞与买办何亚美等人合伙筹资 40 万元创办安泰保险公司，按照西方企业经营方式去经营往来船只的保险业务。该公司于 1881 年加入香港总商会，成为总商会第一家华资企业。安泰保险公司的创办，被誉为"19 世纪下半叶华人闯入洋商垄断的商业和金融领域的重要一步"。[31]

谏当保险及怡和火险董事局
成员 J. J. 凯瑟克。

3.2　19世纪下半叶香港保险业的发展热潮

1860 年代，香港作为新开辟的自由贸易商港，凭借着得天独厚的地理位置，获得迅速的发展。随着 1860 年代轮船时代的到来、1869 年苏伊士运河的通航以及 1871 年伦敦至远东电报线的架通等等所带来的汇兑、航运及通信等方面的便利，香港乃至整个远东地区对外贸易的经营方式都发生了重大变化，过去那种大一统的洋行经营体制逐步解体，洋行对那些"对外贸易的'外围经济部门'，如航运、保险、条约口岸设施以及银行业的关切，超过了对货物买卖的关切"[32]，他们深刻地认识到了"保险业、银行业如同航运业一样，已发展成为这家洋行的至关重要的职能部门"[33]。

正是在这种特定的历史背景下，1860—1870 年代，香港各大洋行掀起了第一轮投资、经营保险业的热潮。1861 年，美资琼记洋行开始展开大规模的保险业务。在此之前，这家洋行只索取保险佣金，并不担任保险代理人。当年夏天，它成为美国 3 家大保险公司的代理行。琼记在保险业务上的发展，让同为美资的旗昌洋行感到恼火，因为它注意到琼记洋行"充当纽约 3 家保险公司的代理⋯⋯敢于承担大风险⋯⋯适用于本地，适用于英国，也适用于印度。这说明纽约的公司在政策方面已有所改变，因为它们不久前还曾拒绝指定代理人为货主保险"。[34]

1862 年，旗昌洋行展开比琼记洋行更大胆的投资策略，它在上海创办扬子保险公司（Yangtze Insurance Association），该公司总部设于上海，在香港注册，实收资本 417,880 银元，并在香港、伦敦、纽约、新加坡设分公司，在中国各口岸建代理处 30 多家。旗昌洋行担任该公司的经理人，专营旗昌洋行旗下的船货保险，特别是旗昌轮船公司所承运的长江航道的船货保险，几乎垄断了长江的运输险业务。1891年旗昌洋行倒闭，扬子保险改制为一家英商独立公司，资本金为120万两白银，实收72万两白银，成为当时外商在香港及上海早期保险业中颇具实力的公司之一。1941年太平洋战争爆发，扬子保险被日军勒令停业。

1865年，琼记洋行在香港创办保宁保险公司（British Traders' Insurance Company Ltd.）。该公司又称中外众国保险公司，由琼记洋行投资，并吸收华股，资本为220万银元，实收60万银元，经营水火及意外险业务。保宁保险公司业务发展很快，其分公司相继扩展至上海、汉口、天津、厦门、广州、福州、北京等城市，其后更"散布在中国及太平洋沿岸各重要港口"。1906年，保宁保险公司被于仁保险公司接管。1870年，琼记洋行与旗昌、沙逊、也者士、法银行、密士波克等6家外资洋行联合投资创办香港维多利亚保险公司（Victoria Ins. Co.），资本额为150万银元，由琼记洋行承办该公司保险业务。

这一时期，英资洋行也展开了对保险业的大规模投资。1857年，怡和洋行所属的谏当保险公司率先在上海开设分支机构。开业初期，因应当时华人商行迅速发展的趋势，谏当保险公司上海"分行的业务十分兴旺"[35]。为了进一步开拓谏当保险公司上海分公司的业务局面，该公司积极向其华商航运客户招股。1868年12月，上海怡和洋行经理F.B.詹森致函谏当保险公司的W.凯锡说："我以前曾提请你注意，给规模较小的航运公司及中国商号分配更多一点股份。这是解决这种令人不满意的局面的唯一有效方法。我们若不加紧笼络我们这里的主顾们，恐怕我们在这里要站不住脚。唐景星（注：怡和洋行驻华买办）看来已在做最大的努力来拉拢华商。因此，我殷切希望您能考虑把他为我们公司赚来的利润，分一部分给他以及其他有影响的华商。"[36]

1868年，由于公司承保的险种范围扩大，怡和洋行在香港创办香港火烛保险公司（Hong Kong Fire Insurance Company Ltd.）。该公司又称"香港火灾公司"，资本额为200万港元，实收40万港元。该公司"按其原来的目的，顾名思义，是为了承保火险"。这是第一家在香港本地经营运作的火险公司，并拥有香港第一辆消防车。如欧洲早期火险公司一样，香港火烛保险公司自建并培训自己的消防队。[37]根据管理伦巴德公司伦敦档案处的艾伦的回忆，1878年圣诞节香港发生了一场严重火灾，当时乘着强劲的东北风，火势蔓延迅速，消防队不得不拆除大量建筑物来防止火势扩散。许多建筑物使用湿毛毯和湿地毯来阻隔火势，从而得以幸存。其后用于存放过年烟花爆竹的仓库发生了大爆炸，许多人都看到了香港山边冒起大火球的壮观景象。

当时，菲利普作为查察并为投保财物估价的职员，对于为中药材商店估价印象深刻。他回忆道："巡查这些药材商行真是件可怕的工作，你必须和经纪人一起进入那些小巷，那里用瓶子泡着各种可怕的东西，如乌龟头和色彩斑斓的蛇，这些都能让我们呕吐得一塌糊涂。还有磨成

粉状的犀牛角，还有被风干的老虎的什么器官，看起来如同腌制的洋葱一样，但是却能卖到很
高的价钱。所以从保险的角度看，你必须清楚了解并牢记这些'秘方'的实际价值，从而才能
准确判断出应承保的价格。"

　　香港火烛保险公司总行设在香港，分公司则迅速扩展至上海、厦门、广州、汉口、北京、
汕头、青岛、重庆等中国内地城市。当时，保险公司为防止被保险人放火搬物，都在保户门楣
上悬钉一种铜质或铁质火标，既便于警察查检，又便于提醒救火人员奋勇抢救。一般中国保户
以悬挂保险商标为荣，因为非殷实商店住户，外商大多不敢贸然承保。如今，在上海市历史博
物馆里尚收藏有一份 1924 年 6 月 12 日签发的保险单，当时香港火烛保险公司在保单上的中文
名称为"香港火烛燕梳公司"。该公司业务发展迅速，获利丰厚，每年所获盈利相当于股本的
50％，股票增值曾达到过 400％。当时甚少有与其匹敌的保险公司。香港火烛保险公司后来更
发展成为香港最具声誉的一家保险公司。

　　香港火烛保险公司还积极拓展海外市场，包括日本市场。1868—1870 年间，香港火烛保
险公司在日本开始做市场推广（1897 年，英文版《日本时报》头版刊登了该公司的广告）。但
是早期的这种对于日本风险的承保让公司损失惨重，因为 1866 年横滨港发生了大火灾，1892
年东京也发生了大火灾，而且当时日本地震灾害频繁。但是当时公司在日本与英国及中国香港
间的联系还是很顺畅的，一直到第二次世界大战爆发。

　　19 世纪下半叶，香港保险业发展的第一次热潮中，有几个值得重视的特征：第一，外资各
大洋行相继投资创办了一批保险公司。这些保险公司以香港为总部，积极拓展中国内地的保险
业务，在其后的数十年间逐渐形成了一个以香港为重心、覆盖中国内地主要城市的经营网络。
第二，各大洋行代理保险业务的经营方式仍然持续发展，洋行代理的经营形态还有相当大的发
展。如 1867 年在上海成立的太古洋行，在 1875 年就取得了英国
3 家大保险公司的代理权。到 1900 年，太古洋行掌握的在华保险
代理权已超过了其他大洋行[38]，甚至与怡和洋行旗鼓相当。第三，
当时，香港保险业的发展仍主要与外资洋行从事的对华贸易密切相
关，主要应用于保障船舶货物及财产。第四，香港保险业的公会
组织开始建立。最早成立的公会组织是组建于 1895 年的香港火险
公会（The Fire Insurance Association of Hong Kong，简称 FIA），
当时为代理机构。

　　19 世纪下半叶，华商在保险业也取得迅速的发展。这一时期
华商创办的知名保险公司有：万安保险公司（1891 年）、义安水火
险公司（1899 年）、福安洋面火烛保险兼货仓公司（1900 年）等。

1895 年全安火烛保险的业务广告。

此外，在报刊广告上经常出现的还有宜安、全安、济安、同安、普安、仁安等多家保险公司，主要经营洋面火灾保险及按揭、汇兑、货仓等。[39]

3.3 20世纪上半叶的保险业

进入20世纪，香港的保险业出现了一个空前的低潮。1911年，中国爆发辛亥革命，清王朝瓦解，整个大陆处于战乱和分裂之中，世界运输的随机性也增加了，4个月内不少于41艘轮船失踪或沉没，其中包括著名的泰坦尼克号，于仁燕梳公司为沉没的泰坦尼克号支付了4.2万英镑。翌年，欧洲爆发战争，进入第一次世界大战，商业陷入严重的困境。不过，直到1915年，于仁燕梳公司在年度报告说它仍然运作良好，并表示要给股东发放红利。战争期间，于仁燕梳公司付出至少2,000万元用于战争赔偿，相当于（甚至高于）1914年底公司的总资产。[40]

一战后，保险业有了长足的发展。于仁燕梳公司加强了在中国内地的扩展，到1920年代，该公司在上海、汉口、北京、天津和广州等地都设立了附属机构，并控制了长江保险协会。这一时期，于仁燕梳公司的分支机构还扩展到伦敦、新加坡、悉尼、旧金山、西雅图、多伦多、开罗、约翰内斯堡等世界各大城市，形成"遍布世界的办事网络"，成为一家著名的跨国保险公司。

20世纪初叶，外资人寿保险公司开始进入香港发展，其中的佼佼者是加拿大资本的宏利人寿保险有限公司（The Manufacturers Life Insurance Company）。其实，早在1897年，宏利保险已开始在中国上海及香港经营业务。1898年，宏利保险在香港成立代理公司布兰得利公司（Bradley and Co.）。当年12月23日，布兰得利有限公司的A.

约1950年的于仁燕梳公司，位于干诺道中与毕打街交界处。

1935 年宏利保险设于香港的办公室。

1930 年代中先施人寿保险的业务广告。

1950 年代永安人寿及水火保险的业务广告。

H. 艾利斯（A. H. Ellis）在华南地区售出宏利保险的第一张人寿保单，该份保单是一份 15 年的承兑保险，编号为 25042，投保者是一位 31 岁的中国男性，保险金额为 2,000 港元，年金为 151.61 港元。[41] 1931 年 5 月，宏利保险在香港开设南中国分公司，先后在广东的汕头，福建的厦门、福州以及澳门等地设立办事处，并进军团体退休金市场，成为当时香港乃至中国南方最著名的人寿保险公司。二战前就来香港的外资人寿保险公司还有永明人寿。永明人寿与宏利保险一样，都是加拿大保险公司，二战前已在上海及香港等地设有办事处。

华商在保险业也有了进一步的发展。1915 年，永安公司创办人郭氏兄弟在香港筹资 61 万元，创办了永安水火保险有限公司，该公司业务发展迅速。1925 年，郭氏兄弟再创办永安人寿保险有限公司，将保险业务扩展到人寿保险。到 1930 年代，永安水火保险公司的分支机构已遍设中国内地各大城市及东南亚各埠。同期，先施等多家华资公司都先后将投资领域扩大到保险业。

据估计，到 1940 年代初，香港的保险公司及其办事处已发展至约有 100 家（见表 1.6）。当时，外资保险公司实力雄厚，但在香港所设基本为分支机构，而华商保险公司则多将总部设在香港，"唯其中多属数十万或百余万资本者"。香港的保险业，基本由英资洋行主导，这些洋行只是在经营贸易及航运的同时，附带做保险代理，因此险种较单一，以代理业务为主，主要从事有关航运和货物的保险，服务的对象也主要针对外国商人。

　　1935 年，在庆祝于仁燕梳公司成立 100 周年时，该公司董事长多德韦尔（S. H. Dodwell）指出："要从一个由商人在广州创办的小公司，发展成为由全球居民持股的跨国公司，需要预见和创造。我们今天的地位证明我们的先辈并不缺乏这种精神。"申顿（The Hon. Sir William Shenton）回应董事长发言时表示："没有任何一种商业活动像保险一样清晰地反映了商业活动的状况，没有其他哪种生意在国际贸易自由潮流中更加兴盛。"[42]这番话也可以说是香港早期保险业的写照。

表1.6　1940年香港保险公司名录

名称表	地址	联系电话
士葛治于仁燕梳公司	德辅道中 10 号	28008
大东方人寿保险公司	英国行	33581
中央信托局保险部	德辅道中 6 号	31215
中国仁济和水火保险公司	干诺道西 15 号	28180
中国保险公司	国民银行（香港德辅道中 8 号 A）	31018
中国保险股份公司	广东银行（香港德辅道中 6 号）	31215
中华公司	高升街 84 号	
中华火险燕梳有限公司分局	永乐西街	
公益保险行	太子行	30823
友邦人寿保险公司	大道中 14 号	30234
太古洋面火烛保险分局	德辅道中 127 号	20125
太古洋行保险分局	乍畏街 125 号	27237
太平公司	永乐西街 204 号	24124
太平洋行	大道西 17 号	34017
太平保险公司	德辅道中 8 号 A	33331
太阳日球保险公司	英国行	33581
世界保险公司	东亚银行（香港德辅道中 10 号）	21174
北美洲保险公司	德辅道中 10 号	21174
北美洲保险公司分局	德辅道中 74 号	20639
北美洲保险公司分局	大道中 249 号	
北美洲保险公司分局	永乐西街 209 号	27846
北美洲保险公司分局	永乐西街 120 号	30567
四海保险公司	大道中 14 号	27707、30234
四海保险公司分局	干诺道西 17 号	
四海保险公司分局	德辅道中 283 号	
四海保险公司华人办事处	干诺道西 5 号	
四海通保险公司	南北行街 36 号	23593
平澜保险公司	德辅道中 4 号 A	30965

表1.6　1940年香港保险公司名录（续）

名称表	地址	联系电话
永安燕梳公司	德辅道中 225 号	22017
永安人寿保险有限公司	德辅道中 26 号	23307
永明人寿燕梳公司	告罗士打行 16 号	31211
永乐公司	干诺道西 29 号	
先施人寿保险有限公司	德辅道中 173 号	25079
先施保险置业公司	德辅道中先施公司 5 楼	21821
先施燕梳公司分局	九龙上海街 489 号	
全安公司	大道西 8 号	27308
合众人寿保险公司	德辅道中 10 号	31913
同安公司	大道西 15 号	27136
安平公司	永乐西街 120 号	30567
安泰保险公司华南分行	东亚银行（香港德辅道中 10 号）	21174
伯安公司	文咸东街 98 号	24600
利华公司	永乐街 92 号	31084
冷架西燕梳公司	遮打道沃行	27922
均安燕梳公司	干诺道西 29 号	21195
宏利人寿保险公司	大道中亚细亚行	20601
免那日球燕梳分局	永乐街 50 号	23781
宜安保险公司	文咸西街 26 号	20260
于仁燕梳公司	必打街于仁行	28081
东泰公司	南北行街 43 号	24403
东舆隆	德辅道西 25 号	27553
明发公司	乍畏街 71 号	24850
和发	永乐西街 209 号	27846
和祥	德辅道西 8 号	24571
金孖素于仁燕梳公司	皇后行	20153
金孖素于仁燕梳公司分局	大道中 304 号	20546
金孖素于仁燕梳公司分局	永乐西街	
南华公司	皇后街 20 号	22012
保太燕梳总公司	华人行	23583
保太燕梳总公司分局	乍畏街 71 号	24850
保慎燕梳公司	德辅道中 4 号 A	25921
信记	高升街 54 号	24441
美亚水火保险公司	大道中 14 号	30234
美亚水火保险公司华人办事处	干诺道西 5 号	
美国安康保险公司	华人行	24875
美国保险公会	德辅道中 10 号	22277
美国旧金山人寿保险公司	荷兰行	31513

表1.6　1940年香港保险公司名录（续）

名称表	地址	联系电话
香安保险公司	国民银行	
拿平燕梳分局	乍畏街 71 号	24850
修附毕喏燕梳公司	太子行	21134
修附毕喏燕梳公司分局	德辅道西 16 号	
祝平公司	德辅道中 171 号	
康年水火保险公司	德辅道中 168 号	20890
泰山保险股份有限公司	大道中 14 号	24743
康年人寿保险公司	德辅道中 168 号	
梨高公司	广东银行	27743
陆海通人寿保险总公司	德辅道中 297 号	26795
陆海通人寿保险总公司分公司	九龙弥敦道 374 号	
乌思伦保险总公司	德辅道中 10 号	28008
乌思伦保险总公司分局	德辅道西 6 号	
乌思伦保险总公司分局	文咸东街 44 号	
普安保险公司	德辅道中 288 号	20106
渣甸燕梳公司	永乐东街 171 号	26240
渣甸燕梳公司分局	大道西 7 号	27132
华安合业保寿尔广分公司	娱乐行	25330
华侨保险公司	德辅道中 10 号	28008
新印度燕梳公司	干诺道中皇帝行	27791
意迪氏保险公司	太子行	30823
爱业人寿保险有限公司	德辅道中 63 号	26510
裕彰公司	德辅道西 61 号	
诚兴公司	文咸东街 54 号	
万安公司	大道西 4 号	27309
旗昌保险有限公司	德辅道中 4 号 A	28121
福华保险公司	文咸东街 43 号	21587
澳洲国民人寿保险均益会	德辅道中 6 号	27473
环球公司	大道西 73 号	33639
联安保险公司	永乐东街 89 号	21869
联保水火保险公司	德辅道中 269 号	
联邦人寿保险公司	大道中 14 号	30143
联益燕梳公司	德辅道中 313 号	21330
联泰火险洋面燕梳有限公司	德辅道中 272 号	21131
礼记公司	德辅道西 29 号	21754
宝兴保险公司	大道中 6 号	31116
显发有限公司	干诺道中 17 号	22489

资料来源：《香港工商通讯录》，龙文书店，1940 年 6 月。

4. 早期黄金市场：金银业贸易场

香港的黄金市场有着悠久历史。

根据金银业贸易场创办者及首任主席林癸生回忆，

早在19世纪末20世纪初，

香港已开始有人从事小规模的金银买卖，

买卖的对象主要是一些碎银碎金、银币、金币等。

4.1　金银业贸易场的创办

19世纪末九龙城内一景，图右为金银首饰找换店。

当时从事金银买卖生意的人，每天背着一个布袋沿街收买"双毫"（当时中国内地通用的银币，每枚二角，故称"双毫"，又称"龙毫"，因其背面铸着一条龙）及各国金银纸币等，其中尤以龙银双毫为大宗。

后来，沿街买卖发展成为钱银柜台，钱银柜台再发展为银号，兼营内地的汇兑业务。香港初期的钱银柜台，每天凌晨4时便开业，主要业务是银毫找换铜钱。最盛行的买卖就是金仔和银币，一般采取暗盘交易，买卖双方握手便算坐实，常常引起争执。因此，行内的有识之士都认为应该改为明买明卖，要有一个统一的机构。这是香港金银业贸易场诞生的历史背景。[43]

金银业贸易场创办于1910年。当时，一批钱银找换及买卖商创办"金银业行"（The Gold and Silver Exchange Company），这是金银业贸易场的前身。当时，交易仍由买卖双方用握手形式暗中进行。"金银业行"曾有多少会员已不得而知，

右图为1935年文咸东街，乃金铺、银号集中地，图右可见金银业贸易场招牌。

金银业贸易场徽号。

因为所有记录都在第一次世界大战中散失。1920 年，在香港政府华民政务司夏德里面谕下，金银业行申请注册为"金银业贸易场"（The Chinese Gold & Silver Exchange Society）。贸易场成立初期，地址设在港岛中环电车路永安公司对面的一栋三层楼高大厦的底层，会员超过 200 家。（见表 1.7）当时，贸易场内的交易员都是清一色男士，以口头或手势公开叫价（金价），第一个触到卖家身体的人就获此次交易，这也就是为什么没有女交易员的原因。由于场内买卖热闹，门外挤满人群，严重影响交通，香港政府遂要求贸易场另觅地点搬迁，贸易场于是辗转迁移，十分不便。

1927 年，贸易场主席钟达清、副主席冯德民作出决定，购入上环孖沙街 14 号店铺，作为永久性场址。1932 年，钟达清再任贸易场主席时，连同道亨银号创办人董仲礼、恒生银号创办人何善衡等，再购入孖沙街场址相连的 16、18 号店铺，拆卸重建。1935 年新大厦落成时，贸易场主席董仲礼主持开幕典礼，政府高官及华人社会名流均到场庆贺，金银业贸易场在香港经济中的地位初步奠定。

金银业贸易场的会员以店号为单位，持牌人不过为该时的司理人而已，故会员又称为"行员"。根据该贸易场的章程规定，行员少于 150 家时，才可以增加新会员。当行员数目超过此数时，新申请加入的行号只有向旧行员要求转让牌照，并需两名理监事签名介绍，经贸易场理监事会审查合格，张贴通告 10 天无人反对，然后全体投票通过，才可成为行员。牌照的原值仅 500 港元，其转让费在 1930 年代后期约为 3,000 元，1947 年升至 3 万元，到 1970 年代后期则涨至约 40 万元。（1970 年代银号见表 1.8）

1927 年 10 月 1 日金银业贸易场落成典礼职员合照。

1935年金银业贸易场新厦落成典礼，图右至左：简达材主席、郭少鎏绅士、潘锦鸿、曹善允绅士、李葆葵绅士、罗文锦律师、董斡文、郭赞。

表1.7　金银业贸易场行员一览表（1932年）

店名	司理人	入行日期	店名	司理人	入行日期
仁记	张毓南	民国十三年九月十日	友记	杨必达	民国十八年八月廿九日
宜记	罗树铭	民国十八年八月三十日	同记	梅卿云	民国十八年八月廿六日
昌记	黄平　林叔明		球记	曾成裘	民国十八年八月廿六日
新记	谭光来	民国六年八月十五日	卓记	程远光	民国十八年八月三十日
富记	林汝琛	民国十七年八月十五日	华记	冯玉朋	民国十八年九月二日
显记	伍禧甫	民国十八年八月廿六日	季记	曾叔连	民国十八年九月七日
裕记	关崇信		发记	张华衮	民国十八年九月八日
财记	黄仲伟	民国六年八月十五日	荣记	张达亨	民国十八年九月六日
祐记	胡士康	民国六年八月十二日	源记	冯礼畲	民国六年八月十二日
合记	卢燊南	民国十八年二月廿四日	公信	谭昌业	民国十一年三月七日
明记	谭炯俦		德信	简东浦	民国六年八月十二日
永记	龚茂昌	民国九年三月十八日	巨信	李贤杏	民国十二年五月三日
英记	麦子英	民国十八年八月廿六日	诚信	汤焯文	民国十七年十一月廿六日
谦记	罗伟民	民国十八年八月廿六日	宏信	伍伯平	民国十七年二月廿九日
公记	赵日	民国八年十月廿五日	仁信	黄汝楫	民国十八年八月八日
锦记	陈锦镛	民国十六年五月廿六日	英信	区卓凡	民国十七年十一月十二日
腾记	冯少棠	民国十七年八月十九日	景信	罗树辉	民国十八年八月廿六日
全记	吕渭文	民国十八年八月廿五日	德荣	李哲如	民国九年六月廿四日
锴记	董寿锴	民国十八年八月廿六日	裕荣	吴香兰	民国十一年九月廿三日
昭记	尹士昭	民国十年三月十七日	富荣	林子云	民国十一年六月廿六日
乔记	梁伟民		祐荣	杨继	民国十四年三月六日
扶记	钟启南　钟寿南	民国九年九月十七日	广荣	彭贤	
林记	李林	民国十八年八月七日	两荣	陈焕均	民国十八年八月廿五日
朝记	黄昌其	民国十八年八月七日	协荣	黄昌泰	
祥记	谭礼时	民国十八年八月廿四日	鸿德	程惠泉	民国六年八月十日

表1.7 金银业贸易场行员一览表（1932年）（续）

店名	司理人	入行日期	店名	司理人		入行日期
阜德	梁少初	民国十年十月卅一日	广昌	陈炎		民国十八年九月二日
存德	冯蕴之	民国十二年元月七日	彤昌	黄瑞泰		民国十八年九月八日
大德	潘达材	民国十八年八月廿六日	连昌	李云波		民国十二年二月廿五日
宝德	张年溢	民国十六年二月十三日	宏昌	朱敏余		民国十八年八月廿六日
厚德	卢香岩	民国十八年九月二日	三昌	黎民颂		民国十八年三月六日
祐德	钟启南	民国廿一年三月廿六日	恒盛	简达材		民国十六年九月十日
真德	苏伯权	民国十八年五月十四日	同盛	简得荣		民国十六年五月十九日
裕德	黄景臣	民国十八年八月廿六日	安盛	关业辉		民国十八年八月廿五日
隆发	黄毓棠	民国十八年八月六日	隆盛	简典初		民国十六年八月廿三日
骏发	彭荣衮	民国十八年六月十二日	镒诚	李醴泉		民国九年二月五日
仁发	何槐庭	民国十二年四月四日	永诚	胡荫村		民国十七年三月廿八日
德发	陈玉鸣	民国十八年九月二日	天成	陆朝辉		民国十八年八月廿六日
文发	李辉甫	民国十七年三月十五日	德成	陈荣		
广发	林煌	民国十年四月廿一日	利成	郭驷来		民国十九年八月四日
明发	朱殖源	民国十四年一月廿三日	大成	陈伯康		民国十八年八月廿四日
东发	黎东发	民国十六年二月廿二日	昆诚	陆伯涵		民国七年四月卅日
达发	黄振基	民国廿一年三月八日	天祥	朱家藩		民国十七年十月八日
万发	陈述之	民国十五年十二月十二日	生祥	曾志德		民国十八年四月廿四日
瑞福	陈瑞星	民国六年八月十五日	广祥	甘雨田		民国十八年八月廿六日
景福	吕逸樵	民国十八年八月廿六日	万泰	陈元养		民国十八年六月一日
天福	邓志昂	民国八年十月廿七日	宏泰	李光华		民国十五年九月廿九日
富隆	朱德仁	民国十四年十一月廿二日	谦泰	黄生		民国十八年八月七日
宝隆	伍鸿南	民国十七年九月五日	仁泰	伍棠		民国十八年八月廿六日
百安隆	雷维治	民国十八年八月廿六日	恒泰	邓公寿	邹日初	民国十六年十月廿八日
顺隆	潘晓初	民国十年九月十五日	安泰	关尧熙		民国六年八月十五日
裕隆	李莱樵	民国十八年八月卅一日	协大	周颂明		
镒隆	陈杰卿		生大	简得光		民国十八年八月廿六日
永隆	伍宜孙	民国八年九月廿七日	汇源	梅才		民国十八年九月二日
大隆	黄礼兰	民国十八年八月廿五日	聚源	邓绪林		民国十八年九月五日
华隆	简得雄	民国十七年十月八日	其源	章炯裳		民国十八年九月二日
信隆	张焱	民国十八年八月三十日	源源	丁琢如		民国十八年八月廿四日
南隆	梅耀常	民国十八年八月廿四日	利源	卢日生		民国十六年十月十一日
安隆	麦星庆	民国十八年九月十八日	永源	伍尊三		民国十六年七月六日
达隆	黎佐明	民国十七年十月三日	广源	陈德昌		民国十五年十一月十日
福隆	邓浩然	民国廿一年三月六日	福源	谭赐陶		民国十七年十月十二日
瑞昌	陈晓民	民国十年五月十八日	昆源	廖善余		民国十二年九月五日
明昌	黄仁高	民国十六年二月一日	丽源	梅楫五		
达昌	钟达清	民国十年二月十五日	昌元	余友琴		民国十八年九月二十日
生昌	郭甲来	民国十八年九月廿日	南和	李莱樵		民国十八年八月廿五日
大昌	黄信仲	民国十一年五月十五日	瑞和	吕统三		民国十八年八月十二日
祐昌	黄荣	民国十八年六月十八日	兆和	刘植培		
绵昌	马俊民	民国十八年八月廿七日	德和	陈绍祥		民国十三年十一月五日
茂昌	姚慎诚	民国十八年九月二日	昆和	何荫庭		民国十八年八月十五日
万昌	陈炳南	民国十三年七月卅日	明兴	关心如		民国十八年八月廿八日
宝昌	曾开 谭星池	民国十一年二月十三日	顺兴	黄杰文		民国十八年八月八日
启昌	黄炳棠	民国十二年三月廿四日	宝兴	阮禄周		民国十八年六月十九日
巨昌	黄寿年	民国十五年五月十七日	仁兴	何浩		民国十八年七月十二日
南昌	黎学周	民国十八年三月十五日	东兴	李泽霖		民国十年七月四日
均昌	谢炳炎	民国十八年八月廿四日	利兴	凌寿南		民国十六年九月廿八日
乾昌	黄伟	民国十八年九月廿二日	生兴	朱根发		民国九年十一月二十日

表1.7　金银业贸易场行员一览表（1932年）（续）

店名	司理人		入行日期	店名	司理人		入行日期
联昌	冯丽祥		民国十七年九月十日	裕兴	简得华		民国十八年九月二日
昌兴	陈耀堂		民国八年十一月廿四日	港利	谭炳基		民国十八年八月廿七日
广兴	颜子璋		民国十八年五月十九日	万利	陈建章		民国十八年三月六日
同兴	郭镜清			福利	朱彰庭		民国十八年九月一日
福兴	阮耀宗			昌利	曾纪		民国十五年四月十日
丽兴	邝衡石			大生	陈杏芝		民国十八年六月十一日
宏兴	伍季田		民国十六年三月廿一日	植生	黄植生		民国十二年五月一日
荣益	唐冠雄		民国十四年一月六日	厚生	张锐鸿		民国十五年八月廿五日
换益	卢秀波		民国十二年三月廿八日	祐生	曾志德		民国十八年九月一日
祥益	胡广怀		民国十四年二月三日	义生	区显荣		
万益	柳惠生		民国十八年九月二日	南生	余垣初		民国十八年八月廿七日
生益	张兆平	陈朴蕃	民国六年八月十一日	祥安	冯叶祥		
仁裕	伍季明		民国十六年二月廿八日	万安	周文芳		民国十八年八月廿六日
昌裕	苏泽明		民国十一年一月廿六日	新安	朱端		民国十三年九月十九日
德裕	麦公		民国十八年八月廿四日	永安	郭泉		民国九年六月六日
永裕	朱卉如		民国十一年十一月一日	森丰	陈友仁		民国十八年九月二日
公裕	刘镇		民国十七年七月十六日	瑞丰	邱公泽		民国十八年九月六日
广裕	梁渭庸		民国十六年二月十日	明丰	黄梅		民国十八年九月二日
荣利	黄达衡		民国十八年八月廿四日	仁栈	陈日荣		民国十八年七月八日
香利	简培		民国十八年八月廿八日	林栈	林培		民国十八年八月廿五日
同利	潘锦什		民国八年八月十五日	裕栈	邓子正		民国十八年八月廿五日
广利	马元泰		民国十六年四月廿一日	义栈	黎少炜		民国十八年八月廿五日
生利	梁玉臣		民国十三年七月一日	永华	梁植伟		民国十八年六月十一日
德利	关侣豪		民国十八年三月十四日	南华	胡炳南		民国十八年九月廿四日
泗利	梁銮		民国十八年八月廿六日	嘉华	陈以河	黎纪南	民国十三年六月五日
新广利	吴少衡		民国十八年八月六日	天吉	区兆棠		民国十五年十一月四日
				瑞吉	郭君梅	彭勤生	民国六年八月十日
				信行	冯文德	简鉴清	民国八年十一月廿四日
				有恒	魏洞庭		民国十八年八月廿六日
				大有	梁颂平	朱赤文	民国六年八月十日
				大新	蔡惠民		民国六年八月十二日
				大林	罗树芬		民国十八年八月廿六日
				有余	吴仲畦		民国十三年八月廿九日
				慎余	朱伟生		民国九年四月廿四日
				厚全	梁耀庭		民国十八年八月七日
				岭海	黄华尧		
				道亨	梁瑞泉		民国十年三月十三日
				均明	黄子均	林明	民国十八年八月廿六日
				捷报	麦景云		民国十八年八月廿五日
				万顺	陈杰三		民国十八年九月二日
				利南	梅作柱		民国十八年八月廿六日
				恒生	盛春霖	何善衡 梁植伟	民国廿二年二月廿六日
				发昌	钟英才		民国廿二年三月
				益成	余焱伯		民国廿二年二月廿五日
				生泰	张荣阶		民国廿二年二月廿六日
				恒昌	简得诚		
				生元	关季然		
				丽生	伍耀国		

1930 年行员证书。

资料来源：《香港金银业贸易场廿一年度年刊》，金银业贸易场。

表1.8　金银业贸易场行员一览表（1972年）

昌记号	财记号	新记号	建兴号	富记号	永记号	腾记号	环球号
全记号	友记号	德记号	卓记号	华记号	季记号	荣记号	星记号
丽记号	永丰号	强记号	利昌号	瑞昌号	达昌号	茂昌号	万昌号
大昌号	启昌号	巨昌号	均昌号	生昌号	乾昌号	景兴号	同兴号
丽兴号	宝兴号	东兴号	宏兴号	利兴号	昌兴号	万兴号	中兴号
金兴号	安兴号	楠兴号	新兴号	裕隆号	顺隆号	安隆号	福隆号
永盛隆号	恒隆号	镒隆号	富隆号	宝隆号	永隆号	德隆号	瑞隆号
英隆号	明泰号	安泰号	仁泰号	恒泰号	建成号	永泰号	源泰号
甄泰号	文发号	再发号	荣发号	衡发号	泰发号	骏发号	明发号
祥发号	成发号	兴发号	广利号	发利号	泗利号	新广利号	万利号
福利号	昌利号	生利号	宏利号	威利号	巨信号	诚信号	宏信号
英信号	恒信号	德信号	泰信号	大德号	鸿德号	阜德号	宝德号
厚德号	真德号	祐德号	大生号	恒生号	裕生号	宝生号	利生号
锦记号	祐生号	周生生号	昆源号	丽源号	利源号	德源号	广发源号
恒昌元号	生元号	恒盛号	隆盛号	西盛号	永盛号	利成号	益成号
大成号	镒诚号	仁裕号	公裕号	昌裕号	广裕号	德裕号	生益号
荣益号	祥益号	联益号	大丰号	荣丰号	瑞丰号	恒丰号	联丰号
南和号	瑞和号	昆和号	德和号	新安号	祥安号	永安号	永嘉号
裕荣号	祐荣号	广荣号	天福号	瑞福号	景福号	周大福号	诚亨号
道亨号	永亨号	大亨号	恒福号	生发祥号	德祥号	林栈号	裕栈号
义栈号	永华号	南华号	嘉华号	益佳号	志远号	大林号	大新号
大来号	大有号	富有号	永好号	永明号	荣智号	信行号	兴合号
天吉号	绍松号	捷报号	公利号	惠昶号	福大号	安江号	大业号
万顺号	太顺号	立信号	林文锦号	顺景号	联业号		

资料来源:《金银业贸易场第廿三届理监事就职典礼》特刊，1972年。

设于文咸东街103号的利昌金铺，摄于1970年代。

4.2　金银业贸易场的业务与发展

金银业贸易场的行员中，并非每一家都可以铸造金条在贸易场交收。有权铸造标准金条的行员须持有由贸易场发出的经营牌照，它们总称为"标准金条集团"（简称"金集团"）。申请牌照者须经过严密审查，包括其历史、背景及司理人的信用与行为，还须有全间门面的地铺经营金银生意或入行5年以上的条件，而且须有金集团中的一家作联保人，并缴纳5,000港元的保证金。不过，自1946年4月1日起，贸易场已限制金集团成员的数目，不再发放有关牌照。1970年代有金集团成员共32家，但经常有金条送验者仅十数家，主要有周生生、景福、利昌、宝生银行及新鸿基等。（见表1.9）

金集团成员铸造五两重（187.145克）及九九成色标准的金条，他们申请验金时，必须事先填写申请书，加盖店章，并详细列明验金数量及日期。而贸易场则聘有验金专家，以磨金石方法为金集团验金，对符合成色及重量的金条加戳验印，以资证明。经检验过的金条即可向贸易场各行员及各金银首饰店出售。凡是发现送验的金条有两次不符合规定成色、重量的，贸易场即发出严重警告，并给予停止出售金条3个月的处分，第三次发现则吊销其牌照。因为监管严格并有一套明确的程序，贸易场在国际黄金市场上建立了良好信誉，有贸易场正式印戳的金条在亚洲被视为香港

右图为1949年的景福金铺总行。

表 1.9　金集团名单（1970年代）

祥信	丽兴金铺	恒盛	新鸿基金业公司
昌记	万昌	兴合	泗利
周生生	万胜金号	嘉华	大生
周大福	南华	景福	永亨号
道亨	安隆金银公司	景诚	永隆号
金鹰金号	宝生	丽记	永盛隆
恒隆	百胜金号	利昌金铺	永华
恒生	顺隆行	利成银号	英信

资料来源：金银业贸易场。

1947 年金银业贸易场的金条集团证书。

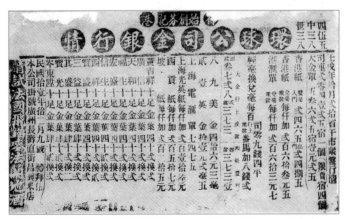

1922 年 12 月 9 日外汇及金银买卖行情表。

认许金条。[44]

金银贸易场买卖的产品，初期主要是金币、银币，二战前有英国的"二二金"、美国的"八九大金"及"四四金"，以及所谓的"中央纸""桂纸""西贡纸""广东双毫"及其他各国货币等。1934 年"八九大金"（金元）交易曾盛极一时。二战后则有各国纸币，如美元、日元、西贡纸、菲律宾比索及墨西哥金仔等等。其中，美元的交易为期最长，到 1962 年因现货不足而终止，只剩下黄金交易一枝独秀。黄金的买卖均以粤语公开喊价的方式进行，金条成色以纯度99% 为标准，即所谓"九九金"，以两（1.203,37 金衡盎司）为单位，港元报价。

贸易场每天在上午 11 时 30 分及下午 4 时定出上午及下午的正式结算价（星期六则在上午 10 时 30 分），所有未平仓盘均以结算价为对数，补交价格变动保证金给对方。此即所谓的"议息制度"，分为"加息""平息""减息"三种。议息的结果很影响金市的价格，例如，定为"加息"的话，必然有较多人买入以收息；定为"减息"的话，必然有较多人卖出以套息。如价格大幅波动而超出前定的正式结算价每两 500 元时，贸易场理事长有权暂停场内交易。这时，所有未完成的合约均须成交，每份合约最高以赚／蚀 50,000 元为限。在这个机制下，贸易场实际担当了结算公司的角色，数十年来运作正常，没有遇到重大财务问题或危机。前金银贸易场理事长胡汉辉认为："贸易场之制度，既具有纽约的期货之活跃，也同时保留了伦敦及苏黎世现金买卖之优点。"

二战期间，金银业贸易场一度停业。由于港府在战时将该场的注册文件丢失，贸易场遂于 1949 年 8 月重新注册。战后贸易场复业不久，适逢内地爆发解放战争，大量黄金走私内销。到中华人民共和国成立前夕以至其后的朝鲜战争，更有大量资金逃港，香港掀起了一阵阵金融投机热潮。尤其是 1947 年至 1949 年期间，香港黄金炒卖盛极一时，金银业贸易场自然生意兴旺，经历了一个蓬勃兴旺的发展时期。由于投机狂热，贸易场曾于 1949 年两度停市折价，盛况空前。

战后初期，贸易场的买卖单位是 10 两，后来因为市道牛皮，终年价格变动不大，于是改为 100 两，即每份合约为 20 条 5 两重的金条，于买卖当日交收结算，但在买方或卖方同意收取或支付仓费后，可以递延结算。在递延结算的情况下，一般不会订明到期日，会员的账户内最多可持有 2,500 两未平仓合约净额，超出限额则每份合约一般须在贸易场存有 4,000 元的基本保证金（不计利息）。

贸易场自成立以来一直主要由华人参与买卖，战后逐渐按习惯分为"广东帮""潮州帮"和"上海帮"等。其中，"广东帮"人士均为贸易场的老行员，以顺德人士最多，其余则为番禺、南海人士。他们经营的历史悠久，很容易与国际金商取得密切联系，代替他们在市场上"交、收、买、卖"，最有名的是所谓的"恒生系统"，包括何善衡、何添等。"潮州帮"人士与泰国、马来西亚、新加坡等地的金商关系较深，可以代他们在香港金市买卖。

1949 年，恒生银号总经理何善衡出任贸易场主席。何善衡是黄金炒卖的高手，被视为黄金买卖的权威，在美国期货交易界享有盛名，当时连芝加哥有名的期货公司 Sincere 的老板 Tom Hosty 都慕名前来香港向何请教。在 1949 年的炒金狂潮中，当时不少从上海来的商家，多以炒金破产收场，而"广东帮"则大获全胜。这是金银业贸易场成立以来最兴盛的时期。

1959 年景福金铺九龙分行开幕典礼，出席者有景福老板杨志云（左三）、杨志云太太（右一）、恒生董事长何善衡（右二）及香港景福董事冯尧敬（左一）。

5. 早期的货币制度：从银本位制到英镑汇兑本位制

从1842年香港开埠
到1941年日军占领香港的100年间，
香港的货币制度经历了
两个时期，
即银本位制时期和英镑汇兑本位制时期。

5.1 银本位制时期（1841—1935年）

曾在香港流通的外国贸易银元。

曾在香港流通的 1 元银币及外国贸易银元。

香港开埠初期，所使用的货币十分复杂，市面上流通的有中国银元、墨西哥鹰洋、西班牙本洋、印度卢比等等，并沿用中国的两、钱、分、厘为货币计算单位，各种货币常常被分割成小块碎银。当时，香港所实行的货币制度和中国内地一样，都是银本位制，主要的交易媒介和支付手段是各种银两、银元，而小额交易则使用铜钱。

1842 年 3 月 29 日，香港首任总督砵甸乍（H. Pottinger）宣布香港货币的暂时使用办法，规定西班牙本洋、墨西哥鹰洋、东印度公司所发行的卢比银洋、英国铸造的银币以及中国的两制银锭铜钱等，均可在市面流通；同时规定了各种货币的比值，即每 1 银元（白银 7 钱 2 分）兑 2.25 卢比，或 1,200 枚铜钱，每 1 卢比等于 533 枚铜钱。[45] 这一办法实际上是确认香港一贯沿用的银本位制。当时，香港虽然已处于英国的管治之下，但仍难以割断与中国货币制度的联系。事实上，由于香港与广州的贸易最为密切，香港早期的货币制度只是 "广州做法的延伸"，并为港英政府所认可。

不过，这一制度实施不久，就发现市面上伪币充斥，货币兑换复杂，金融市场一片混乱。1845 年 5 月 1 日，香港政府辅政司布鲁士（F.W.A. Bruce）颁布纠正公告，在规定西班牙本洋、墨西哥鹰洋、印度卢比、中国通用铜钱及其碎银可继续流通的同时，确定了英镑的法定货币（Legal Tender）地位，以便日后用纸币取代银币。从 1841 年到 1861 年，香港政府官方所有一切收支预算，都以英镑（采用金本位制）为记账单位（1864 年香港政府再颁布凡政府税收和出纳概以英镑为法定通用货币的规定，但到 1895 年宣布废除），而民间则因传统习惯仍沿用白银和铜钱进行交易，政府财政司收取地租时也宁愿接受白银而非英镑。1862 年，香港总督罗便臣（Hercules Robinson）训令财政司在提出预算案时，以"港元"（Hong Kong Dollar）为计算单位，决算也以港元计算，而盈余则运回英国购买英镑作为储备。"港元"这一名字首次出现在官方文件中。

1863 年，香港政府为增加市面流通的制钱，向英国伦敦皇家造币厂定制三种刻有"香港"字样的硬币，包括面值一毫的银币、面值一仙的铜币以及面值为千分之一元的铜币。其中，面

香港早期的三种硬币：面值一毫银币（正背面）、一仙铜币（背面）及千分之一元铜币（正面）。

值为千分之一元的铜币，是香港币值最低的辅币，面额为"一文"（One Mil），其形状与中国制钱相仿，中有圆孔，每枚值一仙铜钱的十分之一，即每元港币可兑换"一文"铜币 1,000 枚。

1866 年，香港政府发行新的"One Mil"铜币，但中文名称则已由"一文"改为"一千"。

1864 年，香港立法局通过了"香港造币厂法案"，决定成立一家生产银币的铸币厂，铸造"港元"的流通货币。香港造币厂的开办费为 40 万元，常年经费为 7 万元，于 1866 年 5 月 7 日正式开业。造币厂铸造的香港银元计有壹元、半元、一毫、五仙（俗称"斗零"）4 种，全部都是银币。其中，壹元银币直径约为 38 毫米，正面为维多利亚女王像，上边刻有 Victoria，下边为 Queen，英文字左右均有云纹图案，背面则古色古香，正中为一中国古寿字，中间嵌有"香港壹元"中文。港元的面世，确定了香港的

1866 年 5 月 7 日正式开业的香港造币厂。

币制单位为"元"，但当时在官方的文件上，它仍被称为"英国通用银币"。该造币厂在开业告示中称："如有旧银元、银锭、银屑，均可收受代熔代铸新币。"

不过，香港造币厂仅铸造了 2,108,054 枚银币，便于 1868 年 5 月宣布倒闭，原因是市民拒绝用手中的墨西哥鹰洋和银锭换取政府铸造的银币。[46] 该厂将厂地卖给怡和洋行，将机器设备卖给日本人，共得回款项 12.5 万元，损失惨重。造币厂倒闭之后，市面硬币的流通量受到影响，1872 年香港政府特许汇丰银行扩大发钞权，发行一元纸币。一元纸币的发行直到 1935 年才改由政府负责。1895 年，英国政府又授权印度铸造另一种银元，专用于对华贸易。这种银元后来在香港逐渐取代墨西哥鹰洋，被称为"香港银元"，并在中国南北各省及马来亚、新加坡等地流通。

1913 年，香港政府先后颁布了《禁止外币流通条例》（Foreign Note Prohibition of Circulation Ordinance）和《外国银币镍币条例》（Foreign Silver and Nickel Coin Ordinance），禁止境外货币流通。当时，香港电车公司首先执行，并通知公司员工从即日起拒收中国内地银币。消息传出后市民哗然，认为民国刚成立中国内地银币就受歧视，遂发起抵制电车风潮，坚持了一个多月。香港政府被迫宣布将该法例延迟至翌年 3 月 1 日实施，风潮才告平息。

自此，香港的货币也逐渐统一起来。当时，港元采用十进制，十仙为一毫，十毫为一元。每枚港元银币的成色为千分之九百，重量为 415.85 厘，含纯银 374.20 厘。此外，尚有半元、贰毫、一毫、五仙等各种辅币。在香港，除了各种银元、铜钱之外，由私人商业银行所发行的钞票也广泛地流通起来。

1845 年，刚在香港开设分行的东藩汇理银行即获政府授权发行港元钞票，初期发行了 56,000 元，这是香港发行纸币的开端。其后，有利银行、渣打银行、呵加喇汇理银行、印度东方商业银行等亦先后加入发钞行列。1866 年，香港政府发布《汇丰银行条例》，授权汇丰银行发行钞票。不过，1866 年及 1884 年，呵加喇汇理银行、印度东方商业银行和东方银行先后倒闭，自动放弃发钞权利。经过上述一系列的变动，到 19 世纪末期，汇丰银行已奠定其作为香港最大发钞银行的地位。

根据营业特许证的规定，发钞银行必须保持不低于流通中钞票的三分之二的白银储备，同时发钞总额严格限制在该银行实收资本总额之内。1898 年，汇丰银行被发现其实际发行钞票的总额已超过其实收资本，达到 1,080 万元。为解决这一问题，香港政府把汇丰的钞票发行量分成两部分，其一为"授权发行额"（Authorized Issue），总额限制在 3,000 万元，其中三分之二以白银保证，三分之一是"信用发行"；其二为"逾限发行额"（Excess Issue），发行数量不作规定，但必须以白银储备作十足保证。1902 年，这一制度延伸至渣打银行。1978 年，有利银行的发钞权被撤销后，汇丰的"授权发行额"增加到 6,000 万元。当然，随着客观经济的发展，

"授权发行额"的意义逐渐消失，仅成为一种历史的遗迹。据统计，1867 年流通中的港钞总额为 140 万元，到 1895 年已增加到 700 万元，1934 年银本位制废除前夕那一年则达 1.54 亿元。[47]

19 世纪最后 25 年间银价不断下跌，严重影响了货币市场的平衡状态。当时，香港 4 家发钞银行中，只有汇丰银行以港元作资本，其他 3 家都以英镑作资本。以英镑作资本的发钞银行由于潜在的损失，都不愿按市场的需求为增加港钞的发行而进口白银，这就导致市面流通钞票的短缺。1890 年代，港钞开始对银币升水，1908 年升水约 3%，到 1925 年增至 7% 至 10%，1930 年代末则升至 15% 至 20%。因此，香港在实行银本位制的最后近半个世纪中，货币市场一直处于不稳定之中。

1929 年，美国华尔街股市暴跌，触发了 1930 年代的经济大萧条，并导致国际金本位制的崩溃。1933 年，美国宣布放弃金本位制，并在 1934 年通过"购银法案"，责成政府在国内外

1909 年汇丰银行发行的 5 元纸币正背面。

购买白银，直到白银市价达到每盎司 1.2929 美元为止。1930 年代初，国际市场银价开始暴涨，从 1931 年每盎司 0.29 美元涨至 1935 年 5 月最高峰时的每盎司 0.81 美元。国际银价暴涨导致中国白银大量外流，仅 1934 年一年就达 2.6 亿元。

白银的大量外流导致通货紧缩，物价下跌，经济不景气。1934 年 10 月，中国政府颁布"禁银出口令"，对出口白银征收高额关税，但仍无法有效制止白银的大量外流。1935 年 11 月 4 日，中国政府宣布放弃银本位制，规定白银收归国有，改以中央银行、中国银行、交通银行这 3 家银行发行的钞票为法定货币，凡公私款项之收付，概以法定货币为限，不得使用白银。

早在 1920 年代后期，香港政府已开始酝酿货币制度的改革。1929 年，香港华商总会奉政府命令，成立委员会商讨币制改革事宜。翌年，该委员会向港府提交报告，认为在内地仍实施银本位制的情况下，香港不应放弃这一制度。1931 年，英国派专家赴港考察货币问题，为币制改革做准备。1935 年 11 月 9 日，即在中国政府宣布改制的 5 天后，香港立法局通过《货币条例》（Currency Ordinance），规定管理汇率及货币的通则，禁止白银流通，银本位制宣告废除。

5.2 早期的英镑汇兑本位制（1935—1941年）

1935 年港府发出的负债证明书。

1935 年 12 月 6 日，《货币条例》（后改称《外汇基金条例》）正式生效。根据该条例，香港政府设立"外汇基金"（Exchange Fund），负责处理民间所有银币和白银的收购。外汇基金收购白银的方式有两种：一是以负债证明书交换当时 3 家发钞银行（汇丰、渣打、有利）的库存白银准备，负债证明书成为发钞银行的发钞法定准备；二是以 3 家发钞银行的钞票收购民间的银元和银锭。

当时，香港财政当局宣布，以每盎司纯银兑换港币 1.28 元的价格收购市面的银锭，并规定凡拥有英国、墨西哥或香港地区的银元，或香港银质辅币而面值逾 10 元者，必须在一个月内按照硬币面值兑换港币。外汇基金将所收集的银元、银块运到印度孟买提炼，再运往英国伦敦，由汇丰银行伦敦分行厘定白银的英镑价值，在伦敦黄金市场上出售，以换取英镑。出售所得的英镑由外汇基金持有，作为支持发钞的准备金。外汇基金的这段工作大致到 1936 年年底结束。

1936 年外汇基金的账目显示，该年底外汇基金的资产为 1,045 万英镑（1.67 亿港元），负债为 930 万英镑（1.49 亿港元），成立第一年的年度营运溢利则为 115 万英镑（1,800 万港元）。最初，绝大部分外汇基金的资产都是以通知存款（Call Deposits）的形式存放在伦敦结算银行。不过，到 1936 年底，超过一半的外汇基金资产是英国政府证券（British Government Stock），其余资产则为通知存款和短期定期存款，还有一小部分由英联邦代办（Crown Agent）持有。除了周转现金和转运中或待运的白银外，所有资产都存放在伦敦，外汇基金账目亦以英镑为单位。[48]

初期，外汇基金由库务署辖下的总会计师办事处负责管理，政府库务司为最终控制人，并由总督任命外汇基金咨询委员会（Exchange Fund Advisory Committee）负责监督。外汇基金咨询委员会以司库（后改称财政司）为主席，成员主要来自香港的商业银行，包括 3 家发钞银行的经理。二战前，香港政府定期在政府宪报公布外汇基金的资产和负债的年度数位，从中可以清楚看到负债证明书有充分的资产作保证。（见表 1.10）

根据《货币条例》的规定，从 1935 年 12 月 6 日起，香港 3 家发钞银行发行新钞时，必须以等值的英镑缴予外汇基金，换取外汇基金发出的负债证明书（Certificates of Indebtedness, CIs），发钞银行与外汇基金之间按每 1 英镑兑 16 港元或每 1 港元兑 1 先令 3 便士的固定汇率兑换。不过，一般商业银行买卖英镑的汇价，则按市场供求略高于或低于平价（Par Value）。

1935 年 12 月 6 日，香港政府又通过《银行钞票发行条例》（Bank Notes Issue

Ordinance），规定汇丰、渣打、有利3家银行所发行的港元钞票为法定货币。根据同年11月9日颁布的《一元券货币条例》（Dollar Currency Notes Ordinance），香港政府授权库务司，负责发行一元纸币、一毫及五仙两种硬币。库务司设立一元券保证基金以资管理，借以维持小额面值货币的供应，以免通货骤然紧缩，影响金融市场的稳定。

表1.10　1937年至1940年外汇基金的资产和负债（单位：百万港元）				
	1937年6月	1938年12月	1939年12月	1940年12月
负债证明书	153	191	176	182
英镑证券	106	152	147	151
现金/伦敦拆放通知收款	61	56	53	58
白银	2	0	0	0
合计	169	209	200	216

资料来源：C. F. Joseph Tom, *The Enterpot Trade and Monetary Standards of Hong Kong, 1842–1941*, Hong Kong: Graphic Press Ltd., 1964, p.77.

由于港币的发行有十足的英镑准备金，而港币与英镑又能按照固定汇率自由兑换，因此，这种货币制度被称为英镑汇兑本位制。不过，这只是事实上的英镑汇兑本位，因为在所有关于港币的法例中，从来没有明文规定，港币必须有十足的英镑准备金，或港币与英镑必须有固定汇率。这种货币制度，实际上是当时通行于英国占领地的"货币发行局"（Currency Board）制度，其中，外汇基金的作用跟标准的占领地货币发行局（Standard Colonial Currency Board）非常相似，唯一的分别是外汇基金不发行纸币，但授权发钞银行发行。

香港实行的英镑汇兑本位制，在日军占领香港时期被中断了三年零八个月。1941年12月29日，占领香港的日本当局发布《汇兑行市公定措置要纲》，规定从1942年1月起废除香港汇兑行市以英镑、美元为基准的传统裁定方式，改由日本政府直接决定各国货币对日元的汇率。这一时期，日军还发行毫无准备金的"军用手票"，其数量从1942年底的2,500万元增加到日本战败前夕的19.63亿元。军票最初对港元的比率，是1元军票兑2元港币，1942年7月改为1元军票兑4元港币。与此同时，日军又强迫汇丰银行高级行政人员自其库存纸币中发行没有准备金的纸币，即后来的所谓"迫签纸币"（Duress Notes），数额接近1.2亿元。1943年6月1日，日军宣布禁止港币流通，军票

日占时期发行的军票正背面。

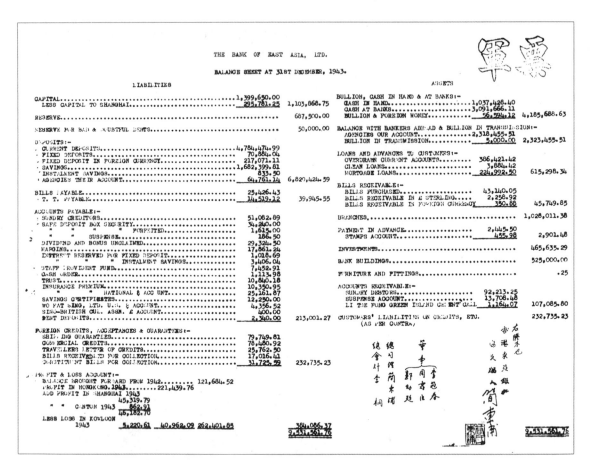

1943 年东亚银行使用的资产负债表。

成为香港唯一的法定货币。

　　1945 年 8 月 15 日，日本宣布向同盟国投降。同年 8 月 30 日，英国人重返香港。9 月 24 日，香港军政府宣布日本军票无效。至此，英镑汇兑本位制重新恢复，一直实行到 1972 年 7 月止。

注释

〔1〕　毛里斯、柯立斯著，中国人民银行总行金融研究所译，《汇丰银行百年史》，北京：中华书局，1979 年，第 1 页。

〔2〕　余绳武、刘存宽主编，《十九世纪的香港》，香港：麒麟书业有限公司，1994 年，第 216 页。

〔3〕　刘蜀永主编，《简明香港史》，香港：三联书店，1998 年，第 49 页。

〔4〕　T. K. Ghose 著、中国银行港澳管理处培训中心译，《香港银行体制》，北京：中华书局，1989 年，第 4 页。

〔5〕　巴克斯特著，《在华英国汇兑银行之起源》，转引自毛里斯、柯立斯著，中国人民银行总行金融研究所

译，《汇丰银行百年史》，北京：中华书局，1979 年，第 6-7 页。

〔6〕 陈铄勋撰、莫世祥校注，《香港杂记（外二种）》，广州：暨南大学出版社，1996 年，第 65 页。

〔7〕 陈谦著，《香港旧事见闻录》，香港：中原出版社，1987 年，第 103-104 页。

〔8〕 姚启勋著，《香港金融》，香港：泰晤士书屋，1962 年，第 63 页。

〔9〕 同上，第 65 页。

〔10〕 Gillian Chambers, *Hang Seng: The Evergrowing Bank*, Hong Kong: Everbest Printing Company, Ltd., 1991, pp.13-15.

〔11〕 张先闻著，《何善衡先生访问记》，载香港《信报财经月刊》，第 4 卷第 12 期，第 6 页。

〔12〕 同〔10〕，第 12 页。

〔13〕 同〔10〕，第 13 页。

〔14〕 郭小东、潘启平、赵合亭著，《近代粤省二十余家商办银行述略》，载《银海纵横：近代广东金融》，广州：广东人民出版社，1992 年，第 153 页。

〔15〕 冼玉仪著，《与香港并肩迈进：东亚银行 1919—1994》，香港：东亚银行，1994 年，第 5 页。

〔16〕 参阅《香港略志》，载《香港华侨工商业年鉴》，1939 年，第 3 页。

〔17〕 同〔15〕，第 18 页。

〔18〕 聂宝璋编，《中国近代航运史资料》第一辑（上册），上海：上海人民出版社，1983 年，第 609 页。

〔19〕 Chalkley, Alan B., *Adventures and Perils: The First Hundred and Fifty Years of Union Insurance Society of Canton, Ltd.,* Hong Kong: Ogilvy & Mather Public Relations (Asia) Ltd., 1985, p.10. Jardine, Matheson & Co., 1832-1932, pp.36-37. 转引自聂宝璋编，《中国近代航运史资料》第一辑（上册），上海：上海人民出版社，1983 年，第 608-609 页。

〔20〕 吴越主编，《中国保险史》上篇，北京：中国金融出版社，1998 年，第 18 页。

〔21〕 Lombard Insurance Group(1836-1986), p.5.

〔22〕 同〔19〕，第 607 页。

〔23〕 同〔21〕。

〔24〕 同〔19〕，p.11.

〔25〕 1836 年 7 月 1 日，于仁洋面保安行发布通告，公布了该公司在伦敦、加尔各答、孟买、新加坡、马尼拉的代理行。参见吴越主编，《中国保险史》上篇，中国金融出版社，1998 年，第 23 页。

〔26〕 同〔19〕，pp.12-13.

〔27〕 《汇报》，同治十三年五月廿一日，1874 年 7 月 4 日，第 5 页。转引自聂宝璋编，《中国近代航运史资料》第一辑（上册），上海：上海人民出版社，1983 年，第 611 页。

〔28〕 同〔19〕，第 611 页。

〔29〕 同〔19〕，第 608 页。

〔30〕 聂宝璋编，《中国近代航运史资料》第一辑（下册），上海：上海人民出版社，1983 年，第 1436 页。

〔31〕 施其乐著，《香港史片断（一）》，载《英国皇家亚洲学会香港分会会刊》第 26 卷，1986 年，第 224-225 页。

〔32〕 赵兰亮著，《近代上海保险市场研究（1843-1937）》，上海：复旦大学出版社，2003 年，第 29 页。

〔33〕 E.LE Fevour, *Western Enterprise in Late Ching China: A Selective Survey of Jardine, Matheson and*

　　　Company's Operations 1842-1895, pp.136-137。转引自聂宝璋编，《中国近代航运史资料》第一辑（上
　　　册），上海：上海人民出版社，1983 年，第 607 页。

〔34〕 S.C. Lockwood, *Augustine Heard and Co., 1858-1862: American Merchants in China*, pp.106-108。转
　　　引自聂宝璋编，《中国近代航运史资料》第一辑（上册），上海：上海人民出版社，1983 年，第 613 页。

〔35〕 同〔33〕。

〔36〕 刘广京，《唐廷枢之买办时代》，载《清华学报》，新 2 卷第 2 期，1961 年 6 月，第 156 页。转引自聂
　　　宝璋编，《中国近代航运史资料》第一辑（上册），上海：上海人民出版社，1983 年，第 603-604 页。

〔37〕 香港火烛保险公司的体制，沿袭的是英国保险公司体制。早年英国的消防队是隶属于保险公司的。后
　　　来，消防队从保险公司分离出来，而归并于警察系统，保险公司依然同消防队保持着密切的合作关系，
　　　经常出资捐助消防车或编印消防宣传材料，免费向民众散发，借以提高民众防火意识，预防火灾。

〔38〕 张仲礼等著，《太古集团在旧中国》，上海：上海人民出版社，1991 年，第 39 页。

〔39〕 张晓辉著，《香港近代经济史（1840-1949）》，广州：广东人民出版社，2001 年，第 144 页。

〔40〕 同〔20〕，第 21 页。

〔41〕 The Manufacturers Insurance Company，*South China Hong Kong and Macau 1898-1976*，p.1.

〔42〕 同〔20〕，第 28 页。

〔43〕 胡汉辉遗著，《香港黄金市场》，香港：三联书店，1986 年，第 30 页。

〔44〕 薛俊豪编著，《香港金市录》，London: Rosendale Press Limited，1995 年，第 28 页。

〔45〕 C. F. Joseph Tom, *The Enterpot Trade and Monetary Standards of Hong Kong, 1842-1941,* Hong Kong:
　　　Graphic Press Ltd., 1964, p.20.

〔46〕 另一种观点是："造币厂开设的宗旨在统一本港的币制，初时立法以此为主要目的，事后发现这种办法
　　　有违财经原理，如果造币厂仍然开设，而又宣布不许民间委托政府铸造银币，会令当时最具势力的西商
　　　所反对，因此匆匆把它结束。结束造币厂的主要原因，是收回发行通货之权。"见鲁言著，《百年来香港
　　　币制沿革》，载《香港掌故》第一集，香港：广角镜出版社，1977 年，第 91 页。

〔47〕 刘蜀永主编，《简明香港史》，香港：三联书店，1998 年，第 13 页。

〔48〕 聂俊安著，《外汇基金简史》，载香港金融管理局编，《香港的货币与银行体系：回顾与前瞻》，1996
　　　年，第 47 页。

明德银号挤提风潮掀起了 1965 年银行危机的第一波。

第二章
二战后金融业的蜕变与拓展

1. 二战后金融业的繁荣与《银行业条例》制定

从1941年12月到1945年8月，

香港经历了三年零八个月的日占时期。这一时期，

日本军政府对那些"非中立银行"，

包括英资银行、其他对日作战国家所属银行，以及中国政府官办银行进行清算，

由日本的两家银行——正金银行和台湾银行接管。

不过，22家华资银行和60多家银号、

钱庄则在日占初期已获准复业，但经营惨淡。

1.1 二战后香港金融业的复苏与发展

二战后香港当押业一枝独秀。图为当铺内景。

日占时期，香港的转口贸易陷于停顿，银行已没有多少业务可做，银号亦仅限于买卖大洋（中国法定货币，简称"法币"）和港元。而当押业却一枝独秀，大批市民衣食不继，唯有典当首饰、手表、衣物以为生。

1945 年 8 月 15 日，日本宣布投降。8 月 30 日，英国重返香港，并成立军政府。9 月 13 日，军政府宣布废用日本军票，恢复战前的港元纸币为法定货币，每 1 元港币值英镑 1 先令 3 便士，同时公布延期付款令，冻结存款。至于日占时期发行的汇丰银行"迫签纸币"，面额在 50 元以上者禁止使用，10 元以下者则暂准流通，以待调查后再作处理。这些措施，旨在紧缩通货，平抑物价，稳定经济。军政府又授权战时被清算银行组成债权团，接收日本的正金银行、台湾银行在香港分行的资产。

港币恢复流通之初，市面通货缺乏，军政府委托汇丰银行和中国银行分别对其他商业银行提供头寸，并准由各银行支付款项给存户使用，维持生活所需，但每人以 200 元为限，同时实行以工代赈办法，以港币发给工资，普及港币的流通使用。10 月中旬，军政府允许金融业正式复业，可以经营存贷款业务，但旧有存

香港早期的当押业

当押业是中国一种古老的行业，据《唐会要》的记载，当押业在唐朝开始形成，到了宋代已经相当发达。及至清朝，当押业在广东更加发达。雍正年间，广州的当押业已成立"当押行分馆"。当时，地属新安县的元朗、大埔等旧墟市已形设当押店。元朗旧墟现有一座大王庙，建于康熙年间，此庙有一块字迹已模糊的碑，碑上刻有捐款建筑这间古庙的店号和人名，其中有几间是当押店，可辨认的有"普源押""泰安押"两间，相信就是香港最古老的当押店了。

香港开埠之初，劳苦大众前来参加开发，人数骤增，原开设于元朗、大埔等墟市的当押店便纷纷到港岛来开展业务。因此，这个行业在开始立足于英人统治下的香港时，仍沿用中国当押店的传统方式押物，从管理到当票的形式，以及当铺的门面设计、当铺的招牌，都是和原有中国内地的当铺一脉相承的。

当押业是一种食利的行业，它是属于金融业范畴内的行业。等钱用的人，可以向当押铺借贷应急，但必须拿出物品作为抵押。当押铺在英国人眼中，是中国传统的店铺，在1841年至1850年这10年中，当押店只如普通店铺一样缴纳牌费和一般的税项，当时并无规定当押店需要领取专业牌照。这样一来，当押店如押入贼赃，就没法和商人买入贼赃有所分别，原因就是当时的当押店亦即商店，商店买入贼赃有罪，当押店押入贼赃自然也有罪。

1858年，香港发生了轰动一时的"富辉押案"。当时，开设于西营盘的富辉押接收了贼赃的手表，遭警察指控接赃，结果铺主被判充军14年。此事在香港引起轩然大波，后来在社会压力下，港英当局改判徒刑两年。事后，港府制定并颁布《当押业条例》（Pawnbrokers Ordinance），对当押店的牌照费、牌照期限、利息、当入失窃物的处理、赎当等均加以规限。

1930年，港府修订《当押业条例》，并颁布《当押业征费表规则》及《当押业特别利率规则》。当时，政府立例的宗旨，是要提高当押店的牌照费，因而引起当押业东主的不满，全行业东主联名请求撤销牌照费加价，遭到政府拒绝。1932年，受世界经济不景气的影响，很多当押店倒闭及停业。在这次危机中，一位经营当押业多年的商人——李右泉，通过收购兼并，几乎拥有全港当铺80%的股权，成为香港著名的"当铺大王"。

二战时，这一行业一枝独秀。特别是在日占时代，由于故衣业的兴旺，当押业易获厚利。它们知道内地需要大量的衣物，于是自动缩短典当物品的期限，将以往的半年期缩为3个月期，以便将穷人的衣物断当，以高价卖给故衣商人。当时的当押业，根本不用本钱做生意，有些故衣商先给当押店一笔订银，订立合同，指定由他专利该当铺的断当衣物。由于币值一天一天地低，物价一天一天地涨，3个月前当入的衣物，3个月后断当时沽出即可获三四倍的厚利。

二战后，港府多次重新修订《当押业条例》，将当押业的业务范围限制在小额物品抵押，避免与银行贷款条例抵触。在银行业日趋发达的情况下，当押业日渐式微。

资料来源：鲁言著，《香港当押业沧桑史》。

当押店高悬的"押"字常常是香港繁华街道的一景。图为1870年代的威灵顿街。

款仍予冻结，不得提取。

同年 12 月，为推动香港与欧美各地贸易的发展，促进香港经济复苏，军政府又发布公告，按照英镑对美元的汇率，规定港元与美元的汇价，即卖出价为 1 美元兑 4.025 港元，买入价为 1 美元兑 4.035 港元。当时，军政府对外汇管制甚严，即使有美元存款者，动用美元必须向政府申请批准。因此，美汇虽然已经恢复，但实际上并未开放，官价外汇几乎形同虚设。军政府还严格禁止美钞出口，避免因美钞外流而影响香港金融的稳定。

香港的外汇管制，主要是指对英镑以外货币的管制，始于 1939 年 9 月颁布的《国防金融法例》〔Defense（Finance）Regulations〕。当时，英国对德宣战，实行外汇管制，香港亦跟随实施。因为香港所需食品、日用品及工业原料都须从境外进口，所以虽实施外汇管制，但仍允许自由外汇市场存在。

在外汇管制时期，香港政府将所有银行分为两类：授权外汇银行（Authorized Exchange Bank）和非授权外汇银行（Non-Authorized Exchange Bank）。凡在香港注册的银行，均可申请为授权外汇银行，但限在官价外汇市场买卖，按公定汇率交易，在规定的范围内无须得到政府外汇统制处批准即可直接办理，其外汇结余须向政府结汇。非授权外汇银行则可在自由外汇市场以自由价格交易，外汇余额不须向政府结汇，但参加英镑交易则受到限制。二战前，经政府核准的授权外汇银行共 19 家，包括汇丰银行、渣打银行、有利银行、通济隆、大通银行、万国宝通银行、东方汇理银行、华比银行、中国银行、交通银行、广东银行、广西银行、东亚银行、华侨银行、荷兰小公银行、荷兰安达银行、正金银行及台湾银行。同时亦准许若干银号办理与中国内地间的汇兑业务。

日本战败后，香港政府继续实行二战前的外汇管制。这一时期，外资银行、华商银行以及银号钱庄等纷纷筹划复业。1945 年内率先复业的外资银行计有：汇丰银行、渣打银行、法兰西银行、有利银行、荷兰银行、大通银行、运通银行、荷兰安达银

左图为 1934 年的渣打银行，其影响力在香港仅次于汇丰银行。

行、华比银行 9 家。汇丰银行早在日本侵占香港前夕已将总行迁往英国伦敦，英军重返香港后，汇丰银行的高级职员即奉伦敦总行之命返回香港，筹划在香港复业。9 月下旬，汇丰银行开始有限度营业。11 月 2 日，汇丰恢复外汇挂牌。

汇丰银行的 "迫签纸币"。

汇丰银行复业后面对的最急迫任务，就是如何解决 "迫签纸币" 问题。汇丰认为，尽管它不必为这些钞票的发行负责，但拒绝支付这些钞票将有损汇丰银行的信誉，决定承付全部 "迫签纸币"。1946 年 4 月 2 日，香港政府亦宣布承认这批 "迫签纸币"。港府与汇丰共同制定 "迫签纸币" 合法化方案，汇丰同意将 100 万英镑存入外汇基金，作为这些非法额外发行港币的部分保证金，而港府则同意在若干年内将该项外汇基金投资所得的利息用以补足缺额。这一决定事后证明对香港货币和银行制度的发展起了关键性的作用，有关安排使汇丰和港府在资金方面有所损失，但却赢得了市民对港币可靠性的信任。[1]

1945 年内率先复业的华商银行及中国官办银行计有：中国银行、交通银行、华侨银行、东亚银行、上海商业银行、盐业银行、永安银行、国民商业银行、康年银行、中国国货银行、汕头商业银行、广东银行等十数家。东亚银行于 9 月 14 日复业，即在日本投降后一个月重新开张。东亚银行很快与海外的代理人及客户重新建立联系，使存款迅速增加。1946 年底，东亚银行的存款已达到破纪录的 5,200 万元，记录在案的顾客接近 12,000 户。[2]

1940 年代末的发昌银号。

1945 年内，率先复业的银号有：道亨银号、永隆银号、恒生银号、广安银号、富记银号、昌记银号、季记银号、万发银号、万昌银号、和祥银号、昌兴合银号、英源银号、腾记银号、英信银号、财记银号、发昌银号等。这一时期，新成立的银号有：永泰银号、明德银号、佑德银号、永明银号、利成银号及合记银号等。其中，道亨银号、永隆银号、广安银号、永泰银号等，因为联号较多，营业最为发达。同年 12 月 1 日，金银业贸易场正式复业。

二战后的永隆银号。

1940 年代末的银号广告。

二战后初期，香港经济并未走上轨道，银行业务仍未全部恢复，外汇买卖也无从做起。市面不景，治安不好，劫案时有发生，遂使游资趋避银行，各银行存款均有增加。但由于银行资金没有出路，各银行对存款都不表示欢迎，对活期存款大都不付利息。相比之下，银号业务则成为当时香港经济中最蓬勃者，1945年年底，一般银号均有十万八万元的盈利，规模较大的银号所赚盈利则约 40 万元。

1.2 二战后香港金融市场的异常繁荣

1946 年，中国内战烽火再起，政局动乱，国内不少富裕人家和大商号纷纷将家眷安顿到香港，香港再次成为"中国的知识分子、在野政客及富有商人在亚洲的最佳庇护所"。据记载，在香港告罗士打大酒店及其他大饭店的大厅，一到"饮茶时间"，就挤满了从上海逃难来的商贾。[3]

国民政府在 1937 年发行的法定纸币正背面。

其后，国民政府在内战中节节败退，开始大量发行金圆券、银圆券，借此搜刮民间财富，货币大幅贬值。据统计，1937 年国民政府发行纸币 13 亿元，但到 1947 年增加到 2,450 万亿元，10 年间货币发行量增加 187 万倍。1948 年 8 月，国民政府以金圆券取代法定纸币（法币），其比率竟达 1 金圆券兑 300 万法币。面对这种变局，江浙一带富裕人家及华南地区殷商富户纷纷将手中的纸币兑换成外币、黄金。在这股抛售纸币以求保值的汹涌浪潮中，大量资金通过不同渠道流入香港，直接注入外汇市场、证券买卖及金银炒卖。据估计，1947 年至 1950 年间流入香港的资金，加上无形的贸易顺差，相当于国民所得的 48%。[4] 这一时期，香港金融市场呈现了异常的繁荣景象。

在外汇市场，1945 年 9 月港币恢复使用初期，由于香港缺乏法币，港币与法币的比值约为 1 港元兑 50 元至 60 元法币，法币的比值比内地的汇价要高出 1 倍以上。其后，国内经济崩溃，法币汇价直线下跌。1947 年初，法币现钞汇价已跌至每 1 万元兑 8.80 港元（即 1 港元约兑 1,136 元法币），到年底又进一步跌至每 1 万元法币兑 0.3775 港元，一年间再跌去超过 20 倍。1948 年 8

国民政府在 1949 年发行的金圆券正背面。

表2.1 二战前后香港3家发钞银行的发钞数量
（单位：港元）

发钞银行	1937年底发行额	1947年底发行额	1948年6月发行额
汇丰银行	199,689,793 （86.8%）	617,600,000 （91.9%）	680,376,916 （92.7%）
渣打银行	25,172,604 （10.9%）	53,000,000 （7.9%）	50,723,311 （6.9%）
有利银行	5,175,570 （2.3%）	3,000,000 （0.2%）	2,632,200 （0.4%）
合　计	230,037,967 （100.0%）	673,600,000 （100.0%）	733,732,427 （100.0%）

注：括号内数字是该银行在当年港钞发行总额中所占比重。
资料来源：《香港年鉴（1949年）》，香港：华侨日报社，1949年。

港澳地区最有影响力的金铺之———周大福珠宝金行位于澳门的店铺。

月法币被金圆券取代时，法币现钞汇价更跌至每1亿元法币兑41.25港元（即1港元约兑242万元法币），在短短的3年间法币汇价的跌幅高达4万倍。

法币汇价的大幅暴跌，使港币的供应量迅速增加。由于中国内地惊人的通货膨胀，人们纷纷把手上的购买力兑换成其他足以保值的货币、黄金等，其中，港币成为重要保值手段之一。据统计，1937年底香港3家发钞银行港币的发行总额是2.3亿元，但到1947年底已增加到6.74亿元（见表2.1）。大量增发的港币流通到内地，并在一些地区取代了法币成为交易媒介和保值手段。据估计，1948年在广东流通的港币，总额超过2亿元，在上海流通的港币至少也有2亿元，两者合计约占香港发行港币总额的三分之二。[5]

法币汇价的大幅暴跌，还引发了香港金融市场炒卖美钞、卢比、西贡纸等外汇，以及炒卖黄金、白银的空前热潮。当时，上海、广州的行庄与香港行庄结成三角套汇关系，将内地巨额资金由法币兑换成港币、外币或黄金、白银，在香港进行炒卖或外逃境外。影响所及，香港"对敲"金号、金饰店铺如雨后春笋般涌现。二战前，香港金铺总数不足100家，但二战后初期已急增至200多家。1947年至1949年间，香港黄金炒卖盛极一时，黄金价格暴涨暴跌，主要视上海、广州金价涨落及香港对黄金供求情形而定。香港的银号、钱庄甚至银行都纷纷参与投机，狠狠地赚了一把，并触发了香港金融市场上一场空前的投机狂潮。

1949年4月14日，香港政府根据《国际货币基金协定》要求，颁布法令，限制纯金买卖。从1949年7月起，香港金银业贸易场买卖的黄金从过去的九九成色的纯金改为九四五成色的工业金。不过，在黄金进出口管制期间，香港市面黄金的供应仍源源不断，原因是二战后，葡萄牙因并非国际货币基金组织（IMF）成员，不须履行限制纯金买卖的义务，商人在澳门进口黄金只要向政府缴纳进口税便不受限制。香港金商便利用澳门作为黄金进口基地，他们从欧洲或南非购买黄金，经香港转口到澳门，在澳门报关及办理进口手续。金商在澳门将进口的纯金熔化，改铸成九四五成色的 5 两金条，然后从澳门走私到香港。

金商从欧洲或南非购买黄金后，多数在香港黄金期货市场上抛售，金商买卖黄金的自由美元也经由香港自由外汇市场吐纳。在这种情况下，与金商关系良好的银号、钱庄便可大做黄金、外汇买卖，从中赚取丰厚利润。其中的典型就是恒生银号。那时候，香港黄金市场上从事黄金交易者可说大都唯恒生银号马首是瞻，恒生创办人何善衡更于 1946 年至 1949 年间出任金银业贸易场主席。

据后来出任恒生银号总经理的何添回忆："那个时候黄金价格曾从每两二三百港元上升到六七百港元，何善衡叫我申请黄金进口，平时我一般申请两三千两，有一次心血来潮申请了 2 万两，过一两天后再申请 3 万两。谁知不到一个星期，政府取消黄金自由买卖，不再批准进口，黄金价格迅速上涨，恒生银号在黄金买卖中几乎可以控制市场。在黄金投机中赚取厚利的恒生银号，当时每周交收的黄金数额高达 3,000 万元。"

早期周大福金行的内部装修已经相当讲究，员工亦一律西装笔挺。

曾出任恒生银号总经理的何添。

1.3 1948年《银行业条例》

1940 年代后期，中国内战爆发、政局动乱以及通货膨胀严重，使得大量资金涌入香港，香港各种类型的银行如雨后春笋般建立起来。1946 年底，仅西式银行的数量就增加到 46 家，比年初增加了一倍。由于没有法律限制，任何人、任何公司，特别是金银首饰店、汇兑公司甚至旅行社，只要有一定的资本、一定的业务联系，都可以登记为银行，在香港开设银行、银号、找换店或可供存款的店铺。有一位观察家曾说过："二战后只要持有 100 万元已缴资本就可以在港开设一家商业银行，这种情况简直难以想象。然而事实就是这样，并非办不到。"[6]

长期以来，香港政府按照不干预的传统政策，对金融业并未进行任何严格的监管。任何人、公司都可自由从事银行业务。政府对银行业的管理，主要限于由英国政府批出的皇家特许证和港府财政司对商业银行发钞的批准。1930 年代香港政府曾两次准备对银行业实行立法监管，但最终都不了了之。二战后，政府最重要的管理就是推行了一些外汇管制措施。然而，二战后银行数量的激增以及银行从事的投机活动，引起了香港政府的关注。1948 年香港政府在宪报中发表评论，指责部分银行从事投机及违背香港贸易或外汇管理规定的活动。这反映了当时政府的忧虑与不安。

在这种历史背景下，1948 年 1 月 29 日，香港政府制定并正式通过第一部银行法律《银行业条例》。该条例共有 15 条条款，其主要内容有：

（1）首次给"银行业务"作出明确定义。该条例第 2 条规定："'银行业务'指银行所为业务，专收受活期或定期存款，或支付及收取顾客提支或存入的支票，或经营汇兑或买卖金银货币及金条银条者。"

（2）规定金融机构必须领有政府发出的银行牌照，才能使用"银行"名称并经营"银行业务"。该条例第 4、5 条规定："所有公司如未领有总督在政务会所发执照，不得在本港继续经营或创办银行业务，总督在政务会有全权决定拒发此种执照，而不必说明其理由"，"除领有执照经营银行业务的公司以外，无论任何人如未经总督在政务会许可，不得使用或继续使用'银行'或'信托'字样或其他相同名义或继续使用任何名称而含有经营银行业务含义者"。该条例第 8 条还规定，领有牌照的银行每年须向政府缴纳牌照费 5,000 元。

（3）成立银行业咨询委员会。该条例第 6 条规定：总督将委任若干委员组成一银行业咨询委员会，负责对银行签发牌照和管理工作进行监督。

（4）规定银行须每年呈交年度账目表。该条例第 9 条规定："所有领照银行须将最后审计资产负债对照表（年结）一份全年期内在每一事务所及本港支行显明地方标示之。"

1948 年的《银行业条例》，是香港政府制定并颁布的第一部银行法律，该法律首次给银行业务作出明确定义，规定凡从事银行业务机构须向政府注册缴费、领取牌照，并呈交年度账表，又决定成立银行业咨询委员会。总体而言，该条例可说极为宽松，也很不完善，例如条例对银行业务中最重要的一项内容——贷款在定义中并无反映，条例对银行保持储备所依据的储备流动率或现金率也没有作任何规定。但是，该条例对当时香港银行业的健康发展仍然产生了正面的影响。

1948 年，香港政府首次向银行发放牌照，领取牌照的银行共有 143 家。其后，香港银行数目逐渐下降，银行的素质也逐步提高，到 1954 年香港政府第一次公布比较完整的银行业资料时，香港的持牌银行减为 94 家。这对保持金融业的稳定发展起了积极的作用。

2. 1950—1960 年代银行业的拓展

踏入1950年代，

香港银行业的业务开始发生重大转变，

从过去二战前单纯的贸易融资逐渐转向为迅速发展的制造业和新兴的房地产业提供贷款。

推动这一转变的原因主要是：

银行业经营的传统业务日渐衰落和香港经济结构转型。

2.1　1950年代初香港银行业务拓展原因

第一，银行业传统的押汇、侨汇及汇兑业务日渐衰落。香港经济向来为中国内地的形势所左右。1949 年 10 月，中华人民共和国宣告成立。这一事件改变了远东地区的政治、经济格局，并对香港产生了深远的影响。中华人民共和国成立后，随即实施极严厉的外汇管制，所有与中国的业务往来只能通过指定的若干家银行进行。这样一来，香港贸易额大幅下降，原准备运往

1950 年代港岛北岸风貌，居中央的高等法院右侧为汇丰银行大厦。

内地的货物大量积压，押汇业务每况愈下。及至朝鲜战争爆发，联合国对中国实行贸易禁运，香港的转口贸易迅速萎缩，银行的押汇业务更加一蹶不振。

在这种情况下，海外华侨对国内的形势心存疑虑，不敢放心前往投资，加上各国政府实施外汇管制并限制华侨汇款归国，由世界各地汇来香港或转入内地的侨汇锐减。据统计，1950 年寄到香港的海外侨汇总额仅及前两年的三四成，到 1951 年海外侨汇的总额进一步萎缩至 1950 年的二三成，而 1953 年海外侨汇又比 1951 年减少 60%。[7] 汇兑业务的情况也大体相若。这对香港的银行业，尤其是那些一贯以来依靠内地业务往来的银号，造成了严重的打击，有不少就此一蹶不振。

第二，香港经济结构转型，制造业、房地产业迅速崛起，为银行业的发展提供了新的业务。1940 年代末 1950 年代初，受到中国解放战争的影响，上海以及内地其他城市的一批企业家移居香港，他们带来了估计价值约 5 亿美元的资金，以及一大批从海外订购的机器设备（特别是纺织方面的机器设备）、相应的技术、企业人才以及市场联系。这些企业家以及所带来的资金、设备、技术、人才、市场联系，加上大批涌入香港的廉价劳动力，使香港经济在资源的组合上发生了重大变化，为香港的制造业发展奠定了基础。

1953 年朝鲜战争结束，香港经济迈上工业化道路。这一时期，香港政府通过一系列立法刺激了房地产业的发展。1960 年代初，香港人口激增至超过 300 万，经济起飞使市民收入提高，

1953 年的中国银行及汇丰银行大厦。

刺激了他们对自置住房的需求，地产业蓬勃发展，物业交投畅旺，地价、楼价、租金大幅上涨，而商业楼宇、厂房货仓则成为新兴的地产市场。据统计，1960 年代初中期，香港每年的物业交投平均在 12,000 宗以上，比 1950 年代的 8,000 宗，大幅增加 50%。

在上述两个因素的推动下，从 1950 年代起，香港银行业的业务开始发生重大转变，从过去战前以押汇、侨汇及汇兑为主逐渐转向为迅速发展的制造业和新兴的房地产业提供贷款。正如经济学家古斯（T. K. Ghose）所指出：香港的工业化"使经济结构发生了决定性的变化，无论消费领域还是本港企业，都成为了银行的主要市场"[8]。

汇丰银行是香港银行界中首先转型的银行之一。1950 年代初，汇丰在中国内地经历了重大挫折之后撤回香港，重新调整发展战略。[9] 当时，香港的工业化已经起步，不但纺织业、制衣业生气勃勃，塑胶业、电器业也在发展，香港

正经历着从贸易转口港到远东出口加工中心的急速转变时期。汇丰银行从这种转变中看到香港经济的发展前景以及它对汇丰重建的深远意义。1948 年，汇丰首次对香港纺织业提供贷款，1950 年它打破了近百年的传统惯例，直接和来自上海的华人实业家打交道，向他们提供发展工业所急需的资金。[10]

柯立斯在《汇丰银行百年史》中这样描述当时的情况："这个殖民地的工业化来得那么快，1963 年当地制成品的出口总值（38.31 亿港元）竟超过了 1948 年这个殖民地的贸易总值。汇丰银行充分地参与了这一发展的全过程。从一开始，它就带头资助工业，每当一个新的行业，如棉纺织、搪瓷、热水瓶、塑胶、拆卸废船、羊毛和毛线的编织和编结等创办起来，汇丰总

1960 年代中期汇丰银行大堂。

是提供指导、鼓励与资助。它设立一个专门部门，在提倡工业多样化的尝试中共同承担风险；它也参加商品博览会，并派出职员参加贸易代表团，在促进市场多面化中起了一份作用。"[11]这一时期，汇丰银行在对香港工业贷款及进出口贸易融资中所获取的利润，抵销并超过了它丧失对中国内地贸易的全部损失。

素以经营稳健著称的华资银行——东亚银行，也开始调整其经营方针。1940 年代后期，香港的工业化开始起步，工业界对银行贷款的需求日趋迫切，但当时香港的银行鲜有愿意贷款给工业的。东亚银行的总经理简东浦看到了银行业发展的新方向，成为当时少数重视工业贷款的银行家之一。二战后头两年，东亚银行的工商贷款比以往大为增加，它一方面保持原有的客户，另一方面逐步吸收新客户，其中包括新一代的贸易商、制造商、地产商等商人，以及计划进军香港的外国商人，如日本商人。

值得一提的是，1949 年东亚银行向从事饮品制造业的香港豆品有限公司提供贷款。据香港

1969年东亚银行总行庆祝50周年。

豆品有限公司大股东兼总经理罗桂祥后来的回忆："我们盖厂房和买机器需要港币40万元。我去找简东浦先生商借，他欣然允诺。除了那幅地之外，我实在拿不出什么可作抵押，而那幅地只值港币20万元，可是他却借了40万元给我。据我所知，他平时放款不超过抵押品价值的三成，所以这次实在是非常慷慨。当然，后来所买的机器和货车等流动资产，也都成了抵押品的一部分。"这笔贷款推动了该公司的起步发展，使之成为日后香港最主要的工业企业之一。[12]

为适应经济发展的需要，香港的银行和银号都纷纷提高资本额。1959年，东亚银行也集资扩股，以一对一的红股将实收资本总额从1,000万元增加到2,000万元。1962年，东亚从当年盈利中拨出300万元入公积金，使公积金和未分股利的总和超过实收资本2,000万元。换言之，东亚银行可动用资金已超过4,000万元，资本实力更显雄厚。不过，东亚银行在积极发展的同时，仍然维持一贯审慎的经营方针，如重视存户的素质，继续维持流动资金比率在高水平上等等。这种审慎的经营方针，显然使其在后来的银行危机中免遭厄运，但是却导致东亚银行逐渐被恒生银行所超越。

面对香港经济形势的转变，因丧失与中国内地业务联系的一些较大银号经过改组后开始向现代商业银行转变，其中的典型就是恒生银号。面对香港银行业的迅速转变，恒生银号的首脑因应时势，决定向政府申请银行牌照，筹办商业银行。1952年12月5

恒生长者——何善衡

及至 1950 年代朝鲜战争发生，联合国与美国对中共实施禁运，内地商贾大举南下，纷纷逃往海外避世。年届半百的何善衡，于是要思量恒生的发展路向，他在这两年间，远赴欧美等先进国家考察，由利国伟随行任翻译。

"善大佬觉得外地享福就得，揾食就难，都系香港好。喺五二年嘅十一月，佢打电话番嚟，叫我为恒生办理注册手续……"何添忆述恒生向政府申请银行牌照的过程时说。

恒生锐意发展全面性的银行服务，善伯本着"服务大众、人客至上"的精神，主攻草根阶层，开当时银行风气之先。他的至理名言是："咕喱着住对屐入来，仲要礼貌哋对待，事关低下阶层平时受气多，佢帮衬恒生，我当佢系上宾。佢哋对恒生有好感，返去同事头宣传，我哋就因而得益。"而当时汇丰银行的做法，是华人借钱先要过买办这一关，令恒生这家大众化银行获得街坊捧场。

1953 年，恒生位于皇后大道中 163 号的首家总行大厦正式启用，恒生踏入规模化。1960 年，恒生迈向新里程，正式转为公共有限公司，并把银号正名为恒生银行。1964 年时已是本港最大的华资银行。利国伟总结恒生迅即发大的原因，是得力于善伯的眼光，他对恒生两大贡献："其一系立足香港，其二系对人客好。"

作风稳健的恒生银行，却敌不过 1965 年由广东信托银行引起的银行挤提风潮。最先出事的，是香港仔分行。当时身为总经理的何添，今天还记忆犹新，呼吁存户不要提钱走，个别存放二三十万元的大户，如警司韩森等，要何添签名担保才应允不提款；但小存户却通宵排队拿钱，试过一天内共提走 8,000 万元，占银行总存款六分之一。

当恒生的现金快遭提清时，4 月 8 日下午 5 时，善伯即紧急召开董事会，当机立断决定把银行大股卖给汇丰，洽售事宜交由利国伟全权负责。利国伟以恒生股本值 1 亿元计，开价 5,100 万元，出售五成一股权。初时汇丰大班桑达士嫌贵，其后顾虑到恒生"唔掂"，汇丰势难独善其身，终在 4 月 12 日答允。

恒生银行创办人之一——何善衡。

苦心经营逾卅载的恒生话事权就此断送，成为善伯毕生的憾事，为此而哭了两晚。不过他出售当天，仍亲自主持会议，不断向员工解释，借此稳住军心。

自幼认识善伯，对他推崇备至的东亚银行主席李国宝，说他"人认真客气，对人好有礼貌，又非常谦虚……而他一生最失败是把恒生的控制权卖给汇丰"。

"何伯（何善衡的昵称）一生最成功系令恒生成长，揾到一班好伙计帮佢，好似何伯（指何添）、利国伟等。最失败，就系将恒生卖俾汇丰，自己丧失控制权。"李国宝坦言。

东亚银行比恒生早十余年成立，但前者未够恒生大众化，1960 年代的恒生，早已是本港最大的华资银行。然而李国宝觉得，恒生以 5,100 万元，出售五成一股权是卖得平，"你有件嘢系好嘅，你都想 keep 住……当时恒生以咁嘅价钱卖，可能生意做得好差。"

但利国伟重申，在当时恒生流动资金紧绌的情况下，根本是别无选择，善伯为大局着想，所以忍痛割爱。而汇丰也信赖恒生的管理层，购股后依旧由何善衡掌舵，何添、利国伟辅助，汇丰只派四位董事入局。

"当时市传汇丰始终有日会食晒恒生，但善伯同班伙计讲，只要恒生做得好，汇丰一定要靠我哋，劝大家要同汇丰紧密合作。"利国伟回忆说。

而在 Frank King 教授著作的《汇丰银行历史》第四册中，亦提到汇丰大班桑达士，认为恒生的成功，在于其华人管理层，所以汇丰无须插手。亦由于善伯敢于向汇丰开口求售，足证他那不可思议的想法（think the unthinkable）令人赞赏。

得到汇丰做后盾，恒生业务大为发展，成就规模仅次于汇丰，这与善伯抓住时机，集中火力专向小企业埋手有关。

那时本港经济步向转型期，工业开始起飞，唯小厂户创业初期，普遍缺资金拓展，大银行多不愿通融。反观恒生，却给予财务支持，提供信用证及出入口融资服务。如华资大户郑裕彤未发达时，由他打骰的周大福珠宝，得力于恒生的资助，往后得以由珠宝业进军地产。

而长实与恒生亦素有渊源，当年李嘉诚经营塑胶花厂时，曾设法与何善衡接触，后来获得接见，善伯对诚哥留下深刻印象，曾写信吩咐下属，说李嘉诚做事干练，是有潜质的客户。

"小公司"演变为大企业后，顿成为恒生的长期客仔。例如长实不少楼盘，皆由恒生提供按揭安排；而郑裕彤主政的新世界，恒生至今仍是主要往来银行之一。

善伯明白到广开客路的重要性，皆因银行除需要有雄厚的存款基础外，还要不断寻找贷放市场，才可茁壮成长。他说："栽培客户，就是壮大自己。不要以为自己是客户的衣食父母，反而客户才是我们的衣食父母。"

不同时期的恒生银行行徽。

随着香港工业蓬勃发展，人口渐多，地产业亦兴旺起来，恒生力争中小型楼宇按揭市场。1967 年暴动后，恒生首创为中等阶层提供长达七年的楼按，令夹心阶层得以置业，一改当时按揭年限顶多三年的做法。

恒生不断飞跃，何添说他与善伯的分工，是"善大佬钟意谂嘢度桥，我就负责对外应酬，最高峰时，我试过一日十六单应酬，好似客人嫁女，朝早去家访，夜晚去饮宴……"

恒生快高长大，到 1972 年招股上市，以每股 100 元公开发售，首日挂牌涨至 186 元，足见市场对恒生的信心。

由始创时连伙头共 11 人，到 1975 年时员工已突破 3,000 人的恒生，公司走向企业化，办公室政治难免。强调殷勤待客的善伯，仍十分重视员工关系，在高层员工的例会上，他亦庄亦谐地训示大家："老婆可以闹，但伙计就唔闹得，事关你养老婆成世，闹吓都得，但下属帮我哋揾钱，唔应该仲闹佢。"

绰号"大头仔"的善伯，一辈子忙于搲银，却不失其厚道，从恒生派财神的小逸事中可见微知著。原来，以前恒生一如其他银行，每当农历年就向客户派利是封，但当善伯眼见街头小贩，也是卖红封包为生，为免抢街坊饭碗，遂改派财神图。

常以德服人的他，曾著书《阅世浅谈》，把待人接物之道公之于世；并信守忍恕，谈到用人时，绝不姑息庸才："可以原谅一个吹毛求疵的主管，但却无法忍受既不损人，亦不利己的老臣子，对新同事不予指导，亦不大关心，做错了则叫他再做，绝不加以解释，使人暗中摸索，倍感困难，这种人存在，简直是事业上的绊脚石，应予铲除。"

晚年勤于捐献的善伯，1983 年恒生度过金禧日，是他正式退休时，转任名誉董事长。然而，每天仍上班的他，督促高层紧守审慎的管理哲学，使恒生多年来得以累积丰厚的资本，以及严控成本；由来已久注重服务素质，更奠下该行"永恒长生"的根基。……

作为恒生银行精神领袖的何善衡，于 1997 年 11 月宣布来年辞去恒生名誉董事长职务，与恒生 64 载情，正式画上句号；同年年底，他以 97 岁高龄，与世长辞。

这位 21 世纪以来香港最杰出的华资银行家，一生中总有遗憾事。跟他相伴半个世纪的利国伟，被问及此事时，欲言又止说，人生难免有憾事。而作为善伯老街坊的新法集团主席李世奕，就指善伯对长子何子焯未能子承父业，出任恒生要职，始终有点介怀，据讲是汇丰不太喜欢他。

（摘自《壹周刊》之"千禧名人录"。）

日，恒生注册为私人有限公司，注册资本 1,000
万元，实收资本 500 万元，并组成新的董事局。
其时，林炳炎已经去世，何善衡出任董事长，梁
植伟出任副董事长，何添出任总经理。翌年，恒
生迁入中环皇后大道中 163 号至 165 号一栋 5
层楼高的自置物业，全面开展商业银行业务。

当时，恒生为了在银行同业的激烈竞争中
突围而出，独树一帜，以服务市民为宗旨，主要
面向香港的中小型工商企业，面向市民大众。何
善衡表示："我们自始至终本着顾客第一的精神，
并时刻提醒员工，不论是草根阶层，还是劳苦大
众，只要他们一踏进恒生银行，便成为我们的上
宾。"根据何善衡的原则，恒生订立了一系列服务守则，如员工要勤恳尽职，要反应敏捷，要培
养忍耐、忠诚、整洁及乐于助人的精神，雇员更不可误导或批评客人，或与客人争辩，应该耐
心聆听他们的需要，并即时答复，还要谨记客人的名字，在客人离去时更应亲自送行等等。每
当顾客踏进恒生银行，就会得到职员的热情招待和协助，如代填表格、引介至适当柜台等等。
就这样，恒生通过一系列富有中国人情味的周到服务，拉近了银行与社会大众的距离，赢得了
顾客。

当时，香港一般市民和中小厂商仍觉得那些大银行高不可攀，因而纷纷转向恒生银行。这
些新顾客主要是制衣、玩具、塑胶、五金及电子业的厂商，多为广东籍人，他们希望得到银行
的信贷，却既无公司资产负债表，亦无足够的条件支持他们申请贷款，但恒生银行并不介意，

（右上图）

司公限有號銀生恒
HANG SENG BANK, LTD.
163-165 Queen's Road Central, Hong Kong.
號五六一至三六一中道大后皇港香
●務業切一行銀營經●
換找　務租　滙押　險保　欵放　欵存　產地　兌滙
險保火水司公限有安保險火及面洋仁於商英
票支行旅行銀通寶國萬商美　理代
本號電報掛號："HASEBA" HONGKONG
各部電話：
詢問處：三一九○三　　董事室：三一五四五
總經理室：二二八二一　　押滙部：二四○二二○
經理室：二三四五○　　存欵部：二○六七四
滙兌部：二一五六七　　保險部：二六四四九
放欵部：三八七○一　　找換部：二○八七七
地產部：三三五五七　　貨倉部：三八七○二

1954 年恒生银号的业务广告，至 1960 年恒生银号始改名恒生银行。

1970 年代中恒生银行总行营业繁忙的情形。

1970 年代中恒生银行总部押汇部。

设于皇后大道中的恒生总行，约摄于 1950 年代末。

正如曾任该行副董事长的何德征所说："因为我们不但认识他们，更了解他们的生活背景、家庭情况及公司业务，我们乐意助他们一臂之力，香港的成就全赖这群人的努力。"[13] 不少早期得到恒生协助的小公司，后来都逐渐崛起为大公司、大集团，成为香港制造业和出口贸易的骨干，恒生的业务也与它们一同成长。利国伟就曾表示："这些公司对于恒生早期的帮助，铭记于心，至今仍是恒生的大主顾。"这成为恒生迅速崛起的极重要原因。

1959 年 10 月，恒生将注册资本增加到 3,000 万元，实收资本增至 1,500 万元。1960 年 2 月 7 日，恒生改组为公共有限公司，正式改名为恒生银行。同年，恒生先后在九龙油麻地和旺角等商业繁华地区开设两家分行，并积极在港九各区拓展分行网络。1962 年圣诞节，恒生银行新总行大厦落成启用，楼高 22 层的大厦成为当时香港最高的建筑物。在 1965 年危机前的 10 年间，恒生银行取得了非凡的进展。从 1954 年到 1964 年，恒生的资本账户从 630 万元增加到 5,250 万元，存款从 2,100 万元增至 7.2 亿元；总资产从 3,200 万元至 7.61 亿元。[14] 到危机发生前，恒生已超过东亚银行，在存款和资产方面成为香港最大规模的华资银行，并在银行零售业务方面开始成为汇丰银行的主要竞争对手。

与此同时，从银号转变为现代商业银行的尚有：永隆、大生、广安、永亨、大有、远东等银号或钱庄。永隆银号创办于

1933 年，1960 年改组为永隆银行。大生银号创办于 1937 年，1961 年改组为大生银行。广安银号创办于 1938 年，1960 年改组为广安银行。永亨银号创办于 1939 年，1960 年改组为永亨银行。大有银号创办于 1946 年，1962 年改组为大有银行。远东钱庄创办于 1958 年，1960 年改组为远东银行。

这一时期，一批现代商业银行也相继创办，包括大新银行（1947 年）、中国联合银行（1948 年）、南洋商业银行（1949 年）、香港浙江第一商业银行及和成银行（1950 年）、集友银行（1952 年）、有余商业银行（1953 年）、香港华人银行（1955 年）、海外信托银行（1956 年）、香港京华银行（1961 年）和华侨商业银行（1962 年）等。

据资料显示，到 1962 年 2 月 3 日，已向政府领取银行牌照的银号或公司还有：华人经营的利成银号、陈万发银号、昌记银号、昭泰银号、财记银号、道亨银号、发昌银号、恒隆银号、恒泰银号、万昌银号、明泰银号、明德银号、兴合长记钱庄、宝生银号、奉天有限公司、福华银业保险公司、信行金银公司、永安水火保险公司、永安有限公司，以及英国资本的通济隆、汇丰财务公司、新沙宣银公司、新沙宣（巴哈马岛）银公司等。[15]

永隆银行总部。

1972 年广安银行与日本富士银行签订联营合约，右边握手者为广安银行创办人梁季彝先生。

2.2　1950—1960年代银行业发展的特点

1950 年代初至 1960 年代中，香港银行业因应工业化的进程取得了非凡的发展，这是香港银行业的蜕变时期。这一时期，银行业的发展呈现了以下一些特点：

第一，银行数目减少，但所开设的分行大幅增加，银行之间争夺存款的竞争日趋激烈。

1948 年《银行业条例》实施以后，香港持牌银行的数目持续减少，银行的素质也逐渐提高，主要是一些边际银行遭到淘汰。1948 年《银行业条例》实施初期，香港的持牌银行有 143 家，但到 1954 年香港政府正式制定银行业统计资料时已急减至 94 家，其后持牌银行数目持续下降，到 1972 年更减至 74 家。然而，同期银行开设的分行数目却大幅增加。从 1954 年到 1972 年，持牌银行所开设的分行从 3 家急增至 404 家。（见表 2.2）

银行纷纷开设分行的原因，主要是 1950 年代中期以后，香港的政局渐趋稳定，工业化快速推进，带动了整体经济起飞，使市民收入大幅提高，而香港居民又具有较高的储蓄倾向，加上同期有大量外资、热钱流入，种种因素导致银行存款迅速增加。据统计，1954 年至 1972 年间，香港银行体系存款总额从 10.68 亿元增加到 246.13 亿元，18 年间增长 22 倍，平均名义年增长率达 19%。当然，由于 1963 年以前呈报数字的银行远远少于持牌银行总数，以致 1963 年以前的存款数字很可能被低估，但即使考虑到这种偏差，这一时期银行存款的增长仍然是惊人的。

表2.2　1954年至1972年持牌银行数目及分行发展情况

年份	持牌银行数目	分行数目	当年所开分行数目	办事处总数
1954	94	3	—	97
1955	91	3	0	94
1956	86	4	1	90
1957	83	5	1	88
1958	81	8	3	89
1959	82	13	5	95
1960	86	38	25	124
1961	85	101	63	186
1962	92	121	20	213
1963	87	144	23	231
1964	88	204	60	292
1965	86	215	11	301
1966	76	242	27	318
1967	75	256	14	331
1968	75	274	18	349
1969	73	289	15	362
1970	73	326	37	399
1971	73	358	32	431
1972	74	404	46	478

资料来源：饶余庆著，《香港的银行与货币》，上海：上海翻译出版公司，1985 年。

1960 年代香港银行采用的财务系统。

各大小银行为争夺迅速增长的存款纷纷开设分行。1954 年以前，香港只有两三家银行开设分行。汇丰银行直到二战结束初期，其在香港的总分支机构仅港岛皇后大道中总行和九龙分行两家。直到 1954 年，汇丰在香港开设的总分行仅 3 家。1950 年代中后期，几家中小型的华资银行在九龙最繁华的商业区旺角设立分行，掀起了"分行战"的序幕。其后，各大小银行纷纷在港九新界各商业区和居民住宅点开设分行。1961 年，这一趋势达到高峰，该年开设的分行就有 63 家。1965 年银行危机时期，银行广开分行的运动一度减缓，但在 1960 年代后期再度加快，各大小银行都形成了拓展业务的分行网络。到 1971 年，汇丰银行开设的分行已达 67 家，渣打银行 33 家，恒生银行也有 16 家。（见表 2.3）

为争夺迅速增长的存款，各大小银行在展开"分行战"的同时，亦展开激烈的"利率战"。在 1958 年至 1965 年间，各银行大张旗鼓地通过广告等各种形式展开对储蓄存款和定期存款的无情争夺。1961 年 9 月，汇丰银行属下的汇丰财务公司率先把其 1 至 3 年期存款的利率从年息 6% 提高到 7%，汇丰银行本身也把其 6 至 12 月期存款的利率提高到 6.5%。这一行动实际上拉近了大银行与小银行之间保持竞争均衡的利率差距，在银行业引起震动，并掀起新一轮的存款争夺战。渣打银行等外资银行以及以恒生和永隆为首的本地华资银行也迅速把它们的利率提高到与汇丰同样水平，有的小银行甚至把它们 1 年期或以上的存款利率提高到 8%。这一争夺战在 1963 年达到最高峰。该年，许多本地银行将 1 年期定期存款的每月利息提高到

表2.3　1950年代至1980年代初香港各主要银行的总分行数目

主要银行	1954 年	1961 年	1966 年	1971 年	1976 年	1981 年
汇丰银行	3	16	46	68	143	250
		（8.5）	（14.8）	（15.4）	（18.6）	（21.5）
渣打银行	2	6	18	33	72	86
		（3.2）	（5.8）	（7.5）	（9.4）	（7.4）
恒生银行	1	3	11	17	30	45
		（1.6）	（3.5）	（3.9）	（3.9）	（3.9）
中银集团	13	13	55	74	125	189
		（19.6）	（17.7）	（16.8）	（16.3）	（16.3）
其他银行	75	128	180	246	398	591
		（67.2）	（58.1）	（56.2）	（51.8）	（50.9）
总计	94	166	310	438	768	1,161
		（100.0）	（100.0）	（100.0）	（100.0）	（100.0）

注：括号内的数字是各银行所占的百分比。
资料来源：Frank H. H. King , *The History of The Hongkong and Shanghai Banking Corporation Volume IV, The Hongkong Bank in the Period of Development and Nationalism*, 1941–1984, Hong Kong, Hong Kong and Shanghai Banking Corporation, 1988, p.366.

1970 年代的渣打银行分行。

積少成多！
請到
渣打銀行
開儲蓄戶口（一元開戶）
或往來帳戶（伍百元開戶）
或定期存款（壹千元開戶）

信用昭著　歷史悠久
專誠服務　利息優厚
辦理一切銀行業務經驗豐富
◁諸君惠顧・無任歡迎▷

香港渣打銀行：
香港德輔道中四一四號
九龍總分行：
九龍城道十一十六號
紅磡分行：
彌敦道五四六號
深水埗分行：
元洲街與興華街轉角
新蒲崗分行：
寧遠街十一二十號
荃灣分行：
大河道與沙咀道轉角
官塘分行：
裕民坊與輔仁街轉角

1963 年渣打银行的业务广告。

0.9%，将 7 天期的通知存款的每月利息提高到 0.5%。有的银行甚至允许客户在存款未到期前不通知的情况下提款，并且不损失利息。[16]

第二，银行的信贷迅速扩张，贷款的用途趋向多元化，但银行体系的安全性下降。

这一时期，银行体系的信贷以比存款更快的速度增长。据统计，1954 年至 1972 年，银行贷款总额从 5.10 亿元增加到 177.26 亿元，名义年均增长 21.7%，实际年均增长 17.8%；同期投资总额名义年均增长 18.9%，实际年均增长 15%。对照同期的银行存款，银行存款名义年均增长 19%，实际年均增长 16.2%，银行信贷的扩张速度要快于存款的增长速度。（见表 2.4）

随着工业化的推进，银行体系的贷款也趋向多元化。据港府公布的资料，1965 年 12 月，银行体系的贷款和垫款总额中，制造业所占比重是 19.6%，主要是对纺织，鞋类和服装，金属制品和工程，橡胶、塑胶和化学品的贷款和垫款；由制造业发展推动的对外贸易所占比重最高，达 29.3%；对建筑部门的贷款和垫款占 18%，主要是因为这一时期银行业大大加强了对迅速崛起的地产建筑业的贷款；对基础设施和旅游的贷款则分别占 3.8% 和 4%，其他占 25.3%。

上述数字掩盖了部分本地中小银行在这一时期对地产业和股票市场的过度投入。由于本地中小银行都倾向以高息吸引存款，为弥补成本并取得高回报，它们不惜放宽贷款条件，将大量贷款投入风险较高的房地产和股票市场。事实上，正如香港著名的金融学家饶余庆教授在其著作《香港的银行与货币》中所指出，香港的中小 "华人银行在经营方面都不那么拘束。为了追求利润，它们更愿意把清偿力和安全性都降到次要地位。这种情况在 1965 年银行危机发生以前，尤其如此。它们实际上都从事 '混合银行业务'（这也许是不严格的说法），它们所承担的

表2.4 1950年代中至1970年代初香港银行信贷增长概况
（单位：百万港元）

年份	存款总额		贷款和垫款总额		投资总额	
	名义	实际	名义	实际	名义	实际
1954	1,068	1,068	510	510	—	—
1955	1,137	1,166	632	648	96	96
1956	1,267	1,267	769	769	98	96
1957	1,412	1,398	865	856	101	88
1958	1,583	1,597	919	927	121	119
1959	2,056	1,921	1,373	1,283	133	121
1960	2,682	2,604	1,720	1,670	166	157
1961	3,367	3,269	2,334	2,266	232	220
1962	4,311	4,226	2,849	2,793	191	183
1963	5,425	5,216	3,642	3,502	187	175
1964	6,568	6,081	4,586	4,246	271	245
1965	7,251	6,714	5,038	4,665	527	476
1966	8,405	7,572	5,380	4,847	537	472
1967	8,162	6,802	5,343	4,453	590	479
1968	10,367	8,360	6,038	4,889	636	500
1969	12,297	9,607	7,884	6,159	669	510
1970	14,955	10,837	9,670	7,007	856	605
1971	18,785	13,229	11,836	8,335	1,081	742
1972	24,613	16,087	17,726	11,586	1,550	988
年均增长率	19%	16.2%	21.7%	17.8%	18.9%	15%

资料来源：饶余庆著，《香港的银行与货币》，上海：上海翻译出版公司，1985年。

大量地放在房地产市场和证券交易所，尽管它们各自的着重程度有所不同。它们作为一个集团的有收益的资产，虽然从名义利率观点来看是更有利可图，但从清偿力观点（意即短期通知马上变现而毫无损失）来看，风险大得多"[17]。

这一时期，银行体系的安全性明显下降，主要表现在银行的流动资产比率（这里指银行库存现金总额和存放在其他银行的净余额对存款总额的比率）持续下降和贷款对存款比率不断上升。根据饶余庆教授的分析，1955年香港银行体系的流动资产比率是53%，但到1965年已降至32.5%，1972年更降至23%。同期，银行体系的贷款占存款比率从55.6%上升到72%。

当然，在总趋势相同的情况下，不同的银行具体情况各有不同。素以经营稳健著称的东亚银行，其银行的安全性就较高，而相比之下恒生银行就较低。1965年，恒生银行的流动资产比率已降至30%的低点，而贷款对存款比率则上升到74.7%。至于其他中小华资银行，情况就更差，流动资产比率甚至低达18%至20%。实际上，当时银行体系已面临相当大的风险，一

场震撼业界和整个香港经济的危机已在酝酿。(见表 2.5)

表2.5 香港银行体系的流动资产比率和贷款占存款比率

年份	流动资产比率 / %				贷款占存款比率 / %			
	整体	汇丰	东亚	恒生	整体	汇丰	东亚	恒生
1953	—	66.0	89.6	—	—	24.5	19.0	—
1954	—	60.2	87.5	71.4	47.7	31.0	21.6	54.5
1955	53.0	48.4	86.1	59.6	55.6	41.8	25.0	55.6
1956	50.4	45.7	87.3	59.6	60.7	47.3	24.3	52.1
1957	49.3	49.8	70.5	59.8	61.3	44.0	43.7	54.3
1958	51.4	51.6	84.4	59.8	58.1	40.1	33.6	56.1
1959	41.9	42.4	65.1	56.0	66.8	45.7	36.2	50.5
1960	39.7	39.8	84.6	49.5	64.1	50.7	33.9	59.3
1961	34.3	37.8	83.0	41.3	69.3	53.6	35.2	60.8
1962	38.1	38.6	80.7	40.5	66.1	52.7	35.4	58.5
1963	37.6	35.7	70.9	37.8	67.1	53.2	43.2	62.8
1964	27.6	32.7	57.6	40.1	69.8	59.1	55.2	62.1
1965	32.5	41.2	58.7	30.0	69.5	54.8	51.7	74.7
1966	36.8	42.4	59.6	53.2	64.0	57.0	50.2	52.1
1967	32.8	36.3	59.8	58.0	65.5	60.3	49.8	47.6
1968	40.2	35.7	61.1	66.2	58.2	62.2	47.2	36.2
1969	34.6	32.4	57.3	63.2	64.1	66.9	50.6	40.6
1970	35.1	40.9	56.6	58.6	64.7	62.0	50.0	43.5
1971	36.0	40.1	53.4	57.6	63.0	60.2	52.2	44.1
1972	23.0	35.6	59.8	54.0	72.0	65.0	44.3	46.1

资料来源：饶余庆著，《香港的银行与货币》，上海：上海翻译出版公司，1985 年。

3. 1960 年代的银行危机

1960年代的银行危机，

由1961年6月爆发的廖创兴银行挤提风潮揭开序幕。

廖创兴银行创办人廖宝珊（1903—1961年），

原籍广东潮阳，

1941年移居香港，初期在一家油庄打工，后自立门户经营粮油、

布匹生意，并炒卖地产、黄金，迅速致富。

3.1 银行危机序幕：廖创兴银行挤提风潮

1948 年，廖宝珊在港岛上环永乐街创办廖创兴储蓄银行。廖氏通过银行吸纳香港及海外潮汕籍人士的存款，在西环大举收购货仓物业。

西环在香港开埠百年历史中，曾占有极重要地位，盖因西环毗邻商业最繁盛的中环，是香港早期华人经商居住的主要区域。其后因人口增加至无地可容，繁荣东移，西环才成为货仓码头集中地。廖宝珊看到西环的发展潜力，在 1950 年代大举进军西环地产，先后购入公安、公源、源源、永源等大批货仓，相继发展成住宅楼宇。1950 年代，西环的面貌开始改观，地价、楼价上升，廖宝珊的财富急增，成为西环有名的大业主和金融巨子。

1955 年，廖宝珊正式将廖创兴储蓄银行注册为廖创兴银行有限公司，注册资本 500 万元，实收资本 400 万元。当时，银行的营业时间一般为上午 10 时至下午 3 时，中午休息一小时，廖创兴银行打破传统，将营业时间延长至上午 8 时至下午 5 时，中午照常办公，受到存户的普遍欢迎。廖创兴银行还首创小额储蓄存款的方法，即 100 元至 1,000 元的小额存款，月息定为 6 厘，结果反应热烈，令存款剧增。1958 年，廖创兴银行将注册资本增加到 2,000 万元，实收资本增至 1,000 万元，另有准备金 1,500 万元。其时，廖创兴银行已将总行迁入位于德辅道西 10

1950 年代位于上环永乐街的廖创兴储蓄银行总行。

层高的廖创兴银行大厦，并已初具规模。

当时，廖创兴银行的经营策略相当冒进，一方面大张旗鼓宣传以高息吸引存款，另一方面又将大量贷款投入风险较高的房地产业。1960年底，廖创兴银行的各项存款（包括溢利税及呆账准备）共有1.09亿元，而同期贷出款项（包括透支及抵押贷款）有7,357万元，另投资于房地产及该行大厦合计852万元。换言之，该行贷放透支及投资于不动产的款项占存款总额的比重高达75%，银行经营的稳健性已经动摇。廖创兴银行的资产负债情况，可以说在很大程度上反映了当时香港不少华资家族式银行的经营状况。

当然，导致廖创兴银行挤提风潮的爆发，还有一个直接原因，即九龙巴士和怡和两家公司发行新股票上市，造成银行体系资金紧张。1960年代初，香港股票市场与房地产一样，也进入

1961年6月15日廖创兴银行铜锣湾分行被挤提的情景。

高潮。在1961年的头六个月里，大多数股票价格都上升了20%至50%，市民争相认购所有新上市的股票。1961年4月，九龙巴士公司上市，以每股58元价格发行约78万股新股，获5.5倍超额认购。同年5月，怡和公司上市，以每股16元发行约90万股新股，约有32,000人参加认购，超额认购高达56倍。所有认购者无论是否买得到股票，都必须以支票把股款付给他们的经纪人，结果约有8.98亿元的支票要经银行系统清算。这对银行体系造成了压力，对资金紧张的中小型银行犹然。

挤提风潮在廖创兴银行爆发，直接的导火线则是当时市面流传着蓄意制造的关于该行董事长廖宝珊的谣言，指"有一位知名之本港银行家现成为警方侦查之对象，且已被通知离港"。6月13日，《真报》以头条新闻赫然登出这一消息，有关消息尽管后来由香港警务处长出面辟谣，但却触发了廖创兴银行的挤提风潮。[18]

1961年6月14日（星期三），廖创兴银行受到不利传闻和谣言的困扰，遭到大批存户的挤提，当天即被提取300多万元。到15日、16日，存户挤提进入高潮，港岛德辅道西总行及铜锣湾、旺角、深水埗、九龙城等分行都挤满通宵达旦在街头露宿轮候提款的人潮，其中绝大

部分是文员、工人、小贩、侨眷等中下层市民，他们对自己的血汗钱极为关注，稍有风吹草动就可能形成群众性的歇斯底里。据报道，首三天前往提款的存户多达 2 万人以上，被提走的存款接近 3,000 万元。

挤提发生后，廖创兴银行即向汇丰、渣打两家发钞银行求助，有人估计双方可能达成一项以廖创兴银行所持地产作担保的秘密协定。6 月 16 日下午，汇丰、渣打两家银行发表"对廖创兴银行予以支持"的联合声明，并向该行贷出 3,000 万元的款项以应付挤兑。不过，联合声明的中文稿一发表即撤销，并一度引起混乱，原因是中文稿的翻译出了错。英文原文是汇丰和渣打业已做出若干安排，"因而使得廖创兴银行有限公司之事件，完全受到控制"。但中文稿竟译成"将廖创兴银行有限公司之业务，完全置于汇丰及渣打两行控制之下"。这段错误的译文发表后，廖宝珊大为紧张，以为两家发钞银行要吞并他的资产。6 月 17 日，挤提风潮才渐次平息。这次危机对廖宝珊及廖创兴银行打击甚大，一个月后廖宝珊因脑溢血病逝。

1962 年，廖创兴银行董事局改组，由中华汽车有限公司董事长颜成坤出任主席，廖宝珊长子廖烈文出任总经理。经此一役，廖创兴银行的经营策略渐趋审慎，业务也再度取得发展。该行于 1967 年被委为香港政府授权外汇银行。1973 年廖创兴银行将注册资本增加到 3 亿元，实收资本 1.5 亿元，同时引入日资，由日本三菱银行持有该银行 25% 股权，成为日资银行的联营企业。

3.2　1965年银行危机第一波：明德、广东信托倒闭

1961 年的银行风潮在当时曾被称为"本港有史以来最大一次"，是"空前的银行风暴"。不过，从后来的历史看，这只是更大银行危机的序幕。

1965 年 1 月中旬，农历春节前夕，按通常情况市场对货币的季节性需求增加，银行的银根开始紧张。当时，市面已流传着关于明德银号发生资金困难的谣言。1 月 23 日，明德发出的总值 700 万港元的美元支票遭到拒付。三天后即 1 月 26 日，若干较大客户拿支票到中区明德银号总行兑现，该行没有足够现款支付。消息传出，大小客户纷纷涌至，当天下午，香港票据交换所宣布停止该银号的票据交换。第二天清早，明德银号总行门前挤满提款的人群。中午 12 时，香港政府银行监理专员宣布根据银行业条例第 13 条，接管明德银号。

明德银号创办于 1940 年代初，早期专注美元汇兑，1950 年代以后积极投入房地产买卖。1964 年房地产价格急跌时，明德虽拥有不少落成或在建物业，但已无力偿还债务。2 月 4 日，香港高等法院批准明德的破产申请，但延期 40 日执行，使其能同债权人洽商。4 月 30 日，明德银号的独资老板宣布破产，政府任命破产事务官为破产财产的受托人。

明德银号挤提风潮掀起了 1965 年银行危机的第一波。

　　据破产事务官的报告，这家银号的总负债 2,100 万元，其中包括存款 1,200 万元；而总资产为 2,000 万元。从理论上说，明德的亏损不算大，但总资产中约有 1,850 万元是按当时价格计算的房地产，这些房地产的价格在 1965 年初已大幅下降。更糟糕的是，这些房地产中的一大部分包括尚未完工的工程。事实上，到 1965 年 8 月，政府为完成这些工程已垫付了 1,000 万元。

　　明德银号停业后，更大的危机接踵而来。冒进有余而稳健不足的广东信托商业银行成为挤提风潮的第二个目标。广东信托商业银行创办于 1931 年，开始并不活跃，1950 年代转趋积极进取，在港九新界各处广设分行，到 1965 年初已开设 24 家分行。1965 年 2 月 6 日（星期六），广东信托商业银行香港仔分行发生挤提，逾千人群等候提款，其中大部分是渔民，挤提从下午 2 时持续到晚上 9 时。

当晚 8 时,香港银行监理专员发表声明,指明德事件决不会对香港其他银行或银行体系的安全造成任何影响。然而,第二天早晨,广东信托商业银行的元朗分行仍然出现挤提人龙。在挤提过程中,汇丰银行元朗分行的经理和一名高级职员用扩音器向人群讲话,保证汇丰对广东信托的充分支持。这种保证产生了效果,当天下午挤提暂告结束。不过,2 月 8 日,汇丰银行副总经理奥利芬发表声明,声称昨天它的职员只保证有限的支持,"这不幸被误解为汇丰银行给予广东信托无限支持,这是不可能的"。与此同时,广东信托商业银行总行及 24 家分行宣告停业。

2 月 8 日上午,香港政府财政司郭伯伟根据银行业条例签发命令,指示银行监理专员接管广东信托商业银行。财政司宣称:香港银行系统的财政结构健全,并有充分的资金,市民无须为其在银行的存款而忧虑。然而,官方的保证来得太迟,不足以恢复公众的信心。当时,有关

1965 年 2 月广东信托商业银行被挤提的情景。

1965 年 5 月 10 日广东信托存户到港督府请愿。

本地华资银行资金困难的谣言四起,犹如一把野火烧遍整个市场。当天下午,惊恐万状的存户开始大量提取存款,挤提风潮迅速蔓延到恒生、广安、道亨、永隆等银行。当日,中区的交通严重堵塞,不得不召警察前来维持秩序。甚至在银行营业时间结束以后,排队提款的人龙也拒绝散去。

当晚,汇丰银行发表声明,保证对恒生银行作无限量支持,并表示当任何银行发生困难时,该行将予以商讨进行协助。汇丰银行即派职员加开夜班点数现钞,并多次出动解款车。午夜,渣打银行也发表声明,宣称获总行授权无限量支持广安、道亨银行。这些公报在各电台反复广播,并在中文报纸刊登。2 月 9 日,香港政府宣布它完全支持外汇银行公会的决议,在到期之前不准提取定期存款。然而,恐慌并没有停止,挤提风潮不仅继续,而且蔓延到远东银行,并

波及澳门。当日下午，汇丰再度发表声明，保证对永隆银行、远东银行的无限量支持。由于担心局势正逐渐失控，2月9日中午，香港政府出版宪报号外，颁布紧急法令：宣布英镑为法定货币，政府将从伦敦空运大批英镑纸币来港以应付货币的不足。香港总督并下令，每一存户每天提取的现金最高限额为100元港币，直至有足够数量的英镑纸币运抵香港为止。违例者政府将撤销其银行牌照。同日中午，港府财政司郭伯伟、汇丰银行总经理桑达士、渣打银行经理纪礼咸联合举行记者招待会，强调香港各银行有充足资金，以安定人心。当晚，港督戴麟趾呼吁市民合作以克服目前不必要的困难。声明由华人名流利铭泽用华语读出。

2月10日，香港政府进一步采取两项措施：一是由财政司执行银行业条例所赋予的权力，规定所有银行每日营业结束时，必须将其所存现钞额向银行监理处处长报告；二是港督会同行政局授权银行业监理专员，命令"各银行将所存的剩余钞票交回发行钞票的银行"。在香港政府及银行体系采取连串措施之后，2月10日，挤提风潮暂告平息。从挤提风潮爆发到2月13日止，从伦敦运到香港的港币已达5,000万元，英镑达110万镑。

3.3 1965年银行危机高潮：恒生银行控股权易手

1965年恒生银行被挤提的情景，当时提款的人龙曾从总部一直伸延到香港会所。

不过，市场的平静只是暂时的。当时，恒生银行仍然受到谣言的困扰。直至3月份，仍有不少毫无根据的流言对恒生银行进行恶意攻击。一些不大负责任的报纸也刊登对不指名的本地银行有损的新闻，恒生被广泛地认为是其中之一。其间，部分大客户陆续悄悄地取消账户。4月初，挤提风潮再起，这次首当其冲的就是恒生银行。

当时，大批市民争相涌到恒生银行总行提取款项，人潮从德辅道中一直延伸到皇后像广场的香港会所。汇丰银行再次通过传播媒介公开声明支持恒生银行，并委派职员驻守恒生总行大堂，以证明有足够的现金供应。一沓沓钞票遍布大堂的各个角落，以应

付客户的需求。虽然恒生银行多次向存户保证，但情况仍每况愈下。4月5日，恒生银行在一天之内失去8,000万元存款，占银行存款总额的六分之一，到4月上旬总共失去2亿元。根据当时出任恒生副总经理的利国伟的回忆："恒生的存款一点一滴地被抽光，若然这样继续下去，

我们便无法偿还债项，甚至达到破产的边缘。因此我们急于谋求对策。"

面对危局，恒生银行董事长何善衡召开董事局会议急谋对策。当时，恒生银行面临三个选择：要么接受美国大通银行的援助，要么停业由政府接管，或者转向汇丰银行。经过多日的商讨，到 4 月 8 日，恒生银行董事局决定壮士断臂，将银行控股权售予汇丰，洽售事宜交由通晓英语的利国伟全权负责。翌日，利国伟与港府财政司郭伯伟会面，得到批准后立即与汇丰银行接触。在谈判中，双方对恒生银行的总价值和出售的股权数量分歧较大，汇丰认为恒生时值 6,700 万元，要求收购恒生 76% 股权，但恒生方面则表示银行的时值应为 1 亿元，并只愿意出售 51% 的股权。双方的谈判一直持续到午夜才达成协定。结果，汇丰银行以 5,100 万元代价收购恒生银行 51% 股权。消息传开后，挤提风潮即告平息。

苦心经营逾 30 年的恒生银行控制权就此断送，成为何善衡等恒生创办人毕生的憾事，何善衡为此痛哭了两个晚上。不过，他在出售当天仍亲自主持会议，并不断向员工解释，借此稳定军心。对于恒生银行的这次挫败，香港《南北极》杂志资深专栏作家郭峰的评论是："一家如此迅速发展、善于经营、服务忠诚和口碑载道的银行，就这样被谣言所害，被人家吞掉 51% 股权，令全港有识之士无不为它扼腕慨叹。"[19]

是役，最大的赢家无疑是汇丰银行，它不仅以极低廉的价格购入最宝贵的资产和业务，而且一举消弭了香港银行业中最有威胁的竞争对手，奠定了汇丰在香港银行零售业中的垄断优势。汇丰收购恒生银行后，仅派出 4 位代表加入恒生董事局，并继续保持其原来的华人管理层，这是汇丰的远见卓识。当时，汇丰银行的总经理桑达士认为，恒生银行的成功，在于其华人管理层，所以汇丰不必要插手。

在汇丰的领导下，恒生银行的业务发展更快。1972 年，恒生银行决定在香港上市，它将股份的面值降低，1 股变为 10 股，并发行新股，使实收资本从 4,500 万元增加到 1 亿元。同年 5 月，恒生将其已发行股份的十分之一，每股面值 10 元共 100 万股，以每股价格 100 元公开发售，结果获得 29 倍的超额认购，冻结资金 28 亿元。6 月 13 日，恒生在香港交易所挂牌上市，这是二战后在香港上市的第一家银行。当天，恒生股票以每股 175 元高开，全日最高升至 186 元，最后以 165 元收市，即恒生银行的市值已高达 16.5 亿元。这时，恒生银行拥有分行 20 间，员工超过 2,000 人，成为仅次于汇

1983 年恒生银行董事局主席利国伟在金禧纪念庆祝晚宴上发表讲话。

丰的最大商业银行。恒生的名字，更因其在 1969 年编制的"恒生指数"而深入人心，家喻户晓。

滙豐保證有效支持
遠東銀行現金充足
邱德根表示不足應付任何交收

（特訊）港政府新聞處昨發表稱：「對於若干報章所載恩遠東銀行有關之消息，政府已加以注意。政府已獲香港上海滙豐銀行主席及總經理桑達士保證，該行對遠東銀行之無條件支持之保證仍然有效，並且有充足之現金以十足支付任何存戶之提欵。」

昨日遠東銀行在港九各處之分行及新界荃灣總行，一切情況與平日大致無異。

（江）

接管有餘表示極少數中小銀行有困難
實無碍整個港銀行業安定
業內存欵轉移象不致重見

1965 年 11 月 25 日汇丰支持远东银行的声明。　　　　　1966 年 9 月 16 日关于有余银行被汇丰接管的报道。

　　1965 年的银行危机最后还波及两家小银行——远东银行和有余银行。远东银行创办于 1958 年，创办人是经营戏院起家的邱德根。早期，远东仅是荃湾的一家小钱庄。1960 年代，远东银行也深深地陷入对房地产的贷款和投资中。1965 年银行危机爆发时，它是遭受大量提款的银行之一，并且是香港银行业中唯一不符合银行业条例有关法定清偿力比率要求的银行。1965 年 11 月 25 日，远东银行香港仔分行遭到挤提。应政府的要求，汇丰银行发表声明，表示它对远东的无条件支持仍然有效。汇丰对远东的支持直至 1969 年，该年后者被万国宝通银行收购。

　　有余银行由一批侨商创办于 1953 年，像许多本地银行一样，它也深深卷入了房地产市场。1965 年银行危机中，有余银行也遭受到极大的财政困难，不得不向汇丰银行求助。1966 年 9 月 15 日，根据港府财政司的命令，有余银行被汇丰银行接管。该年，受银行危机的影响，香港因破产而正式经过法庭封闭拍卖的工商企业达到 435 家。

4. "利率协议" 和《银行业条例》的修订

1960年代初廖创兴银行危机后，

香港各大小银行为争夺公众存款展开了激烈的利率战。

当时，以汇丰银行为首的几家英资银行相继参战，以向其他银行表明：

不加控制的竞争是徒劳无益的，

各银行必须就利率问题订出一项切实可行的协议。

4.1 "利率协议" 的签订

1961 年后期，在香港外汇银行公会的协调下，外资的授权银行与本地的非授权银行开始谈判，以商讨建立存款利率统一结构的可能性。当时，有银行建议将香港所有银行划分为三类（A、B 和 C），它们将分别把长期存款利率确定为 5%、5.5% 和 6%。不过，以恒生银行、永隆银行为首的非授权银行则提出反对建议，认为利率应分别是 5%、5.75% 和 6.5%。在谈判中，以外资银行为主的授权银行提出利率的差距不应超过 1%，而非授权银行则坚持差距至少应为 1.5%。谈判由此陷入僵局。

1963 年，利率战达到高潮，据报道有的小银行甚至将利率提高到 10% 以上。在种种压力下，香港外汇银行公会和非外汇银行代表小组委员会最终达成一项 "利率协议"，从 1964 年 7 月 1 日正式实施。根据 "利率协议"，所有参加协议的 86 家银行，分为外国银行和本地银行两大类：外国银行 26 家；本地银行根据存款数额的多少再分成四组，A1 组 13 家，A2 组 10 家，B1 组 16 家，B2 组 21 家。其中，汇丰银行被分入外国银行类，由中国资本持有的中银集团的成员银行和在马来亚注册成立的银行被划入本地银行类。外国银行对不同期限的定期存款所提出的利率成为基础利率，本地银行各组所提出的利率在基础利率的基础上分别增加年息 0.75%、1.25%、1.5% 及 1.75%。（见表 2.6）

表2.6 香港银行体系的利率结构（1964年7月1日）			
	3 个月定期存款利率	6 个月定期存款利率	1 年定期存款利率
外国银行	四厘半	四厘七五	五厘
本地银行：A1	五厘二五	五厘五	五厘七五
A2	五厘七五	六厘	六厘二五
B1	六厘	六厘二五	六厘五
B2	六厘二五	六厘五	六厘七五
所有银行	7 天期通知存款一律周息四厘		

资料来源：香港外汇银行公会。

为了监督利率协议的执行，由授权银行和非授权银行派出代表组成一特别委员会，并规定任何银行一经发现违反协议，将不得使用香港票据交换所的结算系统，以及禁止其进行银行同业间的外汇和资金交易。

1964 年以来，利率协议经过了多次修改，除了利率的变动以外，银行的分类也发生了变化。本地银行中的 B1 和 B2 类在 1965 年 7 月被合并成 B 类，A1 类中的 5 家银行——中国银行、东亚银行、南洋商业银行、广东省银行和恒生银行在 1966 年 3 月被分为"特类银行"。其后，外国银行、特类银行和本地银行中的 A1、A2 类以及 B 类银行分别改名为 1 至 5 类银行。被外国银行收购的本地银行也被列入 1 类银行。（见表 2.7）

利率协议仅限于对存款利率的约束，各银行可

表2.7 按参加利率协议的银行分类（1973年7月1日）

第1类	荷兰银行、美国运通银行、泰国盘谷银行、印尼国家银行、美国信孚银行、广东银行、印度银行、华比银行、法国东方汇理银行、法国国家巴黎银行、渣打银行、美国大通银行、道亨银行、建南银行香港分行、欧亚银行、远东银行、万国宝通银行、恒生银行、汇丰银行、印度海外银行、国际商业银行、韩国外换银行、广安银行、有利银行、巴基斯坦国民银行、三和银行、住友银行、友邦银行、汇丰财务公司、永亨银行、巴克莱国际银行香港分行
第2类	中国银行、东亚银行、广东省银行、廖创兴银行、南洋商业银行、海外信托银行、上海商业银行、新华信托储蓄商业银行、永隆银行、永安银行
第3类	交通银行、浙江第一商业银行、崇侨银行、香港商业银行、大新银行、四海通银行香港分行、恒隆银行、香港工商银行、嘉华银行、马来亚银行、华侨银行、华联银行香港分行、大华银行香港分行
第4类	中南银行、国华商业银行、集友银行、香港华人银行、金城银行、浙江兴业银行、友联银行、中国联合银行、盐业银行
第5类	香港京华银行、康年银行、华侨商业银行、宝生银行、大生银行、大有银行，以及不受协议约束而在受限制的牌照下经营的陈万昌财务公司、利成银行、明泰财务公司

资料来源：香港外汇银行公会。

以自由制定各种贷款利率，只要不违反《1911 年债权人条例》第 24（1）条有关年息不得超过60% 的规定。按照传统，几家发钞银行为其最好客户所制定的"最优惠利率"，成为香港贷款市场价格制定的标准。

4.2 汤姆金斯报告和1964年《银行业条例》

其实，早在廖创兴银行挤提风潮过去后，即有人提出加强对银行管制、重订银行条例的问题。1961 年 7 月 5 日，在香港立法局会议上，非官守议员邓·律敦治提出一项建议，鉴于最近民众对银行业务的批评，政府是否应该对香港现行的银行条例进行一次彻底的检讨，以便建立最低限额流动准备金制度，以及银行经营有关业务的划一标准。该项建议在官方会议上正式提出，立即引起银行界的密切注意。

有关"管制银行"的问题早在 1960 年 4 月就有人提出，当时英国一位银行家访港，在对香港金融业作出一番调查后曾提出一项建议：香港应设立一家"中央银行"。廖创兴银行挤提风潮发生后，有关设立"中央银行"的建议被再度提出。1961 年 6 月下旬，前汇丰银行董事长兼

总经理端纳公开发表谈话说，港府为维持香港经济稳定、顾全大众利益，应通过立法建立"银行稽核制度"，以对香港现有大小银行进行稽核。7月5日，邓·律敦治在立法局提出建议后，政府财政司在答复询问时即指出，鉴于香港银行日多，业务日广，政府应考虑实施比现行银行条例所规定的更大的管制。

其后，港府邀请英伦银行高级职员汤姆金斯（H.T. Tomkins）访港，研究修订银行条例问题。1962年2月7日，汤姆金斯抵港。同年4月，汤姆金斯向港府提交《关于香港银行制度的报告及重订银行条例的建议》。该报告分三部分，第一部分重点检查了香港现行的银行制度，第二部分是结论和建议，第三部分包括一份取代1948年银行条例的立法草案。该报告认为，香港银行制度存在的主要问题是：① 银行数目太多，市场有限，使得争取存款成为十分激烈的竞争，这部分反映在以高息吸引存款和大量开设分行方面；② 部分银行对地产和股票过度贷款及投资，在房地产和股票市场陷得过深；③ 家族性银行往往将银行业务和董事们的家族企业结合在一起，影响了银行存款的安全性。

汤姆金斯报告书特别指出当时香港一些本地中小银行对房地产和股票市场过度投入所存在的风险："无疑，若然能够在地产及股票市场作出成功的投资，收获仍然是十分可观的；而且也有不少银行是依靠地产买卖的盈利，才建立了今日的成就。不过，这并不是一个健全的银行体制，事实证明不少银行因未能遵守'借贷平衡'的原则，以致产生运作上的困难。"

针对香港银行制度存在的问题，汤姆金斯报告书提出了重订银行业条例的一系列建议：① 规定银行至少要持有500万元的实收股本，并建立同等金额的公开准备金；② 为保护股东和存户的利益，对银行活动实行一系列的限制，包括对某一个人、某一公司或董事们及雇员们的贷款总额作出限制；③ 规定银行的流动资产比率至少为25%，以应付银行的短期债务，包括现金或通过结算；④ 加强对银行账户的审计，并要求银行全部公布其每年的资产负债表；⑤ 规定银行须定期向财政司提交月度和季度报告以作为银行监理专员监督和检查的基础；⑥ 任命一名银行监理专员负责对银行进行监察和签发牌照，并有权对不满意的银行实行管制或撤销牌照。

1964年11月16日，香港政府根据汤姆金斯报告书的建议，制定并在立法局通过了1964年《银行业条例》，同时废除1948年的银行条例。新银行条例吸收了汤姆金斯报告书的所有主要建议，并在此基础上进一步加强监管，如规定凡有违反本条例的，当局有权进入经营场所搜查，逮捕并起诉违法的银行董事及职员。新条例对非公司组织的家族性小银行也有专门的规定，准许其免受有关银行资本要求、流动资产比率、对贷款和投资的限制等条款的约束，但不得使用"银行"及其衍生字眼等名称进行经营，并不得接受超过200万元的公众存款。新条例还对银行业务作了更严谨的规定。同年，根据新条例，香港银行监理处成立。

　　不过，1964 年《银行业条例》尚未有效发挥作用，就爆发了更大规模的 1965 年银行危机。1967 年，港府即对危机中该条例暴露的漏洞进行了修订，其主要要点是：① 将财政司监管银行的权力交由银行监理专员直接行使；② 将银行实收股本的最低限额从 500 万元提高到 1,000 万元，准许 4 年宽限时期，并规定银行如果 4 年后仍未符合要求，其存款限制为银行实收股本和准备金的 10 倍；③ 对流动资产的定义作了更严谨的解释，规定只有与其他银行往来的净余额才可以算入流动资产，以防银行相互借贷制造假象；④ 银行监理专员有权在适当的情况下指定第二审计人员，并要求该人员审查以后的月度报表；⑤ 银行开设分行须经银行监理专员批准并缴纳费用。

　　香港政府除了修订银行条例之外，还宣布停止签发银行牌照使银行业得以有机会整固。政府"冻结"银行牌照的措施一直持续到 1978 年，其间曾于 1972 年对英国的巴克莱国际银行发放单项银行牌照（即只准在区内开设一个办事处）。此外，香港政府在 1969 年、1971 年和 1980 年先后对银行业条例进行了进一步的修订。

　　1964 年的《银行业条例》以及作为制定条例基础的汤姆金斯报告书，将对银行业的监管重点放在纠正银行在经营管理上的不当行为，加强审慎的财务管理方面，而不是香港银行体系在结构上的缺陷，对社会上要求设立"中央银行"的呼声没有给予回应。

5. 二战后保险业的重建与发展

二战期间，

香港经历了日军三年零八个月的占领。

香港的保险公司，

不是撤离就是停业，

整个保险业几乎陷于停顿、瘫痪状态。

5.1 二战后水险与火险业务的发展

1945 年 8 月 30 日，英国皇家海军特遣舰队抵达香港，成立军政府。1947 年，香港政局渐趋稳定，私营机构也开始重新运作，香港作为传统的贸易转口港重新迅速复兴。二战后至联合国对中国实行贸易"禁运"前的一段时期，香港水险业务发展进入黄金时期，不论是外地来货还是货物出口的投保，都达到全盛状态。可惜，好景不长，1950 年朝鲜战争爆发，以美国为首的联合国对中国实施贸易禁运。1952 年，香港的转口贸易骤然衰落，受此打击，航运、金融、保险等行业均不景气。

1950 年代后期至 1960 年代中期，香港经济成功转型，从一个传统的贸易转口港演变为远东地区的轻纺工业中心。随着香港产品出口的大幅增长，香港的水险业务有了进一步的发展，但是竞争也更趋激烈。各保险公司唯有各出奇谋，例如，保险费收取的期限，普通是一星期至三个月，但对信用好的客户则延至半年后收的也有；有的保险公司还用增雇"跑街"、增聘代理商、相互暗中按低折扣，增加顾客的回佣，增加经纪的佣金等办法来推销业务。因此，洋行和银号兼代理保险业务的情况也多了起来。由于竞争激烈，水险保费已相当低，例如，1952 年英国线的水险费率，普通（指水渍险）为 0.25%，即每 100 港元收 2 毫半；日本线为 0.15%；非洲、南美等地要视实际情形而定，每 100 港元收七八元甚至十多元的也有。1955 年，于仁保险董事会主席 C. 布莱克就指出了水险业务竞争的长期性，他称水险"业务竞争激烈混乱、费率降低随意"[20]。

1960 年代，经营水险业务的保险公司频受打击。1962 年，"温黛"台风袭击香港，造成 120 人丧生和大量财物的损失，"沙丁"号轮船在海浪中沉没。在这次台风中，搁浅或遇难的船只共计 20 艘。保险公司要付出意外的一笔赔偿费，达几百万港元。1965 年，"贝齐"飓风再次冲击香港，这场飓风使香港保险业遭受有史以来的最大单项承保灾难。资料显示，1964 年，历史悠久的于仁保险公司当年水险赔偿大幅增加，所支付的赔款不少于收入的 85%。1965 年，于仁保险支付的赔款接近保费收入的 90%。鉴于各地的索赔额普遍较高，1964 年香港保险界达成了一项固定保险费率的协议。

1950—1960 年代期间，与水险业务经营的日渐困难相比，火险业务倒是获得了蓬勃发展。1950 年代初期朝鲜战争爆发后，香港转口贸易一落千丈，存放在仓库的货物大量增加，香港的火险业务因此畅旺起来，各保险公司纷纷增聘代理人抢占市场，有的数以百计，普通的也有三四十名，保险公司也因此要负担一笔相当大的中介佣金，同时也要以给予折扣等方式招徕顾客。因而，保险公司的实际收入一般只及保险费的六成半至七成。历史悠久、资本雄厚的保险公司由于具有客户基础，在竞争中往往处于优势，获利丰厚；新入行的公司则普遍感受到竞争的压力，一遇到资金周转不灵就要停业。由于竞争激烈，有的店铺投买火险，本来可以一起买足 40 万港元，但为了应付保险公司的纠缠，宁愿分开两家甚至三家保险公司购买，无形中保险公司的生意被分薄了。

当时，香港从事火险的公司都有一部由香港火险公会颁布的红皮书《香港火险公会费率表》（ Tariff of the Fire Insurance Association of Hong Kong ），详细列明各种火险的保费费率，并且每年都跟随形势的变化而作出修订。所有加入火险公会的保险公司，都必须依照所规定的费率收费。当时，香港火险保费费率的制定及调整，都由占垄断地位的英资大保险公司决定，其他保险公司跟随。由于水火险投保数额庞大，各家保险商实施再保险的制度，由同业间分担承保。在香港也有实施这种分保办法的，有采用协议性质和硬性规定两种办法。前者在每单巨额投保，除本身承保部分之外，另取得联号的同意分保百分之若干；后者则互订长期合约，举凡某项或某线的水火险，得硬性分保百分之若干，每月结单核算。不过，1961 年香港火灾频繁，保险公司在赔偿方面也负担不少。例如，九龙货仓所存棉花就曾烧过数次，保险公司曾组织人员进行调查，了解货仓的设备情形，希望借此调高保险收费来减轻负担，但结果收费却并没有提高。防火宣传家喻户晓。1966 年香港火灾共 2,700 多宗，其中大宗就占 150 多宗。保险公司在这方面所负担的赔偿费，达 1,000 多万港元。1969 年，全年火警达 5,105 宗，比 1968 年增加了 25%，致使财物的损失约 2,000 万港元。

1960 年代，香港火险业务发展迅速，主要原因是：① 1960 年至 1963 年期间，香港曾发生好几场大火，一些店铺、住宅均受到损毁。于是保险公司借此加强宣传，招徕生意，增加了不少店铺的火险生意。② 香港进出口贸易持续增长，货仓存货经常拥挤，故货仓的火险投保也不弱。由于往来货物多，流转率高，使得货仓的火险投保生意活跃。各家工厂因为外来订单多，需要频频订各种原材料，而制成品生产又多。③ 新楼宇大量落成，对火险业务也带来促进。

5.2 "汽车险""劳工保险"等意外保险业务的发展

这一时期，包括"汽车险""劳工保险"等意外保险业务也获得了一定的发展。1950 年代，由于香港的车辆增多，汽车意外事件大幅增加。1951 年 11 月 9 日，香港总督葛量洪批准颁布实施《汽车保险（第三者意外）条例》，该条例共 20 条，规定任何人使用汽车都要投保，目的是对因使用汽车而引致的意外事件中的第三者提供保障。香港的汽车险、第三者保险的保率，由意外险公会规定，根据汽车的制造年度和马力而征收。由于每年交通失事甚多，保险公司的赔款增加，汽车保险连连亏损。1966 年，香港意外保险公会宣布，鉴于汽车修理费提高及第三者保险赔率增加，香港保险业将对汽车保险收费全面加价。

1950 年代，香港工业繁盛，劳动力大增，工人工伤事故频频发生，劳工保险应运而生。1953 年 12 月，香港政府颁布实施《劳工因公受伤赔偿法案》，规定雇主必须为工人购买劳工保险，并规定了劳工保险的收费等级，工作的危险性越大，收费就愈高。例如，一般性工作的工人，其保险的收费率约为 1%；而打井工人、拆楼工人、建塔工人等，其保险的收费率则高达 10% 左右。不过，该条例实施后的数年间，除了港九各大工厂投购劳工保险，或有商号联保外，其他小工厂以及一些危险性企业部门，普遍都没有购买劳工保险，以致工人不慎发生伤亡事故后，劳资双方在讨价还价中无法协调。有鉴于此，1957 年 6 月，香港政府劳工处要求雇主要替工人购买保险，并将开支列入年度经常费用。

这一时期，香港发生的一些事件也推动了意外险的发展。如 1956 年 10 月，香港九龙地区发生严重骚乱，使香港工业界蒙受重大损失。全港棉纺织业大多停工，其他工厂也都面临停工的危险。由于停工停产，产品不能如期交货，各工厂损失严重。如有的工厂日产棉纱 750 包，价值达近百万港元，结果生产一停，一天的损失就高达百万港元。当时，各家受损失的工厂本来都购买过意外险，但这次骚乱属暴动保险，因此不能获得赔偿，对受损失的工厂就如雪上加霜。当年 10 月，厂商购买的暴动险，保额就高达 1 亿港元。[21]

战后，伴随着工业的发展，意外保险业务获得了长足的发展，这推动了公会组织的诞生。1946 年，香港意外保险公会（The Accident Insurance Association of Hong Kong）成立，目的是团结保险公司（通过它们的地区经理，主要代理

表2.8　1960年代初中期香港保险公司发展概况

	香港水险公会	香港火险公会	香港意外保险公会	香港华商保险公会	保险公司总数
1959 年	107	80	87	20	—
1960 年	117	123	96	21	157
1961 年	119	129	99	21	160
1962 年	119	130	100	24	160
1963 年	119	132	105	25	160
1964 年	119	151	116	26	160

资料来源：香港经济导报编，《香港经济年鉴》，1960 年至 1965 年。

商或是代表）处理香港的意外伤害保险业务以确保一旦出现有影响这类公司利益的事情就采取联合行动，同时也建立和巩固为保障意外保险业务在香港顺利运行的规章制度；其成员包括在香港境内从事任何种类的意外保险的保险公司（见表 2.8）。1987 年，香港意外保险公会的会员为 141 个。[22]

1960 年代中期，香港工业化进程加快，对外贸易蓬勃发展，香港政府为了鼓励出口，于 1966 年 12 月 23 日成立香港出口信用保险局。香港出口信用保险局由政府投资，初期总资本额为 1,000 万港元，负责担保该局为香港出口商提供保险和保证所引起债务的法定最高限额为 3 亿港元。[23] 其后，随着保险业务的发展，总资本额在 1973 年增加到 2,000 万港元，法定最高负债额亦逐年提高，1977 年提高至 20 亿港元。出口信用保险局实行独立核算，自负盈亏，经营业务全部自理，只有重大的基本政策变动，才须报请政府财政司批准。该会于 1969 年加入信用保险业国际总会。

根据香港政府公司注册处的统计，到 1969 年 3 月底为止，香港保险公司共有 207 家，其中包括保险代理行。不过，由于保险代理行只是出用了保险公司的保单，可以代表保险公司参加公会，但本身并无公会会员的资格；因此，一般不将其统计入保险公司范围之内。根据《香港经济导报》的统计，在剔除这些保险代理行之后，到 1969 年底为止，香港共有保险公司 167 家，其中，经营水火险的一般保险公司 146 家，经营人寿保险的人寿保险公司 21 家。而实际上，在香港真正设立公司或分公司的，一般保险公司有 37 家，人寿保险公司 21 家，共有 57 家，其余 110 家都是委托香港的银行、洋行、商行或保险代理行代为出单，但都已分别参加了有关保险公会（见表 2.9）。

在 146 家一般保险公司中，以英资最多，有 68 家；美洲资本次之，有 20 家，其中美资 19 家、加拿大资本 1 家；本地华资 16 家；欧洲资本（除英国外）10 家，包括瑞士资本 4 家、法国资本 3 家、荷兰资本 3 家；澳大利亚资本 9 家；亚洲资本（除中国内地、香港外）14 家，包括日本资本 5 家、印度资本 5 家、印度尼西亚资本 2 家、菲律宾资本 2 家；中国内地资本则有 3 家。此外，还有一些华侨资本的保险公司。[24]

在香港各项保险业务中，以水火险为最大宗，这些水火险业务以英资保险公司承保占较大比重，美资保险公司次之，香港华资保险公司又次之。寿险业务则由美资保险公司把持，本地华商保险公司次之，英资保险公司又次之。至于汽车第三保险则仍由英资保险公司垄断，美商及本地华商仅占若干比重。

表2.9 1960年代初香港保险公司一览表

保险公司名称	地址	电话
安德纳保险公司 (Aetna Insurance Co., Ltd.)	怡和大厦	23993
美亚保险公司 (American Asiatic Underwriters)	大道中 12–14 号	26681
美国友邦保险有限公司 (American International Assurance Co., Ltd.)	大道中 12–14 号	26681
美亚保险有限公司 (American International Underwriters Ltd.)	大道中 12–14 号	26681
美安保险公司 (American Home Assurance Co., New York)	大道中 12–14 号	26681
友邦人寿保险公司 (American Life Insurance Co.)	大道中 12–14 号	26681
美国海外保险公司 (American Foreign Insurance Association)	怡和大厦	27761
亚洲保险有限公司 (Asia Insurance Co., Ltd.)	文咸西街 66 号 3 楼	41207
庇理亚洋行有限公司 (Blair & Co., Ltd.)	皇室行	28086
太古公司 (Butterfield & Swire.)	干诺道中一号	30331
永胜洋行 (Backhouse James H. Ltd.)	公主行	26709
首都保险有限公司 (Capital Insurance & Surety Co., Inc.)	印刷行	26666
信昌机器工程有限公司 (China Engineers Ltd.)	历山大厦	35451
中国保险有限公司 (China Insurance Co., Ltd.)	中国银行大楼三楼	34131
均益货仓有限公司 (China Provident Loan & Mortgage Co., Ltd.)	干诺道西 171 至 178 号	23962 40036
旗昌保险公司 (China Underwriters Ltd.)	告罗士打行	28126
全安火烛保险有限公司 (Chun On Fire Insurance Co., Ltd.)	大道西八号	46888
金孖素于仁燕梳有限公司 (Commercial Union Assurance Co., Ltd.)	于仁行 17 楼	27502
Central Insurance Co., Ltd. 代理：庇理亚洋行	皇室行	28085
Commercial Insurance Co. of Newark N.J.	大道中 12–14 号	26681
大陆保险有限公司 (Continental Insurance Co. Ltd.)	华人行	30604
Cornhill Insurance Co., Ltd.	爱丁堡大厦	38021
的呗洋行 (Deacon & Co., Ltd.)	汇丰银行六楼	31286
天祥洋行 (Dodwell & Co., Ltd.)	汇丰银行六楼	28021
Economic Insurance Co., Ltd. 代理：怡和洋行	怡和大厦	38081
毡拿路燕梳有限公司 (General Accident, Fire & Life Assurance Corporation)	公主行	26706
仁记洋行 (Gibb Livingston & Co., Ltd.)	铁行	30326
太平洋行 (Gilman & Co., Ltd.)	历山大厦	34181
赫德福保险公司 (Hartford Fire Insurance Co.)	怡和大厦	27761
年丰人寿保险有限公司 (Home Security Life Insurance)	历山大厦	27007
Home Insurance Co.	历山大厦	38105
宜安保险公司 (I On Marine & Fire Insurance Co.)	东亚银行	23597
北美洲保险公司 (Insurance Company of North America)	圣佐治行二楼	37016
怡和洋行 (Jardine Matheson & Co., Ltd.)	怡和大厦	38081
隆德燕梳有限公司 (Lombard Insurance Co., Ltd.) 代理：怡和洋行	怡和大厦	38081

表2.9 1960年代初香港保险公司一览表（续）

保险公司名称	地址	电话
洛士利洋行有限公司 (Loxley, W.R.& Co., Ltd.)	怡和大厦	34165
联安燕梳公司 (Luen On Fire & Marine Insurance Co., Ltd.)	永乐街八十九号	48990
联泰保险有限公司 (Lun Tai Mutual Fire & Marine Insurance Co., Ltd.)	德辅道中 27 号	
兰加西保险公司 (Lancashire Insurance Co., Ltd.) 代理：洛利士洋行	怡和大厦	34165
英商环球燕梳有限公司 (Liverpool & London & Globe Insurance Co., Ltd.) 代理：天祥洋行	历山大厦	28027
中华保险公司 (Malaya Insurance Co., Ltd.)	渣打银行大厦	38058
免拿洋行 (Manners Insurance Ltd.)	历山大厦	34177
懋凯保险公司 (Mercantile Fire & Marine Underwriters)	大道中中和行	38230
香港民安保险有限公司 (Ming An Insurance Co., <H.K.> Ltd.)	中国银行大厦三楼	34181
宏利人寿保险公司 (Manufactures Life Insurance Co.)	皇室行	34156
香港水险公会 (Marine Insurance Association Secretaries)	历山大厦	28106
海宁保险股份有限公司 (Maritime Union Assurance Co., Ltd.)	渣打银行大厦	
Motor Union Insurance Co., Ltd.	历山大厦	38100
Marine & General Insurance Co., of Bombay 代理：怡和洋行	怡和大厦	38081
国民燕梳有限公司 (National Insurance Co., Ltd.)	兴发大厦	37976
纽西兰国民保险公司 (National Insurance Co. of New Zealand Ltd.)	大道中 112 号	37647
新印度保险股份有限公司 (New India Assurance Co., Ltd. <of Bombay India>)	雪厂街 9 号	32930
纽西兰保险有限公司 (New Zealand Insurance Co., Ltd,)	毕打街 14 至 16 号	35466
北太平洋燕梳有限公司 (North Pacific Insurance Co., Ltd.)	历山大厦	28081
Northern Assurance Co., Ltd. 火险代理：仁记洋行 水险代理：会德丰公司	铁行 爱丁堡大厦	30326 31183
Neuchatel Swiss General Insurance Co., Ltd. Zurich Switzerland	大道中 12–14 号	26681
New Great Insurance Co., Of India 代理：怡和洋行	怡和大厦	38081
New England Insurance Co. 代理：Zung Fu Co.	崇明大厦	26197
North American Insurance Co., Ltd.	圣佐治大厦	37016
Norwich Union Fire Insurance Society Ltd.	爹核行	21746
Occidental Life Insurance Co. of California	公主行	26589
华侨保险有限公司 (Overseas Assurance Corp., Ltd.)	爱丁堡大厦	31118
太平洋岛燕梳有限公司 (Pacific Islands Insurance Co., Ltd,)	公主行	31188
大众保险有限公司 (Public Insurance Co., Ltd.)	大昌大厦	25706
宝丰保险有限公司 (Paofoong Insurance Co., Ltd.)	大道中 6 号	36011
Pacific Insurance Co., Ltd. 代理：怡和洋行	怡和大厦	38081
Phonix Assurance Co., Ltd. 代理：仁记洋行	铁行大厦	30326
宝塔保险有限公司 (Pagoda Insurance Co., Ltd.)	高士打道 256 号	70116
Public Life Assurance Co., Ltd.	高业大厦	26706

表2.9　1960年代初香港保险公司一览表（续）

保险公司名称	地址	电话
Queensland Insurance Co., Ltd. 代理：怡和洋行	怡和大厦	38081
泰和洋行 (Reiss, Bradley & Co., Ltd. <Victoria Insurance Co., Ltd.>)	大道中 2 号	33145
皇家保险有限公司 (Royal Insurance Co., Ltd.)	印刷行	32193
啰士洋行 (Ross Alex & Co., Ltd.)	皇室行	28177
Reliance Marine Insurance Co., Ltd. 代理：太古洋行	干诺道中 1 号	31905
Reliance Underwriters Ltd.	公主行	26589
上海联保水火险有限公司 (Shanghai Fire & Marine Insurance Co., Ltd.)	德辅道中 6 号 广东银行大厦	21513
先施保险置业有限公司 (Sincere Insurance & Investment Co., Ltd.)	德辅道中 173 号	21831
修付毕啫燕梳有限公司 (South British, Insurance Co., Ltd.)	太子行	36038
瑞华保险公司 (Swiss Underwriters)	大道中 14 号	26681
瑞士保险公司 (Switzerland General Insurance Co., Ltd.)	圣佐治行	37016
Sea Insurance Co., Ltd. 代理：太古洋行	干诺道中 1 号	31950
先施人寿保险有限公司 (Sincere Life Assurance Co., Ltd.)	德辅道中 173 号	25079
同和洋行 (Spalinger U. & Co., Ltd.)	历山大厦	37061
Springfield Fire & Marine Insurance Co.	英皇道 121 号	71321
代理：Metro Car (H.K.)Ltd. Reliance Underwriters Ltd.	公主行	25122
Sphere Insurance Co., Ltd. 代理：Balli Bros. Ltd.	历山大厦	37547
瑞典洋行 (Swedish Trading Co. Ltd.)	太子行	20171
加拿大永明人寿保险公司 (Sun Life Assurance Co. of Canada)	告罗士打酒店	31269
St.Paul Fire & Marine Insurance Co. 代理：Tak Kee Shipping & Trading Co., Ltd.	傅氏大厦	38091
Standard Marine Insurance Co., Ltd. 代理：太古洋行	干诺道中 1 号	31905
太平保险公司 (Tai Ping Insurance Co., Ltd.)	德诚大厦	28055
香港火烛保险有限公司 (The Hong Kong Fire Insurance Co., Ltd.) 代理：怡和洋行	怡和大厦	38081
多利顺洋行 (Thoresen & Co., Ltd.)	皇后行	31241
于仁洋面及火险保安有限公司 (Union Insurance Society of Canton, Ltd.)	于仁大厦	35671
United India Fire & General Insurance Co., Ltd.	大道中 12-14 号	26681
环球保险有限公司 (Universal Underwriters Ltd.)	大厦行	24471
Union Trading Co., Ltd.	历山大厦	38100
United Scottish Insurance Co., Ltd. 代理：多理顺洋行	皇后行	31241
United Insurance Co., Ltd. 代理：怡和洋行	怡和大厦	38081
United Insurance Co., Ltd. Sydney	国民行	22633
联合保险有限公司 (United Insurance Underwriters Ltd.)	国民行	22633
Universal Insurance & Indonnity Co.	商业大厦	25061

表2.9　1960年代初香港保险公司一览表（续）

保险公司名称	地址	电话
Victoria Insurance Co., Ltd. 代理：Reios Bradley & Co., Ltd.	万国宝通银行大厦	28006
华宝洋行有限公司 (Wallem Lambernt Bros. Ltd.)	汇丰银行大厦	38041
会德丰有限公司 (Wheelock Marden & Stewart Ltd.)	爱丁堡大厦	31181
永安水火保险有限公司 (Wing On Fire & Marine Insurance Co., Ltd.)	德辅道中 225 号	46311
世界保险公司 (World Auxiliary Insurance Corporation Ltd.)	圣佐治行	37016
裕通泰有限公司 (Yu Tung Tai Ltd.)	大道中 2 号	27758

资料来源：香港经济导报编，《香港经济年鉴（1962 年）》，第四篇，第 20–24 页。

注释

〔1〕 饶余庆著，《香港的银行与货币》，上海：上海翻译出版公司，1985 年，第 11 页。

〔2〕 冼玉仪著，《与香港并肩迈进：东亚银行 1919—1994》，香港：东亚银行，1994 年，第 68 页。

〔3〕 参见《远东经济评论》，1946 年 12 月 11 日，转引自冼玉仪著，《与香港并肩迈进：东亚银行 1919—1994》，香港：东亚银行，1994 年，第 69 页。

〔4〕 周亮全著，《香港金融体系》，载王赓武主编，《香港史新编（上）》，香港：三联书店，1997 年，第 348 页。

〔5〕 参阅《香港年鉴（1949 年）》中卷《金融篇》，香港：华侨日报社，1949 年。

〔6〕 参见《远东经济评论》，1947 年 11 月 19 日，转引自冼玉仪著，《与香港并肩迈进：东亚银行 1919—1994》，香港：东亚银行，1994 年，第 70 页。

〔7〕 参阅《香港年鉴（1951 年）》上卷《金融篇》，《香港年鉴（1952 年）》上卷《金融篇》，《香港年鉴（1953）》上卷《金融篇》，香港：华侨日报社。

〔8〕 T. K. Ghose, *The Banking System of Hong Kong*, Butterworth & Co(Asia) Ltd., 1987, p.65.

〔9〕 汇丰银行在中国大陆遭受的挫折可参阅冯邦彦著，《香港英资财团（1841—1996）》，香港：三联书店，1996 年，第 119–130 页。

〔10〕 Frank H. H. King, *The History of The Hongkong and Shanghai Banking Corporation Volume IV, The Hongkong Bank in the Period of Development and Nationalism,1941‑1984,* Hong Kong: Hong Kong and Shanghai Banking Corporation, 1988, pp.351–352.

〔11〕 毛里斯、柯立斯著，中国人民银行总行金融研究所译，《汇丰银行百年史》，北京：中华书局，1979 年，第 159 页。

〔12〕 同〔2〕，第 71 页。

〔13〕 Gillian Chambers, *Hang Seng: The Evergrowing Bank,* Hong Kong: Everbest Printing Company, Ltd., 1991, p.36.

〔14〕 同〔1〕，第 204 页。

〔15〕 姚启勋著，《香港金融》，香港：泰晤士书屋，1962 年，第三版，第 85 页。

〔16〕同〔1〕，第 43、198-199 页。

〔17〕同〔1〕，第 40 页。

〔18〕参阅《廖创兴银行挤兑事件及银行管制问题》，载香港经济导报社编，《香港经济年鉴（1962 年）》第 1 篇，第 284 页。

〔19〕郭峰著，《恒生银行的崛兴》，载香港《南北极》杂志第 116 期，1980 年 1 月 6 日，第 6 页。

〔20〕Chalkley, *Adventures and Perils: The First Hundred and Fifty Years of Union Insurance Society of Canton, Ltd.,* Hong Kong: Ogilvy & Mather Public Relations (Asia) Ltd., 1985, p.37.

〔21〕《香港全记录（卷一）》，1956 年 10 月 13 日，1956 年 10 月。

〔22〕香港保险业联会："The Accident & Marine Insurance Associations of Hong Kong"，1987 年 8 月 17 日，第 1 页。

〔23〕同〔21〕，第 11 页。

〔24〕参见《保险业》，载香港经济导报编，《香港经济年鉴（1970 年）》，第一篇，第 186 页。

1931 年香港证券交易所会员。

1. 香港股市沿革：从香港会到"四会时代"

香港证券市场的发展，

最早可追溯到1860年代。

早在1866年，即《公司条例》通过后的第二年，

香港已有证券买卖活动，

早期的证券经纪人大多是欧洲人。

1.1　香港早期的股票市场

1919 年 5 月 15 日发行的东亚银行旧股票正面。

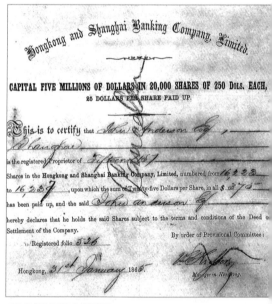

1860 年代发行的汇丰银行股票。

据 1874 年出版的《中国年鉴》的记载，当时香港从事各行各业的 30 名经纪中，就有 5 名特别注明为股票及股份交易商。（见表 3.1）

在 19 世纪下半叶香港首家证券交易所成立前，香港的股票交易并没有一个确定地点，早期的经纪主要活跃于中区皇后大道中与云咸街交界处，这些经纪包括英国人、德国人、印度人、

表3.1　香港早期的证券经纪（1874年）

姓名	地址	从事业务
Chater, J. T.	银行大厦及坚道 17 号	股票经纪
Kneebone, G. A.	西摩台 9 号	票据、股票及金银买卖经纪
Mody, H. N.	摆花街	拍卖人、票据、金银贸易、股票及一般业务经纪
Robinson, John	香港会所	外汇及股票经纪
Sharp & Co.	银行大厦及文咸道	票据、金银贸易及股票经纪

资料来源：1874 年出版的《中国年鉴》"香港"一章，转引自《百年溯源》，香港联合交易所，1998 年。

美国人、波斯人、犹太人以及华人。一名在 1870 年间访港的游客曾这样描述当时的情况："香港的证券交易所极其简陋……范围就是会所至皇后大道之间的一段百多码的街道……触目所及都是英国人、德国人、英籍印度人、由广东来的中国人、由加尔各答来的亚美尼亚人、由孟买来的帕西人以至由巴格达来的犹太人……"[1] 这一时期，华人已开始参与股票买卖，一些中文报刊如《循环日报》等，已刊登有关股票行情的资料。

1891 年 2 月 3 日，香港股票经纪会（The Stockbrokers' Association of Hong Kong）宣告成立。这是香港第一家证券交易所，发起人是著名英商保罗·遮打（Paul Chater），最初只

旧大会堂（左）与旧拱北行，20 世纪初期香港股票买卖曾有一段时期在这里进行。

1925 年的中区，当时香港已有两家证券交易所。

有 21 名会员。当时，香港正处于周期性经济低潮时期，股票市场的投机活动活跃。这一年，香港政府根据怡和洋行大班詹姆士·凯瑟克的提案，通过了《公司（股票买卖）条例》，禁止股票的炒卖活动。1914 年 2 月 21 日，该会易名为香港证券交易所（Hong Kong Stock Exchange），由 F. Smyth 担任主席，1934 年时地址为中环雪厂街 10 号 A 的 Stock Exchange Building。由于经纪时常聚集在雪厂街，该街又被称为"大鳄街"，比喻经纪像鳄鱼般吞噬人们的金钱。

香港股票经纪会创办人保罗·遮打爵士。

自 1891 年起，香港证券交易所的会员为着要议定股票的价格，每日都聚集两次公开喊价，一次在上午 10 时，一次在下午 2 时 30 分。会后会员通常分为小组，或在交易所附近互相研究市况，或赶坐黄包车出外见客（有的更携带传译员）。初时，股票的交投是按月结算的，股票的交收期往往延至三个月之长[2]，令投机风气越来越浓。及至 1925 年发生大罢工，几乎每个会员都受到打击，从此交易方式发生改变，一切交易都使用现金，甚至禁止期货买卖。后来，香港股票市场虽然已取消现金交收的做法，但 24 小时内交收的条例却一直维持到二战后。当时，从事股票经纪的要求严格："首先要在汇丰开设户口，那时在汇丰或渣打银行开户非常难，必须有特别的推荐人和财政上的实力。要成为股票交易所会员，除了需开设银行户口以外，还必须有财力，亦要有良好的信誉。那时交易所会员人数只有二三十人。"[3]

1921 年 10 月 1 日，香港出现第二家证券交易所——香港证券经纪协会（Hong Kong Sharebrokers' Association），主要由华人会员组成。该协会的创办人兼首任主席是曾经营进出口及汽船代理业务的商人嘉劳（A. H. Carroll），会址设在中环雪厂街 10 号，即毗邻香港证券交易所。1924 年 6 月，香港证券交易所的会员胡礼（J. F. Wright）及 T. W. Hornby 等人创办了第三家证券交易所，注册名称为 Share & Real Estate Brokers' Society of Hong Kong。不过，该交易所仅昙花一现，但反映了当时证券交易的活跃情况。

1931 年香港证券交易所会员。

1941 年 12 月至 1945 年 8 月日本占领香港期间，香港证券市场一度暂停营业，有的经纪

1946 年的中环，战时痕迹已几乎完全消失。

自愿当兵抗日，有的则被关进战俘营。战争期间，香港公司注册处的档案被严重摧毁，1941 年以前的纪录大部分被毁。二战后初期，由于早期股东名册纪录已失，人们纷纷就战争期间被迫出售的股份提出申索，使当时的证券买卖极受关注。

1945 年 9 月 13 日，刚恢复对香港管治的港英政府颁布了一项暂行禁令，命令所有财务机构关闭，并禁止部分地皮的买卖。随后，该禁令将证券买卖也列入禁制范围。修订后的《暂行禁令》第 11 条规定：“任何人士未经金融总监（Financial Controller）事先书面批准，不得出售或转让任何股票、证券、债券、票据、无抵押债券或债股，或对上述任何一项活动收受征费。”该禁令第 12 条还规定，在 1941 年 12 月 25 日（日占时期开始）以后未经金融总监批准所进行的交易一律不予登记。

1.2 二战后香港股票市场的发展

从二战结束到 1960 年代中期，香港证券市场总体而言是平稳发展的，但亦大致经历了三次高潮，分别在 1947 年至 1948 年、1954 年至 1955 年以及 1959 年至 1961 年。

战后初期，香港即开始出现非正式的证券买卖。当时，从上海、广州等内地大城市涌入的资金对证券市场的重新运作起了推动作用。由于一些股东向政府公司注册处申诉在战争期间曾被迫出售股份，经纪进行每宗交易都需到公司注册处查核，故在交易时都小心翼翼。1947 年中，香港政府开始对多家上市公司的股票发布“暂行禁令”豁免通告，并于 1948 年 11 月 30 日正式废除该项禁令。从 1946 年底起，证券买卖开始重新活跃。

1947 年 3 月，在香港政府和部分证券经纪的推动下，“香港证券交易所”和“香港证券经纪协会”合并，仍称为“香港证券交易所”。新成立的交易所由球樨（N. V. A. Croucher）出任主席，章程规定会员名额限制在 60 人，开业时已有 54 名会员，来自两家前交易所者各有 27 名。[4] 这就是后来“四会时代”所称的“香港会”。当时，香港会的会员大部分为外籍人士以

本地的老牌证券经纪行——顺隆

访问员：今天访问徐先生，是希望知道证券市场较早期的历史，例如阁下由上海初到港时本地股票市场的情况，又或是香港和上海股票交易方面的联系等。

徐国炳：我是在 1950 年 4 月到香港的。抵港后遇到一位亲戚，他既是我在上海时的旧上司，又是我的亲戚。当时他希望在香港发展，便从金银业贸易场的会员手里买了"顺隆"，从事"炒金"活动，而我当时则被邀请加入顺隆。但顺隆当时还未开始股票经纪业务，当时的股票市场不算兴旺，成交量很少。

1970 年代的徐国炳。

1950 年代的中国内地货币很混乱，货币经常贬值，结果推高了金价，与美元的兑换价也不断高升，从 5 元人民币换 1 美元，升至 10 元，再至 20 元……正因币值变化大，而金价持续上升，谁人也赶着买金保值，这很快便成了热潮，由上海传到香港，当时情况很混乱。

在上海，由于战争的缘故，法定纸币更加贬值，各种货品也常起价，各人也像"中了毒"般买金、"炒金"作保障。对比之下人们并不热衷买楼，因为买楼手续麻烦，而收租又不划算，来港后即使顶手费及租金可能升至与楼价差不多，仍宁愿租地方住。这"重金"的观念令不少人都迷糊了！这观念亦连同移民潮带到香港，这便解释了为何很多上海人到香港后会炒卖黄金。但他们却忽略了很重要的一点——在香港，法定货币单位是港元，而港元并没有贬值，所以在香港金价不会像在上海般暴升。另外"上海帮"在香港最初很少会买楼投资地产的，直至后来有些上海人因要盖工厂才置业。而往后他们有些发达了，其主要原因是他们卖了厂房，才赫然知道在香港土地是很有价值的投资项目。

在上海我曾参与各种交易场的工作——黄金、股票、面粉、纱布等期货交易都有。当时也有包办香港的股票买卖，例如置地（Hong Kong Land）；另外也有办在香港上市的外国股票，买卖时是用法币（即民国后期货币），但兑换价却常常变动。

访问员：那么顺隆是在何时发迹的呢？

徐国炳：顺隆在 1954 年左右仍然在亏本，主要是因为买金炒金，投资错误，以港币高价买入黄金。"上海帮"普遍

存在这情况，大家都误信金价会升而买金，因而输了很多钱。不少在上海拥巨资来港的上海商人却在这次输掉了。假若最初投资的是地产，那么"上海帮"在香港早就发达了……

回说顺隆，当时已没有足够的资本投资地产，我的亲戚兼上司因年纪大，便把顺隆卖给我，我接手后顺隆仍以买卖黄金为主，成绩不错，还可以维持。因为那时金价已略有波动，世界性的金商都来港开设分行，我们于是以第一时间推出了上海流行的"对敲"交易，改变了香港贸易场的交易方式。当时压力很大，但是受到金商极力赞助及参加交易，令到当时的贸易场出现了一个新的局面。

一直到 1969 年香港的股票市场复苏。我们当时已把投资放在纺织业，自己亦有买一些股票，但始终认为买卖股票才是自己的"老本行"。于是在 1969 年我便决定买一个经纪牌照，除了买卖黄金外，顺隆还买卖股票。当时远东交易所还未成立，顺隆要向香港会买经纪牌。而向香港会买牌是十分困难的，幸好我有朋友介绍我认识当时香港会主席砵士（Mr. Potts），另外我亦有外籍人士的亲戚从中帮助，最后顺隆成功买了经纪牌照，还请了砵士当顺隆的担保人（Underwriter）。整个买牌的过程费了 3 个月，牌照的价钱由 95,000 美元涨价至 210,000 美元才成交，升了一倍有多，是我们料不到的……

访问员：徐先生接手顺隆后是自己经营还是……

徐国炳：是我和另外两位上海朋友一起合伙经营的。一位是已故的应子贤先生，他在金银交易所代表我们持有牌照，另一位是李和声先生，他是远东交易所的经纪，而我则是港会的经纪。我们三人同属一公司，但以个人名义持牌，于是便可以在不同的交易所交易。而且更可以利用三个市场股票价格的差异做买卖，我们因而能为客人争取更好价钱才买卖。因此整体来说，早期我们的生意很好。而当后来三者的股价拉近，失去了这个独有的优势时，业务已经稳定了……

访问员：最初到顺隆买卖股票的客户是哪些人？

徐国炳：主要还是上海帮。在 1955 年我开始投资纺织业，一直至 1969 年，在这 14 年中，我结识了不少行内上海

美国前总统福特伉俪来港参加酒会时与顺隆三剑侠：应子贤（右一）、李和声（中）和徐国炯（左一）合摄。

籍的厂商，当我再次任股票经纪时，这些同乡朋友便成了顺隆的主要客户，当中有些更是已往台湾发展的上海人，所以顺隆的客户除了本地的上海帮外，还有台湾帮呢！而顺隆亦因此成了上海帮中股票买卖的活跃分子。由于我以往曾任股票经纪，对股票的买卖也算内行，很快便熟悉本地的情况，结合我的经验和上海帮的关系，所以顺隆的生意还不错。

访问员：在 1969 年的时候股票的交收制度是怎样的呢，是"T＋1"的吗？在上海的情况又如何？

徐国炯：是的，是交易翌日交收的，当时股票的买卖会用很多人手作运送的，每天晚上会计算账目和预备支票，方便翌日早上作交收的。由于交收的金额大，多通过银行以支票抵用额而不是现金进行交易，负责交收通常是汇丰银行。

上海在 1949 年之前也是"T＋1"的，而且采用中央交收制度，通常的运作情况是在第一天进行买卖，翌日交收。如果是买入的，翌日早上拿支付差额的支票及卖出的应交股票交予交易所，下午便可取回所有买入的股票。这就是说卖方把股票全交到交易所，在下午时买方便取回应收股票。支票的金额不是股票买卖的实价，而是买卖交易之间的差额罢了。到了香港以后我们也曾提出上海这种做法，因当时香港的交收制度实在太费时和耗人力，应予以改良，可惜不被接受。现在的中央交收即是大同小异……

访问员：在 1970 年代初股市蓬勃之际，是否有较多上海帮参与股票买卖或加入经纪行业？

徐国炯：是的，在 1970 年代的确有上海帮参与股票市场，但相对来说他们主要是纺织业行家上市集资售股，当经

纪的比较少。当然他们也有买股票的，而我们顺隆便很自然地替上海同乡们充当经纪了……

访问员：请问以往的本地证券公司是否都是以合伙的形式经营呢？

徐国炯：大多数是以合伙或个人形式进行。就以顺隆为例，我们最初是无限公司的，直至两年前才转成有限公司，无限和有限公司两者的主要分别在于负债额方面。比方说 1987 年股灾，由于顺隆当时仍是无限公司，所以便要变卖资产代为赔偿股民客户的欠债。

经营无限公司的风险我们是知道的，而当初我们选择以无限公司经营是认为股票买卖既是投机的生意，信用是十分重要的。同时根据当时法例，经纪是不能以有限公司经营的。以无限公司经营本身便是对顾客提供承诺和信心的证明，而对顺隆有信心的顾客往往就凭一个信字而把几千万的金钱交予我们买股票，甚至不用签任何文件。直至现在，顺隆亦已经营了几十年，行内行外也知道顺隆是有一定规模和信誉的。而当客户交股票给顺隆保管后，顺隆只会代客户对数而再交予中央结算公司，这样顺隆向客户提供的，是既方便又专业的服务。

选择可信靠的合伙人对经营无限公司是十分重要的。就以顺隆为例，我们三位合伙人组织顺隆之前在上海已认识了一段日子，大家是彼此信任的，合组顺隆后合伙人之间的财政亦很公开，我们有不同的银行联系，包括汇丰银行、恒生银行和永亨银行，每每遇到困难时我们都会互相帮助的。

顺隆后来之所以转为有限公司是因为以下几点：1987 年的股灾对顺隆来说固然是一个沉痛的教训，但主要还是因为交易所的意见，认为有限公司比无限公司更可靠，至少在监管上控制有限公司的规例可以更严谨。事实上有一些大客户不喜欢我们转为有限公司的，甚至怀疑顺隆对信用负责态度有改变。我要花极大的气力说服他们，向他们说明不是顺隆的问题，而是潮流兴有限公司罢了！事实上"有限公司"本身在市场上亦已是一个潮流，顺隆的转型在这方面看是顺应潮流罢了。但对于顺隆来说，无论是以无限或有限公司经营都是一样，我们做生意的原则和诚意是不变的……

（按：徐国炯为前香港交易所成员、香港联合交易所委员，受访时为顺隆集团有限公司董事长。）

资料来源：节录自 1997 年 4 月 11 日香港联合交易所委托香港大学亚洲研究中心进行之访问记录，现寄存于香港大学孔安道图书馆，为香港联合交易所证券市场历史资料特藏之一。

1948 年香港证券交易所会员，其中已见不少华人脸孔。

及通晓英语的华人，上市公司则主要是一些外资大行。

    1947 年至 1948 年间，香港经济复苏，各上市公司获利丰厚，股价低廉，投资股票者极多，加上大陆资金大量涌入香港，而海外华侨汇款回祖国者亦众，形成战后股票市场交投的第一个旺盛时期。1948 年，香港股市全年交易额达 1.59 亿元。不过，1949 年新中国成立后，部分人士对香港前途心存疑虑，准备离开香港，纷纷抛售股票，使股价逐步回落。1950 年朝鲜战争爆发后，香港股市陷入低潮。1950 年全年交易额只有 6,011 万元，仅达 1948 年的 38%。

    1953 年朝鲜战争和谈成功，双方实现停火，香港股市遂转趋畅旺。1954 年越南停战成功，香港解除战争威胁，政局渐趋稳定，世界各地资金大量流入香港，香港股市进入战后第二个畅旺时期，一些热门股票都创出二战后最高股价。1954 年，香港股市全年交易额达 2.52 亿元，比 1950 年大幅增长超过 3 倍。这一时期，香港股市通常平均每日的交易额约 100 万元（12 月 10 日股市成交额达 335 万元，创下历史新高），平均每月 2,000 万元左右。1955 年，香港股市成交额再创新高，全年达 3.33 亿元，比 1954 年再增长 32%。

1950 年代末香港证券交易所内交易情景。

　　唯 1955 年 8 月以后，因汇丰银行提高股票按揭利率及限制按揭成数，股票价格下跌。1956 年，发生苏伊士运河事件，国际政局动荡，加上英国提高利率以遏制通胀，香港英资银行跟随提高利率，股市转趋淡静。1957 年，香港股市全年成交额回落至 1.48 亿元，仅及 1955 年高峰期的 44%。不过，自 1958 年下半年起，香港的工业化进展顺利，经济转型成功，加上国际形势转趋稳定，种种因素刺激股市上升。1959 年，多家公共事业公司在香港上市，吸引了不少散户投资者。

　　1961 年 6 月，怡和公司以每股 16 元价格，公开发售 902,948 股股份，在香港证券交易所挂牌上市。结果，怡和股票获 56 倍超额认购，冻结资金 8 亿元。怡和股票上市当天，收市价为 31.25 元，差不多高出认购价的一倍。[5] 怡和股价的急升反映了当时香港股市的兴旺。1961 年，香港股市无论在成交量和股价方面都创二战后新高。该年，每日成交额在 1,000 万元已极为平常，每月成交额在 1 亿元亦非少见，而全年的成交额则达 14.14 亿元。（见表 3.2）

　　不过，1962 年以后，香港经历了一连串的变动，当年美国突然宣布限制香港棉纺织品进

口，接着发生中印边境冲突。1965 年，美
国轰炸越南，战争逐步扩大，国际局势进
一步动荡。该年，香港还爆发银行挤提风
潮。种种政经不利因素，令股市辗转下落，
最终一蹶不振。1966 年，香港股市市况的
恶劣是二战以来所未见的，全年成交额
仅 3.89 亿元，比 1964 年大幅下跌近一倍，
仅及 1961 年的 27.5%。1966 年，股市跌
势虽有所转缓，但市场阴霾笼罩难消。及
至 1967 年，先是爆发政治骚动，中英关系

表3.2　二战后以来香港股市每年的成交额（单位：港元）

年份	全年成交额	年份	全年成交额
1948	158,963,298	1958	149,694,548
1949	88,198,190	1959	359,598,698
1950	60,108,912	1960	875,775,613
1951	140,671,899	1961	1,414,197,699
1952	142,309,007	1962	701,386,919
1953	150,766,890	1963	520,727,896
1954	251,976,029	1964	747,614,814
1955	333,189,500	1965	389,457,744
1956	211,002,275	1966	349,742,769
1957	147,621,871	1967	297,745,038

资料来源：华侨日报社编《香港年鉴》。

恶化，继而又爆发中东战争，及后英镑贬值，香港股市进一步下挫，全年成交额仅 2.98 亿元，
创 1960 年代以来的最低水平。

　　到 1967 年，在香港证券交易所挂牌上市的公司已达到 68 家，其中包括银行 2 家、保险公司
2 家、企业公司 4 家、航运公司 5 家、船坞货仓 6 家、地产酒店 8 家、公用事业 12 家、工商业 9
家、商店 7 家、杂项公司 4 家、纱厂 4 家、橡胶公司 5 家。据统计，该年 68 家上市公司实收资本
总额达 17.53 亿元，年底市值总额 36 亿元，分别比 1960 年增长 134% 和 10%。（见表 3.3）

1960 年代香港证券交易所在公爵行的交易大堂。

表3.3 1960年代香港股市发展概况			
年份	上市公司数目	实收资本总额 / 亿港元	年底股市总值 / 亿港元
1960	63	7.50	32.58
1961	66	8.84	42.40
1962	67	9.98	38.87
1963	68	11.74	48.20
1964	70	12.60	49.79
1965	71	15.52	42.18
1966	69	17.24	41.97
1967	68	17.53	36.00

资料来源：香港经济导报社编《香港经济年鉴》。

当时，"香港会尚未实行电脑自动对盘，而是用黑板和粉笔作交易。交易大堂内设有一块大黑板，称报价板，每只股份都有买入和卖出两个档位，上面写着买卖盘价钱。交易员在大堂收到客户买盘的电话后，即跑上报价板前，在要买入栏上写上价钱及代号，双方同意便可成交。那时的买卖都是先口头承诺，之后才交换正式买卖单据，俗称'飞仔'。当收到'飞仔'后，交易便确实了。"[6]

1.3 香港股市的"四会时代"

1960 年代后期，香港证券交易所仍设于中环雪厂街公爵行顶楼，共有会员经纪行 53 家，会员经纪人 59 名。当时，香港会里华人经纪已占多数，外资经纪则全都是本地的外国人，如施玉莹（F.R.Zimmern）、卡利奥（M.Cario）、砵士（A.H.Potts）等。香港会证券交易时间为每日上午 10 时至 12 时，下午 2 时半至 3 时半，星期三下午和星期六、日等例假休业。当时，香港政治骚动结束，政局回稳，经济亦进一步发展，一度外调的资金纷纷回流香港，而海外的资金尤其是东南亚的游资亦大量涌入香港。银行资金相当充裕（存款总额已超过 100 亿元），对股票押款条件也相对放宽。因此，香港股市重新出现蓬勃局面，股市上的股票经纪，尤其是"驳脚"经纪（即经纪代理人）非常活跃，所谓"抢台面"（即股票经纪在极短时间内买空卖空，赚取差额利润）、"抢帽子"（即投机客户在一进一出之间抢股价上落差额利润）相当盛行。

1968 年下半年，香港股市转趋活跃，全年成交额回升至 9.44 亿元，比 1967 年大幅增加 2 倍。1969 年，股市进入狂热状态，永高、南联实业、环球电子、凯联酒店及太古实业等 5 家公司先后上市，股民申请认购相当热烈，有的超额认购达 40 倍。该年，股市交投畅旺，其中 10 月 30 日全日成交达 4,166 万元，10 月份最后一个星期成交额达 1.523 亿元，10 月全月成交额达 4.52 亿元，均创香港股市有史以来的最高纪录，而全年成交额则高达 25.45 亿元，几乎相当于过去 5 年交投额的总和。

为配合股市的发展，恒生银行于 1969 年 11 月 24 日公开推出香港股市指数——恒生指数。恒生指数推出初期有 30 只成分股，后来扩大到 33 只，这 33 只成分股选自各个行业实力雄厚、交投畅旺的"蓝筹股"，约占整个股市总值和成交总额的 70% 以上，能够反映整体股市的基本走势。恒生指数以 1964 年 7 月 1 日为基准点，当日的指数定为 100 点，1969 年 11 月 24 日

右图为 1960 年代股民在位于公爵行的"香港会"外关注股市行情。

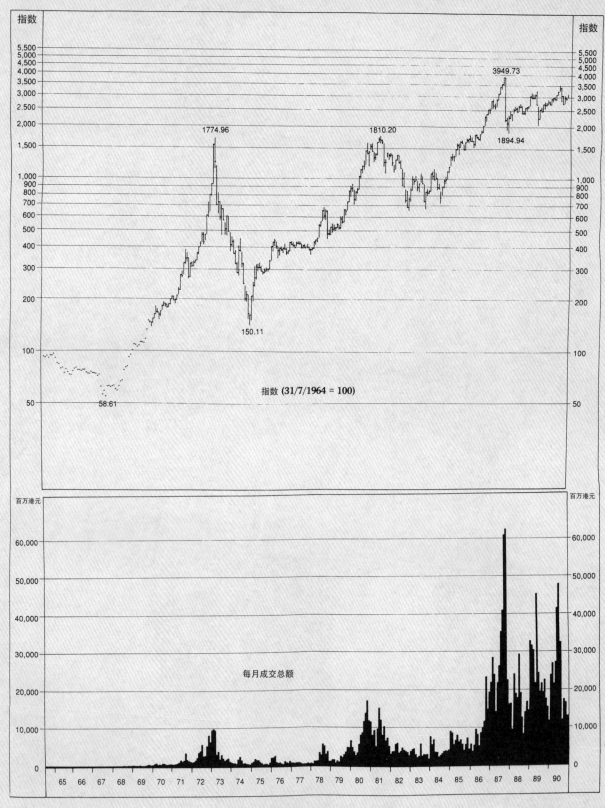

指数

5,500	
5,000	
4,500	
4,000	3949.73
3,500	
3,000	
2,500	
2,000	
1,774.96	1810.20 1894.94
1,500	
1,000	
900	
800	
700	
600	
500	
400	
300	
200	150.11
100	
58.61	
50	

指数 (31/7/1964 = 100)

百万港元

每月成交总额

60,000
50,000
40,000
30,000
20,000
10,000
0

65 66 67 68 69 70 71 72 73 74 75 76 77 78 79 80 81 82 83 84 85 86 87 88 89 90

图3.1　恒生指数*与股市成交总额

*1969 年 12 月以前为各月之月底指数

资料来源：恒生指数。

公开推出时为 158 点，后来成为家喻户晓的香港股市指数。（见图 3.1）

这一时期，香港经济已经开始"起飞"，工业化进程接近完成，房地产价格稳步回升，工商业活动渐趋正常，许多公司都准备将股票上市以筹集资金。这些公司不仅包括历史悠久的老牌英资公司，也包括许多新成立及有潜质的华资公司。然而，当时香港证券交易所订定的上市条件仍相当严格，不少规模颇大的华资公司的上市申请都被拒之门外，于是有人倡议创办新的证券交易所，这就导致了日后"远东会""金银会"和"九龙会"的诞生。

1969 年创办远东会时的李福兆。

首先打破香港会垄断的是"远东会"，全称"远东交易所有限公司"（The Far East Exchange Limited），创办人是李福兆、王启铭等多位财经界人士。李福兆出身于富家世族，其父李冠春和叔叔李子方是东亚银行的创办人。李氏早年出国留学，成为特许会计师，回港后开设了一家小型投资公司和会计师事务所。1969 年，李福兆购入若干香港证券交易所的席位，准备发展证券业务，但他的申请却遭到香港会的否决。后来，李福兆发现香港法例对证券交易所数目并无限制，因此与多位财经人士一起创办远东交易所。

1982 年，李福兆在接受记者访问时曾谈到他创办远东会的最初意念。他说："1967 年暴动事件后，香港会曾经有过三个星期停市。当时我觉得有点寒心，因为港会一停市，手头持有的股票便等于'公仔纸'。因此跟几个友好谈起，究竟交易所是不是有专利的？由此触发起组织远东会的意念。筹备远东交易所的初期，还有一段小插曲，为了保密，连申请一百多具电话都不敢用交易所的名义，因此我个人垫支了 10 多万元来装线。交易所成立后，公众反应良好，总算是将一种投资方式带给了公众。"[7]

远东交易所设于皇后大道中华人行 201 室，于 1969 年 12 月 17 日正式开业，创办时拥有会员经纪行 35 家，会员经纪人 46 名。远东会打破了香港会英国式的运作风格，以粤语进行交易，并创建了不少新规例，如容许多过一个出市员出市，破例容纳女出市员等，其所制定的规则较适合华人经纪和中国人的商业社会。许多缺乏经纪资格的华商只要缴付 50 万元的会籍费就可成为会员。[8] 因此，

1970 年代初期位于华人行的"远东会"交易大堂。

远东交易所的创办与成功之道

远东交易所成立的背景和经过

王启铭：让我先谈谈远东交易所的历史，我们
1969 年便开办了远东交易所，并在 12 月 17 日开业。
在未开业前，年初时我们只有 6 至 9 个月的时间筹
备，由我们一群留学生组成，包括李福兆先生、冯
新聪先生、周佩芬女士，一共 11 个创会会员，命
名为 "The Far East Exchange Limited"，而中文名
是 "远东交易所"。我们这伙人有些在香港做生意，
有些是银行家。香港以前只有一家交易所，那就
是 "香港证券交易所"（Hong Kong Stock Exchange
Limited），当时经营华洋生意，一半中国人、一半
是洋人，但主要由外国人负责主理，约有 60 个会
员。当时因为股票买卖的概念并不广泛，人们的兴
趣不大，会员人数亦不多，故成交额只有三几百万

1969 年 12 月远东交易所开业时的盛况。

元。在 1969 年，由于香港证券交易所是一家 "Close Shop"，
即外人免问的，只有 60 个会员，除非 60 个会员当中有人愿
意卖牌给你做生意，否则便不能加入的。和现在在交易所有差
不多九百多个牌的情况不同，那时只有 60 个位，人人都不愿
意卖，有些宁愿不开业，也不会卖牌的。

在 1969 年，我们整年密锣紧鼓筹备，经过无数障碍终
于成功开业。我们开业后香港会便有些不高兴，以为多了人
和他们竞争，但其实我们创办远东交易所的原意与竞争无关，
而是想提供服务给大众买股票。当时我们想做会员又不可，
想买股票又碰巧市旺，经纪的电话铃声不绝于耳，无法接通，
市民根本无法参与股票买卖。唯一的解决方法就是自己开一
家交易所才可增加经纪人数。

访问员：当时有多少会员是活跃进行买卖的？

王启铭：在 60 个会员中，约只有 40 个（三分之二）开
业会员，有 20 人（三分之一）没有开业的，大体上应有四分
之一人没有开业的，即约 15 人，我也认识有数人没有开业
的。我以前有两个亲戚是香港交易所的会员（苏佩瓒先生、
苏佩昭先生），在我们筹备远东交易所之初，大家都不相信几
个后生的能力，认为要冒的风险着实不少。我们后来在中环
找场址，当时实不是一件易事，终找到华人行二楼出租，我
们租了大半层。

访问员：这个概念是否你们几个人构思而得的？还是由
李福兆先生首先想到的？

王启铭：不是，是我们几个人一起做、一起想到的。对
这新发展的事业，大家也没有所谓，而当时李福兆先生非常
活跃和对交易所很有兴趣，故选了他做主席。

远东交易所的发展及其成功的因素

访问员：成立新的交易所是否你们 11 人一起商议的
构思？

王启铭：是我们 11 个人一起商议出来的。当时最难的是
在打厘印方面；现在交易用电脑，但当时交易要打厘印，如
果没有认可的印，那该宗买卖是不获承认的。我们与政府磋
商后，得到它承认我们会员的印，跟着又可贴厘印票。开业
初期只有少于 50 个会员，初时生意不顺景。我们没有电脑，
便要靠港会的播音得知讯息，后来港会不喜欢我们，故又不
给我们播音了，我们只好靠自己做价钱了。初期我们也只是
挂港会的上市公司，可谓是 "免费挂牌" 的服务。作为一家
新的交易所，信誉尚未足够，也只好将货就价了，所以首六
月都是惨淡经营，之后人们开始有了兴趣，便加入作为会员，
又发觉我们有朝气和有办事能力，对交易所放了很多心血，
发展也渐入佳境了。

其实，我们有三大成功因素：第一是我们有女会员（Lady Member）——香港会当时没有女会员的，我们有此构思的原因是有很多事不论男女均可以做，例如总统也有女性，所以女性也可做会员，而这构思也为人所接受，有很多有钱的女士可买位做买卖，当时只需50万元（即相等于现在的500万元）的担保费用。初期第一批的牌照牌价是8万元一个位，便可成为远东交易所会员，作股票买卖了，另需50万的担保，当时保费可以是放在银行，又或是用实物（股票或地产）按给交易所，如遇上错误可作赔偿之用。当时有很多人参加，会员人数增加至150人。有不少医生、会计师或大学教授没有时间，但太太则有兴趣，便可买牌及请职员做买卖了。

1970年代初远东交易所大厦地库参观室。

第二个成功因素便是打破只可一个会员入场的规例——以往香港会只许一个人出市，则如我的叔公苏佩昭先生和苏佩瓒先生，差不多70岁的老人家，都是自己出去画黑板、打电话的。由于当时只可一人入场，除非生病了才可找一个Nominee代表出市，任何时候只可一个人出市。但当时买卖的情况很复杂，在没有电脑的情况下，又要打电话、写板、写"飞仔"（买卖单），故我们建议准许多带一个人（Assistant into the Trading Hall）入场，这便事半功倍了。只要职员所做的事，会员肯负责，这个制度是完全没有害的，当然会员也会带自己的亲信进场的，这样分担了工作量便可一个人负责听电话、一个人负责做生意，这做法又很成功。

第三个成功因素便是我们开设了Public Gallery，即俗语说的"金鱼缸"，这是我们发明的，以前你们没有听过这个名称的。交易大堂固然不准外人进入，而"金鱼缸"却是隔着玻璃，从玻璃外观看市场环境——可以看到价钱、会员成交。这样可增加对大众的透明度，这亦为人所接受，当时日日有几百人到来。

基于以上三种因素，加上我们等人有魄力，有很多人支持，不断加入交易所，在短短6个月内，我们的成交额便已经超过香港交易所了。这都是我们引以为荣的，香港会有100年的历史，着实不容易打破的。我们等人只是靠动脑筋想新的构思，起初虽然不为社会人士所接受，但渐渐也给人接受了。我记得两位姓苏的叔公（苏佩昭先生和苏佩瓒先生）是香港会的会员，说我们等人魄力有余，但认识不足，相信不足6个月便要倒闭了。我们知道股票买卖不是简单的事，但我们都愿意尝试尽力而为，幸而6个月后我们开始成功了。那时很多人想申请做会员，如果我们肯收的话，收1,000个会员亦可，可是碍于场地不足，只有大半层地方，部分地方又用作"金鱼缸"和写字楼，故后来我们买了远东交易所，搬了去云咸街8号。这样可以多收会员，但其实那地方也很浅窄，只有465平方米，也是不足用的……

（按：王启铭为前远东证券交易所创会会员兼副主席及远东交易所清盘人，受访时为永同发有限公司董事。）

资料来源：节录自1996年11月13日及12月4日香港联合交易所委托香港大学亚洲研究中心进行之访问记录，现寄存于香港大学孔安道图书馆。

位于华人行的远东交易所正门。

远东会的会员经纪行发展很快，到1970年底已增加到113家，1971年底更增加到165家。远东会的创办，打破了过往证券交易和企业集资必须通过香港会进行的传统，为香港证券业的发展开辟了新的纪元。远东会的业务发展很快，开业第一年成交额就达29.96亿元，占当年（1970年）股市总成交额的49.5%，其后更迅即超过香港会成为占香港成交总额比例最高的交易所，大部分成交活跃的上市公司都在远东会挂牌买卖。

远东会的成功，刺激了其他证券交易所的成立。1971年3月15日，由金银业贸易场理事长胡汉辉等倡议成立的"金银证券交易所有限公司"（The Kam Ngan Stock Exchange Limited, 俗称"金银会"）正式开业。初期金银证券交易所的

1971年3月15日金银证券交易所第一天开业的盛况。

金银证券交易所的创办与发展

访问员：马先生，请从你个人参与证券界的经历、筹组金银交易所的缘由开始，谈谈本港证券市场的历史吧。

马清忠：我是由参加金银业贸易场开始涉足证券业的，当时远东交易所已在筹备中，但并未开业，到远东开业后，我们便积极在贸易场开展筹组工作。在旧的会员当中有100个左右会员发起做股票，名为"金银交易所"。当时贸易场有190多位会员，而贸易场的理事长是应雁庭先生，会员都希望应先生带领贸易场的会员筹备证券交易所……或许当时应雁庭先生年纪太大了，故没有魄力处理，到胡汉辉先生

创办金银证券交易所的金银业贸易场理事长胡汉辉。

接手做金银业贸易场的理事长后才积极去筹办这方面的工作。当时在贸易场预备参加做股票交易的会员，每人需预缴5万元筹办费作为筹组金银证券交易所之用。贸易场是两年一届选新理事长的，胡汉辉先生接手后便发信给已报名参加的会员，若愿意继续支持他的便留下，若不愿意支持、不继续的便取回钱。当时只剩下六七十人留下继续办理。时间方面我则不太确实，不过应是远东会先办，金银会是随后的。*当时剩下六七十人，胡汉辉先生便开始筹办交易所，他请了我帮忙筹办，又请了关祖尧先生充当法律顾问，屈洪畴先生任会计师，一班人便是这样筹办金银交易所了。金银交易所租了德辅道中大生银行大厦，即国际大厦对面，现址邻近新华银行。大生银行大厦4字楼是写字楼，5字楼是交易大堂。开业时有七八十人，我清楚记得当时政府采取观望态度，因为香港会开业之后就是远东会开业，之后又有金银会开业。本来金银会曾和远东会洽谈，金银会拟不开业，改作加入远东会，但后来终未能合拢，故金银会便自己开业了。当时金银会开业是除星期三半天市（上午）外，星期一至五都是全日的……金银初开业，成交额高达456万元，是当时三家交易所之中最多的。因为政府有条例规定，任何一家交易所的成交额不得少于全港交易所总成交额的约5%或10%；当时金银会的会员还不可以代政府在买卖单上贴厘印，故要争取成交额，金银会最后能做到450多万元，是全港三家之中最

多的，实在是很侥幸的事……据我记忆所及，当时香港交易所全盛时会员最多达170多人，远东会的会员则与金银会相若，即340至350个会员。故金银、远东成立后，成交额以此二家较多；香港会虽然历史较长，但由于会员人数较少，故成交额亦相对较低了。不过有不少旧投资者仍选择香港会作交易场所，但金银和远东则有较多新的投资者。所以当股份交易一跨越1,700点时，很多嫁姐（住家工人）和的士司机都纷纷去买股票，他们连班也上不上，只坐在电视机前看股价。政府便出来警诫市民，说股票只该当作投资，不该是炒卖的。当时有所谓"即日鲜"，上午买下午卖来赚取差价。及至九龙会开业，当时有传闻有一群新界乡绅筹办第五家交易所，名为"新界交易所"，××政府便出禁制令。由于它没有真正成立，确实的人名我也不清楚，而政府亦就此通过法例，规定不可再增加任何交易所，即只许现存四家存在，不可再有第五家。到九龙会开业时只有100多位会员，故成交额比较细，且买卖亦较难。

金银会成立后一两年，即在政府立例以前，会员人数由最初的四五十人增加到后来的300人。×××原先金银证券交易所开业初期，在征收会员方面是有限制的，他们必须是金银业贸易场的会员，并要拿钱来参加股票买卖，不可征收其他人士做会员。但后来发觉这有很大的局限，因为贸易场只有190个会员，即使全部参加了也是很少的，故金银后来开了全人大会通过决议：不是金银业贸易场的会员都可以参加。这样远东会、金银会均广收会员，两间交易所随后渐渐增加各自的会员，约达350名会员了。

经纪牌方面，政府亦出条例，连经纪也不可再增加。当时香港会大概有一百七十多人，金银会约有350人，远东会约有350人，九龙会约有190人，故全港四会估计共有约1,000名会员。

这样算是第一期的情况。金银会在大生银行的会址实在太细了，初期开业也有百人；开业前预计只有100人左右，但到后来有300多名会员，故地方不可能容纳这么多人。以

金银证券交易所成立七周年纪念，从左至右分别是杨志云、郭得胜、何善衡、胡汉辉、简悦庆、马锦灿、伍絜宜。

往的惯例是一个会员有两名代表出市，用黑板形式作买卖。但由于地方太少，所以部分会员将座位一分为二，即新来的会员只可派一个代表出市。但这样也不能应付所需，适逢康乐大厦批新租，大约 6.5 元一呎（70 元 / 平方米），金银交易所便租了层半至两层的地方。一层是七字楼，向海的作为市场，向山的便作写字楼、金鱼缸和会客室之用，另外半层是方便会员之用。当时那层是向置地公司分租的，他们又有会员，我们又有会员，有会址可以方便上落。由于以往股票买卖是未电脑化的，还要靠人手和电话线进行买卖。当时置地有电话线的设施，这是相当方便的，因为 300 多个会员，每人如有 3 个电话便有 1,000 条电话线了。所以全部有了设计才搬去的，在装修了康乐大厦之后，便可容纳 340 多个会员……

访问员：现在我们见到上市时有很多规例，例如招股书、资本限制等。

马清忠：这是后来加上的，到联合交易所开业时才有定出最少要有 5,000 万元、3 年的业务纪录。一家公司除非拿到豁免，或是基建公司等，但以往没有这些的。交易所开业后便要求实收资本要超过 5,000 万元以上，业务纪录也由初期的 3 年改为 5 年，这些都是逐步转变的，而不是即时改变的。上市公司通常找会计师、商人银行、财务顾问联络每一家交易所，而通常每一家上市公司都希望最少去两家交易所上市，例如远东和金银，因为两者加起来的市场占有率达一半以上，若以每家百分之三十计，已占六十个百分比了。后来的两家尊重香港交易所，多数会在 3 家交易所上市，这样便会占了市场高达八十至九十个百分比。九龙交易所当时的成交额确实是不足百分之十的，故很难得到商人银行、会计师和财政顾问的重视，所以后期九龙交易所陈普芬先生把"天线"这类"蚊股"也上市……

（按：马清忠为前金银证券交易所创会会员及副主席。）

* 访问员按：远东证券交易所于 1969 年 12 月 17 日正式开业，而金银证券交易所则于 1971 年 3 月 15 日开业。

** 访问员按：在 1973 年 2 月，新界乡绅陈日新拟筹办"亚洲证券交易所"。由于当时并没有法例规管交易所，港府随即通过紧急法案，制定《证券交易所管制条例》（The Stock Exchange Control Ordinance 1973）禁止新的交易所成立。

*** 访问员按：金银证券交易所创会会员仅 40 名，开业初期有会员 80 名，迄 1986 年 3 月止共有会员 346 名，见《十周年纪念献词》，载于《金银证券交易所十周年纪念，1971—1981》《冼祖昭主席致词》，载于《金银证券月报》期 151，1986 年 3 月号。

资料来源：节录自 1996 年 11 月 21 日香港联合交易所委托香港大学亚洲研究中心进行之访问记录，现寄存于香港大学孔安道图书馆。

交易地点设在德辅道中大生银行大厦,后来迁往康乐大厦（即今怡和大厦）,面积已扩大到 1,400 平方呎（约 130 平方米）。金银会成立的目的,原希望可以为金银业贸易场行员提供一个日渐普及的证券投资机会,因此,最初的会员均是贸易场行员,后来修改章程容许非贸易场成员参加,故有金银业贸易场成员的入会费为 5 万元,而非贸易场成员 8 万元的规定。但后来已趋多元化。金银会的业务发展很快,成交额逐渐超过香港会而仅居于远东会之下。

九龙证券交易所创办人陈普芬。

1972 年 1 月 5 日,由陈普芬等人创办的"九龙证券交易所有限公司"（The Kowloon Stock Exchange Limited,俗称"九龙会"）也正式开业,地点设在皇后大道中万邦大厦。九龙会是四所交易所中规模最小的一家,其成交额也

1970 年代九龙证券交易所交易大堂。

1970年代的股票经纪佣金制

访问员：1970年代市旺之际，佣金收入是否也随之增加？

朱颂田：这是理所当然之事，于1970年初成交增加后，佣金整体收入自然也较以前为多。但在四会成立后，交易所之间为竞争的缘故以减佣金为武器。说起来真无人信，擦鞋仔由收一毫一对鞋升至20元一对，报纸每份也由当年一毫一份升至5元一份。各行各业都起价，只有做股票经纪佣金数十年来通胀而行，不升反跌。在我入行的50年代，一万元买卖收100元佣金。至1960年代，竞争大了，一万元收50元佣金。及至1970年代初，远东交易所竟减至一万元收25元佣金，实是抢烂市。

当时四家交易所组成的一个联会，曾订下协议，定明经纪佣金不可低于5%，但后来发现远东交易所收取0.25%，乃要求解释。怎知远东的人说："大家看清楚协议书，上面写明 A Stock Exchange Not Allowed..."并指出"A"不是量词，而是指第一家交易所，即是港会是"A"，只有港会要遵守协议，其余的交易所如远东是"B"、金银是"C"、九龙是"D"。因此，远东便可以不按协议规定而减佣金了。大家没有方法辩驳，而且有关协议只是君子协定，并无法律效力的，他们不遵守大家也是没有办法。各交易所也只好决定实行减低至0.25%佣金的规定，以作竞争。

（按：朱颂田为前香港证券交易所理事、前香港经纪业协会主席，受访时为朱颂田证券有限公司执行董事。）

资料来源：节录自1996年11月22日香港联合交易所委托香港大学亚洲研究中心进行之访问记录，现寄存于香港大学孔安道图书馆。

1970年代初一家香港公司发行新股并申请上市的公告。

最少。[9]

这一时期，香港至少还有两家证券交易所注册成立或开业。1970年1月20日，由新界领袖陈日新创办的"亚洲证券交易所"在香港注册成立。该交易所计划在1973年2月18日正式开业。为了阻止更多的证券交易所成立，香港政府于1973年2月23日紧急颁布《证券交易所管制条例》（The Stock Exchange Control Ordinance），重罚经营未经认可的证券交易所的人士。

自此，四会并存的局面形成，并一直持续到1986年4月。这是香港股市迅速发展的时期。

2. 1970—1980 年代初期
香港股市的牛熊市

远东会、金银会及九龙会的成立，

一方面顺应当时社会经济发展的客观需要，提供更多的集资场所给工商企业，

另一方面则刺激了市民大众投资股票的兴趣，

加上当时政治环境转趋稳定，

外资金融机构介入股市，这些因素都推动了1970年代初期香港股市的上升，

形成二战后以来所罕见的大牛市。

2.1 1970年代初期股市狂潮及其后崩溃

1969 年 11 月 24 日恒生指数公开推出时为 158 点，到 1970 年底已升至 211.6 点，一年间上升 33.5%。这一年，香港先后有 25 家公司在两家交易所挂牌上市，上市公司的数目是 1969 年的 5 倍，另有 16 家上市公司发行新股及开红股，总共吸收资金约 5.82 亿元，全年成交额达 60.43 亿元。1971 年底，恒生指数进一步上升到 341.36 点，全年成交额则增加到 147.93 亿元，分别比上年大幅上升 61.6% 及 144.8%。该年，香港共有 16 家公司上市，另有 24 家公司发行新股及开红股，吸收资金 8.5 亿元。

1972 年 2 月，美国总统尼克松打破外交常规突然访问北京，中美关系改善，消息刺激香港股市进入高潮。同年 10 月，英资怡和公司旗下的置地宣布将以换股方式收购牛奶公司，收购者与被收购者双方各出奇谋，进一步推动大市上升。这一年，香港股市的交投极为狂热，全年成交总额达 433.97 亿元，相当于 1971 年的 3 倍。其中，不少股价升幅超过一至三倍，具代表性的股票包括怡和、和记、

香港证券交易所发行的刊物《Monthly Gazette》(1972 年 8 月封面)。

会德丰、置地、牛奶、九龙仓、黄埔船坞、太古船坞、均益仓、太古实业、电车、煤气、九巴、中巴、仁孚、金门、保华、青洲英坭、怡和证券、均隆、大酒店、城市酒店、美丽华、海港等。当年上市的公司多达 98 家，吸收资金 19.3 亿元，均创历史新高。

由于每日成交额高企，各交易所不得不宣布星期三加开半日市去处理繁重的交收工作，以符合 24 小时交收的规定，即行内称的 T+1（Trading+1 天）。当时，香港证券交易所每宗交易的平均成交额是 13,000 元，而半日市的平均成交额约为 2,000 万元。一名记者曾这样形容当时交易大堂的情况："简直像'无王管'的课室，那些经纪就像一群不守纪律的学生，只顾争先恐后地抢着用粉笔在黑板写出他们的买卖价……那些挤在黑板前的人，又与坐在交易柜台那边的同行遥相呼喊，真是喧嚣震天。"[10] 1972 年底，恒生指数升至 843.40 点，比 1971 年大幅上升接近 1.5 倍。

踏入 1973 年，承接 1972 年第 4 季的旺势，加上越南战争停火、港府宣布兴建地下铁路、各公司相继派息并大送红股，以及西方金融继续动荡等因素的刺激下，香港股市更加狂热，交投额大增。1 月至 3 月份，股市交投额分别达 94.49 亿元、95.43 亿元及 94.93 亿元，全季成交额达 284.85 亿元。第一季上市的新股也相当多，达 85 种，吸收资金 8.1 亿元。在"只要股票不要钞票"的观念影响下，不少市民一窝蜂地抢购股票，使股价的升幅远远脱离了公司的实际盈利水平。

当时，香港政府认为股市已经过热，市场投机过度，于是采取多种措施试图对股市降温。1 月份，港府开始酝酿制定证券条例，宣布成立临时的"证券事务咨询委员会"（Securities Advisory Council），并委任施伟贤（James Selwyn）为首任证券监理专员（Commissioner for Securities），以负责协助证券法例的制定和执行。其后，政府又游说各证券交易所逢星期一、三、五开半日市。当时一件有趣的事情是，港府为了冷却股市，遂以《消防条例》为名派员把守远东会大门。当时远东会位于华人行，该行属旧式楼宇，消防设备并不符合规定。可见当时政府虽已觉察股市的疯狂程度，但苦无法例赋予的权力进行干预。到 2 月份，港府公布：所有申请上市的公司的招股章程必须经公司注册处注册，招股章程须列明一切必要的资料，包括公司

1974 年香港证券交易所在和记大厦开幕，图中是财政司夏鼎基（左三）及交易所主席 Zimmern 侁俪（左四及五）。

1970 年代中位于和记大厦的香港证券交易所大堂交易情景。

1970 年代香港证券交易所委员会成员与职员。

历史、管理人员、过往业绩、财政状况等。然而，港府的各项措施只起一时的作用，在狂热投机气氛之下，恒生指数仍节节攀升，终于在 3 月 9 日攀上 1,774.96 点的历史高位。

这一时期，香港股市出现了二战结束以来罕见的大牛市，主要有以下一些原因：

（1）1970 年代初中美两国展开会谈、中日邦交正常化、中（西）德建交、中英关系改善、越南和谈也取得一定进展，一连串事件在不同程度上促使国际紧张局势走向缓和，香港的政局更趋稳定。

（2）港英政府从 1967 年政治骚动事件中吸取教训，在 1970 年代初宣布了 10 年建屋计划和兴建地铁计划，香港经济进入平稳发展时期。

（3）西方金融货币危机严重，美元贬值、英镑浮动，而东南亚地区的局势继续动荡不安，使得欧美各国热钱及东南亚游资大量涌入香港，其中相当大部分进入股市。

（4）愈来愈多的国际金融机构到香港收购本地银行、工商企业，设立金融、财务机构及投资公司，并积极参与股市，而部分外资银行和本地银行则放宽对股票按揭贷款的条件，甚至利用本身资金直接投资股票。

（5）愈来愈多的香港市民，包括来自各行业的职员甚至是家庭妇女，都参与股票买卖和投机。当时是金银证券交易所会员的陈葆心曾这样描述："不但是留连街市的家庭主妇，甚至是和尚师姑也要买卖股票……'嫲姐'（家庭佣工）亦只会到那些可以代她买卖股票的人家工作……股票经纪炙手可热，连茶楼侍应也会对那些经纪另眼相看，招待得格外殷勤……"[11]

然而，股市的暴升并未能与客观经济因素相配合，危机早已酝酿。1973 年 3 月 12 日，被誉为华资"地产五虎将"之一的合和实业有限公司因为发现了 3 张 1,000 股的假股票，要求暂停公司股票的买卖。消息传出，市民担心所持股票成为废纸，纷纷抛售手中的股票，恰好遇上息率上调及银根收紧，恒生指数遂由高位急速滑落，至月底已跌至 1,301.13 点。

4月4日，香港政府税务局突然在各大报刊登"买卖股票之盈利须纳利得税"的广告，人心更加不安，恒生指数于4月9日跌破1,000点关口，次日更跌至818.39点。为了挽救股市，四家交易所联合采取若干行动，如所有公开申请上市的新股一律押后3个月办理，配售方式上市新股亦暂缓3个月，同时严格执行24小时交收制度，可惜有关措施均收效甚微。到1973年年底，恒生指数进一步跌至433.68点，比最高峰时下跌75%以上。

踏入1974年，受到中东石油危机的影响，美国、西德、日本等西方国家的经济陷入战后以来最严重的衰退之中，世界股市暴跌。香港股市亦继续沿着上年的轨迹下跌，头8个月恒生指数在300点至400点之间反复徘徊和微跌，9月份以后跌势转急，到12月10日跌至150.11点的新低，当日四会总成交仅1,513万元。该年底，恒生指数报收171.11点，比年初再跌去60%。这一时期，香港300多家上市股票中，有成交的仅70多种，其中交易较多的仅十五六种，且绝大多数已跌破票面值，包括置地、九龙仓、香港电话等蓝筹股。当时，香港经济百业萧条，港府为应付恶劣环境，开放了不少地区为小贩特卖区。今天我们看到的"女人街""马宝道"小贩云集，就是当年政策的结果。

1973年3月以后，面对股市暴跌所暴露出来的问题，香港政府通过一系列立法加强对证券市场的监管。1974年2月，港府颁布《证券条例》（The Securities Ordinance 1974）及《保障投资者条例》（The Protection of Investors Ordinance 1974），正式对证券行业进行监管。1974年4月及8月，香港先后成立证券登记公司总会（The Federation of Share Registrars）及证券交易所赔偿

香港公司法与证券法的制定及其对证券市场的规范

访问员：李律师，阁下是法律界资深的专业人士，又在证券业有丰富的工作经验，今天很希望阁下能和我们谈谈阁下在1970年代的经验。当时香港的证券市场只依赖公司法提供保障，后来是怎样发展至制定证券监管法例的呢？

公司法检讨委员会的工作

李业广：1970年代曾经出版了两份报告，我已失掉了。两份都是"公司法检讨委员会"（The Companies Law Revision Committee）出版的，即1971年出版的《保障投资者报告书》（Report on the Protection of Investors）和1972年出版的《公司法检讨报告书》（Report on Company Law Reform）。《保障投资者报告书》比《公司法检讨报告书》还要早。我当时是委员会的秘书，而Chairman是Mr.W.K.Thomson，他刚从注册总署（Registrar General）退休。此外还有几位社会知名人士，例如代表财政司的陈祖泽先生便是委员之一；代表律师公会的是黄颂显先生；会计师公会的代表是Mr. G.M. Machwhinnie；大律师公会的S.V. Gittins以及商界的Sir Lawrence Kadoorie（即其后的Lord Kadoorie）。

《保障投资者报告书》在当时来说，需要处理几个重要的问题。1965年期间发生了银行风潮。其实委员会早在1965年前已成立，但因在风潮时，注册总署辖下破产管理处，接收了当时两间倒闭的银行，它们是"明德银行"和"广东信托银行"。因要处理这些问题，所以有关修订法例的工作便停了好几年。报告书带出了几个问题，首先是当时很多财务公司向公众提供存款服务。1971年的报告中便提及如何保障存款人士的章节。不过后来这方面的工作，交由银行监理官，即Banking Commissioner处理，并设立了整套管制财务公司（Depositing-taking Companies）的法规。

第二方面是当时有很多互惠基金（Mutual Funds）和单位信托（Unit Trusts），是在60年代尾70年代初由美国一些公司推销至香港的。当时最出名的是I.O.S.，是美国一间很著名的Mutual Fund Company，但后来却倒闭了。I.O.S.在港的推销很厉害，聘请了很多推销员，就如现在推荐人寿保险般，简直无孔不入。当时我们对这种情况很关注，故此首项规管便是引入发牌制度，要求那些兜售Mutual Funds的人士，亦则中介者需要进行登记。所以往后的证券法例（Securities Ordinance）亦有相类的安排，例如，要求经纪（dealers）和投资顾问（Investment Advisers）进行登记等。

第三方面是应否监管Mutual Funds和Unit Trusts。在70年代这两项投资工具基本上是没有监管的，谁也可以以

Mutual Funds 的名义开业，我们对此事也很留意，其中一个事例是有关 Investors Overseas Services (H.K.) Ltd.（I.O.S.）的。当年 I.O.S 的做法一如做证券的买卖，每天都为客人报价。另外有一基金，它的名字好像叫 Gramco (Asia) Ltd.，是投资地产的 Mutual Funds，它们亦每天报价，但我们对此却很怀疑。因为 Mutual Funds 最大的特点是每天报价，并可以按价交易和赎回，但这点却不能用于地产，因为地产是不能即时变卖的，故不可能提供足够的流动现金让投资者进行交易。我们为此开了多次会议，多数都认为地产的 Mutual Funds 应该禁止，在报告中也是这样决定的。与此同时，Gramco 亦宣告倒闭。这事当时亦传为一时笑谈，人们都说 Gramco 的倒闭是因为我们的决定，所以客户们都赶紧去赎回钱。

接着 I.O.S. 亦倒闭，倒闭后在美国亦有一项调查，发现 I.O.S. 的组织异常复杂，根本难以审查。最主要是它在不同国家的法律制度下登记，比方说基金的拥有权在甲国家登记，管理权在乙国家登记，如此类推，信托人（Trustee）和投资顾问（Adviser）又在丙和丁国家登记。各地的法律制度不同，而且当地国家都会保护银行的资料，不会随便外泄，如此令追查资料及进行调查时出现很大困难。

总括来说，1971 年的报告基本上循着规管 Mutual Funds 和 Unit Trusts 方面着眼，故此现在两者也要呈上证监会审准。亦因此种规划，引申后来对证券买卖的规管和证券法例的制定。例如该法例引入中介人士的发牌制度和对 Mutual Funds、Unit Trusts 的监管。亦由于当时推销 Mutual Funds 时，给予投资者参考的资料很少，故此引申对招股书（Prospectus）的资料披露亦进行监管。简言之，1970 年代初并没有特别的法例处理这些问题，充其量只有公司法，但有关法例却不足以监管当时的证券交易。

访问员：有关草拟法例的事，除了刚才提到的 Mutual Funds 和 Unit Trusts 外，请问有没有其他触及交易所运作的讨论？

李业广：有的，但相信不多。当时已有 3 间交易所：香港交易所、远东交易所和金银交易所，九龙交易所要迟至 1972 年才设立。政府当时没有政策监管交易所，而证监会亦要到 1974 年才成立，于是我们在报告中便提议成立一个证监会的意见，这点你可以查阅报告中有关的细节后，我们容后再作补充。以我个人记忆所及，基本上我们涉及交易所的讨论时间并不多。在我们眼中，它只不过是个交易场所；我们的目标是那些 Mutual Funds 的推销员，因为他们到处上门大肆兜售，个中的交易并不受交易所监管及法律的约束。再者，1970 年代交易所的功能与现在的不同。以往的交易所是

个市场，只作交易用途，对上市公司没有监管，亦没有要求上市公司披露讯息的规则。当时上市公司的数目不多，只有几十间较大型的，问题不算大。要到了大约是 1971 年尾至 1972 年初，有很多细型公司上市，那时才意识到需要进行监管和订定一定的标准。其实在 1971 至 1972 年间，交易所的运作本身亦出现了问题。当时交易所在审批公司上市时，最大的责任是与包销商（Underwriter）"讲价钱"；这与现在交易所致力维护"公平市场环境"（Level Playing Field）的角色有重大的差异。故现在讲求的是披露充分的资料，让投资者自行决定投资风险，而不再议价。

公司法与证券法对证券市场的规范

访问员：请问早期的公司法对证券交易活动有何规范？

李业广：实际上只有很少规范，例如公司法规定公司上市时需要提供招股说明书。公司法的附表三（The Third Schedule）主要是说明招股书上应具备哪些资料，此例源自 1929 年英国的公司法，但有关法例始用时与现在的情况相差很远，所以现在主要还是靠交易所的规则作监管。事实上交易所的规则已凌驾公司法，因为前者比后者细节较多，要求也高，只要交易所理事会和证监会开会同意，更改和增加规则既快又容易，很会跟上时代的转变。

再者，公司法原来的目的很简单，旨在说明如何成立、管理和清盘公司；至于监管股票买卖，应该交由其他法例，如证券法规管，现在英、美、加等地已循此发展，香港也会如此。这样，公司法的内容变得较简单，主要是说明成立公司及清盘的事宜，就算是破产的问题，现在亦会有独立的破产法（Bankruptcy Law）处理不同情况的资产清盘。同样道理，在公司法外亦会有证券法去处理股票买卖和注册中介人等细节。其实在 1948 年英国也没有如此分类，情况很混乱；不过，英国早于 1939 年已制定 Prevention of Fraud Investments Act，该法于 1958 年加以修订，借此处理证券交易的问题。这条法例后来于 1974 年引入香港，名为 Protection of Investors Ordinance。大抵而言，早年公司法提供的保障是不足够的，这亦是 1971 年报告针对改善的主要事项。

访问员：在香港仍未有本身的证券法前是参考英国的公司法的，后来请了 James Selwyn 来港参与草拟证券法的工作，在参考其他国家相关法例是否有一定的困难？

李业广：草拟证券法的工作实际上由律政司负责，不是我们委员会。至于监管 Mutual Funds 和 Unit Trusts 的那份报告，我们参考的国家包括英国、美国、澳大利亚和瑞士等。当然我们并非参照外国公司法的全部内容，我们只参考了某些专门部分。

现时香港政府亦委任了一个委员会研究公司法，由 Ermanno Pascutto 负责的。他亦曾出任证监会副主席，现合约已满；他本人是律师，并准备替财经事务司撰写有关修订公司法方向的报告。未来公司法的演变方向亦将以清晰简单的规划为宗旨。公司法本身很简单，主要是说明公司的成立、管理、股东和公司、董事和公司，以及股东和董事之间的关系。此外则另立破产法和证券法。但现在的证券法与其他法例也有关联，已变得很复杂。证监现在研究可否并合各项条例，又或是合并为三至四条的综合法例，此项计划尚在进行中，初步的草稿已完成，但当中新增了不少新的条文，而且多富争议性。

访问员：当中哪些地方具争议性？

李业广：有争议性的地方很多，由于现在尚在草拟当中，仍未到最后定稿的阶段，很难在此尽言，一切还待政府出白皮书或蓝皮书时才详细公布。但在这儿可举其中一例，就以证券市场来说，现在正式的市场只有交易所市场和期货市场。其实市场的定义可以很广泛，有一种意见更认为任何证监会批准的"认可市场"（Recognized Market Places）则可从事交易活动，这样可以产生很多新市场，甚至是几间证券商亦可设立一个内部互相进行交易的市场；但市场这样分散却很难监管，相比现在一个集中的市场进行交易，资料讯息传播既迅速又准确，走势是"实时"（Real Time）显示出来的，这样监管较为容易。

访问员：这样有多个市场的观念，与四会市场时期有几个交易场所的情况是否相像？

李业广：也有这个可能性。但四会时代与现在不同。过去交易是在一个场所进行，即有一个固定的 Physical Market Place。但今天可说没有了这个固定的场所；虽然交易所仍保留一交易场地，但事实上是可以取缔的，现时我们以电子系统进行交易，实际上不论是在办公室、家中甚至在车上亦可随时按键进行买卖。新科技的转变带出新的问题，例如税收和交易征费难以征收等等，故此需要仔细研究。

访问员：我们可否这样说，是 1971 年的报告引发起后来证券法例的改革？

李业广：可以这样说吧。证券法是 1973 年的事，是紧接 1971 年的 First Report 推出的，即那份 Report on Protection of Investors。往后有 Protection of Investors Ordinance，还有其他很多的修改。报告书中所提的多是大方向，而法例则厘定有关细节。

访问员：对于法例后期的筹备工作和公布事宜，"公司法检讨委员会"（The Companies Law Revision Committee）可有提供意见？

李业广：报告公布后，委员会的工作亦告完毕。往后便是政府采纳当中的意见，进行内部研究，并草拟证券法例。我们并没有直接参与草拟过程，事实上草拟过程是应该独立分开的，虽然基本上政府对 First Report 内所提的意见基本上完全采纳了。

访问员：政府草拟证券法是否与 Committee 的工作同时进行？

李业广：不，政府是先看报告，才作起草的。至于第二个报告，即有关公司法修订的建议，是两年后的 1972 年才公布的。

访问员：证券法通过后，在短期内有不少法例、附属法例通过。法例通过后（1975—1979 年间）执行的情况又怎样？

李业广：当时是由证监会执行的，主要负责登记的工作，但证监会的工作人员并不多，Chairman 是 Mr. U.A. McInnes*，他离任后便由 Legal Department 的 Crown Counsel 出任。

访问员：请问根据此法例作出的检控如何？

李业广：检控并不多。

访问员：是人手不足够，还是法例上检控有困难？

李业广：有关法例是清楚的，但我们没有消息来源，无从知道是否有人在犯法；就算真的知道，亦没有足够人手去作调查。另外我们也建议政府草拟收购合并的规则（Takeover Code），后来政府接纳了，并参考英国的 City Code 来草拟。

访问员：这守则是 Regulation 还是法例来的？

李业广：这个不是 Regulation 或 Ordinance，而是守则（Code），当时由证监会负责执行，但却没有法律约束力（Legal Binding）。在法律上，Ordinance 是法例，而 Ordinance 的具体细节便是 Regulations 或 Subsidiaries（附属法例），它们是由政府官员及机关订定的，它们亦具法律效力的（within legislation）。至于 Code 只是守则，一如游戏规则般，本身并无法律约束力，是一只"无牙老虎"，就算有人违反守则，亦不是犯法，我们最多只能谴责他。其后有某些规则如内幕交易条例（Insider Dealing）亦列入正式法例内，均由证监会负责执行；现在的证监会亦比较严，甚至运用其他方式制裁……

（按：李业广为前香港联合交易所主席。）

* 访问员按：U.A. McInnes 曾任多届助理证券监理专员，1978–1981 年间出任证监专员。

资料来源：节录自 1997 年 4 月 30 日香港联合交易所委托香港大学亚洲研究中心进行之访问记录，现寄存于香港大学孔安道图书馆。

基金（Compensation Fund）。同年 10 月，《证券条例》第 6 节（有关经纪、投资顾问及代表人注册）生效，规定所有证券商及其代表人，不论是否证券交易所的会员，均须注册，有关规则亦适用于投资顾问及其代表人。

2.2 1980年代初期股市高潮及其后急跌

经历一轮暴风雨蹂躏的香港股市，终于在 1975 年喘定下来。该年，世界经济衰退见底并开始回升，国际利率回落，香港银行利率亦由高峰连续多次下调，存款利息比 1974 年未提高前的水平还低，部分资金开始转向股市进行有限的投机活动。受此影响，香港股市转趋活跃，集资活动渐渐回复，收购兼并接连不断，恒生指数亦从上年底的 171.11 点逐步上扬，至年底报收 350 点。

1975 年 8 月，香港证券事务监察委员会（The Securities Commission）颁布《收购及合并守则》（The Code on Takeovers and Mergers），以加强对上市公司收购兼并活动的监管。同年 12 月，该委员会立例禁止香港上市公司董事，在未经股东表决批准之前不按控股比例发行股份。自此，股东认购新股的优先权正式被确立。

其后的两年间，香港股市陷入牛皮局面，恒生指数基本上在 350 点至 450 点之间徘徊。1977 年，香港股市全年的成交额仅 61.27 亿元，是 1970 年以来最少的一年，恒生指数亦从年初的 447.67 点下跌至年底的 404.02 点收市（见表 3.4）。究其原因，主要是西方经济复苏的前景尚不明朗，其间金价暴升、房地产买卖活跃，不少资金都转到金市、楼市炒卖，再加上香港政府将买卖印花税从千分之四提高到千分之八，当局并发动追讨过去的溢利税，种种因素导致这一时期香港股市的牛皮困局。

1970 年代中后期，随着世界经济复苏以及香港经济日渐繁荣，加上中国内地"文化大革命"的结束，开

1978 年 6 月香港证券事务监察委员会主席简悦庆与证券监理专员麦恩主持远东会电脑交易系统启用仪式。

表3.4 1965年至1986年香港股市发展概况

年份	成交总额/亿港元	最高	最低	恒生指数年底收市
1965	3.89	103.5	78.0	82.1
1966	3.50	85.1	79.1	79.7
1967	3.05	79.8	58.6	66.9
1968	9.44	107.6	63.1	107.6
1969	25.46	160.1	112.5	155.5
1970	59.89	211.9	154.8	211.6
1971	147.93	405.3	201.1	341.4
1972	437.58	843.4	324.0	843.4
1973	482.17	1,775.0	400.0	433.7
1974	112.46	481.9	150.1	171.1
1975	103.35	352.9	160.4	350.0
1976	131.56	465.3	354.5	447.7
1977	61.27	452.5	404.0	404.0
1978	274.19	707.8	383.4	495.5
1979	256.33	879.4	493.8	879.4
1980	956.84	1,654.6	738.9	1,473.6
1981	1,059.87	1,810.2	1,113.8	1,405.8
1982	462.30	1,445.3	676.3	783.8
1983	371.65	1,102.6	690.1	874.9
1984	488.09	1,200.4	746.0	1,200.4
1985	758.21	1,762.5	1,220.7	1,752.5
1986	1,231.28	2,568.3	1,559.9	2,568.3

资料来源：香港联合交易所。

1977 年 4 月 11 日，远东会在新世界大厦新址开业。

1979 年香港证券交易所在和记大厦的公众大堂。

年份	收市价 31.12.69 年	调整价 *	收市价 31.12.79 年	±%
	表3.5 1970年代香港主要上市公司的表现			
汇丰	$242.00	$2.782,6	19.30	793.60
亚洲航业	3.00	1.25	7.00	460.00
会德丰	11.00	1.65	4.175	153.03
九仓	36.25	3.625	74.00	1,941.38
大酒店	65.00	2.256,9	33.75	1,395.41
凯联酒店	11.00	2.00	4.60	130.00
置地	90.00	2.975,2	13.80	363.84
信托	2.275	1.88	4.65	147.34
中巴	30.75	5.466,6	41.00	650.01
九巴	31.00	0.918,5	5.45	493.36
油麻地	62.50	31.25	47.75	52.80
九灯	27.40	9.084,8	21.60	137.76
港灯	40.50	1.123,8	6.15	447.25
电话	32.25	14.65	31.75	116.72
怡和	42.25	2.969,1	17.20	479.30
英坭	29.90	1.153,5	55.00	4,668.10
屈臣	87.00	8.70	7.90	− 9.20
南联	14.10	0.922	3.45	274.19
南海	24.00	24.00	103.00	329.17
南洋	18.00	14.40	39.00	170.83
恒生指数		155.47	879.38	465.62

* 不包括派息。
资料来源：曹志明，《回顾七十年代本港股市之变化》，载《信报财经月刊》第 3 卷，第 11 期。

始推动四个现代化建设，并逐步对外开放，香港股市于 1978 年突然转趋活跃。虽然在成交量及恒生指数等方面都未能创出新高，但交投之畅活与股价波动幅度均堪与 1973 年的狂热相媲美，沉寂多年的投机性活动再度出现。该年，香港股市最高 707.8 点，最低 383.4 点，高低波幅达 54%，全年成交量则急增至 274.19 亿元，相当于 1977 年的 4.5 倍，仅次于 1973 年及 1972 年的纪录。（见表 3.5）

及至 1979 年，香港股市经历了上半年的牛皮淡静局面之后，在下半年再度转趋炽热，年底更以全年最高位的 879.38 点收市，唯成交量则比上年稍少约 6.5%。这一时期，刺激香港股市上升的因素，在政治上有中美正式建立外交关系，中英外交关系有良好发展，港府财政司夏鼎基访问北京；在经济上包括中国内地与香港的

1970 年代末香港证券交易所的交易大堂，位于和记大厦内。

1981 年李嘉诚收购和记黄埔后首次主持和黄股东周年大会。

本港新聞

證券監理部局專員發表公佈
對收購股東不公平

如不澄清暫停上市
九倉暫停上市澄清意向
包氏收購行動不符證券則守

包玉剛收購九倉起熱潮
短短數小時內
超額完成增購

恒生指數升衝破千點大關

九倉與置地動態
九倉委亨寶出任顧問

繼續酷熱
三十四度

1980 年 6 月 24 日关于"世界船王"包玉刚收购九仓的新闻。

经贸联系日益加强、香港地产市道畅旺、通货膨胀高企，市民投资保值心切，以及东南亚政局动荡资金涌入香港等等。这一年最轰动的事件，就是 9 月 25 日，香港富商李嘉诚旗下的长江实业，以每股 7.1 元的价格成功向汇丰收购和记黄埔 9,000 万股普通股，从而奠定长实集团日后在香港经济中的地位。

1980 年，香港股市承接上年的升势，交投畅旺，气势如虹。这一年 6 月，香港爆发有史以来最大规模的收购战，怡和旗下的置地公司与"世界船王"包玉刚展开对九龙仓股权的公开争购战。九龙仓一役，最后以包玉刚用每股现金 105 元增购股份而告终。受此事件刺激，香港

香港早期的"证券事务监察委员会"

从证券业务咨询委员会到证券事务监察委员会

访问员：潘先生可否从阁下参与"证券业务咨询委员会"的经验谈起，我们希望多点了解委员会的运作及其历史。

潘永祥："证券事务监察委员会"于 1974 年成立，其前身是 1973 年成立的"证券业务咨询委员会"。部分成员来自汇丰银行，包括沈弼先生、包玉刚先生、翟克诚（P.S. Jacobs）、黄颂显（黄先生后来还出任了委员会主席）、施伟贤及本人，此外还有两名成员，合共约 8 人。施伟贤是一位从英伦银行来港的证券业专家……

当时证券市场正处于调整期，远东会已成立，并在一年内迅速发展，其成交额更直迫香港会。后来金银会和九龙会相继成立，政府为了防止更多新交易所出现，遂立例禁止，这便形成了 4 间交易所的状况。香港当年的公司法例仍沿用英国 1929 年的公司法，直至 80 年代才修改。其时法例在披露资料（Disclosure）、会计标准的要求亦不高。香港会计师公会于 1973 年才成立；会计行业的做法一直承袭英国的传统，概括而言，就是靠操守及自律。会计行业好像"Old Boys' Club"，并非靠规例的。由于讲求道德操守、守则等，故当时英国的法例并不严谨。至于香港关于上市公司方面的规管亦十分落后，绝对应付不了愈来愈多的上市申请。上市法例较完备的国家首推美国，这可能与美国 1929 年股灾有关，而澳大利亚的证券法例却出奇地先进，我们亦在很多地方借镜澳大利亚的法例。

访问员：潘先生曾提到 1974 年时有 7 位成员，是否全属咨询委员会的成员？

潘永祥：先说明一下，1973 年以前称"证券业务咨询委员会"（Advisory Committee），到了 1974 年才改称为"证券事务监察委员会"（Securities Commission）。印象中证监会的成员除本人尚包括黄颂显、简悦庆、施伟贤、包玉刚、沈弼和翟克诚（当年他是公司注册署的政府代表）共 7 位……当年证监会内有一个银行家，一个律师和一个会计师；翟克诚后来出任多年财政司，黄颂显则出任律师会主席，而本人则当上了会计师公会主席。往后的发展是证券监管事务日趋繁重，于是便成立一个独立的委员会来处理了。委员会正式成立后，每年均要向立法局申请拨款资助，直至证监会财政资助由交易征费支付这机制确立后，才不用政府拨款。

证监会的架构和运作及本港证券市场的成长

访问员：当时证券事务监察委员会的架构是怎样的？

股市在 6 月份冲破 1,000 点大关，其后步步上扬，并在 11 月一度冲上 1,654.57 点，直逼 1973 年所创的最高峰。11 月，香港股市成交额接近 170 亿元，相当于 1979 年的三分之二，而全年成交额则高达 967.79 亿元，比 1979 年增加约 2.8 倍，就是比 1973 年所创下的 485.79 亿元的纪录，也高出 96.9%。

1981 年 1 月，香港证券事务监察委员会吸取九龙仓争购战的教训，修改《收购及合并守则》，将上市公司"控股权"定义从过去的超过 50% 修订为 35%，规定持有 35% 至 50% 的大股东可在一年以内增购 5% 的股权，如超过此数便要提出全面收购；非大股东一旦吸入一家公司 35% 的股权，便要公开提出收购。同年 11 月，香港立法局通过《印花税条例》（The Stamp Duty Ordinance 1981），规定所有记名认股权证买卖均须付印花税。

1983 年 3 月，证监会再次修改《收购及合并守则》，豁免在收购建议中只涉及一家公司不超过 35% 投票权股份的行动，可无须经过收购及合并委员会同意进行，但其他部分收购建议仍受限制。此外，在进行部分收购建议前及期间，被收购公司的股票需暂停买卖。

从 1975 年起步的新一轮牛市，经过 6 年的辗转上扬终于在 1981 年攀上新高峰。1981 年 7 月 17 日，恒生指数以 1,810.20 点刷新 8 年前创下的 1,774.96 点的历史纪录，当日四会总成交达 8.76 亿元，而全年的成交总额亦首次突破 1,000 亿元。该年，香港股市的另一特色，是上市、供股活动频繁，全年吸取市场资金接近 100 亿元，亦破空前纪录。其中，汇丰银行更是破天荒地作出二战以来的首次供股集资，涉及金额高达 20 亿元。年内，新上市公潘永祥：证监会当年是在证监专员的办事处开会的。其时有数件事是较为重要的：其一是证券法的产生，以及保障投资者条例的出现，最重要的还有四会合并。合并一事虽然谈了很多年，但毕竟各交易所有不同考虑，大家都是不同架构。四会之中，远东和金银运作不错，香港会则由于管制严格，生意显得逊色。而一般公司只看成交额多少而决定在哪间交易所上市。至于监管问题，则涉及不同机构和部门的分工，彼此的联络亦没有问题。这主要归功于委员会主席属贤能之士，另一方面，多位证监专员像施伟贤、梅辉贤（Derek Murphy）等均是顶尖人才。当时的委员都很用心，而且在必要时各成员会马上召开紧急会议。

回顾证监会的工作，它可说已为香港的金融地位奠下基础（Put Hong Kong on the Map）。1967 年以来香港逐渐复苏，香港的证券市场亦趋形成，不少本地大企业如长江等均是在此时成长的，而香港亦赖此成为国际金融中心之一。香港在 1960 年代末尚未属金融中心，但随着时代变迁，金融法规作出了很多修改……

早年证监会主要遵照几方面整顿证券市场，例如公司法（Companies Ordinance）、证券法（Securities Ordinance）及银行法例（Banking Ordinance）先后作出修订。至于会计行业，我们已意识到行业将酝酿变化，故 Sir Gordon Macwhinnie、关文伟及本人均认为香港需要成立一个会计师公会。虽然香港的会计师公会比新加坡起步慢了 10 年，但多年来的努力令香港的会计师业已有相当好的成绩。香港是 International Accounting Standards Committee 的委员会成员，并在国际上颇有知名度。事实上全球过往 20 多年来遭受不少金融或经济冲击，但仍能在众多危机下站稳。直至 1987 年股灾，交易所停市，影响了国际投资者的信心。不过香港政府的反应十分快，1987 年 10 月 19 日股灾，同年 11 月 16 日已组成证券业检讨委员会（Securities Review Committee），为了加强委员会的认受性，政府委任会计师戴维森（Ian Hay Davison）任主席，行政局成员 S.L. Chen、刘华森、Charles Soo、杜辉廉（Philip Tose）及本人，Michael Wu 是秘书。委员会其后提出不少改革，证券市场经此整顿后，在往后的风浪中仍运作良好……

访问员：当时证券事务监察委员会辖下有多少个小组委员会（Sub-committee）？是否均由公务员支持？

潘永祥：证券事务监察委员会辖下大抵有 2 至 3 个小组委员会，主要是处理收购及合并事宜，此外还有纪律委员会等，成员多由证监会成员出任，不过亦有引入少数独立人士

或证券业人士。行政支持较小，但有时亦需要他们的支持方可运作。但就整体和决策上，都是由监察委员会的成员去解决。除此之外，这些小组的处事方法跟纪律委员会大抵相同，例如独立的纪律小组，用以和交易所沟通。不过，当时的负担全落在成员身上，秘书的负担则没有那么大。

收购及合并守则的产生

访问员：为什么在 1975 年会草拟《收购及合并守则》（Code on Takeover and Mergers）？

潘永祥：因为当时有很多公司掀起了收购热潮，像牛奶公司、置地、渣甸等，所以需要草拟一项守则来监管。当时的一种观念是"用一张纸（股票）换你的资产"，以前在香港没有人这样想。

访问员：刚提的的《收购及合并守则》，在当时众多的收购事件上，凸显什么问题？

潘永祥：主要是少数股东的利益问题，今日香港在这方面的保障仍有不足。美国的法律有 Class Action（即一个股东可以代表其余小股东了），英国的 Minority Action 也是同一道理；香港现在亦有类似英国的安排。

访问员：当时守则是否在自愿的基础下执行的？

潘永祥：是的，因为如果守则没有弹性的话，商界会认为没有足够的空间。所以他们认为英国那一套会比较好。英国也是用守则的，用守则有其好处，但问题在于如何监管，即如果违反守则后果会如何，由此产生了两个问题：一、政府是否有"牙力"采取行动惩罚违规人士；二、与大财团打官司并不容易。现在虽然机制是存在的，但政府是否会与大财团打官司，则各有各的意见了……

访问员：可否谈谈当时证监在收购合并问题上如何与政府和商界合作？

潘永祥：合作相当好。就以 1981 年置地收购电话为例，当时大家是在公平的环境下进行收购，并按照法律和遵守守则的精神进行，所以在收购战之中，大家均没有问题。我们的工作是监察收购及合并有否遵守守则，不单是条文的规定，更重要的是守则的精神，我们对这观点十分强调。如果你的收购行动太过分，我们的武器就是政府在必要时会考虑立法规管……

〔按：潘永祥受访时为 Poon & Co. Certified Public Accountants Chartered Secretaries。〕

资料来源：节录自 1998 年 6 月 24 日香港联合交易所委托香港大学亚洲研究中心进行之访问记录，现寄存于香港大学孔安道图书馆。

司达 13 家，集资额超过 30 亿元。而通过收购变相上市者亦有多家，停牌多年的美迪臣、亚洲置地、星港地产、嘉佑（易名为百宁顺）等也恢复上市买卖。无论是新股上市或是发行新股集资，公司都纷纷附送认股权证，使股市的投机气氛更形炽热。

当时，香港股市在国际证券市场上的地位已大大提高，以 1976 年市场价值计算，香港股市只占全球主要市场的 0.9%，排名第 11 位，但以 1981 年 8 月的市值计算，香港股市已超越法国、瑞士、意大利、荷兰等国家而排名第 7 位，在亚洲仅次于日本而排第 2 位。

不过，1981 年 7 月 17 日恒生指数攀上 1,810.20 点新历史高峰之际，实际上亦宣告了这一轮牛市行情的结束。当日傍晚，香港银行公会宣布自 21 日起，将银行存款利率提高一厘，即将储蓄存款利率从 11 厘提高到 12 厘。银行公会解释，加息的目的是要挽救日益疲弱的港元，当时港币尚未和美元挂钩，而港元与欧洲美元的利息差距高达 3 厘半，大量资金调往境外套息。

7 月 20 日（星期一）香港股市开市。在高息的沉重压力下，恒生指数应声下跌，当天下跌了 32.20 点，但交投依然畅旺，谁也没有料到熊市已拉开序幕。此后，股市持续低沉，到 10 月 5 日恒指更在一天内急泻了 120 点，以 1,113.77 点创下全年最低位，全年最高与最低指数相差 696.43 点，比对跌幅为 38%，不少股份高低价差距更达 50% 以上，波幅之大令人吃惊。这次

1980 年代初远东交易所营业时的繁忙景况。

跌浪中，部分蓝筹股如长江实业、新鸿基地产等均受到了极大的沽售压力，能在跌市中屹立不倒的倒是当时红极一时的佳宁系三家上市公司——佳宁置业、维达航运、其昌保险。当时，有一份财经报章甚至可笑地把佳宁称赞为"跌市奇葩"。

不过，大市并未就此一沉不起。1981 年 12 月及 1982 年 4 月，置地公司先后宣布斥资 9 亿元及 27.58 亿元，收购香港电话及香港电灯各 34.9% 股权。受此消息刺激，恒生指数两次反弹至 1,400 点水平，并在 1,100 点至 1,400 点之间争持了 10 个月之久。当时，香港楼市被炒至极不合理的高位，楼宇空置率急升，市场已严重缺乏承

接力。1982 年 8 月 8 日，香港政府以私人协定方式批售中区地盘予中国银行，定价 10 亿元，即每平方米 14,000 元，且分 13 年付款，年息仅计 6%。消息传出，投资者对香港地皮的真实价值产生怀疑，而 13 年的付款期恰好在 1995 年结束，未能超越 1997 年，使市场担心多时的"九七"问题浮上水面。

1982 年 9 月，英国首相撒切尔夫人访问北京，中英之间就香港前途问题的谈判拉开序幕。香港前途问题触发了投资者的信心危机，早已疲惫不堪的股市、楼市开始下跌。9 月 22 日即英首相访华前一天，恒生指数还报收 1,121.85 点，但其后即迅速滑落到 800 点以下。

这时，由政治形势触发的经济不景气迅速表面化。10 月份，被称为"铁股"的佳宁置业罕有地宣布取消派发中期息，改以 10 送 1 红股，并发行 5 亿股优先股集资 5 亿元。这一行动实际上暴露了佳宁的困境，其股价在一天内暴跌 3 成。其后，益大投资宣布清盘，大来财务、亿上国际等公司也先后传出财政困难的消息，以恒隆为首的财团因未获银行贷款，金钟地铁上盖二段发展悬而未决，再加上置地集资的传闻甚嚣尘上，在种种不利因素打击下，香港股市于 12 月 2 日报收 676.30 点的全年最低位。

当时，对股市不利的谣言四起，市场盛传香港知名世家子弟大举抛售股票套现，将永远撤离香港市场。外资调走资金、大户出售资产套现等消息时有所闻，加上港元不断贬值，整个市场充斥着一片悲观情绪。那时，谁也不知 676.30 点就是这次熊市的最低点，市场虽然仍然饱受各种政治、经济事件的冲击，但股市再也没有跌破这一水平。

1982 年 9 月 24 日有关股市跌势的报道。

　　1983 年上半年，人心回稳，香港股市在 800 点至 1,000 点之间徘徊。同年 7 月 12 日，中英两国政府代表在北京正式展开关于香港前途问题的会谈。香港股市也就在相当大的程度上受中英谈判的影响上下波动。这一时期，香港股市经历了地产市道的崩溃、银行挤提风潮的蔓延、港元的大幅贬值、佳宁集团覆灭等一连串事件的打击。1984 年 9 月 17 日，中英两国经过 22 轮的艰苦谈判，终于草签关于香港前途问题的联合声明。香港股市迅速作出反应，9 月 16 日，恒生指数回升接近 1,000 点，年底报收 1,200.4 点。香港这一历时最长的熊市终于在风雨飘摇的岁月中悄然结束。

3. 四会合并：香港联合交易所的成立与运作

在四会时代，

由于4家证券交易所各自独立经营，在股票的报价及行政管理上均难以统一，

使有意投资香港证券市场的外国投资者均感到不便，

政府在执行监管时也遇到很大的困难。

因此，1970年代中后期，香港政府便积极推动四会合并。

3.1　四会合并的棘手问题：会籍之争

1974 年 2 月，港府颁布《证券条例》，同年 8 月并根据有关规则，规定上市公司必须委任香港证券登记公司总会属下的会员为股票过户处。

1974 年，4 家证券交易所组织起来，成立香港证券交易所联会，每家交易所的主席轮流出任联会的主席。尽管联会的决议无法律效力，但联会也并非仅仅是空谈的场所。当时，即使在政府的压力下，也并非四会都同意合并。最初，首任证监专员施伟贤提出要把经纪数目由 950 人削减至 300 人时，四家证券交易所皆一致反对。[12]

图为 1974 年四会主席就四会合并举行记者会。

在四会合并的进程中，会籍一直是一个棘手问题，其中又以外资会员及公司会员的地位问题最难解决。传统上，证券交易所的外资会员只能取得"附属会籍"的地位，买卖必须经由本地经纪进行。1969 年，伦敦一家证券公司申请加入香港会，条件是一切交易须由一个本地会员进行，而全部佣金亦为本地会员所有。伦敦其他经纪公司纷纷效法，成为交易所的准会员。准会员费跟会员的一样，但准会员希望日后可以成为正式会员，在所不计。不过，根据《证券条

1976年远东交易所与香港证券交易所的记者会上，联合作业务报告。

例》，公司会员是可以加入证券交易所的，不管个别交易所的惯例如何。这样，《证券条例》一公布，伦敦的经纪公司便纷纷申请成为证券交易所的正式会员了。

合并筹备初期，有人建议给予外资会员"全会籍"的资格，但遭到本地经纪的强烈反对。1975年2月，香港证券交易所联会通过决议，拒绝接纳海外公司为正式会员。不过，1979年李福兆打破惯例，接纳了加拿大宏发证券的劳汝福为远东会的正式会员。坚持只收本地交易商为原则的香港会因此向港府财政司及证监处投诉。但证监处没有法律依据，因为联会的决议没有法律约束力，而且《证券条例》规定准许接纳任何国家的公司会员。

1979年7月，香港证券交易所联会为防止有人违反行规，通过决议："……如有任何海外会员、或有理由怀疑为代表海外会员的人，与交易所的任何会员接触，寻求成为正式会员的方法，会员应马上向（联会）理监事报告。"联会会议并纪录："决议的目的是防止所有海外会员、或海外会员公司、或有理由代表海外会员或海外会员公司的人士，成为本港任何交易所的正式会员。"〔13〕证监处在草拟四会合并条例时，注意到本地会员需要保护，以避免海外对手的直接竞争，同意海外公司只可当准会员的立场。

然而，1980年10月，即在香港联合交易所已经成立并制定有关政策之后，远东会再次打破惯例，接受一直只是香港会准会员的英国公司唯高达在香港的董事成为远东会正式会员。香港会、金银会等其他交易所见大势所趋，也相继仿效。结果，一下子有10个海外会员被接纳为正式会员。面对客观现实，1982年1月，出任香港联合交易所首任主席的胡汉辉致函当时的临时监理专员霍礼义（Robert Fell）表示："理事会认为会籍应该开放给公司和有信誉有规模的海外交易商（公司或个人）……作为东南亚最大的金融中心，香港应该为开放门户的政策感到自豪。有实力的外国交易商参与本地股市，将带来外资及国际专业人才。"〔14〕

会籍问题历来是一切交易所最敏感的一环。会员是交易所的牛油和面包，划定一个本国垄断市场中的竞争范围，会员成分显示交易所的历史和发展过程中形成的成见，超过其包含的经济因素。因此，刚出任证监处监理专员的霍礼义决定通过公开咨询达成共识。1984年3月，证监处整理出包括各交易所、个人经纪、银行、存款公司、律师、会计师、大学和理工学院的建议。

在此基础上，证监处建议：交易所会员成分应该是多元的，包括独资交易商、合伙公司和公司会员，每一个会员有自己适当的财政结构；所有权可以是外资的，但管理必须经由一间在香港注册的机构；任何金融集团也得另设机构专营证券，才可以成为会员。1985 年 8 月，立法局以立法形式先后通过《1985 年证券（修订）条例》〔The Securities (Amendment) Ordinance 1985〕和《1985 年证券交易所合并（修订）条例》〔The Stock Exchanges Unification (Amendment) Ordinance 1985〕，前者进一步加强证券监理专员在监察证券商财政状况时的权力，后者则容许有限公司成为交易所会员，并取消原先规定银行及存款公司的董事、雇员、律师及专业会计师不能成为交易所会员的限制。这些立法为联合交易所的正式运作奠定了基础。

3.2 香港联合交易所的成立与运作

就在会籍争论的同时，四会合并开始启动。1977 年 4 月 6 日，在财政司夏鼎基表示四会合并的计划还没有实质性进展时，香港会与远东会突然宣布有意单独合并，成立"香港及远东证券交易所"，唯合并后在联会董事会辖下设有两个附属董事会，两会的行政、管理及财政等仍完全独立，资产亦概不混淆，并分设两个市场买卖。这种徒具虚名的"合并"（所谓"联合上市"）立即受到社会舆论的强烈批评。金银会主席胡汉辉发表声明，重申赞成"四会合一"立场。4 月 18 日，香港会举行董事会议，大多数董事都不赞成单独与远东会合并的建议。翌日，香港会主席施玉莹提出辞职，由副主席莫应基暂代。施的辞职宣告有关两会合并触礁。接

1980 年代初出任香港会主席的莫应基（右）在香港证券交易所楼下。

下去的数个月，市场又传出远东会与九龙会商讨合并，香港会与金银会两所系统联系。不过这些合并构思都未成功，但更凸显了四会合并的必要性。

1977 年 5 月 7 日，在证券监理专员的促成下，四会各委出代表 3 人，组成以证券监理专

1980 年香港联合交易所成立文件。

员任主席的"合并工作小组",讨论合并的可行性及议定合并的具体步骤,目的是"商定一个程序表(连同时间表),使 4 间交易所合并为 1 间认可交易所"。合并工作小组最初提议香港会与金银会合并、远东会与九龙会合并,由 4 个交易所合并为 2 个,再由 2 个合并为一个。由于合并过程相当缓慢,政府有见及此,于 1979 年制定条例,设立一家联合交易所,规定为唯一合法交易所。

1977 年 8 月 24 日,经过多月的研究、筹备,"越所买卖"首先在香港会及金银会开始。当天两会经纪反应热烈,全日共有 20 宗成交,涉及金额 38 万元。"越所买卖"促进了各交易所证券经纪之间的联系,导致了 1980 年香港证券经纪协会的创立,促进了四会的合并,加强了股市的灵活性,并向投资者提供了买卖的方便。1979 年 8 月,证监会提出一份实践简章,澄清上市公司被收购时暂停买卖的守则。

1980 年 6 月,合并工作取得了进展,各个证券交易所推举授权两名委员,代表交易所出任即将成立的新交易所——香港联合交易所有限公司(The Stock Exchange of Hong Kong Limited)的发起人。这 8 名发起人分别是香港证券交易所的莫应基、吴兆声,远东交易所的李福兆、王启铭,金银证券交易所的胡汉辉、屈洪畴,九龙证券交易所的陈普芬、钟明辉。香港联合交易所有限公司于 1980 年 7 月 7 日正式在香港注册成立。同年 8 月 6 日,立法局正式通过《证券交易所合并条例》(The Stock Exchanges Unification Ordinance),批准合并后的联交所日后取代四会的法律地位。

根据合并条例,在联合交易所会员依合并条例选出第一届委员会前,联合交易所的管理及控制权交由一个过渡委员会负责。过渡委员会的成员,亦即四会推举的 8 位发起人。过渡委员会推举金银会的胡汉辉出任主席。

1981 年 10 月 30 日,香港联合交易所在富丽华酒店举行第一届会员大会,选出第一届由 21 人组成的委员会,其中,胡汉辉获选为主

1981 年 11 月 12 日香港联合交易所主席胡汉辉与港府代表签约,由政府提供兴建联交所的场地。

香港联合交易所委员会，摄于 1986 年 4 月 2 日开业当天。

席（583 票），湛兆霖（523 票）、李福兆（511 票）、王启铭（505 票）及马清忠（498 票）分别获选为副主席，委员则包括孔宪绍、应子贤、许达三、李和声、钟立雄、曹绍松、冯新聪、顾家振、叶黎成、何廷锡、王欣康、余金城、庄英茂、周佩芬、吴兆声及徐国炯。

在香港联合交易所第一届委员会就职典礼上，主席胡汉辉致辞说："近十年来香港证券业发展蓬勃，每日成交总额由数百万元进至逾亿元，1980 年 11 月 3 日一天更创下成交达 14.2 亿元的纪录。为适应时势的需要，配合当局的要求，四家交易所合并组成香港联合交易所，集中业内人力物力，订立完善的章程和统一交收制度，建立现代化的电脑系统，保障投资者和会员的利益，并致力引进更多外资投入香港的证券市场，相信香港可迅速与国际证券市场并驾齐驱。"

从 1981 年 10 月到 1986 年 4 月，四会的合并又经过了近 5 年的酝酿。其间，香港经历了 1982 年中英两国关于香港前途的谈判，地产、股市崩溃，佳宁集团破产及一连串的公司诈骗案，由此暴露出香港证券市场监管制度的多个重大弱点。1981 年底，英国伦敦证券交易所前任行政总裁霍礼义获委任为香港的临时监理专员时，伦敦的《泰晤士报》便对他发出警告："对监管者来说，香港并不是一个友善的城市……能够在最短时间内赚取到最多的金钱，被认为是值得称许的事。任何以不合理方式阻止人们从事上述活动的东西或行为都不会受到欢迎，而人们亦会在可能的情况下漠视它的存在。"[15]

曾是香港证券交易所所在的和记大厦外观。

1986 年 3 月 27 日收市后，香港、远东、金银、九龙四会宣布正式停业。4 月 2 日，香港联合交易所在备受瞩目的情况下正式开业，并通过电脑系统进行证券交易。联交所的所址设在中区交易广场二楼，占地约 45,000 平方英尺（约 4,181 平方米），其中交易大堂占地 25,000 平方英尺（约 2,323 平方米），配有最先进的电脑交易系统。当日，由港府财政司彭励治主持按钮仪式，联合交易所交易系统便开始运作，第一只成交的股份是太古洋行。当日联交所股票成交达 3,300 万股，成交金额达 2.26 亿元。同年 10 月 6 日，在港督尤德爵士的主持下，香港联合交易所经过 6 个月的运作，宣布正式开幕。自此，香港证券业进入一个新阶段。

1986 年 4 月 2 日开业的香港联合交易所交易大堂，位于中区交易广场二楼。

国泰航空发售新股上市成为香港有史以来最大宗企业售股行动。

联交所开业不久，恰逢英资太古洋行旗下的国泰航空有限公司在香港挂牌上市，引起了空前的轰动。4月初，国泰航空在香港公开发售新股，以每股作价3.88元公开发售3.98亿股股份（占总发行股数的15%），集资15.42亿元。申请国泰航空新股的市民在汇丰银行总行大排长龙，形成空前的认股热潮。在大户和散户一致追捧的热烈气氛中，国泰航空获得55倍的超额认购，冻结银行资金数百亿元，成为香港有史以来最大宗的企业售股行动。事后知道，这次新股上市规模之大，竟令香港的 M_1 货币供应增长120.3%。5月15日，国泰航空在联交所正式挂牌上市，当日成交额达4.46亿元，比同日所有其他股份的成交总和还要多。

香港联合交易所的正式运作，解决了四会并存所造成的种种问题，诸如激烈竞争所产生的上市公司质素参差不齐、各会报价不一等，再加上以电脑买卖代替过去公开叫价上牌的传统买卖方式，令每宗交易都有时间的纪录，买卖双方身份均可追寻，使政府的监管工作更能有效进行，大大改善了海外投资者对香港股市的印象，推动了国际化的进程。

1986年9月22日，香港联合交易所获国际证券交易所联会（Federation Internationale des Bourses de Valeurs，简称FIBV）接纳正式成为会员，香港证券市场在国际化道路上迈出了重要的一步。

4. 1987 年 10 月股灾："黑色星期一"

香港联合交易所开业后，

旋即迎来新一轮的牛市。实际上，

自1984年中英两国就香港前途问题达成协定后，

香港股市已开始走出谷底。

4.1   1980年代中期的大牛市

当时，投资者信心逐渐恢复，加上银行利率长期处于低水平，海外财团对香港的房地产兴趣渐增，大型收购合并事件此起彼落，而外围股市如纽约、伦敦、东京等地则持续表现畅旺，且屡创历史新高，种种利好因素刺激大市回升。

1985 年 1 月 22 日，李嘉诚通过和记黄埔，以 29.05 亿元的总收购价，向英资的置地公司收购香港电灯 34.6% 股权，旗下王国进一步扩大。同年 2 月，包玉刚介入会德丰收购战，成功取得会德丰的控制权。这一年，恒生指数从 1984 年底的 1,200.38 点起步，到 11 月 21 日攀上 1,762.51 点，是四年多以来的最高纪录，不过仍未突破

1985 年和记黄埔主席李嘉诚宣布收购香港电灯。

1981 年及 1973 年的最高点，年底以 1,752.45 点收市，比 1984 年上升了 46%。四会全年成交总额为 759.09 亿元，比 1984 年增加 56%。

到 1986 年，大市承接上年的走势继续攀高。3 月 27 日四会停业时，恒生指数为 1,625.94 点，上市公司总市值约为 2,500 亿元。联交所开业后，由于市场结构发生重大变化，一般投资者采取较审慎的态度，大市初期平稳发展。7 月下旬，大市开始急升，到 9 月 24 日，受本地投资者及海外机构买盘推动，恒生指数首次冲破 2,000 点大关。到 1986 年底收市时，恒生指数已攀升至 2,568.30 点，总市值增加至 4,193 亿元，在联交所开业的短短 9 个月分别增加 58%

香港证监专员霍礼义。

及 68%。这一年，香港股市中的地产股表现出色，股价普遍升逾五成，其中部分中小型地产股如联合海外、联合地产、亚洲置地、四海、大元、惠泰、利安、新安、伊人置业、永发、永鸿基、天德地产等，升幅以倍计。

1986 年，香港股市可以说基本上是基金的天下。证监专员霍礼义在一次演说中就表示，股市庞大成交额中约有 25% 的交易是来自伦敦的基金。据估计，来自美国基金的买盘约占总成交的 15%，而来自东南亚、日本、澳大利亚及西欧的基金也约占 10%。换言之，来自海外的基金就占了总成交额的 50%。此外，本地基金的买卖虽不易估计，但一般相信也占 30% 左右，即八成的交易来自海外及本地基金，本地小投资者仅占二成而已。来自美国、日本、澳大利亚以至欧洲、中东的热钱大量涌入香港，以投资基金的形式进入股市，主要原因是香港股市虽然已升上高位，但市盈率仍不算高，1986 年年底约为 18 倍，远低于 1973 年 1,774.96 点的 66 倍和 1981 年 1,810.20 点的 23 倍。综观当时周边股市，东京的市盈率为 40 倍至 50 倍，纽约为 50 多倍，伦敦的也有 30 多倍。

踏入 1987 年，香港经济表现理想，各个主要经济环节全面景气，地产市道稳好，出口及转口强劲，9 月份财政司翟克诚发表港府中期经济检讨报告，将 1987 年香港生产总值实质增长率预测修订为 12%；另一方面，由于港元与美元挂钩，美元弱势及大量外资流入，令港元利率长期低企。1987 年 1 月 15 日，香港银行公会宣布即日起全面降低存款利率四分三厘，即储蓄存款利率降至一厘二五，以支持港元汇价，汇丰及渣打银行亦分别宣布将最优惠利率削减一厘半至五厘，为 10 年来最低水平。种种利好因素下，香港股市更加气势如虹，升势凌厉，且屡创新高。

这一年，香港股市的狂热持续到 10 月初，除年中三四月份间曾因 B 股风波[16]影响而导致大市一度回挫外，其余大部分时间一直攀升。2 月 18 日，恒生指数冲破 2,800 点水平，报收 2,801.48 点，5 月再创新高并直叩 3,000 点大关，月底报收 2,919.70 点。9 月 14 日，李嘉诚的长实系 4 家上市公司宣布香港有史以来最庞大的集资计划，集资额高达 103 亿元，消息传出刺激大市进一步攀升。10 月 1 日，恒生指数创下历史性新高，该日收市报收 3,949.73 点，比上年底再上升 54%。10 月 2 日，香港股市成交额达 54.07 亿元，亦创历史新高。

大市持续急升引起了社会关注。1987 年 9 月中旬，证监专员霍礼义在离港度假前夕的一个公开演说中提出警告，指当时大市的气氛与 1982 年底股市崩溃前有点相似。但传统智慧却认为，1987 年和 1982 年是不同的。不过，霍礼义当时所指，亦仅是牛市迟早会出现调整，甚至是大规模的调整，而不是崩溃。他估计调整最早可能在农历新年，即翌年 2 月。[17]

4.2 香港股市的"黑色星期一"

　　然而，一场灾难性的股市大崩溃却以迅雷不及掩耳之势袭来，其来势之迅猛、规模之浩大，可谓史无前例。

　　这场席卷全球的金融风暴，导火线是德国与美国在货币政策方面的矛盾。德国宣称不再维持向来与美国一致的货币政策，并表示将自行厘定本身的经济政策。美国则威胁要让美元在国际市场上自由浮动，并将银行利率提高一整个百分点。这就触发了美国纽约证券市场上的程序沽盘浪潮，并迅速席卷全球各证券市场。

　　10月1日恒生指数创下3,949.73点后，大市便在高位徘徊，投资气氛依然炽热，但当时对港股走势起重要影响作用的美股却开始下跌。10月16日（星期五），美国道琼斯工业平均指数大幅滑落91.55点，引发全球股市如骨牌般连锁下挫，当日香港股市亦一度下跌逾100多点，跌市最凌厉是在中午的一段时间，那时市场全无利淡消息，投资者都不知道大市下挫的原因。午后，股市开始反弹，收市时仅下跌45.44点，报收3,783.2点，而现月恒指期货仍高水107点，远期恒指更高水逾200点。当时，报章引述证券业人士的看法，绝大部分都继续看好后市，只有极小部分认为受美国加息的影响，股市调整或会继续，但似乎没有人敢看淡后市。

　　10月19日（星期一），香港股市一开市，便受到周边股市急泻的冲击，沽盘如排山倒海般出现，二、三线股的跌幅更见凌厉，许多股份已没有买家。开市后15分钟，恒生指数下跌120点。其后，沽盘稍收敛，普遍股价在低位喘定。不久，另一轮沽售狂潮又再涌现，到中午收市报3,547.90点，半日跌去235点。下午股市重开，巨大抛售浪潮在短短一小时内使恒生指数再跌去180点，许多股票包括蓝筹股都是只有卖家没有

1987年10月全球股灾期间，香港联合交易所宣布停市4天，重门深锁。

买家，股民欲沽无从，市场投资情绪在一日内从极度乐观转为极度悲观。当日，恒生指数报收3,362.39点，下跌420.81点或11.1%（见表3.6），而恒指期货包括现月和远期全都跌停板。

　　当日（10月19日），美国股市继续急跌，道琼斯工业平均指数下跌508点或22.6%，跌幅比1929年股市大崩溃那次"黑色星期二"还多两倍，创下美国百多年来单日最大跌幅纪录。纽约证券交易所主席费伦（J. Phelan）把这次股市狂泻形容为"金融崩溃"，并祈求类似的危机

表3.6　1987年10月股灾期间的收市指数					
	香港股市 （恒生指数）	香港恒指期市			美国股市（杜琼斯 工业平均指数）
		10 月份	11 月份	12 月份	
10 月 16 日（星期五）	3,783.20 （−45.44）	3,890 （−37）	3,943 （−29）	3,955 （−32）	2,246.74 （−108.35）
10 月 19 日（星期一）	3,362.39 （−420.81）	3,529 （−361）*	3,642 （−301）*	3,695 （300）*	1,738.41 （−508.33）
10 月 20 日（星期二）	停市	停市			1,841.01 （+102.60）
10 月 21 日（星期三）	停市	停市			2,027.85 （+186.84）
10 月 22 日（星期四）	停市	停市			1,950.43 （−77.42）
10 月 23 日（星期五）	停市	停市			1,950.76 （+0.33）
10 月 26 日（星期一）	2,241.69 （−1,120.70）	1,975 （−1,554）	3,342 （−300）*	3,395 （300）*	1,793.93（−156.83）

注：括号内数字表示当天升跌点数；凡有 * 者为跌停板的收市价。

资料来源：香港联合交易所。

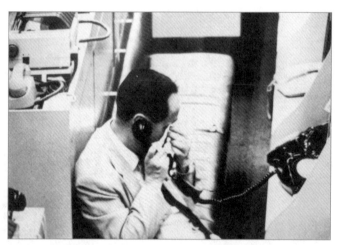

1987 年 10 月股灾令不少从业员沮丧。

不再重演。美国股市大崩溃风暴迅速席卷全球。10 月 20 日清晨，香港联交所委员会召开紧急应变会议，以主席李福兆为首的领导层在咨询了港府财政司翟克诚、金融司林定国以及证监专员晏士廷之后，在上午 10 时开市前作出决定，宣布为了使投资者保持冷静，并让经纪行有时间清理大量未完成的交收，联交所从 10 月 20 日至 23 日停市 4 天，指数期货市场亦同时停市。

当时，金融司林定国在记者会上指出，联合交易所这次停市，首先可让交收积压问题解决，另外亦可让投资者有喘息时间，作出理性思考。财政司翟克诚在立法局会议答复议员质询时表示，按照联合交易所条例，交易所有权决定停市，而这次停市有两个好处，首先是处理积压的交收，其次是令投资者恢复冷静。他并表示："政府认为股市停市 4 天的决定是十分适当的，政府亦不会彻查这次事件是否涉及个人利益。"

这一具争议性的决定虽然获得港府认同，但却受到香港及国际有关人士，特别是部分实力雄厚的外资经纪，以及急于套现的基金经理的猛烈抨击。停市虽然可让香港的投资者有机会稍事喘息，并纾缓期货经纪补仓的压力，但在国际上却被认为是违约行为，对冲和套戥人士因为无法取得其所急需的资金，十分不满。有人开始质疑：4 天停市时间是否太长？香港作为国际金融中心的地位是否因而受损？有人甚至质疑：停市是否合法？面对舆论压力，李福兆依然坚持认为停市 4 天的决定是正确的，他表示当时若非明智停市，股市早已"遍地尸骸"了。

不过，在有关停市表面争论的背后，更深的危机已经酿成。事缘股灾前长时间的牛市，助长了高杠杆、高风险的恒生指数期货合约买卖，股市的崩溃使得许多期货经纪无法履行责任，问题的严重

香港政府财政司翟克诚。

性已经威胁到香港期货保证公司（就香港期货交易所之交收提供担保的公司）承担责任的能力。当时，保证公司的资本仅 1,500 万元，但却要承担数以 10 亿元计的市场风险。

香港期货保证公司由汇丰银行出任主席，股东包括伦敦国际商品结算所 ICCH（占 20% 股权）、汇丰银行（20%）、渣打银行（15%）、大通银行（15%）、柏克莱银行（10%）、里昂信贷银行（10%）及永安银行（10%）。由于除汇丰外，其他股东均反对注资，亦拒绝汇丰以 1 元收购该公司，香港期指市场正面临破产的危机。

10 月 25 日，港府与期货市场高层举行会议，商讨解决危机的对策。会议最后决定由

香港传媒有关 1987 年 10 月股灾的报道。

霍礼义出任香港联合交易所高级行政总裁。

港府外汇基金及多家金融机构联合出资 20 亿元，以挽救香港期货保证公司（见表 3.7）。稍后，港府又连同汇丰、渣打以及中国银行再安排了一笔为数相同的备用资金（最后并未动用）。港府将从期货交易中按每张合约买卖征收 30 元及从股票交易中按交易价值征收 0.03% 的特别征费以偿还该笔贷款及利息。当日，香港期货交易所主席湛佑森和副主席李福兆分别辞去正、副主席之职，政府委任地铁公司主席李敦（Wilfrid Newton）和助理证券专员霍秉义（Phillip Thrope）分别出任该公司主席及执行副主席。

10 月 26 日（星期一）香港股市于 11 时重开，沽盘再度以排山倒海之势涌现，卖家跳价求售，15 分钟后恒生指数已跌去 650 多点，午后市况转趋恶劣，市场投资情绪悲观到极点，

1987 年 10 月股灾期间，港府与财团联手救市。

斩仓盘入市，结果全日大市共跌去 1,120.7 点，以 2,241.69 点收市，跌幅高达 33.33%，创下全球最大单日跌幅纪录，而恒指期货合约价格更暴泻 44%。为挽救投资者信心，港府随即宣布一连串救市措施，其中包括收购及合并委员会暂时豁免 35% 全面收购触发点及 5% 每年增购股权的限制，银行公会在 10 月份内，将存款利率先后两次调低共一厘七五，储蓄存款自 10 月 28 日起为一厘七五。此外，外汇基金、赛马会、汇丰银行等均入市购买股票，以稳定人心。

表3.7　香港政府为期货保证公司安排的两笔备用贷款的来源

	第一笔贷款（10 月 25 日宣布）	第二笔贷款（10 月 27 日宣布）	总数
外汇基金	10.00（50.0%）	10.00（50.0%）	20.00（50.0%）
期货主要经纪	5.00（25.0%）	—	5.00（12.5%）
香港期货保证公司股东			
汇丰	1.25（6.3%）	3.59（18.0%）	4.84（12.1%）
渣打	1.00（5.0%）	3.08（15.4%）	4.08（10.2%）
国际结算公司（ICCH）	1.00（5.0%）	—	1.00（2.5%）
大通	0.75（3.8%）	—	0.75（1.9%）
里昂信贷	0.50（2.5%）	—	0.50（1.3%）
柏克莱	0.50（2.5%）	—	0.50（1.3%）
中国银行	—	3.33（16.7%）	3.83（8.3%）
	20.00（100.0%）	20.00（100.0%）	40.50（100.0%）

资料来源：香港期货交易所。

10 月 26 日傍晚，面对社会舆论的强大压力，联交所召开记者招待会。会上，澳大利亚《悉尼论坛时报》一名记者直接质询联交所主席李福兆停市 4 天的决定是否合法。李福兆勃然大怒，以英语怒斥该名记者，并以拳头敲击桌面，要求该名记者道歉。李福兆大发雷霆的照片很快成为全球新闻界报道香港股市的插图。10 月 29 日，一份英文报纸以头版位置刊登了一篇题为《癌肿正蚕食香港的金融心脏》的文章，毫不留情地批评李福兆的停市行动，并认为这个"癌肿"已严重损害了香港作为国际金融中心的信誉。

12 月 16 日，香港联合交易所委员会换届改选，由于主席不能连任，由原任副主席的冼祖昭出任主席，李福兆退居副主席。获留任的副主席有王启铭、马清忠、湛兆霖，新出任的副主席是余金城。当时，有传闻指联交所有一不成文规定主席由远东会及金银会轮流互派代表出任，联交所委员会虽然没人承认，但从组织可以看到有关传闻并非没有根据。新一届委员会 21 位委员中，来自远东会的有 9 人，来自金银会的也有 9 人。因此，有评论指出："从委员会人数分布，两方妥协成分极大。"[18]

10 月股灾后，香港股市在低位整固，恒生指数于 11 月 5 日收市报 1,960.90 点，是 13 个月以来首次跌破 2,000 点水平。12 月 7 日，恒生指数进一步低收 1,876.18 点。此后，大市靠稳，在年底曾回升上 2,300 点水平，报收 2,302.75 点。

1987 年 10 月出任香港联合交易所主席的冼祖昭。

5. 戴维森报告与香港证券市场改革

1987年10月股灾和联交所停市事件，

暴露了香港证券市场存在的问题。11月16日，

为恢复市场秩序及重建投资者信心，并将香港证券市场提升至国际水平，

香港政府决定对整个证券体系作出全面检讨，

成立证券业检讨委员会。

5.1 戴维森报告：《证券业检讨委员会报告书》

新成立的证券业检讨委员会由伦敦颇负盛名的专家戴维森（Ian Hay Davison）出任委员会主席，其他成员包括陈寿霖、刘华森、潘永祥、苏仁曾、杜辉廉等。与此同时，港府宣布委任在英国度长假的霍礼义出任联交所高级行政总裁。

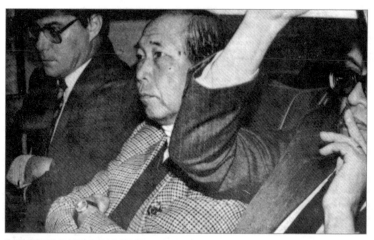
前香港联交所主席李福兆被廉政公署拘捕。

1988 年 1 月 2 日，香港廉政公署根据《防止贿赂条例》第 30 条第 2 款拘捕前联交所主席李福兆、前行政总裁辛汉权及上市部经理曾德雄，指三人涉嫌非法收受利益。同时，港府要求联交所委员会 7 名委员，包括李福兆、冼祖昭、王启铭、马清忠、湛兆霖、徐国炯、胡百熙暂时不参加管理。联交所随即根据章程宣布设立一管理委员会暂时接管联交所委员会职权，由余金城出任主席，黄宜弘出任副主席，成员包括 14 人，并通过由霍礼义出任行政总裁接手处理所有行政工作。8 月 10 日，联交所 6 名前高层人员，包括冼祖昭、王启铭、湛兆霖、钟立雄、马清忠及胡百熙，因涉嫌触犯《防止贿赂条例》，被廉政公署拘捕。李福兆与 6 名被告所涉及的 25 项控罪中，24 项均与公司申请上市的股份配售有关。不过，除李福兆外，其余 6 名被告因罪名不成立均获释放。

由戴维森出任主席的委员会经过 6 个月的深入调查，于 1988 年 6 月 2 日发表了《证券业检讨委员会报告书》，即著名的戴维森报告。该报告指出："虽然本港是一流的地区性商业及金融中心（特别是作为国际银行中心），但其证券市场却未能与它的其他经济成就媲美。"[19] 报告认为，香港证券市场存在的问题主要是：

（1）由四间规模较小的交易所合并而成、在 1986 年启业的联合交易所内，有一撮人士将交易所视作私人会所，而不是一个为会员、投资者和证券发行者服务的公用事业机构。交易所的行政人员未能发挥职能，缺乏充足的知识和经验去处理不断演变的证券业务，而且不能脱离管理委员会而独立工作。24 小时交收制度亦不能有效地实施。上市安排亦存有严重缺点，对会员的监察不够严密。

证券业检讨委员会主席戴维森（右）。

（2）香港期货交易所管理虽然略佳，但却建立在不稳固的根基上。特别是期货交易所、结算公司和保证公司组成的鼎足结构，令三方责任界限含糊不清。任何期货市场都必须有一个处理风险的妥善机制，但上述情况却妨碍了这个制度的发展。

（3）至于负责监察整个行业的证券事务监察委员会和商品交易事务监察委员会，则在工作上普遍缺乏方向，政府要使它们成为独立及拥有正式权力的监察机构的原先目标并未达到。两个监察委员会不但不能成为有力的监察机构，近年更变得被动和保守。

（4）设于政府架构之内负责两个监察委员会的行政工作的证券及商品交易监理专员办事处，则备受限制。监理专员每次要求增拨资源，以应付市场急剧发展的需要，却屡遭政府拖延或否决。不过，该机构在分配其仅有的资源时，亦显示它重视审查文件的工作多过对市场和经纪进行积极的监察。在缺乏政府充分的支持下，加上面对近年来联合交易所强而有力的领导层，监理专员办事处便失去主动。

该报告认为，香港应该发展成为东南亚地区主要的资本市场。为实现这一目标，报告提出一系列改革建议，主要包括：

（1）彻底重整两间交易所的内部组织，特别是联合交易所的个人会员和公司会员应有适当的代表加入决策部门，也应有独立人士加入，以确保交易所管理妥善，能以全体会员及使用者的利益为重。

（2）两间交易所应发展一组独立的专业行政人员，负责执行由交易所决策部门制定的政策。

（3）将联合交易所的交收期限延长至3日，并须严格执行，此外亦应及早实施中央结算制度。

（4）香港期货交易所及期指合约买卖应予保留，继续运作，但结算及保证制度应重整，以加强处理风险的措施，特别是结算公司应属于期货交易所的一部分，并设立结算会员基金，作为支持保证之用。

（5）设立不属政府架构的单一的独立法定机构，取代现时的两个监察委员会和监理专员办事处。这个机构的主管和职员应是全职监察人员，经费主要来自市场。该机构的职责是确保市场健全运作，保障投资者，特别应确保两间交易所能适当地规管自己的市场，但应保留广泛权力，在交易所不能履行职责时加以干预。[20]

1988年10月，利国伟出任香港联合交易所主席。

5.2 香港证券市场的改革

当时，香港政府全部接纳戴维森报告书的建议。根据该报告书，1988年7月20日，联交所会员特别大会通过一项有关修订交易所组织章程的特别决议，将委员会重组为一个由22人组成的、代表更具广泛性的理事会，负责监管交易所的运作。8月8日，临时证券及期货事务监察委员会有限公司注册成立，作为筹备成立证券及期货事务监察委员会的法人。10月18日，联交所选出新一届的理事会，主席由恒生银行董事长利国伟出任，投资银行家袁天凡获委任为联交所行政总裁。

1989年2月，联交所推出一种新的股份指数——所有普通股指数（The All Ordinances Index），为投资者提供一项基础更广泛的市场指标，补充恒生指数的不足，以反映香港股价变动的状况。2月20日，港府宣布以一项数额为股份交易额0.025%的法定征费取代联交所一向征收的交易征费，新征费由联交所和即将成立的证监会均分，作为证监会运作的部分经费。

同年4月，立法局通过《证券及期货事务监察委员会条例》（The Securities and Futures Commission Ordinance 1989），为成立香港证券及期货事务监察委员会（简称"证监会"）提供法律依据。该条例订立了证监会的组织架构，并赋予证监会广泛权力，以监管香港的证券及期货事务。5月1日，证监会以公务员架构以外的独立法人团体形式正式成立（广义而言，证监会仍属政府架构的一部分，证监会执行其职责时须向香港政府负责，并须向财政司汇报），由区伟贤

香港证券及期货监察委员会主席区伟贤。

出任主席。根据条例，证监会的工作职能主要是：

（1）监察联交所、期交所，以及其结算、交收及存管系统，为投资者提供公平及有秩序的市场，并确保其运作及风险管理是有效率的；

（2）发牌予证券及期货交易商及其顾问，以及杠杆式外汇买卖商，以确保一般市场参与者（特别是投资者）对与他们交易的人或机构抱有信心，相信对方是有效率、诚实及财政健全的；

（3）监管涉及香港公众公司的收购及合并活动，监察联交所与上市事务有关的职能，以及执行与上市公司有关的证券法例，以确保股东受到公平对待，以及确保可能影响上市公司证券价格的有关资料得到全面披露；

（4）审批希望在香港分销、公开集合投资计划，包括单位信托及互惠基金、与投资有关的人寿保险及集资退休计划及与移民有关的投资计划的人士的申请；

（5）执行有关的监管规定，并监察在证券及期货市场进行的交易，以辨认出价格及交投量的不寻常波动（这些波动可能显示市场存在内幕交易或操纵价格活动），以保证香港市场健全运作及保障投资者的权益（见图3.2）。

1989年底，联交所推出新修订的《证券上市规则》，旨在加强对上市活动的监管，以及确保上市公司持续履行其对股东所应负的责任。其后，联交所订定了多项新的应用指引及指引摘要，协助发行者及其顾问诠释和遵守《证券上市规则》。《证券上市规则》的修订，是联交所配合市场环境转变所采取的必要措施。

1990年4月，证监会公布有关申请成为证券及期货中介人士的"适当人选"守则，详细列明香港交易商及财务顾问应具备的个人及学历条件。该守则明确界定了取得不同注册资格所要求的"适当人选"在年龄、经验、技术及行内资格，以及精神健康等方面的条件，并规定申请者必须披露本身过往所有涉及不诚实行为的犯罪记录。7月25日，港府通过《证券（内幕交易）条例草案》〔The Securities (Insider Trading) Draft Bill〕。条例草案在原有立法基础上，进一步确定管制内幕交易的法律框架，规定公司董事、行政总裁及其直系亲属在买卖公司股份时，必须严格遵守有关申报规定；对不当使用内幕资讯谋取利益或避免损失的人士将给予制裁。条例于1991年正式生效。

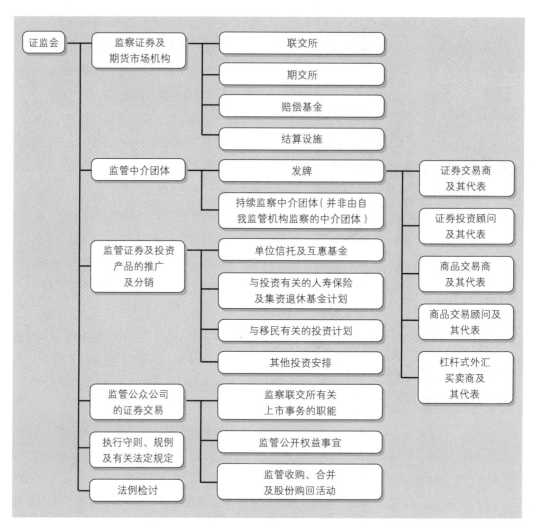

图3.2　证监会的工作职能

资料来源：香港证券及期货事务监察委员会。

　　1990 年 6 月 19 日，证监会和联交所根据戴维森报告的建议，同意批准上市公司购回本身股份的修订建议。从 1991 年 5 月起，《证券上市规则》准许上市公司按照市价购回股份，唯每次购回的股数不能超过该股份在购回前一个月在联交所成交额的 25％，而全年购回的股数不能超过该公司已发行股本的 10％。

　　就在香港证券市场改革稳步推进期间，证监会与联交所的矛盾日趋尖锐。1991 年 4 月 25日，联交所理事会通过一项决议，确认理事有权优先获配新股。由于违背公众利益和公平原则，该决议其后在证监会的压力下被否决推翻。受事件影响，联交所第一副主席黄宜弘被迫宣布辞职。香港联合交易所理事会代表性问题再次受到社会的关注。

在证监会的强大压力下，联交所理事会在 7 月 9 日通过了一项自愿改组方案，建议将理事会从 22 人增加到 30 人，并增强其代表性。其中，经纪理事 17 人，按成交额分组产生，独立理事 10 人，另加联交所行政总裁、高级行政人员及中央结算公司行政总裁各 1 人。7 月 19 日，联交所理事会再通过将联交所转为非牟利机构的建议。不过，在 8 月 19 日举行的联交所特别股东大会上，两项决议均因未获得 75% 的票数而未能通过。

翌日，证监会立即根据《证监会条例》向联交所发出通知，要求联交所在 45 日内按照证监会制定的模式对理事会进行

出任香港联交所第一副主席时的黄宜弘。

1999 年 4 月 30 日香港证监会在前港督府举行 10 周年纪念酒会。

香港证监会的创立与运作哲学

梁定邦：在此访问中，由于时间关系，今天我将会总括地介绍证监会，主要谈谈证监会1989年创会时的大轮廓。证监会的前身是两个政府机构，期货监察处（Commodity Trading Office）和证券监察处（Office for Security Commission，简称OSC）……

证监会创会的基本原因及重要的事项

Davison报告*中曾提及两个问题。第一，当年，期货和证券的监管工作是分开的，但由于期货和证券关系直接，是应该受同一机构监管，这也是证监会创会的基本原因之一。第二，之前提及的毕竟是政府机构，若要监管市场，最好还是由一独立的机构执行，这也迎合世界的潮流，很多的监管机构都是独立于政府的，由政府授予法律权力，执行一些政府的功能。对于本会来说，我们也是按照法治精神，根据组织法而创会，组织法界定了证监会的职权，组织法是在1989年订立，同年的5月1日我们便创会。

创会至今（即1997年）已达8年，当中我认为重要的事项如下：

证监会的人事

首先，在创会时期，香港的监管者主要是来自政府的，即先前所提及的两个监管处，他们全是公务员。政府公务员未必愿意离开公务员的行列，因为当公务员有他们的保障和服务条件，故有部分人想留在政府内任职。但当中亦有些人给调配过来，与这新机构签约，当然，他们要离开政府，放弃公务员的保障。

基本上，证监会是以商营机构人事资源的方针和政策行事，即是以市场的标准和条件招聘员工，与政府的标准和条件不同。话虽然是这样说，问题是由于当时的市场并无监管者，多数的人是市场从业员，而不是从事监管的工作，所以在创会时，大部分骨干员工是来自两个

政府机构，可是当他们受聘时，并不是担任最高主管职位；因为那些曾经任职主管的人，多数已退休或仍留任政府，因此我们便要从外国聘请最高主管。

初期会内的董事全是从外国聘请回来的外籍人士××，例如Mr. Owen、副主席Mr. Nottle、执行董事Mr. Gilmore、Mr. Pascutto、另外还有Mr. Edie。这不是因为香港没有人才，但当时并没有富监管经验的人才。直至现在董事会内5位执行董事中，3位是中国人，2位是外籍人士。原因是我们希望可吸纳世界各地的经验来培养本地监管人才。论到经验，其实那些从外国聘请回来的人士也不全是来自监管专业，除了Mr. Nottle和Mr. Pascutto是监管行业出身外，Mr. Owen本是商业银行家而非监管者，Mr. Gilmore则只是负责交易所前线工作的，而Mr. Edie也是来自期货和证券行业的。

发展的潮流：国际化

董事会以下的同事也有来自世界各地的，如英国、美国、澳大利亚，甚至印度等。从外国聘请员工各有好坏处——好处是可吸收不同的经验，但他们是不可以马上便熟悉本地的情况，或未能与市场内的本地从业员沟通的，毕竟语言是一个问题，另外观念文化亦是障碍。在很多方面大家需要取长补短，例如我们会取长于世界不同的监管机构和概

1997年香港证监会执行董事，前排从左至右分别是吴伟骢、梁定邦、史美伦；后排是狄勤思、韦义德、博学德。

念，在这方面我们是先进和敏锐的，我们与国际的同业关系良好，专业水平与其他监管友会并列。此外我们所出的指引规则和近年的改革，除了会按照本地的需要外，亦会跟随世界潮流。

总括而言，这反映了当时的市场发展潮流是倾向国际化。其实这潮流早在1987年已出现，但不幸的是当时香港正面临股灾，而交易所和期交所结算公司亦出现了结构问题，1987年后的市场情况差不多可以说是"置之死地而后生"的一个新的局面。往下我会再作解释。

说回我们证监会，有几点我想谈一谈。第一，会内的同业和参与者都是来自五湖四海，证监会是一个国际化的监管机构，这刚巧迎合了当时本地市场的国际化潮流和发展，也结合了我们的幸运和时势。近年我们较注重建制的工作，在出版指示和法律改革方面会配合本地需要和国际潮流。在内部工作安排上会提高职员的专业水平，这也是随国际潮流之一。例如，我们会不断派员工出国考察和邀请外国监管专业的从业员到港开办讲座。我们亦会积极参与国际活动，其中一项成就便是在去年（即1996年）9月，我被选为国际证监会组织技术委员会的主席，这项荣誉确认了我们的专业水平和国际领导地位，肯定了我们一直以来的努力。

运作哲学：积极树立专业水平

积极树立专业水平是我们的传统，但怎样去达到专业水平呢？就是在各方面都要做得最好。例如在监管市场便要吸收世界各地的经验，然后往董事级以下的阶层渗透。我们训练了很多富经验的人才，但有些后来却被抢走，正如往年便流失了12个有经验的员工，这虽然是损失，但也是一种最高的评价，证明我们的训练有水平。说到训练人才只是一个例子，会内各部门都有各自的专业要求。

但我们的专业要求还是会受到市场的考验的，因此我们必须明白市场的规律、各种改变和创新，每天都有新的东西学。就如我当了两年的主席学了很多，相信其他组别的同事，如新闻组、培训组的，亦会有同感。

第二，便是对法治观念的注重。组织法是我们唯一的权力来源和规范，在执法、检举和批核的行动中，凡会涉及限制别人的自由时，必须十分小心处理，每次都一定要有法律和事实的依据。在这方面我们也常受到考验，比方说，有些高层职员，包括我本人在内，便曾遭民事索偿起诉，要赔偿达500亿元之多。但到目前为止，我们都能在法院中胜诉，

洗清嫌疑。这说明了法制的重要性，在公平完备的法制下运作，各方面都会得到保障，希望香港能继续保存这优势。

第三方面，我们要对市场有敏锐感和与市场有沟通。近年除了与各交易所保持联络外，我们亦伸展向外接触各行业。着实的政策有以下各项：在咨询架构上会成立不同的咨询委员会，集合各方专业人士。在信托基金的运作上，我们设有收购合并委员会，若有被制裁的人士或团体感到不服，我们会接受上诉的，上诉的个案会由各社会人士组成的独立上诉委员会处理。另外我们亦会与各行业本身的协会进行定期会议，例如有基金协会和公司财务协会。在过去一年我们更联络各大公司的内部监察主任（compliance officers）组织联席会议，每次都会有近百人参加，还不时会重遇一些被高薪聘任了的旧同事呢！正如之前所说，有公司愿意"重金礼聘"我们训练出来的职员，其实是对本会的一种肯定和评价，据我所知，被外聘的职员最低亦有29%的加薪。

第四便是要培养下一代的接班人。本会成立最初的高层总监级人才大部分来自外国，现在情况已改变：在Senior Directors级的有3位外国人和2位本地中国人；在Directors级的除了2位外国人外，其余全由本地中国人出任。或许会有人提出疑问，这样的改变是否代表本会已失去原有的国际化哲学？我的答案是完全的否定。本会培训职员，是包括给予机会到各国际市场学习与本地国际机构接触交流的，务求使受训的职员眼光和视野都广阔，就算派他们各人独自到任何国际会议中，都能应付自如，他们要熟悉香港之余，亦要成为达到国际专家的水平。他们既要处理日常的工作，又要每天不断学习新的东西，所以同事们都要面对颇大的压力。但我们明白到，不进步便会被淘汰，这不单是个人的事，而是与公司整体的形象有关……

证监会与政府的关系

访问员：我们想了解一下从证监的角度看与政府的关系。在较早期，即1987年前证监与政府、市场及联交所的关系是有其固有特色的，在1989年证监会成立后，当中的关系可有转变？

梁定邦：我们的市场到今天在这方面仍没有一个绝对的共识。坦白说句，直到目前为止，与政府的关系仍比较紧张。主要原因是我们的市场虽然已很国际化，但依然处于转变时期，在结构上，主要仍然是由本地的从业员所组成。就现在来说，我们监察的大小商号机构约有1,600间，虽然其中有

大型及国际化的，例如有美林公司和 Morgan Stanley 等，但另外亦有些是小型的个人公司。问题在于被监管的公司是如此大小不划一，而监管的标准又必须跟随市场的发展，趋向国际化，如此一来，便很容易有摩擦，激起了新旧观念不同的矛盾。

尤记得最初当引入国际监管标准时，本地的从业员会认为既然他们已跟随旧有的标准已几十年，便不愿意去改变和采纳外国人的新标准。这点也是容易理解的，各人都会有自己的世界观。换作是我在当时的情况下，大抵也会有同样的反应和想法。所以，当证监会察觉到世界监管标准的重要性，而又希望本地市场相应跟随时，便出现了紧张的情况。我们都明白到人是害怕转变的，直到今天依然有此张力存在。但由于市场正在转型，会不断制造共识，所以在我当主席时已较容易平衡处理其中的改变，相信下一位接任主席时情况会更好。

现在市场中，在多方面已有共识，最明显的例子便是上市公司透明度的增加。以往上市公司会拒绝向银行透露内部储备的数字，现在这观念已明显改变。观念的开放和改变其实在每个市场都会发生，在整体社会上亦是，比方说，今天人们对社会福利的观念已与往日不同。所以从我们监管局的立场和角度来看，紧张是会永远存在的，而我们的作用便是把当中的紧张缩小和解决，期求最后会达成共识。在世界各地的市场，甚至在英美国家等，在交易所从业员和监管者之间都会有不同程度和阶段的紧张关系。

访问员：梁先生，可否就这点给予实例解释，最初比较紧张的情况是怎样的呢？

梁定邦：最初有紧张情况，是因为要处理联交所管理架构的问题，当时本会的 Mr. Owen 提出要求改变联交所的章程，去实行 ABC 经纪制度，但此提议执行时非常困难，令情况一度紧张。其次较紧张的，便是处理有关上市公司规则内的条文和细节，在这方面我们算是处理得不错，亦曾得到各方面的合作。之后的紧张阶段，便发生于本人就任期间。在我之前，Mr. Nottle 的任期的情况最好，当时是"两会"（即证监会与联交所）合作的黄金时代，也许因此 Mr. Nottle 获颁 C.B.E. 吧！

之后，到我上任时，情况不算太好，或许是由于我个人言论开放吧，比较多地向媒界发表意见，我主张高透明度，认为应把各种想法公之于市民，从而给他们机会作准备和回应。当然这只是我个人的想法和意见，总会有与别人不同的地方，因此，难免会产生一些紧张的情况。举个例来说，若阁下审查历史及报章也会知道，在我就任期间本会曾出版一份计划书，但当时却遭联交所反对。就我个人而言，我认为当中是有一些误解，只是每人的看法不同而已。往后我们与联交所也是合作无间的，主要是大家持共同目标，都是为香港的市场努力，纵使在意见和做法上会有不同的地方，这就正如刘宾雁先生曾说过的"第三类忠诚"，我们应该容许在社会中有其他声音的存在，不同的意见并不等于错，重要的是从不同中互相学习和长进。

访问员：早年证监会与政府的关系和合作上不太理想，往后可有改变？如有，又有何影响？

梁定邦：坦白说，两者的关系没什么改变。主要是市场整体上，仍未有一个中心的共识，而另一方面，我们也要明白到政府本身的角色。政府执政，是要考虑大局，要参考各方面的意见，不可能只听证监会的声音。无可避免，其他的意见，也会有与证监会利益不符的地方，所以，政府的角色是要作最后的制衡，即使政府与证监会有不同见解和偶有紧张，也属正常。作为一独立机构的证监会，我们会伸张自己的立场，但对于政府采纳意见与否和最后决策，我们无从干涉，这是政府的职能。我们只会介意政府不给予我们发言的机会，而这情况却仍未出现，政府往往给予我们很多机会发言。公平一点来说，政府在过往的决策，大部分也会采纳我们的意见。总括而言，政府与证监会之间的紧张性关系是必需的，我们不会因而互不尊重，而事实上两者存在紧张也有好处，这更使大家努力各司其职。当然有时候，紧张会导致出现个人情绪，那便要考验一下大家的抑制力了……

（按：梁定邦受访时为 Securities and Future Commission 主席。）

* 访问员按：Davison Report: The Operation and Regulation of the Hong Kong Securities Industry, Report of the Securities Review Committee, May 1988, Hong Kong.

** 访问员按：根据 1989 年，"证券及期货事务监察委员会年报"所记载。证监会理事：主席 Chairman: Mr. Robert J.R. Owen，副主席兼执行理事 Deputy Chairman and Executive Director (Intermediaries and Investment Products): Robert Nottle，助理主席兼执行理事 Vice Chairman and Executive Director (Corporate Finance): Ermanno Pascutto，执行理事 Executive Director (Supervision of Markets): Robert Gilmore，执行理事 Executive Director (Enforcement): Gavin Edie.

资料来源：节录自 1997 年 4 月 22 日香港联合交易所委托香港大学亚洲研究中心进行之访问记录，现寄存于香港大学孔安道图书馆。

改组。然而，证监会的高压政策激起了联交所会员的对抗情绪。9 月 26 日，强制改组方案在联交所会员大会上被大比数反对否决。证监会随即向联交所发出限制通知书，要求联交所按通知书指定模式改组。其后，证监会与联交所达成共识，双方同意修订联交所原先的自愿改组方案，以此为基础进行改组。

10 月 30 日，联交所会员大会一致表决通过该改组方案。根据该方案，联交所理事会从 22 人增加到 31 人，其中，经纪理事按成交额分组产生，非经纪理事包括上市公司代表及市场使用者。联交所同时修订组织章程，转为非牟利机构。11 月 25 日，证监会与联交所就有关上市事宜签订谅解备忘

1994 年香港中央结算公司行政总裁何敬锵。

录，协定明确界定双方的角色和职权，联交所将定位为香港一切上市事务的主要前线监管机构，以贯彻戴维森报告关于市场自我监管的原则。

1992 年初，联交所发表股份沽空咨询文件，建议先行对市值达 100 亿元（其中 50 亿元由公众人士持有）的股份进行卖空试验。该建议受到市场的欢迎。最后，联交所决定，如果在自动对盘系统实施后才引进股份卖空制度，将有助加强监管。

同年 6 月 24 日，香港中央结算有限公司推行的中央结算系统（CCASS），以逐项交收的形式开始运作，当日被纳入的两种股份是东亚银行、国泰航空，至 10 月 12 日所有 33 只恒生指数成分股依其英文名称的字母顺序均被纳入，该系统并转入持续净额交收制度。中央结算系统的实施，主要是风险管理的问题，即从原来经纪承担风险改为中央结算系统承担，有助避免出现交收积压。自此，证券市场中介人士一直沿用的实物交收制度被中央结算系统取代。

1993 年 11 月，联交所正式引进 "自动对盘及成交系统"。 该系统不但可列出 2,800 只证券的交易详情，还有 100 个资讯版供发布外界消息及资料。1996 年初，联交所推出第二终端机作为会员离场交易之

1993 年 11 月 1 日香港联交所引入自动对盘及成交系统——输入的买卖盘将自动按轮候的价格及时间先后对盘成交。出席记者会的为联交所主席李业广（右一）及行政总裁周文耀（右二）。

用，进一步加强自动对盘系统的功能。其后，联交所不断扩展及加强其交易系统的处理能力，以适应日益增长的服务需要。目前，联交所的交易系统已加强至足以应付 1,000 亿元的每日成交额。

1994 年 1 月 3 日，联交所推出受监管的股票卖空计划，以便为市场提供稳定价格机制，增加市场的流通量并让对冲活动得以进行。当日，即有 16 只市值逾 100 亿元及其公众持股量逾 50 亿元的股份可进行抛空。到 1996 年 3 月，容许进行卖空制度的股份已增加到 113 只，包括所有恒生指数成分股、50 只市值最高的非恒生指数成分股股份，以及部分恒生中型股指数成分股股份。

1995 年 2 月，联交所发表新策略性计划《发展路向》，明确表示将致力向国际标准、扩展中国内地业务以及机构改进这三大目标迈进。至此，证券业检讨委员会报告书提出的所有建议，均已在香港证券市场全部实施或展开。经此一系列改革，香港证券市场已逐渐提升至现代化、国际化水平。

1996 年 1 月 25 日香港联交所启用自动对盘系统及成交系统终端机进行场外买卖，从左至右分别是香港证监会主席梁定邦、联交所主席郑维健、联交所行政总裁周文耀。

5.3　香港股市新一轮牛市的形成

经历了 1987 年 10 月全球性股灾蹂躏之后，在本地经济表现良好、美日等周边股市回稳的情况下，香港股市开始缓缓整固而上。1988 年，恒生指数从 2,300 点起步，在 4 月中曾一度迫近 2,700 点关口，年底报收 2,687.44 点，全年上升 17%。进入 1989 年，大市升势转急，最高曾升至 3,329.05 点，但其后受"六四"风波影响，恒生指数大幅下跌，6 月 5 日（星期一）从 2,675.38 点下跌至 2,093.63 点，跌幅达 581.77 点或 21.8%，创下香港股市有史以来的第二大跌幅。"六四"风波影响香港股市长达数月，直至 10 月份仍未消除。

1990 年，受到周边利好因素的带动，香港股市再度上扬，7 月 23 日恒生指数升至 3,559.89 点水平。可惜好景不长，8 月初伊拉克入侵科威特，香港股市再次受累。8 月 6 日（星期一）恒指从 3,356.96 点下跌至 3,107.98 点，创 1990 年单日最大跌幅，也是香港股市有史以来第六大点数下跌。此后数月港股牛皮反复，年底收市报 3,024.55 点。

1991 年 2 月，美、英、法等国军队介入伊科战争，中东海湾战争爆发。一个月后，伊拉克战败，战事结束。在油价不明朗因素消失后，香港股市打破牛皮闷局迅速上扬，5 月 20 日恒生指数重新攀越 3,900 点关口，收市报 3,917.09 点。可惜，其后受到英资怡和集团转移第一上市地点、黄宜弘事件、中国最惠国待遇延续问题，以及中英双方在新机场方面的分歧和在人权法案通过的争议等一系列问题的影响，大市一度出现反复。不过，恒指在 7 月份已突破 4,000 点大关，11 月，中英双方就新机场问题达成谅解备忘录，海外资金竞相入市，刺激港股上升，年底恒指报收 4,297.33 点，全年上升 16%。

1992 年春，邓小平南行考察广东发表讲话，中国进入全方位对外开放新阶段。在中国经济增长强劲、内地与香港经济合作全面展开以及香港经济表现良好等一系列利好因素的刺激下，香港股市进入新一轮的牛市。恒生指数在 3 月和 5 月先后冲破 5,000 点和 6,000 点大关，11 月 12 日创出 6,447.11 点的历史新高。10 月 7 日，香港总督彭定康在其首份施政报告中抛出所谓"政改方案"，声

1992 年 8 月 19 日香港新任港督彭定康到访香港联交所，听取联交所主席李业广（左二）介绍交易系统的运作。

称在 1997 年撤退前要在香港 "扩大民主"，引发中英新一轮争拗。受此影响，大市急跌，年底报收 5,512.39 点。

踏入 1993 年，虽然受到中英政治争拗的影响，但大市不跌反升，于 2 月、5 月先后冲破 6,000 点及 7,000 点大关。这一年，中国经济强劲增长，香港与内地经济合作进一步深化，带动香港经济蓬勃发展，上市公司业绩良好，国际基金尤其是美、日基金纷纷进入香港。10 月 6 日，美国证券大行摩根士丹利宣布增持港股比重至 6%，刺激港股急升。该日，恒生指数冲破 8,000 点大关，报收 8,041.57 点。其后，恒指节节上扬，于 10 月 18 日冲破 9,000 点，报收 9,031.13 点。同年 12 月，日资大举入市吸纳港股，带动恒指冲破 10,000 点大关，年底报收 11,888.39 点，比上年大升 6,376 点或 116%。

1994 年初，承接 1993 年的升势，大市继续上扬，牛气冲天。1 月 3 日，恒指冲破 12,000 点，1 月 4 日最高冲上 12,559.00 点，最后以 12,201.09 点收市。2 月 4 日，美国联邦储备局突然宣布加息，揭开了美国连续 7 次加息的序幕令周边债券市场大跌，部分外资撤离香港，而中国内地亦开始实施宏观经济调控政策，香港股市逐渐回落逾 40%，直至 1995 年初才开始另一轮的牛市。(见表 3.8)

表3.8　1987年至1997年香港股市的发展概况

年份	成交总额/亿港元	恒生指数		
		最高	最低	年底收市
1987	3,714.06	3,949.73	1,894.94	2,302.75
1988	1,994.81	2,772.53	2,223.04	2,687.04
1989	2,991.47	3,309.64	2,093.61	2,836.57
1990	2,887.15	3,559.64	2,736.55	3,024.55
1991	3,341.04	4,297.33	2,984.01	4,297.33
1992	7,005.78	6,447.11	4,301.78	5,512.39
1993	12,226.75	11,888.39	5,437.80	11,888.39
1994	11,374.14	12,201.09	7,707.78	8,191.04
1995	8,268.01	10,073.39	6,967.93	10,073.39
1996	14,122.42	13,530.95	10,204.87	13,451.45
1997	37,889.60	16,673.27	9,059.89	10,722.76

资料来源：香港联合交易所编《股市资料》。

6. "怡和震荡"：从迁册海外到
"上市豁免"

1982年9月，英国首相撒切尔夫人访问北京，

会见了中国领导人邓小平，

正式提出了英国在1997年之后继续管治香港的要求，

然而遭到了邓小平的断然拒绝。

随后，中国政府宣布将于1997年恢复对香港行使主权，

并根据"一国两制"的方针解决香港问题。

这样，香港前途问题迅速表面化。

6.1 "怡和震荡"：迁册百慕大与结构重组

从 1983 年 7 月起，中英双方就香港问题展开长达 22 轮的艰苦谈判。其间，由于英方坚持在 1997 年后继续管治香港的立场，谈判一度陷入僵局，并触发了香港史无前例的港元危机。其后，英方被迫放弃原有立场，"尝试是否以中国提出的方案为基础，同中方合作，作出对香港市民具有持久价值的安排"，谈判才再度顺利展开。

1984 年 12 月，英国首相撒切尔夫人飞抵北京，与中国正式签订关于香港前途问题的《中英联合声明》。联合声明宣布，英国政府将于 1997 年 7 月 1 日将香港交回中国，中国政府将对香港恢复行使主权，并根据"一国两制"的方针，在香港设立特别行政区，实行港人治港，高度自治，维持香港现行社会经济制度和生活方式 50 年不变。从此，香港步入了 1997 年回归中国的过渡时期。

这种历史性的转变，无疑对长期以来一直以香港为发展基地的传统英资财团造成了巨大震撼。这种震撼的最初表现，就是怡和宣布迁册海外。1984 年 3 月 28 日，正值中英就香港问题的谈判进入关键时刻，香港投资者信心仍处低迷之际，怡和主席西门·凯瑟克（Simon Keswick）突然宣布，怡和将把公司的注册地从香港迁移到英属自治区百慕大。西门·凯瑟克宣称："董事局认为，目前香港局势不明朗，尤其对本港法律制度欠缺信心，所以决定转移控

1980 年代初出任怡和大班的西门·凯瑟克。

制权到百慕大。"他解释说："怡和是一个国际集团，它的成长有赖于外间的信心，而怡和的成功也有赖于它们。在国际市场上竞争大型长期合约，组织合资经营机构，进行收购或财务活动时，毫无疑问，面对香港的长远前途问题，令本集团处于不利位置。"他并表示："我要保障将来我们的控股公司能够在英国法律下经营，能够与英国枢密院保持联系……这是一个自由世界，我们是代表我们的股东这样做的。"

怡和是英国凯瑟克家族控制的老牌英资公司，创办于1832 年。香港开埠后，怡和即将其总部迁入香港，成为首批进入香港的英资洋行之一。怡和最初靠贩卖鸦片起家，在其后约一个世纪里它以香港为基地，将其经济活动迅速扩展到中国内地各大城市，成为"英人经济侵略中国之大本营"。中华人民共和国成立后，怡和撤退至香港专注香港业务的发展，成为英资四大洋行之首，号称"洋行中的王侯"。1972 年 11 月，怡和通过旗下的置地公司以换股方式兼并另一家历史悠久的上市公司——牛奶公司，这是怡和在香港的全盛时期。在一个相当长的时期中，怡和大班与香港总督及汇丰主席，曾被并称为香港三大亨，怡和对香港经济影响之深广，由此可见一斑。

怡和迁册，即将公司的注册地点从香港迁往百慕大，在百慕大注册成立一家新的控股公司——怡和控股有限公司（Jardine Matheson Holdings Ltd.），以怡和控股的股份交换原来在香港注册并上市的怡和有限公司的股份，使原公司股东成为新控股公司股东，而原公司的上市地位则由新控股公司取代。经过迁册，尽管原公司的资产、业务等运作一如既往，但原在香港注册、上市的公司，实际上已变成一家在海外注册公司的附属机构。

怡和迁册百慕大，最初被市场理解为"撤离香港"。消息传出，全港震惊。有人形容，像怡和这样一家老牌英资公司，在这最关键时刻宣布撤离香港，其震撼力有如投下一枚"百慕大炸弹"。翌日，香港股市暴跌，恒生指数一度下跌超过100 点，怡和系五家上市公司股价在两天内平均下跌了 17%，形成了所谓的"怡和震荡"。

怡和选择在最敏感的政治气候宣布迁册，香港舆论普遍认为"不合时宜""不明智"及"不负责任"。4 月 2 日，香港《经济导报》发表社论指出："怡和却偏偏要选择在中英谈判眼前就要出现突破、香港经济逐渐好转、香港居民正逐渐恢复信心的情况下宣布，不论怡和主观上如何解释，或者只是一家公司对自己业务所做的商业上的决定，但在客观上已经产生不良的影响，人们确有理由怀疑这样做的背景及动机。"中国政府亦表示强烈不满，怡和的行动被视为英国政

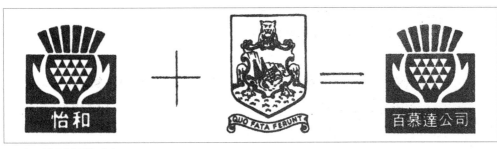

1984 年 3 月怡和宣布迁册百慕大。

府在最关键时刻向中国施压。当时，中国外交部副部长兼中方谈判团团长周南就代表中国外交部拒绝接受英方代表团团长伊文思的解释，伊称英国政府事前并不知情。

事后证实，怡和迁册既不是完全撤离香港，亦非单纯的购买政治保险，它只是怡和整个复杂庞大的集团国际化战略的序曲，刚显露的"冰山一角"。事缘 1970 年代前期，怡和鉴于 1950 年代在华巨额资产的损失及对香港这一"借来的时空"的戒心，开始部署国际化战略，包括收购美国夏威夷的戴维斯、英国的怡仁置业、南非的雷尼斯及中东的 TTI 等。不过，这些投资并不成功，其后多数已被出售，并使怡和逐渐丧失在香港经济中的优势。

1970 年代末 1980 年代初，华资财团迅速崛起，李嘉诚、包玉刚等先后成功收购英资的和记黄埔及怡和旗下的九龙仓，并进而觊觎怡和旗下被誉为香港地产"王冠上明珠"的置地公司。面对威胁，当时的怡和主席纽壁坚（D.K. Newbigging）采取断然措施，通过怡和控股与置地互控对方四成股权的方法，保卫对置地的控制权。然而，在 1980 年代初的地产危机中，怡和为此付出了沉重代价，陷于危城苦守的困局，主席纽壁坚亦黯然下台。

1975 年至 1983 年出任怡和大班的纽壁坚。

为扭转困局并重新部署进入过渡时期后整个集团的发展战略，新任主席西门·凯瑟克在宣布怡和迁册的同时，对集团的组织架构进行了一连串错综复杂的重组：

（1）解除怡（怡和控股）置（置地）互控关系。1986 年 11 月，怡和宣布重大改组，由怡和控股、怡和证券、置地三家上市公司注资组成香港投资者有限公司并与怡和证券合并，在百慕大注册成为"怡和策略控股有限公司"（Jardine Strategic Holdings Ltd.），取代怡和证券在香港的上市地位。经过连串繁复的换股后，置地不再持有怡和控股的任何股份，怡和控股则通过怡和策略控制置地，怡置互控关系解除。

（2）分拆置地。1986 年 9 月及 1987 年 4 月，置地先后将旗下两项重要资产——经营零售业务的牛奶公司和经营酒店业务的文华酒店分拆出来，在百慕大重新注册，分别成立"牛奶国

西门·凯瑟克（右一）上台后毅然改组怡置。图为凯瑟克参观香港联合交易所时摄。

际控股有限公司"（Dairy Farm International Holdings Ltd.）和"文华东方国际有限公司"（Mandarin Oriental International Ltd.），在香港上市，并将它们转拨怡和策略旗下，不再由置地控制。

（3）1989 年 1 月，怡和成立全资附属公司怡和太平洋有限公司（Jardine Pacific Ltd.），作为统筹和加强怡和在亚太区综合贸易业务的旗舰。

这一期间，怡和还计划发行 B 股，以加强大股东凯瑟克家族对怡和集团的控制权。1987 年 3 月 27 日，怡和宣布 1 股 A 股送 4 股 B 股，B 股面值 2 角，仅相当于 A 股面值的十分之一，但拥有与 A 股相同的投票权。怡和发行 B 股的计划立即在香港引起轩然大波。4 日后，华商李嘉诚旗下的长江实业及和记黄埔也宣布发行 B 股，一些中小型上市公司也计划追随，结果触发了投资者抛售股票的浪潮。当时，正值九七回归的敏感过渡时期，香港各大企业宣布发行 B 股，令人感觉不免有减持 A 股增加 B 股，撤走资金的意图。在强烈的反对声中，4 月 8 日香港联交所和证监处发表联合声明，不批准新的 B 股挂牌上市。怡和的 B 股计划胎死腹中。

经过一连串结构重组，怡和集团庞大的内部体系出现了一个全新的架构：大股东凯瑟克家族以怡和控股作为整个集团的旗舰，分别控制怡和太平洋、JIB、怡富等三家功能性公司，以及一家控股公司——怡和策略，再通过怡策控制置地、牛奶国际、文华东方这三家上市公司。这一重组，从表面上看，目的是要摆脱怡置互控所造成的困局；但从深层次分析，实际上是该集团为重新部署进入过渡时期后的发展战略而在组织结构上所做的准备，从而使该集团处于进可攻（加强海外发展）、退可守（稳守香港核心业务）的有利地位。[21]

至此，除置地、仁孚外，怡和集团的四家主要上市公司，包括怡和控股、怡和策略、牛奶国际及文华东方，全部迁册百慕大（见表 3.9）。

怡和的迁册，开辟了过渡时期前期香港上市公司迁册海外的潮

表3.9 怡和集团上市公司迁册时间表

公司名称	迁册日期	迁册地点
怡和控股	1984 年 5 月 4 日	百慕大
牛奶国际	1986 年 9 月 18 日	百慕大
怡和策略	1986 年 12 月 27 日	百慕大
文华东方	1987 年 4 月 29 日	百慕大
置　地	1989 年 3 月 17 日	百慕大
仁　孚	1990 年 3 月 20 日	百慕大

资料来源：香港联合交易所。

流。1984 年怡和率先迁册后，1986 年和 1987 年分别各有两家上市公司宣布迁册，其中三家为怡和系的，1988 年迁册海外的上市公司增加到七家，1989 年高达 44 家。自此，香港上市公司迁册海外蔚然成风，到 1994 年底，迁册的上市公司累计达 210 家，约占香港上市公司总数的四成，其中，一些有影响的大公司，如连卡佛、富豪酒店、世纪城市、华人置业、鹰君地产、丽新发展、大昌地产、德昌电机等，也先后迁册海外。这股迁册之风与同期上市公司加强海外投资及移民潮，加速了香港资金的外流，对这一时期香港经济造成了一定程度的负面影响。

6.2 从"上市豁免"到撤离香港股市

怡和部署的集团国际化战略包括三部曲，迁册海外只是第一步，更重要的是第二步，即加快海外投资步伐，大幅提高海外资产在集团所占的比重，从而将香港的比重降低，最大限度地减低所谓的"九七风险"。因此，怡和完成集团结构重组后，即以系内三家附属公司——牛奶国际、文华东方及怡和太平洋为重点，全面加强对海外市场的拓展。随着怡和经营重心的转移，怡和高层对集团主要附属公司仍以香港为第一上市地点及主要监管中心日益感到不满，并与香港证监当局展开历时长达 5 年的激烈角力，从申请"上市豁免"到不惜全面撤离香港股市，形成另一次的"怡和震荡"。

踏入 1990 年代，怡和与香港证监当局的矛盾表面化。1990 年初，怡和属下麦地逊公司（Matheson & Co.,Ltd.）董事李志（Rodney Leach）在其所撰写的两份注明"私人及机密"的函件中，以激烈的措辞抨击港府对市场的过分监管。他表示，香港证监会目前直接参与市场监管的做法，不仅与戴维森报告书建议设立一个小型机构监察一个自我监管的市场大相径庭，而且现行证监条例在"九七"后会被利用来剥夺本港上市公司权益，或用作控制它们的海外资产的工具。

同年 10 月，怡和法律顾问邓雅理（Gregory Terry）公开炮轰香港证监会。他表示：上市公司迁册是为了保障公司的利益，香港的监管当局不应干预海外司法地区的公司法例，把已迁册的公司重新纳入香港证监条例的网络中，否则在过度监管之下，上市公司的"外国护照"便会失效。邓雅理提出了"上市豁免"（Exempt Foreign Listings）的概念，即在香港上市的公司只需遵守法例（如证券条例、内幕交易条例、公开权益条例等等），对于没有法律约束力的上市规则或收购合并守则等，则要求豁免遵守。邓雅理建议，香港联合交易所应给予符合下列条件的公司"上市豁免"，这些条件包括：在海外注册；在确定的交易所（如伦敦证券交易）上市，但并未申请豁免当地监管；股东权益超过 40 亿元或已公布的除税及少数权益后盈利超过 4 亿元。邓雅理表示："香港除非实行将部分海外注册公司豁免本港证券条例监管，否则那些不能接受九七后须受香港法例监管所带来风险的公司，只有取消香港上市。"

就有關鄧雅理「治外法權」為題演詞

證監處與聯交所作回應

並歡迎各界人士提出更詳細查詢

（特訊）香港聯合交易所有限公司上市科指出，就「護照」方面，根據這個原則辦事。執行總監韓信昨日在扶輪社就「治外法權」為題發表的演說在報章上的報道作出回應，指此類措施如果使用不當，會令事情變得十分情緒化。

他說，對於凡在香港作第一上市的公司，不論註冊地址在那裏，都要在本港受到有效監管；而聯交所對證券及期貨事務監察委員會昨日新聞稿內列出的事實和論據，亦表示完全支持。

在「治外法權」法例上，證監會認為，將和證監處所提供的保障撤除的，這是一項基本原則。

香港的證券法規不會剝奪已遷冊公司的外國「護照」。而持有外國護照的公司，並不會因它設施的人士上，並無在它所轄區域皆有類似的司法管制的「治外法權」規定，其中《公司條例》中，對外地註冊者，可免他們受公司控制人或藉此控制的海外資產。證監會認為，這些工具，或藉此控制的海外資產的說法，是全無根據的。

至於九七問題，怡和證監處所提供的保障投資人士。稿內是提到，怡和暗示證監會或聯交所向百慕達政府施加壓力，使其更改法例，這是一項基本原則。

證監處的新聞稿指出，就證券市場，亦是根據這個原則辦事。

在股東批准遷冊註冊地址方面，證監會認為，不論在任何情況下，在任何法例或其他法律制度中，證券法規或其他規則的基礎上，監管都要在本港受到有效證照，規則的目的是在公平合理的基礎上，保守有關交通、所得稅或刑事法律的規定。不論公司是否持有外國護照，規則的目的是在公平合理的基礎上，不會因此而有豁免。

有關保障消費者的法規和獲得豁免，無需在它選擇經營的市場避守有關法律上，並非不會因它設施的人士上，並無在它所轄區域皆有類似的「治外法權」規定。

在股東批准遷移註冊地址方面，證監會認為，不論在任何情況下，證券法規擴展到外國公司，證監會反對鄧雅理引進他所建議將本地公司的欺詐面提出的一些觀點，一方面提到的一些觀點，怡和所面有頗值得重視（例如：公司法及證券法規）但另一方面，他們對香港證券監管方面提出的不滿見不見有什麼空洞。證監會認為，怡和的主要股東可以因已遷冊上市公司不須遵守公開權益法規的說法，實際上並沒有任何規定。其他監管香港證券業的法例，收購及合併法規的規定。

何法律適用於這些公司了。

對於遷冊的態度，證監會認為監管機構沒有興趣阻止任何公司遷冊，他們關心的只是保障投資人士。稿內是提到，怡和暗示證監會或聯交所向百慕達政府施加壓力，使其更改法例，這是一項基本原則。

該新聞稿最後指出，總括來說，怡和所提到的一些觀點，一方面有頗值得重視（例如：公司法及證券法規）但另一方面，他們對香港證券監管方面提出的不滿見不見有什麼空洞。

有关邓雅理"治外法权"的回应报道。

对于邓雅理的抨击，香港证监会主席区伟贤即作出猛烈反击。他表示，邓雅理的讲辞是怡和集团又一次有计划地批评监管机构及政府的行动，内容空泛并缺乏逻辑性，持"外国护照"的公司并不表示可豁免遵守其选择经营的市场的法例，否则对本地机构极不公平。其后，证监会发表了一份措辞强硬的文件，逐点驳斥邓雅理关于"治外法权"的抨击。不过，联交所则表示，正在考虑是否减少香港最大20家上市公司所须遵守的上市条例，以令它们继续维持在香港的第一上市地位。

就在怡和与证监会激烈争论期间，1990年12月发生了怡和附属公司康乐投资有限公司（Connaught Investors Co., Ltd.）违例回购股份事件。消息传出，舆论哗然，认为怡和公然挑衅香港证监会权威。当时，证监会和联交所在处理该事件时颇为审慎，与同期快速处理的伟益、善美及鹰君等违例事件形成强烈对比，显示证监当局不希望激化与怡和的矛盾。其后，怡和表示道歉并承诺将违例购入股份出售，联交所则表示怡和属技术性犯规，决定不加谴责，事件得到解决。

这一时期，怡和还采取了连串措施：1990年5月，怡和宣布在伦敦作第二上市，决定改用国际会计准则（IAS）编制公司账目并改用美元作计算单位。1991年3月，怡和执行董事李舒正式向传媒透露，怡和准备将第一上市地位从香港迁往伦敦，并申请在香港"上市豁免"。怡和在向香港证监会提交的"上市豁免"申请中，建议港府设立一种名为"纯买卖公司"的上市公司类别，受海外的上市规则监管，但不受香港的上市规则、收购及合并守则及公司回购股份守则的约束。怡和表示，若此建议遭到拒绝，怡和将不惜取消在香港的上市地位。

怡和的要求引起香港舆论的强烈反应，并使香港证监当局陷入进退两难的境地。1991 年 9 月，香港联交所曾发出咨询文件，向市场征询是否决定设立一个名为 "买卖上市" 地位的组别，为已迁册海外、但业务、资产及主要股票买卖仍在香港的公司提供上市豁免地位。其间，联交所共收到 36 份书面意见，分别来自上市公司、证券经纪、商人银行、基金经理、专业及业内团体、律师及其他团体人士。结果，联交所决定选择 "多年来已承认的主要及第二上市的概念"，即拒绝给予怡和 "买卖上市" 的地位，但邀请怡和以第二上市形式继续在香港挂牌。1992 年 9 月 7 日，怡和控股在伦敦正式作第一上市，翌日怡和控股在香港作第二上市。

1993 年 5 月，怡和宣布已主动建议百慕大当局以英国伦敦收购合并守则为蓝本，修订 5 条分别涉及怡和控股、怡和策略、置地、牛奶国际及文华东方的收购守则。怡和表示，这套守则将于 1994 年 7 月 1 日起生效，具有法律地位，由百慕大金融管理局执行，英国枢密院为最终上诉庭。与香港收购守则不同的是，该套守则为公司及投资者在多方面提供了更严谨的保障。怡和解释说，这次修订是一项技术性安排，以配合该系股份转移第一上市地位至伦敦的政策。不过，了解内情人士认为，这实际上是怡和全面撤离香港证券市场的讯号。

1994 年 3 月，怡和宣布，决定从 1994 年 12 月 31 日起，终止怡和股票在香港的第二上市。怡和不惜全面撤离香港股市，表面上看似乎与 "九七" 政治转变有关；然而有论者认为，怡和之所以要在 1995 年之前撤离，背后还有一个重要原因，就是要托庇于百慕大收购及合并守则，以免旗下公司被香港的华资大亨觊觎。从 1995 年 1 月 1 日起，怡和系的五家主要上市公司——怡和控股、怡和策略、置地、牛奶国际及文华东方相继在香港股市除牌，结束了怡和在香港证券市场叱咤风云的时代。

注释

〔1〕 参阅《早期的交易所》，载香港证券交易所编，《香港证券交易所年报》，香港：香港证券交易所，1985 年。

〔2〕 香港联合交易所编，《百年溯源》，香港：香港联合交易所，1998 年，第 12 页。

〔3〕 参见前香港证券事务监察委员会委员、现香港联合交易所会员苏洪亮太平绅士口述资料，由香港联合交易所委托香港大学亚洲研究中心进行之访问记录，现寄存于香港大学孔安道图书馆，1998 年 3 月 28 日。

〔4〕 "Hongkong Stock & Share Market", *Far East Economic Review,* 12 March 1947.

〔5〕 Maggie Keswick , *The Thistle and the Jade, A Celebration of 150 years of Jardine*, Hong Kong:

Matheson & Co, Octoputs Book Limited, 1982, pp.228–229.

〔6〕 参见前香港证券交易所理事、前香港经纪业协会主席朱颂田口述资料，由香港联合交易所委托香港大学亚洲研究中心进行之访问记录，现寄存于香港大学孔安道图书馆，1996 年 11 月 22 日。

〔7〕 参见《李福兆谈联合交易所新猷》，载《每周经济评论》，1982 年 3 月 1 日，第 17 页。

〔8〕 "Share in Hong Kong ", *The Stock Exchange of Hong Kong, 1991*, pp.76–77.

〔9〕 Adam Lynford, *Hong Kong Stocks Sky-High-Intense Activity on Hong Kong Stock Exchange*, Hong Kong Government Information Services, Feature Article 6004/2.

〔10〕 同〔2〕，第 19–20 页。

〔11〕 "Thumbs down to unity in Hong Kong", *Far East Economic Review*, 23 April 1976.

〔12〕 霍礼义（Robert Fell）著、刘致新译，《危机与转变》，香港：三思传播有限公司，1992 年，第 35 页。

〔13〕 同〔12〕，第 39 页。

〔14〕 Brian Blomfield 著，《十载耕耘——证监会 10 年（1989—1999）》，香港：香港证券及期货监察委员会，1999 年，第 22 页。

〔15〕 1987 年 3 月，香港多家上市公司宣布发行 B 股，影响投资者的信心，大市回落。同年 4 月 8 日，香港证监处与联交所联合宣布，不再批准上市公司发行 B 股上市，事件遂告一段落。

〔16〕 同〔12〕，第 154 页。

〔17〕 王伟明著，《联交所委员会修章引起争论》，载香港《经济一周》，1987 年 12 月 21 日，第 5 页。

〔18〕 参见《证券业检讨委员会报告书》（中文版），香港：证券业检查委员会，1988 年 5 月，第 2–4 页。

〔19〕 同〔18〕，第 15 页。

〔20〕 同〔18〕，第 4 页。

〔21〕 冯邦彦著，《香港英资财团（1841—1996）》，香港：三联书店有限公司，1996 年，第 296–299 页。

1986 年金银业贸易场交易大堂交投热烈的情景。

第四章
金融业的多元化与国际化

1. 金融机构多元化：接受存款公司 大量涌现

1970年以前，

香港金融业差不多全部由经营零售银行的商业银行构成，

其他金融机构仅占微不足道的地位。

当时，香港亦已出现财务公司，但它们大多是银行的附属公司，

主要业务是以高息吸收大额存款。1970年代期间，香港金融业最瞩目的发展，

就是商人银行、投资银行、财务公司的迅速崛起，

使香港金融业进入多元化、国际化时期。

1.1　金融机构多元化：商人银行及财务公司崛起

1965 年银行危机后，香港政府暂停签发银行牌照，持牌银行数目也从 1964 年的 86 家减至 74 家。在此期间，香港经济起飞，股市兴起，外资金融机构纷纷涌入香港，初期的形式是与香港本地注册银行合作，或在市场收购银行股权，达到在香港经营银行的目的。但是，通过这一途径进入香港金融业的成本愈来愈高昂，可收购的对象却愈来愈少。不少跨国银行改以财务公司（Finance Company）的形式来港设立附属机构，参与无需银行牌照的商人银行或投资银行业务，从事安排上市、包销、收购、兼并等业务。

1970 年代初期，一批商人银行（Merchant Bank）先后在香港创办，其中最著名的有怡富、宝源投资、获多利等。1970 年，英国商人银行富林明公司（Robert Fleming & Co., Ltd.）与香港怡和集团合资创办怡富有限公司（Jardine Fleming & Co., Ltd.）。怡富是香港第一家商人银行，当时并不需要经过港府财政司或金融事务科批准，只是按公司法注册。怡富创办后业务发展迅速，到 1976 年旗下已辖有 7 家证券、信托投资公司，管理基金达 21 亿元。1970 年代前期，怡富在香港的商人银行业市

英国富林明公司创办人富林明。

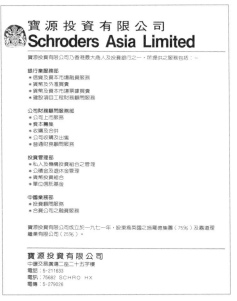

1970 年代宝源投资的业务广告。

1970 年代创办初期的怡富办事处，当时尚处发展阶段。

场一直占有最大的份额，其客户主要是来自海外，尤其是伦敦、苏格兰的英国投资者，也有部分来自瑞士，美国人较少，本地香港人亦不多。怡富除主要从事基金管理、外汇买卖和证券买卖外，在收购合并领域十分活跃，最瞩目的事件就是协助置地吞并牛奶公司，一时在香港股市形成轰动效应。

1971 年，英国商人银行施罗德（Schroders Limited）与渣打银行、嘉道理家族合资创办宝源投资有限公司（Schroders Asia Limited）。宝源创办后相继设立宝源信托基金、宝源货币债券基金、施罗德日本基金等，其中，宝源信托基金设立于 1972 年 1 月，是第一个在香港管理而投资全球各地的基金。

获多利（Wardley Ltd.）由汇丰银行创办于 1972 年，早期仅被认为是汇丰的一个部门，直到 1973 年迁往康乐大厦（Connaught Centre，即今怡和大厦）后才开始作为汇丰银行的一家全资附属公司独立运作。获多利在创办初期即开设基金管理，即后来的获多利投资服务公司（Wardley Investment Services Limited），该公司与英国唯高达在香港的附属公司合资成立获多利唯高达投资管理公司，经营香港及亚太区的投资、贷款业务。当时获多利的业务，以资金管理、上市、外汇买卖、

1970 年代获多利的业务广告。

存款证（Certificate of Deposit）为主。与怡富相比，获多利的收购合并业务相对不明显活跃，其最精彩的个案就是 1980 年代初协助包玉刚收购九龙仓。当时，为避免与怡富直接竞争，获多利很多时候与怡富携手合作，但后来获多利后来居上，取得领先地位。

到 1980 年代初，怡富、宝源投资及获多利已成为香港最大的三家商人银行，它们几乎垄断了新股上市的市场，以及企业收购、兼并、重组等业务。（见表 4.1）1980 年代中后期，东方汇理亚洲、标准渣打亚洲、万国宝通国际、罗富齐（父子）以及东亚华宝等一批后起之秀逐渐崛起，成为前者的竞争对手。

1970 年代初期，本地财务公司如雨后春笋般涌现。这些财务公司主要从事与股票、地产有关的贷款活动，由于并非持牌银行，它们不受"利率协议"的限制，可以高息吸引存款。这些公司还引进新的金融业务，如发行可流通存款证，提供资产负债表外的租赁和代营账款等资金，组织银团贷款等。随着财务公司数目增加和业务发展，银行体系存款大量流失，各银行为加强竞争，亦纷纷成立附属财务公司，财务公司数目因而激增。1973 年股市狂潮期间，在香港营业的财务公司竟多达 2,000 余家。[1]

本地财务公司中，以冯景禧创办的新鸿基有限公司最著名。冯景禧（1922—1985 年），原籍广东南海，年轻时赴香港谋生。1963 年，冯景禧与郭得胜、李兆基 3 人合组新鸿基企业。不过，1960 年代后期，冯景禧逐渐脱离新鸿基企业，自行向证券业发展。1973 年 2 月，冯氏注册

新鸿基地产行政人员合照，前中者是郭得胜，其左右分别是冯景禧和李兆基，摄于 1982 年香港中国银行大厦。

表4.1　1981年底香港三十大商人银行及财务公司财政状况资料
（单位：千美元）*

机构名称	资产总额	排名	贷款总额	排名	存款总额	排名	纯利总额	排名
获多利	2,508,181	1	1,364,362	1	2,070,978	1	30,938	2
恒生财务	1,656,671	2	1,074,875	2	1,562,457	2	16,851	3
汇丰财务	1,167,643	3	—	—	1,055,886	3	14,135	4
莱斯国际财务有限公司（1982年9月）	793,443	4	661,855	3	5,512	152	5,966	9
安田信托财务（香港）有限公司	718,870	5	281,500	10	691,780	4	2,660	24
新鸿基财务	655,047	6	406,098	7	482,631	6	10,872	6
WetLB Asia	593,371	7	420,375	6	550,286	5	3,512	17
裕民财务	593,059	8	566,260	4	280,646	19	44	173
三井信托财务（香港）有限公司（1982年3月）	496,212	9	193,846	20	470,449	7	1,902	40
渣打贷款业务有限公司	468,575	10	448,956	5	422,480	8	2,733	23
怡富财务	442,061	11	153,349	26	356,248	13	13,164	5
亚细亚长银有限公司（1981年3月）	433,283	12	345,743	8	385,205	10	4,855	11
东海亚洲有限公司	430,530	13	234,548	12	403,129	9	3,767	15
东洋信托亚洲有限公司	406,550	14	51,110	67	22,909	107	1,680	46
UBAN International Ltd.	406,176	15	205,702	17	377,915	12	2,019	37
佳活宾信（香港）有限公司	400,335	16	119,846	31	113,478	40	2,384	29
住友信托财务（香港）有限公司	396,598	17	261,049	11	380,311	11	2,003	38
奥利安皇家太平洋有限公司（1981年9月）	386,560	18	196,292	19	350,947	14	—	—
Nippon Credit International（H.K.）	366,202	19	208,213	16	348,717	15	1,735	45
DG Capital Co.	360,310	20	308,880	9	341,412	16	3,398	18
住友财务（亚洲）有限公司	318,852	21	226,791	13	257,090	23	2,752	22
横滨亚洲有限公司（1981年3月）	310,895	22	87,629	45	295,814	17	1,303	56
Citicorp International	306,950	23	—	—	—	—	4,704	12
三和国际财务有限公司	304,585	24	187,138	21	274,700	21	1,865	43
东京财务有限公司	297,173	25	214,995	15	274,637	22	2,053	36
东亚财务	292,103	26	281	178	287,474	18	978	69
第一劝业财务（香港）有限公司（1981年3月）	291,039	27	180,118	22	278,858	20	1,345	54
香港兴业金融有限公司（1981年3月）	275,383	28	219,716	14	233,893	26	3,230	19
玉国际有限公司	272,829	29	131,074	30	199,882	30	1,183	62
浙江第一银行	265,866	30	114,196	33	219,003	28	2,308	33

*除特别注明外，所有年结均是1981年12月31日结算。
资料来源：香港《经济一周》资料室，原载于1983年2月15日出版的《Asian Finance》。

冯景禧旗下的新鸿基财务。

新鸿基公司向客户提供全球 24 小时实金及期货买卖服务。

成立新鸿基证券有限公司，当时称为"新鸿基（私人）有限公司"。1970 年代初，正值香港股市进入大牛市，新鸿基证券成立资料研究部，创办《股市周报》，免费向客户提供股票的中文分析资料，吸引了大批因语言障碍而不懂投资的小市民成为它的客户。新鸿基证券一时声名大噪，稳执香港证券业的牛耳。1975 年，新鸿基证券借收购上市公司华昌地产及中同企业以介绍方式上市，该年度新证的纯利达 3,400 万元。

1973 年股灾后，冯景禧调整经营策略，全力发展新证旗下的全资附属公司——新鸿基财务，向商人银行业务发展。1978 年 11 月，新鸿基财务受不利谣言影响一度遭到挤提，其后在政府及汇丰银行的协助下渡过难关。1979 年 12 月，冯景禧将新鸿基财务从新鸿基证券分拆上市。到 1980 年，新鸿基财务总资产已达到 28.9 亿元，经营业务包括各类存款、贷款及保险业，成为香港最大的财务公司之一（见表 4.2）。1982 年 3 月，新鸿基财务获港府颁发银行牌照，重组为新鸿基银行，成为香港确立金融三级制后首家升格为持牌银行的接受存款公司。当时，新鸿基银行设有 14 间分行，已初具规模。

1983 年 9 月，冯景禧将旗下业务重组，成立新鸿基有限公司，作为新鸿基证券和新鸿基银行的控股机构。这时，新鸿基已从早期一家专门经营证券经纪、黄金及期货的公司，发展成一家拥有银行、金融服务、地产、贸易及投资的多元化金融集团。

1970 年代无疑是香港财务公司发展的黄金时期。不过，令人惊诧的是，直到 1976 年之前，港府对这些公司的业务活动几乎没有任何的监管，对存款者也没有提供任何保障，这就种下了日后危机的恶果。

表4.2　1970年代中后期新鸿基财务的基本情况（单位：千元）

年份	1976	1977	1978	1979	1980
总存款	309,690	406,519	388,320	1,280,597	2,202,775
总贷款	559,308	764,551	847,094	1,884,398	2,888,457
股东资金	122,182	133,192	167,802	233,477	263,732
除税后溢利	18,993	22,010	28,559	40,099	60,069
每股溢利（仙）	18.99	22.01	26.19	32.82	42.05

资料来源：新鸿基财务年报。

股市大亨——冯景禧

1969 年，冯景禧从加拿大回港，他决定与郭、李二人分道扬镳。郭得胜发展新鸿基地产公司，李兆基打理永泰建业及恒基兆业地产公司。冯景禧则欲专心经营证券买卖业务，在远东交易所取得席位，成立新鸿基证券公司。这家经纪行最初只有 8 名职工，但不到 8 年，已一跃而为上千职工的大经纪行，经营多种金融业务。冯景禧向本港正在发展的股市进军，这改变了他的一生，使他成为金融巨子。郭得胜对冯景禧便下了这样的评语："我们都有不同的兴趣和专长。我的兴趣在地产，冯先生的兴趣则在股市，而且他精于此道。"

新鸿基公司主席冯景禧。

股市散户趋之若鹜

冯景禧在股市发展的经纪业务，是采用渔翁撒网式经营。在此之前，股票市场只是大户的游戏，但冯景禧则致力吸收小户资金，他使得士司机和女佣也有兴趣"玩"股票。他领导的新鸿基证券公司以管理现代化、科技化及经营金融业务多元化著称。尤其是对信息极为重视。为了方便向客户提供信贷，新鸿基财务公司于翌年即 1970 年成立，同年更成立资料研究部。为了满足小户需求，他供应股票中文研究资料。1971 年《股市周报》创刊，足可说明冯景禧对小户的重视。由于新鸿基证券是首家免费提供以中文分析上市公司状况的经纪行，此举吸引了大批因语言障碍而不懂投资的小市民，成为他的客户。

在新鸿基证券与新鸿基财务的相互呼应下，从事代客买卖股票，做"孖展"。新鸿基财务公司所订存款利息，比银行高两三厘，吸引存款就无往而不利，加上新鸿基证券为普罗顾客提供各项分析及预测服务，故 70 年代初期，股票炒风兴盛，与新鸿基证券推销网遍布全港各阶层，颇有直接关系。

本来，股票市场铁律，有升有跌，但本港股市到 1973 年的投机味道甚浓，中小户的跟风心态愈来愈盲目，外资也借此卷起了连串风浪，实行偷鸡搏杀。随着置地公司收购牛奶公司，引起了炒股狂潮，各种利好消息在市场满天飞，股价一浪高过一浪，股市就好像只升不跌。这情形犹如玩音乐椅游戏，看谁坐上音乐椅叫停受罚，又像是玩接火棒游戏，看谁最后接上火棒而烧伤自己。

1973 年，是新鸿基证券及冯景禧声名大噪的时期。本港股市恒生指数，在 8 个月内由 400 余点狂升至 1,700 点，然后又在 20 个月内跌至 150 点，冯景禧的大名，在金融界及投资界中，从此无人不识。1973 年，新鸿基证券行址从华人银行大厦迁至康乐大厦，且成立电脑部，聘用周文耀做电脑主管，周君在香港出生及受教育，毕业于香港大学工程系，1973 年加入新鸿基前，曾服务于香港政府及一家大电脑公司任系统工程师。有了电脑设施，新鸿基证券能提供世界各地市场的最新金融消息，开始提供日本证券经纪服务，英国分行亦随即成立。1969 年加入新证的吴永锐被委任为英国附属公司董事。而新鸿基证券公司便是以亚洲先进金融机构的姿态洞触先机，在 1973 年的香港崭露头角。

倾力发展财务业

1973 年股灾之后，冯景禧的经营方针有变，倾全力发展新鸿基财务有限公司，并且安排其次子冯永祥任新鸿基证券公司股票交易员。新证集团将业务分散到黄金、财务及其他经营，因而渡过难关。1974 年开始提供黄金买卖，成立保险部和商人银行。1975 年股市复苏后，新鸿基证券投资公司公开上市，易名为新鸿基证券有限公司，但冯景禧仍保留 56% 的股权。新证上市后，便收购专营地产之华昌及经营投资之中同企业两上市公司，同年，新鸿基投资管理有限公司成立，与美国美亚证券公司签约，提供美国证券经纪服务。1976 年，新证与美国亿利国际有限公司，合组新鸿基亿利商品有限公司，提供国际商品期货服务，并且参与包销香港地下铁路十年期债券，同年且迁址历山大厦。1978 年，新证开始建立本地分行网，又得法国百利达银行集团加入成为集团股东，并且首次发行"新鸿基联合投资基金"，成立新合成发展有限公司，在中国内地建设酒店，业务可说是蒸蒸日上了。1978 年，冯景禧擢升其次子冯永祥为行政总裁助理。

从 1969 年到 1978 年，冯景禧已成功地建立了他的一套经商哲学。他提出大企业的遵守原则：第一是要有优良的统筹，职责要划分清楚；第二是投资于新的设备；第三是注重效率管理与处事程序；第四是放弃家族观念，由能者居之；

第五是成功让大家分享，失败则独力承担。他的座右铭是
"宝贵经验从失败中得来"；"今天要做的事，不会留到明天"，
故其工作时间每天为十五六个小时，每日的会议安排频密。
但并非主张只知工作而不讲享受的人。他的另一则座右铭是：
"拼命地赚钱，拼命花钱，多姿多彩地生活。"他在香港赛马
会有一匹爱驹命名为"多姿多彩"。每日上班前，他必打一场
高尔夫球。他时常与其妻参加豪华旅行团游览各地，周末则
常乘坐游艇出海，其游艇取名"宝宝号"，便是来自其妻"梁
宝璇"之名。同时，冯景禧从不刻薄自己，也从不刻薄下属。
他对员工赏罚分明，设立基金，将其名下股票按年赠予工作
表现良好之职员。1973年股市狂潮时，他的员工出24个月
双粮，连同正薪即36个月的薪金，一时传为佳话。

广纳人才为己用

冯景禧不懂英语，也不学英语，他说："我没有语言天
才，甚至没有方言的天才，虽然曾补习过国语，但也只能说
七成。"他勉励不懂英语的年轻中国内地移民，"不应为语言
知识不足而感气馁"。原来他的成功之道，是注重用人，他不
懂英语，但他的下属多是精通英语的人才。他声称21世纪
会是"人才世纪"，故高薪聘请有大学专业水平的职员，平均
年龄为廿七八岁，占公司员工四成。他厚薪聘请职员，毫不
吝啬。例如，1978年他聘请当时任职C级行政主任陈祖泽为
新鸿基财务总经理。除陈祖泽外，曾为冯景禧手下而目前颇
具声名的，尚包括贸易发展局执行干事苏泽光、立法局议员
刘华森和夏佳理，中大出版社社长詹德隆以及著名作家、如
今在永固纸业任职的梁凤仪。

另外，冯景禧又非常注意他与传播媒介的关系。1972年，
他聘用张永抗任公共关系部经理。张君为密苏里大学新闻系
硕士，1958年回港后曾任英文报章及国际通讯社记者，在大
学任教采访学、广告学及公共关系，以及曾任一间美国银行
公共关系主管。1973年《信报》创刊，据说创办人林行止曾
征询冯氏意见，颇得冯氏鼓励。1973年传播界才子黄霑欲投
身电影行业，拍其处男作《天堂》，找冯景禧资助，冯氏毫不
考虑一口答应，黄霑亦由是而感激不已。

（摘自《冯景禧外传》，载香港《壹周刊》，1990年4月27日。）

新鸿基证券的创办与1970年初证券市场的发展

访问员：叶先生可否从参与证券行业的经验，谈谈证券
市场的历史变化？

叶黎成：本人是1970年入行的，新鸿基在1969年12
月开业，而我则在1970年2月加入，可说亲历它的创立过
程。新鸿基当时并不是一家证券公司，它的3位创办人初期
是从事地产投资的，但当中冯景禧先生对金融方面的投资兴
趣甚浓。当远东交易所成立时，冯先生亦是发起人之一。由
于这种关系，远东开业亦是新鸿基证券开业之时，而原有的
新鸿基地产则继续专注地产投资。

一直以来香港只有一家证券交易所，即成立于1891年
的香港证券交易所。这局面直至远东交易所成立才被打破。
远东的经纪事实上与港会经纪在文化上有很大的差别，这不
是文化程度的问题，而是文化背景的差异。港会的作风较
"英式"，从事证券业的人士在社会上亦享有较高的地位。过
往的经纪多是老板，自行出市买卖，绝少雇用员工出市。就
算有雇用助理，亦只不过负责杂务工作（写"票仔"、听电话
或跑腿工作），故单靠老板出市，交易量实在有限。而港会的
运作亦较具英国色彩，例如星期三下午休息，收市后经纪往
往有茶叙，或闲时饮酒作乐。但在市况畅旺的时候，买卖服
务求过于供，难以满足愈来愈多的顾客了。创立远东交易所
的发起人，不少是港会的客人，但其后发觉生意可观，故萌
生创立新交易所的意念。这些发起人，一方面是市场的参与
者，亦有很大意欲促进证券买卖活动，故令成交量大幅提高。
这种以市场运作、商业利润为主导的经营方式，与港会过往
像社交场所或会所经营方式的情况有显著分别。远东的成立
可谓标志着经纪行业呈现重大变化的时刻。随着远东成立，
金银和九龙亦相继成立。故此，股票买卖活动的普及化可谓
始于远东交易所的创立。

访问员：新鸿基当时是一家怎样的公司？

叶黎成：新鸿基开业的时候规模很小，只有十多位同事。
冯景禧先生对证券买卖这行业的理想是很高的。冯先生另一
优点是，他看待不同金额的生意均一视同仁，并不会嫌弃某
宗买卖金额太少。在开业之初，由于冯先生与地产投资界的
朋友相熟，故引进了不少客路。甚至为了完成一宗买卖，一
些现在看来不符合经济效益的买卖我们亦照单全收。例如在
60年代末及70年代初，大部分上市公司都在港会挂板买卖，
当时还未有公司通过远东交易所上市，故远东只能把港会的
股份以报价方式买卖，结果很容易出现同一种股份在两个市

新鸿基证券的业务广告。

场不同价格的情况。我们很多时为了完成一宗交易，便通过冯先生在港会相熟的经纪（如莫应基、陈宝贤先生等）代客买入或卖出股票，过程中新鸿基可能是亏本的。

不过经营了一段时间后，新鸿基已吸引了不少顾客，在市场上占了颇大的成交额。1970年初股票市场开始兴旺，1971年底开始有英国经纪行来港，如 W.I. Carr, Vickers 等，他们均希望在香港谋求合作对象。新鸿基由于信誉和生意额方面都有不错表现，故与这些海外经纪有很密切的生意来往。事实上当时买卖香港股票的人士不少是英国人，过往他们通过港会的经纪如 Silver, Zimmern, Courcher 买卖，故此英国投资者对香港市场的认识事实上有深入的掌握。这些海外经纪由于不能在本地买卖，遂多通过本地经纪行买卖，新鸿基在1971、1972年间承接了大量的海外生意。新鸿基曾在一段时期占了本港股票市场总成交量的20%，可谓举足轻重。当时新鸿基的客户主要有几类，一是本地的社会名流，其次是银行界，故汇丰、恒生、永安等银行代客买卖股票的服务，很多是通过新鸿基进行的。此外便是海外的经纪生意了。最后，英资上市公司如怡和（Jardine）在未取得经纪牌前，亦有通过新鸿基进行买卖的。

访问员：若要应付增多的生意额，新鸿基是否要申请很多牌照？

叶黎成：新鸿基在远东和金银交易所均有经纪牌，而香港会方面则与个别经纪建立商业联系，故通过直接或间接的方法，新鸿基在四个交易所亦能进行买卖，不过后来新鸿基在港会也买了牌照。当年这些牌照并不是有限公司形式的，而是个人持牌性质。远东交易所的牌照是冯景禧私人持有的，金银的牌照由郭得胜先生持有，而本人则持有另一经纪牌。虽然牌照是私人持有的，但持牌人均与公司订立一份 Declaration of Trust，订明代公司进行买卖。1972年期间新鸿基的生意确实很畅旺，不少英国经纪纷纷与公司建立生意联系，新鸿基更在伦敦开设一办事处。不过，当时实在很辛苦的。由于仍然是人手交收的制度，伦敦、香港两地买卖少不免有时差，况且当年更没有速递服务，故同事每周都要跑到伦敦进行交收及带回购入股票，情况差不多是每3天便要到伦敦一趟。

1972年下半年港股不断暴升，由400多点升至千多点，到1973年初恒生指数已升至1,700多点。当时英国经纪纷纷抛售港股，新鸿基于是把大量的"现货"由伦敦带回香港交收，行内见新鸿基沽货居多，便称我们作"大淡友"。不过，这时期股票买卖大多数为现货交易，抛空或"孖展"形式的买卖很少，证券财务（Shares Financing）并未成熟，故纵使1973年的股市由1,700点跌至1974年百多点，但对市场带来的损害并不严重，记忆所及只有3家经纪行破产，叶荣昌好像是其中一家。加上70年代经纪行是不可以开分行的，故业务不算广泛，对经济的冲击相对较轻。

股票市场在1974至1976年十分淡静，直至1977年以后情况才好转，而70年代末交易所已开放了会籍，容许外资经纪行在本港进行买卖，而远东交易所是第一间"开放门户"的交易所。这种发展当时引起了业界不同的意见，部分认为容许外资经纪进入本港，令本地经纪难以竞争。这种声音在八九十年代尤为响亮，因为当时东南亚的金融市场仍设立保护主义屏障，故本地经纪业显得缺乏保护了。但另一种意见认为，由于香港开放的步伐较早，故比东南亚其他地区的股票市场较成熟。况且外资在港经营证券业务后，对推广香港股票市场的海外地位有很大作用。各交易所因开放会籍的问题引起了颇大的纠纷，加上其他种种问题，政府在70年代末亦积极推动四会进行合并。在筹办第一届联合交易所的委员会（记忆所及应有21名成员），当时远东及金银交易所推荐人士已占了18席，余下3席独立人士中新鸿基占了一席。当时新鸿基并没有特别依附某交易所；在七八十年代新鸿基在证券业有其重要地位，故应保持其独立性……

新鸿基证券的起落

访问员：事实上早年的新鸿基有潜力成为实力雄厚的证券行，为何后来未能如愿？

叶黎成：新鸿基曾试过占很大的市场比例。冯景禧先生在1985年过身，曾在新鸿基服务的同事很怀念冯先生。他是一个有远见、热心推动证券市场发展的人物。他把经纪业看作一种事业，并努力向外拓展希望成为一家国际化公司。早在1970年初，新鸿基已于伦敦、纽约及新加坡、菲律宾、泰国、印尼等地设立办事处。冯先生认为，公司不能只售卖一种金融产品，他强调要把公司变成一个"金融超级市场"，客人可在新鸿基获得不同金融产品和服务，这样才能令客人的资金不会离开公司的控制范围。假若客人希望把资金调到美国，但你的公司却没有美国账户，那客人必然会流失了。但若能做到"凡有关金钱"的服务，公司都能提供相应的服务，那客人便不会流失了。要达到这理想并不容易，当年的新鸿基正循此路发展，不过可能因为条件未成熟，结果未能如愿。

新鸿基在70年代初曾和一间名为New Japan的证券行合资，推销日本股票和债券。到了70年代下半叶，法国百利达银行入股新鸿基共同合作，当时公司已明白到单凭一家公司的力量很难扩展规模。更大的问题是，由于新鸿基在市场上占了很大比例，一旦证券市场发生波动，公众便会担忧新鸿基会否受到拖累。新鸿基财务曾被挤提；新鸿基证券亦曾面对大量客人取回股票的情况，当时公司已意识到若没有实力雄厚的"后台"支持，很难有较大的发展。故此新鸿基便与百利达合作，银行、财务方面的业务由百利达负责经营及管理，而新鸿基则专注证券买卖方面的业务。其后新鸿基获政府发牌经营银行业务，仍摆脱不了被挤提的命运，几乎每一次证券市场有波动，新鸿基都被市场人士看淡，挤提事件屡次发生。

新鸿基银行当时由3个主要大股东把持，冯先生占百分之二十几，美林及百利达亦分别占相若的股权。当时美林证券的规模虽没有现在那么庞大，但仍属美国最大的经纪行，而百利达是欧洲银行，新鸿基则属一家有良好本地网络的证券行。这个财团的组合事实上很理想，但3个主要股东所占股权相若，在遇到困境时，其余两个主要股东会否全力支持新鸿基则属疑问。冯先生认为在这种情况下很难发展他的理想，结果自资买回其他大股东的股权。冯先生同时意识到银行业务不可能由一个家族持有。若果银行收了客户的存款而又不放贷的话，肯定是亏本的生意，但把资金放贷又可能难

以应付大量客户挤提。在这种考虑下，冯先生便卖掉银行业务，专注证券业务。可惜事隔一年冯先生便过身了。

另一个变化是市场环境的变化。随着证券市场的开放，新鸿基过往的客户不少已变成公司的竞争对手；例如Jardine Fleming, W.I.Carr, Morgan Stanley, Vickers及Hong Kong Bank等市场的主要参与者过往都是新鸿基的客户，这样便不断拉薄新鸿基的客户了。回顾过往历史，80年代曾出现过一次Big Bang浪潮，不少银行纷纷收购证券行及金融机构，结果弄至一团糟。但现在我们见到Citibank, Traveler, Salomon合并，事实上就是集银行、证券及不同金融业务于一身的大企业。现在回想起来，近年的金融机构合纵连横的发展，跟冯先生希望建立一种提供广泛财务服务的企业，长期维系客户关系的构想完全一致。当然，现在这些国际性金融机构实力庞大，故能贯彻这种想法。当年冯先生若果把新鸿基卖给这类机构，他的理想亦可能实现。不过银行与证券行的联合有一定内在困难，这是管理文化的问题。银行对贷款和回报的观念与证券行不同，前者着重合约的规范，一切工作需要按本子办事，但经纪行与客户的关系相对较个人化，很多时候客户落盘时并没有正式合约。结果以银行的管理文化来管理证券行，令证券行受到不少掣肘。

冯先生的构想虽未能实现，但一班曾在新鸿基服务的同事却获益良多。由于实践冯先生理想的过程中接触到很多新事物，新鸿基的同事获得广泛而专业的经验。加上冯先生是一位很重视人才投资的老板，在人力、研究和发展等方面投入不少资源。个人认为未来很难再出现像新鸿基一样的本地公司了。在70年代没有强大竞争对手的情况下缔造了有利的形势，加上主事人的眼光，新鸿基才能建立地位。但环顾现在全球开放的金融体系，面对的竞争对手是名列首10名或50名的国际级金融机构，要占上一席位并不容易。香港未来证券行业相信是国际机构的天下，一家本地经纪行要成为跨国的公司变得很困难了……

访问员：当时新鸿基的服务包括什么范围？

叶黎成：什么都有，上市、包销、股票买卖、基金管理、外汇、黄金和期货买卖等服务都有，但只在能力所负担的水平提供服务。对当时的新鸿基来说，人才和能力都具备，但我们没有庞大的资金作支持。

访问员：资金规模未能扩大与家族式经营有否关系？

叶黎成：家族生意一定面对这种问题。冯先生过身后，家族成员各有打算，总不能把家族所有财产都投资到新鸿基

身上。新鸿基的发展期是在冯先生在生之时，他过身后我们只能按有限的资源来维持新鸿基的运作。

访问员：新鸿基已是上市公司，是否可通过证券市场进行集资？

叶黎成：新鸿基只能靠每年的盈利来扩充资本，一年有两三亿元收益，又要派息，可增加的数目实在有限，但市场发展需要的资金比例远超过这种规模。要扩充便要有新的资金，若家族不注资，最终的出路便只有卖盘了……

关于成立新鸿基的补充资料

访问员：过往媒介报道新鸿基的消息时有点混淆，分不清是哪一家新鸿基。叶先生曾提及 1969 年新鸿基已筹组，当时用的名称是什么？

叶黎成：1969 年以前已有新鸿基这家公司，名称是"新鸿基企业"，主要从事地产发展业务。新鸿基从事证券业务时，用的名称是 Sun Hung Kai & Co.。由于当时几家交易所互相竞争，不容许本身会员在其他交易所挂牌，故冯景禧、郭德胜及李兆基先生便分别以不同的名称在四会申请牌照，在远东交易所的牌照以 Sun Hung Kai & Co. 名义申请、在港会的以 Sun Hung Kai 名义、金银则好像以 Sun Hung Kai Company 名义。当时从事证券业并非有限公司注册，大概到了 1975 年，新鸿基筹备上市时才由合伙（Partnership）性质转为有限公司性质。

访问员：那么新鸿基财务是什么时候成立的？

叶黎成：好像亦是上市那段期间成立的。我们是以"新鸿基证券有限公司"（Sun Hung Kai Securities Limited）注册并申请上市的，同一时间为另一家公司注册，一家是"新鸿基财务"（Sun Hung Kai Finance），另一家是"新鸿基投资服务有限公司"（Sun Hung Kai Investment Services Limited）。当时的构想是：新证是一家控股公司，是整个企业的母公司，新财则主要从事财务银行业务，而新鸿基投资则把过往以 Sun Hung Kai & Co.、Sun Hung Kai Company 等经纪业务集中经营。

访问员：据当时报道新鸿基通过收购华昌取得上市地位，为何以这种方式上市？当时交易所对新鸿基的上市申请有什么要求？

叶黎成：当时确实收购了从事地产及投资业务的华昌公司，但新鸿基证券是独立申请的，当时亦没有借壳的需要。新鸿基是第一家上市的证券公司，当时事实上没有什么规例要求证券公司上市时需要符合怎样的条件。的近律师行（Deacons Graham & James）是新证当时的法律顾问，而商人银行好像是 Jardine Fleming 或汇丰银行。当时上市规例并不完备，我们一班同事（当中包括现时立法局议员夏佳理先生，他当年亦是新鸿基的同事，亦是董事之一）便到英国取经，把当地关于英国证券公司上市的规范引进香港，并向交易所解释新证的条件已完全符合海外的规定。当时交易所的上市规则十分简单，而且主要申请上市的公司多是地产公司、纺织公司等，故对如何处理证券公司上市的申请较为陌生。故此我们便到伦敦索取专家的意见，为交易所提供丰富的参考。

访问员：冯景禧先生在这集团的股权分配是怎样的？

叶黎成：直至上市后股权才有变化。当时新鸿基地产已取得上市地位，新证是第二家，而恒基亦在筹备上市。当时的想法是 3 家上市公司分别由 3 人各自持有和管理。故新鸿基地产、新证上市后，3 位新鸿基创办人便进行了一次股权调整。具体方法是怎样我并不知道，所知的只是他们 3 人均把本身持有对方的股份互相进行交换，故冯先生成为新证的最大股权持有人。

新鸿基证券的股东周年大会，站立者为主席冯景禧。

过往 3 人在新鸿基所占的股权有固定的比例，纵使冯先生当时并非最大的股东，但管理及商业决定是全权交由冯先生决定的。故此 3 位创办人可说是最佳的组合，他们亦非因意见不合或利益问题而分拆伙。可能他们明白很难以这种合作模式管理多家上市公司业务，并一直维持到下一代，故此各自专注某项业务是理性地解决问题的方法。

新鸿基业务多元化的道路

访问员：新鸿基业务多元化的业务包括什么领域？好像保险亦是业务之一？

叶黎成："新鸿基保险"在何时成立已不太记得了，它现在已变为"港基国际保险有限公司"。当时新鸿基已看到不同的投资机会，首先是从事日本股票买卖的服务，并与"新日本"（New Japan）合资经营，双方股权各占一半。其后参与财务服务，接着便是保险业务。新鸿基当时接触到不少客户，我们认识到不少客户事实上有买保险的需要。尤其是当时地产市场只有几十家大的地产发展商，现在他们多已设附属的保险公司，借此为本身的楼宇提供水火险等保障。冯景禧在金融、地产界认识的人面很广，认为发展保险业务会有利可图。

新鸿基亦从事美国期货及美股生意。从事美股买卖活动主要是因为冯景禧及他的友好过往都有投资美国股票，故此新鸿基亦保持了这方面的业务，最初的合作者并非美林，而是美国的"贝亚"公司（Bear Stearns Asian Ltd.）。期货方面则和美国"亿利"公司合作，可以说非新鸿基专长的业务则与其他外资合作。在东南亚方面，继英国伦敦开设分行后，新鸿基第二个办事处好像是在新加坡或菲律宾开设的。由于新加坡很迟才开放当地经纪业务，就算后来开放了，亦只容许英、美、日等大国国际级的经纪行（如美林、霸菱、野村证券等）在当地持牌买卖。新鸿基没有取得当地牌照，只能取得"外国经纪牌"在新加坡买卖港股罢了。其后新鸿基亦在泰国和印尼市场发展。新证曾有意开发台湾市场，但由于冯景禧与中国内地的关系较好，故不被台湾方面接受，最终亦未能如愿。不过港人对美股、日股的兴趣不大，参与者多属大机构。况且后来海外的经纪行已在港营业直接接触客户，两家与美资和日资合营的公司最后亦卖盘了。要到 80 年代初才与美林合作，以注资方式入股新鸿基证券。

大约在 1978 年间，新鸿基财务被挤提，为了长远计故

新鸿基希望引入百利达资金加强本身实力。百利达注入资金是一个很好的合作例子；百利达在香港已设立了一家银行，主要从事机构性投资或财务事宜，但本身没有金融零售网络，故有赖新鸿基的销售网络。该次合作最终获得政府的确认，在 1982 年获发银行牌照。但新鸿基仍摆脱不了不利消息的缠扰，再次被挤提。股票市场畅旺的时候尚没有问题，一旦市场不景气，人们便怀疑新鸿基证券可能损失惨重，更联想起新证背后有银行的支持，银行亦可能受到牵连，遂纷纷到银行提款。这对新鸿基造成很大的压力。股票是现货买卖，客户随时取回股票亦可，但银行的存款则不同了。银行收了客户的存款便会按不同比例进行放款活动，部分可能变成工业贷款、楼宇贷款等等。客人可以随时取回存款，但银行却不能随时要求贷款客户还款！最后管理阶层开始思考是否公司实力尚未达到规模，不宜把证券业和银行业同时放在一起。故

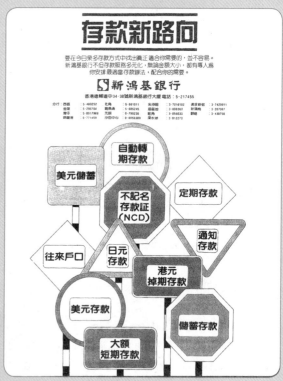

1980 年代初新鸿基银行的业务广告。

此作了一项决定，把银行业务分拆，卖予阿拉伯银行集团，并改名 IBA（International Bank of Asia, 即港基国际银行），结束了新鸿基在银行方面的业务。与此同时，保险业亦连同

银行业务一并卖出。况且当时不少地产公司已设有本身的保险公司，故新鸿基的保险业务只能依靠银行的客户及自己开发新客户罢了。

不过新鸿基证券后来又与美国"万年能国际"组成"万年能新鸿基有限公司"，为客户提供保险顾问服务。其业务范围主要是为客户提供购买保险组合的意见，这类保单一般十分庞大，主要客户可能是大型基建项目、地产建设等计划，新鸿基为客户提供保险顾问意见后，由受保的保险公司将支付新鸿基一定比例的佣金。这项保险顾问业务在银行业务终止后仍然保留。后来万年能自行筹组公司进军内地及香港市场，故公司便改名为"新鸿基保险顾问有限公司"。

此外，新鸿基亦从事黄金买卖和外汇。新鸿基好像是在1977年从事黄金买卖活动的。很多人均不知道新鸿基事实上是实金贸易（Physical Gold）的重要参与者。新鸿基不从事黄金零售业务，只做批发业务；公司多与产金国如苏联、加拿大、南非、澳大利亚及欧洲金商和瑞士银行直接进行交易。公司把黄金运回港后便批发予从事黄金工业的公司，例如周生生、谢瑞麟等。事实上香港的黄金转口市场十分庞大。在七八十年代，不少黄金转卖到韩国、中国台湾、印尼、越南等地，90年代则以中国内地为主。新鸿基便扮演这种中间人的角色，把黄金转口卖到东南亚其他地方。当时新鸿基黄金买卖的生意额颇大，占全港买入及经营再入口实金总数约15%～20%。

在某一段时间，大概是1980年中期，由于金价高企，不少亚洲人包括中国内地人士，纷纷抛售持有的黄金。新鸿基便收集了亚洲地区的黄金，转运回欧洲，经重新冶炼后流入欧洲市场。这种买卖过程涉及庞大的资金，因为有购买保险、支付航运费、仓租、大规模的炼金支出等等，都需要庞大的信用和资金作支持，故此必须与海外金商关系良好才能建立彼此的信任。除了黄金外，新鸿基还从事白银的贸易；犹记得越南因战乱掀起了逃亡潮，不少越南人逃到了关岛等地，当时新鸿基甚至派员到这些地方收购黄金。至于期货方面，新鸿基亦有做棉花、大豆、小麦等期货买卖。

访问员：这些业务现在的新鸿基还有保留吗？

叶黎成：由于这类金融贸易规模很大，故交易双方亦要建立很强的互信基础。不过后来的新鸿基已减少发展这方面的业务，海外金商或银行亦不少与新鸿基终止了生意关系了。

访问员：有评论指出70年代末新鸿基在不少地产项目均有投资，其中一些遭受亏损，故需要把银行业务卖盘？

叶黎成：新鸿基证券曾有一家附属公司名"新景丰"，从事地产投资活动。虽然新景丰确实有亏损，但数目毕竟有限，故并非新鸿基把银行业务放盘的原因。事实上提挤是一种可怕的经验，特别是新鸿基在运作良好和财政健全的情况下仍受到挤提的困扰，令人缺乏信心继续经营银行业务。至于新景丰的问题，冯景禧并非占新景丰很大的股权。它是一家由远东发展、新鸿基、佳宁及钟正文4家公司合组的。对新鸿基来说，这是一般的地产业务的投资，只不过由于当时有其他合作伙伴，故投资的规模略为扩大罢了。

新鸿基组织管理方面的特色

访问员：新鸿基的业务如此广泛，那么如何确保管理上的效益？

叶黎成：最重要的是建立一套完善的制度。新鸿基过去20多年不断把制度完善化。你们可以看到新鸿基的专业操守十分好，过去亦没有发生重大的问题。

访问员：冯景禧先生有没有其他家庭成员帮助，参与新鸿基的管理？

叶黎成：没有。冯景禧有两位公子三位千金，只有二公子冯永祥先生参与新鸿基的工作。冯先生的大公子冯永发先生虽然在回港期间，曾参与新鸿基银行的工作，但由于兴趣始终不在金融业这方面，结果仍是返回加拿大从事地产、广播及娱乐事业方面的投资。故只有冯永祥先生一直协助冯景禧先生打理新鸿基业务。这未尝不是一件好事，新鸿基用人唯才，少了皇亲国戚的包袱，故对培育人才方面提供了很多的机会。

（按：叶黎成受访时为唯高达香港有限公司行政总裁。）

资料来源：节录自1998年6月1日及8日香港联合交易所委托香港大学亚洲研究中心进行之访问记录，现寄存于香港大学孔安道图书馆。

1.2 "金融三级制"的形成和确立

1970 年代中期，财务公司的扩张活动开始引起港府关注。由于它们并非持牌银行，可以不受"利率协议"的限制，以高息与银行争夺存款，对银行体系造成很大的压力。1976 年，为保障公众存户的利益和确保银行体系的稳健程度，港府改变了最初的不干预政策，制定了《接受存款公司条例》（The Deposit-taking Companies Ordinance 1976），将这类财务机构正式纳入监管范围。该条例规定：

（1）除持牌银行外，凡向公众接受存款的公司（统称为"接受存款公司"）都必须向银行监理专员注册，并按年交费；

（2）接受存款公司的注册资本最低不能少于 500 万元，实收资本最低不能少于 250 万元；

（3）接受存款公司不得吸收 5 万元以下的公众存款，也不得提供储蓄及往来账户业务；

（4）禁止在公司的名称或业务上使用"银行"字眼；

（5）每年须将经核数师签署的账目呈交银行监理专员审计，并公布年度账目。

与银行条例相比，接受存款公司所受的监管无疑要宽松得多，例如，接受存款公司不须定期呈交财政报表或接受银行监理处的检查，也不须受任何流动资产比率的限制。尽管如此，该条例的实施仍然淘汰了不少投机性的财务公司，接受存款公司的数目下降到 179 家。从 1980 年 1 月起，政府进一步规定接受存款公司必须遵守最低流动资产比率的限制，对短期负债的最低流动资产比率为 30%，对长期负债的比率则为 15%，进一步加强对这些财务公司的监管。

不过，这些被统称为接受存款公司的金融机构，其中很多是以美国投资银行或英国商人银行以及西欧的综合性银行为背景的，实际上是这些银行在香港的变相分行。由于不能在香港广泛吸收港元存款，它们经营的资金主要来自欧洲美元市场，部分则以高于银行利率在香港吸收，政府的管制并未能遏止它们活动的扩张。据统计，到 1981 年，接受存款公司的数目又增加到 350 家（见表 4.3），其在银行体系的资产总额和顾客存款等方面所占比重也分别达到 35.5% 和 36.2%，已威胁到持牌银行的地位。

1981 年 1 月，香港政府为加强持牌银行的地位，根据法例成立香港银行公会（The Hong Kong Association of Banks），以取代传统的香港外汇银行公会。法例规定所有本港持牌银行均需成为银行公会会员。香港银行公会成立后，即对 1964 年的利率协议进行修改，把原来的五级银行简化为二级，1991 年并取消二级制，本地与海外银行有划一的存款利率上

表4.3　1976—1989年三级金融机构的发展概况

年份	持牌银行		持牌接受存款公司	注册接受存款公司
	银行数目	分行数目		
1976	74	685	—	179
1977	74	730	—	201
1978	88	790	—	241
1979	105	906	—	269
1980	113	1,033	—	302
1981	121	1,181	—	350
1982	128	1,346	22	343
1983	134	1,397	30	319
1984	140	1,407	33	311
1985	143	1,394	35	278
1986	151	1,386	38	254
1987	154	1,387	35	232
1988	158	1,397	35	216
1989	165	1,542	36	202

资料来源：《香港年鉴》。

限。银行公会的最重要功能之一，是执行（与政府商议）利率协议，该协议规定持牌银行对若干项存款可付给的最高利率协议。

香港银行公会主要由执行委员会、咨询委员会、纪律委员会、小组委员会和项目工作小组组成，其中，执行委员会是公会的最高决策和管理机构，并有权制定各项有关香港银行业之经营规则。委员会由 3 名永久会员和 9 名被选委员组成，3 名永久会员是汇丰银行、渣打银行和中国银行，其余 9 名委员中有 4 名是本地注册银行、5 名外资银行代表，于每 3 年的周年大会中选出。汇丰和渣打则轮流出任银行公会主席。

1981 年 4 月，政府为进一步加强持牌银行的主导地位，修订 1964 年《银行业条例》和1976 年《接受存款公司条例》，将香港银行业分为三类，即持牌银行、持牌接受存款公司、注册接受存款公司，建立 "金融三级体制"（Finance Three-Tier Structure）。

根据新修订的《银行业条例》，海外注册银行申请银行牌照，必须拥有资产（抵销项目除净后）最少 100 亿美元（这最低限额将每年检讨）。该银行注册所在的国家，必须有充分而严密的监察制度，同时对香港的银行提供某些可接受的互惠形式。而本港注册银行要申请银行牌照，必须最少有实收资本 1 亿元，已经营接受公众存款及贷款业务最少 10 年，并拥有公众存款最少 15 亿元及总资产最少 20 亿元（这最低限额将每年检讨）。

THE
HONG KONG
ASSOCIATION
OF
BANKS
香港银行公会

1981 年港府立法成立香港银行公会，取代原有的外汇银行公会。

根据新修订的《接受存款公司条例》，接受存款公司被划分为持牌接受存款公司和注册接受存款公司。持牌接受存款公司（Licensed Deposit-taking Companies, 简称 LDTCs）已发行股本最少 1 亿港元，实收股本最少 7,500 万元，同时必须符合一些标准，如规模、所有权及管理层的质素等。持牌接受存款公司可以接受任何期限的公众存款，但存款额不得少于 50 万元，并不受利率协议限制。申请注册为接受存款公司的实收资本最低额则从原来的 250 万元增加到 1,000 万元，并规定其 50% 以上的股权必须由香港或海外银行拥有。注册接受存款公司（Registered Deposit-Taking Companies, 简称 RDTCs）只准接受不少于 5 万元的公众存款，存款期限最少为 3 个月，亦不受利率协议限制。

金融三级制于 1983 年 7 月 1 日正式实施，在此之前则有 2 年的过渡时期，从 1981 年 7月至 1983 年 6 月，使财务公司调整其存款结构逐步减少小额、短期存款以符合新条例的规定。1982 年 2 月，政府财政司彭励治在财政预算案中宣布持牌银行有权以高息吸入 50 万以上的存款。这一措施进一步加强了银行在竞争客户存款的优势。自此，接受存款公司的存款迅速下降。

三级制的实施，使持牌银行在存款业务竞争方面处于更有利的位置，强化了银行的地位。

表4.4　香港银行体系资产总额和顾客存款的比重分布（%）

年份	资产		顾客存款	
	持牌银行	接受存款公司	持牌银行	接受存款公司
1978	71.6	28.4	85.2	15.8
1979	70.6	29.4	73.5	26.5
1980	67.8	32.2	67.3	23.7
1981	65.5	35.5	63.8	36.2
1982	69.1	30.9	81.3	18.7
1983	70.7	29.3	82.0	18.0
1984	71.2	28.8	80.3	19.7
1985	70.8	29.2	81.8	19.2
1986	78.9	21.1	87.3	12.7

资料来源：香港华商银行公会研究小组著、饶余庆编，《香港银行制度之现况与前瞻》，香港华商银行公会，1988 年。

港府财政司夏鼎基爵士。

缺乏银行背景的接受存款公司受到很大的冲击，数目大幅下降，逐渐形成尚存的接受存款公司均为银行附属或联营机构的现象。据统计，从 1981 年到 1986 年，注册接受存款公司的数目从 350 家减少到 292 家；同期，接受存款公司在银行体系的资产总额和顾客存款所占比重更分别下降到 21.1% 和 12.7%（见表 4.4）。当时，港府财政司夏鼎基表示，三级制是要强化银行的利率协议，使政府能更有效地使用利率来控制当时在浮动汇率条件下极速增长的货币供应，并巩固香港的金融体系，使香港更稳健地发展成一个世界性的金融中心。[2]

随着金融三级制的实施，香港金融业的监管架构也发生相应变化，港督会同行政局在咨询银行业咨询委员会和接受存款公司委员会的基础上作出政策决定，并由财政司通过金融事务科及银行监理专员对持牌银行、持牌接受存款公司、注册接受存款公司进行监管。（见表 4.5）

表4.5　1990年代香港申请成为有关认可机构的准则

	本地注册银行	海外银行分行	有限制牌照银行	接受存款公司
规模准则	总资产 >40 亿港元 总存款额 >30 亿港元	总资产 >160 亿美元		不设规模准则
资本要求	1.5 亿港元	没有对分行设定资本要求	1 亿港元（本地注册有限制牌照银行） 没有对分行设定资本要求（境外注册成立的有限制牌照银行）	2,500 万港元
与香港的关系	金管局必须认为其与香港关系密切	不适用	不适用	不适用
期限	必须为有限制牌照银行或接受存款公司达 10 年	必须已开设本地代表办事处 1 至 2 年	没有对本地注册机构定出具体期限 实际上，境外银行应开设了本地代表办事处达 1 至 2 年	
拥有权	就所有认可机构而言，金管局必须确信机构的控权人是适合的人。 金管局的政策是拟持有在香港注册成立的机构 50% 以上股本的人士须为基础稳固的银行，或在金融界信誉良好、具备适当经验的其他受监管金融机构。			

资料来源：香港金融管理局。

2. 外汇、黄金市场的崛起与发展

随着1972年港府先后宣布

港元与英镑脱钩，改与美元挂钩，

并解除外汇管制，以及1973年港元与美元脱钩实行浮动汇率制度，

香港的外汇市场迅速发展。与此同时，

港府也于1974年1月开始解除对黄金进口的管制，

促使黄金市场资金国际化，

并发展起"本地伦敦金市场"。

2.1　香港外汇市场的崛起与发展

1973 年以前，香港外汇市场仅是一个地区性的市场。二战后，西方主要国家重新确立金本位制（Gold Exchange Standard），香港作为英镑区（Sterling Area）成员，则继续实行 1935年建立的"英镑汇兑本位制"，即以英镑作为港币发行的储备，港元直接与英镑挂钩，汇价固定在 1 英镑兑 16 港元水平，并实施外汇管制，限制资金流出英镑区。

这一时期，香港的外汇市场仍然被划分为官方市场和非官方市场。在官方外汇市场，主要参与者是外汇基金和授权银行。根据 1939 年的《国防金融法例》，授权外汇银行作为政府外汇管理署的代理人，担负起行使外汇管制条例的责任，来换取从事外汇交易的许可。在外汇管制最严厉的时期，实际上每一笔交易都要得到许可。不过，自 1959 年以后，条例开始放宽，除了资本账户外，所有经常性支付（即 6 个月内在正常贸易结算时需要的支付）可以不用经过许可，由授权外汇银行自动核准即可。[3]

1960 年代后期，英镑汇率持续偏软、贬值。1967 年 11 月 20 日，英镑贬值 14.3%，与英镑挂钩的港元亦同时贬值 14.3%，但 11 月 23 日，港府宣布将港元对英镑升值 10%，新的官方汇率是 1 英镑兑 14.551 港元，折合为 1 美元兑 6.061 港元。政府并制定一项详细方案对遭受港元账面亏损的授权外汇银行给予补偿。1972 年 6 月 23 日，面对持续的贬值压力，英国政府被迫宣布英镑自由浮动。7 月 6 日，香港政府宣布港元与英镑脱钩，改与美元挂钩，价定为 1 美元兑 5.65 港元，允许在 2.25% 的幅度内上下波动。至此，香港实行了数十年的英镑汇兑

港幣美元新兌率

財政司夏鼎基昨日下午五點半宣佈

暫定每一美元兌港幣五元六角五分

此一兌率有助穩定入口貨價因而穩定生活費用

（本報專訊）香港政府終於決定暫時性固定港元兌美元之新兌率。

行政局討論兩小時 由財政司公告各界

上升下降一定限度 實賴港元力量雄厚

財司宣佈暫定措施 視英鎊前途而修訂

不宜追隨英鎊浮動 財司指出幾個理由

不久將來港英會談 九月間有適當安排

港元對美元新兌率 莊重文氏表示贊同

財司將與銀行討論 此次決定所受影響

1972 年 7 月，香港传媒关于港元与英镑脱钩，与美元首次挂钩的报道。

本位制宣告结束。该年底，港府宣布解除外汇管制，并对银行资产取消英镑的保证协定，银行得以用任何货币调动其海外资产。

不过，港元与美元的第一次挂钩维持时间并不长。1973 年 2 月，美元对黄金贬值 10%，港府决定保持港元当时对黄金的原来的价值，即港元对美元自动升值，新的官方汇率是 1 美元兑 5.085 港元。同年 11 月，美国政府宣布美元与黄金脱钩，实行自由浮动。11 月 26 日，港元与美元脱钩，实行浮动汇率制度。自此，港元成为世界上可自由兑换的货币之一，其汇价由市场供求关系决定。

外汇管制的取消及港元的自由兑换，为香港外汇市场的发展提供了重要的外在条件。1970 年代期间，接受存款公司大量涌现，它们积极参与外汇市场的交易，推动了外汇市场的发展。1978 年港府撤销对银行牌照的冻结，大批国际银行涌入香港开业。这些银行均缺乏港元存款基础，它们或依赖银行同业市场拆借资金，或通过外汇市场抛售外汇、进行掉期交易以取得所需港元头寸，极大地促进了外汇市场的发展。据当时港府财政司夏鼎基的透露，1979 年 12 月，香港外汇市场每一交易日平均成交额已达 25 亿美元。香港银行购入的远期外汇，从 1975 年底的 53 亿元急增到 1980 年 3 月底的 646 亿元，4 年多增加了超过 11 倍。[4]

1980 年代初期，香港外汇市场经历了严峻考验。当时，香港前途问题引起信心危机，触发了地产市场的崩溃，并打击金融市场，资金大量外流令外汇市场极不稳定，港元兑美元汇价也一度跌至 1 美元兑 9.60 港元的历史新低。不过，1983 年 10 月港元联系汇率制度实施以后，外汇市场再度迅速发展。来自汇市媒介（美元）所在国的银行，如万国宝通银行、大通银行、美国银行、摩根信托、信孚以及汉华实业等在香港汇市中占据了支配地位。

香港外汇市场的参与者主要是持牌银行、持牌接受存款公司、注册接受存款公司以及海外的金融机构。它们均以独立名义参与市场买卖，进行对冲、套戥及投机等活动。1980 年代初金融危机后，本地参与者集中在银行及有银行支持的接受存款公司上，缺乏背景的接受存款公司多已退出外汇市场。除上述金融机构外，另一类市场参与者是外汇经纪行（Foreign Exchange Brokers），它们受银行及接受存

香港政府财政司彭励治于 1983 年 10 月 15 日宣布实行联系汇率制度的报道。

款公司的委托，协助交易的安排、达成，并从中赚取佣金。这些经纪行必须是香港外汇及存款经纪同业公会会员，其资格须得到香港银行公会承认。1991 年，香港共有外汇经纪行 10 家，其中 7 家是国际性大经纪行，它们的存在加强了香港外汇市场与国际汇市的联系。[5]

1980 年代期间，香港外汇市场出现专门为公众提供杠杆式外汇买卖服务（或称"外汇展"）的外汇投资公司，俗称"艇仔"公司，其在外汇市场中的角色也属公众与银行之间的中介人。这类外汇投资公司在 1990 年代最高峰时期曾一度多达 300 多家，它们具有强大的促销网络，不停地刊登招聘广告，聘用一些对外汇交易一知半解的人，去向他们的亲朋好友推销杠杆式外汇买卖，其中有个别公司从中诈骗。这种情况引起港府的重视。1994 年 9 月，港府引进《杠杆式外汇买卖条例》，限制经营商的资格及产品形式，包括规定经营商的最低资本（3,000 万元）及流动资金（2,500 万元），希望借此控制外汇公司的素质。

香港的外汇市场是一个无形市场，通过国际电信网络将各个金融机构连成一个整体。市场交易的途径有直接和间接两种，直接交易是买卖双方利用电信网络直接成交，间接交易则通过外汇经纪进行。市场买卖报价是在间接成交过程中形成的。在汇市中，若有多方参与者同时委托经纪挂出不同的买、卖盘，对第三者来说，经纪报出的（包括买入价和卖出价）便是市场价格，反映市场交易的状况。汇市的交易媒介是美元，所有外汇买卖均通过美元进行。交易的类别则主要有现汇交易（Spot Transactions）、期汇交易（Forward Transactions）以及掉期交易（Swap Transactions）三类。据港府 1989 年 4 月进行的一项外汇市场调查，香港的外汇交易中，有近 60% 是直接成交，其余近 40% 是间接成交。交易的类别中，有 62% 是现汇交易，其余 38% 是期汇交易和掉期交易。交易的货币，则以美元最活跃，其次分别是西德马克、日元、英镑、港元及瑞士法郎。

1989 年 4 月，香港金融当局首次参与国际结算银行统筹的中央银行外汇市场调查，按该行设计的模式在香港进行有关调查，其后每 3 年进行一次。根据调查，1989 年，中国香港汇市每日平均成交额约为 490 亿美元，仅次于英、美、日、瑞士和新加坡，在世界外汇市场排名第 6 位。1989 年以后，香港外汇市场平均每天交易量的年增长率为 10.8%，到 1995 年 4 月已增加到 908 亿美元，在全球外汇市场的排名更升至第 5 位（见表 4.6）。

为了反映港元本身外汇价值的整体情况，港府于 1977 年首次推出港汇指数（Effective Exchange Rate Indexes of Hong Kong Dollar）。港汇指数根据每一个国家或地区与香港的双边贸易关系，以及其在世界贸易中的比重为标准，选取香港 15 个主要贸易伙伴的货币作为计算基础，并根据 1972 年这 15 个国家或地区与香港双边贸易的总值来订定其货币在指

表4.6 世界十大外汇市场每日平均交投统计
（单位：10亿美元）

	1989 年 4 月	1992 年 4 月	1995 年 4 月
英国	187（1）	291（1）	465（1）
美国	129（2）	167（2）	244（2）
日本	115（3）	120（3）	161（3）
瑞士	57（4）	66（5）	87（6）
新加坡	55（5）	74（4）	105（4）
中国香港	49（6）	60（6）	90（5）
德国	—	55（7）	76（7）
澳大利亚	30（7）	29（9）	40（9）
法国	26（8）	33（8）	58（8）
加拿大	15（9）	22（10）	30（10）
荷兰	13（10）	20（12）	26（13）

注：（1）只包括现汇、单纯远期及外汇掉期交易；
（2）括号中的数位表示该国／地区当年在世界外汇市场中的排名次序。
资料来源：国际结算银行汇市活动调查报告。

表4.7 港汇指数新旧贸易权数的比较			
选定贸易伙伴的货币	按照 1972 年贸易模式的权数 / %	按照 1981 年贸易模式的权数 / %	按照 1984—1986 年贸易模式的权数 / %
人民币	10.61	17.99	27.06
美元	27.19	23.14	23.83
日元	18.87	16.81	15.09
新台币	5.49	6.83	6.20
英镑	10.91	7.15	5.01
新加坡元	4.50	7.26	4.43
西德马克	7.12	5.19	4.08
韩国元	1.72	3.58	4.01
澳元	3.44	2.74	2.29
加拿大元	1.97	1.65	1.78
瑞士法郎	2.65	2.21	1.62
法国法郎	1.31	1.69	1.47
意大利里拉	1.12	1.34	1.32
荷兰盾	1.63	1.21	1.04
比利时法郎	1.48	1.23	0.77
总计	100.00	100.00	100.00

资料来源：吕汝汉著，《香港金融体系》，香港：商务印书馆，1989 年。

表4.8 新旧港汇指数比较		
年份	旧港汇指数	新港汇指数
1975	104.8	150.6
1976	108.6	157.4
1977	110.8	161.4
1978	99.4	146.1
1979	91.1	134.4
1980	90.8	133.7
1981	86.3	126.5
1982	85.5	125.3
1983	72.6	107.4
(10 月 24 日—28 日平均数）	67.6	100.0
1984	71.1	106.6
1985	75.0	115.7
1986	66.3	110.1

资料来源：吕汝汉著，《香港金融体系》，香港：商务印书馆，1989 年。

数中的权数比重，以 1971 年 12 月 18 日为基本日期，指数在该日定为 100。最初推出的港汇指数又称旧港汇指数，旧港汇指数曾于 1983 年初将贸易权数改为按 1981 年的贸易形态订定。1987 年 9 月 28 日，港府采用新方法计算港汇指数，并根据 1984 年至 1986 年的平均贸易模式重新订定贸易权数。该指数称为新港汇指数（见表 4.7）。新港汇指数以 1983 年 10 月 24 日至 28 日平均数作为基本日期，指数在该日定为 100（见表 4.8）。

2.2 本地伦敦金市场的崛起与发展

香港的黄金市场，向以传统的金银业贸易场为主体，且不受政府管制。长期以来，该场以其信誉卓著、方式独特、交易量大的特点，吸引了国际专业金商参与，用以进行套取地区差价、套取利息的黄金套戥买卖。不过，金银业贸易场只是以每两黄金若干港元进行买卖，无论成交的方式、利息的议订以及各项交收、结算，与国际市场一般标准和习惯均存在颇大的差异。对一般国际投机、投资大户来说，它仅是一个地区色彩浓厚的市场。

1939 年英国参战后，香港执行英镑区成员义务，实行外汇管制，黄金亦在管制之列。1949 年，为抑制黄金市场上炽热的炒风，香港政府颁布了一系列法令，限制纯金买卖。当时，历史悠久的金银业贸易场也要暂停黄金交易。稍后虽恢复买卖，但买卖的黄金则由九九成色的

1949 年金银业贸易场创办的行员子弟学校开幕典礼。

纯金改为九四五成色的工业用黄金。这一限制一直维持到 1969 年 4 月，才开始放宽。

这一时期，香港本土的黄金市场表现得较为沉寂，但香港与澳门的黄金贸易却迅速发展。由香港政府发出特别牌照的 3 家公司——怡和与英国万达基合营的民达（Mount Trading）、会德丰附属的丰业投资（Commercial Investment）以及瑞士和巴拿马资本的培民斯（Premex），都获得特别经营权从伦敦输入黄金，然后转运到澳门出售。澳门的黄金买卖，则由获得澳葡政府颁授专营权的王安行（由周大福拥有）垄断经营。当时，澳门的黄金进口量相当大，一般相信，这些黄金在售给澳门金商后，大部分通过非正式途径运回香港出售，以赚取差价。[6] 香港与澳门这种特殊的黄金贸易，一直维持到 1974 年才结束，前后长达 27 年。

1970 年代初，在经济高速增长及金融市场日趋国际化的背景下，香港的黄金市场进入了迅速发展时期。1971 年，路透社开始向世界各地发送香港金市的报价资讯。1972 年香港政府宣布，从 1974 年 1 月起解除对黄金进出口的管制。这一措施为国际性资金参与香港黄金市场打开方便之门，一些跨国金商集团便以金银业贸易场的买卖为基础，引进了伦敦黄金市场的交

右图为 1955 年 7 月 1 日金银业贸易场第九届理监事就职典礼合照。

金银业贸易场历史进程与世界黄金功能演变

陈发柱

金银业贸易场（以下简称本场）沿革

香港金银同业以市集形式交易始于 1904 年（清朝光绪卅年），1910 年成立"金银业行"，1920 年修订章程，向香港政府登记立案，成为合法团体，定名"金银业贸易场"。在第二次世界大战期间，本场一度停止运作，战后复市，1946 年成立标准金条集团（简称金集团），专责铸造交收用金条。由于政府注册文件战时失落，本场遂于 1949 年 8 月重新注册，1952 年本场亦重新登记行员会籍，现有行员 191 家。

本场发展与世界黄金角色演变三个阶段

黄金基本上有三个功能，就是：① 作为国际储备资产；② 作为私人投资工具；③ 作为工业原材料。这三个功能同时存在，但随着时间的变化，黄金这三个功能在不同的历史时期所占的比重则大有分别，因此，黄金在不同年代，因其功能转变而担当不同的角色。依我粗略的分析，世界黄金角色可以分为三个阶段，与本场发展息息相关。

第一阶段（1930年代至1970年代初）：作为国际储备资产

1800 年至 1933 年间，世界上主要的工业国家基本上都实行金本位制。1929 年华尔街股市暴跌引起 1930 年代世界经济大萧条，人民对银行纸币失去信心，纷纷兑换黄金作为避难所。1933 年美国随英国之后，放弃金本位制，美国罗斯福总统将官价定于每安士（即盎司）35 美元，当时各国纷纷增加黄金作为储备，1937 年是最高峰期，黄金储备占总储备的 91%。

第二次世界大战后，各国为重建而引起货币供应量大幅度增长，美国国力日益强盛，各界对美元的需求较黄金更为强劲。1944 年确定了美元成为货币储备的重要部分。发展成黄金——美元汇兑本位制。事实上，1940 年美国官方黄金储

1961年金银业贸易场第十五届理监事就职典礼，出席者包括理事长应雁亭（前中），副理事长冯尧臻（前左五）、马锦焕（前右五）、监事长何添（前左四）、顾问何善衡（前右四）、理事胡汉辉（后右四）等。

备占世界官方黄金储备总量的70%，持有美元既有收益又可随时兑换成黄金，所以这制度可运行畅顺。

但在1968年欧洲停止公价售金，并实施黄金双价制。1971年美国宣布停止以官价35美元兑换1盎司黄金。1973年取消黄金双价制，采用不可兑换（不可兑换黄金）的纸美元本位制。自此之后，黄金在国际货币储备的地位便不断受到挑战，以最近的情况来说，1996年3月比利时中央银行宣布会减持黄金，随后国际货币基金会（International Monetary Fund）谓会考虑出售该会5%的黄金储备，以协助某些负债深重的国家。欧洲国家某些中央银行为遵守马城条约（Maastricht Criteria）规定，以保持欧洲货币联盟资格（Membership of European Monetary Union），亦有出售黄金之

可能。

在这阶段，本场发展局限于地区性，两次世界大战对本场造成一定影响，曾经停市，亦因战后金融动荡，带来活跃的交易，尤以二战前后。除黄金外，若干货币都曾先后在本场扮演过重要角色，先有双毫买卖，继有中央纸、上海纸；1934年金元（八九大金）交易盛极一时，本港中外银行亦以金元买卖，作为美汇三角兑套调，后因各国外汇挂钩连锁而终止；战后有美元、西贡纸、日本纸、菲律宾比索及墨西哥金币等，美元交易为期最长，至1962年才因现货不足而停止，剩下黄金交易一枝独秀。但九九金买卖曾于1948年因港府颁布防卫财政条例，禁止持有及买卖黄金，由是年7月11日起改为945K金买卖，直至1970年才恢复，当时存于市面

945K 金一律以九九成色比例照价收回，数量超过 10 万两。

第二阶段（1970年代至1980年代）：作为私人投资工具／商品化

现在很多投资者都可以通过购买金砖、金条、金币，在银行或经纪行开立黄金账户，购买期货、期权来作投资。但这些私人买卖投资的自由只是最近 20 多年的事，黄金私人买卖长久以来都受到政府管制。美国是 1975 年 1 月才开始解除管制，让人民合法地拥有黄金，日本 1978 年亦作出相同行动。香港则早于 1974 年 1 月 1 日即撤销黄金进出口限制，使香港的黄金买卖由地区性迅速转化为国际性。

黄金在自由情况下成为投资保值及抗衡通胀的工具，买卖因此活跃起来，吸引世界基金的参与，香港黄金市场亦因地理上的时差关系变成世界金市 24 小时运作的一环，担当亚洲区定价角色，亦衍生出金融体系参与独特的不定期现货功能。金融角色的加强使历史上就曾经出现过收金赚取 18%—20% 利息的情况。

在 1970 年代至 1980 年初，黄金与石油能源及其他商品一样都有大量资金流入，疯狂炒卖，人们都预期通货膨胀高企，美元贬值。在 1972 年初，金价还在低价 50 美元左右徘徊，至 1974 年末已暴升至 200 美元，这期间交投开始畅旺。1980 年 2 月升至历史高位的 850 美元，但至 1980 年 3 月却暴挫至 450 美元。此后即反复向下，在低位徘徊，投入黄金的资金大幅度冷却下来，近年私人投资于黄金的资金与其他

1970 年金银业贸易场成立 60 周年纪念。

1994年金银业贸易场第三十四届理监事就职典礼合照，出席者包括理事长胡经昌（前中）、副理事长陈发柱（左二）及冯志坚（右二）。

金融资产相比，可说大为失色，疲不能兴。

1974年为本场发展之转折点，当时理事长胡汉辉先生把握机会，积极到世界各地推介本场业务及香港财经发展，遍访世界各地黄金市场及财经机构，参加国际性金融会议，并邀请各国人士到本场参观。本场业务蓬勃发展，同时期香港本地伦敦金市场亦取得成功发展，彼此互补互利、互相促进，每个交易日香港黄金交易量平均达15万两，而在交易活跃时间，一天交易更可超过100万两，使香港成为世界四大黄金交易中心之一，排名仅次于纽约和伦敦。1980年金价大幅下挫，本场发挥市场作用，照常运作，写下历史光辉一页。

第三阶段（1980年代至1990年代）：作为重心工业原材料

作为投资性的金融商品，黄金如上所说，在1980年代

开始已冷却下来，但作为首饰业、电子业和其他工业的商品原料，黄金地位重要，始终如一。相应于亚洲地区金融市场的蓬勃发展，股票、期货以及衍生工具的兴旺，使亚洲地区金融地位提高，人民生活水平亦不断提升，黄金于珠宝首饰业的需求大增，金商、珠宝制造商均需在亚洲定价保值，而亚洲黄金消耗量亦高达1,200吨。虽然近年西方工业国家首饰业的需求放缓，但东方有悠久偏爱黄金历史的国家，如中国、印度、日本及东南亚国家等，对黄金的需求却是有增无减，稳定增长。其中中国的表现更令人瞩目，是世界各国金商认为最有发展潜力的国家。

香港是世界主要黄金分销及贸易中心，也是带动亚洲足金首饰潮流的先驱。根据过去十年统计，香港每年平均入口黄金270吨，足以巩固香港为世界四大金市之一的地位。（见表一）

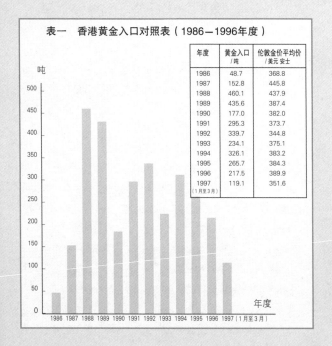

表一　香港黄金入口对照表（1986—1996年度）

年度	黄金入口/吨	伦敦金价平均价/美元 安士
1986	48.7	368.8
1987	152.8	445.8
1988	460.1	437.9
1989	435.6	387.4
1990	177.0	382.0
1991	295.3	373.7
1992	339.7	344.8
1993	234.1	375.1
1994	326.1	383.2
1995	265.7	384.3
1996	217.5	389.9
1997（1月至3月）	119.1	351.6

21世纪展望

黄金除了继续担任 1970 年代至 1980 年代金融体制，及 1990 年代原材料的角色外，欧美中央银行将会继续抛售黄金，而主要买家将会是亚洲各国，用作工业用途或消费品，因此，将会看到黄金流入亚洲，美元被欧洲国家吸纳，及财富（黄金）转移亚洲的情况。黄金将会成为亚洲人民蓄存财富的对象，亦继续在工业方面提供套戥的渠道，在金融市场作为对抗通胀、减低货币波动的保险系统。

香港金市除了本场外，尚有香港期货交易所和本地伦敦金市场，由于彼此交易方式不同，投资者既可各适其适，亦可从中套戥，赚取利润，本港银行、跨国经纪行、银行及金商等都有参与香港金市买卖。本港因此成为世界上黄金买卖形式和制度最全面的地方。虽然附近多个黄金市场冒起，如新加坡、日本和澳大利亚等，香港金市仍然保持亚洲领导地位，而且日益重要。

1997 年 7 月 1 日，全世界正密切注视香港回归中国后的自由市场经济变化，中国"一国两制"政策与基本法的确立，保证香港的自由市场经济维持不变，而在中英联合声明中，亦提到保持黄金市场一如既往自由运作，显示中国政府对将来维持香港独立黄金市场的方向和信心，因此，香港金市，将成为中国一个对外的重要金银交易市场，如中国市场继续开放，深信不久之将来，可见到国际上的美元／安士、中国内地的人民币／克和香港的港元／两，三个黄金市场互相套戥，从而令本港及国际的金商、珠宝商和专业投资者进行各种买卖、套戥和对冲业务，使香港金融活动更具特色和多姿多彩。

资料来源：香港金银业贸易场。

香港财经界杰出人物——胡汉辉

深藏不露，最具实力

在本港金融界衮衮诸公中，胡汉辉是较为老成持重，最深藏不露，而也许是最有实力的一个。去月本港第一间商品交易所成立，此商品交易所乃系胡氏领导下由中西人士组成之"时金集团"之心血结晶。"时金"于1975年取得成立商品交易所之权利，当时曾与另外五个集团（大多数是欧洲集团）展开激烈竞争。

突破成功，炙手可热

胡氏之创立"时金"及期货市场是一种突破的成功。他的"集团"是有一些不定型的，主要由华人组成，并未获得本港大商业家族之支撑。换言之，胡氏是一位与众不同的独立自主人士。胡氏在本港商界正迅速成为最炙手可热之人，但是胡氏并不是新进人物。二战后胡氏协力创立"利昌金铺"，现已成为本港最大规模的黄金买卖公司之一。胡氏于1970年成为金银业贸易场理事长。贸易场乃系在华人社会权力范围之内者（如果准外国金商参加买卖，则权力可能不限于华人社会，而胡氏现在是赞成外国金商参加买卖的）。贸易场本身已是历史悠久的（创于1910年），但是胡氏把其发扬光大成为仅次于伦敦及苏黎世之世界第三大黄金交易所。胡氏之能有此成就，乃因极力说服港府于1974年批准黄金出入口，自从该时起，本港已完全取代澳门黄金交易所之黄金买卖地位了。

地产证券黄金商品，具企业家雄浑气魄

胡氏除了从事商品及黄金买卖外，亦竭力推进证券业，于1971年协力创办金银证券交易所，而以会员人数来说，金银证券交易所是全港最大的。胡氏亦是本港著名华资地产公司之一"利兴发展有限公司"的董事兼总经理。从此可见其企业家雄浑气魄之一斑。胡氏业务接触范围广泛，而且每事多亲力亲为。因此，胡氏已成为本港各交易所表现情形之晴雨计，尤其反映出本港各交易所如何在国际间日趋重要。金银业贸易场是以本港市场为主，本地买卖还较海外为多，但问题是：金银业贸易场买卖是以"两"为单位的，这种重量单位难与安士比较（胡氏的"利昌金铺"是获准铸造"两"装金条的数间公司之一）。因此，如果这种金条在亚洲区以外的黄金市场买卖，则外国金商必须设法再熔炼这些金条——此系严重妨碍完全利用24小时买卖便利，现在纽约黄金交易所开市后使欧洲、美国及亚洲之间享有这种买卖便利。胡氏认为无改变"两"制之必要，因为大多数买卖都是在亚洲区进行的。而该区内的"两"计算法是最普遍的。胡氏又表示：更迫切的事乃为准许外国金商入场直接买卖，而非迫使他们通过华人会员进行买卖。

可能成为"超级交易所"主席

更惹起争论的就是本港四间证券交易所合并之事。而直至最近为止，胡氏在香港与远东交易所之间的磋商合并事中置身事外，敬而远之。现在金银证券交易所已参加磋商有关四会最后合并之事，虽然胡氏本人，表示此将需时甚久，唯很多内幕人士认为：胡氏可能成为经谈判一两年后成立之"超级交易所"主席。

期市将增设食糖买卖

此外，商品交易所尚大有扩充之余地。港府已表明只欲有一间期货交易所，唯慢慢将其扩大，以应付新商品之买卖。目前已有棉花买卖，食糖今年稍后将开始买卖，而且其他项目亦正在计划买卖阶段中。

（译自英国《金融时报》特辑，1977年7月4日。）

1973年金银业贸易场理事长胡汉辉率团访问菲律宾，右为菲总统马可斯。

易方式，在香港组成和发展起一个以每安士若干美元进行买卖的黄金市场，称为"本地伦敦金市场"（Local London Gold Market）。

1974年黄金恢复在香港自由买卖后，本地伦敦金市场便开始发展。初期，只有两三家伦敦金市成员的子公司报价。及至1975年美国政府解除私人买卖及持有黄金的禁令，纽约商品交易所开始提供期金买卖，国际黄金交易大幅增加，欧美各国金商纷纷利用香港黄金市场作对冲及套戥买卖，大部分国际金商相继在香港开设办事处，其中包括伦敦的五大金商——庄信万丰、莫加达、罗富齐父子、万达基、金多利，以及瑞士的瑞士信贷银行、瑞士银行、瑞士联合银行，德国的德意志银行、捷能银行，北美洲的培基证券、美国银行、波士顿银行、加拿大丰业银行、美国信孚银行、万国宝通银行、添惠证券、美林集团、摩根信托、利宝银行、雷曼兄弟、顺隆美亚等。[7]此外，若干国际黄金经纪也在香港设立办事处提供欧洲黄金买卖盘价。其间，国际金价因石油猛涨、美元暴跌、世界性通货膨胀而大幅上升，香港的本地伦敦金市场获得迅速的发展。

香港本地伦敦金市场仿照伦敦现货黄金市场的交易制度，市场采取类似外汇市场的对敲买卖形式，由个别参与者通过电信开价报出买卖盘，直接与客户进行交易，成交和结算方式均与伦敦金市无异，只是没有一日两次的定价交易。它没有固定交易场所，故没有行员与非行员之分，任

周大福拥有的王安行曾获澳门黄金买卖专营权。

1970年代金银业贸易场理事长胡汉辉与金商罗富齐董事罗拔时（左一），祁拿（左二）在伦敦会谈。

何一家有实力的金商、经纪行或金融机构均可通过电话、电传方式直接参与买卖。有实力的金商一般采用信用额形式进行交易，即在一定数目内的买卖，彼此无须缴纳保证金，但一些实力稍逊的经纪行交易时，便会根据个别情形收取数目不等的保证金。至于一般市民参与本地伦敦金的买卖，经纪行多会按每手合约收取约一成的保证金。

1978 年金银业贸易场理事长胡汉辉访问伦敦金属交易所。

　　本地伦敦金以每安士若干美元报价，一般每个报价可成交 2,000 安士至 4,000 安士，个别实力雄厚的金商对其客户可成交 8,000 至 10,000 安士（指报出买卖价便可成交的"对敲"方式，限价单不算）。在正常情况下，本地伦敦金的买卖价差（Spread）一般为每安士 0.30 美元至 0.50 美元。本地伦敦金的买卖单位是符合国际认可标准、重量约为 400 金衡安士的金条，并以金衡安士为单位。每条金条刻有编号和成色以及认许熔铸商及成色鉴定商（全世界约有 50 家）的印鉴。黄金的成色最少为千分之九百九十五。[8]

　　本地伦敦金市场属于一个现货市场，成交的黄金在伦敦交收，并在成交后两个交易日内以美元结算。但为了争取业务，本地伦敦金也像九九金一样，客户在交易后可利用特别的信贷安排而延期交收、结算，将交收日期无限期押后。这些安排一般涉及借贷黄金或美元、基本保证金及价格变动保证金等，情况跟黄金期货买卖相若。唯买金者须要支付利息，而沽金者则收取利息，利息则以欧洲美元利率为依归。这个机制的进一步发展，形成了一个本地伦敦金递延市场。该市场不设停板机制，当金价急剧波动时，金商报出的买卖差价便会增大。

　　本地伦敦金市场每天交易时间长达 18 小时，从香港时间上午 9 时 30 分开市，至翌日凌晨 3 时 30 分纽约金市收市为止，参与者均属国际性金商，容纳量大，买卖采用国际标准，不受地域限制，故其发展迅速。本地伦敦金市场的交易时间，从狭义的角度讲，大体跟随金银业贸易场，因为绝大部分本地金商在贸易场收市后都不再营业；但从广义的角度看，则直到纽约市场收市才不再营业，因为部分本地金商、经纪行在贸易场收市后，还继续与欧美市场联系，向其客户报价及交易。

本地伦敦金市场的发展，亦推动了传统的金银业贸易场的活跃。为了适应国际金商在香港的买卖，贸易场的部分行员根据金价的起跌，开出买卖盘口，直接与外商对敌，任由对方买卖，一价成交。这种交易分为两种：其一是以香港标准的九九金条为准，交收地点在香港，即日计算，每一交易单位为 1,700 两，约相等于 2,000 安士，以适应外商以安士为衡量单位的制度；其二是以国际标准的九九五金条（每条 400 安士）为单位，由外商用美元及安士为单位开出买卖盘价，订明在伦敦交收，与伦敦金市的做法一致。

由于本地伦敦金市场与金银业贸易场彼此所用的交易单位、定价货币、金条成色及利息支付制度有所不同，两个市场并行营运，为香港及国际金商提供了套戥机会，这就进一步推动了香港黄金市场的发展。据统计，1974 年至 1978 年间，香港平均每年输入黄金达 48 万吨，其中，1976 年更高达 123 万吨。1978 年，香港金市平均每日成交额约达 80 余万两，即约为 100 万安士（1 两约等于 1.2 安士），以当时金价计算，总值约为 2 亿美元左右。[9] 到 1980 年代初，香港黄金市场每日的成交量已超过苏黎世，香港已从一个地区性的黄金集散地发展成与伦敦、纽约、苏黎世并称的世界四大黄金市场之一。（见表 4.9）

香港黄金市场的迅速发展，主要原因有两点：第一，香港处于极有利的时区位置，香港黄金市场刚好填补了纽约金市收市与伦敦金市开市之间的空隙，实际上将这两大市场连接起来，使国际黄金市场差不多能 24 小时不停顿运作，有利

1977 年落成的金银业贸易场新址，名为"金银商业大厦"，楼高 16 层。

1977 年金银业贸易场新厦开幕时财政司夏鼎基莅临盛况。

1977 年 7 月 15 日，财政司夏鼎基主持新厦开幕。

1986 年金银业贸易场交易大堂交投热烈的情景。

于国际金商从事对冲和套戥活动，从而推动了国际黄金市场的发展；第二，在亚太地区，香港的政局稳定，香港作为一个世界著名的自由港，交通、通信便利，金融业发达，并且没有外汇及黄金出入口的管制，对国际金商有很大的吸引力。

表4.9   香港三个黄金市场买卖规则一览表

	香港金银业贸易场	香港商品交易所（期金合约）	本地伦敦金市场
交易单位	每手 100 两	每手 100 安士	每手 2,000 安士
交金纯度及量度	以九九成色为标准，以 5 两重金条交收。	以九九五成色为标准，50 安士、100 安士及 1 千克金条均可交收。	以九九五成色为标准，以 400 安士重金条交收。
货币单位	以港元报价	以美元报价	以美元报价
报价方式	粤语公开叫价，辅以手号。	粤语公开叫价，辅以手号。	利用电话或电报机报价。
交收地点	香港永亨银行金库	香港永亨银行金库	伦敦之认可仓库
买卖合约期限	现货合约，但交收日可无限期押后，不过须照议价制度办理。	2 月、4 月、6 月、8 月、10 月及 12 月、现货月份及随后的两个月。	现货合约，但交收日期可无限期押后，不过买方须付利息，卖方则收利息。
交易时间	星期一至五：上午 9 时半至中午 12 时半 下午 2 时半至 4 时半 星期六：上午 9 时半至中午 12 时	星期一至五：上午 9 时至中午 12 时 下午 2 时半至 5 时半	星期一至五：上午 9 时半至翌日凌晨 3 时半 星期六：上午 9 时半至中午 12 时
每日价位升跌上下限（停板制度）	当是日公价比前市下午公价上升或下跌达 750 元，便告停板，翌日恢复买卖。	某月份合约价比对上日收市价上升或下降达 40 美元时，该月份合约暂停买卖 30 分钟，随后重开市场，再无上下限规定。现货月份无停板制度。	无停板制度
会员数目	现有行员 194 名	正式会员 154 名，海外会员 105 名。	无所谓会员，市场属公开性质。
保证金	行员买卖 3,000 两或以下无须付保证金，超逾此限则每手付 7.5 万元。	每手 2,500 美元	视乎个别情况而定

资料来源：《恒生经济季报》，1983 年 1 月。

3. 1980 年代银行危机与 1986 年 《银行业条例》

1978年，港府为推动香港国际金融中心的形成，

宣布撤销停发银行牌照的限制，

大批跨国银行相继涌入香港，令银行业的竞争再度转趋激烈。

这一时期，香港地产业异常蓬勃发展，

部分华资银行再次将谨慎放款的原则抛到九霄云外，大量贷款或投资于地产、股市。

于是埋下1982年至1986年发生银行危机的种子。

3.1　危机序幕：恒隆银行挤提风潮

1982 年 9 月 6 日百年老店谢利源金铺倒闭。

1981 年最后几个月，香港的房地产在利率高企、港元贬值、内部消费萎缩、公司利润下降，以及"九七"问题开始浮现等多种不利因素下开始下调。次年爆发了比 1960 年代更大的金融危机。

危机的导火线是谢利源金铺的倒闭。谢利源金铺创办于清朝同治六年，原设于澳门，是一家百年老号。1970 年代期间，谢利源金铺推出"千足黄金积存计划"，市民只需购买一钱重的黄金，就可开一个买卖黄金的户口，按当日金价买卖黄金。该计划既满足了普罗市民投资保值，又可利用金价套取微利的心理，一时大受欢迎。行内人士估计谢利源金铺借此吸收了逾 2,000 万元。[10] 然而，开设黄金账户，金铺实际面对的风险相当大。1982 年 8 月，国际金价急升，每两涨近 1,500 元，谢利源金铺缺乏黄金储备，被迫在市场"补仓"，导致资金周转不灵，结果只

好在 9 月 6 日倒闭。

翌日，市场盛传谢利源金铺与恒隆银行关系密切，部分手持谢利源金铺发行的黄金券的投资者到恒隆银行元朗分行要求兑换现金，遭到拒绝。一时间，有关该行支付发生问题的传闻不胫而走，该行在元朗、上水、粉岭、屯门等地的多间分行先后出现排队提款长龙，触发了恒隆银行的挤提风潮。当日，恒隆银行被提走的款项达 7,000 万元。幸而恒隆反应敏捷，该行董事总经理庄荣坤随即在中区总行举行记者招待会，郑重声明恒隆与谢利源金铺并无财务关系。为应付可能发生的新情况，是晚该行调动 2 亿元现金到各分行，并决定翌日再调动另外 7 亿元以应不时之需。9 月 8 日上午，渣打银行及中国银行先后发表声明，表示全力支持恒隆银行，事态暂时平息。据恒隆银行事后估算，该行在两日内共向各分行注资 3.5 亿元，而被提走款项则接近 1 亿元。

不过，危机并未过去。11 月 15 日，当时颇负盛名的注册接受存款公司——大来信贷财务公司因无法偿还债务，其控股公司大来信贷控股在香港股市停牌。事件起源于益大宣布债

1982 年 9 月 7 日恒隆银行受市场传言影响，爆发大规模挤提风潮。

1983 年 9 月 28 日，恒隆银行被港府接管。

务重组，引起银行收紧对财务公司的信贷。当时，大来信贷财务已欠下以美国银行为首的 39 家金融机构约 6.5 亿元债务，被迫清盘。由于恒隆银行两名董事包括董事总经理庄荣坤和董事李海光同时也是大来信贷控股的董事，恒隆银行的清偿能力再次受到质疑。受此影响，多家曾相当活跃的财务公司，包括香港存款保证、德捷财务、威豪财务、美国巴拿马财务、行通财务等，在短短数月间先后倒闭，业内弥漫着一片愁云惨雾。

1983 年 9 月，危机开始冲击到部分实力薄弱的银行，首当其冲的自然是恒隆银行。恒隆银行创办于 1935 年，当时称为恒隆银号，1965 年注册为恒隆银行有限公司，是一家历史悠久的华资银行。1976 年，以福建籍侨商庄荣坤、庄清泉为首的菲律宾统一机构以 5,000 万元代价收购恒隆银行 80% 股权，成为该行大股东。恒隆银行在 1970 年代发展颇快，到 1980 年代初已拥有 28 间分行，成为一家中等规模的本地银行。不过，该行在 1980 年代初的地产高潮中过度投入，到 1983 年时已泥足深陷而不能自拔。

当时，正值中英双方关于香港前途问题的谈判陷于僵局，触发了空前的货币危机。9 月 24 日，港元对美元的汇价已跌至 9.6∶1 的历史最低位，许多商店已拒绝使用港元，整个货币制度濒临崩溃，有关银行不稳的传言再次在市面盛传。9 月 27 日，恒隆银行为弥补尚未结算账户的净损额，向其票据结算银行渣打银行就一张 11.8 亿元的支票要求透支 5,000 万元，遭到拒绝。鉴于恒隆银行的倒闭很可能触发新一轮的银行危机，造成金融体系的大动荡，港府闻讯即召开立法局紧急会议，闪电式三读通过《恒隆银行（接管）条例》，授权政府动用外汇基金接管恒隆。这是香港政府首次出面挽救陷于绝境的银行，被认为是彻底粉碎了"郭伯伟、夏鼎基（不干预）传统"。

9 月 28 日，港府正式接管恒隆银行，组成以金融事务司为首的新董事局，并委任汇丰银行信贷部经理为总经理，而恒隆的控股公司统一机构亦随即被停牌、清盘。半年后，恒隆银行的真相被揭露：银行亏损额高达 3.36 亿元，其中，数额高达 2.66 亿元的款项被公司董事及有关机构在极少抵押的情况下被一笔笔借走。[11] 银行被接管的导火线，是大来财务公司欠恒隆的一笔 8 亿元的债项。由于这笔债项被发现，一向支持恒隆的渣打银行才最后放弃继续支持而使问题暴露。港府为挽救该行，通过外汇基金向恒隆注入了 3 亿元。

港府接管恒隆银行后，对该行进行了长达数年的整顿、经营，使其逐步转入正轨。1987 年 9 月，恒隆首次录得被接管以来扭亏为盈的业绩：经拨转内部储备后的纯利为 190 万元，并收回坏账 4 亿元。这为港府将它出售，使其重归商业银行体系创造了条件。1989 年 9 月，港府与国浩集团达成协定，国浩以 6 亿元的代价收购恒隆银行，条件是恒隆必须并入国浩旗下的道亨银行一起经营。1990 年 6 月，恒隆被并入道亨银行，结束了它在香港经营 55 年的历史。

3.2 危机高潮：海外信托银行被接管

1983 年 10 月 15 日，香港政府宣布实施港元联系汇率制度。当时，中英关于香港前途问题的谈判开始取得进展，整个金融市场渐趋稳定。然而，危机并没有过去。1985 年 6 月，香港本地第三大银行——海外信托银行突告倒闭，继恒隆之后再被港府接管，数日后被接管的还有它的全资附属机构——工商银行。

海外信托银行创办于 1956 年，注册资本 600 万元，创办人张明添，祖籍福建厦门，是马来西亚富商。1950 年代中，张明添觉得当时的银行不能有效地为广东籍以外人士提供服务，遂在香港创办海外信托银行。3 年后，海托成为港府授权外汇银行。1960 年代初，海托开设了第 1 间分行，实收资本增至 1,000 万元。1968 年，海托向周锡年家族收购了工商银行股权，取得了较大的发展。1972 年 10 月，海外信托银行在香港上市，大股东除张明添外，还有后来控制恒隆银行的庄清泉。海托上市后，曾积极向海外发展，先后在印尼、泰国、英国及美加等地开设分行，拓展华侨

1985 年 6 月 6 日，海外信托银行停业，港府采取紧急应变措施，接管该行。

业务。

踏入 1980 年代，海外信托加强在香港的发展，先后以发行新股方式收购了大捷财务及周锡年家族经营的华人银行。至此，海外信托银行自成一系，旗下拥有 3 家持牌银行、2 家财务公司，在香港开设 62 间分行，全盛时期总资产超过 120 亿元，存款额超过 300 亿元，成为在香港仅次于汇丰、恒生的第三大本地银行。

1982 年 2 月，张明添在他的事业似乎如日中天之际突然逝世，其董事长一职由资深银行家黄长赞接任。不过，黄氏于 1984 年 10 月突然辞职退休。张明添逝世后，海外信托的形势急转直下，首先是董事局副主席庄清泉与张氏妻子吴辉蕊及其子张承忠发生倾轧，庄氏退出 ICIL 及海外信托，而张氏家族则退出恒隆银行及大来财务；接着，与海托关系密切的连串公司，包括大来财务、恒隆银行、嘉年地产等相继破产或被接管，海托的困难迅速表面化，被迫大举出售资产。1984 年 11 月，海托将刚收购两年的华人银行出售，并计划再出售工商银行。

1985 年 6 月 6 日，港府财政司彭励治突然发表声明，宣布海外信托银行因"无法偿还债务"停业两天。中午，港督召开紧急会议研究处理办法，警方也介入事件。当晚，警方在香港启德机场拘捕数名携带巨款计划潜逃的海托主要董事，包括代董事长吴辉蕊及董事局主席张承忠，并通宵搜查海托若干分行。与此同时，立法局特别会议三读通过法例同意政府接管海外信托银行。当时，财政司彭励治就表示，海托的负债已远远超过其资产，政府将需动用 20 亿元的外汇基金挽救该行。

海外信托的倒闭，在香港金融业造成空前冲击，被称为"海托震荡"。6 月 7 日，香港股市暴跌 86.95 点，跌幅逾 5%，是香港进入过渡时期以来股市下跌最大的一天，连新加坡、马来西亚的股市也受到波及。事后调查显示，海外信托的倒闭，是张明添听从叶椿龄运用"支票轮"手法，亏空款项高达 6,680 万美元所致。叶椿龄是张的朋友，1979 年创办多明尼加财务公司，为港人提供移民服务。1981 年 9 月以后，他不断将公司不能兑现的支票贴现给海外信托，由于支票过户所产生的"时间差"，使它能以第二张支票贴现所得款项存入账户使第一张支票得以兑现，同时在"时间差"内运用这些款项从事投机活动。这就是震惊香港金融界的"支票轮"。

由于叶椿龄需要更多资金应付投机失败的亏损，遂使"支票轮"愈滚愈大，直至 1982 年 3 月崩溃

国浩集团属下的道亨银行先后收购恒隆、海外信托，成为本地注册第四大银行集团。

时，海外信托手上不能兑现的支票总值高达 6,680 万美元。根据香港高等法院高级助理刑事检控专员莱特在叶椿龄被判入狱 8 年时的陈词所说："海托于 1982 年 3 月知道叶椿龄不能偿还债项，正当的方法是向叶椿龄采取行动，要求还款，及时作出适当撇账。但由于损失太大，正当处理亏损行动会引起核数师、政府人员及公众人士知道海托正处于极度的财政危机，而叶椿龄的生意亦会倒闭。因此，海托主席黄长赞及张承忠设计造假账掩饰银行亏损，参与的有叶椿龄、张承忠及钟朝发。这个掩饰

1980 年代海外信托银行总行外景。

行动保持至 1985 年 6 月被港府接管为止。由于利息及外汇变动，因上述做假账而引致的坏账至 1985 年 6 月达 9,000 万美元。" 1987 年 5 月 25 日，黄长赞被从美国引渡回港受审，被判入狱 3 年。在此之前，张承忠已被判刑 3 年，同时被判刑的还有海托董事总经理钟朝发和澳门分行总经理张启文。

1985 年港府接管海托后，曾先后动用共 40 亿元外汇基金使其得以继续运作。当年，海托被查明累积亏损达 28.66 亿元，1986 年度再亏损 2.29 亿元，累计共 30.95 亿元。经过多年的艰苦经营，海托的业绩逐步改善，从 1988 年度起恢复盈利，该年度盈利为 3,300 万元。1992 年度，海托的盈利达 3.53 亿元，比上年度大幅增长七成以上，已具备出售的条件。

1992 年 9 月，港府宣布计划出售海托银行的安排，多个财团包括南洋商业银行、华润及力宝集团旗下的华人银行、国浩集团、东亚银行等参与竞逐。1993 年 7 月 23 日，港府宣布与国浩集团达成原则性协定，将以海托截至 1993 年 6 月 30 日修订资产净值加 4.2 亿元的价格，出售海托给国浩集团，条件是国浩在两年内不可将海托合并或裁员。最后，国浩集团以 44.57 亿元价格收购海外信托银行，其中，包括海托资产净值约 40.37 亿元，溢价 4.2 亿元。

国浩收购海托后，即于 1993 年 12 月将道亨银行集团分拆上市，持有道亨银行、海外信托银行两家持牌银行。新上市的道亨银行集团，其分行数目从原来的 46 间增加到 88 间，已超过东亚银行而成为香港拥有第三大分行网络的银行集团。到 1994 年 6 月止，道亨银行集团的存款总额达 600.39 亿元，贷款总额 362.95 亿元，集团总资产 670.46 亿元，股东资金 60.17 亿元，税后盈利 10 亿元。以资产总值计，道亨集团已成为本地注册的第四大银行集团，

仅次于汇丰、恒生及东亚银行。

至于海托附属的工商银行，也跟随海托一同被港府接管。1987 年 8 月 12 日，以王守业家族为大股东的大新银行以 5.3 亿元价格向港府收购工商银行。王氏收购工商银行后，即将大新、工商两行合并，易名为大新金融集团有限公司，并取代工商银行的上市地位。

3.3　危机冲击波：新鸿基、嘉华、永安、友联、康年易手

这次金融危机中，除恒隆、海托两家银行被政府接管外，受到冲击的还有多家中小银行，包括新鸿基银行、嘉华银行、永安银行、友联银行及康年银行等。

就在恒隆银行被港府接管后的一星期，由冯景禧创办的小型本地注册银行——新鸿基银行即陷入困境。新鸿基银行的前身是新鸿基财务，1982 年 3 月升格为持牌银行，其控股公司是新鸿基公司。该公司先后于 1978 年及 1982 年引入法国百利达集团及美国美林证券集团（各拥有公司 20% 股权）作为策略性股东，以共同发展"跨国金融超级市场"。

不过，新鸿基公司在 1980 年代初地产狂潮及其后的大崩溃中却泥足深陷，旗下的新鸿基银行亦在地产市道最高峰时期，斥资 3 亿元（相当于股东资金的 70%）购买总行大厦。随着地产崩溃和银行危机的相继爆发，新鸿基银行面临资金不足及存款大量流失的双重困难。恒隆银行被接管后，该行面对更凶猛的提款势头，迅速陷入财务危机之中。

1983 年 10 月，新鸿基银行遭受挤提。为了挽救被清盘的命运，冯景禧被迫同意让作为第

新鸿基主席冯景禧表示："我们不需再顾虑短期的波动。"

二大股东的百利达和美林以增股方式向银行注入资金，从而控制了该银行 51% 股权（各占 25.5% 股权）。1985 年 5 月，中东阿拉伯银行以 3.6 亿元的价格收购新鸿基银行 75% 股权。经此一役，冯氏的商业王国仅剩"半壁江山"，元气大伤。1985 年 8 月，冯景禧在加拿大旅行途中因脑溢血病逝。冯氏生前曾说平生最大的愿望是成为银行家，但他却没有想到一手创办的银行易手他人。在阿拉伯银行的经营下，新鸿基银行易名为港基银行，业务平稳发展。

另一家受冲击的中小银行是嘉华银行。海外信托银行倒闭后，与它关系密切的嘉华银行亦随即陷于困境。嘉华银行是香港一家历史悠久的银行，直到 1971 年该银行的创办人林子丰逝世为止，嘉华银行一直发展良好，业务稳健。林子丰逝世后，后人无心经营，嘉华银行控股权遂于 1975 年被

新加坡侨商刘灿松家族所取得。1980 年，刘灿松将嘉华银行在香港上市，并通过多次发行新股扩充其资产规模，嘉华银行成为当时资产、盈利均增长最快的上市银行之一。

不过，嘉华银行的客户以东南亚华侨为主，香港银行同业对其了解不深，一直存有戒心。1983 年恒隆银行被接管，嘉华的存款已受影响，及至 1985 年海托被接管时，市场鉴于海托与嘉华的密切关系，盛传嘉华已陷入财务危机中。6 月 17 日，嘉华银行的困难表面化，当日汇丰银行与中国银行发表联合声明，向嘉华银行提供 10 亿元的"巨额备用信贷"，以挽回市场信心。然而，嘉华银行的问题还未解决，事后证实，嘉华的累积坏账已高达 5.4 亿元以上，而 1984 年底该银行股

1986 年 6 月中信收购嘉华银行。

东资金仅 5.3 亿元，负债已超过资产 1,000 万元，嘉华银行已实际上破产。

1985 年 12 月，嘉华为摆脱困境，开始与有关财团洽商入股注资事宜。经过近半年的协商，1986 年 6 月 23 日，嘉华银行与中国国际信托投资公司达成协定，由中信向嘉华注资 3.5 亿元，其中 2 亿元作为普通股，1.5 亿元作为 10% 累积可赎回、可转换优先股，共取得嘉华 91.6% 股权。同时，香港政府亦与中信达成协定，嘉华银行的坏账由外汇基金担保，中信日后未能追回的坏账将由外汇基金承担。中信派出原中国银行总行行长、当时出任中信副董事长的金德琴出任嘉华银行董事长，曹允祥出任董事总经理，组成新的董事会。值得一提的是，嘉华银行财务危机表面化后，刘灿松兄弟即潜逃离港，后来分别在新加坡和

1980 年代永安银行的业务广告。

马来西亚两地被捕，两人涉嫌诈骗 7.7 亿元款项。1988 年 1 月，刘氏兄弟却弃保潜逃，匿居台湾。

作为这场持续数年的银行危机的尾声，还有三家规模较小的本地注册银行遭遇厄运，它们分别是永安银行、友联银行及康年银行。永安银行是香港著名的永安公司创办人郭泉创办的老牌本地银行。数十年来，由于经营作风保守，永安银行在多次银行风潮中均能屹立不倒，安然无恙。1984 年，永安银行传出金融丑闻，出任总经理的郭氏第三代郭志匡从银行挪用 1,000 万美元作为己用。1985 年底，永安银行因无法收回贷给包括该行董事和行政领导人的贷款而损失惨重，银行资本出现负值。1986 年 5 月，恒生银行与永安银行达成协定，由恒生银行向永安银行注资 1.76 亿元，取得该行 50.29% 股权。与此同时，港府与永安亦订立一项赔款保证契约，若永安银行在股本重组后，其负债大于资产，则亏损部分由港府以外汇基金支付。自此，郭氏家族创办逾 50 年的永安银行易帜。在恒生的经营下，永安银行迅速扭亏为盈。1993 年 1 月，恒生将永安银行售予大新金融集团，获利 4.78 亿元。永安银行亦被正式并入大新，其名称就此成为历史陈迹。

友联银行创办于 1964 年 11 月，法定资本是 4 亿元，在香港拥有 12 家分行。"海托震荡"后，友联与嘉华、永安一样，均深受市场不利传闻的困扰，银行存款大量流失，从 1984 年底的 21 亿元剧减至被接管前的 7 亿元，流动资金严重短缺。1985 年 9 月，该行董事局主席兼总经理温仁才称病离港赴美，其后又有 6 名董事先后辞职，形成群龙无首局面，加深了银行危机。1986 年 3 月 27 日，港府宣布"行政接管"友联银行，即由政府委托怡富接管友联银行的管理

被怡富接管的友联银行。

友联银行被招商局收购后脱胎换骨。

权，并以外汇基金向该行提供商业性备用信贷。同年 6 月，由中资招商局和美资兆亚国际合组的新思想有限公司（招商局占 68% 股权）以每股 0.3 元价格收购友联银行主席温仁才及其有关人士所持 4,648.3 万友联股份。经注资及发行股份收购兆亚财务后，新思想控制友联银行增大资本后发行股本的 61.3%。

银行危机波及的最后一家银行，是老牌小银行——康年银行。康年银行的问题是因为一笔数额高达 1.6 亿元的船务贷款无力偿还，造成严重坏账，需要进行大幅撇账所致。1986 年 9 月，香港政府宣布接管康年银行，以改善其对银行贷款组合的管理。其后，在政府的促成下，康年银行被林绍良旗下的第一太平集团收购，并易名为第一太平银行。这家在香港经营了 65 年的老牌银行从此销声匿迹。

至此，波澜起伏、持续数年之久的银行危机终于降下帷幕，宣告结束。

3.4　1986年《银行业条例》

持续数年的银行危机，再次暴露了香港在银行监管方面的漏洞。1984 年 9 月，港府邀请英格兰银行专家理查德·法兰特（Richard Farrant）来港就香港银行业条例的修订提出全面意见。其后，香港银行监理处以理查德·法兰特的建议为基础，形成供讨论的初步文件。经过一年多的酝酿，1986 年 5 月 29 日，立法局三读通过了 1986 年《银行业条例》。新条例取代了原有 1982 年的《银行业条例》和《接受存款公司条例》，将金融三级制的所有认可机构一并纳入银行监理处的监管范围。新条例的主要内容是：

（1）加强银行监理专员的职权。新条例将原来的银行监理专员与接受存款公司监理专员两个职务合并，并加强其对银行业监管的职权，包括撤销、停止银行牌照或对牌照附加条件，颁布银行业准则，调查银行负责人背景，审查银行的账户及有关交易等。当时，港府财政司彭励治在立法局的一次演讲中就指出："新条例下，银行监理专员的职责已不仅仅限于检查认可机构是否遵守各种法例的技术细节。这反映了审慎监管政策方面的最新思想，旨在使监管当局更随机应变和行使其职权。"同时，为平衡银监专员的权力，新条

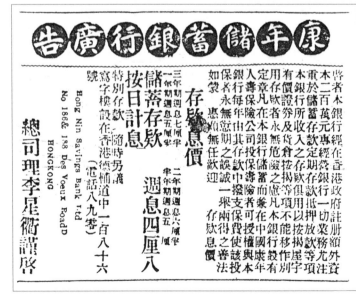

二战前康年储蓄银行的业务广告。

例规定不服银监专员决定的认可机构可向财政司或港督投诉。银监专员也须每年向港督会同行政局提交工作报告。

（2）加强对银行管理层质素的要求。针对金融危机暴露出来的认可机构主要股东与负责人的不法行为和管理不善，以及审计的漏洞，新条例加入了对在港注册认可机构管理层质素监管的条文。规定任何人收购本地认可机构 10% 或以上股权时必须经银监专员批准；本地认可机构委任董事及秘书时须经银监专员批准；认可机构的"控制人"（Controller）须得银监专员同意，才可以向机构发出指令。新条例还收紧对机构审计的监管，授权银监专员可酌情多委任一位核数师；如有需要，公司董事、核数师或银监专员任何一方均可要求召开联席会议，讨论有关事宜。

（3）规定对银行股本、储备及派息的要求。作为审慎监管的整体部分，新条例规定，本地注册的认可机构，必须维持以下最低实收股本：持牌银行 1 亿元，持牌接受存款公司 7,500 万元，注册接受存款公司 1,000 万元。此外，本地认可机构在派息前，必须将不少于该年度公布盈利的三分之一的数目转拨入公开储备内，直到累积公开储备总数达到该机构最低股本为止。

（4）规定对资本充足比率和流动资产比率的限制。新条例引进巴塞尔委员会对银行的监管规定，所有香港注册的认可机构均须遵守资本充足比率（Capital Adequacy Ratio）和流动资产比率（Liquidity Ratio）。资本充足比率即资本对风险资产（Risk Assets）的比率，最低比率为 5%，但银监专员认为有需要可将个别银行的比率提高到 8%，或将个别接受存款公司的比率提高到 10%。不过，条例规定有过渡期，即至 1988 年 9 月 1 日才正式生效。1989 年底，由于新金融三级制即将实施，银行监理处将最低资本充足比率提高到 8%，但银监专员认为有需要可将个别银行的比率提高到 12%，或将个别接受存款公司的比率提高到 16%。实际上，当时香港银行及接受存款公司已符合最低资本比率 8% 的要求，比巴塞尔委员会

一九八六年年報

引言

由於本年報是根據一九八六年銀行業條例而提出的第一份報告，因此，將當局對銀行業開始實施審慎監管至制訂銀行業條例的經過，作一扼要說明，會有助於了解本年報的內容。早在一九四八年，本港已訂立一項銀行業條例，目的在於：

「對銀行業的監管及發牌事宜訂出規定。」

發牌及其他方面的管制權，當時是操於總督的手中。總督有權要求任何銀行：

「在有關法令所指定的期限內，向法令所指定的人士提交銀行的任何帳簿、帳目或文件。」

一九六四年，政府根據一九六四年銀行業條例而委出首任銀行業監理處處長（現稱銀行監理專員），並賦予他頗大權力。這條條例旨在：

「對銀行和銀行業的發牌與監管及有關事宜，制訂更有效的規定。」

2. 自廣東銀行在一九六五年倒閉後，當局在一九六五至七二年這一段期間，曾全面暫停發出新的銀行牌照。這項暫停發牌的措施，在一九七五至七八年及一九七九至八一年間，再先後再度實施。一九七六年，當局頒佈一九七六年接受存款公司條例，規定其他接受存款公司亦須向銀行監理專員申請註冊。接受存款公司必須符合資本及存款額方面的規定，方可獲准註冊。不過，當局在其他方面則故意只對這些公司施以有限的監管，以免銀行監理專員

「負上確保接受存款公司慎重經營業務的責任，而這項責任是他並不打算承擔的。」（一九七六年財政司在立法局會議席上所發表的聲明。）

1986 年香港银行业监理处年报。

1992 年的目标，提早 3 年实现。

新条例还规定，所有认可机构均须对其短期存款，即 1 个月内到期或 1 个月内可随时提取的存款，保持至少 25% 的"可变现资产"（Liquidliable Assets）。"可变现资产"包括库存港币现金、可随时兑换为港币的外币、同业往来存款净额、1 个月内到期偿还的贷款、6 个月内到期或见票承兑的出口汇票、港府发行或担保在 1 个月内兑现的证券，以及其他在 1 个月内可变现的证券、黄金等。为提高流动资产比率，新条例亦规定任何认可机构以超过 5% 的本港资产为抵押品向外借贷时，必须事先获得银监专员批准。

（5）加强对认可机构贷款、投资的限制。1964 年《银行业条例》已开始对贷款及投资进行限制，新条例进一步扩大限制范围，以防止风险过分集中，并堵塞利用代理人公司方式向认可机构借款的漏洞。新条例对认可机构的股票按揭，客户、董事及员工的贷款，对持股权益、持有地产物业权益等都作了明确的限制，以防止风险的过分集中。条例规定：任何认可机构，除非得到银监专员的批准，否则不许接受本身公司、其控股公司或其附属公司的股票作抵押而提供贷款；认可机构不得对任何人士或商户、对公司董事及其有关人士提供超过机构本身实收资本加储备 25% 的贷款；认可机构不能持有价值超过本身实收资本加储备 25% 的其他公司股份，不能购入或持有超过本身实收资本加储备 25% 的地产权益等。

新条例针对 1980 年代初中期金融危机所暴露的问题，修补了旧条例的漏洞，将香港对金融业的监管提高到国际水平。

4. 1991 年 "国商事件" 及其余波

1986年《银行业条例》实施后，

香港各类认可机构的质素有了明显的提高，

银行体系的稳定性进一步加强。

然而，1991年爆发的"国商事件"，

对香港金融监管当局却再次提出挑战。

4.1 1991年 "国商事件" 始末

"国商事件"的起因，是香港国际商业信贷银行的控股公司——国商集团所涉及的一连串诈骗案。国商集团包括一家以卢森堡为基地的控股公司——国商控股。该公司属下拥有多家银行，分布于世界各地，其最主要的两家附属银行，是在卢森堡注册的国际商业信贷银行（卢森堡国商）和在开曼群岛注册的国际商业信贷银行海外公司（国商海外）。香港国商是国商控股的直接附属机构，在香港设有 25 家分行，其本身亦有一家以香港为基地的接受存款公司——国商财务。

国商集团创办于 1972 年，当时称为"国际商业信贷银行"（国商银行），总部设在卢森堡，创办人是巴基斯坦商人阿加·哈桑·阿贝迪。国商银行创办初期，适逢沙特阿拉伯石油业蓬勃发展，阿贝迪及时把握这一有利时机，以资金支持中东和海湾国家的许多建设工程。5 年后，沙特阿拉伯富商加斯·法拉安加盟，国商银行实力大增。国商集团的全盛时期，曾在全球 72 个国家设有分支机构，资产总额达 200 亿美元，堪称一庞大金融王国。

不过，进入 1980 年代不久，国际银行界开始盛传国商集团的许多分支机构参与"洗黑钱"，并与贩毒集团来往。1988 年 10 月，美国海关侦破佛罗里达州国商银行涉嫌贩毒洗黑钱，传闻得到证实。1990 年 5 月，国商集团重组，由阿布扎比政府接管，阿拉伯联合酋长国统治者扎耶德·阿勒纳哈恩向集团注资 10 亿美元，取得国商控股 77% 股权，成为最大股东。1991 年初，卢森堡政府以国商集团设在该国总部只是一家"旗舰"公司，没有多少实质业务为由，要求它撤离卢森堡。阿布扎比政府决定将国商控股迁册英国。

1991 年 3 月，英格兰银行委托著名的罗兵咸会计师行作为国商集团的核数师，结果发现卢森堡国商和国商海外涉嫌诈骗，从而揭发了该集团的诈骗活动。同年 7 月 5 日，英格兰银行委派清盘官突然接管该集团在英国的 25 家分行，并冻结银行全部存款。与此同时，事前获得英国政府秘密通报的卢森堡、开曼群岛、美国、法国、西班牙等 14 个国家和地区的金融当局也采取紧急行动接管该集团在当地的银行，并冻结其资产。事后被揭露，自 1972 年创办以来，国商银行不但一直从事商业欺诈，而且从事资助"贩毒者、独裁者、恐怖分子、军火走私者"的活动。据罗兵咸会计师行的估计，该行的"问题贷款"达 40 亿美元，亏损总额可能高达 150 亿美元。

由于事出突然，香港金融监管当局在接到消息后，即组织了一组银行审查主任前往香港国商审查贷款账簿，结果发现香港国商"有能力偿还债务和在经营上是可行的"，但可能会被无辜卷入该集团属下其他机构所面对有更广泛影响的问题。7 月 5 日，在得悉英格兰银行采取行动后，香港金管当局认为香港国商并没有涉入国商集团的涉嫌诈骗事件之中，在财务上是健全的，并且得到大股东阿布扎比政府的坚定支持，决定允许该银行在 7 月 6 日（星期六）继续开业。当时，银行监管专员简达恒宣布，香港国商银行在业务上是独立的，财政状况"健全而有偿还能力"，因此可以继续营业，必要时外汇基金将予以协助。

7 月 6 日，香港国商银行照常营业，尽管当时部分存户得知英格兰银行已查封英国国商，但银行并未遭到挤提，只有少数存户提款额似乎比平时要大，提款人数也比平时稍多。根据银行监管专员简达恒后来在其关于"国商事件"给港督的报告中称，在半天的营业中，银行总共被提取 3.27 亿元，扣除当日存款 7,400 万元，净提款额为 2.53 亿元，其中 10 名存户所提取的款项，占总提款的 25%，最大一宗提款额是 1,900 万元，其余没有一宗超过 1,000 万元，而提取现金的只有三宗超过 100 万元，其中一宗是由一名个人存户提取，数额是 370 万元。[12]

然而，形势很快急转直下。7 月 6 日，银监专员简达恒接到消息，国际 VISA 有限公司已决定停止全球约 7,000 张国商信用卡的使用，该公司感到难以分辨国商集团的不同机构，故只允许在获得香港政府对

1992 年 7 月 8 日香港国际商业信托银行停业。

1992 年 7 月 17 日财政司翟克诚宣布香港国商银行清盘后，大批国商存户情绪激动，与到场警察发生冲突。

香港国商信用卡的使用给予担保后，才准备撤销
这项限制。与此同时，香港银监处发现香港国商
存在有问题贷款，要求大股东阿布扎比政府进一
步注资，结果遭到拒绝。

　　7月7日晚上，香港银监处决定香港国商
从7月8日起暂停营业，并冻结其110亿元的
存款。7月10日，港府财政司翟克诚在立法局
发表声明，排除了动用外汇基金挽救银行的可能
性，理由是即使香港国商倒闭，也不会对港元汇
价造成影响，因此不符合动用外汇基金的条件。
当时，香港国商银行的4万多名存户闻讯后情绪
激动，几十名存户代表分别约见银监专员简达恒
及银监处顾问颜诚敦，了解国商事件背景及政府
作出停业决定的原因，并对政府没有采取措施保
障存户利益表示不满，部分存户甚至到立法局大
楼、港督府静坐抗议。事件暴露了港府的处理手

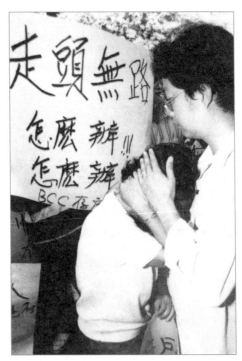

国商存户的心声。

港府宣布国商清盘后中区的混乱情景。

银行监理专员简达恒。

法进退失据。

其间，香港银监处积极寻找买家尝试将香港国商出售，曾有3间机构表示有兴趣，其中一家银行更以书面确定其收购意向。不过，有关收购的谈判最终破裂，问题的症结是港府不愿意为香港国商的"无记录负债"（Unrecorded Liability）提供担保。7月17日，香港政府决定对香港国商清盘。消息传出，正在等候会议结果的部分存户大为震惊及愤怒，他们横坐港岛中区遮打花园一带，阻塞交通以示抗议，后经警方出动百多名"蓝帽子"警员驱散人群，骚动才受到控制。

8月1日，香港国商银行临时清盘官纪礼逊发表声明，表示如果国商集团的大股东阿布扎比政府能对无记录的负债提供担保或采取其他形式予以支持，香港国商银行的业务可能可以继续，但其中存在着不可低估的困难。稍后，港府金融司林定国也发表声明，表示收购银行的买家必须有足够的资本和流动资金，以及承诺收购后继续支持该银行。纪、林发表声明时，恰好以邵逸夫为首的一个财团和香港华人银行（印尼力宝集团的附属机构）正分别与国商存户联委会洽商出售香港国商事宜，两人的声明被认为是邵氏集团退出收购的原因。因此，多名国商存户对纪、林的讲话表示不满，8月7日并在中环天星码头进行马拉松式绝食抗议。

1991年9月4日，香港华人银行与港府委任的国商临时清盘官达成临时协定，由该行收购国商的资产及有记录负债，唯条件是对国商业务、会计与法律事宜的审核须令华人银行满意，大额存户不能即时提款等。然而，有关收购进展并不顺利，1992年2月19日，香港华人银行正式宣布放弃对香港国商的收购行动，原因是无法评估该行的无记录负债。

同年3月，香港高等法院正式发出对香港国商的清盘令。9月14日，高等法院批准香港国商的赔偿存户协定计划。从1992年9月至1995年4月，清盘中的香港国商向债权人发还9期存款，除10万元或以下存户首期即获发还全部存款外，其余大额债权人到第9期可取回约87%的存款。1995年5月10日，港府正式撤销香港国商的银行牌照，标志历时4年的"国商事件"终于告一段落。

4.2 余波：银行挤提风潮与存款保险制度之争

1991年7月17日，就在港府决定将香港国商清盘当日，香港两家有中东背景的华资银行——道亨银行和港基银行，受市场不利谣传的影响而发生挤提，大批存户排长队争先恐后地

向银行提款，再现 1980 年代初期银行危机时的情
景。当日，银行监理专员简达恒发表声明，指没有
理由对道亨和港基两家银行失去信心。署理金融司
任志刚也表示，受传闻困扰的两家银行是稳健并得
到主要股东支持的，外汇基金将以商业信贷条件提
供流动资金支持。两家银行也发表声明，强调银行
财政健全，运作正常。7 月 18 日下午，港府通过外
汇基金向银行同业市场注资 2.66 亿元，风潮暂告
平息。

受国商事件影响，道亨银行也被挤提。

　　不过，到 8 月 7 日下午，即多名国商存户在中
环天星码头展开马拉松式绝食抗议的首天下午，挤
提风潮再度发生，这次是在香港有悠久历史的美国
万国宝通银行，该行在香港的 27 间分行中有 9 间受
到存户的挤提。该行被挤提的表面原因，是美国议
员丁格尔在国会作证时，指由于经济衰退和地产不
景气，美国某些大银行坏账累累，可能在 "技术上
不能清偿债务"。其后，巴基斯坦有传媒报道万国宝
通银行已申请破产，但有关谣言很快已被该行否认。
然而，早已是惊弓之鸟的香港市民即涌往该行提款。

　　8 月 9 日，万国宝通银行刚才恢复业务正常，
香港的两家发钞银行之一的渣打银行竟也发生挤提
风潮。当时，市场谣传该行的伦敦总部被查封，其
股票也停止买卖，信心极度脆弱的存户蜂拥而至，
挤提持续了两天，最严重时该行几间分行的现金几
告枯竭。渣打银行紧急应变，宣布通宵营业，直至
存户提款要求满足为止。其间，外汇基金向银行同
业市场注资 2 亿元，汇丰银行也宣布支持受挤提
的渣打银行，挤提风潮才在 8 月 10 日晚逐渐平息
下来。

国商事件殃及池鱼 —— 港基银行被挤提。

　　"国商事件" 及由此触发的挤提风潮，暴露了香港银行监管制度的漏洞，主要是对一些在海
外注册的跨国金融机构缺乏必要的监管，事件并在香港再次引起应否建立 "存款保险制度" 的

连香港两家发钞银行之一的渣打银行也被国商事件波及。

争论。早在 60 年代中及 80 年代中的两次银行危机后，即有学者提出建立存款保险制度的设想，但并未能形成共识。最后认为，与其建立存款保险制度，不如致力完善银行监管体制。"国商事件"后，再有学者提出这一问题，希望保障银行存户利益，避免发生连锁性挤提，以减少认可机构因恐慌性挤提而倒闭的可能，减少存款过度集中于大银行的现象，并维持银行体系的稳定性。不过，存款保险制度的缺点是所谓的"道德风险"，即制度实施后银行管理层在追求利润的压力下以高息吸引小额存款，对贷款和投资都不会像以前那样慎重。银行股东也会应政府实际上已部分承担起银行破产的后果，对银行管理层的监管也不能够像以前那样严格。

1992 年 2 月 18 日，港府金融科公布《存款保障计划咨询文件》。该文件在列举存款保险制度的利弊后，提出一个初步建议，其要点是：所有持牌银行均强制参加，存保范围限制为受银行公会利率协定约束的存款，暂不包括外币存款；存保上限倾向于 10 万元，也可考虑 20 万元；存保程度可考虑 100% 和 75% 两类；存保基金来源为所有持牌银行定期缴交的保费，费率划一；存保成本若由存户承担则为 0.35%。

但是，包括汇丰、渣打、中银在内的几乎所有大银行都反对该计划，理由是该计划成本高昂，可行性低，并不能完全保障存户利益；该制度在国外的实践效果成疑。1993 年 1 月，港府宣布放弃这一计划，并修改《公司法》，使认可机构清盘时，存款在港币 20 万元以下的存户有优先索赔权。至此，扰攘数年的"国商事件"终于告一段落。

5. 过渡时期银行业的发展与银行集团

1986年港府修订《银行业条例》以后，

香港银行业进入了一个稳定发展的新阶段，

即使是1991年国际商业银行的倒闭以及随后的万国宝通银行、渣打银行的挤提，

也未能对银行体系造成重大损害。

5.1   1980—1990年代银行业的发展趋势

到 1990 年代中后期，香港银行业已成为香港经济的重要产业支柱。据统计，1998 年，银行业为香港创造了 882.05 亿元的增值额，相当于本地生产总值的 7.5%，是 1990 年的数字的 3 倍，成为香港经济中发展最迅速的行业之一。1999 年，该行业为 80,298 人提供了就业职位（见表 4.10）。

在中英联合声明签署后的过渡时期，香港银行业的发展呈现了以下一些新趋势：

（1）金融三级制有了新发展，持牌银行的主导地位进一步加强。

自 1983 年起，香港银行业开始实行三级体制，把所有的存款认可机构分为三类，即持牌银行、持牌接受存款公司及注册接受存款公司，由香港金融管理局发出经营牌照。在实施过程中，部分接受存款公司的业务内容已发生变化，它们要求"正名"，采用银行的名称。1987 年 6 月，香港政府对金融三级制进行检讨。1990 年 2 月，香港开始实施新的金融三级制，将持牌接受存款公司改名为"有限制牌照银行"（Restricted Licence Banks），但该类机构在使用"银行"之前须加上"商人"或"投资"等限定词，而注册接受存款公司则改称为"接受存款公司"（Deposit-Taking Companies）。与此同时，本地注册的三类认可机构的最低实收资本也相应提高，分别为 1.5 亿港元、1 亿港元及 2,500 万港元，资本充足比率根据巴塞尔委员会的建议均提高到 8%，但银监

表4.10   1990年代香港银行业的发展概况

年份	机构单位数目 / 家	就业人数 / 人	增加价值 / 百万港元	业务收益指数 /1996 年 =100
1990	1,992	68,684	29,507	—
1991	1,972	72,898	44,068	—
1992	1,921	72,632	54,810	62.3
1993	1,956	74,484	64,486	72.7
1994	1,925	78,795	71,527	76.4
1995	1,991	80,452	81,031	89.4
1996	1,954	79,754	89,982	100.0
1997	1,936	83,816	93,044	103.9
1998	1,962	80,298	88,205	97.6
1999	1,922	80,665	—	104.0

注：（1）1991 年前的数字的涵盖面与其后的稍有不同，因此不可将两组数字作严格比较；
　　（2）增加价值的数字是根据有限数据而作出的粗略估计。
资料来源：香港政府统计处。

香港银行业住宅按揭贷款概览

（一）

香港银行业住宅按揭信贷最早可追溯到 20 世纪五六十年代。当时，香港房地产业开始流行"分层出售，分期付款"的售楼制度，推动了银行住宅按揭贷款的发展。初期的按揭贷款方式，规定借款人必须购买人寿保险，保单则交贷款机构保管，以防借款人遭遇意外，可向保险公司索取补偿。其后楼价日益上升，转让楼宇渐见流行，银行对贷款的保障提高，以致分期付款须购寿险的措施亦逐渐式微。

住宅按揭信贷的迅速发展始于 80 年代初期。当时，中英两国就香港前途问题展开谈判，地产市道因信心问题一蹶不振，大部分人不敢置业。为安定置业人士，汇丰银行、中银集团等先后推出长达 20 年、跨越"九七"的楼宇按揭计划。1984 年中英签署联合声明后，香港地产市道复苏，物业交投转趋活跃，银行界在利率从高位逐渐回落的情况下，大幅提高按揭比例至九成，1987 年更将楼宇按揭年期延长至 25 年，由此推动了银行住宅按揭贷款业务的迅速发展。

据统计，1979 年银行住宅按揭贷款仅 86.52 亿港元，但到 1989 年已增加到 1,100.99 亿港元，10 年间增加 13.6 倍，平均年增长率接近 30%。踏入 90 年代，住宅按揭贷款持续增长，到 1998 年已高达 5,896.58 亿港元，比 1989 年再增长 4.4 倍，平均年增长率仍超过 20%（见表 1）。住宅按揭贷款已成为香港银行业贷款业务中增长速度最快的业务之一。

住宅按揭贷款在香港银行业本地个人贷款中占有重要地位。本地个人贷款主要包括住宅按揭贷款、信用卡客户垫款、其他商业用途贷款以及其他私人贷款，诸如汽车贷款、教育贷款、医疗贷款、税务贷款等。其中，以住宅按揭贷款最为重要。据统计，1979 年住宅贷款在香港银行业个人贷款中所占比重已达 58.5%，到 1989 年上升到 66.6%，1998 年更上升到 80.4%（见表 2），实际上已成为香港银行业个人贷款增长的主要动力和业务重点。

80 年代以来，随着经济结构的转型，香港银行贷款结构也发生了很大的变化。特别是随着房地产的蓬勃发展，住宅按揭贷款逐渐成了银行业的最主要贷款业务。据统计，1979

表 2　1987—1998年香港银行业（所有认可机构）个人贷款分布概况（单位：亿港元）

年份	1987	1989	1992	1994	1996	1998
住宅按揭贷款	654.12 (59.8)	1,100.99 (66.6)	2,242.58 (71.7)	2,984.96 (73.8)	4,218.90 (76.9)	5,896.58 (80.4)
信用卡客户垫款	15.94 (1.5)	32.03 (1.9)	101.04 (3.2)	156.83 (3.9)	237.07 (4.3)	348.46 (4.7)
其他商业用途	181.03 (16.5)	219.18 (13.3)	331.56 (10.6)	322.14 (8.0)	297.79 (5.4)	242.43 (3.3)
其他私人用途	243.22 (22.2)	299.84 (18.1)	450.86 (14.4)	582.52 (14.4)	753.53 (13.7)	843.73 (11.5)
小计	1,094.30 (100)	1,652.03 (100)	3,126.03 (100)	4,046.45 (100)	5,487.29 (100)	7,331.20 (100)

注：括号内的数字是该项目在个人贷款总额中所占比重
资料来源：香港政府统计处。

年住宅贷款仅占银行本地贷款总额的 12.1%，到 1989 年增加到 18.8%，1998 年更增加到 30.1%。住宅按揭贷款已超过所有贷款项目而高踞本地贷款业务之首。

银行将大比例的贷款业务集中于住宅物业按揭上，并非香港独有的现象，而是一种世界性的趋势。银行将贷款业务从过去只提供短期贷款诸如贸易融资或公司借贷，转为集中提供物业按揭，是受到社会及人口因素变迁的影响。由于香港地少人多，加上长期以来港英政府实行高地价政策，住宅楼宇价格不断攀升，置业既可安居乐业又可投资保值，因而成为香港市民的最大愿望。适应这种社会需求，银行的住宅按揭贷款得到了迅速发展。

对银行业来说，住宅按揭贷款是具有吸引力的，因为它是有抵押贷款，风险相对较低。汇丰银行副总经理刘智杰认为，香港的住宅按揭贷款的风险，相对于其他地方还要低，因为住宅始终是人所必须，业主是否放弃其住宅物业，关键是他有否足够金钱"供楼"，而香港的失业率一直不高，市

表 1　1979—1998年香港银行业（所有认可机构）住宅按揭贷款增长情况

年份	住宅按揭贷款/亿港元	年增长率/%	年份	住宅按揭贷款/亿港元	年增长率/%
1979	86.52	13.3	1989	1,100.99	28.0
1980	117.03	35.3	1990	1,458.30	32.5
1981	153.52	31.2	1991	1,991.90	36.6
1982	191.06	24.5	1992	2,242.58	12.6
1983	250.94	31.3	1993	2,680.31	19.5
1984	293.63	17.0	1994	2,984.96	11.4
1985	372.30	26.8	1995	3,492.09	17.0
1986	491.62	32.0	1996	4,218.90	20.8
1987	654.12	33.1	1997	5,408.00	28.2
1988	860.15	31.5	1998	5,896.58	9.0

资料来源：香港政府统计处。

民的观念是希望拥有自己的物业,置业者一般愿意也有能力继续支持"供楼"。1998 年以来,受到亚洲金融风暴的冲击,香港经济步入二战结束以来最严重的衰退期,失业率高企 5 % 以上,是近 20 年来的最高峰。但是,这一时期影响楼宇按揭贷款的拖欠比率并没有持续恶化,到 1999 年 4 月底仅占 1.16%,相对于其他类别的贷款,这一比率仍然明显偏低。

住宅按揭贷款还是银行业边际利润较高的贷款项目。90 年代以来,香港的按揭利率一般高企 9 厘以上,而银行一个月同业拆息率约在 5 至 6 厘,即银行对物业贷款的边际利润至少在 3 至 4 厘以上,这相对于其他贷款项目利润而言确实相当有吸引力。亚洲金融风暴以后,香港银行的存款业务持续稳定增长,而信贷业务却因对企业的贷款日趋审慎而逐渐萎缩,形成银行"水浸"现象,住宅按揭贷款对维持银行利润显得更加重要。

1998 年 10 月以来,香港银行对楼宇按揭的态度日趋积极,除了竞相提供各类优惠条件,如送律师费、家居保险费、信用卡年费、按揭手续费、家具和电器礼券外,还一再调低按揭利率,而且竞争战场从新建成楼盘扩展到二手楼盘。特别是一些较受市场瞩目的大型新楼盘开售时,不少银行均派出大量职员到售楼现场抢客,竞争之激烈程度与地产经纪抢客的程度不遑多让。由此可见,住宅按揭贷款已成为银行的竞争重点。

住宅按揭贷款对经济的活跃和发展具有积极的一面。住宅按揭贷款不仅能使消费者提早改善家居环境和生活素质,而且使地产发展商加快资金周转,减低资金成本,尽早实现利润,并进行新的投资。然而,过度的信贷亦造成不良影响,引发 90 年代末房价下滑,和泡沫经济爆破。

(二)

正因为住宅按揭贷款在银行业中占有极重要的地位,香港各大小银行为争夺市场份额,展开激烈的竞争。其中,大银行作为业务领导者(market leaders)的角色开始淡化,而中小银行和外资银行则纷纷推陈创新,在产品设计、价格竞争、销售渠道以至宣传及推广等方面均推出创意无穷的行销策略。概括起来,近 20 年来,香港各大小银行推出的行销策略主要有以下几个方面:

(1)针对不同的目标市场、不同的目标客户推出多元化的按揭贷款产品。

目前,香港银行按揭贷款的主要目标市场还是在私人楼宇按揭贷款市场,这是各大小银行的主攻方向。不过,除此

之外,银行还积极拓展各个细分目标市场,包括针对新推出大型私人屋村的按揭贷款市场、新楼盘按揭市场、"楼花"市场、转按市场、加按市场、楼换楼市场、"居者有其屋"市场、夹心阶层贷款市场,以及收租楼按市场等等。其中,外资银行极为活跃于转按市场和楼换楼市场等,先后推出多种优惠及灵活供款方式,抢占原来属于其他银行的客户。例如,1988 年,来自东南亚资本的第一太平银行首次推出楼宇转按减息计划,规定市价在 150 万港元以上的物业,业主如将该物业转按予该行,可获转按减息优惠年息半厘,并免付转按手续费及转按律师费(由银行负责支付)。该计划的目标是要抢夺其他银行的现成客户,这就加剧了竞争的激烈程度。

在目标客户方面,银行一方面要保存现有的客户,这就需要为有需要的客户重新订定息率及供款方式,或提供灵活的转按和加按服务;另一方面,也会主动出击,争夺其他银行的客户,如推出转按优惠及低息计划等。与此同时,银行还会针对社会上的优质信贷客户,如贵宾银行客户、专业人士、公务员、大学生,以及首次置业人士等,提出各种优惠按揭计划,以拓展和巩固这些客户市场。例如,万国宝通银行一贯的业务推广策略,是按照人生不同阶段推广不同产品,如年轻人喜欢消费、中年人要置业、老年人重储蓄,故按揭业务的目标客户是接近中层及中上层客户。

(2)以减低按揭利率作为争夺按揭市场的主要手段之一。

相对于欧美等国家和地区,香港银行业按揭业务的净息差较高,这使银行的割价空间较大,而客户对按揭利率的高低极为敏感,即价格需求的弹性较大,减息因而成为银行争夺按揭市场的主要手段之一。

长期以来,香港银行的楼宇贷款利率,都根据汇丰、渣打两家银行所宣布的最优惠利率加 1.25 厘为标准上下浮动,一般在最优惠利率加 0.75 至 1.75 厘之间。然而,近年来按揭贷款竞争激烈,尤其是亚洲金融风暴以后,按揭贷款竞争趋白热化,银行纷纷将按揭利率降低至最优惠贷款利率,1999 年 4 月,广安银行甚至推出首年 6.88 厘的按揭优惠计划,即以比最优惠利率低 1.37 厘的优惠息率去争取楼宇按揭客户。受此影响,各大小银行纷纷将按揭利率调低至最优惠利率减 0.5 至 0.625 厘,至于二手楼、转按及加按等,亦一律减至最优惠利率,开创市场转按及加按之最低息率。2000 年上半年,按揭利率更低至优惠利率减 2.25 厘,如果以一个月银行同业拆息 6 厘计算,息差仅 1.25 厘。

近年来,有的银行还推出以外币息率、银行同业拆息率、定息息率为基准计算的按揭利率,如美国运通银行推出

名为 CAP (Ceiling at Prime) 的计划，以及华人银行推出的"置特息"，都是以港元同业拆息作基准计算按揭息率的。这种做法一改银行传统采用的以最优惠利率计算的方法，虽然同业拆息波动较大，但两家银行均提供最高息率上限，将申请人承受的风险减至最低。有的银行还推出现金奖励或贷款回赎方式，如美国大通银行向客户回赠 0.25 厘息率供款金额，贷款人只需于首三年供楼期内没有出现逾三个月脱期供款，即可分期获得现金回赠。大通银行还和地产经纪合作，向贷款者提供 0.75% 至 1% 的贷款额回赠，实际上通过变相减低按揭息率去争取客户。

在价格竞争方面，各银行还竞相提供各种优惠，包括减免手续费、送首年火险、律师费、信用卡年费、家具及电器礼券，顾客购买旅行支票、汇单及银行本票可获付较低的手续优惠，定期存款可获高利息等。目前，这些优惠已经成为推广住宅按揭贷款的必需品。至于按揭贷款年期，银行业已从初期的 10 年延长至 25 年，但通常最受欢迎的是 12 至 15 年，因为太长的年期将负担太沉重的利息。此外，银行还通过附加其他贷款产品（如装修贷款、私人贷款等）、提供置业透支贷款、提高提前还款罚款以避免其他银行转按、

1980 年代初落成的汇丰银行大厦。

推出按揭贷款和私人贷款的配套方案等非价格竞争，争夺客户。

（3）推出式样繁多和创新多变的按揭贷款方式，以适合贷款者的不同需要。80 年代以来，所有银行的楼宇按揭贷款基本上均是按揭成数高达九成，贷款年期最长延至 25 年，这些条件已难以吸引客户。银行于是推陈出新，创造出各种各样的"供楼"方式。比较特别的贷款方式主要有：

两星期还款方式——每两星期还款一次，每次还款额是一般按月还款数的一半。该计划由汇丰银行首创，好处是还款次数增加，使置业者可以节省利息支出，加快摊还本金的速度。

悭息悭年还款计划——该计划配合置业者每年的薪金增长，还款数目每年自动递增 5%，以帮助置业者节省更多利息，缩短还款时间。置业者可根据自己的收入情况，随意改换还款计划，终止这项每年递增计算方法。

分段式定额供款计划——该计划将还款期平均分为三个阶段，在第一、二阶段内，即使遇上加息，置业者的供款额仍然保持不变，而在第三阶段期间，置业者的供款额将根据余下款项及随利息升降而作调整，以便保证置业者在预定的年期内还清贷款。

定息供款——由于利率上升时"供楼"负担沉重，银行特别针对利率上升的情况，推出定息供款办法：即在一个指定时期内固定利率，无论市场利率上升或下降，贷款人每月供款数目固定，利率上升或下降所造成的差额，用延长或缩短供款期来调节。

理想之家楼宇按揭三保——该计划由美国大通银行推出，所谓"三保"分别是"利升保""首年保""供款保"。"利升保"是，无论利率如何上升，贷款者供楼的利率在两年内绝不会超过银行所提供最高利率的上限。"首年保"是，贷款者供楼的首年，其供款额及供款年期均维持不变，不受利率波动的影响。"供款保"是，无论利率如何变动，贷款者每月供款额在整个供款期内维持不变，而利率升降的影响以供款年期调节。

1992 年香港万国宝通银行位于花园道总行的开幕典礼。

可变通的供款方法——置业者可以在"供楼"期内根据自己的需要，随时变通还款方式，例如，增加供款额，减少供款额，延长还款期，缩短还款期，部分还款或暂停供款等等。

十足贷款——80年代银行的按揭成数已普遍达到九成，而部分银行，如汇丰、渣打、南洋商业银行等，更以私人贷款方式向置业者提供首期按揭贷款，使置业者无需首期便可以供楼。

外币供款——香港供楼一直以港币作为计算单位，但部分银行，如金城银行等为方便一些拥有外汇的人士，特别推出以外币作为供款货币的外币供款。

1996年3月18日美国大通银行香港总行落成典礼，该行亦是大通的亚洲区总部。

其他的供款方式还包括供款延期偿还、定期定息及透支混合供款、渐进式及固定本金还款、首两年免供本金、息随本减优惠等。这些方式均针对某类客户的需要，受到市场的欢迎。

（4）积极开拓销售渠道，扩大宣传及推广。90年代以来，按揭贷款的竞争日趋激烈，香港各大小银行已不满足于在正常的营业时间提供按揭服务，很多银行已延长分行服务时间方便客户处理贷款及按揭业务。渣打银行就在四间分行设立按揭中心，为客户提供全面的按揭服务，包括估价和利用电脑分析客户的财务状况，比较不同的按揭计划及计算供款等。不少银行特别设立专责工作小组，灵活处理和集中推广一些有潜质的新楼盘及大型私人屋村的按揭贷款。有的银行还致力于与地产代理及律师行合作，如汇丰银行就与香港置业合作拓展业务，取得不错的效果。渣打银行一直与各大地产代理商有合作关系，例如由代理商介绍客户给银行，银行为代理商举办楼市讲座，设立估价查询热线等。在办理按揭贷款时，银行讲究高效、简便、快捷，一般在两三个工作日即可完成，以取得好的宣传效果。有的银行还充分运用各种公共媒介做宣传，并提供国际网络查询服务。

（三）

尽管按揭贷款的风险相对较低，但是，香港银行业在积极发展按揭贷款业务的同时，也十分重视对风险的防范。其主要措施是：

（1）银行内部建立一套规范的按揭贷款审批程序以及内部指引。

在香港，置业者申请按揭贷款的一般程序是：

① 置业者与地产发展商签订购楼合约、交付首期款项时，向银行提出按揭贷款申请，并附上稳定收入的证明文件，以便银行能确认其偿还能力；

② 银行对申请人的经济背景、还款能力以及所购楼宇的价值进行评估、审批，然后交由律师行办理；

③ 律师行负责查证申请人所提供的文件的真实性，然后通知申请人到律师行签订按揭合约；

④ 银行通过律师行将贷出的款项按合约规定付给地产发展商或卖方律师；

⑤ 律师把按揭合约拿到政府田土厅登记注册，并将住宅作抵押过入银行名下。

银行在审批按揭申请时，一是看楼宇抵押品的价值，二是看借款人的还款能力。大银行通常有自己的楼宇物业估值机构，中小银行则聘请专业测量师进行评估。至于借款人的还款能力，银行主要看还款人的税单、银行账户中每个月的收入，银行看重的是借款人的收入的稳定性。银行将根据楼宇价值和借款人的还款能力进行综合评估，以确定是否贷款，以及贷款的成数和年期。一般而言，借款人收入越稳定，银行贷款的风险越低；而抵押楼宇的落成时间越长，风险越高。

各银行还有一套内部指引，房地产市道升得过急，银行会收紧按揭；房地产价格已经跌到谷底时，银行会放松按揭。例如，1994年1月地产高潮时，汇丰银行收紧按揭，宣布500万港元以上物业可获得最高按揭贷款成数从六成降至五成，并收紧还款与家庭月入的比率，规定月入3万港元（以前为 2 万港元）以下的家庭每月最高按揭还款比率不得超过 40%。通过这些措施，银行有效地减低了风险。

（2）政府对银行的地产及物业按揭贷款设立指引。

长期以来，香港政府奉行"积极不干预"政策，对经济发展很少进行干预。正因为如此，20 世纪 60 年代中以及 80 年代初，香港两次爆发因地产危机导致的银行危机。90 年代初，香港楼价急升，炒风炽热，1991 年 11 月香港政府基于楼价急升令银行风险增加的考虑，宣布实行收紧楼宇按揭政策，规定银行的楼宇按揭成数最高不得超过楼价的七成，形成了现行的楼宇按揭限制政策。当时，香港金融管理局行政总裁任志刚就表示，实施最高七成楼宇按揭贷款指引，目的就是要限制银行所承受的风险。

限制七成楼宇按揭的政策实行至今已超过八年，从实际情况来看确有其积极的作用，它在一定程度上有效地抑制了炒楼的投机热潮，并有利于降低银行体系的借贷风险。1997 年 10 月亚洲金融风暴袭击香港以来，香港房地产价格从高峰水平下跌逾五成。如果不是实施了限制七成楼宇按揭政策，相信香港银行业所遭受的损失将大大增加。当然，该政策也有一定的负面影响，它在一定程度上影响了真正需求者购买楼房的能力，尤其是在楼价急升时期。

1994 年初，香港地产价格进一步上升，银行的贷款高度集中于地产及按揭业务，风险大增，香港金融管理局于是宣布收紧银行对地产类的贷款，规定银行对地产及楼宇按揭的贷款不得超过贷款总额的四成，以进一步限制银行风险。不过，1998 年下半年，金融管理局表示，鉴于楼价已下跌五成，而楼宇按揭贷款的质素远较其他贷款佳，即时撤销地产类贷款四成的上限指引。

（3）积极推行按揭贷款证券化以分散银行贷款风险。

80 年代以来，国际金融创新的一个重要趋势就是以物业按揭为主的抵押市场向证券化发展。80 年代后期，这一趋势也发展到香港。1988 年，美国大通银行成功在香港发行物业按揭证券；1991 年，万国宝通银行也曾推出同类证券，但市场反应冷淡，效果未如理想。1993 年，香港银行同业又再探讨物业证券化的可能性，美国大通银行、万国宝通银行、美国亚洲银行、渣打银行、浙江兴业银行等，均表示有兴趣发展物业按揭证券。当时，渣打银行中港澳台区总经理黎恪义表示，渣打考虑发行按揭证券的原因，是这些证券属于优质投资工具，通过发行这些工具可在资产负债内腾出更多的发展空间。

90 年代前期，房地产市场的蓬勃发展使香港银行都过于偏重地产信贷，1990 年，银行业对地产及物业按揭的贷款占香港本地贷款总额的比重是 33%，但到 1994 年已上升至 43%，为此香港金融管理局设立地产贷款四成的上限指引。然而，1996 年银行业对地产信贷比重进一步升至 46%，风险大增。1997 年 3 月 3 日，香港金融管理局宣布成立香港按揭证券有限公司，使物业按揭证券化迈出关键的一步。

香港按揭证券有限公司由特区政府通过外汇基金全资拥有，董事局主席由财政司司长担任，副主席由金融管理局局长担任。该公司的主要目的，是要推动按揭市场的发展，以提高市民自置居所的能力，并推动香港债券市场的发展。按揭证券公司将向被政府核准的银行收购按揭贷款，然后以债券的形式定期投标发售给机构投资者。为保证所收购的按揭贷款的质素，按揭证券公司制定了一套准则，这些准则是：

① 未偿还贷款额最低 30 万港元，最高不超过 500 万港元；

② 原贷款额最高不超过 800 万港元；

③ 最高贷款成数不超过七成，供款占收入的最高比率不超过五成；

④ 最少已供款年期为 6 个月，最高按揭年期有 30 年，所余年期最多 29.5 年，最少 3 年；

⑤ 原定供款年期与"批出按揭时楼龄"之和的上限为 40 年。

从香港金融、地产的实际情况来看，按揭证券化不仅可以盘活银行资金，从而增加对房地产及其他行业的贷款，而且可有效分散银行的按揭贷款风险。按揭证券化引入了众多的投资者，把贷款的风险分散给他们承担，这对于按揭贷款相当集中的香港银行界，无疑是有效防范风险的重要措施之一。

专员可令持牌银行提高到12%，其他两类提高到16%。

新金融三级制实施的结果，进一步加强了持牌银行在银行体系的主导地位，持牌银行数目不断增加，资产和存款进一步向持牌银行集中，而后二级认可机构的影响日趋减少。据统计，1986年底，香港共有持牌银行151家（在香港设有分行1,386家），有限制牌照银行（当时称"持牌接受存款公司"）38家，接受存款公司（当时称"注册接受存款公司"）254家。到1996年，持牌银行增加到182家（在香港开设的分行增加到1,476家），有限制牌照增加到62家，接受存款公司则减少到124家。到1999年底，香港的持牌银行

表4.11 1990年代香港银行业三级体制的概况

年份	认可机构及代表办事处数目	持牌银行	有限制牌照银行	接受存款公司	香港代表办事处	世界首500家银行在香港设行情况
1990	560	168	46	191	155	213
1991	527	163	53	159	152	206
1992	515	164	56	147	148	211
1993	513	172	57	142	142	210
1994	537	180	63	137	157	236
1995	537	185	63	132	157	228
1996	525	182	62	124	157	213
1997	520	180	66	115	159	215
1998	474	172	60	101	141	213
1999	412	156	58	71	127	186

资料来源：香港政府统计处。

为156家，有限制牌照银行为58家，接受存款公司为71家，它们接受的客户存款总额分别是31,366亿港元、349亿港元及59亿港元，所占市场份额分别是98.7%、1.1%及0.2%（见表4.11）。持牌银行在整个金融体系中的主导地位进一步加强。

（2）香港银行业的国际化程度进一步提高，离岸业务迅速发展。

由于香港对本地和外资银行基本采取"国民待遇"，外资银行可在公平竞争的基础上从事业务。这种高度开放的经营环境，加上拓展中国内地的业务需要，吸引了大批外资银行来香港设立分支机构。据统计，1999年底，香港拥有持牌银行156家，其中，外资银行有141家，在全球首100家银行中，有78家在香港营业。此外，香港还有112家外国银行附属机构、分行或相关公司，以有限制牌照银行及接受存款公司形式经营，另有127家境外银行在香港设有代表办事处。外资银行的大量进入提高了香港金融业的国际化程度，并推动了银行离岸业务的迅速发展。从离岸银行同业贷款业务看，1987年至1996年，香港银行向境外同业借款年均增长率为14.9%，对境外同业贷款年均增长率为9.0%。至1996年底，香港银行业对境外同业所负债务为39,588亿港元，所持债权为24,343亿港元。这些

中银在1983年的业务广告。

债务和债权主要集中在以日本为首的 20 个国家和地区，其中，仅日本所占债务和债权就分别达 58.2% 和 37.8%。其他主要对境外负有债务的国家和地区包括英国、新加坡、中国内地、美国和法国；持有债权的国家和地区主要有中国内地、新加坡、英国、韩国和美国。[13]

资本高度国际化使香港银行体系成为国际资金存贷和流转的重要中介。截至 1996 年底，在香港银行业的资产负债总额中，对外负债的比重达 57%，对外资产的比重达 60%；香港银行业对外贷款 2.09 万亿港元（约 2,700 亿美元），占其贷款总额的 53%。可以说，香港银行界拥有的对外资产是全球最高之一。以对外交易量计算，香港是世界第 6 大国际银行中心，在亚洲的排名，仅次于日本。

（3）银行业提供的服务日趋多元化、电脑化、自动化，推动了香港工商业发展。

这一时期，香港银行业引进大量金融创新，除了通过广泛的分支行网络、自动柜员机系统，以及电话银行、家居电脑银行等设施，向香港市民和工商机构提供方便快捷的零售及商业银行服务之外，持牌银行还相继推出各种金融衍生产品，并开办私人银行、信托、退休金及基金管理、保险等业务，为客户提供各种投资及理财服务。持牌银行还积极拓展投资银行业务，通过安排股票、债券包销和上市、组织银团贷款等，推动业务的多元化。为适应业务的多元化，香港银行业也积极推动业务的电脑化、自动化，包括引进从自动柜员机、电话银行到电脑家居银行、互联网系统及电子货币等。1996 年 12 月，香港即时支付结算系统启用，进一步降低了银行大额支付结算的风险。

银行业通过多元化的服务，在为香港本地及海外资金提供了出路的同时，也为香港的工商业和对外贸易提供了投资性和周转性的资金。据统计，1997 年，香港银行业提供在香港使用的贷款总额达 22,100 亿港元，其中，建造及物业发展与投资占 4,400 亿港元，香港的有形贸易占 1,720 亿港元，批发及零售业占 2,060 亿港元，金融企业（认可机构除外）占 2,600 亿港元，制造业占 1,110 亿港元，运输及运输设备占 960 亿港元。这些贷款，有力促进了香港工商业和对外贸易的发展。此外，银行业还积极发展私人信贷，尤其是发展楼宇按揭贷款，促进了社会消费。1997 年，银行业为楼宇按揭提供的贷款达 5,400 亿港元，占银行贷款总额的 24.4%（见表 4.12）。

（4）逐步建立起健全而完善的监管制度，银行业的经营日趋稳健，资本充足比率和贷存比率均维持在安全水平。

1986 年《银行业条例》实施后，香港银行业的经营日趋

表4.12　1997年银行业在香港使用的贷款总额（按行业类别列出）

行业类别	贷款金额 /亿港元	占总额的百分比 / %
香港的有形贸易	1,720	7.8
制造业	1,110	5.0
运输及运输设备	960	4.4
建造及物业发展与投资	4,400	19.9
购买"居者有其屋"及"私人机构参建居屋计划"单位	600	2.7
购买其他住宅楼宇	4,800	21.7
批发及零售业	2,060	9.3
金融企业（认可机构除外）	2,600	11.8
其他	3,850	17.4
总计	22,100	100.0

资料来源：香港金融管理局。

稳健,除 1991 年国际商业银行倒闭外,再无发生大规模的银行危机。从 1989 年起,香港本地银行开始实施巴塞尔协议关于资本充足比率的规定,金融管理局不再允许银行通过负债管理的方式无限制扩充规模。根据风险资产的规模,银行的资本基础必须维持在不低于 8% 的水平,能否增强资本基础就成为本地银行能否实现资产扩张的关键。1990 年代以来,香港本地银行的资本充足比率稳步提高,到 1994 年底已达 17.5%。

1994 年 12 月,香港金融管理局引进了一套标准化贷款分类系统,规定所有在香港运作的银行均须应用该系统按季度向金融管理局报告其贷款状况,以加强对银行不正常贷款的监管。1998 年,香港金融管理局以巴塞尔委员会新推出的《资本协定》为蓝本推行按市场风险调整的资本充足制度。

经过多年的努力,香港已逐步形成了符合最高国际标准的监管制度,银行业稳健活跃,1998 年 3 月底业内机构的整体综合资本充足比率达 18.2%,远超过国际结算银行所定的 8% 的最低基准。大部分银行维持的流动资金比率均在 40% 以上,远高于 25% 这个法定最低比率,盈利增长持续保持在 20% 左右。

1980 年代以来,银行业竞争日剧,服务趋多元化,花样也越来越多。

5.2 香港主要的银行集团

1980 年代以来,香港银行业逐渐形成数个具影响力的银行集团,除汇丰银行集团外,还有中资银行集团(主要是中银集团)、美资银行集团、日资银行集团以及欧资银行集团。在 1950—1960 年代盛极一时的华资银行集团则在 1980 年代初的金融危机中逐渐衰落。

汇丰拥有香港最庞大的银行零售网络。

(1)汇丰银行集团。

汇丰集团是香港银行业中最重要的银行集团。汇丰银行自 1965 年收购恒生银行以后,基本上取得了在香港零售银行市场的绝对优势。从 1970 年代起，汇丰银行继续致力拓展其在香港的庞大销售网络。1961 年，汇丰银行在香港的分行仅 19 家，占全港银行分行总数的 8.5%；1971 年，汇丰的分行数增加到 68 家，加上恒生银行的 17 家，所占比重增加到 19.3%；1981 年，汇丰的分行数进一步增加到 250 家，连同恒生银行的 45 家，在香港银行分行总数中所占比重大幅上升到 37.8%（见表 4.13）。到 1980 年代中期，汇丰银行集团的分行已遍布港九各个角落，成为香港分行网络最庞大的商业银行集团。

自 1970 年代后期起，汇丰开始致力推动集团国际化战略，1980 年，汇丰收购美国海洋密兰银行 51% 股权，并将之易名为海丰银行。1992 年，汇丰又收购英国四大结算银行之一的米特兰银行，跻身全球十大银行集团之列。1994 年底，汇丰控股集团资产总值高达 2,015.18 亿英镑，其中，英国占 37.7%，欧洲大陆占 5.6%，香港占 30.4%，亚太其他地区占 12.0%，美洲占 14.3%。这时，汇丰集团的国际网络横跨全球 68 个国家，办事处数目高达 3,000 多家，通过其在亚太区、欧洲及美洲的附属及联营公司经营全面的金融业务。汇丰的"环球通"自动柜员机网络，容量高达 21 万部，遍布全球 85 个国家和地区。

在香港，汇丰集团拥有汇丰银行、恒生银行（持有其 61.48% 股权）、汇丰财务以及汇丰投资银行亚洲控股有限公司（前称"获多利"，已于 1993 年 4 月与怡富一起升格为持牌银行）四家持牌银行。1994 年底，汇丰控股附属的汇丰银行的综合资产达 10,790 亿港元（约 892.5 亿英镑），约占香港银行体系资产总值的 14.7%，在香港各银行集团中，仅次于日资银行集团而排第 2 位。其时，由于中资银行的崛起，汇丰银行集团在香港银行体系存款总额中所占比重尽管已有所下降，不过，一般估计，仍高达 35% 至 40%，居各银行集团的首位。（见表 4.14）汇丰及恒生银行设立的自动柜员机网络在香港拥有超过 800 部自动柜员机，与中银集团设立的"银联通宝"同为香港两大自动柜员机系统。

（2）中资银行集团。

中资银行在香港的历史最早可追溯到 20 世纪初，1917 年 9 月 24 日，中国银行在香港文咸东街 47 号开设支行，当时隶属广州分行管辖，1919 年 2 月改为分行，管辖广东、广西各行处。分行经理是后来中国著名的银行家贝祖诒。

中国银行的前身是 1905 年清朝政府成立的户部银行，1908 年改称大清银行。1912 年中华民国成

表4.13　1950—1980年代香港主要银行集团分行网络拓展情况

银行集团	1954 年	1961 年	1966 年	1971 年	1976 年	1981 年
汇丰银行	3	16 (8.5)	46 (14.8)	68 (15.4)	143 (18.6)	250 (21.5)
渣打银行	2	6 (3.2)	18 (5.8)	33 (7.5)	72 (9.4)	86 (7.4)
恒生银行	1	3 (1.6)	11 (3.5)	17 (3.9)	30 (3.9)	45 (3.9)
中银集团	13	37 (19.6)	55 (17.7)	74 (16.8)	125 (16.3)	189 (16.3)
其他	75	128 (67.2)	180 (58.1)	246 (56.2)	398 (51.8)	591 (50.9)
总数	94 (100.0)	190 (100.0)	310 (100.0)	438 (100.0)	768 (100.0)	1,161 (100.0)

资料来源：Frank H. H. King, *The History of The Hongkong and Shanghai Banking Corporation Volume IV, The Hongkong Bank in the Period of Development and Nationalism, 1941–1984*, Hong Kong: Hong Kong and Shanghai Banking Corporation, 1988, p.366.

1991 年初落成的新恒生银行总行大厦，楼高 27 层，地下室 3 层，是当时中区地标之一。

立时，大清银行部分商股股东建议将其改组为中国银行，承担中央银行职能，当时奉孙中山临时大总统谕，中国银行同年 12 月在上海开业。中国银行成立初期，主要职能是代理国库、承汇公款、发行钞票等。当时，中国银行先后在北京、天津、汉口、济南、杭州、南昌、广州等地开设分行。1949 年 11 月，中国银行总管理处迁往北京，1953 年成为国家特许的外汇专业银行，1979 年升格为国务院直属机构，专门行使国家外汇外贸专业银行的职能。

香港中资银行集团的发展有一个历史过程。新中国成立后，中国银行总管理处于 1950 年 1 月 7 日致电香港分行，重新委派郑铁如为香港分行经理。郑铁如自 1927 年起一直出任香港分行经理，在此关键时刻，他立即复电北京新总管理处，表示接受领导，并称："所有各项财产均经保存，已嘱员工安心工作，维持现状。"郑的爱国行动受到周恩来总理的高度赞扬。

表4.14　1994年香港各银行集团的资产总值及客户存款
（单位：亿元）

银行集团	资产总值	客户存款
汇丰银行集团	10,790（14.7）	6,797-7,768（35-40）*
中资银行集团	7,110（9.7）	4,500（23.2）
日资银行集团	39,160（53.4）	2,790（14.4）
美资银行集团	3,400（4.6）	1,200（6.2）
欧资银行集团	9,220（12.6）	2,410（12.4）
其他	3,640（5.0）	762-1,733（3.8-8.8）
合计	73,320（100.0）	19,420(100.0)

注：括号内数字表示所占比重；
* 汇丰银行集团的客户存款数是笔者的估计数，约占 35%～40%。
资料来源：1994年香港金融管理局年报及 1994 年汇丰银行年报。

经营手法迅速转变的中国银行。

当时，在香港的国内金融资本中，除广东省银行因股权关系尚未确定外，共有 15 家金融机构。这些金融机构分为三类：第一类是中国政府自有的机构，包括南洋商业银行、宝生银号和民安保险公司；第二类是总行（总处、总局、总公司）在国内的机构，包括中国银行、交通银行、中国实业银行、新华银行、福建省银行在香港的分行和中国保险公司的香港分公司；第三类是，国内机构已撤销，但香港的机构尚未接管，包括中国农民银行、广东省银行、广西银行等在香港的分行、中央信托局、邮政储金汇业局的香港分局、中国农民保险公司的香港分公司等。这些金融机构共有资产 52,500 万元，负债 47,422 万元，资产净值约 5,000 万元。其中，80% 集中在中国银行香港分行，交通银行和中国农民银行的香港分行分别占 8% 和 5%，其余各行则资不抵债。[14]

除上述机构外，在香港的中资银行还有公私合营银行各行在港的分行和地方兴办的银行。1952 年初，在港合营银行，包括盐业银行、金城银行、中南银行、新华信托储蓄商业银行、国华商业银行、浙江兴业银行、中国实业银行、聚兴诚银行、和成银行等 9 家银行，成立公私合营银行联合办事处，统一领导各行在港分行。1954 年，中国实业、聚兴诚、和成等 3 家银行的香港分行宣布结业，其余 6 家则继续营业，直到 1958 年统一归由中国银行驻香港总稽核室领导，原设立的公私合营银行联合办事处宣布取消。其后，广东省银行、华侨商业银行等在香港分行亦陆续归由中国银行驻香港总稽核室领导。

到 1965 年年底，香港共有中资银行 12 家，包括中国银行香港分行、交通银行香港分行、广东省银行香港分行、南洋商业银行（成立于 1950 年）、宝生银行（成立于 1949 年）、华侨商业银行香港分行、盐业银行香港分行、金城银行香港分行、中南银行香港分行、新华银行香港分行、国华银行香港分行、浙江兴业银行香港分

1966 年宝生银行总行，位于德辅道中 84 至 86 号。

行等。在港中资银行中，中国银行和交通银行是香港银行公会理事，南商、新华、中南、金城、国华、浙江兴业等银行为会员银行，这些银行均为外汇授权银行，广东省银行、盐业银行为非会员银行，也不是外汇授权银行。其中，中国银行香港分行是各行中历史最悠久、实力最雄厚、经营业务最广泛的银行，因而成为中资银行的核心。

1964 年，中国银行总管理处召开海外行会议，对香港中资银行的工作作了明确的规定：中资银行应充分利用香港的有利条件，大力配合内地对港出口和转口贸易；加强华侨服务工作，努力吸收侨汇；努力吸收存款，壮大资金力量；并适当开展当地业务。这一时期，香港中资银行在存贷款业务、经办及吸收侨汇、支持国家对外贸易的发展等方面都取得了良好的成绩。1960 年代中，香港爆发银行危机，多数银行存款急剧下降，但在港中资银行的存款不但没有下降反而上升。

1975 年 6 月，经中国银行总管理处同意，在港部分中资银行，包括中国、交通、新华、金城、中南、盐业、浙江兴业、国华、广东省等 9 家银行决定扩大各行总行的股本额，股本增加部分全部为政府股本。其中，中国银行股本从 1,980 万元人民币增加到 4 亿元人民币，每股仍为 33 元人民币。私股由原来占三分之一（即 20 万股共 660 万元人民币），下降到 1.6%；公股则由原来占三分之二增加到 98.4%。（见表 4.15）其他银行的情况也大体相似。

1950 年代以来，香港中资银行虽然有了一定程度的发展，不过，直到 1970 年代末，它们在香港的发展一直较为低调，主要业务仅限于融通内地与香港的贸易，向对华贸易有关的企业及个人举办存、贷款业务，经营人民币汇款等。1970 年中国恢复在联合国席位后，中资银行的经营方针开始转趋积极，如建立分行网络吸收存款、与中资以外企业及个人建立业务联系、接

受香港房地产和股票的抵押等等。

1978 年，中国推行改革开放方针后，中资银行集团在开拓业务方面更趋积极，它们积极增设分行网点，加快电脑建设，增加服务品种，着力吸引低成本资金，优化存款结构。1980 年代初，中银集团建立规模庞大的"中银集团电脑中心"，使 14 家成员行电脑联网，实现全香港储蓄存款业务通存通兑。1982 年，中银集团连同东亚、浙江第一、永隆及上海商业等 4 家华资银行成立"银联通宝有限公司"，实现自动柜员机电脑连线服务。同年，该集团以中国银行香港分行外汇部为基础组建集团成员间外汇、资金调剂中心。1980 年代中期，中银集团积极开展外币存款业务，1989 年统一推出一折多币的外币储蓄存款——"外汇宝"，1993 年成立外汇中心，为客户提供更加灵活便利的外币存款及买卖服务。

表4.15 1975年中国银行等9家银行增资情况 （单位：人民币万元）		
行名	原有股本	增资后股本额	增加倍数
中国银行	1,980	40,000	19.2
交通银行	1,800	10,000	4.6
新华银行	900	8,000	7.9
金城银行	900	8,000	7.9
中南银行	800	5,000	5.3
盐业银行	500	5,000	9.0
浙江兴业银行	700	5,000	6.1
国华银行	500	5,000	9.0
广东省银行	800	8,000	9.0

资料来源：中国银行行史编辑委员会编著：《中国银行行史（1949—1992）》上卷，中国金融出版社，2001 年，第 463 页。

随着集团实力的增长，中银集团不断增设附属公司，包括中国建设财务（香港）有限公司（1979 年）、南洋信用卡有限公司（1980 年）、新中产公司（1982 年）、中茂证券有限公司（1983 年）、中国建设投资（香港）有限公司（1984 年）、中银国际直接投资管理有限公司及中银集团保险有限公司（1992 年）等。为进一步加强中银集团在香港经济中的地位，1985 年中国银行开始兴建香港中银大厦，该大厦位于香港中区，建筑面积 13.5 万平方米，楼高 315 米共 70 层，是当年世界第七高摩天大厦，也是美国以外的世界最高建筑物。1990 年，中银大厦落

2001 年 10 月 1 日中国银行（香港）有限公司宣布成立典礼。出席者除了香港特区行政长官董建华（左七）外，尚有中国银行董事长、行长兼中银香港董事长的刘明康（右七）及中银香港总裁刘金宝（左六）。

成开幕，成为中银集团在香港经济中的象征。

到 1990 年代中期，中银集团已成为在香港仅次于汇丰集团的第二大金融集团，旗下的分支机构已超过 400 间。1996 年底，中银集团的存款总额约 6,300 亿元，占香港银行体系存款总额的 25%；贷款总额月 3,500 亿元，约占香港本地贷款（包括贸易贷款）总额的 20%；资产总额则达约 9,700 亿元。

（3）美资银行集团。

美资银行集团在香港的历史亦可追溯到 20 世纪初，万国宝通银行早在 1902 年已在香港开业，是历史最悠久的美资银行。除万国宝通外，美国运通银行、美国银行、大通银行、美国大陆银行（前称友邦银行）、美国国际商业银行等都在 1965 年港府停发银行牌照之前进入香港，这 6 家银行不受开设分行数量的限制，在零售银行业务方面早已建立相当稳固的基础。

1978 年港府重新发放银行牌照后，美资银行相继进入香港，到 1980 年代中期，按实际拥有权划分，美资在香港拥有的认可机构仅次于日本，其中持牌银行曾达到 22 家，反映了美资在香港的活跃程度。进入 1990 年代，美资认可机构的数目逐年减少，从 1986 年底的 57 家减少到 1996 年的 32 家，其中一个原因是接受存款公司的大量减少，另一原因是这一时期美国银行业掀起的购并浪潮对香港的影响，如太平洋银行在 1991 年因与美国银行合并而在香港除牌，底特律国民银行在 1996 年因与芝加哥第一国民银行合并而在香港除牌。据统计，到 1996 年底，美资在香港拥有持牌银行 14 家、有限制牌照银行 11 家、接受存款公司 7 家（见表 4.16）。

由著名建筑师贝聿铭设计的新中银大厦，该建筑物显示中银在香港日趋重要的地位。

表4.16　1986年至1996年美资认可机构的发展概况

美资认可机构	1986	1988	1990	1992	1994	1996
持牌银行	22	20	20	15	14	14
有限制牌照银行	5	5	7	8	11	11
接受存款公司	30	28	26	15	10	7
合计	57	53	53	38	35	32

资料来源：香港金融管理局年报。

1959 年已进入香港的美国银行，摄于 1980 年代中。

表4.17　1996年按认可机构实益拥有权所属国家/地区列出银行集团情况
（单位：亿元）

	资产总额 / %	客户存款总额 / %	客户贷款及垫款总额 / %
中资银行集团	8,700（11.0）	5,630（22.9）	3,540（9.0）
日资银行集团	35,160（44.5）	3,800（15.5）	21,770（55.6）
美资银行集团	4,220（5.3）	1,380（5.6）	1,650（4.2）
欧资银行集团	11,660（14.7）	2,740（11.1）	4,110（10.5）
其他 *	19,330（24.4）	11,030（44.9）	8,070（20.6）
总计	79,070（100.0）	24,580（100.0）	39,150（100.0）

注：* 中包括汇丰银行集团的数字
资料来源：香港金融管理局年报。

美资银行与其他外资银行一样，一般从事批发性业务为主，较少涉足零售业务。据统计，到 1996 年底，美资银行的客户存款总额为 1,380 亿元，贷款及垫款总额为 1,650 亿元，在香港存、贷款市场中所占比重分别为 5.6% 和 4.2%。美资银行的营运资金主要靠同业拆借以及发行存款证，不过 1990 年代以来已积极拓展零售银行业务，包括开展楼宇按揭、私人贷款、基金销售及私人银行，以及发行信用卡等。1996 年底，美资银行的资产总额为 4,220 亿元，在香港银行体系资产总值中所占比重是 5.3%（见表 4.17）。

美资银行中，美国排名的十大银行中有九家在香港开业，包括万国宝通银行、大通银行、美国银行、JP 摩根等一批世界一流银行。这些银行不仅实力雄厚，而且在金融创新及科技应用等方面居先导地位，它们积极致力将欧美的金融衍生工具引进香港。这些金融衍生工具操作复杂，风险较大，一般华资银行没有足够的专业人才和资金实力去推广和操作。美资银行凭借其雄厚的资金实力、广泛的国际金融联系以及大批专业人才，成为香港金融业创新的领导者，从而巩固并提高了香港国际金融中心的地位。

（4）日资银行集团。

1965 年以前进入香港的日资银行只有三家，包括东京银行、三和银行和住友银行，其他银行主要是以财务公司的形式来港的。不过，1978 年以后，日本的城市银行和区域银行大批涌入香港，到 1980 年代中，日资已超过美资成为外资银行中最大的国家集团。日资还控制了广安银行、浙江第一银行等两家华资银行的控股权。1987 年，日资的三菱银行宣布从万国宝通购入有利银行的牌照。

日资银行初来时，业务主要集中在贷款与集资，尤其是银团贷款。1980 年代以后，日资银行的业务重心逐渐转移到证券包销、财务管理以及对华业务等方面。与以万国宝通、大通等美资银行相比，日资银行在香港的活动要低调得多，它们既不热衷高调的广告宣传，也很少借助传媒推销其产品。然而，日资银行一直都是香港金融市场最重要的外资之一。1996 年，日资在香港拥有 46 家持牌银行、11 家有限制牌照银行及 35 家接受存款公司，成为香港拥有最多认可机构的外国银行资本（见表 4.18）。

日资金融机构在香港虽然数目众多，但吸纳客户存款的规模却很小，反映了它们对香港零售银行业务的参与度很低。相比之下，日资银行的贷款额却相当庞大，占据了香港贷款市场的半壁江山。据统计，1996 年底，日资银行的存、贷款总额分别为 3,800 亿元和 21,770 亿元，所占比重分别是 15.5% 和 55.6%。不过，正如日资银行绝大部分营运资金并非来自香港本地市场一样，它们的贷款及垫款也主要投向海外市场。这对香港离岸业务的发展起了极大的推动作用。

早期已扎根香港的日本东京银行，摄于 1980 年代末。

表4.18	1986年至1996年日资认可机构的发展概况					
年份	1986	1988	1990	1992	1994	1996
持牌银行	25	28	31	37	45	46
有限制牌照银行	6	6	11	12	12	11
接受存款公司	28	30	31	35	37	35
合计	59	64	73	84	94	92

资料来源：香港金融管理局年报。

值得指出的是，1990 年代后期，受到日本经济衰退和金融危机的影响，日资在香港的认可机构已大幅减少，其影响力也相应减弱。

（5）华资银行集团。

华资银行集团的起源最早可追溯到 19 世纪的银号。华资银行的黄金时代是 1946 年至 1964 年。根据香港大学饶余庆教授的研究，作为一个银行集团，当时的华资银行可与汇丰集团、中银集团以及外资集团分庭抗礼而成为一种"第四势力"。[15] 华资银行虽然资本较少，但分行众多，在华人存户，尤其是中下阶层和中小企业中有着相当大的影响力。

可惜的是，1960 年代中期和 1980 年代初期的两次银行危机中，华资银行和财务公司纷纷倒闭或被收购，其余的华资银行也相继引进外资。到 1990 年代中期，仍由华资控股的银行仅余 6 家，包括东亚银行、永隆银行、大新银行、廖创兴银行、大生银行及大有银行。华资作为一个银行集团已经式微。

6. 1970 年代以后保险业的发展

踏入1970年代，随着工商各业的繁荣发展，各种保险公司如雨后春笋般涌现，

香港保险业进入了一个新的发展时期。为推动香港发展成为一个国际性的保险中心，

香港政府逐步加强了对保险业的立法和管制，

这导致香港保险业联会的产生与保险业中介人自律监管制度的建立。

6.1　1970年代保险业的多元化与1983年《保险公司条例》

1960 年代，快速的工业化推动了香港整体经济的起飞。踏入 1970 年代，香港的工业化进程接近完成，工商各业繁荣，房地产价格上升，许多公司都计划将股票上市以筹集更多的资金发展。这推动了远东交易所、金银证券交易所、九龙证券交易所的成立，形成了所谓 "四会时代"，并促成了 1970 年代初期香港股市的大发展。这种宏观经济背景，为香港保险业的发展创造了极为良好的商业环境。当时，香港的保险法律甚少，一家保险公司只需办理商事登记并向公司注册处缴付注册费后即可营业。香港没有外汇管制，资金调拨方便；公司利得税较低，在香港经营较容易积累资金。因此，各种保险公司如雨后春笋般涌现，外资保险公司纷纷在港成立分公司，一些贸易商行和地产公司也兼营保险业务，许多银行和财务公司亦附设保险公司。

这一时期，随着大批外资保险公司进入香港，香港的保险市场结构发生了显著的变化，开始呈现出多元化的发展态势：

首先，是香港传统的保险代理机构纷纷与其国外的保险业伙伴合作组建在香港注册营运的保险公司。1973 年，太古集团与其长期合作伙伴英国皇家保险集团（Royal Insurance Group）合作创办太古皇家保险公司。该公司于 1990 年代初发展为香港一般保险的第 5 大保险公司。[16] 与此同时，怡和集团亦通过旗下的保险部门与英国太阳联合保险集团（The Sun Alliance Group）香港公司合组隆德同盟（Lombard Alliance）。1976 年，长期作为鹰星集团（Eagle Star Group）保险代理的穆勒公司（Mollers），与鹰星集团合作成立亚洲雄鹰保险公司（The Asian Eagle Insurance Company）。1977 年，汇丰银行也将旗下绝大部分保险业务注入旗下一家与马来亚保险集团（Malayan Insurance Co., Inc.）合资组建的保险公司——获多利保险（Wardley Insurance）。该公司其后被重新命名为 "嘉丰保险公司"（Carlingford Insurance Company

永隆银行是 1990 年代六家华资控股的银行之一。

东亚银行主席李国宝，摄于 2000 年 5 月。

Limited)。[17]

　　导致这一发展趋势的原因主要有两方面：其一，1970 年代以来，随着香港经济的蓬勃发展，香港对外国保险公司的吸引力大增，原来主要通过香港保险代理机构从事保险业务的外国保险公司，纷纷到香港设立分支机构，这使得香港传统的保险代理机构——通常是一些大洋行——的保险代理业务减少；其二，是香港保险费回扣率大幅提升。1972 年，一家保险代理机构的火险账户可收到总保险费用 45%—50% 的佣金，而当时的回扣平均为保险费用的 30%，即尚有 15%—20% 的利润空间；然而，到了 1977 年，火险的回扣率提高到 45%—50%，总的利润空间缩减到 5% 甚至没有利润可赚。因此，保险代理机构的最好的选择就是组建自己的保险公司，这可使他们直接分享保险与投资的利润。[18]

　　其次，是大批国际经纪行进入香港。1970 年代之前，香港的保险经纪并不活跃，所占市场份额也很少。然而，进入 1970 年代以后，香港启动了一系列大型基建项目，如地下铁路的兴建等，由于专业性强，本地经纪均不敢承接，这推动了国际经纪大公司的积极进入。1974 年，全球最大的跨国经纪公司达信保险（Marsh & McLennan Companies Inc.）和全球第三大的跨国经纪公司约翰逊哈金斯有限公司（Johnson & Higgins Ltd.）相继进入香港。1980 年代初，达信保险与新鸿基公司合作创办合资公司进军本地保险经纪业务。[19] 1982 年，约翰逊哈金斯（香港）有限公司［Johnson & Higgins (H.K.) Ltd.］成功获得了他们在香港的第一个代理客户——九广铁路公司。同期，英美资本的韦莱（Willis Faber）、怡安（AON）等也相继进入香港发展。根据香港最大再保险机构慕尼黑再保险有限公司（Munich Reinsurance Company Hong Kong Branch）的资料，国际经纪行在香港开设办事处的数目，从 1972 年的 6 家增加到

表4.19　1970年代创办的国际经纪公司

"行"的名称	保险经纪附属公司	成立年份
会德丰有限公司（Wheelock Marden & Co.Ltd）	Wheelock Marden & Stewart Co.Ltd.	1970
太古集团有限公司（John Swire & Sons Ltd.）	太古保险有限公司（Swire Insurance Ltd.）	1972
香港上海汇丰银行（The Hongkong & Shanghai Banking Corp.）	Gibbs Insurance Consultants Ltd.	1976
天祥有限公司（Dodwell & Co.Ltd.）	Bain Dawes Dodwell Co.Ltd.	1977
怡和有限公司（Jardine Matheson & Co. Ltd.）	怡和保险经纪有限公司（Jardine Insurance Brokers Ltd.）	1982

资料来源：Yuen Tak Tim, Anthony. "A Study on The Popularity of Utilizing Insurance Brokers by Industrial Concerns in Hong Kong for Management of Their Insurance Programme", MBA thesis, Department of Management Studies Faculty of Social Science University of Hong Kong, May 20, 1986.

1977 年 26 家（见表 4.19）。

这一时期，国际保险经纪在进入香港的同时，将他们本土客户的香港业务也囊括手中。例如，达信保险就成了可口可乐、高露洁等客户香港业务的保险经纪。香港一些大型保险客户，如中华煤气、香港电灯、中华电力等也转而聘请他们做自己的保险经纪。到 1990 年代，甚至政府的医管局，非商界的地铁公司、马会、香港社会服务联会，乃至众多大公司如国泰航空等，都落入他们手里。约 8 至 10 家国际性保险经纪成了香港众多大公司、大机构的保险中介，这对香港的保险市场的发展产生了深远的影响。

第三，香港本地中小型保险公司大量涌现，业务竞争日趋激烈。据统计，1970 年至 1979 年，香港参加公会的保险公司数目，从 174 家增加到 203 家；在港设立总、分公司的数目从 60 家增加到 93 家，成为亚太地区拥有保险公司最多的地区（见表 4.20）。随着保险公司的增加，业务竞争越来越激烈。一些未参加保险公会的公司，不理会保险公会的统一规定约束，甚至不按常规处理赔案。比较规范的保险公司也纷纷推出新品种。激烈的市场竞争致使传统价格主体的影响被弱化，尤其是火险；某些业务的价格大幅"跳水"。随着大量新保险公司的成立，以及竞争激烈环境下破产风险的提高（鉴于保险公司的负债风险数千倍于他们的净资产价值），加强政府管制的必要性日益凸显。这导致了 1978 年引入的与资本需求有关的临时立法，并引出了后来更多、更广泛的建议。[20]

香港对保险业的成文立法，主要从 1950 年代初开始，不过，直到 1970 年代中期之前，香港政府对保险业的监管

表4.20　1970年代香港保险公司发展概况

年份	参加公会的保险公司数			在香港设立总、分公司数			未参加保险公会公司总数
	总数	一般保险	人寿保险	总数	一般保险	人寿保险	
1970	174	152	22	60	39	21	—
1971	176	154	22	61	40	21	—
1972	173	151	22	62	41	21	—
1973	181	159	22	68	47	21	—
1974	179	157	22	72	51	21	—
1975	184	163	22	76	54	22	近 20
1976	187	164	23	78	56	22	—
1977	196	173	23	87	65	22	—
1978	199	176	23	91	69	22	超过 120
1979	203	180	23	93	71	22	132

资料来源：香港经济导报编，《香港经济年鉴》，1970 年至 1979 年。

一直是相当宽松的。1970 年代中期以后，香港政府为了推动香港发展成为一个国际性的保险中心，同时也为了保障投资者的利益，逐步加强了对保险业的立法和管制。当时，香港正迅速演变为亚洲地区一个国际性金融中心，作为金融业的一个重要环节，保险业也得到了迅速的发展，新注册成立的保险公司大量增加。据统计，1975 年底，香港共有保险公司 186 家，但到 1981 年 4 月已增加到 345 家，短短 5 年多时间内，香港保险公司的数目增幅高达 85%。

当时政府的监管情况，正如香港保险业联会创会主席 Michael Somerville 后来所指出："严谨的监管及管制法规几乎阙如，承保商的最低资金要求更是为人诟病，据我记忆所及，只要 1 万港元的资金就可注册经营保险公司，因此某些对业界和公众人士毫无责任感、只求赚快钱的经营者相继出现。汽车司机在投保人类别中，是最易受伤的一类，亦因而成为最常见的受害者。其时正是消费者权益日渐受到重视的消费主义年代，公众对保险的观感极为负面。对于在 1974 年成立的消费者委员会来说，由于接获涉及保险业失当行为及违反专业守则的投诉个案持续高企，保险业首当其冲是打击对象之一。"[21]

1975 年，面对公众对保险业越来越多的批评和指责，负责监管保险业承保商的政府部门注册总署署长遂召集保险业界领袖，着手研究发展通过立法、自律监管或双管齐下形式运作的完善监管架构。1982 年 2 月，香港政府成立"保险业法例工作小组"。同年 5 月 7 日公布了一个包括各类保险业务的全面性保险公司法例——《保险公司条例》草案，以取代以前的一些有关条例和法案。该条例的内容主要是提高综合业务公司（同时承保一般保险及人寿保险），以及提供法定保险的公司的最低资本额为 1,000 万港元；并规定保险公司必须维持一个偿债能力的余额；同时赋予保险业监督更大的干预权力。为了配合新法例的实施，1983 年香港政府还成立了"保险业咨询委员会"，旨在对有关保险公司条例的管理及保险业务的经营，向政府提供咨询意见。

经过一年多的咨询期和讨论修改，并完成立法程序，1983 年 6 月 30 日，香港政府正式颁布实施

與你計劃人生
友邦是你良朋

美國友邦保險
（百慕達）有限公司

香港總辦事處
香港銅鑼灣道一號友邦大廈
電話：5-8321800

中區辦事處
華懋廣場十六號速遠金融中心
廿七樓二七〇四室及廿八樓全層
電話：5-202820

香港中環德輔道中199號
越港廣二十樓
電話：5-8537333
二一〇五室至二一〇六室
電話：5-8537111
二〇三室至二〇六室
電話：5-8537222

銅鑼灣辦事處
香港銅鑼灣軒尼詩道五〇〇號
興利中心七十四樓（東翼）
電話：5-8377430

軒尼詩道五〇〇號
興利中心十四樓（西翼）
電話：5-8377300

軒尼詩道五〇〇號
興利中心十二樓（西翼）一二〇一A室
電話：5-770005

九龍辦事處
九龍梳士巴利道十八至廿四號
新世界中心K層翼及頂樓大廈
九〇一室九A室及九B二室
電話：3-7233800

九龍梳士巴利道十八至廿四號
新世界中心西翼K層樓大廈
一一一六室——一七室
電話：3-7317451
一〇〇一室
電話：3-7211321
一〇〇二室
電話：3-7336351
一〇〇四室
電話：3-7336357
一〇一六室
電話：3-7336377
一〇一六室至一〇一七室
電話：3-7336333

九龍尖沙咀彌敦道一三二至一三四號
好運商場十二樓
A室電話：3-7320300
B室電話：3-7326601
C室電話：3-7320622
D室電話：3-7326600

元朗辦事處
元朗駐貿易計寫樓
元朗廣場中心六樓及八樓
電話：0-755461

荃灣辦事處
青山道二六四號廣五二六九號
隆樓中心二二〇一室 0 2-3
電話：0-4984357

澳門辦事處
澳門南灣三十七號
澳門商業中心九字樓及十六樓
電話：550286

美國國際保險集團成員公司

美资的美国友邦保险（百慕大）业务广告。

《保险公司条例》（Insurance Companies Ordinance）。同时，政府给 6 个月的过渡期为一些未完全符合新法例的已开业旧公司采取完善措施。从 1984 年 1 月 1 日起，所有保险公司都必须完全依照新法律的规定营业。新法律包括 61 条及 3 个附件，内容涵盖了大部分保险业工作小组的建议，是一部取代自 1907 年至 1951 年间所制定的所有零碎的保险法例的更全面、更综合的保险法规。该条例制定了一套对香港保险业进行审慎监管的法则，其宗旨是保障投保人的利益，确保保险公司有一个健全的管理及财务状况，并对保险投资者提供一个公平及自由竞争的保险市场。

6.2　香港保险业联会的成立

1983 年《保险公司条例》的颁布实施，虽然标志着香港政府对保险公司及其经营操守的审慎监管已渐趋成形，但是，自律监管的制度并未最终建立。这导致香港保险业联会的诞生。

当时，保险业界共有 6 个公会组织，彼此各自为政。为了配合形势的发展，1981 年 12 月 9 日，保险业界成立了推动各公会合并的筹备委员会，计划组织一个保险局（Insurance Council），当时中文名称尚未确定，或称为香港保险总会或香港保险联会。1982 年 6 月，保险业界人士举行了多个会议，并最终推动了香港保险总会（General Insurance Council of Hong Kong）的成立，其章程及架构由当时所有香港公会，包括刚成立的人寿保险公会组成的策划小组制定。当时的计划，是将香港保险总会发展成为业界的总代表机构，涵盖一般保险和寿险公司，并作为香港保险的发言人，以适应国际化发展的需要，同时对贯彻新保险法发挥辅助作用。

不过，当时正值人寿保险业务的快速发展时期，结果，1984 年香港寿险总会（Life Insurance Council of Hong Kong）成立，形成业内两个保险总会，即香港保险总会（1996 年 10 月改名为"一般保险总会"）和香港寿险总会，各有独立的秘书处。尽管发展并未如预期般进行，但两个保险总会进行了紧密的合作，致力解决诸如自律监管、中介机构、立法、税务等对外事宜。双方还就业内问题，包括分别设置独立秘书处所涉及的双重开支，进行商讨。1980 年代后期，香港政府推行政制改革，在立法局引入功能组别，结果保险业因为存在两个总会，未能成功取得议席。这加快了两个总会的合并。

1983 年《保险公司条例》实施以来，尽管保险业的发展已有了一个较稳健的基础，但市场仍然存在不少不稳定的因素，包括部分保险公司为了扩大业务，不惜减低保费、放松赔款、"挖角"经营等等。1986 年初，政府发表《保险法律研究报告书》，检讨原定法律条例，并提出了一些改革意见，其中，如何界定保险业中介人职权、保险经纪须注册等建议均引起了社会的重视。同年 6 月 12 日，政府在宪报刊登《保险公司（修订）（第 2 号）条例草案》，赋予保险业监督明确权力，可以在原有第 8 条条例未列明的理由下，拒绝一家公司成为认可承保人的申请；政府并有意提高香港保险公司的偿债能力额度。

面对政府加强监管的压力和激烈的市场竞争，建立保险业内的自律制度越来越受到重视。1986 年初，香港保险总会和香港寿险总会开始着手筹组一个更具代表性的全面的保险总会。1987 年 6 月，各保险同业组织及来自美资、英资及中资等不同背景的保险公司人士筹组了一个保险业自律工作小组，代表整个保险业与香港政府商讨业内实行自律的具体做法，以避免政府参照 1986 年初发表的报告书内容，制定法例管制业内人士。当时，保险业强烈希望政府按英国模式，由业内人士用自律方式管制与监督业内经营行为，而不是采取严厉的立法。1987 年 5 月 15 日，香港保险经纪公会（The Hong Kong Society of Insurance Brokers）成立。1988 年 1 月 29 日，香港专业保险经纪协会成立。

1988 年 8 月 8 日，香港保险业联会（The Hong Kong Federation of Insurers，简称保联 HKFI）宣告成立。保联的创立，是香港保险业发展的重要里程碑，其宗旨是推动及促进香港保险业的发展。具体包括：

（1）维护、推展及增进于香港经营保险业务的保险公司及再保险公司的共同利益；

历史悠久的于仁洋面及火险保安有限公司的业务广告。

1988 年成立的香港保险业联会注册文件。

（2）在稳健基础上推广香港保险业的未来发展；

（3）加强社会人士对保险的认识；

（4）在影响会员权益的事务上，提供咨询及协商的机会；

（5）在影响保险公司、再保险公司及保险业的立法及其他事务上，担任回应政府咨询及与政府商讨的媒介；

（6）在所有影响保险公司权益的事务上，寻求一致行动。

香港保险业联会成立初期，即加强与境内外多个保险业组织建立联系或合作关系合作。1988 年 9 月，东亚保险业代表大会在香港举行第 13 次会议。该会于 1962 年成立，目的是要加强东亚国家或地区会员在保险业务方面的国际合作。参加这次会议的保险业专业人士共有1020 人，分别来自 29 个国家和地区。香港保险业联会的代表参加了这次会议。

1990 年 4 月 1 日，香港意外保险公会、香港火险公会及香港洋面保险公会加盟保联秘书处旗下。同年 4 月，保联见香港医疗保险业增长蓬勃，遂批准香港医疗保险协会委派代表加入一般保险总会。该协会成立于 1984 年，目的是要提高及维护经营医疗保险业务的保险公司的权益。至此，香港保险业联会完成将所有保险承保商权益一统其下的大计，其成员包括一般保险总会和寿险总会，其中，一般保险总会包括意外保险公会、香港华商保险公会、火险公会、洋面保险公会、医疗保险协会以及再保险协会等。

1994 年 12 月 29 日，以保联为共同秘书处，香港保险业各业界组织经过 4 年以保联为共同秘书处的合作后，终于决定以保联为组织架构正式注册为有限公司，进一步巩固、简化组织结构，并成为获得香港政府全面认可的保险业代表机构。保联作为有限公司，其负债以担保为限，每位会员所承担的法律责任为其每年交纳的会费的数额，保联的收入及资产只可用于推

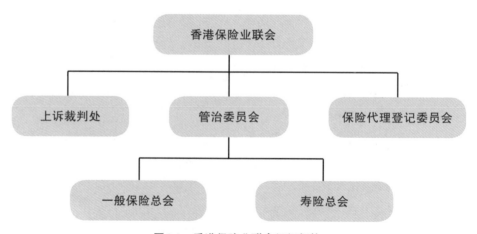

图4.1　香港保险业联会组织架构

广及实践该会列在《立法章程》内的宗旨，不可支付任何数额给保联旗下的会员。香港保险业联会的组织结构，包括辖下的管治委员会、保险代理登记委员会和上诉裁判处（见图 4.1）。

6.3　保险业中介人自律监管制度的建立与发展

1980 年代以来，随着保险业监管制度的建立和完善，香港保险业的专业水平已有了很大提高，然而，保险业从业人员，特别是保险中介人的素质仍然参差不齐，致令保险业的形象和名声，往往因为个别缺乏专业道德人士的所作所为而蒙羞。1990 年 4 月初，香港消费者委员会就首次公开点名批评香港 3 家保险顾问公司，包括金狄斯（国际）保险顾问公司、威信国际（保险顾问）和雪铁龙国际保险顾问。

踏入 1990 年代，面对社会公众关注和政府立法监管的压力，香港保险业联会积极推动业内自律行动，有关行动分两个阶段进行。第一阶段是保险公司在解释保单时实行自律，以使保单持有人得到公平、合理的保障。该计划包括两个方面，一方面是制定一般保险业惯例声明及长期保险惯例声明，供一般保险总会和寿险总会的会员遵守；另一方面是成立保险索偿投诉局。该计划于 1990 年起实施，参与公司必须遵守行业的业务惯例声明，并成为保险索偿投诉局的会员。1990 年 2 月 20 日，由香港保险业联盟会积极推动的"保险索偿投诉局"（Insurance Claims Complaints Bureau）宣布成立。保险索偿投诉局是保险业界首家推行自律监管的机构，主要职能是调解人寿保单持有人与承保人之间的索偿纠纷。

投诉局设有独立的保险索偿投诉委员会，负责处理有关投诉赔偿事宜，该委员会由 5 名委员组成，任期为两年，其中主席必须由政府金融司批准才可出任，首任主席是李福善，其余 4 位委员，两名来自保险业，两名则为业外人士。根据投诉局的规定，接受消费者的投诉有一定的限制，包括投诉有关的保险必须是以私人的身份投保的合约，而投诉的对象仅限于参加该局的保险公司，而索偿额亦以 25 万港元为限。[22] 其后，投诉局可裁决的限额亦经过多次修订，由 1993 年 40 万港元增至 1996 年的 60 万港元，于 2005 年修订为 70 万港元，到 2007 年增加至 80 万港元。投诉局在成立初期只有 27 家保险公司参加，不过到 1994 年上半年已经增加到 154 家，占香港个人保险营业额的九成以上。[23] 保险业第二阶段的自律是业内中介人的管理，由 1993 年 1 月起实施。其实，自 1989 年底，香港保险业联会已就保险代理的管理事宜与政府有关部门进行磋商，其间约花了 3 年时间进行研究，包括参考外国的类似制度，与有关政府官员进行商议，并在同业间通过讨论方式寻求一个适合香港本地市场环境的自律模式。1991年，香港保险业联会完成了《保险代理管理守则》的草拟工作，该"守则"详列保联、其下两个总会、会员公司及获委任代理各方之角色。

2000 年香港保险业联会第五届周年大会，主席台上左起为寿险总会主席郑文光、保联副主席及一般总会主席郭毅能、保联主席夏百德、保联总干事方惠琴及名誉核数师马华。

1994 年 9 月 28 日，香港保险业联会属下的寿险总会宣布该会于 1994 年 12 月 1 日起实行《寿险转保守则》，以防止"诱导转保"的情况发生。所谓"诱导转保"，根据《寿险转保守则》的定义，"是指代理利用误导性陈述、不披露某些资料、错误陈述及对保单作出不翔实的比较，诱使投保人更改现有寿险安排，转而投购其他寿险保单，使投保人的利益遭受不利影响。"[24]《寿险转保守则》规定，为了加强营销过程的监管，

2000 年香港保险业监理处十周年庆祝典礼，图为主礼嘉宾署理财政司司长俞宗怡。

投保人在决定购买新寿险保单前必须填写一份"客户保障声明书"，该声明书确保代理已经向投保人详细解释转保可导致的重要后果及不利影响，并作为投保人与代理于购买寿险保单或转保时的证明文件。

1996 年 6 月 27 日，香港保险业联会属下的寿险总会宣布，从 1996 年 7 月 1 日起，总会将为购买新寿险保单的投保人提供"冷静期"的权益。"冷静期"旨在加强保障消费者权益，赋予香港的投保人在寿险保单签发后 14 天，或填写投保书的 21 天内（以最迟的日期为准），审慎考虑其决定。假若投保人在冷静期内决定改变初衷，可以向保险公司取消有关保费并取回保费。大部分人寿保险计划的保客在冷静期内行使这项权利，都可获保险公司退回 100% 的保费，并且不需缴交任何手续费。至于整付保费或含有投资成分的保险计划，由于其市值受投资市场影响，倘若保单在冷静期内已经贬值，则消费者可取回经市值调整后折减的保费。

1999 年 5 月，为进一步提高自律监管制度，加强市民对保险业的信心，保险业联会经咨询保险业监督后，制定《承保商专业守则》，鼓励保险公司采纳优良惯例，提高保险业专业水平。该"守则"提出多项措施自律监管业界，其中包括"冷静期"机制和退保阐释文件。"冷静期"机制规定购买寿险保单的投保人，在寿险保单签发后 14 天或填写保单后 21 天内（二者以最迟的日期为准），可以改变初衷向保险公司取消保险合同，投保人可以取回自己的保费。而退保阐释文件机制则规定，从 1997 年 1 月 1 日起，凡销售有投资成分的人寿保险计划的保险公司必须提供一份退保阐释文件，规定投资者退保时可获发还的金额以及载有指定的提示声明，投资者签署的阐释文件应确证该投资者已审阅该文件。

7. 香港期货市场的建立与发展

1970年代初，多个团体向香港政府表示有兴趣开办商品期货交易所。

当时，港府鉴于对期货市场的运作和监管缺乏深入了解，

认为时机尚未成熟，于1973年8月颁布《商品交易所（禁止）条例》，

临时禁止商品交易所的开设和经营。

后经专家研究，始于1976年底成立香港商品交易所有限公司，

后又于1985年改组为香港期货交易所，

开始涉及金融期货。

7.1　商品期货市场的建立和发展

　　1973 年后，香港政府邀请英格兰银行期货专家来港，并成立专责小组研究开设商品交易所的可行性。1974 年，该小组向政府提交研究报告，建议政府容许设立一家受到适当监管的商品交易所，以加强香港作为国际金融中心的地位。1975 年，立法会原则上同意建立一家商品交易所的建议，条件是它对香港市民造成的不良影响必须减至最低。1976 年 8 月，立法局三读通过《商品交易条例》（Commodities Trading Ordinance）。同年 12 月，港督会同行政局向由胡汉辉领导的时金集团（Seacom Holdings Ltd.）旗下的 "香港商品交易所有限公司"（The Hong Kong Commodities Exchange Ltd.）颁发期货经营牌照，开办一家期货市场，经营期货合约的买卖，并规定发牌 5 年后再作检讨。根据规定，时金集团委任总部在英国的国际商品结算所（香港）有限公司（ICCH）提供交易的结算服务，同时成立 "香港期货保证有限公司"，为会员履行买卖合约作出保证。

　　香港商品交易所创办时，由英国人施彼德（Peter Scale）出任主席，有正式会员 59 个，1984 年增至 153 个，都是香港居民或香港注册的公司，另有附属会员 80 个，其中大部分是海外会员。正式会员必须购买 1 股面值 10 万元的交易所股票，同时缴付 5 万元作为赔偿基金，并缴付

香港商品交易所主席施彼德。

1,000 元作为在市场直接买卖的出市权。
附属会员专为现货商人而设，进出口商、
贸易商及经纪商均可申请，须缴付 5,000
元的入会费，但没有出市权。

香港商品交易所作为一个期货合约市
场，主要通过一家结算公司——国际商品
交易所（香港）有限公司（ICCH）进行
结算。1977 年 5 月 9 日，香港商品交易
所首先推出棉花期货合约买卖，其后相继
推出原糖（1979 年 11 月 15 日）、黄豆
（1979 年 11 月 1 日）及黄金（1980 年 8
月 9 日）的期货合约买卖。不过，这些期
货商品的经营并不成功，除黄豆期货因获
日本期货商支持而较活跃外，其余各市场
均交投疏落，期棉合约更因经营惨淡而于

表4.21	香港各种商品期货交易情况（1977—1991年）（单位：每手）				
年份	棉花	原糖	黄豆	黄金	合计
1977	9,151	1,410	—	—	10,561
1978	6,908	2,323	—	—	9,231
1979	446	109	9,023	—	9,578
1980	14,630	17,967	170,482	26,674	229,755
1981	15,914	119,534	442,708	32,740	610,896
1982	—	350,979	747,993	10,910	1,109,882
1983	—	333,475	734,936	6,106	1,074,520
1984	—	167,524	372,352	5,845	545,721
1985	—	210,515	340,545	5,977	557,037
1986	—	273,800	330,524	6,366	610,690
1987	—	282,237	635,975	5,698	923,910
1988	—	201,461	356,642	1,984	560,087
1989	—	143,989	154,696	1,172	299,857
1990	—	109,145	105,993	992	216,130
1991	—	34,327	31,200	922	66,449

注：合约单位为：棉花 5,000 磅，原糖 112,000 磅，黄豆 30,000 千克，黄金 100 安士。
资料来源：香港期货交易所。

1981 年 10 月停办，主要原因是棉商和纺织厂商没有利用本地市场进行对冲。期金市场开业初
期较为活跃，但其后成交萎缩，原因是香港已有两个发展很好的金市（金银业贸易场和本地伦
敦金市）。黄豆和原糖期货的交易相对较为活跃，但到 1990 年代初亦日渐式微（见表 4.21）。

7.2　金融期货、期权市场的发展

1982 年，港府根据 1977 年发牌时的规定，委任工作小组检讨商品交易所的经营情况。香
港商品交易所为获得政府牌照的延续，成立了"金融期货工作小组"，研究筹组金融期货市场的
可行性。1983 年 6 月，湛佑森替代涉及"不正当的股票交易活动"的施彼德出任商品交易所主
席，他向政府提交一份创办金融指数期货市场报告。

1985 年 5 月，在香港政府的指导下，香港商品交易所改组为香港期货交易所有限公司
（Hong Kong Futures Exchange Ltd., 简称 HKFE）。其组织架构仍由香港期货交易所、国际商品
结算所（香港）有限公司和香港期货保证公司三大机构组成。其中，期交所负责订立会员入会
资格、执行监察任务，包括根据每月及每季呈报的统计资料监察市场情况、规定经纪向客户收
取的最低按金额及监察市场内交易情况。结算所对销各项交易、计算并结算每日的收支，并管
理期货保证公司及向该公司董事局提供意见。保证公司负责就结算会员提出增加按金要求作出

1990 年 2 月港府金融司林定国（左）主持港元利率期货开始买卖的响钟仪式。

表4.22　1987年上半年世界主要指数期货市场的表现

名次	交易所名称	指数名称	成交额 / 张
1	芝加哥贸易所	标准普尔指数期货	10,402,671
2	香港期货交易所	恒生指数期货	1,642,144
3	纽约期货交易所	纽约证券交易所综合指数期货	1,605,359
4	芝加哥商品交易所	主要市场指数期货	1,376,738
	肯萨斯贸易局	股票价值指数期货	346,982

资料来源：香港期货交易所。

1995 年香港股票期权首日交易庆祝仪式，左二是香港联交所主席郑维健。

决定、批准银行成为结算及清算银行，以及承担各项结算风险。[25]1985 年 5 月 6 日，期交所推出亚洲首个股市指数期货合约——恒生指数期货（HSI futures）合约的买卖，受到市场的热烈欢迎，第一天成交即 1,075 张，当年成交 82.5 万张。1987 年，香港股市进入大牛市，恒指期货合约的成交高达 361.1 万张，比上一年急增 3.4 倍。其中，1987 年 9 月 11 日，恒指期货一天成交量达 40,147 张，创历史最高纪录（这一纪录直到 1995 年才被刷新）。短短两年间，香港恒生指数期货合约市场就一跃而成为仅次于美国芝加哥标准普尔指数期市的全球第二大期指市场（见表 4.22）。

不过，在这种金融期货的风险尚未被投资者充分掌握之前，这个急速的发展步伐其实只是反映了当时投机风气的炽热。1987 年 10 月全球股灾爆发，对香港的金融期货市场造成了巨大的冲击。当时，金融期货市场的保证公司由于无法承担数以 10 亿港元计算的风险。香港期货保证公司由汇丰银行出任主席，股东包括伦敦国际商品结算所 ICCH（占 20% 股权）、汇丰银行（20%）、渣打银行（15%）、大通银行（15%）、柏克莱银行（10%）、里昂信贷银行（10%）和永安银行（10%）。由于除了汇丰银行以外，其他所有股东均反对注资，亦拒绝汇丰银行以 1 港元收购该公司，香港金融期货市场陷入破产的严重危机之中。

香港股市停市期间，香港政府期货市场高层举行会议，商讨解决危机的对策。会议最后决定由香港政府外汇基金及多家金融机构联合出资 20 亿港元，以挽救香港期货保证公司。稍后，香港政府再连同汇丰银行、渣打银行和中国银行（香港）又安排了一笔为数 20 亿港元的备用资金（最后没有动用）。香港政府还从期货交易中按每张合约买卖征收 30 港元及从股票交易中按交易价值征收 0.03% 的特别征费以偿还该笔贷款及利息。当日，香港期货交易所主席湛佑森和副主席李福兆分别辞去正、副主席之职，政府委任地铁公司主席李敦（Wilfrid Newton）和助理证监专员霍秉义（Phillip Thrope）分别出任该公司主席及执行副主席。经香港政府两度安排贷款共 40 亿港元给期货保证公司，期指市场幸免于难，唯劫后已大伤元气。

表4.23　香港期货交易所推出的金融期货、期权合约

品种	推出时间
恒生指数期货	1985 年 5 月
恒生分类指数期货	1991 年 7 月
恒生指数期权	1993 年 3 月
上市股票期货（汇丰控股、香港电讯）	1995 年 3 月
上市股票期权	1995 年 9 月
日转期汇	1995 年 11 月
长期恒生指数期权	1996 年 6 月
英镑滚动外汇期货	1996 年 9 月
恒生香港中资企业指数（红筹）期货、期权	1997 年 9 月
3 个月港元利率期货	1997 年 9 月
台湾指数期货、期权	1998 年 5 月
恒指 100 期货、期权	1998 年 9 月
1 个月港元利率期货	1998 年 10 月
欧元日转期汇	1999 年 4 月
恒生地产分类指数期权、期货	1999 年 6 月

资料来源：香港期货交易所。

其后，经过 1980 年代后期的改革，并吸取 1987 年 10 月的教训后，香港期交所开始对买卖恒生指数期货合约的会员实行严格的风险管理，包括会员必须是香港注册公司，资本必须是实收资本及以资金为本的持仓额等。从 1992 年起，恒指期货市场再次转趋活跃，并取得了迅速发展。这一时期，香港期货交易所相继推出一系列新的金融期货、期权产品，包括恒生分类指数期货、恒生指数期权（HSI option）、股票期货、日转期汇（Rolling Forex）、长期恒生指数期权、恒生香港中资企业指数（Hang Seng China-Affiliated Corporations Index）期货及期权，以及 3 个月港元利率期货（3-momth HIBOR futures）等。1998 年，期交所又推出台湾指数期货及期权（HKFE Taiwan Index futures and options）、恒指 100 期货及期权，以及 1 个月港元利率期货等。1999 年，期交所再增设欧元（取代德国马克）日转期汇、恒生地产分类指数期权，并重新推出该类指数的期货合约（见表 4.23）。

1994 年恒指期货的成交量达到 419.3 万张，超过了 1987 年的纪录。1997 年，恒指期货合约的成交量达 644.7 万张，比 1996 年大幅增长 38.5%（见表 4.24），反映了 1997 年金融风暴前香港股市及恒指期货市场的活跃程度。到 1990 年代，顺应国际金融创新的大趋势，香港期货市场获得了迅速发展，无论是交易品种还是成交量都有了极大的增长。这一时期，

表4.24　1986年至1999年香港恒生指数期货成交量（单位：万张）

年份	成交量	年份	成交量
1986	82.5	1993	241.5
1987	361.1	1994	419.2
1988	14.0	1995	454.6
1989	13.5	1996	465.6
1990	13.6	1997	644.6
1991	53.6	1998	696.9
1992	108.7	1999	513.2

资料来源：香港联合交易所。

香港期货交易所先后与纽约商品交易所（NYMEX）和费城证券交易所签署联网协议，使纽约交易所的贵金属和能源合约、费城证券交易所的外汇期权产品能够在香港通过ACCESS$_{SM}$电子交易系统进行买卖。

注释

〔1〕 Y.C. Jao, "The Financial Structure", in David Lethbridge (ed.), *The Business Environment in Hong Kong*, 2nd edition, Hong Kong: Oxford University Press, 1984, p.125 .

〔2〕 侯运辉著，《香港银行、金融体制改革评议》，载香港《信报财经月刊》第5卷第3期，第5页。

〔3〕 饶余庆著，《香港的银行与货币》，上海：上海翻译出版公司，1985年，第74页。

〔4〕 Sir Philip Haddon-Cave, "The Change Structure of the Hong Kong Economy", paper read to the XXII Association Cambiste Internationale Congress, Singapore, June 6,1980, p.54.

〔5〕 吕汝汉著，《香港金融体系》，香港：商务印书馆，1989年，第146页。

〔6〕 薛俊豪编著，《香港金市录》，London: Rosendale Press Limited，1995年，第14页。

〔7〕 参见《香港——国际黄金贸易中心》，载《恒生经济月报》1983年1月，第9页。

〔8〕 同〔6〕，第16页。

〔9〕 同〔6〕，第37-38页。

〔10〕 谭隆著，《百年金铺谢利源倒闭》，载香港《南北极》第148期，第5页。

〔11〕 郭峯、石民著，《庄、陈、庄三头马车的倾覆——恒隆银行清盘之透视》，载齐以正、陶世明等著，《香港商场精英榜》，香港：龙门文化事业有限公司，1984年，第102页。

〔12〕 简达恒著，《银行监理专员向香港总督提交的报告》，1991年7月30日，第9-10页。

〔13〕 参阅《香港银行业离岸业务的发展》，中银集团编，《港澳经济·季刊》，香港：中银集团，1997年第4期，第6-7页。

〔14〕 中国银行行史编辑委员会编著，《中国银行行史（一九四九——一九九二）》上卷，北京：中国金融出版社，2001年，第34页。

〔15〕 香港华商银行公会研究小组著、饶余庆编，《香港银行制度之现况与前瞻》，香港华商银行公会，1988年，第73页。

〔16〕 Teter Pugh, "Absolute Integrity - The Story of Royal Insurance 1845-1995", *Royal Insurance*, p.229.

〔17〕 CLIVE A.BROOK-FOX, "Marketing Effectiveness in the Hong Kong Insurance Industry: A Study of the Elements of Marketing Strategy and Their Effect on Performance", In partial fulfillment of the requirements for the degree of masters of business administration of the university of Hong Kong, March 1982, p.4.

〔18〕 同〔17〕，p.5.

〔19〕 Yuen Tak Tim, Anthony. "A Study on The Popularity of Utilizing Insurance Brokers by Industrial Concerns in Hong Kong for Management of Their Insurance Programme", MBA thesis, Department of Management Studies Faculty of Social Science University of Hong Kong, May 20, 1986, p.3.

〔20〕同〔17〕，p.6.

〔21〕香港保险业联会创会主席 Michael Somerville,《香港保险业联会的诞生》，载香港保险业联会《十年岁月（10th Anniversary HKFI）1988—1998》，香港：香港保险业联会，1998 年，第 17 页。

〔22〕余德麟：《保险业的发展》，香港：商务印书馆，1998 年，第 120 页。

〔23〕参见《保险索偿投诉委员会接获投诉个案续有增加》，香港《今日保险月刊》，1994 年 6 月（第 66 期），第 4 页。

〔24〕香港保险业联会寿险总会，《寿险转保守则》，第 2 款，香港：香港保险业联会寿险总会，1994 年 12 月。

〔25〕香港证券业检讨委员会，《证券业检讨委员会报告书》（中文版），香港：香港证券业检讨委员会，1988 年 5 月，第 117 页。

1993 年外汇基金咨询委员会成员，前排左起为周振兴、李国宝、麦高乐、
任志刚、利国伟，后排左起为黎恪义、梁锦松、葛赉、张建东。

第五章
过渡时期货币金融制度的演变

1. 港元联系汇率制度的建立及其运作

香港的港元联系汇率制度，

在学术上的正式称谓是"货币发行局制度"（Currency Board System），

最早可追溯到1935年建立的英镑汇兑本位制，

这是香港历史上第一个货币发行局制度。

1.1　二战后香港货币制度的演变

二战后，英镑汇兑本位制开始受到考验。1949 年，英镑在二战后第一次贬值，港币跟随贬值，保持了与英镑的平价。但到 1960 年代末、1970 年代初，英镑多次大幅贬值，动摇了英镑汇兑本位制的基础。1967 年 11 月，英镑第二次贬值，贬幅为 14.3%。港元开始也跟随英镑贬值 14.3%，但在几天后即意识到这个举措对通货膨胀的影响，于 11 月 23 日上调了 10%，最后实际贬值了 5.7%。英镑的贬值直接导致了香港政府及银行系统的外汇储备的损失，因为在英镑汇兑本位制下，所有的资金都以英镑的形式保存。

1968 年 9 月，英国与英镑区国家和地区签订了巴塞尔协议。在这个协议下，只要英镑区国家和地区坚持最小的英镑储备比例，英国就保证这些国家和地区的英镑价值。香港也接受了这一协议。不过，英国最终并没有能够抵受英镑贬值的巨大压力。1972 年 6 月 23 日，英国政府宣布英镑自由浮动，英镑区也缩小到仅限于英国本土。同年 7 月 6 日，香港政府宣布港元与英镑脱钩，改与美元挂钩，港元兑美元的官方汇率定为 1 美元兑 5.65 港元。至此，英镑汇兑本位制崩溃。

不过，港元与美元首次挂钩时间并不长，发钞的安排也不同。由于当时美元亦面临贬值压力，外汇基金需要大量供应当地货币来干预市场以维持港元与美元的固定平价。因此，港府规定，发钞银行在发钞前无须将外币（主要是美元）预先交予外汇基金，只需将发行的港元数值通过拨账方式，照额贷入外汇基金开设于这些发钞银行的账户，即可换取负债证明书，外汇基金运用这些港币余额在外汇市场购入外币作为发行准备。换言之，这一时期实行的并非货币发行局制度。

1973 年 2 月 14 日，美元贬值 10%。港元虽与美元挂钩，但并未有随同贬值，港元兑美元的官方汇率调整为 1 美元兑 5.085 港元。及至 1974 年，国际间美元游资到处冲击，港元所受升值压力增加。虽然其时汇率波幅已从 1% 改为 2.25%，但因游资过多，港府根本无法在外汇市场进行大规模干预行动。在固定汇率制度下，游资的大量流入，令货币供应量反常增加，妨碍了经济的稳定发展。有鉴于此，1974 年 11 月 25 日美元与黄金脱钩后，港府即宣布港元与美元脱钩，实行自由浮动的汇率制度。

表5.1　1978年至1982年港元与美元的利率差距

年份	三月欧洲美元利率		三月香港银行同业拆息率		实质利率差距
	名义利率	实质利率（1）	名义利率	实质利率（2）	（1）—（2）
1978	8.78	1.17	7.09	1.14	0.03
1979	11.96	0.72	12.65	1.02	−0.30
1980	14.00	0.49	13.03	−2.49	2.98
1981	16.79	6.39	16.61	1.25	5.41
1982	13.12	7.05	12.55	2.05	5.00

资料来源：恒生银行，《恒生经济季报》，1983 年 7 月。

1972 年 7 月 6 日，香港政府决定港币以 1∶5.65 的比率钉住美元。第二次美元贬值不到 21 个月后，美元又经历了一次全球性的攻击，香港政府发现保持现有平价是不可能的，于是在 1974 年 11 月 25 日让港币自由浮动。当时流行的看法认为浮动汇率制让一国或地区与外部干扰绝缘，并能独立执行自己的货币政策。1976 年，香港政府成立了货币事务局，采取了一系列的措施把所有政府货币资产转到外汇基金，其中包括铸币安全基金会（Coinage Security Fund）和财政盈余部分，其目的就是让那时掌管外汇基金的货币事务局能在货币政策的实施上发挥更直接的作用。

实行浮动汇率制度的初期，香港的货币制度尚算稳定。由于国际收支的经常账户持续出现顺差，港元面对升值的压力，港汇指数从 1973 年的 103.7 上升到 1976 年的 114.4。不过，浮动汇率制在以后的运作可说甚不理想。在此制度下，港府可随意决定货币政策，虽然大多是以纸币发行所收到的港元购买外汇作发钞支持，但这并非正式规定，特别是在港元疲弱时，港府更不一定会这样做。由于没有货币管理当局影响银行体系的利率或流动资金水平，以及缺乏清晰的货币政策目标，香港开始出现缺乏有效货币政策的危机。

从 1978 年起，港元备受贬值的压力，港汇指数持续下跌，从 1978 年的 93.7 下跌到 1982 年的 80.1，4 年间下跌 14.5%。这一时期，港元贬值的原因有多方面，主要是外贸赤字持续增加，货币供应量大幅增长。港元的贬值，加上货币供应缺乏严格控制，导致了双位数字的通货膨胀，1979 年至 1983 年香港通货膨胀率平均达 12.6%，这又进一步推高利率，使港元与美元之间的利率差扩大，从而使港元贬值的压力进一步加大（见表 5.1）。

1970 年代末 1980 年代初，由于缺乏有效的货币管理，加上宽松的监管使信贷过度膨胀，港元资产价格大幅上涨，吸引资本大量流入，形成了 1981 年地产、股市高潮。1982 年，香港的基本经济因素急剧恶化，资产价格下跌，银行对地产界的过度放款又造成流动资金短缺。当时，香港金融体系已经非常脆弱，并面临沉重的压力。1982 年，美元大幅升值，港元贬值压力加大。就在这一最艰难的时刻，政治冲击来临。

从平常的标准看，浮动汇率制下的货币政策只能说是一个失败。众所周知，在这种体制下，浮动汇率制必须忍受经济上的严重冲击。为了使这种制度平稳运行，货币和信用体就必须坚决稳定，但正是这种货币和信用增长的限制使浮动汇率制的实施未取得成功。1975 年至 1983 年，M_1、M_2、M_3 和银行信用增长率为 11.8%、26.6%、33.0% 和 29.8%，远高于当时的年经济增长率 9%。于是年通胀率从 1970 年代中期的 5% 上升到了 1980 年至 1983 年的 12.7%。港币从 1977 年开始贬值成为软通货。

对货币和信用的放松管制加剧了商业周期波动，出现了货币政策方面的轻率和无规律，并最终导致了 1982 年至 1986 年间的银行危机。在那个时候，货币政策既不是坚持规则也不是保持谨慎，在控制物价和货币数量方面也没有成功。现在回顾看来，浮动汇率制垮塌的主要原因有以下几个：

第一，货币发行制度在 1972 年 7 月有了重大的改变。在此之前，签发港钞都必须把英镑或美元上交给外汇基金以获得 CIs（负债证明书），现在发钞行可以用相同的港币来取得信用，外汇基金用这个收入在公开市场购买外汇。当港币走强时，这个安排没有问题。货币当局错误之处在于坚信在这种制度下港币将始终走强。当港币在 1977 年 3 月走弱后，货币当局遇到了困境，前货币事务局助理秘书这样描述："发钞行取得信用而支付给金管局的收入最终在香港外汇市场上出售并在适当的时候投资在外汇上，这主要看市场状况而定。所以当港币相对较弱时，从增加发行港币所得收入就难以转化为外汇，甚至有时候外汇基金也成为外汇的出售者。港币走强时，新港钞发行所得收入得不到转化，港币的平衡将被打破。"1977 年至 1983 年间，市场对港币的预期并不乐观，公众意识到当局没有足够的外汇，于是形成恶性循环。总之，先前货币发行时的外汇限制被之后毫无限制的规定所取代。

第二，当局采取了错误的措施：他们在 1982 年 4 月取消了外汇存款的利息税，但只把港币存款的利息税从 15% 降到了 10%。这个差别待遇使得 1970 年代末开始的转移港币存款的活动进一步扩大。

第三，货币政策手段的缺乏阻碍了货币政策的实施。中央银行和活跃的政府债券市场的缺乏使得贴现率和公开市场业务两个最重要的工具没有用处。用港币而不是外汇做准备金使得准备金方面的调整效果不佳，因为香港的流动性比率一直被认为是谨慎措施，而不是货币控制措施，特别是对于具有外国血统的存款机构来说，能够随便进行控制。唯一剩下的利息率变动很迟钝，甚至被一些巨头所产生的行为所抵消。道德劝告在 1970 年代也被尝试过，却没有任何效果。绝望之中，当局只得求助于其他一些特别的办法。在 1979 年 2 月，100% 的准备金率实施了。货币委员会被授权可以通过同业间的回购和信用扩张活动而缩小。依靠在短期内推高货币市场利息率，当局希望经常性借款人被迫把外汇出售，或削减他们的借款活动。这个工具的效果却要依靠金管局的能力而定。事实表明以上措施都只在短期内起到了一些作用。

1.2　港元联系汇率制度建立的背景

港元联系汇率制度的产生，有其特定的经济、政治背景，可以说是特定政治、经济的产物。从经济方面看，是实施浮动汇率制度所带来的冲击。

从政治方面看，1982 年 9 月，英国首相撒切尔夫人访问北京，中英关于香港前途问题的谈判拉开序幕。在其后一年间，中英两国谈判陷入僵局，政治气氛转趋紧张，社会上各种猜测和传闻甚嚣尘上，触发了港人信心危机。人们纷纷在金融市场抛售港元资产，抢购美元及其他外币资产，一些大银行和外国公司也陆续开始将部分资产撤离香港，部分投机家利用人心浮动的时机大肆进行港元投机，而港府则迟迟没有采取有效措施加以制止，种种因素都加剧了港元贬值的压力。1983 年 9 月 9 日，香港银行公会宣布自翌日起，将利率调高 1.5 厘，达到 13 厘。即使如此，港元汇率还是跌到新的历史最低点。9 月 14 日，港元兑美元汇率跌至 1 美元兑 7.89 港元，在撒切尔夫人访问北京后的短短一年间，港币贬值三分之一。

1983 年 9 月 16 日，港府财政司彭励治公然表示："政府不可能将港元汇率稳定在任何特定水平，这必须取决于市场的力量。"他指责中国银行香港分行大量购买美元从而加深了危机，并警告说，除非中国内地"对谈判的进展给予肯定的表态"，否则港元的下跌不可能停止。[1]彭励治的言论遭到中方的猛烈还击，中方谴责港英政府，不仅没有采取适当措施稳定港元，而且蓄意使港币下跌从而向中方施加压力。

9 月 24 日（星期六），中英发表的第 4 轮谈判公报上省略了惯常用语"有益的和有建设性的"字眼。当日，几乎所有外商都拒绝接受港币，银行及找换店的美钞卖到竭市，港元兑美元的汇率跌至 1 美元兑 9.60 港元的历史最低水平，比 1982 年底 1 美元兑 6.49 港元大幅下跌 48%，实质港汇指数亦进一步跌至 57.2 的新低位，显示人心已进入恐慌状态。下午，大批市民涌入超级市场抢购罐头食品、干货、家居用品等，凡是能够保存的东西都被抢购一空。市场上，对银行和金融机构清偿能力的谣言四起，整个金融体系已岌岌可危。

这就是所谓的"黑色星期六"，它包括了三个危机：货币危机、银行危机和财政危机。当时，香港正经历 1981 年至 1984 年的资产市场崩溃，股市和地产市场价格的大幅下跌引发了 1983 年至 1986 年的银行危机，政府也出现了连续两年的财政赤字。正如香港大学教授饶余庆所说："如果不知道 1982—1983 年史无前例的金融危机，就很难充分了解 1983 年 10 月匆忙上台的第二次货币局制度的重要性。"

1980 年代初港府财政司彭励治。

尤德爵士風尘僕僕北京歸來

港商討論港元暴跌高层紧急对策

会商近两小时检讨银行宣布暂不加息

美元升破九六大关银行宣布暂不加息

两小时检讨时况内容保密

昨晚抵港相隔時間逗暫所致，會議日期是在港督離港往北京前已作出。是次會議令港督能夠在外交部次官抵港進行商討前與行政局檢討當前的情況。（生）

（特訊）港督尤德爵士昨日于午名開行政局緊急會議，商對應付港元暴跌的對策問題。不過，有關詳情未予透露。收盤電訊昨午下午十二時，港元兑美元的歷史新低點。風雲變幻由京抵港的尤德爵士昨晨甫下機即為政問題作出緊急安排，得以向行政部次官雷斯行目已就下午五時三时卅分在布政司署舉行緊急會議。布政司夏鼎基記者表示：會與政府等共商應付港元急跌的對策問題。但他七時十五分結束，到晚上時程候由京抵港的尤德爵士在離開布政司署時對記者表示：布政司夏鼎基爵士及財政事務已就下午行商討港元急跌對策問題。鍾士元表示：「這是基於保密要求。」民政司黎敦義會後對記者表示，這次會議後將較短些，但這次會議雖然短促，但這是次會議日期是次會議令港督能夠之前，尤德爵士去北京之前已安排，但是次會議日期是在港督離港往北京前所以向行政及官事務部次官雷斯今次北京之進情。不過，他表示有關評情況，他表示有關評情況不能透露。

1983 年 9 月 25 日有关港府商讨港元暴跌对策的报道。

面对港币可能被挤提的严重危机，香港政府开始考虑改革货币制度，以挽救急跌中的港元汇率。9 月 25 日，港府发表一份公告，宣布政府正在"积极制定"一项新的货币稳定计划，而港币的完全可兑换性则是采取任何货币稳定计划的基本前提。该公告还表示，这意味着将对"货币发行机制"进行较大改革，以便"产生一种能够更准确反映基本经济实力的汇率"。公告并申明，香港任何人在当地交易中要求用外币支付均属违法。为配合政府的措施，银行公会于 9 月 26 日宣布，自翌日起把存款利率提高 3 厘，两家发钞银行也将其最优惠利率提高 3 厘，以支持急跌中的港币。这份公告发挥了稳定人心的作用，9 月 26 日（星期一），港元兑美元汇价反弹至 1 美元兑 8.40 港元。到联系汇率推出前夕，对港元的投机活动差不多完全停止，港元兑美元汇价逐渐稳定在 1 美元兑 8.15 港元至 8.80 港元的范围内。

1.3 港元联系汇率制度的建立及其运作机制

1983 年 10 月 15 日（星期六）中午外汇市场收市后，香港政府宣布了两项措施（2-Point Programme）：第一，取消对境内港元存款应收 10% 利息预扣税款，这抵消了拥有外币存款的税收优势，目的是增强境内港元存款对投资者的吸引力；第二，改变港钞发行机制，即废除自 1974 年以来实行的浮动汇率制度，改为实行与美元挂钩的联系汇率制度，它重新要求发钞银行在发行港钞时必须按官定汇率将等值的美元上交给外汇基金以换取负债证明书。新措施从 1983 年 10 月 17 日起生效（见表 5.2）。其中，第二项措施对香港的货币、金融体系产生了极其深远的影响。

新的货币发行制度被称为"联系汇率制度"（Linked Exchange Rate，简称 LER），或又称为"美元汇兑本位制"（Dollar Exchange Standard，简称 DES）。联系汇率制度是在香港金融危机的关键时刻实施的，它被广泛地认为是货币局制度的重建。当然，除了美元代替英镑成为锚住货币外，DES 与 SES 也有一些技术上的差别。1973 年布雷顿森林体系崩溃前，大部分国家和地区都实行固定汇率制，这些国家的货币当局包括香港，都被迫干预外汇市场，使汇率波动范围保持在平价的 2.25% 之内（后来减少到 1%）。因此，DES 是一种有管理的浮动。还有 DES 下的货币委员会对于买卖美元不收取差价费。然而，在 SES 下，差价费是根据时间进行调整的。SES 就导致了发钞银行的抱怨。

根据港府的安排，在联系汇率制度下，发钞银行（汇丰银行和渣打银行）在发行

表5.2	港元汇率制度的演变	
日期	汇率制度	参考汇率
1863—4/11/1935	银本位	银铸的辅币为合法货币
12/1935—6/1972	与英镑挂钩 与英镑挂钩	1 英镑 = 16 港元 1 英镑 = 14.55 港元
6/7/1972	与美元挂钩，干预上下限为核心汇率 ±2.25%	1 美元 = 5.65 港元
14/2/1973	与美元挂钩	1 美元 = 5.085 港元
25/11/1974	自由浮动	浮动汇率例子 1 美元 = 4.965 港元（25/11/1974） 1 美元 = 9.600 港元（24/9/1983）
17/10/1983	与美元挂钩的联系汇率制度	1 美元 = 7.80 港元

资料来源：香港金融管理局。

港钞时，必须按 1 美元兑 7.8 港元的官定汇率向外汇基金缴付美元，作为发行货币的准备金，而外汇基金则向发钞银行发出同意发行港币的负债证明书。相反，如果部分港元要从流通中撤回，发钞银行将负债证明书退还给外汇基金，并按 1 美元兑 7.8 港元的官定汇率收回美元。该制度实施时，发钞银行在为其他持牌银行提供或回收港币时，也按 1 美元兑 7.8 港元的汇率，通过各银行在汇丰设立的结算账户进行港元与美元的交换运作（见图 5.1）。不过，自 1994 年港府改革发钞银行与其他持牌银行的现钞交收制度后，官定汇率改为市场汇率。

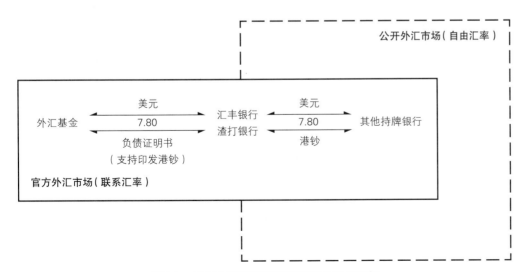

图5.1　1994年前港元联系汇率制度运作图解

被誉为"联汇之父"的祁连活。

表5.3　货币局制度在全球的实施概况

国家 / 地区	实施年份	基准货币
福克兰群岛	1899	英镑
百慕大	1915	美元
直布罗陀	1927	英镑
法罗群岛	1940	丹麦克朗
文莱	1967	新加坡元
开曼群岛	1972	美元
香港	1983	美元
阿根廷	1991	美元
爱沙尼亚	1992	德国马克
立陶宛	1994	美元
保加利亚	1997	德国马克

资料来源：香港金融管理局。

根据联系汇率制度，港元兑美元的官定汇率只适用于外汇基金与汇丰、渣打等发钞银行之间，并延伸到银行同业港钞市场。而在公开外汇市场，港元汇率仍然是自由浮动的，并由外汇市场上对港元的供求关系来决定。因此，在联系汇率制度下，香港存在着两个平行的外汇市场，即官方外汇市场和公开外汇市场，也存在着两个平行的汇率，即官方的联系汇率和自由浮动的市场汇率。

港元联系汇率制度从学术上讲，就是"货币发行局制度"（Currency Board System）。该制度起源于英国，历史上第一个货币发行局是1849年在非洲毛里求斯建立的。1983年香港联系汇率制度的实施，可以说标志着货币局制度在1980年代以后的再次实施（见表5.3）。

在货币局制度中，货币局代替中央银行发行货币，并随时准备按照既定汇率进行本币与储备货币之间的交换。与以中央银行为中心的货币制度相比，货币局制度主要有以下两个重要特征：

（1）本国（地区）的法定货币不是由中央银行发行的，而是由一独立的货币发行局发行的，该货币局本身不行使无论是中央银行（除发钞外）或商业银行的任何职能。

（2）这种法定货币的发行必须有100%的外汇储备作保证，它必须与一个可以作为国际储备的基准货币，按照一个事先约定的固定汇率进行双向无条件兑换。因此，法定货币的供应量基本上是由本地国际收支状况和内部经济规模来决定的。而在中央银行制度下，政府和商业银行都可通过向中央银行借款发放货币，不受外汇储备的限制。因此，中央银行在制定货币信贷政策时，其自由度要比货币局大得多，如中央银行可以控制本国利率，可以充当"最后贷款人"的角色，并向政府提供贷款，而货币局却没有这些功能。

在联系汇率制度下，维持与稳定本币与基准货币的固定汇率有两个内在的自我调节机制，其运作方式与金本位制类似，只是基准货币代替了黄金。其一是所谓的黄金移动机制（Specie-Flow Mechanism），即康迪伦－休谟（Cantillon-Hume）机制。其二是银行间的套利和竞争，其运作方式与"黄金输出入点"（Gold Points）相似。在金本位制下，汇率的波动不会很大，否则经济单位将输出黄金以平衡对外账户。在货币局制度下，银行间的套戥和竞争将会使得市场汇率趋向官定汇率。[2]

在金本位制下，汇率的波动不会很大，否则经济单位将输出黄金以平衡对外账户。在货币局制度下，银行间的套利和竞争将会使得市场汇率趋向官定汇率。因此，联系汇率制度创始人祁连活（John Greenwood）就认为："这个机制的妙处就在于它是自动调节的。"[3]

（1）黄金移动机制（康迪伦－休谟机制）。[4]黄金移动机制原来是指金本位制条件下一国或地区经济内外部平衡的自动调节机制。这一机制的运作方式是：当一国国际收支出现赤字时，即意味着该国黄金外流，国内货币供应减少，在商品价格具有完全弹性的情况下，国内物价水平下降，导致本国出口增加，进口减少，国际收支赤字消除并出现盈余。

对于金本位制下的黄金移动机制的首先阐述，过去经济学界都公认为始于英国哲学家和经济学家大卫·休谟（David Hume）。不过，近年来的研究表明，爱尔兰经济学家查理德·康迪伦（Richard Cantillon）在休谟之前已发现了这一经济规律。因此，黄金移动机制又称为"康迪伦－休谟机制"。

由于香港联系汇率制度是货币局制度的变种，而货币局制度又可视为金本位制的变种，只是黄金被美元取代。一般而言，黄金移动机制同样适用于联系汇率制度。当然，在康迪伦－休谟时代，运用黄金移动机制有几个前提条件：

① 有关分析仅限于往来账户；

② 货币供应量等于流通法定货币；

③ 商品价格假定具有完全弹性。

这些前提条件在现代经济社会似乎已经消失。因此，黄金移动机制是否适用于现代社会成了疑问。对

货币发行局制度

本港的货币发行局制度确保本港的货币基础以外汇储备提供十足支持，而所用的固定汇率是 7.8 港元兑 1 美元。

根据规范货币发行局制度所用的货币规则，货币基础任何变动（不论扩大或缩小）必须有外汇储备的相应变动完全配合。

英国于 19 世纪开始在各个殖民地引入货币发行局制度，以减少运送白银的费用。香港最先在 1935 年推行货币发行局制度。目前全球最少 8 个国家或地区推行货币发行局制度。若推行得宜，货币发行局制度应具备下列特点：

· 简单
· 可靠
· 高透明度
· 市场可清楚掌握运作机制
· 具公信力

近年本港致力强化及发展货币发行局制度，使之更趋向规范化，并借此减少受外来冲击的机会。

货币发行局调节机制：

资料来源：香港金融管理局《香港金融货币简介》。

此，香港大学饶余庆教授运用"基础货币"概念对这一机制作当代解释。他将弗里德曼和施瓦茨（Friedman and Schwartz）著名的货币量决定方程式给予修改得出：[5]

$$\hat{F}/F \cong \hat{M}/M（货币供应量增长率）\cong \hat{H}/H（基础货币增长率）$$

其中 M 是货币供应，$M=C+D$；H 是基础货币，$H=C+R$；C 是法定货币（流通纸币），D 是银行存款，R 是商业银行在中央银行或金融管理局的现金准备，F 是外汇储备。

该等式的结论是：外汇储备的变动率，与基础货币和货币供应量的变动率大致相同。根据康迪伦–休谟机制的现代解释，假设因港元受狙击或资本流动致使外汇减少，由于外汇（主要是美元）减少，不仅不能增发港币，还会被迫向外汇基金交还负债证明书而赎回美元，这就必然导致基础货币减少。如果基础货币和货币供应量之间存在一定的关系，那么货币供应量将会减少，结果使利率上升，物价下降，最终达到稳定汇率的目的。

换言之，假如本币受狙击或资本流出致使外汇减少，货币局将被迫收缩本币发行，从而导致基础货币减少，进而使货币供应量减少。货币供应量减少的结果是利率上升，物价下降，最终达到稳定汇率的目的。这一调节机制是自动的，持续的，与官方采取的任何干预行为无关。而在非货币发行局制下的固定汇率，基础货币并无十足的外汇储备，外汇储备减少并不会导致基础货币和货币供应量的收缩。因此这种汇率制无法长期抵御投机浪潮。

香港的"基础货币"包括三部分，一是已发行银行纸币和硬币的兑额（M_0）；二是持牌银行通过金融管理局在外汇基金开设的结算账户的余额（兑额）；三是未偿还的外汇基金票据和债券兑额。1997 年亚洲金融风暴前，香港的基础货币中，只有第一部分，即已发行银行纸币和硬币的兑额有 100% 的外汇准备，其他两部分均缺乏 100% 的外汇支持，所以黄金移动机制的自动调节效应实际上并不充分。

（2）银行之间的套利和竞争机制。这种机制的运作方式与过去的"黄金输出入点"相似，在金本位制下，汇率波动幅度不会很大，否则，经济单位将输出黄金以平衡对外账户。银行之间的套利和竞争机制，主要通过银行及其他金融机构之间的套利和竞争的相互作用，促使市场汇率趋向联系汇率。在发钞银行向外汇基金的套汇活动诱因的约束下，港元汇率偏离 7.8 官方汇率的幅度不会超过交易成本，假设市场汇率上升到 7.9，所有发钞行都会有诱因向外汇基金交付负债证明书而以 7.8 的汇率赎回美元，再以 7.9 的市场汇价在市场上抛售，从中赚取差价获利。这样，港元现钞回笼令港元供应减少，利率上升。从而使市场汇率和官方汇率趋同。相反，当市场汇率跌到 7.7，发钞银行将按联系汇率用美元向外汇基金换取港元，结果使港元供应增加，利率下跌，市场汇率上升至联系汇率（见图 5.2）。

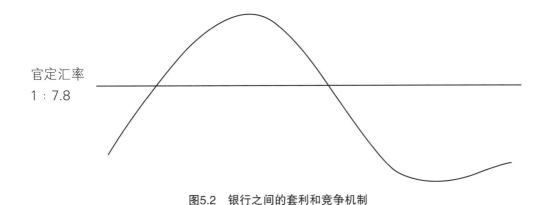

官定汇率
1：7.8

图5.2　银行之间的套利和竞争机制

　　这种机制在现行的美元汇兑本位制下是可行的，因为港币是按同一固定汇率发行和赎回的，而且没有外汇管制，这在以前的英镑汇兑本位制则不可行。因为当时外汇基金用不同的汇率买卖英镑，而且对英镑买卖有严格限制。在典型的非货币发行局式的固定汇率下，中央银行可以在某段时间内买卖外汇稳定汇率，但仍可继续发行更多的钞票或增加货币供应量。因此，它没有自动调节机制。

　　诚然，有人对联系汇率制的套利和竞争机制表示质疑，有评论者指出，当港元市场汇价低于联系汇价时，发钞银行无法从市场上收集大量美元现金以官价卖予外汇基金从中获利；而当市场汇价高于联系时，银行因考虑要维持储备以应付客户提取现金所需时，亦未敢放心根据官价以港元向外汇基金大量兑换美元。此外，由于套利只限于以现金进行，银行不能利用货币市场进行套利，市民不能直接参加套利，这一切都影响了调节机制的功能。饶余庆教授亦认为：港元市场长期未能完全趋同联系汇率，显示套利机制存在着一定问题。

　　值得指出的是，在典型的货币局制度下，上述两个调节机制是自动的、持续的，不须政府采取任何干预行动。而在中央银行的制度下，汇率的维持与稳定主要由中央银行通过公开市场操作进行。

1.4　港元联系汇率制度初期对香港经济的影响

　　1983 年 10 月，香港在政治上面临前途问题困扰，经济上出现港元大幅贬值、金融体系处于崩溃边缘之际，放弃了实施多年的浮动汇率制度，实行钉住美元的联系汇率制度。该制度在运作之初，即显示其效用，迅速扭转了港元不断贬值的趋势，一举拯救了香港金融体系的危机，使香港经济得以平稳进入过渡时期（见图 5.3 ）。

10 月 15 日，即港府宣布实施联系汇率当天，港元兑美元汇价是 1 美元兑 8.08 港元，10 月 17 日联系汇率实施第一天，港元兑美元汇价升至 1 美元兑 8.02 港元，18 日报 7.88 港元，19 日报 7.82 港元，20 日报 7.78 港元。及至 10 月底，港元兑美元汇价报 1 美元兑 7.8080 港元，11 月底报 7.8110 港元，12 月底报 7.7820 港元，显示港元汇率已趋稳定，并贴近联系汇率水平。

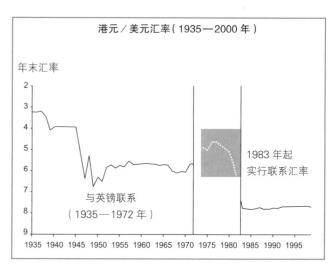

图5.3　港元兑美元汇率走势图

资料来源：香港金融管理局。

在联系汇率制度实施初期，资金外流的压力从汇率转向利率，银行同业拆息利率曾一度飙升至 41 厘的高位，但紧缩效应很快使资金外流转为流入，并使利率逐步恢复正常水平。可以说，联系汇率的实施使面临崩溃的货币、金融体系迅速恢复稳定和秩序。当然，成功的背后还有一系列有利因素的配合，其中主要是中英谈判再度顺利展开，市民信心开始恢复，以及香港经济开始好转等等。

货币局制度实施以来，香港经受了一系列严重的政治、经济事件的冲击，包括 1984 年至 1987 年间 5 次港元投机风潮，1987 年全球股灾，1989 年政治性挤提，1991 年国际商业银行倒闭事件，1992 年中英政治争拗，1994 年墨西哥金融危机触发的亚洲股市风暴及巴林银行倒闭事件等。然而，这一期间港元兑美元的最低价仅为 7.950，最高价为 7.714，波幅未超过 2%，港元与美元的市场汇率平均为 7.7796，较 7.8 的联系汇率仅高出千分之二，表现出相当强的稳定性。

从通胀水平看，1984 年到 1997 年，香港通胀率从 9.4% 下降到 5%。香港通胀率较高，主要是因为经济处于结构转型时期，非贸易商品价格尤其是土地价格上涨过快。其间，香港贸易品价格仍然比较稳定，对外贸易快速发展，国际收支一直处于盈余状态，外汇储备增加到 900 亿美元以上，居世界第三位。

从经济发展情况看，香港在实施货币局制度的首 10 年间（1984—1994 年），实质本地生产总值 GDP 年均递增率为 6%，人均 GDP 年均增长率为 5%，有形及无形贸易盈余平均占本地生产总值的 8%，财政盈余平均占本地生产总值的 2%。1999 年香港人均 GDP 达 26,302 美元，比 1985 年增长三倍，在全球稳居前 10 名。

总体而言，香港在实施货币局制度以来，其金融市场稳定发展，整体经济运作良好，国际金融中心、贸易中心和航运中心的地位不断得到巩固和加强。所

1992 年中英政治争拗引起港元投机风潮，中为中方谈判代表鲁平。

有这些，货币局制度都发挥了积极的作用。诚然，货币局制度亦有其重大的负面影响。1980 年代中后期，美国经济衰退，须不断调低利率刺激经济复苏，这迫使港元利率在经济过热情况下仍不得不下调，结果给居高不下的通胀火上加油，形成银行体系的负利率，驱使大量资金投机证券、地产市场，形成 1990 年代中期的"泡沫经济"，为日后金融危机埋下伏笔。在亚洲金融危机中，香港货币局制度虽然成功击退了投机势力的攻击，保持了港币的稳定，但是由于利率的大幅上扬使股市、地产严重下挫，经济进入二战后最严重的衰退之中。在联系汇率制度下，香港经济的内外部平衡无法通过汇率调整实行，被迫持续地通过内部价格下调，即通货紧缩完成，这成为香港经济持续不景的原因之一。香港经济为此付出了沉重代价。

2. 汇丰：淡出"准央行"角色 与中国银行参与发钞

长期以来，

汇丰银行作为香港第一家本地注册银行，

又是唯一一家总部设在香港的英资银行，在香港金融体系中处于特殊地位。

汇丰银行的这种特殊地位，

集中表现在它以私人商业银行的身份担任中央银行的多重职能，

扮演着香港"准中央银行"的重要角色。

2.1　汇丰：香港的"准中央银行"

汇丰银行的"准中央银行"角色主要表现为五个方面：

（1）香港的主要发钞银行。香港没有中央银行，传统上，作为中央银行职能之一的钞票发行，香港政府授权商业银行负责。1865 年汇丰创办不久，即开始发行钞票，时间上稍迟于东藩汇理、有利和渣打等三家银行。后来，东藩汇理银行破产，有利银行于 1959 年被汇丰收购、1978 年被港府取消发钞权，香港的发钞便一直由汇丰和渣打两家银行负责。其中，汇丰的发钞量一直占八成以上，成为主要的发钞银行。由于发钞的费用是由外汇基金承担的，发钞银行等于享受"免费广告"，对其商誉价值产生重大影响。发钞银行的地位，使汇丰在业务竞争上，尤其是在吸收存款方面占尽优势。同时，汇丰的形象亦成为港元信用的象征，对港元的稳定性产生举足轻重的影响。

（2）香港政府的主要往来银行。汇丰银行在创办之初就与香港政府建立了密切的合作关系，长期以来一直是港府的主要往来银行。港府的外汇、财政储备和政府的现金收支，主要由外汇基金和库务署分别承担管理，再由这两个机构与有关银行往来。一般估计，港府存于各银行的款项中，汇丰银行占一半以上。作为港府的主要往来银行，汇丰享有一个稳固的存款基础。

（3）受港府委托担任"最后贷款者"角色。"最后贷款者"是中央银行的重要职能之一，它包含两层含义：其一是有责任向受不利谣言困扰的银行提供流动资金援助，或有需要时以注资方

长期以来，汇丰一直担任香港的"准中央银行"，图为汇丰银行大厦内景，摄于 1997 年。

式拯救有问题银行；其二是向资金紧张的银行体系注入资金，以及向对当日同业市场收市后缺乏头寸的银行提供隔夜信贷。在香港金融体系中，"最后贷款者"的职能是由港府的外汇基金与汇丰、渣打两家发钞银行共同承担的。在 1960 年代中期和 1980 年代初中期的金融危机中，港府都是与汇丰、渣打商议，委托这两家发钞银行出面挽救或代为管理陷入财务危机的金融机构。同时，汇丰银行凭借着雄厚的存款基础，一直在向银行同业市场提供信贷中担当主要角色。

　　（4）香港银行公会中央票据结算所的管理银行。1981 年，汇丰与香港银行公会达成协议，出任票据交换所（Clearing House）的管理银行，向香港银行体系提供中央结算服务。《香港银行公会票据交换所条例》规定，银行公会全体会员银行（持牌银行）的票据交换、结算和转账，均须在银行公会的票据交换所进行。在这一体制中，中央票据结算所的管理银行处于最重要地位，管理银行之下是结算银行，包括汇丰、渣打、中国、东亚、广东、华比、万国宝通、华侨、上海商业和永安等 10 家持牌银行，其余为次结算银行。次结算银行须在结算银行开设账户，而结算银行则须在作为管理银行的汇丰开设账户。票据结算过程中若其他结算银行在汇丰的账户出现结余，汇丰不须支付利息；若出现透支，结算银行则须向汇丰交付利息。由于按规定其他结算银行必须在汇丰的账户中经常保持充裕的结余资金，以应付结算之用，使汇丰可以经常拥有一笔巨额的免息款项。此外，汇丰作为中央票据所的管理银行，可以了解整个银行体系的现金流动状况，掌握香港银行业的脉搏。

（5）香港政府的首席银行家和金融顾问。长期以来，汇丰一直扮演港府首席银行家和金融顾问的角色，并作为港府的代理人执行货币政策。汇丰银行主席一直是香港行政局的当然成员，汇丰银行又是香港银行公会 3 名永久会员之一（其余 2 名分别是渣打银行和中国银行），并与渣打银行轮流担任公会的正、副主席（中国银行在 1994 年 5 月参与发钞后开始加入"轮流"行列）。汇丰银行还是港府外汇基金咨询委员会的委员之一。

因此，汇丰银行直接参与了香港政府在金融以及其他经济方面的重要决策，并在这些政策制定过程中具有重大影响力。

2.2 过渡时期汇丰淡出"准中央银行"的部署

踏入过渡时期，香港英资财团纷纷急谋应变对策，两家总部设在香港的最大英资财团——怡和及汇丰，均加紧部署集团国际化战略，从一家以香港为基地的本地公司蜕变成一家海外跨国公司，以便在香港建立起进可攻、退可守的战略态势。不过，与怡和相比，汇丰的部署更低调、更缜密。

汇丰淡出"准中央银行"的第一步，是 1987 年 7 月 15 日与香港政府金融事务科签订"新会计安排"。根据协定，汇丰须在港府外汇基金开设一港元账户，并在此账户保持一余额，其数额不得少于银行体系所有其他银行结算账户总净额；账户内的贷款余额不计利息，若余额降至结算净额以下，汇丰须就此差额向外汇基金付利息；外汇基金可酌情使用该账户，结算其与汇丰及其他持牌银行所进行的港元交易。

"新会计安排"实际上从两个方面削弱了汇丰的特权：其一，将对银行体系结算余额的控制和支配权，从汇丰银行转移到外汇基金，此举无疑强化了外汇基金控制银行同业市场的能力；其二，将过去凭借管理结算而获得的垄断利润从汇丰银行转移到外汇基金，由于汇丰须在外汇基金开设一港元账户，其余额不得低于银行体系其他银行的结算净额，否则汇丰须向外汇基金支付利息，这样汇丰就丧失了免息使用其他银行贷方余额的特权。汇丰主动淡出"准央行"地位，表明它将逐步放弃在香港的特殊地位，迈向国际化。

1989 年 8 月 22 日，汇丰银行在公布业绩时，宣布了两项重要改革措施：其一是修订长期沿用的汇丰银行条例；其二是根据公司法重新注册，并改名为"香港上海汇丰银行有限公司"（The Hong Kong Shanghai Banking Corporation Ltd.）。汇丰的解释是：汇丰银行的组织章程自 1865 年以来并无大的变化，汇丰银行是香港上市公司中唯一按其本身条例而非公司法注册成立的，而公司法的规定除极少数外，均不适用于汇丰银行。

由于这种区别，汇丰往往被视为享有特权，而这种特殊的性质使汇丰在海外发展时遇到不少麻烦。因此，汇丰决定对汇丰银行条例作出若干修订，使之现代化，令香港公司法适用于汇丰，从而进一步摆脱"准中央银行"的形象，为汇丰的国际化战略扫除障碍。当时，汇丰主席蒲伟士表示："历史遗留下来的事实属异常而不符合现代化做法，虽然汇丰持有不同看法，但不时有人认为此种做法令汇丰享有特殊或特权地位，汇丰亦同意此种情况过时而令人混淆，因此必须修例而达致现代化。"

汇丰的修章行动显然是其淡出"准央行"的又一重要步骤。香港舆论认为，此举显示汇丰的深谋远虑，是为汇丰日后的迁册及海外发展做准备。因为根据汇丰银行条例，汇丰的总部必须设在香港，汇丰若要进行任何重大改组，很多需要立法局批准，这对汇丰不利。汇丰希望以淡出"准央行"、放弃特权，换取对银行日后发展的更大自由，以适应"九七"的转变。[6]

在完成淡出"准央行"的两个重要步骤后，汇丰即着手进行集团结构重组。1990 年 12 月 17 日，汇丰银行在暂时搁置与英国米特兰银行合并计划后不久，宣布结构重组，主要内容是：

（1）将汇丰属下一家设在伦敦的公司，升格为集团的控股公司——汇丰控股有限公司（HSBC Holdings PLC），持有汇丰在世界各地包括香港的全部资产。汇丰控股在英国注册，但总部设在香港，管理及控制由香港方面负责。

（2）汇丰银行现已发行股份转移到汇丰控股名下，汇丰银行股东将成为汇丰控股股东，汇丰控股将发行新股，每 4 股汇丰银行股份将换 1 股汇丰控股，将原有股数削减四分之三，以利在海外上市。

（3）汇丰控股将取代汇丰银行在香港及伦敦证券交易所上市，并以香港为第一上市市场。

（4）汇丰银行成为汇丰控股的全资附属公司，仍维持在香港注册，负责香港地区的业务。

汇丰的结构重组，实际上是继怡和之后的变相迁册，将控股公司和注册地迁到伦敦，这在香港引起相

1990 年 12 月 17 日，汇丰银行主席蒲伟士（右）在记者会上宣布汇丰重组，变相迁册英国伦敦。

当大程度的震动。对此，汇丰发表声明进行解释。根据汇丰的声明，汇丰结构重组的原因主要有两点：一是推进集团国际化的需要，二是应对香港"九七"的转变。以汇丰主席蒲伟士的一句话概括，是"政治形势促成的商业决定"[7]。

汇丰主席蒲伟士在接受访问时解释说："很多像汇丰这样规模的银行，都会成立控股公司，把附属公司纳入一统，由于现时汇丰仍未有成立控股公司，海外的银行监管机构和外国法律界人士都感到混乱，这个问题在与英国米特兰银行商谈合并，及在美国进行投资时均曾造成困难，目前汇丰的公司组织架构，是国际化发展的一重障碍。"

蒲伟士还解释说："我有信心，一国两制可行，但这是建基于两个假如——一、假如中国内地与香港能建立彼此谅解的关系；二、假如双方能理智地处事。愈接近九七，假如双方互不谅解，别人会开始怀疑汇丰的未来实力；当汇丰无法在国际金融界顺利运作，业务呈现衰弱，甚至资金外流，港汇备受压力，若耽误至离九七前一两年才急急进行改组，我认为那便太迟了，因此我们有理由早做安排。"[8]

汇丰变相迁册后，香港舆论对汇丰继续担任"准中央银行"的角色提出不少质疑。《香港经济日报》的政经短评就指出："以汇丰财力及其从香港多年取得的经营利益，理应义无反顾地协助稳定香港的经济大局，但在迁册之后令角色变换，在形迹上已减轻汇丰对香港的承担，未免令人有更多的忧虑。"[9]《信报财经新闻》的政经短评则认为："由于汇丰对香港前景已起戒心，香港政府与汇丰的关系应进行调整。……我们认为，港府应从速培养对香港有归属感的银行，以分担汇丰在香港金融业上扮演的角色。"[10]有评论甚至指出：汇丰迁册所造成的最大影响，相信是唤醒中国银行的"接班"意识，以当仁不让的姿态迎接"九七"的到来，中银集团在香港金融业的地位会逐步加重。[11]

实际上，汇丰也充分意识到这一点，1988年的"新会计安排"、1989年的修章行动，就是其淡出"准央行"的重要步骤。1992年6月，港府设立流动资金调节机制，汇丰将"最后贷款者"的职能转移给外汇基金。1996年12月，金融管理局设立即时支付结算系统，汇丰卸去中央票据结算系统管理银行的职能。至此，汇丰完全淡出"准中央银行"角色，香港的金融体制发生深刻变化。

2.3 "帝国还乡战"：汇丰兼并米特兰银行

进入过渡时期，汇丰在淡出"准央行"的同时，即加快海外投资的步伐，积极推动集团国际化战略。

历史上，汇丰银行除积极拓展香港及中国内地的金融业务外，其在海外的业务一直相当活

1977 年至 1986 年出任汇丰银行主席沈弼。

跃。1865 年汇丰创办后，即在伦敦开设分行，翌年又在日本开设分行，成为日本历史上第一家外资银行。1880 年汇丰在美国纽约建立分行。因此，早在 19 世纪，汇丰银行的分行网络已横跨亚、欧、美三大洲。不过，长期以来，汇丰的业务重心一直在香港。1958 年和 1960 年，汇丰先后收购有利银行和中东英格兰银行，将业务拓展到南亚次大陆、西亚和中东地区，但此时，汇丰仍然是一家地区性银行。

1970 年代后期，汇丰及其控股的恒生银行，在香港银行零售市场已占有约六成份额，发展余地有限，为争取"生存空间"，只有付诸海外扩张一途。其时，新界"九七"租约即将届满的问题已开始困扰英国及香港政府，汇丰作为港府首席银行家，自然深知内情，于是积极推动集团国际化战略。

1977 年沈弼出任汇丰主席后，汇丰银行即着手筹划及部署集团国际化战略，计划在亚洲、美洲及欧洲建立战略据点，形成所谓"三脚凳"的策略布局。汇丰首先向美洲拓展，1978 年 4 月，汇丰与美国海洋密兰银行达成协定，规定汇丰最终可收购海洋密兰银行 51% 股权。然而，收购过程拖了一年多时间，其间受到美国纽约州银行监理专员的阻挠，纽约州政府也一再查究汇丰银行的内部储备。1980 年 3 月，汇丰根据协定先行收购该行 41% 股权，同年 10 月再收购 10% 股权，总投资 3.14 亿美元。海洋密兰银行亦易名为海丰银行。1987 年 12 月，汇丰再以 7.7 亿美元收购海丰银行其余 49% 股权，使之成为汇丰在北美的全资附属机构，整个收购行动历时 10 年。

海丰银行是美国第 13 大银行，1979 年总资产 172 亿美元，1987 年完成收购时总资产增至 255 亿美元。海丰银行总部设在纽约州北部的布法罗，拥有逾 300 家分行，在纽约州有广泛的业务网络，在商业银行业务方面占领先地

汇丰银行成功收购的美国海丰银行，前称海洋密兰银行。

位，主要经营吸收存款、发放消费者信贷及中小企业贷款业务。汇丰收购海丰银行，无疑在北美洲建立了一个重要的战略据点。由于海丰银行与东北部的第一宾夕尼银行签署收购协定，汇丰可通过海丰进一步向美国东北部扩张。然而，其时海丰深受第三世界债务拖累，加上美国经济持续不景气，致使海丰的业务一直难有起色，在连年亏损下，汇丰不得不多次向海丰银行注资。

踏入 1980 年代，汇丰即将欧洲视为战略扩张的重点。1981 年 3 月，英国标准渣打银行向苏格兰皇家银行提出全面收购建议，汇丰闻讯即加入收购战。当时，汇丰副主席包约翰表示：收购该行是汇丰整个发展计划的一个重要环节，汇丰将视苏格兰皇家银行作为其拓展欧洲的"旗舰"。不过，汇丰的收购计划受到巨大阻力，标准渣打也展开反收购。结果，汇丰和标准渣打的收购建议都被英国垄断及合并委员会否决。据说，汇丰收购遭否决的原因，部分是当时香港的银行监管未符合英国标准，以及汇丰本身在香港的特殊地位所致。这也是汇丰后来积极淡出"准央行"的原因之一。

汇丰进军欧洲尽管遭受挫折，然而并未就此止步。1987 年，汇丰将进军欧洲的目标指向米特兰银行。米特兰银行总部设在伦敦，在英国拥有逾 2,100 家分行，在德国、法国、瑞士等欧洲国家亦拥有庞大业务网络，它是英国四大结算银行之一，以资产值计在英国排名第三，以分行数目计排名第四。当时，米特兰银行受第三世界债务及美国地产拖累，正陷入严重困难之中。收购米特兰银行，无疑将大大加强汇丰在欧洲的基础，以完成其梦寐以求的"三脚凳"战略部署。

1987 年 12 月，汇丰斥资 3.83 亿英镑（约 56 亿港元）成功收购米特兰银行 14.9% 股权，并委派两名董事加入米特兰董事局。两家银行并达成协定，在 3 年内汇丰不能改变其持有米特兰银行的股权。在其后的 3 年间，两家银行开始了密切的合作，包括私下交换彼此的部分资产，将汇丰、海丰与米特兰银行的自动柜员机联网等，双方希望通过渐进方式最终达致合并目标。

然而，1990 年 12 月，即双方协定的三年期即将届满之际，汇丰突然宣布有关合并计划已暂时搁置。汇丰并未明言暂时搁置的原因。不过，一般分析认为，当时，汇丰在美国和澳大利亚的业务都出现严重亏损，而米特兰面对的困难更加严重，合并的时机并

米特兰银行是英国四大结算银行之一，图为米特兰银行在利物浦的分行。

位于伦敦的汇丰控股集团总部。汇丰收购米特兰银行后即跻身全球十大银行之列。

不成熟。此外，汇丰的集团结构可能也妨碍收购。因此，汇丰宣布结构重组，将控股公司迁往伦敦，为日后的收购创造条件。

一年后，汇丰对米特兰的收购再度重提。当时，汇丰在香港和亚太区获得创纪录的利润，在美国和澳大利亚的亏损则已减少，而米特兰的业绩亦已到谷底，合并的时机渐趋成熟。不过，双方的关系已发生微妙变化，合并谈判不再是平起平坐。英国《金融时报》发表社论指出：这次合并实际上是一场不平等的婚姻——财雄势大的汇丰提出吞并米特兰，从此汇丰主席蒲伟士控制了米特兰。[12]

1992 年 3 月 17 日，汇丰控股发表声明，声称汇丰与米特兰两银行董事局认为现时将两集团合并将符合两公司及其股东的最佳利益，汇丰将向米特兰提出合并建议。4 月 14 日，汇丰宣布具体合并建议，即 1 股汇丰股份及 1 英镑汇丰 10 年期债券换取 1 股米特兰股份。与此同时，汇丰公开其高达 166 亿元的内部储备，并表示将取消 1% 持股限制，进一步向纯商业银行回归。

汇丰的收购曾遭到了英国四大结算银行之一的莱斯银行的狙击，不过汇丰最终取得了成功，并将米特兰私有化，使之成为汇丰控股的全资附属公司。[13] 汇丰成功收购米特兰后，宣布同时在香港和伦敦作第一上市，并接受两地交易所的监管。汇丰控股并取代了米特兰的上市地位，成为英国金融时报指数成分股。其后，汇丰控股董事局重组，并与汇丰银行董事局分离，迁往伦敦。

汇丰收购米特兰后，即跻身世界十大银行之列，其资产值高达 1,450 亿英镑（约 21,100 亿港元）；其中，53% 分布在欧洲，30% 分布在亚太区，15% 在北美洲，2% 在中东，合计共有 3,300 家分行及办事处，分布在全球 68 个国家和地区。香港舆论将汇米合并一役称为汇丰的"帝国还乡战"，自此，汇丰从一家以香港为基地的本地公司蜕变成一家以英国为基地的跨国银行集团，注册地、控股公司及其董事局均在伦敦，第一上市地位实际上亦主要在伦敦，股东主要来自香港以外地区，资产和业务横跨欧、亚、美三大洲，来自香港的资产仅占三成。

汇米合并，实际上标志着汇丰十多年来精心部署的集团国际化已大体完成。此后，汇丰将以海外跨国公司、纯商业银行的角色在香港发展。

2.4　中国银行：1994年5月起参与发钞

1980 年代以来，与汇丰银行逐步淡出"准央行"事务成鲜明对比的，是中银集团的迅速崛起，尤其是中国银行在香港金融市场所扮演的角色日渐吃重。

进入过渡时期以后，中银集团开始积极配合港府稳定香港金融市场，在 1983 年的港元汇价危机、1983 年至 1986 年的银行危机、1987 年 10 月股灾、1991 年国商事件引发的银行挤提事件，以及 1995 年国际投机者借墨西哥金融危机冲击港元联系汇率制等一系列重大金融危机中，中银集团都积极配合港府平息风潮，稳定市场。

例如，1985 年 6 月，中国银行就与汇丰银行联手向嘉华银行提供巨额备用信贷，支持嘉华银行度过资金周转困难的危机。当时，香港财经界人士认为，中国银行参与支持嘉华，反映了中国银行在香港地位的重要性和中国政府维持香港金融稳定的积极态度。1987 年 10 月，中国银行香港分行与汇丰、渣打共同组成 20 亿元的备用信贷，支持期货交易所度过期指市场危机。1991 年国商事件引发的挤提风潮中，中国银行与汇丰共同发表联合声明，宣布支持受挤提的银行同业，将局势稳定下来，保持了香港金融体系的稳定。

进入过渡时期以后，中国银行香港分行配合香港金融当局，积极参与对香港金融界重大问题的研究，包括维持港元联系汇率、外汇基金与汇丰银行的新会计安排等一系列重大问题，加强了与香港金融监管当局、银行同业的联系与合作，受到当地金融界和舆论的好评。

鉴于中国银行在香港金融事务中的地位日益上升，中国银行参与香港发行港钞的问题开始酝酿。1980 年代初，香港政府布政司通过渠道向中国银行总行副行长兼中国银行驻港总稽核提出，中国银行是否有意参加港钞发行。1980 年代中期，中英联合联络小组成立后，关于中国银行参与港钞发行问题，成为该小组讨论的议题之一。1992 年 7 月，中国银行香港分行正式向香港政府提出参与发行钞票的申请及具体方案。1993 年 1 月 12 日，香港政府行政局讨论并通过了中国银行发钞的有关事项。

当日，中银集团在"关于中国银行发钞事宜"的新闻公告中表示："港府行政局今天批准中国银行由 1994 年 5 月起在香港发行港钞事宜，对此我们表示欢迎。中银集团有 300 多家分支机

1994 年 5 月 2 日中国银行参与发行港钞，图为中银董事长王启人在发钞庆祝典礼上致辞。

构和 250 多部自动提款机，遍布港、九、新界，能够为公众提供便利。中国银行在获得授权成为发钞银行后，将依照香港的有关条例进行发钞。中国银行将一如既往，同其他发钞银行一起，尽力配合香港政府的货币政策，继续为香港银行业的稳定作出努力。"

1993 年 4 月，中国国务院批准中国银行修改章程。中国银行章程第 3 章第 7 条修改为："中国银行设在外国和港澳地区的机构，得经营当地法令许可的一切银行业务；在港澳地区的分行依据当地法令可发行或参与代理发行当地货币。"同年 7 月，香港立法局通过《银行钞票发行条例》和《外汇基金条例》，并刊登政府宪报，完成法律程序，以法律形式规定了中国银行香港分行的发钞地位。其间，中国银行加紧筹备发钞的有关工作。

1994 年 5 月 2 日，中国银行正式发行港币钞票并在市面流通，分金黄色的 1,000 元、棕色的 500 元、深红色的 100 元、紫色的 50 元和蔚蓝色的 20 元 5 种。在当天的庆祝典礼和剪彩仪式上，中国银行董事长王启人表示：中国银行发行的港元钞票正式面世并开始流通，这是中国银行八十多年来的一件盛事，中银参与发钞是中国内地对香港前途充满信心的体现，也是中国银行以其实力和信誉为香港平稳过渡作出的承担。自此，中国银行成为香港三家发钞银行。

1996 年，中银首度出任香港银行公会主席，从此，中银与汇丰、渣打一起轮流担任银行公会正、副主席。中银在香港金融事务中的地位日益提升。

3. 外汇基金的设立与功能演变

外汇基金是根据香港政府1935年12月颁布的《货币条例》设立的。

当时，外汇基金持有出售白银所得英镑，

作为支持发钞的准备，其作用与标准的货币发行局类似，

唯一区别就是外汇基金不直接发行纸币，但通过负债证明书机制授权发钞银行发钞。

然而，随着外汇基金功能的转变与加强，

港府在维持和巩固联系汇率的前提下进行了一系列改革，

最终使外汇基金转化为香港的"中央银行"——香港金融管理局。

3.1 外汇基金功能的设立

香港的外汇基金是根据 1935 年 12 月香港政府颁布的《货币条例》（ Currency Ordinance ）（ 已易名为《外汇基金条例》）设立的。自成立以来，基金一直持有支持香港纸币发行的储备。

1902 年，国际银价暴跌，并在其后的 10 年间大幅波动。银价低廉使得中国内地货币贬值，刺激中国内地的出口贸易，带动了香港的繁荣，但是也同时使得香港货币汇价前景变得不明朗。有见及此，自 1920 年代后期，香港政府便开始酝酿货币制度的改革。1929 年，香港华商总会奉政府命令，成立委员会商讨币制改革事宜。翌年，该委员会向港府提交报告，认为在内地仍实现银本位制的情况下，香港不应放弃这一制度。

1930 年，英国成立"香港货币国会委员会"（ UK Parliamentary Committee on Hong Kong's Currency ），研究香港的货币制度是继续以白银为本位还是以英镑为基础的利弊。该研究报告最后赞同香港政府的观点，即只要中国内地继续与白银挂钩，"香港照样跟随必然有利"[14]。报告建议将白银集中由香港政府持有，而银行则应持有白银证明书（ silver certificates ），而不是银块。当时，香港政府虽然没有采纳这些建议，但在 1935 年的货币改革中却几乎全部按照这些建议实施。

1929 年，美国华尔街股市崩溃，大部分西方国家在其后数年均经历了经济大萧条，实行金本位制的国家和地区承受了极大的压力。1931 年及 1933 年，英国及美国先后放弃金本位制。根据 1934 年 5 月美国颁布的《白银购买法》，美国政府承诺按照固定价格在国际黄金市场买入

白银。由于当时白银的价格偏高，美国政府此举进一步抬高了白银价格，导致大量白银从中国流出。1935 年 11 月 4 日，中国政府宣布放弃银本位制。

11 月 9 日，即在中国政府宣布改制的 5 天后，香港立法局通过《货币条例》，规定管理汇率及货币的通则，禁止白银流通，银本位制宣告废除。根据条例，香港政府设立了一个基金，即外汇基金，向公众人士购买白银，将收集到的白银在伦敦黄金市场出售，以换取英镑。出售白银所得英镑由外汇基金持有，作为支持发钞的准备，其作用与标准的占领地货币发行局类似，唯一区别就是外汇基金不直接发行纸币，但通过负债证明书机制授权发钞银行发钞。

1935 年 12 月 6 日，香港政府修订 1895 年的《银行纸币发行条例》（Bank Notes Issue Ordinance），规定由汇丰银行、渣打银行和有利银行（该银行于 1959 年被汇丰银行收购，1974 年被撤销货币发行权）发行的纸币为法定货币。3 家银行必须将支持发行纸币的白银存放于外汇基金，以换取负债证明书并发行港币纸钞。自此，外汇基金成为 3 家发钞银行发行港币纸钞的最终支持，这一角色一直延续至今。

初期，外汇基金由库务署辖下的总会计师办事处负责管理，库务司（该职务于 1946 年废除，改由财政司负责有关外汇基金事务）为最终控制人，并由总督任命外汇基金咨询委员会（Exchange Fund Advisory Committee）负责监督。外汇基金咨询委员会以司库（后改称财政司）为主席，成员主要来自香港的商业银行，包括 3 家发钞银行的经理。以一个非正式的咨询组织——外汇基金咨询委员会来监督、管理，淡化了政府的角色，使政府在对外汇基金的管理上具有更多的灵活性，这实际上是香港政府对经济采取自由放任和积极不干预政策的一种表现。

1936 年外汇基金的账目显示，该年底外汇基金的资产为 1,045 万英镑（1.67 亿港元），负债为 930 万英镑（1.49 亿港元），成立第一年的年度营运溢利则为 115 万英镑（1,800 万港元）（见表 5.4）。最初，绝大部分外汇基金的资产都是以通知存款（Call Deposits）的形式存放在伦敦结算银行。不过，到 1936 年底，超过一半的外汇基金资产是英国政府证券（British Government Stock），其余资产则为通知存款和短期定期存款，还有一小部分由英联邦代办（Crown Agent）持有。除了周转现金和转运中或待运的白银外，所有资产都存放在伦敦，外汇基金账目亦以英镑为单位。[15]

有研究认为，与普通基金相比，外汇基金具有以下特点：第一，外汇基金是由香港政府设立的一个管理基金，专责管理发钞准备，因此，它体现为一种新的发钞机制。第二，外汇基金向政府负责，而不是向发钞银行负责，体现了政府对发钞实施的管理。第三，外汇基金以普通基金的形式运作，但在资产管理方面却受到官方的法律制约。政府对外汇基金的管理不仅要保证发钞准备的完整，还必须保证其随时可以介入市场以维持汇率的稳定。这构成了香港货币政策目标的雏形。第四，在为稳定汇率而干预市场时，外汇基金实际上成了政府实施货币政策的职能部门。[16]

3.2 英镑汇兑本位制下外汇基金的功能

外汇基金成立的初衷是调节港元汇率。在英镑汇兑本位制时期，外汇基金的运作与货币发行局非常相似，唯一的区别就在于前者通过发钞银行和负债证明书机制来发行钞票，后者则直接发钞。因此，在港元汇率自动按货币发行局汇率稳定下来后，基本上不需要外汇基金的积极参与。

1939 年，外汇基金的运作已经基本走上轨道。当时，市民已经很少交回白银，收购到的银币经过提炼出售所得款项，在扣除提炼费和运费后不足以抵销收购成本。这一时期，外汇基金的运作目标主要是用于支持发钞的准备。因此，外汇基金的资产全部以英镑为单位，除了周转现金和运转中或待运的白银外，所有资产都存放在伦敦。二战前，香港政府定期在政府宪报公布外汇基金的资产和负债的年度数字，从中可以清楚看到负债证明书有充分的资产作保证（见表 5.4）。

表5.4　1936年至1965年外汇基金的资产和负债 （单位：百万港元）

年底	1936 年	1939 年	1945 年	1950 年	1955 年	1960 年	1965 年
资产	167	199	269	747	714	1,028	1,937
负债	149	174	235	733	660	839	1,547
盈亏	18	25	34	14	54	189	390
资产负债比率	112%	114%	114%	102%	108%	123%	125%

资料来源：香港金融管理局，《香港的货币与银行体系：回顾与前瞻》，香港：香港金融管理局，1996 年，第 66 页。

在日军占领香港前夕，外汇基金持有的证券的托管问题得到了解决，所有证券均由位于伦敦、代表办事处的英联邦代办处代为持有。这项安排使得 1941 年 12 月日军占领香港时，外汇基金免遭被掠夺的损失，唯一的损失是当时待运伦敦的一批白银，总值 17,500 英镑（约 28 万港元）。这一时期，以负债证明书支持发行银行纸钞的安排中止。日军迫使银行发行没有支持的纸币，即所谓的"迫签纸币"。

二战之后，外汇基金面对的最大挑战就是如何解决"迫签纸币"问题。这些纸币没有支持，而且数额庞大。仅汇丰银行就有 1.19 亿港元（占二战前纸币发行总额的 60% 以上），其中 4,700 万港元是在被占前已经签字但未发行的纸币，7,200 万港元是在强迫情况下签发的。这些纸币中，部分被汇丰银行用来偿还债项，而绝大部分则是被日军用来购买物资和支付劳务。1946 年，香港政府和汇丰银行达成协议，日军占领期间汇丰银行用作偿还其本身债务的那部分纸币的支持，由汇丰银行补交给外汇基金；至于其余约 7,200 万港元的"迫签纸币"，则外汇基金与汇丰银行共同承担，其中外汇基金占了大部分。外汇基金同时也与其他发钞银行作了同样的安排，不过涉及的金额则小得多。

外汇基金支持全部迫签纸币所引发的成本净额，使基金负债增加了约 5,600 万港元，外汇基金资产与负债比率从 1945 年底的 114% 下降到 1946 年底的 96%。1946年，为了解决香港政府庞大财政赤字问题，外汇基金从当年的 800 万港元的投资收益中，拨出 600 万港元给香港政府，以解决燃眉之急。1948 年，外汇基金的投资回报超过 1,600 万港元，在扣除全部开支后所得利润为 1,200 万港元，几乎全部弥补了累积的赤字。换言之，经过 3 年的运作，外汇基金提前在 1948 年重新达到充分准备状态，比原先的预期至少提早了 2 年。[17]

二战前和二战后一段时期，外汇基金在发出和赎回负债证明书的汇率方面收取差价，要求发钞银行在发钞时以 1 港元兑 1 先令 3 便士的汇率（按照 1 英镑兑 16 港元的固定汇率折算）支付英镑，以换取负债证明书；但却要求发钞银行以 1 港元兑 1 先令 2.75 便士的汇率赎回负债证明书，即外汇基金每 1 先令 3 便士收取 0.25 便士的差价。这一汇率

1974 年 11 月 25 日，港府批准港元在外汇市场自由浮动的报道。

在二战前曾更改过两次，1946 年差价为 0.125 便士。随着外汇基金亏盈状况的改善，发钞银行向香港政府施加越来越大的压力，要求外汇基金以 1 港元兑 1 先令 3 便士的汇率赎回负债证明书，但遭到香港政府的拒绝。这种情况一直延续到 1983 年。

1949 年 9 月 18 日，英镑贬值，由 1 英镑兑 4.03 美元贬至 1 英镑兑 2.80 美元。这对外汇基金的储备造成首次冲击。1951 年，由于英国银行利率升至 4 厘，导致外汇基金持有的证券价格下挫，外汇基金首次出现营运亏损。不过，在 1950 年代，随着香港经济的复元及转向工

业化发展，外汇基金总体表现平稳，资产稳定增长，1959 年，外汇基金的资产负债比率重新回升至 125%。有鉴于此，香港政府要求外汇基金咨询委员会同意转拨部分盈余至一般收入账目（General Revenue），但遭到委员会的拒绝。

进入 1960 年代，香港经济起飞，外汇基金的资产负债比率在 1963 年达到 142% 的历史高水平。当时，港府财政司郭伯伟认为外汇基金盈余留在基金用处不大，决定分配部分累积盈余净额。1964 年 1 月，香港政府修订《外汇基金条例》，增加第 8 条款。该条款规定：财政司在经与外汇基金咨询委员会磋商并经英国外交事务大臣批准后，可以动用外汇基金超出借款及负债证明书两项之和 105% 部分以外的资产，并将其转拨到港府的其他账目。当年，香港政府从外汇基金转拨 1.5 亿港元到发展贷款基金，从而使外汇基金的资产负债比率下降至 125%。

1960 年代中后期，英镑不断贬值，使外汇基金遭受相当大的损失。1967 年 11 月，英镑再次贬值，兑美元的汇价从 1 英镑兑 2.80 美元下跌至 1 英镑兑 2.40 美元，跌幅达 14.3%。与 1949 年的做法不同，这次香港政府没有完全追随，11 月 23 日港府宣布将港元兑英镑的汇率调高 10%，从 1 英镑兑 16 港元提高到 1 英镑兑 14.55 港元，即兑美元贬值 5.7%。这使外汇基金在当年账目出现 1.89 亿港元的大额亏损。外汇基金当时的另一项损失，是由于港府对认可外汇银行作出承诺，补偿它们因港元重估而造成的亏损净额。为此，外汇基金动用了 1.54 亿元应付这些银行的索偿要求。[18]

1972 年 6 月 23 日，英国政府宣布允许英镑汇率自由浮动。7 月 6 日，香港政府决定终止港元与英镑的联系，改与美元挂钩，港元兑美元的官方汇率定为 1 美元兑 5.65 港元，而干预的上下限则参照国际货币基金组织的正负 2.25%。新的汇率制度实施不久，港元面临了一次小规模的冲击，香港政府首次动用外汇基金进行干预，先后动用了 2,000 万港元和 480 万美元进行干预，最终使港元汇率稳定下来。不过，这一时期，美元先后于 1973 年 2 月和 1974 年 10 月两次贬值，并最终与黄金脱钩。1974 年 11 月 25 日，港府准许港元在外汇市场自由浮动。1975 年，外汇基金咨询委员会同意外汇基金账目的记账单位从英镑转为港元，港元与其他一切外币的联系中止。

3.3　1970年代中期以后外汇基金功能的演变

外汇基金设立之初，其主要目的是调节港元的汇价，直至与英镑的联系结束为止。由于外汇基金的运作与货币发行局非常相似，港元的汇率自动按货币发行局汇率稳定下来，基本上不需要外汇基金的积极参与。不过，1974 年香港实行浮动汇率制后，原有货币发行局制度内的自动稳定汇率的机制消失，港元汇率的波幅增大，香港政府频频运用外汇基金影响港元汇价。这一时期，外汇基金的作用开始凸显，主要以干预储备基金（Intervention Reserve Fund）的形式影响港元汇率。或许正因为这种转变，港府从 1975—1976 年度起，不再公布外汇基金的盈余数额。

为了发挥外汇基金的这种新作用，香港政府决定调整外汇基金的管理架构，增强外汇基金的实力。1976 年，香港政府宣布成立金融事务科（Monetary Affairs Branch），下设外汇基金小组、金融政策小组和银行监理处，负责管理外汇基金，以及执行一些尚未授权予汇丰银行和渣打银行两家银行的传统"中央银行"职能。同年 4 月 1 日，香港政府又宣布，将官方的所有外汇资产，包括一般收入账目的大部分外币资产和硬币发行基金（即用以支持发行硬币的基金）的全部资产转拨外汇基金，以换取外汇基金的负债证明书。其中，发给一般收入账目的负债证明书须付利息，但发给硬币发行基金作为发行硬币支持的证书则不须付息。自此，外汇基金实际上成为香港外汇储备的管理基金，亦正式承担起铸币费用。

1978 年 12 月 31 日，香港政府决定撤销硬币发行基金，将其并入外汇基金，其债务证明书遂予以注销。港府也开始把政府一般收入账目内的港元盈余（即财政盈余）拨入外汇基金。至此，外汇基金的负债构成包括四部分内容，即发钞的负债证明书、硬币发行基金、转拨财政储备，以及其他负债（主要是年终应付款项）。这样，外汇基金成为港府的所有金融资产（包括港币和外汇）的一般累积储蓄账户，以及用作保障和调节港元汇率的干预储备金。外汇基金的中央银行职能开始加强。

1978 年 4 月，香港政府正式成立"外汇基金管理部"（Exchange Fund Division），由金融事务科管辖，专职负责管理外汇基金的日常工作。这就增强了香港政府管理外汇基金的能力，并削弱了英国政府管理外汇基金的权力。同时，为了解决缺乏专业人才和经验以及通信设备和技术支持不足等问题，港府采取了聘用私营机构的基金管理外汇基金部分资产的办法，赋予基金经理酌情权，要求他们根据议定的投资指引，进行投资和管理。第一位外聘经理是 1976 年10 月获任命的，最初的投资组合为 2,000 万美元。[19] 由外聘经理管理外汇基金部分资产的做法一直延续至今。

实行浮动汇率制度初期，港元整体上处于上升的态势。1976 年底，实质港汇指数（Effective Exchange Rate Index）上升至 114.4 的水平（1971 年 12 月为 100）。不过，从1977 年 3 月起，由于缺乏有效的货币政策，以及受到外贸赤字上升、银行信贷增长等种种因素的影响，港元汇价备受贬值压力。实质港汇指数在 1980 年底跌至 88.2 的水平。1979 年 5 月，香港政府修订《外汇基金条例》，规定银行必须就外汇基金的短期存款，以银行条例指明的流动资产的形式，持有 100% 的担保，而之前的担保比率为 25%。新规定实施后，外汇基金中港元短期结余与基金在香港各银行中总存款比例，从 1978 年底的 23%，大幅上升至 1979 年底的 84%。

1981 年 11 月，为了加强当局对利率水平的影响力，以控制港元汇率的波动和下跌，香港政府推出一项旨在通过外汇基金影响货币市场利率水平的计划。根据该计划，外汇基金可在货币市场借入短期头寸，由向外汇基金借入头寸的持牌银行不固定期限地持有这些资金，只有当港府认为市场已经出现银根紧缩时，这些资金才获准以长期贷款的形式回流市场。与此同时，香港政府决定允许外汇基金持有股票。外汇基金购入的第一档股票为大东电报局的股份，其后又先后购入海底隧道公司、香港空运货站有限公司，以及香港建屋贷款有限公司的股份。

1982 年，香港政治前途问题浮现，触发港元进一步下挫，银行体系流动资金紧绌情况严峻，多家银行备受压力。当年，香港政府决定取消外币存款利息预扣税，但仍维持港元存款预扣税，结果使港元和银行体系所受压力更大。1983 年 9 月 24 日，中英双方关于香港前途问题的谈判陷入僵局，实质港汇指数跌至 57.2 历史低水平。三日后，陷于危机中的一家本地银行恒隆银行宣布无法履行责任，迫使港府连夜对该银行作出担保，并在次日接管该银行，动用外汇基金向银行注资 3 亿港元，作为该银行继续运作的资金。

1983 年 10 月 17 日，香港政府宣布实施联系汇率制度，重新实施 1972 年以前奉行的经修订的货币发行局制度；同时取消港元存款利息预扣税。联系汇率制度实施后，外汇基金用以维持港元汇率的作用显得更加重要。制度实施初期，外汇基金主要通过在外汇市场的直接干预来维持联系汇率的稳定，维持并稳定联系汇率实际上成了香港货币政策的主要目标。当时，外汇基金一次性将 2.5 亿港元转拨至政府的一般收入账目，以补偿因取消港元存款利息预扣税带来的收入损失。该年底，外汇基金因为港元贬值而收益大增，外汇基金获得超过 76.5 亿港元的汇兑收益，资产负债比率达到 181% 的高水平。

1980 年代中前期，香港爆发银行危机，多家本地银行出现经营困难或倒闭。根据《外汇基金条例》，外汇基金只能用于调节港元汇价，但当时香港政府认为本地银行倒闭将影响到银行同业市场及整个银行体系的稳定性，港元汇价也因此会受到影响。因此，外汇基金以注资、担保、接管、贷款等方式，参与了拯救多家问题银行的行动。1985 年 6 月，本地的海外信托银行面临破产，香港政府决定接管该银行，并再次动用外汇基金予以拯救，前后动用外汇基金约 40 亿港元。其后，外汇基金又以提供财政支持的形式，参与了另外 4 家银行的拯救及重组工作。1993年，海外信托银行恢复正常经营，港府将其出售，所得收益归还外汇基金。据估计，1983 年至1993 年间，外汇基金共提供了 38 亿港元资金拯救银行。[20] 这一时期，外汇基金取代汇丰银行作为银行体系"最后贷款者"的角色进一步突显。

1987 年 10 月，全球股灾期间，港股大幅下挫，导致香港期货交易所部分交易商无法履行其责任，香港期货保证公司面临破产危险。为了拯救期货市场，外汇基金再度出手，为香港期货保证公司提供两项备用循环信托,让该公司能够履行其对期货交易所会员的结算交收的责任。1991 年,香港再度出现银行危机,国际商业信贷银行倒闭,触发该行在香港的分支机构——香港国际商业信贷银行发生挤提。不过,当时港府认为香港金融体系整体稳健,无须再动用外汇基金拯救银行,香港国商银行最终倒闭。

从 1988 年起,港府以维持和巩固联系汇率制度名义推行一系列改革,推动外汇基金功能的进一步扩大,并最终使外汇基金转化为香港的"中央银行"——香港金融管理局。

4. 过渡时期金融制度的改革及外汇基金功能的扩大

1983年实施的港元联系汇率制度，

尽管从理论上是通过银行间的套戥和竞争的相互作用可以实现自动调节，

然而这一自动机制在当时的条件下并未能有效运作。

值得注意的是，在联系汇率制度下，

过去基于内部经济或对外收支不平衡所产生的调节压力从汇率转移到货币供应及利率水平上来。

因此，在联系汇率制度实施初期，

香港利率水平的变动相当频繁，并引发日后香港金融制度的改革。

4.1 推出"利率及存款收费规则"（负利率计划）

据统计，从 1983 年 10 月到 1984 年 12 月，香港最优惠利率在短短一年多时间内先后调整了 19 次，1985 年亦调整了 9 次。其间，利率波幅亦甚为可观，联系汇率实行之际，市场上最优惠利率为 16 厘，到 1984 年 3 月跌至 8.5 厘，但于同年 7 月又攀升至 17 厘的高峰，而到年底则又降至 11 厘。利率水平的频密变动涉及的面相当大，影响到从 M_1 到 M_3 的整个货币供应，利率调整虽然对稳定汇率发挥了积极作用，但在实际运作中不利于资金的有效配置和经济的稳定。

1985 年以后，随着美国贸易逆差的日益扩大，美元贬值，导致香港产品出口竞争力加强，带动香港经济的繁荣。这时期，大量热钱涌入香港，市场出现投机港元升值的风潮。1985 年 5 月，美元兑港元汇率一度升至 1：7.72，偏离官方汇价的 1%，迫使银行公会宣布减息 3%。1987 年 11 月至 1988 年 2 月，市场再度盛传港元将升值，大量海外热钱涌入香港进行投机，美元兑港元汇率两次升至 1：7.75，对联系汇率形成冲击。

为了捍卫港元联系汇率制度，打击热钱投机行为，香港政府与银行公会商议，修订银行公会利率规则。1988 年 1 月 14 日，银行公会正式公布了一套"利率及存款收费规则"（即"负利率计划"），决定从 3 月 10 日起实施。负利率计划的主要思路是，银行公会的常设委员会在咨询财政司后有权向持牌银行的结算账户的结余收取费用，然后将其转付予外汇基金，收费率由委员会咨询财政司后厘定。同时，银行公会在决定征收费用时，有权禁止持牌银行进行某一些业务，并可要求持牌银行对客户存款的港币结余收取费用。具体内容是：

（1）支票账户和储蓄账户超过 100 万美元的余额，将收取费用；但 3 个月期或更长期的定期存款，则不在收费之列。

（2）在对存款结余收费措施生效期间，银行将不再接受短于 3 个月的港币定期存款（包括掉期存款及所有港币通知存款）。

（3）在上述收费实施时已开立的定期存款，当在收费措施生效期内到期时，如账户未给予续期 3 个月或以上的指示，或给予其他处理款项的指示，这些存款将会受到像储蓄账户一般的对待，收取费用。

（4）3 个月期或更长期的定期存款，如果提前提款，同样会像储蓄存款那样收取费用。

不过，这项制度并未实施。原因是自 1988 年 3 月起，美国联邦储备局为抑制通胀，开始收缩银根并加息，香港跟随美国加息，客观上已抑制了投机活动。

4.2 建立香港式的"贴现窗"

在联系汇率制度下，香港货币政策目标，是保持港元汇率的稳定性。其中的核心和重点，就是有效控制银行同业的流动资金水平和拆息率。为此，自 1988 年以来，香港政府巧妙推进了四部曲的改革，建立起香港式的"贴现窗"。

（1）新会计安排（New Accounting Arrangement）。

新会计制度是香港政府实施联系汇率制度以后，在货币政策方面的第一项重大改革。1988 年 7 月 15 日，香港政府金融事务科宣布，已与作为香港银行公会中央票据结算系统管理银行的汇丰银行达成协议，以改变现行的银行结算制度。外汇基金与汇丰银行之间实施"新会计安排"，目的是使政府可以通过运用外汇基金，对银行同业市场内资金的来源和价格产生更有效的影响力，从而帮助它在联系汇率制度的框架内，更能维持汇率的稳定。新会计安排的主要内容是：

① 汇丰在外汇基金开设一港元账户；② 汇丰须在该账户维持一余额，其数额不得少于银行体系内所有其他银行之总结算净额；③ 外汇基金对汇丰账户的正值余额（贷方余额）不支付利息；④ 如果汇丰账户余额降至结算净额之下，或结算净额为负值，汇丰须就此差额或负值向外汇基金付息；⑤ 在一定数额以内，汇丰付息的利率以最优惠利率或香港银行同业拆息率较高者为准；超过该数额，则以最优惠利率或同业拆息率另加 3 厘，以两者较高者为准；在特殊情

况下，财政司与汇丰协商后，可以另一利率代替；⑥ 外汇基金可酌情利用该账户，结算与汇丰或其他银行所进行的港元交易；⑦ 政府库务署也在外汇基金开设一港元账户。

实施新会计安排最重要的原因，是原来的结算制度与联系汇率制度存在矛盾，威胁到联系汇率的稳定性。在原来的制度下，外汇基金在汇丰银行开设账户，它通过外汇或货币市场稳定汇率时，其作用与其他银行并无分别，往往被其他银行的反向活动削弱。实施新会计安排后，汇丰银行必须在外汇基金设立账户，外汇基金可利用此账户进行港币交易的结算，因此可通过记账方式配合其公开市场操作，从而影响同业市场的资金流动性。此外，库务局在外汇基金开设的账户，也提供了一个控制同业市场银根的管道。

总体而言，新会计制度最重要的意义，就是外汇基金取代了汇丰银行，取得了对银行同业流动资金水平的控制权，这意味着外汇基金实际上成为银行体系流动资金的最后供应者。由于汇丰银行在外汇基金所保持的账户结余就是银行同业流动资金的供应总额，通过调整账户结余水平，外汇基金可有效地调节银行体系的整体流动资金供应情况，从而更有效地影响银行同业拆息率，这就大大加强了香港政府维持联系汇率的能力。当然，新会计制度的另一个重要意义，就是削弱了汇丰银行的特权。

（2）公开市场操作：发行外汇基金票据和债券（Exchange Fund Bills Notes）。

为了更有效地实施新会计制度并巩固联系汇率，1990 年 3 月，香港政府首次推出为期 91 天的外汇基金票据（Exchange Fund Bills）。这些票据记入外汇基金账目内，最低面额是 50 万元，通过投标以贴现方式发行，每星期拍卖一次，每次发行的总额是 2 亿港元。竞投者仅限于银行业条例下的认可机构。所有交易均由电脑系统操作进行，票据持有者名单和交易细节由港府金融科电脑库保存。

1990 年 10 月及 1991 年 2 月，金融管理当局再推出为期 182 天和 364 天的两种外汇基金票据，前者每两星期拍卖一次，后者每四星期拍卖一次，每次发行的总额均是 2 亿元。为推动二级市场的发展，港府于该年底委出 30 名市场庄家。庄家须履行及承担对外汇基金票据和债券形成市场价格的责任，庄家在其债券总头寸为正数，即实仓债券头寸大于空仓头寸时，可以从事卖空某一债券的活动，以平衡市场的供求。

1991 年 11 月，港府又推出两年期政

1993 年外汇基金咨询委员会成员，前排左起为周振兴、李国宝、麦高乐、任志刚、利国伟，后排左起为黎恪义、梁锦松、葛赉、张建东。

1999 年香港联交所、香港金融管理局及香港中央结算有限公司高层代表出席外汇基金债券上市仪式。

府债券。1993 年 5 月，刚成立的金融管理局推出首批两年期外汇基金债券（Exchange Fund Notes），到 1995 年初，这些债券完全取代未偿还的两年期政府债券。其后，金融管理局先后于 1993 年 10 月、1994 年 9 月、1995 年 11 月及 1996 年 10 月推出 3 年期、5 年期、7 年期及 10 年期的外汇基金债券。1996 年底，金融管理局又 3 次内部发行 28 日期外汇基金票据，以便利银行在即时支付结算系统推行初期管理流动资金。

外汇基金票据和债券自推出以来，市场反应十分热烈，二级市场的交易额也逐年大幅增加。截至 1997 年底，未偿还外汇基金票据和债券总额达 1,020 亿元，其中，10 年期的外汇基金债券收益为 6.76%，比 10 年期美国国库券的收益高出约 70 个基点（每个基点为 1% 厘）。1997 年间，外汇基金票据和债券平均每日成交量为 140 亿元，相当于未偿还票据数额的 14%。外汇票据和债券已成为香港资本市场最活跃的组成部分。（见表 5.5）

外汇基金票据和债券是香港政府以外汇基金名义发出的，直接构成外汇基金账目内一项无条件的抵押负债。外汇基金票据和债券的性质与国库券类似，但两者的目的不同。其中，国库

表5.5 外汇基金票据和债券市场发展概况
（单位：亿港元）

年份	未偿还票据	未偿还债券	未偿还总额
1990	75.40	—	75.40
1991	140.40	—	140.40
1992	203.40	—	203.40
1993	262.60	18.00	280.60
1994	439.40	84.00	523.40
1995	443.30	144.00	587.30
1996	702.50	216.00	918.50
1997	728.50	288.00	1,016.50
1998	638.50	336.00	974.50
1999	672.74	346.00	1,018.74
2000	730.02	356.00	1,086.02

资料来源：香港金融管理局。

券的发行一般为了弥补财政赤字，外汇基金票据从一开始则主要被运用作货币政策工具，以维持联系汇率的稳定。当金融监管当局计划收缩同业市场银根时，便可抛售外汇基金票据和债券，然后运用新会计安排，在汇丰银行的账户内借记一笔港币，使其余额减少，从而使市场上港币供应减少，推高同业拆息；反之，如果要放宽同业市场银根，则可购入外汇基金票据和债券，借以增加汇丰银行账户的结余。由于外汇基金的信用就是政府的信用，远远优于企业的信用，且其收益率要低于相应的同业拆息率（HIBOR），政府用它来干预市场，成本较低，而且还甚受市场欢迎。此外，当政府希望注入流动资金时，与存款相比，外汇基金票据不涉及信贷风险。

外汇基金票据和债券的发行，标志着外汇基金正式引入西方国家普遍运用的公开市场操作这一干预工具。为了更有效地利用外汇基金票据和债券，达到公开市场操作的目的，金融管理局采取了一系列措施，建立外汇基金票据和债券的一级市场和二级市场，增强外汇基金票据和债券的流动性。具体包括：

第一，增加流动性。金融管理局将外汇基金票据和债券纳入流动资金调节机制的合格抵押品范围内，使银行愿意持有这些票据和债券，以保持银行流动性资金需要。

第二，完善的发行制度。为了保证外汇基金票据和债券的流动性，金融管理局制定了较长期的发行计划，还采用紧集滚动式发行，每周发行一次，对每种票据和债券的发行总量和每次发行量都作出明确的规定，并且以招标形式发行。

第三，建立庄家和认可交易商制度。为了维护市场秩序，提高市场的流动性，金融管理局建立了庄家（Market Maker）制度和认可交易商制度。庄家为外汇基金票据和债券的主要参与者，由金融管理局审核并签署《庄家协定》后才可获得庄家资格，并须履行和承担对外汇基金票据和债券形成市场价格的责任，庄家在其总债券头寸为正数时可从事卖空某一债券行为，以平衡市场活动。所谓"认可交易商"，即经金管局确认，在债务工具中央结算系统（Central Moneymarkets Unit，CMU）设立外汇基金账户，可参与一级市场投标和二级市场交易，认可交易商在必要时可以通过庄家间接地向金管局抵押实仓，补足空仓，以履行当天的结算义务。

第四，建立结算系统。香港货币管理当局在1990年发行外汇基金票据的同时，推出了中央外汇基金票据结算系统，为市场提供高效率的交易清算服务。1994年以后，金融管理局将只供外汇基金票据和债券使用的中央结算系统，扩展到能够直接接纳其他商业票据和债券，并兼备买卖、结算和托管等综合功能，建立了CMU系统，完善了债务市场的基础设施。截至1997

年 3 月底，CMU 系统的会员数目达到 261 个，所托管和结算的债务工具数目达到 452 种，总值为 1,450 亿港元，1997 年第一季度的日平均交易量为 4.32 亿港元。[21]

值得一提的是，发行外汇基金票据和债券，除了引入公开市场操作这一干预工具、维持联系汇率之外，还有拓展香港票据和债券市场的作用，长期债券提供的基准收益，可用作私营机构发行债券的定价参考。

（3）流动资金调节机制（Liquidity Adjustment Facility）。

1992 年 5 月 28 日，香港政府宣布，从 6 月 8 日起正式实行流动资金调节机制。根据香港政府的解释，设立流动资金调节机制的目的有两个：其一是确立外汇基金"最后贷款者"的角色；其二是将现阶段提供隔夜流动资金援助的安排正规化。

流动资金调节机制的安排是：在每星期一至星期五下午 4 时至 5 时及每星期六上午 11 时半至 12 时，由外汇基金向有需要的持牌银行提供隔夜流动资金，拆息率由外汇基金事先决定并公布，头寸融通分有抵押贷款和无抵押贷款两种，前者可用外汇基金票据和债券以及被政府确认为合资格债券等作抵押，通过"回购协定"（Repurchase Agreement）方式进行，后者即原来的隔夜流动资金援助，由外汇基金酌情决定，但拆出利率较回购协议的利率高。

其具体做法是：① 当持牌银行发现头寸不足需隔夜援助时，与外汇基金签订回购协议，银行将所持外汇基金票据或债券出售予外汇基金，次日再购回，其差价即流动资金调节机制的拆出率（Offer Rate）；② 持牌银行有剩余隔夜资金原贷予外汇基金时，则外汇基金亦准备按拆入利率（Bid Rate）借入该款项。外汇基金每日公布拆出、拆入利率，差价通常为 2 厘，但为确保港元汇率稳定，保留随时取消或更改的权利。

在流动资金调节机制下，外汇基金为有暂时周转困难的银行提供隔夜头寸，外汇基金决定拆入和拆出的利率，持牌银行可将每日的剩余资金通过该机制存入外汇基金收取利息，亦可利用外汇基金票据和债券作为抵押品，以回购形式向外汇基金借入资金，利率则以拆出利率计算。这一机制的设立，不仅改变了长期以来香港同业资金受到某些大银行（如汇丰银行）操控的局面，而且也取代了香港政府过去通过银行公会调节存款利率来反映政府利率意图的做法，从而使政府利率政策意向表达得更加清晰、明确。由于流动资金调节机制的拆入、拆出利率，实际上已经规定了银行同业隔夜拆息率的波幅，因而平抑了银行同业隔夜拆息的波动，有助于完成联系汇率的稳定。

流动资金调节机制实际上就是香港式的"贴现窗"，不同的是外汇基金在该机制中同时担任"最后贷款者"和"最后供款人"的职能，扮演中介人角色。为了避免银行利用该机制进行套利活动，即以较低利率从"贴现窗"拆入资金，然后以较高利率向银行同业拆出，更重要的是为了防止银行过分依赖"贴现窗"而忽视对本身现金和流动资金的审慎管理，流动资金调节机制的拆出率，一般略高于香港银行同业拆息率，而且"贴现窗"的开放时间仅限于银行营业时间的最后 1 小时，用于抵押的债券必须是高素质的债券。

1994 年 3 月之前，符合流动资金调节机制抵押品资格的只有外汇基金票据和外汇基金债券。其后，抵押品资格的范围不断扩大，包括香港一些法定机构发行的港币债券、信用评级为AAA 的港币债券，以及一些获标准普尔、穆迪、欧洲评级公司（IBCA）和日本公社债券研究所（JBRI）等评级机构评为较高等级的债券。

设立流动资金调节机制后，香港金融管理局根据具体情况，综合考虑成本、风险和现金流量的状况等因素，采取多种方法来调节银行同业的流动资金水平，从而影响市场利率。这些方法包括：在银行同业市场直接拆借港元；买港元卖外币或者卖港元买外币；在库房和外汇基金之间调拨资金等。其中，在银行同业市场直接拆借港元，所涉及的信贷风险较大，而且在短时间内筹集大额资金的成本较高。如果采取直接买卖外币的方法，会对汇率造成直接的影响。而在库房和外汇基金之间调拨资金，会受到库房现金流量影响。总体而言，流动资金调节机制的设立，进一步加强了外汇基金控制和调节银行体系流动资金水平的能力，从而有助减低港元汇率的波幅，稳定联系汇率。

1994 年 3 月，香港金融管理局为改善流动资金调节机制的运作，将货币市场操作的目标，从原来的银行同业流动资金水平改为银行同业的短期拆息率，以使银行同业拆息率的波动限制在流动资金调节机制控制的范围内。1996 年 9 月 25 日，金融管理局又将制定流动资金调节机制利率水平的参考利率，从美国的贴现率改为美国联邦基金利率，以便能更及时反映美国的货币政策。

1996 年 12 月 9 日，香港即时支付体系开始正式运作。流动资金调节机制仍然提供隔夜流动资金。为了配合即时支付体系的推行，金融管理局随即推出了外汇基金票据和债券的即日回购交易，为银行提供即日流动资金，并将机制的开放时间从 4：00 至 5：00 改为 4：30 至 5：30。

4.3 建立即时支付结算系统（RTGS）

香港原有的支付结算系统安排是于 1981 年 1 月建立的。当时，香港银行公会和汇丰银行签订有关管理协定，出任票据交换所（Clearing House）的管理银行，向香港银行体系提供中央结算服务。《香港银行公会票据交换所条例》规定，银行公会全体会员（持牌银行）的票据交换、结算和转账，均须在银行公会的票据交换所进行；票据交换所所有雇员为管理银行职员，交换所使用的有关设备由银行公会和管理银行共同提供，但使用的电脑软件、程序和有关文件均由管理银行开发和拥有。

当时，这一结算安排由三级组织架构组成，包括票据交换所的管理银行、结算银行和次结算银行。其中，最顶级的是作为票据交换所的管理银行——汇丰银行，它直接在外汇基金设立账户；第二级为 10 家结算银行，包括汇丰银行、渣打银行、中国银行香港分行、华比银行、万国宝通银行、广东银行、东亚银行、华侨银行、上海商业银行及永安银行，它们必须在汇丰银行开设交换结算账户，并保证其账户内有一定资金应付交换之用；第三级为次结算银行，包括除 10 家结算银行以外的 170 多家持牌银行，它们可在其自由选择的结算银行开设账户。

1998 年 4 月 28 日，香港银行同业结算有限公司与香港结算公司签约，联合建立 DVP 设施，以加快股票结算交收。

在此安排下，每家持牌银行的票据都经过汇丰银行进行交换。汇丰银行作为管理银行只与结算银行交易，总体处理各结算银行及其属下次级结算银行的交易；同时，汇丰银行作为结算银行，同其属下次级银行交易。每日结算时，汇丰银行对账户有结存的结算银行不付利息，但如果结算银行在其账户内没有款项应付交换，亦无法与汇丰银行作出即时安排以弥补差额，汇丰有权宣布该银行为欠款银行，并取消其交换资格。如果汇丰银行愿意向其提供透支服务，则征收惩罚性利息。当时，香港的支付结算体系主要有 5 种支付形式，包括支票、自动转账系统（CHATS）、中央结算系统（CCASS）、电子交换和易办事。其中，支票交收占总交易总数的 75% 以上，占总交易金额的 40%。

1981 年以来的这一安排，总体运行虽算平稳，但实际上存在不少问题。首先，是支付结算系统的管理和运作由商业银行承担，存在着利益冲突问题。其次，原有的支付结算系统由三层架构组成并实行翌日交收，而不是国际通行的单层次即日交收，这意味着交易成本高，时间长，风险也相对较高。另外，大量使用支票进行结算，致使结算效率相对较低。

进入回归中国的过渡时期以后，汇丰银行开始加紧部署集团国际化战略。因此，1988 年 7 月，汇丰银行与香港政府金融事务科签订新会计安排。这是香港中央结算系统改革的第一步。新会计安排削弱了汇丰银行的特权，但并没有改变原来安排的成本高、风险高和效率低的问题。

为进一步改善香港的支付结算制度，1993 年底，香港金融管理局成立了"支付及结算系统工作小组"，对原有的结算制度进行研究。1994 年 1 月，该小组提出尽快建立即时支付结算系统的建议。由于该建议涉及重大策略性问题，并关乎整个银行体系，同年 5 月 31 日，金融管理局成立了支付系统委员会，成员由金管局总裁及各大持牌银行代表组成，负责为香港实施即时支付结算系统提供政策方面的建议。其后，银行业达成共识，即香港应该尽快建立起即时支付结算系统，实现对现有支付系统的升级换代，以巩固香港国际金融中心的地位。

当时，香港支付系统委员会确定的即时支付结算系统，包括五个方面的核心原则：

（1）香港的即时支付结算系统应与国际标准接轨；

（2）采取单层次结构，即所有持牌银行均要在金融管理局开设结算账户（Settlement Accounts）；

（3）在金融管理局的账户上过账，最终的结算工作通过金融管理局的账户进行；

（4）银行不能进行即日透支，但可以外汇基金票据和债券作为抵押品，通过与金融管理局签订即日回购协定，取得即日的流动资金；

（5）香港可以和国际系统联网，以进行即时货银两讫和即时汇款同步进行交收。

根据上述五项核心原则，并确保新的即时支付结算系统具备简单、稳健、能够逐渐演进的功能，香港支付系统委员会决定采用 Y 型设计（见图 5.4）。在该系统中，所有持牌银行均须直接在金融管理局设立结算账户，由金融管理局进行最终结算，无须经过其他中间环节，因而具有简单、直接的特点。除非有非常特殊的情况，金融管理局不允许银行结算账户出现透支；而且，任何一项指令进入账户结算后，就被视为最终的、不可撤回的及无条件的。该设计提供了排队机制，可以使银行能够通过取消和重新排列支付指令的次序，来控制其支付指令的先后顺序。该设计还将支付结算系统与 1990 年设立的债券工具中央结算系统自动联网，提供及时货银两讫和即日回购协定。所有隔夜和即日回购协定的设施均由债务工具中央结算系统管理的抵押品管理系统提供。两系统的联结，较好地解决了银行在头寸不足情况下支付指令需要排队轮候，不能即时执行的问题，以及资金提供者可能存在的信贷风险问题。此外，为了确保即时支付系统能加快及顺利实施，该系统建立在自动转账系统的基础上。

从 1995 年 1 月起，金融管理局为推行即时支付系统进行了整整两年的准备工作。1995 年 5 月，金融管理局宣布筹建香港银行同业结算有限公司（Hong Kong Interbank Clearing Limited），以取代原来的票据交换所。该公司由香港金融管理局和香港银行公会共同拥有，各占 50% 股权。公司董事会由 8 人组成，其中 2 人来自金融管理局，3 人来自银行公会的永久会员（即汇丰银行、渣打银行和中国银行香港分行 3 家发钞银行），其余 3 人由银行公会其他会员选出。该公司成立后，成为新结算所设施的营运者，负责新支付结算系统的运作，并分阶段接管了汇丰银行原来承担的结算职能，直至 1997 年 4 月完全接管。

在新支付结算系统中，金融管理局承担了多项新的职能，具体包括：① 结算机构：金融管理局取代了结算所的管理银行，成为结算机构；② 债务工具结算系统的操作机构：即时支付结算系统与债务工具结算系统全面接通后，具有即时货银两讫功能，金管局继续负责该系统运作；③ 即日流动资金的提供者和最后贷款人：金管局密切监察支付系统运作，并在适当情况下向持牌银行提供资金支持；④ 支付系统的监察机构：金管局直接参与即时支付结算系统操作和负债的监察工作。

筹建期间，金管局面对的一个重要问题是在新支付结算系统下银行流动资金的管理问题。由于新系统不允许银行透支，对银行流动资金的管理构成了较大的压力，香港银行特别是外资银行对外汇基金票据和债券的需求大增，导致外汇基金票据和债券的利息率显著下降，与银行同业拆息率之间的差距进一步拉大，银行的成本和风险也进一步提升。为了消除银行界的担心，金管局推出了两项措施：其一，推出票据交换所自动转账系统的处理指引，要求银行每天按时按次序订下处理票据的限额；其二，增加外汇基金票据和债券的发行量。

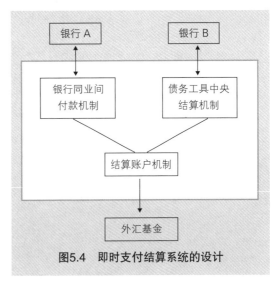

图5.4 即时支付结算系统的设计

资料来源：香港金融管理局。

1996 年 12 月 9 日，即时支付结算系统（Real Time Gross Settlement System，简称 RTGS）正式运作，取代了原来的结算制度和新会计安排。即时支付结算系统的建立，是对香港银行支付结算系统的一次重大变革。在新系统下，金融管理局彻底取代了汇丰银行的地位，开始管理香港银行系统的支付结算体系。金管局通过该系统即时控制和掌握整个银行体系的资金运作情况和资金头寸情况，及时发现银行体系可能发生的问题，并提供足够的手段加以解决。该系统也进一步提高了流动资金管理的透明度，使银行能够更加有效地管理其资金头寸，因而受到了银行界的欢迎。该系统还大大提高了支付效率并减低了原有支付系统所存在的各种潜在风险，包括市场风险、流动性风险和信贷风险发生的可能性，它与国际其他支付系统接网后，还消除了赫斯特风险。

总体而言，即时支付结算系统的建立，将香港支付系统提高到国际先进水平，这就大大增强了香港国际金融中心的竞争力。

4.4 港府推行金融改革的原因分析

过渡时期，香港政府积极策划及推动金融管理体制的改革，其背后是有深刻的经济、政治等多方面原因的。从经济层面分析，主要有两个原因：

（1）维持及巩固港元联系汇率制度。1983 年 10 月推出的港元联系汇率制度，对进入过渡时期的香港金融体系的稳定发挥了重要的作用。在联系汇率制度下，理论上市场可通过银行之

香港作为国际金融中心的策略文件

《香港特别行政区基本法》第 109 条列明：

"香港特别行政区政府提供适当的经济和法律环境，以保持香港的国际金融中心地位。"

香港作为国际金融中心的优势

香港优越的地理位置外，还有其他优势包括（排列次序不分先后）：

· 清晰明确并且可以预知的法律制度

· 完善的会计制度

· 新闻自由，使资讯透明流通无碍

· 健全及先进的基础设施及办公室

· 曾接受教育，并能操流利英语的劳动人口

· 无须受不必要的监管束缚

· 对个人及公司均极具吸引的税制

· 公司可自由出入及经营业务

· 生活素质高、法治受到尊重、治安良好等

· 与中国内地的联系

· 海、空交通及电信联系极佳

· 专业海外雇员入境手续简便

· 货币稳定、并无外汇管制

· 其他财务机构林立

· 政治稳定

虽然香港毗邻中国内地可能是其主要吸引所在，但在 1997 年前的过渡期内，我们可看到某些优势正在受到侵蚀，例如在某些环节，其他金融中心正在努力迎头赶上香港（如基础设施的素质、公司进出的自由、财务机构齐全等）；而在某些环节，香港可能正逐渐落后（如政治转趋不明朗、语言能力等）。对于前者，我们不应感到太意外，毕竟这是整个亚洲地区进步和发展的一部分，但后者却应引起我们的关注，因为严重的倒退可能会将长久以来的优势变为不利的因素。

香港所受到的竞争威胁，并非来自传统的国际金融中心如纽约、伦敦、东京或法兰克福等金融重镇。这些国际金融中心（包括上海）的发展受阻，是因为它们亦是国家金融中心，因此更受其本土国家税务及其他因素的掣肘，灵活性自然欠佳。东京是个明显的例子，其金融中心发展及解除管制措施的迟延，便是由于国内政策及改革步伐的分歧所致。

香港最直接的竞争对手是新加坡，原因是它拥有与香港相同的优势：位于伦敦与纽约之间的适当时区、毗邻高增长地区，以及低税率。新加坡正进行多项重大的政策改革，特别是在税务及管理方面，以图取得领先地位。然而，应付来自新加坡或其他地区的竞争及挑战，是保持香港作为亚洲主要国际金融中心地位的整体策略中不可分割的重要部分。

发展路向

若要维持香港作为国际金融中心的领导地位，我们必须取长补短。这份有关检讨香港作为国际金融中心所面对的策略性问题的文件兹作出建议如下：

（1）香港成功的"秘诀"在于拥有一个自由市场，税率偏低，监管制度健全，且属一个公平竞争之地，具备有效及妥善周全的架构（金融基础设施）。对香港最大的威胁，是投资者信心动摇（或甚至是感觉上被认为信心动摇），担心使香港具领导地位及独一无二的自由市场特色可能在 1997 年后有所改变。明显地，港人在"九七"临近之际，应体会到在这个重要关头，尽力维持港人信心至为重要。

（2）事实胜于雄辩，与美国国库券收益率曲线极为接近的港元外汇基金票据／债券收益率曲线，明确显示市场对与"九七"有关的风险并无要求溢价。我们应按市场需求，在适当时机将外汇基金债券伸延至七年期及十年期的范围。

（3）由于其他区域性金融中心提供重大的税务优惠计划，香港亦可考虑将"海外金融业务"的适用税率调低，务使竞争更趋平等。

（4）可以与私营机构紧密合作发展若干金融产品，尤其是在债券市场的范畴。这些产品大部分无需津贴或在监管规例上作出重大修订，但在金融基础设施则须进行一些投资，例如在结算、交收及支付系统方面。在亚洲时区的欧洲美元及债券回购协议市场便是最佳例子。债券市场的发展可带来外汇、银行同业交易和衍生产品的关联交易。日后多作研究与发展工作，可促使这些产品快些面世。

（5）有些结构性的增强措施将有助于促进市场信心。例如，一家私营机构拥有的第二按揭公司可通过健全和有组织的方式发展第二按揭市场，对首次置业人士及稳定住宅按揭的流动资金这两者均有帮助。

（6）有若干范畴，例如风险管理、衍生工具产品、股票、保险和再保险产品的未来发展，均需要其他监管机构作进一步研究。金融管理局准备与这些机构合作，对这些范畴作深入研究，亦可从其他中央银行和多边组织抽调专业人才，负责不同产品的有关工作。

（7）至于其他需要改善的范畴，例如教育和培训、英语应用能力、国际学校，以及其他设施则需要港府和大学有关方面协力深入处理，方能奏效。

（8）可以成立一个专责咨询委员会，或可称国际金融中心策略工作小组，由金融管理局担任秘书处，负责对上述有关策略性问题作出探讨。此工作小组亦可就关乎影响本港竞争方面的规例作出监察和提出意见。

资料来源：香港金融管理局，1995 年 5 月 12 日。

1990 年代中香港金融业的心脏地区 —— 中环。

间的套利和竞争的相互作用，自动调节货币供应从而稳定港元汇率。然而，在实际运作中，自动调节机制未能有效发挥作用。为弥补这一缺陷，港府通过银行公会调节利率水平，借利率套戥功能稳定汇率。不过，利率调节的功能亦有其局限性，而且频密地调整利率，不利于资金的有效配置和经济稳定。因此，为维持和巩固联系汇率，香港政府逐步推出一系列改革措施，包括 1988 年设立的负利率机制和新会计制度、1990 年推出的外汇票据及债券、1992 年建立的流动资金调节机制，以及 1996 年运作的即时支付结算系统等，从而进一步扩大了外汇基金的功能，有效配合了港元联系汇率制度的运作，维持了港元汇率的稳定。

（2）加强了政府稳定金融市场的宏观调控能力。1980 年代初中期银行危机及 1987 年股灾后，香港政府逐步修订其不干预政策，以适应日趋繁杂的金融市场的变化。1989 年中银集团被挤提事件和 1991 年国商银行事件引发的连串银行挤提风潮显示，即使管理完善、财务稳健的银行，也会因政治因素或不利传言而面临危机，从而对整个金融体系的稳定构成冲击。可见，客观形势显示出政府加强对金融市场的宏观调控能力的必要性。香港外汇基金的法例，就明确授权政府财政司利用外汇基金"保持本港金融及财政制度稳定及健全"，从而"维持香港国际金融中心的地位"。因此，在过渡期间，港府就以维持及巩固联系汇率的名义，推行了金融管理制度的改革，其核心则是推动外汇基金"中央银行"化，建立香港的"中央银行"——金融管理局，以加强政府对货币供应和金融市场的调节能力。

从政治层面分析，则是港英政府配合汇丰银行淡出"准中央银行"、部署集团国际化战略的重要组成部分。长期以来，汇丰在香港货币、金融管理体制中处于特殊地位，它是两家发钞银行之一，并担任"中央结算系统管理银行"，它还实际上成为银行体系的最后贷款者及港府货币金融政策的主要顾问，这种地位成为它发展壮大的重要原因之一。不过，进入过渡时期后，汇丰的"准中央银行"角色已开始与它积极部署的集团国际化战略发生矛盾。1981 年汇丰收购苏格兰皇家银行失败的原因之一，就是它在香港的这种特殊地位。在汇丰看来，卸下"准央行"地位是迟早的事，不仅有利于其拓展国际业务，部署国际化战略，避开所谓的"九七风险"，而且有利于它在"九七"后凭借最大商业银行实力在香港金融市场继续保持商业优势。

汇丰银行淡出"准央行"的行动无疑得到港英政府的默契和密切配合，但其遗下空缺将

香港金融管理局首任总裁任志刚。

由何人接替却令港府煞费苦心。继续保持商业银行主导的金融制度已不可能，且难免不会让中银集团取而代之并坐大，这不符合港英撤退的战略目标。唯一的选择就是由外汇基金接替并逐步升格为金融管理局。以政府金融司林定国的说法，是由政府承担制度性风险。这实际上意味着对传统制度动大手术。这也就是港英政府一改长期以来坚持不设"中央银行"背后的原因。为了减轻这次改革带来的冲击，港府一直以相当低调和轻描淡写的手法有计划、有步骤地精心筹划和部署，用心之良苦更反映出背后深含的政治动机。

5. 香港金融管理局的建立及其职能

长期以来，香港一直没有"中央银行"，香港"中央银行"的职能主要由香港的外汇基金、

外汇基金相关职能部门以及作为商业银行的汇丰银行共同担任。不过，从1970年代起，

香港政府开始逐步强化外汇基金的功能，与此同时，在组织架构上也进行了一系列的改革。

直到进入回归中国的过渡时期，随着汇丰银行加快部署其国际化战略，

淡出"准中央银行"角色，港府推动一系列金融货币改革，进一步扩大外汇基金的功能，

并在此基础上建立起香港的"中央银行"——香港金融管理局。

5.1　香港金融管理局的成立及其组织架构

1976 年，港府在布政司署辖下设立金融事务科，开始对香港金融事务进行统一管理。金融事务科下设金融政策小组、外汇基金小组和银行监理处。1978 年，港府又在金融事务科辖下设立一个外汇基金管理部，以集中并加强对外汇基金日常工作的管理。同时，港府开始聘用私营机构的基金经理，赋予他们酌情权，可按照议定的投资指引，管理外汇基金的部分资产。第一名经理是在 1976 年 10 月任命的，最初的投资组合是 2,000 万美元。这种做法一直沿用至今。

1991 年 2 月，为配合金融制度的改革，港府原隶属金融事务科的金融市场小组和外汇基金小组合并，成立外汇基金管理局。1992 年 12 月 10 日，港府通过《外汇基金（修订）条例》，授权政府财政司委任一名金融管理专员，协助财政司执行外汇基金条例所规定职能，并将银行监理专员的职权转授金融管理局。1993 年 4 月 1 日，根据《外汇基金（修订）条例》，港府将外汇基金管理局和银行监理处合并，正式成立香港金融管理局（Hong Kong Monetary Authority, 简称 HKMA）。与此同时，金融事务科改名为财经事务科，负责银行、保险等方面的法律和政策事务，并承担政府经济研究的职能。

《外汇基金（修订）条例》授权财政司委任一名金融管理专员，协助财政司执行外汇基金条例所规定的职能。同时，条例将银行监理专员的权力和职务，由 1993 年 4 月 1 日起转授予金融管理局。在法律上，金融管理专员是以个人身份被财政司委任的，并向财政司司长负责；银行业条例下的银行监理专员的权力也是转授予金融管理专员个人行使。但是，在实际执行上，金融管理专员负责领导金融管理局的机构，并担任该局的总裁职务。首任总裁是任志刚。

根据《外汇基金条例》，金融管理局是政府的一个组成部分，所有员工均属政府雇员，但又未被纳入政府总部（决策局）和其他部门的架构中，因而拥有相当大的自主权，其日常运作高度自治。金管局可以不按照公务员招聘条件聘用职员；可以自行编制财政预算，经外汇基金咨询委员会建议、财政司司长审批和核数署审计，直接由外汇基金支出；在增减内部机构、设立职位、决定薪金和福利待遇等方面，经外汇基金咨询委员会建议、财政司司长批准同意后即可实施，不受政府预算和公务员编制的限制。

在金融管理局的架构中，原来根据《外汇基金条例》成立的外汇基金咨询委员会，在性质和职权上相当于金管局的董事会。金融管理局须接受外汇基金咨询委员会的指导。外汇基金咨询委员会的当然主席由财政司司长出任，其他委员（包括金融管理专员）则以个人身份加入，由财政司司长根据香港特区行政长官的授权委任。委员各以本身的专业知识及经验获得委任。这些专业知识及经验涉及货币、金融、经济、投资、会计、管理、商业及法律等范畴。根据条例，财政司司长行使对外汇基金的控制权时，必须咨询外汇基金咨询委员会的意见。外汇基金咨询委员会就外汇基金的投资政策与策略，以及发展金融基建等以外汇基金拨款进行的项目，向财政司司长提供意见。由于金管局的运作成本及员工支出亦是由外汇基金拨款支付，因此该委员会亦会就金管局的年度行政预算及金管局员工的服务条款与条件，向财政司司长提供意见。外汇基金咨询委员会每月定期开会一次，由财政司司长主持，财政司司长不能出席时则由金管局总裁代行主席职能。

外汇基金咨询委员会辖下设有5个专责委员会，包括管治委员会、审核委员会、货币发行委员会、投资委员会以及金融基建委员会，分别负责监察金管局特定环节的工作，并通过外汇基金咨询委员会向财政司司长报告及提出建议。具体如下：

（1）管治委员会：负责监察金管局的表现，以及就薪酬与服务条件、人力资源政策及财政预算、行政及管治事务，向外汇基金咨询委员会提出建议。

（2）审核委员会：负责检讨金管局的财政汇报程序及内部管控制度是否足够与具成效，并提交报告；负责审核金管局的财务报表及编制该等报表所用的组成项目与会计原则，并连同外部及内部审计师查核其所进行的审计范畴与结果。

（3）货币发行委员会：负责监察及汇报作为香港联系汇率制度支柱的货币发行局制度的运作情况，具体工作包括确保货币发行局制度按照既定政策运作、提出改进该制度的建议，以及确保该制度的运作维持高透明度。金管局定期公布货币发行委员会的会议记录及提交该委员会的货币发行局制度运作报告。

（4）投资委员会：负责监察金管局的投资管理，并就外汇基金的投资政策及策略，以及风险管理与其他有关事项提出建议。

（5）金融基建委员会：负责就进一步发展香港的国际金融中心地位及加强香港金融服务的国际竞争力的措施提出建议，包括促进香港金融基建的发展、优良运作表现、安全性及效率，以及推动香港作为离岸人民币中心和促进有关条件的发展。委员会亦就金管局的措施提出建议，并监察金管局的工作。

金管局实行垂直分工管理的组织架构，处于最高领导地位的是金融管理专员，即金管局总裁，目前下辖2位副总裁，1位高级助理总裁、11位助理总裁，以及1位首席法律顾问和1位处置机制办公室专员。所有总裁、副总裁、助理总裁、高级助理总裁、首席法律顾问、处置机制办公室专员组成总裁委员会，定期开会，目的是向总裁汇报金管局各部门主要工作的进度，并就与金管局运作有关的政策事务向总裁提供意见；总裁听取各部门的工作情况，并对金管局的运作提出建议。

目前，金管局共设有12个部级单位和38个处级单位。部级单位包括：银行操守部、银行政策部、银行监理部、法规及打击清洗黑钱部、首席法律顾问办事处、货币管理部、金融基建部、经济研究部、储备管理部、外事部，机构拓展及营运部以及风险管理及监察部（见图5.5）。每一个部门由1名助理总裁负责，首席法律顾问办事处由首席法律顾问负责，法规部由法规执行总监负责。其中，银行操守部、银行政策部、银行监理部等3个部门共同承担银行业监管职能。银行操守部负责所有与认可机构的商业操守有关的监管与拓展职能，以及存款保障计划的运作、牌照事务、监察结算及交收系统。银行政策部负责执行《巴塞尔协议》及银行监管政策的事项。银行监理部负责银行监理、银行政策及金融稳定监察。货币管理部负责货币管理及市场发展。储备管理部负责外汇基金的投资管理。金融基建部负责金融基建事务。经济研究部负责有关货币及金融稳定研究事务，亦负责香港金融研究中心的有关研究事宜。外事部负责有关多边组织及中央银行合作、人民币银行业务、金融市场一体化，以及内地经济及金融市场研究等事宜。机构拓展及营运部负责机构发展、人力资源、行政、财务、资讯科技及传讯策略事务。另外，法规及打击清洗黑钱部负责法规执行、金融服务消费者教育及投诉处理，以及有关打击清洗黑钱事务。首席法律顾问负责处理与金管局有关的重要法律事务。

在金管局的组织架构中，还包括若干由香港政府、外汇基金或金管局持有的相关业务机构，包括：香港按揭证券有限公司、香港印钞有限公司、香港银行同业结算有限公司、外汇基金投资有限公司和香港金融研究中心。

（1）香港按揭证券有限公司：根据《公司条例》于1997年3月注册成立，由香港政府通过外汇基金全资拥有。该公司的主要职能是促进香港第二按揭市场的发展，其业务分两个阶段拓展，首先是购入住宅按揭贷款，作为公司本身的投资组合，所需资金主要通过发行无抵押债券筹集；第二阶段则会发行按揭证券，售予投资者。

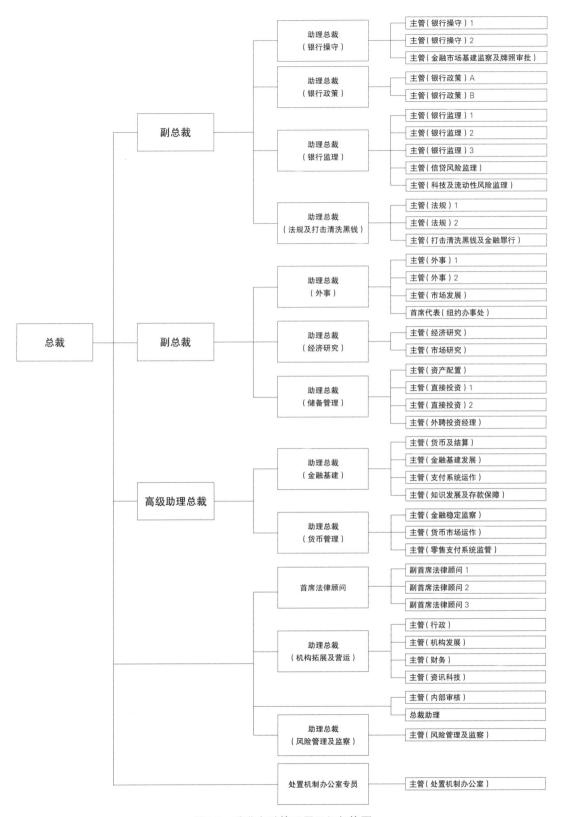

图5.5　香港金融管理局组织架构图

资料来源：香港金融管理局。

（2）香港印钞有限公司：负责印制香港 3 家发钞银行的所有纸币。香港政府于 1996 年 4 月从德拉鲁集团购入位于大埔的印钞厂，并易为现名继续运作。香港政府为该公司的大股东，3 家发钞银行及中国印钞造币总公司为小股东。该公司每年大概印制 3.2 亿张纸币。

（3）香港银行同业结算有限公司：金管局和香港银行公会共同拥有的私营公司，成立于 1995 年 5 月，主要职能是分阶段接管前结算所管理银行汇丰银行的结算工作。接管过程于 1997 年 4 月完成。该公司为香港所有银行提供银行同业结算及交收服务，并代表金管局管理公营和私营机构债券的中央结算及交收系统。

（4）外汇基金投资有限公司：香港特区政府于 1998 年 10 月根据《公司条例》成立的私营有限公司，主要负责管理外汇基金的港股组合（包括在 1998 年 8 月金管局的入市行动中购入的恒生指数成分股，以及 1998 年 11 月由土地基金拨入外汇基金的港股组合），以及在尽量减轻对市场的影响的情况下出售外汇基金的港股组合（但保留相当于外汇基金资产的约 5% 作为长线投资）。投资公司通过盈富基金及其后每季的持续发售机制出售了总值 1,404 亿港元的港股。出售港股计划于 2002 年 10 月 15 日完成。金管局于 2003 年 1 月起接手处理以往由投资公司管理外汇基金港股组合的工作。

（5）香港金融研究中心：金管局的附属机构，经费由外汇基金拨款提供。成立于 1999 年 8 月，目的是对香港和亚洲区内的货币政策、银行及金融业具深远影响的课题进行研究，探讨有关香港及亚洲区内的货币和金融发展等问题。

5.2　香港金融管理局的职责及职能

2003 年 6 月，根据国际货币基金组织于同月发出的《香港金融体系稳定评估》所提出的建议，香港特区政府发布一系列声明及文件，以进一步清楚厘定特区政府高层政府官员在货币与金融事务及公共财政方面的职责及职能。[22]

根据《中华人民共和国香港特别行政区基本法》的有关规定及 2003 年 6 月 27 日特区行政长官关于"财政司司长及财经事务及库务局局长的职责"的函件，财政司司长在财经事务及库务局局长的协助下，负责有关维持香港金融体系稳定与健全，以及保持香港的国际金融中心地位的政策。具体负责的范畴包括：① 货币制度；② 外汇基金；③ 公共财政；④ 金融体系；⑤ 香港作为国际金融中心的地位。对于货币制度和外汇基金，财政司司长须负责订定香港的货币政策目标及货币体制，并根据《外汇基金条例》行使对外汇基金的控制权。财政司司长委任金融管理专员协助他执行根据该条例获赋予的职能。对于公共财政、金融体系及香港作为国际金融中心的地位等方面，财政司司长负责订定宏观政策目标，并由财经事务及库务局局长负责制定具体政策，以实现该等目标。财政司司长并有责任在财经事务及库务局局长的协助下，拟备政府的财政预算案。

而负责协助财政司司长的财经事务及库务局局长，其主要责任是确保政府有效履行公共财政、金融体系及香港作为国际金融中心的地位等三个范畴的具体政策。财经事务及库务局局长作为该等范畴政策的托管者，在履行职能过程中必须加强与政府内部及外间其他有关方面联系并征询意见。财经事务及库务局局长的主要职责是行使和执行与公共财政有关的法定权力和职能，在立法机关定明的条件、例外情况和限制下，发出行政指示和指令，以控制和管理公共财政，及更改核准开支预算。财经事务及库务局局长并负责将涉及财政司司长五个范畴的法律建议向立法会提交，不过，他在向立法会提交立法建议前，须按适当情况寻求财政司司长的政策指引及行政长官会同行政会议的批准。

金融管理专员由财政司司长委任及授权，其办公室即为金融管理局。根据《外汇基金条例》《银行业条例》及财政司司长的授权，金融管理专员及金融管理局的主要职能是：

第一，在联系汇率制度的架构内维持货币稳定。

根据条例规定，财政司司长负责制定香港的货币政策及货币体制。现阶段，香港的货币政策目标为货币稳定，即维持港元汇价稳定，使其在外汇市场上兑美元的汇率维持在 7.80 港元兑 1 美元左右的水平。为此，采用货币发行局的模式，规定港元货币基础由外汇基金持有的美元储备按 7.80 港元兑 1 美元的固定汇率提供最少百分百的支持；而港元货币基础的任何变动亦要百分百与该等美元储备的相应变动配合。

而金融管理局则负责达成货币政策目标，包括决定有关的策略、工具及执行方式，以及确保香港货币制度的稳定与健全。在西方国家的中央银行，执行货币政策通常运用公开市场操作、再贴现率、存款准备金这三大手段实施。金融管理局通过新会计安排、发行外汇基金票据和债券、流动资金调节机制，实际上已可运用公开市场操作和再贴现率执行货币政策。1998 年 9 月，香港特区政府撤销流动资金调节机制，正式建立起香港的贴现窗制度。

第二，促进金融体系，包括银行体系的稳定与健全。

根据条例规定，财政司司长在财经事务及库务局局长的协助下，负责有关维持香港金融体系稳定与健全的政策。为了推行这些政策，金管局的职责包括：[23]

（1）按照《银行业条例》的规定，授予香港的持牌银行、有限制牌照银行及接受存款公司认可资格，通过规管银行业务及接受存款公司业务及监管认可机构，以及提供措施以保障存款人及促进银行业体系的整体稳定与有效运作；

（2）就规管银行业务及接受存款公司业务自行厘定审慎监管政策、标准及指引；

（3）考虑并建议与规管银行业务及接受存款公司业务有关的法律改革；

（4）与其他有关机构合作，监管认可机构从事银行业务及接受存款公司业务以外的其他业务；

（5）与其他有关机构和组织合作，发展债券市场；

（6）处理与法定纸币及硬币的发行及流通有关的事宜；

（7）通过发展涉及认可机构的本地大额及零售支付、结算及交收系统，以及在适当情况下负责操作有关系统，以促进金融基础设施的安全与效率；

（8）其他适当的行动及计划。

在促进金融体系稳定与健全的过程中，金管局担任了"中央银行"的两项重要职能，其一，是银行体系的"最后贷款者"。最后贷款者包含两层意义：一是有责任向受不利谣言困扰的银行提供流动资金援助或有需要时以注资方式拯救有问题银行。这一职能外汇基金自1980年代初恒隆银行出现问题时，已开始接替汇丰银行行使。二是向资金紧张的银行体系注入资金，以及对当日同业市场收市后缺乏头寸银行提供隔夜信贷。流动资金调节机制设立后，金融管理局已最后取代汇丰承担这一职能。及至贴现窗设立后，金管局已履行完全意义上的最后贷款人职能。另一个重要职能是中央票据的结算管理。长期以来，香港的票据结算所一直由汇丰银行负责管理。1996年即时支付结算系统建立后，金融管理局取代汇丰银行承担了这一职能。

第三，协助巩固香港的国际金融中心地位，包括维持与发展香港的金融基建。

为推行有关保持及进一步加强香港的国际金融中心地位，以及维持香港金融体系稳定与健全的政策，金管局在履行其维持香港的货币与金融体系稳定与健全的职责时，须与其他有关机构与组织合作，履行其职责，具体包括：

（1）促进支付、结算及交收系统的发展，促使国际及跨境金融活动以安全及有效率的方式在香港进行；

（2）通过积极参与国际及中央银行论坛，促进对香港货币及金融体系的信心；

（3）推行适当的发展市场措施，以协助加强香港金融服务的国际竞争力（包括有关促进香港离岸人民币中心地位的发展的措施）；

（4）维持及发展香港的金融基建。

第四，管理外汇基金。

根据《外汇基金条例》的规定，外汇基金由财政司司长控制。金管局根据财政司司长转授的许可权，以及按照转授权力的条款，就外汇基金的运用及投资管理向财政司司长负责。根据条例，外汇基金的主要目的是直接或间接影响港币汇价。此外，外汇基金亦可用于保持香港货币金融体系的稳定健全，以及保持香港的国际金融中心地位。

香港金融管理局作为"中央银行"，尚未完全拥有的"央行"职能主要有两项：发钞和政府银行。其中，发钞工作由汇丰银行、渣打银行和中国银行（香港）三家发钞银行承担。但是，发钞银行须通过外汇基金发出的负债证明书这一机制才能发行港钞，因此，货币发行这一职能实际上仍然由金管局主导。作为政府的代理银行，金融管理局实际上已成为香港政府最主要的财政、金融顾问，并负责管理政府的全部外汇储备及资产。不过，向政府提供零售银行的服务则仍主要由汇丰银行、渣打银行、中国银行（香港）等大型商业银行进行。

注释

〔1〕 T. K. Ghose 著、中国银行港澳管理处培训中心译，《香港银行体制》，北京：中华书局，1989 年，第 50 页。

〔2〕 饶余庆著，《亚洲金融危机与香港》，香港：三联书店（香港）有限公司，2000 年，第 2-3 页。

〔3〕 祁连活著，《如何挽救港元？三项实用的建议》，载《亚洲金融监测》，1983 年，第 9-10 双月刊。

〔4〕 同〔2〕，第 136 页。

〔5〕 同〔2〕，第 136-139 页。

〔6〕 参阅《汇丰修章获港府默许，具弹性应付未来转变》，载《香港经济日报》，1989 年 8 月 24 日。

〔7〕 参阅《汇丰董事长蒲伟士细说 —— 政治形势促成的商业决定》，载香港《信报财经新闻》，1990 年 12 月 12 日。

〔8〕 同上。

〔9〕 冯骋著，《汇丰承担减弱可虞，港府支持迁册荒谬》，载《香港经济日报》，1990 年 12 月 18 日。

〔10〕 林行止著，《汇丰心在海外，港府应部署"接班"》，载香港《信报财经新闻》，1990 年 12 月 28 日。

〔11〕 张立著，《汇丰迁册唤醒中银》，载香港《信报财经新闻》，1990 年 12 月 19 日。

〔12〕 详细情形参阅冯邦彦著，《香港英资财团（1841-1996）》，香港：三联书店（香港）有限公司，1996 年，第 331-339 页。

〔13〕 参阅 "US Ratifies Dollar Peg", Hong Kong: South China Morning Post, Nov.12, 1989.

〔14〕 聂俊安著，《外汇基金简史》，载香港金融管理局《香港的货币与银行体系：回顾与前瞻》，1996 年，第 45 页。

〔15〕 同〔14〕，第 47 页。

〔16〕《香港金融十年》编委会，《香港金融十年》，北京：中国金融出版社，2007 年，第 5 页。

〔17〕 同〔14〕，第 50 页。

〔18〕 同〔14〕，第 55 页。

〔19〕 刘志强、沙振林，《九十年代香港金融的改革与发展》，香港：三联书店（香港）有限公司，1997 年，第 44 页。

〔20〕 同〔20〕，第 66 页。

〔21〕 香港金融管理局，《金融管理局的授权及管治》，香港：香港金融管理局，2011 年 8 月 15 日修订，第 14 页。

〔22〕 同〔21〕，第 21 页。

1997 年 10 月香港股市重演 10 年前股灾。

第六章

亚洲金融危机的冲击与
联系汇率制的完善

1. 亚洲金融危机对港元联系汇率的冲击

1997年7月骤起于泰国的亚洲金融风暴，

在其后一年多时间内曾四度袭击香港，

作为香港货币金融政策的基石和核心的港元联系汇率制度受到严峻的考验，

其间，香港银行同业隔夜拆息率一度攀升至280厘的历史高位，股市、地产连番暴跌，

香港经济陷入二战后以来最严重的衰退。

1.1 亚洲金融风暴冲击香港的历史背景

亚洲金融风暴多次冲击香港金融体系，实际上有着深刻的政治、经济等方面的深层次原因。其历史背景是：

（1）维持和捍卫港元联系汇率制度已成为香港货币、金融政策的基石和核心。联系汇率制可以说是 1980 年代初特殊政治、经济危机下的产物。它自 1983 年 10 月实施以来，运作一直卓有成效，其间虽然经历了 1987 年 10 月股灾、1990 年中东海湾战争、1991 年国商事件、1992 年欧洲汇率机制危机，以及 1994 年墨西哥金融危机等一系列政治、经济事件的冲击，但港元汇率绝少偏离 1 美元兑 7.8 港元的联系汇率水平达 1% 以上，并且多数处于偏强位置，对过渡时期香港金融体系和整个经济的稳定，发挥了积极的作用。因此，联系汇率制度从初期一项应变危机的权宜之计发展成香港货币金融政策的基石和核心。

（2）香港成功实现九七回归的平稳过渡，经济呈现空前繁荣景象。踏入 1996 年，随着香港特别行政区筹备委员会的组建，400 人推举委员会的成立，尤其是选出董建华为香港特区首任行政长官，行政会议的组成以及公务员的平稳过渡，整个特区政府班子的筹组工作有条不紊地进行，一再受到国际间及香港社会的好评和赞扬。投资者和市民看到了中国政府贯彻落实"一国两制"方针以及"港人治港、高度自治"等一系列政策的决心和诚意。香港成功实现九七回归的平稳过渡，对香港经济产生了正面、积极的效应。

香港经济在经历了持续两年的周期性调整之后，于 1996 年从谷底回升，素有"香港经济寒暑表"之称的地产市场再度畅旺，并带动股市大幅上升，尤其是进入第四季，由于外国基金大举入市，股市连续 7 次创历史新高，恒生指数从 1995 年底的 10,073.39 点上升至 1996 年底

的 13,451.45 点,全年升幅达 33.5%。进入 1997 年,香港整体经济更是逐季上升,第一、二、三季的升幅分别是 5.9%、6.8% 和 6.0%,呈现出空前的繁荣景象。

（3）在表面一片繁荣景象之下,香港的"泡沫经济"已在地产、股市两个重要环节形成。从地产业看,香港的地产市道自 1985 年进入过渡时期以来,便进入一个长周期的上升阶段。特别是自 1990 年由住宅楼宇带动,其价格连年大幅跳升,香港舆论曾形容为"像装上一级方程序引擎马达般一发不可收拾"。在住宅的带动下,写字楼、商铺等市道均有可观的升幅。从 1994 年 4 月至 1995 年第三季,在港府推行压抑楼价加上美国连续 7 次调高息率的影响下,香港楼市曾一度进入调整期。不过,自 1995 年第四季度以来,香港地产再度从谷底回升,到 1996 年第四季度,市场掀起豪华住宅炒卖风,令价格急升,并带动中小型住宅、写字楼、商铺等楼宇价格急升。进入 1997 年,香港的"回归因素"被迅速炒起,楼价在半年内再大幅上升三成至五成,并形成空前炽热的投机炒卖风潮。[1]

从股市看,在楼价的带动下,香港股市亦从 1995 年初的低位止跌回升,恒生指数从

1997 年北京控股上市时竟获 1,267 倍的超额认购,创下历史纪录。图为市民排长龙领取北京控股的退款支票及股票。

1995 年初的低位 6,967.93 点大幅上升到 1996 年底的 13,451.45 点，两年间升幅高达 93%。1997 年，在种种利好因素的刺激下，香港股市继续辗转攀升，恒生指数在 8 月 7 日创下 16,673.27 点的历史纪录，比年初再上升 24%。其间，红筹股狂潮迭起，每日成交额超过 400 亿元，当时 33 只恒指成分股平均市盈率达 16.5 倍，而 32 只红筹股平均市盈率却高达 106 倍，北京控股上市时超额认购的倍数就高达 1,267 倍，光大国际的市盈率更高达 3,130.43 倍，已达到极不合理的地步。这种经济的"大起"，实际上已为 1997 年第四季度以后经济的"大落"做了准备。

（4）香港经济内部产业结构的严重不合理性已经浮现。首先是产业结构的"空心化"问题。1980 年代中期以后，香港制造业在成本压力之下，在大规模内迁广东珠江三角洲的同时，并未能加快升级转型的步伐，致使制造业在香港经济中的地位急速下降，出现"空心化"趋势。值得注意的是，进入 1990 年代，随着广东珠江三角洲土地价格和劳工成本的上升，香港与内地之间以劳动密集型产业为主体的"前店后厂"合作模式，已开始暴露其局限性，香港制造业若不能加快升级转型，其在华南地区所担当的战略角色，包括工业支持及管理中心、贸易转口港及融资中心的地位将遭到削弱。

其次，香港经济在转向服务经济之后，其服务业的内部结构亦渐趋畸形之势，表现为金融、地产业逐渐在经济中取得某种主导地位。尤其是 1990 年代以来，在多种复杂因素的推动下，香港的地产、楼市大幅攀升，扯动香港股市大幅上涨；地产、股市的异常繁荣又刺激银行金融业的空前景气，形成港元资产的急速膨胀，进而产生整个经济中的泡沫成分。在这种日渐不合理的产业结构中，整体经济呈现更强的投机性、无根性及波动性，实际上已为这次亚洲金融风暴对香港的冲击，埋下深层次的伏线。

（5）部分国际机构投资者看淡九七回归后香港经济的前景。其实，国际机构投资者对香港早已虎视眈眈，1995 年初已趁墨西哥金融危机冲击港元联系汇率，并在国际上大造舆论，"唱衰"香港。1996 年，美国《财富》杂志发表题为《香港之死》（The Death of Hong Kong）的文章，看淡香港前景。亚洲金融风暴爆发后，国际投机者即于 1997 年 8 月间首度袭击香港。10 月中旬，台湾"中央银行"主动弃守新台币汇率，将国际投机者的视线转移到香港。10 月 21 日，美国摩根士丹利全球首席策略员公开表示，将减持环球投资组合中已发展亚洲市场所占比重，从原来的 2% 减至 0。他指出：亚洲股市已处于危险的下跌周期，其第二阶段的跌势已经开始，并将由香港股市带领。当日，香港股市应声下挫并连番暴跌，揭开香港金融风暴的序幕。

1.2　金融风暴对香港联系汇率制度的冲击

金融风暴期间，作为香港货币金融政策的基础和核心的联系汇率制度首当其冲，曾先后于 1997 年 10 月，1998 年 1 月、6 月及 8 月四次受到严重冲击，其中，又以 1997 年 10 月和 1998 年 8 月两次所受到的冲击最为猛烈，是联系汇率制度成立以来所受到的最严重的冲击。

1997 年 10 月 20 日前的一周，台湾"中央银行"主动弃守新台币汇率，致使新台币贬值 6.5%，市场流传香港或会因维持竞争力，或其他理由减弱捍卫联系汇率制度的决心，恰巧个别政界或工商界人士发表言论，要求将港元贬值，结果触发大规模的港元抛售浪潮。10 月 21 日，港元在香港、伦敦、纽约等市场遭受重大抛售压力，数额高达 40 亿至 50 亿元，其后两日，港元遭到更大规模的抛售，港元现货兑美元一度达 1：7.80 的低水平，港元一年期兑美元汇价更一度跌至 1：8.50 的历史低位。

当时，投机者采取常见方式，即在没有港元资金的情况下，抛空远期港元。由于港元现货在香港金融管理局被动支持下保持稳定，投机活动的重点集中在活跃、流动性高的港元掉期市场。投机者亦有运用港元的认沽期权，但数量较少。由于发出期权的机构将通过远期或现货市场出售港元套戟其风险，故使用期权对市场产生同样的影响。

金融风暴期间，香港传媒曾广泛报道投机者采用立体式进攻，他们在大规模抛空港元从而推高港息的同时，还大量累积恒生指数期货淡仓，然后猛沽蓝筹股，再通过外资基金公开唱淡港股，致令港股在高息及恐慌心理的压力下大幅暴跌，并从沽空期指中获取暴利。不过，金融管理局经调查后认

金融管理局總裁任志剛——

拋空者須結算搶高利息

流動資金拆息適當調整

各位，今日同業市場拆息方面商企，高企原因是在過去兩日有人拋空港元；拋空港元時候，直到今日都要結算，而我今旱亦講過，如果有人拋空港元，有銀行方面缺乏港元資金，在流動資金調節機制方面借得比較高的利息，因為我不覺得在銀行方面和有拋空港元方面這個做法是對的。所以今日的利息在銀行同業拆息方面搶得都幾高。而另外一個方法他們可以拿回港元結算，就當然是賣掉美元，所以我覺得非常之高。

市場上借不到港元，所以利息會搶到非常之高，有很多銀行也是這樣做，所以炒賣活動已經調番番頭，所以同業拆息比較高的時候對我不覺得這是個大問題，當然同業拆息方面當然是有影響，所以今日幾間銀行都將他個別銀行做生意方面，有個別情況就要抽取比較高的利息，我不覺得這做法是對的。明日銀行公會開會時亦都可能會考慮將存款利率提高，如果存款利率是提高的話對存戶有利，至於香港金融管理局的流動資金調節機制方面的利息呢，我亦會視乎明日的情況而定，去考慮作適當的調整。

1997 年 10 月 24 日金管局发出的声明。

为，没有明显证据显示存在该等有计划、有组织的投机活动。[2]

面对国际机构投资者的猛烈冲击，刚成立的特区政府坚定支持联系汇率制度。当港元汇率超过 1 美元兑 7.75 港元这条警戒线时，金融管理局即通过外汇基金在市场上吸纳港元，出售美元，从而收紧银根。10 月 23 日（星期四），金融管理局高调发表声明警告持牌银行，表示金管局将履行流动资金调节机制成立时的规定，向重复使用该机制的银行收取惩罚性利息，以免银行利用流动资金调节机制为持有港元短仓的投机者提供资金。

当时，由于银行整体向金管局出售的港元，较银行体系在金管局的结算账户内可结算的港元为多，故银行体系极度缺乏港元流动资金进行银行同业结算。部分将港元资金拆借给投机者沽空港元的银行，面对金管局的警告（当时市场盛传金管局收取的高息将达 1,000 厘），被迫转向银行同业拆息市场高价补回港元，市场出现恐慌性的吸纳港元，结果将香港银行同业拆息大幅扯高。

10 月 23 日中午，银行同业隔夜拆息率从 6 厘急速上扬至 100 厘、200 厘，最终达到 280 厘的历史高位。这个惊人纪录远高于 1983 年所创下的 60 厘的纪录，一时震惊整个银行体系。当时，金管局通过流动资金调节机制向多家违规银行收取高达 200 厘的惩罚性利息，远高于 6.24 的拆息率。在高息的牵引下，港元资金迅速回流银行体系，港元现货汇率从 10 月 23 日中午的 1：7.75 迅速反弹至 1：7.60 的有史以来的最强势。尽管港元远期仍处于 1：7.80 的弱势，但利率溢价庞大，令投机潮迅速逆转。金融管理局开始在现货市场出售港元，吸纳美元，部分交易是以即日结算，令紧张的银行同业市场即时得以舒缓。当日，银行同业隔夜拆息已回落至 150 厘至 100 厘水平，翌日进一步回落至正常水平。根据金融管理局事后的检讨报告分析，资金稳定回流香港的主要原因有三点：一是投机者逆转港元空仓；二是香港银行沽售美元，以避免在银行同业拆息市场呈紧张期间支付高息；三是存款者及机构把美元兑换成港元以期套取港元存款的高息。[3]

香港特区政府在采取有效措施捍卫联系汇率的同时，为安抚香港市民和投资者的信心，多次在公开场合反复重申政府捍卫联系汇率的坚定立场。10 月 23 日，政府在成功捍卫联系汇率之后，分别掌管财政、财经事务、金融的三位高官联合召开记者招待会，宣示特区政府捍卫港元的决心。财政司司长曾荫权表示，香港特区政府包括行政长官董建华和全体官员，有全面的信心捍卫联系汇率制度。其后，行政长官董建华亦多次在公开场合反复重申这一点。

在危机中，特区政府虽然成功捍卫了联系汇率，但其简单的"招式"却遭到部分经济学者和金融界人士的批评，尤其是银行界，因惊恐遭受惩罚性高息的打击，均纷纷不惜以高息吸纳存款，而对贷款则采取审慎态度，致使银行利率高企不下。

为改善这一状况，11 月 12 日，金融管理局采取了两项补救措施：第一，推出流动资金调

香港货币发行局制度之检讨：表现评估

若论维持汇率稳定的功能，香港的货币发行局制度实施近15年以来表现良好，而较深入地探讨其结构、演变过程及运作机制时，即可发现几个有趣的方面。

早期

最初由1983年10月至1988年7月推出会计安排的接近五年期内，货币发行局制度运作并非完全畅顺。根据货币规则，货币基础的变动必须同时有外汇储备的变动作配合，但严格遵守货币规则的只是银行纸币部分，总结余却不受限制。兑换保证亦只适用于负债证明书，并不适用于银行纸币本身。此外，由于银行都不鼓励客户从存款账户提走或存入大量银行纸币，有意义的银行现钞套戥从未出现。

这段时期汇率之所以维持稳定，只是靠在外汇市场的干预。由于总结余被归入一家商业银行，而非货币发行局的资产负债表内，外汇市场干预行动不能保证必定同时能对货币市场产生良好的效果。货币发行局是非银行客户，干预行动的代理银行是香港银行公会结算所的管理银行——汇丰银行。在干预行动中，汇丰银行代货币发行局在市场出售美元，但通过汇丰银行本身或代其客户进行的货币市场活动，被购入的港元便会循环流返或渗回银行同业市场内。货币发行局当时的基础其实并不稳固。

中期

1988年7月至1996年12月是香港货币发行局制度发展的中期。在此期间，货币发行局建立较稳固的基础，总结余被归入货币发行局的资产负债表内，因而须遵守货币规则。但在新会计安排下，货币发行局仍须通过汇丰银行（香港银行公会结算所的管理银行）的资产负债表发挥作用，因此，它对总结余仅具有间接的控制。

在确保总结余符合货币规则的新责任上，货币发行局亦花费了一段时间才能适应。由于来自货币市场的压力，以及在新会计安排下只能间接控制总结余的情况下，货币发行局的有效运作是经常遇到困难的。有见及此，在不改变当时结构的前提下，货币发行局亦对运作模式作出一些试验，但在事后检讨时发现这些试验其实亦不甚成功。因此，说实在的，这一个中期的发展过程并不是一帆风顺的。此外，货币发行局作为最后贷款人的身份，亦使事情更复杂。货币发行局通过汇丰银行在该局所设账户的结余的形式来管理总结余时，并非一直能完全坚守货币规则，有时亦会以利率或总结余为市场操作目标而技术偏离了这规则。虽然每次偏离货币规则的情况都有充分理据，但需要经过颇长一段时间才产生一套贯彻的操作模式。此外，除了1995年初墨西哥危机对整体新兴市场造成忧虑而引致的一次货币冲击外，这一时期货币从未因炒卖活动而出现贬值压力。但在墨西哥危机的冲击中，货币发行局管理总结余时紧守货币规则，成功化解当时的问题。

现代化

1996年12月推出即时支付结算系统，总结余亦同步地直接归入货币发行局的资产负债表内，有关总结余的货币规则便告稳健建立。货币发行局在无意间偏离货币规则的范围亦被削减。

鉴于1997年7月2日亚洲金融危机在泰国爆发，上述制度的现代化工作推行正好及时，从而有效应付一些真正的考验。香港货币发行局制度极为稳健，有庞大的外汇储备作为后盾，因此是最后受金融危机侵袭的经济体系，所受影响亦最少。但港元确实受过多次间断的冲击，迄至撰写此文时，港元已先后在1997年10月、1998年1月及1998年6月遭受冲击，而在这三次事件中，货币发行局一直坚守总结余的货币规则，虽然银行同业息率急升，但汇率仍保持十分稳定。1997年10月出现大量沽空港元交易时，情况更是如此。售予货币发行局的港元数量（1997年10月21日进行的现货交易）比总结余多出很多倍。即使货币发行局在上两日已多次提出警告，但银行在结算日（10月23日）才开始明白这种情况，而银行同业市场资金根本极为紧绌，拆借息率被推至极高水平。其后经过了好一段时间，还有货币发行局反复详细解释，银行才明白补充总结余的唯一方法就是由它们向货币发行局售回手上的美元。结果，银行逐渐把美元售予货币发行局，然后套回港元资金，而这些交易都是即日结算，有别于第二个工作日结算的现货外汇交易。这种做法可使总结余得到补充，以及纾缓银行同业市场的紧绌情况。

为协助银行更有效地安排本身的港元资金需要，并避免市场恐慌及利率过度调整，货币发行局于 6 月开始每小时公布未来两日及以后的总结余变动的预测。此举对维持市场平稳气氛大有帮助，而且这项公布措施推行以来，港元第三次受到冲击时的震荡已远比 1997 年 10 月的为小（尽管前者沽空港元的数额也较小）。

但息率始终维持偏高。撰写此文时，港元最优惠贷款利率比美元同等利率高出 125 个基点，3 个月期银行同业拆息也高出约 3 个百分点。引致息差持续高企的原因难有定论，但亚洲金融危机出现以来，亚洲各地货币（除港元及人民币外）已大幅度贬值，人们很自然地担心香港货币发行局下的汇率制度可能不保，这种忧虑是最重要的理由之一。市场气氛普遍不安，资产价格暴挫及经济增长大幅度倒退，更如雪上加霜。此外，政治情况转变后即使是这类性质的技术事情都备受关注，加上利息高企，失业率上升，资产股票价格急跌，经济增长为负数，对市民大众形成极大痛楚，这类事情备受各界关注也不难理解。

高息的问题曾被归咎于货币发行局的运作方式。在纾缓利率痛楚的建议办法中，有些人认为即使是货币受到冲击，货币发行局也可同时达到维持汇率稳定及利率低企的双重目的。可是，若非冒险偏离货币规则，以致损害货币发行局制度的公信力，这些办法都无一可行。1998 年 4 月公布的《金融市场检讨报告》已对此作出详细评述。

不过，现时香港的货币发行局制度不是完全没有弱点。事实上，将第二章所述理论架构（尤其是模式制度）与香港的货币发行局作一比较便可发现后者确实有下述的偏离情况：

（1）货币基础包括总结余及支持银行纸币发行的负债证明书。由货币发行局发行并以外汇储备支持的外汇基金票据／债券，则不是货币基础的一部分。但即时支付结算系统的即日回购安排及流动资金调节机制（即使具备一些限制条件）可允许它们转换成为总结余的一部分。

（2）货币基础按照定义要以外汇储备提供十足支持，并须遵守货币规则而利用即时支付结算系统的即日回购安排及流动资金调节机制借取资金则属例外。

（3）货币基础两个组成部分均以外汇储备提供十足支持，但两者之间不得进行内部转换。

（4）除了对支持银行纸币的负债证明书作出兑换保证外，并无有关适用范围及形式的任何明确兑换保证；至于银行纸币本身，也无这类兑换保证。

（5）货币发行局只会短暂地执行兑换保证，在外汇市场购入被售出的本地货币时，这种做法虽然具备灵活性或有建设性的不明确，但也造成不明朗因素。

（6）执行兑换保证所用的是货币发行局不时定出的非公开汇率，而不是 7.80 港元兑 1 美元的固定汇率，这样使市场汇率显著偏离固定汇率，更可能令制度的稳健性受到质疑。

（节选自香港金融管理局总裁任志刚，《香港货币发行局制度之检讨》第四章，1998 年 12 月 5 日。）

节机制指引，清晰界定"重复使用"的定义，规定 25 日内使用流动资金调节机制 8 次或连续 4 天使用才算"重复使用"，否则一律视作正常的日常运作，不会被征收惩罚性高息；第二，容许银行以债券作抵押，向流动资金调节机制借入资金。这两项措施，在一定程度上安抚了香港银行的紧张心态，增强了银行拆出长线资金的意欲，使利率逐步回落。1998 年 1 月中旬，受到印尼盾大幅贬值的影响，港元联系汇率再次受到严重冲击。不过，银行同业隔夜拆息率仅提高到 19 厘水平，受影响的程度已大为改善。

1997 年 11 月 14 日，特区政府负责财经、金融的 8 名高官，召集来自各所大学的 10 名学者举行圆桌会议，检讨并改善联系汇率制度。会上，各位学者纷纷提出改善建议，其中，香港科技大学教授陈乃虎及其同事提出"美元流动资金调节机制／港元认沽期权"及美元化方案，香港浸会大学教授曾澍基提出 AEL 模式。[4] 此外，美国经济学家、诺贝尔经济学奖得主米勒（Merton Miller）亦提出联汇保险票据方案。

1998 年 4 月，香港特区政府财经事务局向公众提交《金融市场检讨报告》。该报告在全面咨询香港及国际金融界的意见后，就政府捍卫港元的机制、金融市场特别是股票买空卖空和衍生工具市场的运作作出检讨。在捍卫联系汇率方面，报告认为经济学者们提出的减轻利率压力的建议，可能在心理方面产生一些作用，但同时亦可能削弱联系汇率制度及自动调节机制的公信力。因此，金融管理局将如以往一样，根据货币发行局制度的运作原则，在外汇市场上被动地购入或沽出港元。该报告又肯定了清楚厘定"重复使用"定义对稳定银行同业市场的积极作用。

1998 年 6 月中旬，日元大幅贬值触发了对港元联系汇率的第三次严重冲击，资金大量外流。金融管理局即时推出银行同业流动资金结算预测，以提高市场运作的透明度，从而使银行贷款时较为审慎，投机者更难炒卖港元。在新措施中，金管局每天两次提供有关外汇交易数额将引致银行体系结余总额变动的预测。例如，假如银行体系在星期三沽售约 6 亿美元等值的港元（约 46.5 亿港元），银行体系要星期五结算，但在星期四银行体系结余总额仅得 34.65 亿港元，即可以预期星期五银行体系将出现 11.85 亿港元的现金短缺。在原有（T+2）交易的安排下，银行需要到结算日收市时才知道外汇交易结余总额造成的影响。然而，在新措施下，银行得知结余额后，可随即向金管局出售美元以换取港元，减轻港元压力之余，亦令银行不致"斗抢钱"扯高息率。金管局亦可以考虑不同情况，以交易当日（T+0）及第二日（T+1）的方式交收，令银行体系资金增加，减低拆息因资金不足而飙升的可能性。

这一措施有效加快了银行同业拆息利率回落的速度。1998 年 1 月，联系汇率被第二次狙击后，被扯高的利率持续到 3 月底才回落至 1997 年底水平，一个月拆息亦持续 10 天高于存款利率，然而在 1998 年 6 月，被扯高利率回落速度加快，一个月拆息亦只有 3 天高于存款利率，

香港大学经济金融学院教授饶余庆。

影响强度明显减弱。

特区政府捍卫联系汇率的行动，基本上得到国际社会及香港各界的支持。1997 年 11 月 4 日，国际货币基金组织在例行考察香港经济之后，公开发表声明说："(特区)政府在过去两星期采取强而有力的行动，紧缩货币，实属适当之举，表现出当局既有能力，也有决心捍卫联系汇率制度。"因此，"十分赞同政府当局继续致力维持联系汇率制度"。国际货币基金组织认为："展望未来，香港的经济基础因素显示联系汇率制度将能成功扮演这个角色(即维持香港经济的稳定)。"

诚然，香港社会中也有不少批评联系汇率的声音，甚至有人提出脱钩贬值或调整联系汇率水平的建议。对此，香港大学经济金融学院教授饶余庆认为：取消联系汇率制度"这种绝望的做法，只会使香港重蹈 1982—1983 年危机的覆辙，正中国际投机家的下怀。只要看韩国、印尼、泰国等国所遭受的洗劫，就会理解为什么脱钩是一种'魔鬼的选择'"。他还表示："香港虽暂时进入痛苦的调整期，但只要港元币值稳定，银行与金融体系安全运作，则经济调整后迟早会恢复，这是 15 年来联汇制多次证明的真理。"[5]

1.3　香港经济陷入二战后以来最严重衰退

国际机构投资者对港元的投机，虽然未能冲垮联系汇率制度，但却令港元资产大幅贬值，形成整体经济中严重的"负财富效应"。1987 年 8 月中旬，国际机构投资者开始冲击联系汇率，令香港股市升势受阻。及至 1997 年 10 月下旬，受到外资基金的重大抛售压力和高息的双重影响，香港股市连番暴跌，10 月 20 日到 23 日，恒生指数从 13,601.01 点跌至 10,426.30 点收市，短短 4 天暴跌 3,174 点，股市总值损失约 8,000 亿元，其中，仅 10 月 23 日恒指就暴跌 1,211.47 点，以点数计创下历来最大跌幅。当日，中国有史以来最大规模的境外集资股份中国电信以"特别交易"挂牌上市，收市价比招股价急跌一成。10 月 28 日，香港股市引发全球股市下跌，反过来又影响香港股市下跌 1,438.31 点，再创历史纪录。

1998 年 1 月中旬，受印尼盾大幅贬值及联系汇率再受狙击的冲击，香港股市进一步下挫至 7,904 点的低位。其后，恒生指数曾于 3 月份反弹至 11,926 点水平，但在 12,000 点关口前又反复向下。到 6 月中旬，受日元大幅贬值的影响，恒指再跌破 8,000 点大关，6 月 14 日报收 7,462 点。1998 年 8 月，联系汇率第四次受到严重冲击，影响所及，恒生指数于 8 月 13 日跌至 6,660.41 点水平。据统计，从 1997 年 8 月 7 日恒生指数创 16,673 点历史高峰到 1998 年 8

月 13 日报收 6,600.41 点，短短一年间恒生指数跌去 10,000 点，跌幅高达 60%，其间港股总值损失逾 2 万亿元，可谓损失惨重。

香港股市的暴跌又拖累楼市急挫。据恒生银行的经济报告，到 1998 年 5 月，香港住宅楼宇价格已较 1997 年第二季最高峰时回落约三成半，私人住宅单位总存量的价值从高峰期的 38,710 亿元跌至 25,160 亿元，损失价值高达 13,550 亿元，相当于本地银行体系总存款额的五成，香港本地生产总值的实质增长被拖低最少 2 个百分点。其中，豪华住宅楼价的跌幅高达四成至五成，商业楼宇也有三成至四成的跌幅。

1997 年 10 月香港股市重演 10 年前股灾。

面对低迷的地产市道，不少大型地产商纷纷通过减价促销的方式推出新楼盘以套现资金。1998 年 5 月下旬，长江实业集团宣布以每平方米 44,639 元的低价推出机场铁路沿线的大型楼盘盈翠半岛，在香港引起空前的震撼。该价格与 1997 年楼市高峰期同区的住宅楼价相比，跌幅接近五成。长江实业的大减价引发新一轮的减价战，另一大型地产商新鸿基地产即时宣布旗下大型楼盘青衣晓峰园大幅减价逾一成半。此外，恒基地产、会德丰、信和等大地产商也纷纷加入减价战。激烈的减价战进一步推低楼市。到 1998 年底，香港大型屋邨住宅楼宇的价格，与高峰期相比估计平均下跌 55% 左右。

金融风暴期间，港元汇率虽然没有下跌，但包括股票、地产在内的港元资产，实际上已大幅贬值，形成整体经济中的"负财富效应"。这一时期，每当联系汇率被狙击，银行同业拆息利率即被扯高，尤其是 1997 年 10 月 23 日中午一度被扯高至 280 厘的历史高位，其后虽大幅回落，但仍在一个相当长的时期内高企在 10 厘以上并大幅波动。在这种形势下，银行唯有采取"现金至上"的政策，以高息吸引港元存款，并审慎贷款，尤其是对长期贷款采取相当审慎的政策，导致整体经济出现通货紧缩的情况。

银根收紧、通货紧缩，使香港大小公司的财务状况普遍恶化，部分过度冒进的公司被迫倒闭、清盘或大幅收缩业务。典型的个案包括港基银行被挤提，香港八佰伴、百富勤集团以及一连串证券公司的倒闭、清盘，日资的松坂屋百货、大丸百货相继结业，有悠久历史的永安百货宣布大规模裁员一成，这些都给香港的投资者造成相当大的冲击及震撼，也暴露了香港金融体系中存在的"系统风险"以及联系汇率制度的弊端。

在银行高息和"负财富效应"的压力下，香港的投资、消费急速萎缩，香港经济的各个重要环节，包括零售百货、饮食、酒店以至旅游等，均受到严重影响。经济不景气所产生的破产、结业、裁员事件，使香港的失业率上升到20年以来的最高水平。据统计，香港经季节性调整的失业率从1997年第三季的2.2%上升到1999年第二季的6.3%，同期就业不足率从不足1.0%上升至2.8%。以全港350万劳动人口计算，即失业及就业不足人数约有32万人。

在金融风暴的冲击下，香港经济急转直下，从1997年中的空前繁荣迅速步入二战后最严重的衰退之中。1997年第四季，香港经济虽受金融风暴影响，本地生产总值实质仍增长2.7%，全年增长5.3%。然而，踏入1998年，形势急转直下，第一、二、三季分别出现实质负增长2.6%、5.1%和6.9%，第四季则收窄至5.7%，全年实质负增长5.1%。香港经济进入了二战以来最严重的衰退期。

2. 百富勤的清盘与证券业危机

亚洲金融风暴期间，

对香港投资者最具震撼力的事件之一，

就是百富勤集团的倒闭。

百富勤是香港最大的华资证券公司，曾被视为香港乃至亚洲金融界的神话。

在香港，不少中、小型证券行都"唯百富勤马首是瞻"。

百富勤的清盘，对这些证券公司造成了相当大的冲击，并引发证券业危机。

2.1 百富勤集团的清盘

百富勤国际创办于 1988 年 9 月，当时注册资本为 3 亿元，创办人杜辉廉（Philip Leigh Tose）和梁伯韬，曾分别出任万国宝通国际行政正、副总裁，是香港投资银行界赫赫有名的人物。1987 年 10 月全球股灾后，万国宝通银行调整策略，收缩在亚太区的业务，杜、梁等人遂萌去意，并邀得长江实业主席李嘉诚、中信泰富主席荣智健、合和实业董事总经理胡应湘以及他们以往熟悉的一批客户注资，创办了百富勤国际有限公司。

百富勤的中文名寓意"百富唯勤"，切合中国传统的勤奋致富思想，其英文名 Peregrine 则属猎鹰一类，特性斗志高昂，在空中盘旋、急转、突袭，追求猎物，永不休止，可说名如其实。百富勤由杜辉廉出任董事局主席，梁伯韬出任董事总经理。杜、梁二人持有公司三成半股权，其余股权由 10 多名股东合占，包括和记黄埔、中信国际、合和实业等。当时，梁伯韬曾雄心勃勃地表示："我希望我们在十年内成为中国的高盛（Gold Sachs）、摩根士丹利（Margan Stanley）或美林（Merrill Lynch）。"

百富勤国际主席杜辉廉（站立者）与总经理梁伯韬。

被称为"香大侠"的股坛怪杰——泰盛发展主席香植球。

百富勤创办后，遇到两个迅速发展的良机。第一个就是成功收购老牌上市公司广生行。广生行创办于 1898 年，是一家有百年悠久历史的化妆品公司，其产品"双妹唛"花露水，在香港家喻户晓，畅销中国内地及东南亚各国。广生行于 1941 年在香港挂牌上市，是当时香港股市的蓝筹股，素有"股霸"之称。1970 年代中期以后，广生行转向地产发展，逐步发展成为一家以收租为主的地产投资公司。1989 年 2 月，长实主席李嘉诚应广生行董事局的邀请，向广生行提出全面收购建议，结果仅获得 82.2% 股东接纳（按规定须 90% 以上股东接纳才能强制收购其余股份），未能实现私有化目标。同年 9 月，百富勤在李嘉诚的支持下，运用"杠杆式收购"（Leveraged Buy-Out）原理，以 3 亿元资本额成功购入市值 14 亿元的广生行的控制权。[6]

百富勤的第二个机会，是通过广生行成功控制另一家上市公司泰盛发展。泰盛发展创办于 1972 年，同年 10 月在香港上市，原是一家地产发展公司，1970 年代中期转向证券投资，成为一家典型的华资证券公司。其创办人香植球素以对股市预测准确闻名，人称"股坛怪杰"。不过，1980 年代后期，受到 1987 年 10 月全球股灾及 1989 年"六四"风波的冲击，香植球萌生退意，这为百富勤国际的介入提供了良机。

1990 年 2 月，百富勤国际通过广生行以 4.78 亿元价格购入泰盛发展 34.9% 股权。同年 5 月，泰盛发展易名百富勤投资，并斥资 2.6 亿元向百富勤国际购入两家全资附属公司——百富勤融资和百富勤证券，实际上是百富勤国际借壳上市。1991 年 4 月，百富勤集团宣布结构重组，从原来广生行持有百富勤投资改组为由百富勤投资持有广生行，前者以投资银行及证券业务为主，后者则以地产业务为主，职责分明。

百富勤重组后，即通过百富勤投资在香港的投资银行、证券业大展宏

百富勤国际总经理梁伯韬积极推动中资企业、国企上市。

图。1970 年代初期，香港的证券及投资银行业基本上由英资垄断，当时汇丰的获多利、怡和的怡富，以及宝源投资等鼎足而立。进入 1980 年代，一些美资银行和证券公司，如美林入股新鸿基公司，万国宝通通过附属公司唯高达，开始在香港证券及投资银行业大展拳脚。不过，

1990 年代初期，部分外资投资银行在香港的业务有所收缩，这为百富勤提供了发展空间。当时，华资财团的势力在香港迅速抬头，并活跃于收购、兼并、重组、集资及证券投资等领域。百富勤凭借其与华资大亨们的密切关系，在香港市场迅速崛起。

1992 年，邓小平南行考察广东，内地的改革开放进入一个新阶段，百富勤及时把握机会，为中资公司和国有企业安排融资并推荐上市，掀起了红筹股和 H 股在香港上市的热潮。百富勤通过全资附属公司百富勤融资，在短短数年内在香港投资银行市场占据了相当大的比率，尤其是在安排红筹股和 H 股上市方面处于领导地位，它先后策划上市的红筹股就有中信泰富、海虹招商局、中国海外、上海实业、深业控股、北京控股、越秀投资等。1992 年以来，百富勤安排上市的红筹股、H 股所筹集的资金就达到 126 亿元（见表 6.1），董事总经理梁伯韬更因积极推动中资企业、国企公司上市而被誉为"红筹之父"。

表6.1 百富勤安排上市的红筹股、H股		
公司	上市日期	集资金额 / 亿元
海虹（招商局海虹）	1992 年 6 月	0.92
中国海外发展	1992 年 8 月	8.45
中旅投资	1992 年 10 月	4.00
骏威投资	1993 年 2 月	4.00
荣山国际	1993 年 3 月	0.45
上海石化	1993 年 7 月	26.50
广船国际	1993 年 7 月	3.07
四通电子	1993 年 7 月	1.89
中国制药	1994 年 6 月	2.00
经纬纺织	1996 年 1 月	2.06
南京熊猫电子	1996 年 4 月	5.10
上海实业	1996 年 5 月	9.40
越秀交通	1997 年 1 月	8.00
深业控股	1997 年 3 月	4.60
北京控股	1997 年 5 月	18.70
第一拖拉机	1997 年 6 月	13.00
广州制药	1997 年 10 月	4.00
中航兴业	1997 年 12 月	10.00
总金额		126.14

资料来源：《历年为中资集资逾百亿》，载香港《明报》，1998 年 1 月 12 日。

在证券业方面，百富勤通过另一家全资附属公司百富勤证券，自 1991 年收购长实与加拿大帝国商业银行合资的怡证公司后，已一举跻身香港十大证券公司之列，并成为深圳证券交易所上市股份发行 B 股的首席国际包销商。到 1995 年底，百富勤投资市值已达 62.76 亿元，已远超过资历比它深的新鸿基公司（市值 21.44 亿元），成为亚洲区内（不包括日本）最大的投资银行之一及香港本地证券公司的"龙头老大"。

百富勤在短短 10 年间扩张得相当快，到 1997 年金融风暴爆发前夕，已发展成一个拥有资产 241 亿元、员工 1,750 人，分支机构遍及全球 28 个国家或地区（其中大部分集中在亚洲区）的大型企业集团。由于扩张过快，百富勤对在不少东南亚国家，尤其是在缅甸、越南、泰国、印尼等地的分支机构的管理都出现不同程度的混乱，并导致债务规模过大，风险控制不力。1990 年代中后期，百富勤发展的业务中，风险业务所占比重相当大，尤其是金融衍生工具业务，即所谓"坐盘资产"（Trading Account Assets）。据统计，1994 年底，百富勤的坐盘资产

仅 25.8 亿元，但到 1997 年已突破 100 亿元大关。

1997 年 7 月，亚洲金融风暴骤起泰国，香港市场即流传百富勤投资出现财务危机的传闻，百富勤投资股价从最高峰每股 18.9 元节节下跌。10 月 27 日，百富勤投资发表特别公告，声称公司在股灾中有 3.6 亿元的损失，将作 4.6 亿元的撇账准备。11 月 16 日，百富勤投资宣布，将引进瑞士苏黎世集团的全资附属公司苏黎世中心集团（Zurich Centre Investments, 简称 ZCI）作为策略性股东，ZCI 承诺认购金额 2 亿美元的可赎回优先股，每股定价 8 元，比当时百富勤投资的股价有 27% 的折让。认股完成后，ZCI 将持有百富勤投资 24% 股权，成为单一最大股东（百富勤国际的持股量将降至 20.3%，成为第二大股东）。根据协定，ZCI 的认股条件是 ZCI 对进一步的尽职调查的结果感到满意，并从公告发布之日起到认购之日百富勤投资的经营状况及市场没有发生重大变化。

其后，百富勤投资又与多家国际金融机构洽商有关认购额外可换股赎回优先股的可能性。

PEREGRINE

Peregrine Investments Holdings Limited

（於百慕達註冊成立之有限公司）

公　布

百富勤投資集團有限公司（「百富勤」或「本公司」）董事局（「董事局」）於一九九八年一月八日透過電視文字廣播發表公布，宣布本公司已原則上與 Zurich Centre Investments Limited（「ZCI」）達成協議，由 ZCI 按照協議條款向本公司進行龐大投資。

董事局謹此通知本公司各股東，儘管本公司與 ZCI 已原則上達成協議，惟雙方卻未能就有關 ZCI 投資之最後條款達成協議，故本公司與 ZCI 進行之磋商亦告終止。董事局現正考慮其他可行辦法，於適當時候將另行發表公布。

本公司證券將繼續暫停買賣，以待另行發表公布。

承董事局命
百富勤投資集團有限公司
主席
杜輝廉

香港，一九九八年一月九日

百富勤国际发布引入 ZCI 投资的公告。

12 月 16 日，百富勤投资宣布与美国第一芝加哥银行达成协定，该行全资附属公司将根据 ZCI 相同条款，认购总值 2,500 万美元的可换股赎回优先股。为配合苏黎世和美国第一芝加哥入股，百富勤投资提前公布 1997 年前 10 个月的业绩。有关资料显示，截至 1997 年 10 月底，股东应占盈利为 3.86 亿元，比截至 6 月底的 6.35 亿元减少约 2.5 亿元。经过一连串努力，百富勤投资股价总算止跌回升。

不幸的是，踏入 1998 年，金融危机在印尼进一步恶化，印尼盾大幅贬值。1997 年中，印尼盾汇率约维持在 2,500 元兑 1 美元水平，其后节节下跌。同年 10 月因国际货币基金的援款到位，印尼盾汇率一度稳定在 3,500 元至 3,600 元兑 1 美元水平。但是，到 1998 年 1 月，由于穆迪和标准普尔相继将印尼信贷评级降至 "垃圾" 债券水平，印尼盾在一个星期内急挫至 1.1 万元兑 1 美元的历史低位。百富勤投资在印尼却有高达 6 亿美元的巨额投资，除对印尼计程车公司（Steady Safe）贷款外，还有 2 亿美元掉期交易及 2 亿美元发债担保。印尼盾的急挫，令百富勤投资的资产从 53 亿美元下降至 32 亿美元，其印尼债券形同废纸。

面对急转直下的形势，1998 年 1 月 6 日，ZCI 提出更苛刻的入股条件，即认股价从每股 8 元减为 5.75 元。1 月 7

日，百富勤与 ZCI 达成修改条款协定。根据协定，ZCI 承诺在 1 月 13 日注入 1.75 亿美元，但百富勤必须先安排一笔 6,000 万美元的短期贷款作为过渡性贷款。翌日，百富勤投资复牌，股价当天即下跌 14%，报收 4.35 元，比最高位时的 18.9 元下跌 77%。1 月 9 日凌晨，美国第一芝加哥银行通知百富勤取消向其提供 6,000 万美元贷款的承诺，ZCI 立即中止谈判。

1 月 10 日，由于无法取得 ZCI 及第一芝加哥的注资及贷款，百富勤投资无法向债权人支付到期债券 6,000 万美元。消息传出，百富勤所有往来银行立即停止其账户的支付。香港证监会以保障投资者利益为理由，向百富勤旗下 10 家公司发出限制通知书。香港联交所也决定暂停百富勤证券会籍，禁止其进行买卖活动。香港期交所则只允许百富勤期货进行平仓活动。1 月 13 日，百富勤投资正式宣布清盘，由法庭委派罗兵咸会计师事务所为临时清盘人。主席杜辉廉在记者招待会上表示，百富勤的清盘，印尼债券是祸因。不过，数日后他又指出：百富勤在印尼的投资，如能稍迟几天交收，就能渡过难关。

2.2　证券业危机：一连串证券公司的倒闭

1998 年 1 月 16 日，即百富勤申请清盘的 4 日后，另一家华资证券行正达集团宣布暂停属下五家发牌机构（包括正达证券、正达财务）的业务。香港证监会、联交所及期交所随即派员到该集团 9 间分行监督。联交所立即暂停正达证券的会籍，期交所则要求正达期货的客户转仓，约有 63% 的账户成功转仓。当日下午，中央结算公司通知证监会，指正达证券有 3,900 万元不能交收，正达随即向证监会表示将申请把正达证券清盘。

事后证实，正达集团的财务危机，起源于正达财务将公司客户的股票擅自按予 20 家金融机构，取得了 5.7 亿元信贷。其中，4 亿元被用作 3 笔放债，当中 1.7 亿元借给两个客户，另一笔贷款借给与正达投资有关联的 BVI 公司，用作收购中环世纪广场，因受金融风暴的影响，这些借贷估计已无法收回。事件暴露了香港证券行附属财务公司欠监管的漏洞，正达财务和正达证券的临时清盘人永道会计师事务所亦表示，初步调查的结果发现，两家公司的管理层及职员均同属一批人，其财务记录、业务运作、资产、运作制度及账目均有密切关联。

1 月 21 日，逾 300 名无法取回股票的正达集团客户，到香港证监会请愿，并指责证监会失职。由于人数众多，情况一度混乱，个别股民甚至掩面痛哭。其后，这批客户到警方商业罪案调查科报案，投诉证券公司误导他们签署授权书，授权将他们的股票转到不受监管的正达财务"孖展账户"。该事件还触发了一场小规模的股票挤提风潮，数十家中小型证券公司不断接到客户要求，提取股票及资金、转仓、取消账户及把孖展账户转为现金账户等，香港结算公司破纪录地收到 1.2 万个由经纪发出提取实物股票指示，较平日约 4,000 宗水平高出 2 倍。

正达事件暴露了香港中央结算的漏洞，图为正达客户到证监会请愿，表达对事件的强烈不满。

正达倒闭之初，政府有关官员仍坚持一贯的不干预政策，拒绝对孖展客户作出赔偿，但其后事件不断升级，一方面正达孖展客户上街游行示威，另一方面投资者如惊弓之鸟，纷纷到各证券行提取股票，危机一触即发。在这种情况下，政府立场开始软化，同意修改法例改变现行的赔偿安排，把赔偿范围扩大至孖展客户，并增加赔偿金额。一直不同意作额外赔偿的香港联交所和证监会，亦改变立场，同意注资增加赔偿基金。

香港政府于 1985 年设立赔偿基金，该基金在正达事件前有金额 4.8 亿元。在原有法例下，赔偿基金将对每一个出问题的证券经纪的客户发放总金额不超过 800 万元的赔偿款。1999 年 6 月 10 日，联交所和证监会宣布正达证券客户的赔偿方案，将赔偿上限以经纪为单位改为以客户为单位，每个客户可获最高 15 万元的赔偿额，以正达的公司记录计，有 81% 的申索人可获全额赔偿，赔偿总额增加到 3.25 亿元。至此，事件才告一段落。

正达事件尚未完结，1999 年 5 月 5 日，香港证监会原定巡查福权证券的财务状况，但福权证券的主要股东梅广诺却突然失踪。当日，香港警方接获 210 名福权客户的投诉，指其股票账户无法进行交易，涉及客户金额逾 3,900 万元。事后发现，该行孖展账户出现了约 1,700 万元的资金差额，怀疑有人挪用客户的股票及资金私逃。警方将该案列作串谋诈骗案处理。

福权东主携款私逃余波未了，又有一家证券行出事。5 月 23 日，明丰集团旗下的集丰证券主要股东陈广鸿向香港警方投案自首。陈广鸿因个人炒卖期货失利而非法挪用公司客户的股票资产，涉及款项约 2.5 亿元，受影响的客户约 3,000 人。事缘 5 月 11 日，联交所巡查集丰证券的账目，发现该公司账目与客户资料有出入，要求陈广鸿解释，陈接连两日向联交所交代后，自动向警方投案。

接二连三的中小证券行出事，严重打击了投资者的信心，这一方面反映了金融风暴对香港证券业的冲击，另一方面也暴露出香港证监当局的监管漏洞。有鉴于此，特区政府发布证券公司属下财务公司监管守则咨询文件，修订证券条例，并加强对股票按揭的监管。但有评论认为，这样一来，华资中小证券行的生存空间将进一步收窄。

3. 红筹风暴与粤海集团债务重组

金融危机期间，

包括股票、地产在内的港元资产大幅贬值，

这对在九七回归前急速扩张，大量投资于股市、地产的中资企业造成极大的财政困难。

其中，首先引发的，是广信集团的破产。

3.1 广信集团破产与红筹风暴

广信集团，全称"广东国际信托投资公司"（GITIC），成立于 1980 年 12 月。广信集团是广东省政府拥有和控制的综合性金融实业机构，并在人民银行监管下运作，主要职能是在海外及本地市场集资，以配合广东的经济发展，业务包括融资、直接投资、基建、酒店、证券买卖及投资、进出口贸易和海外业务。

广信事件被视为"中国版霸菱"。图为广信集团在广州的总部。

广信集团创办后发展迅速，1985 年，广信为亚洲首家 BOT 专项广东沙角 B 厂提供担保。

1990 年代中期，广信集团以极快的速度扩张。这一时期，广信在大量发行债券的同时，积极从事房地产和证券投资，尤其是在香港回归前几年，投资香港的活动相当活跃，主要涉及股市、地产（以豪华住宅市场为主）等巨额投资。到 1997 年底，广信先后从海外融资共计 50 多亿美元，其自身也发展成拥有总资产 327 亿元人民币的特大型综合金融投资实业集团，在中国信托业规模仅次于北京的中国信托投资公司。

1997 年 3 月，广信集团在事前没有知会中国证监会的情况下，自行通过广信香港分拆广信企业在香港挂牌上市。该公司在招股期间曾一度被中国证监会勒令暂停，闹出轩然大波，后来经香港证监会调停，才算如常上市。当时，正值红筹股热潮，有关事件并未影响投资者的信心，结果广信企业获得 891 倍的超额认购，其股价更从招股价每股 1.05 元上升到 3.77 元的高位。事后，中国证监会为加强对香港中资企业的监管，专门制定有关监管指引。

广信在迅速扩张的进程中，暴露出众多问题，包括内部管理混乱、项目审批不严谨、盲目或不负责任地执行政府官员下达的"计划"、债务不断扩大而又缺乏合理安排、防范风险的意识差等等。广信的问题，引起中央有关部门的重视，有关方面为挽救广信，曾通过多次融资支持，包括给予公司发行债券以及世界银行等机构周期性长的贷款，但广信一直没有起色。这一期间，广信由于得到广东省政府的支持，得以不断用新贷款去还旧债，继续运作。

亚洲金融危机期间，广信的问题进一步暴露，其未能偿还到期债务的情况已露端倪。1999年 9 月，广信集团管理层开始重整，并清偿公司债务。10 月 6 日，人民银行发布公告指出，鉴于广信集团无力偿还到期债券，为保障债权人的合法利益，决定关闭广信集团，并对其属下的债券和债务进行托管，停止一切金融活动。公告还指出，人民银行将接管广信的金融业务，而广发证券将接管广信属下的证券业务。

1999 年 1 月 10 日，广东省省长助理兼广信清算小组组长武捷思正式宣布，因为资不抵债，广信集团、广东国际租赁公司、广信企业发展公司和广信深圳公司向法院申请破产。据广信清算小组的初步评估，广信集团清产核资后的总资产是 214.71 亿元人民币，总负债是361.65 亿元人民币，资不抵债差额为 146.94 亿元人民币，资产负债率达 168.44%。当时，有消息指出，广信集团直接对外负债就高达 16 亿美元，如果加上或有负债，对外总负债高达 40亿美元。

广信集团在香港有庞大的投资，在香港持有两家全资附属公司——广信香港（全称"广东国际信托投资香港有限公司"）和广信实业。

1998 年 10 月 12 日，广信集团宣布委任毕马威会计师行为其在香港的两家全资附属公司清盘人。据毕马威会计师行的初步估计，两家公司的总负债约 66 亿元（未计算担保的或有负债），其中，广信香港负债 28 亿元，债权银行约 20 家，广信实业负债 38 亿元，债权银行约40 家。其后，香港金融管理局向银行查询后表示，香港银行系统借予广信集团的贷款及或有负债，总数达 110 亿元，其中，没有在国家外汇管理局登记的借贷超过 35 亿元。中国有关部门曾明确表示，广信没有登记的外债，中国政府不会担保偿还。

广信事件在香港金融界引起相当大的震撼。长期以来，外资银行一直视中国是亚洲最后一个资金避难所，然而广信事件暴露出中国存在着严重的金融隐忧。有关资料显示，香港金融机构借贷予香港中资公司的贷款，总额超过 3,000 亿元，其中，借予信托投资公司的贷款超过 400 亿元。广信事件爆发后，香港的银行（包括中资银行）顿成惊弓之鸟，纷纷收紧对中资企业的信贷，个别银行甚至迫令中资借款人在合约到期前还债，从而触发了中资公司的信贷危机——红筹风暴。

红筹股（Red Chip），这一概念诞生于 1990 年代初期的香港股票市场。由于中华人民共和国在国际上被称为 "红色中国"，相应地香港和国际投资者把在境外注册、在香港上市的那些带有中国内地概念的股票称为红筹股。1990 年代中期，正值香港回归，市场开始爆炒有内地题材的红筹板块。1997 年初上市的红筹公司，如广信企业、北京北辰、深业控股、北京控股等受市场疯狂追捧，超额认购倍数均达数百倍。其中，北京控股超额认购 1,276 倍，冻结资金高达 2,149 亿港元，创造了至今尚未被超过的最高历史纪录。当年 5 月 29 日，北京控股在香港联交所挂牌，上市后开盘不到一个小时股价就涨了 3 倍！当时，另一只红筹股光大控股，其市盈率高达 1,000 倍以上，这意味着，按照已实现的每股收益计算，要超过 1,000 年的时间才能收回投资。红筹股之炙手可热由此可见一斑。

亚洲金融危机袭击香港时，香港股市遭受重创，其中最经不起冲击的，恰恰是 1997 年上半年领衔暴升的红筹股！危机期间，红筹股一泻千里，成了港股暴跌的导火索。仅 10 月 13 日一天，恒生中资企业指数下跌 177.98 点，收于 2,687.13 点，跌幅达 6.2%，大大超过恒指 1.4% 的跌幅。在香港大盘整体向下急跌的日子里，恒生中资企业指数直坠而下，至 1998 年 9 月 1 日跌至最低点，收报 576.76 点，与最高纪录相比跌幅高达 86%。此前被市场炒得忘乎所以的红筹公司大多被打回原形，其中，北京控股大幅下挫，跌破首日挂牌市价。光大控股在高峰期曾升至 23 港元，其后跌幅惨重，股价一个月下跌超过 90%。至 10 年后的 2007 年其股价也不过是 10 港元左右，不及高峰期的二分之一。金融危机期间，红筹股元气大伤，几近崩溃。特别是广信集团和粤海集团因抵不住金融风暴冲击，先后出现财务危机，更使得红筹形象一落千丈，步入了低迷徘徊。

3.2　粤海集团的债权重组

红筹风暴中，首当其冲的，是广东省政府驻港窗口公司——粤海企业（集团）有限公司。

粤海全称粤海企业（集团）有限公司，是广东省政府在香港的 "窗口公司"。1980 年 6 月，在改革开放背景下，广东省政府出资 500 万元人民币，在香港注册成立粤海企业集团，1981 年 1 月正式开业，成为国内地方省市在香港开办较早的经贸机构。粤海成立之初，主要任务是做好广东各对外经济、贸易机构的总代理，以香港为桥梁，推动广东省的出口产品开拓国际市场。

1982 年，该集团明确提出以 "两个服务"（为广东现代化建设和香港经济繁荣稳定服务）为宗
旨，以 "五个引进"（引进资金、设备、技术、人才和管理经验）为重点，促进广东与香港的经
贸合作和交流，拓展海外市场。作为广
东省政府的 "窗口公司"，粤海一直肩负
着向海外 "借钱" 的重任。由于有政府
信誉作保证，荷银、瑞银等国际银行都
是粤海的大客户。

　　1980 年代中期以后，粤海集团发
展很快，经营的业务从对外贸易迅速扩
展到制造业、基础设施、房地产、百货
零售及超级市场、旅游及酒店、客运及
货运、金融及保险等各个领域。到 1996
年底，粤海集团的资产总额已超过 300
亿元，当年营业额达 150 多亿元，年资
产增长率达 70% 以上，已发展成一家
以贸易为主导、以实业为基础的多元化
综合性企业集团。[7] 1997 年 5 月，粤
海还获香港管理专业协会颁发 "1997 年
全面优质管理奖优异奖"，成为香港第一
家获此奖项的中资机构。

　　1990 年代以后，粤海与其他中资
企业一样，积极推进 "资产经营"。早
在 1987 年 1 月，粤海已收购香港一家
市值仅 4,000 万元的上市的 "空壳公
司"，易名为 "粤海投资"，作为集团在
香港的上市旗舰。从 1991 年起，粤海
先后将集团属下的广东旅游、广州麦芽
厂、金威啤酒厂、丽江花园、南海皮革
厂及多家酒店注入粤海投资，并通过发
行新股收购广东省属公路、电厂和一批
国有企业，使粤海投资在红筹股中脱颖

位于港岛干诺道中的粤海集团总部大厦（中）。

而出。1994 年 11 月，粤海投资被纳入 33 只恒生指数成分股。1996 年底，粤海投资市值已超过 150 亿元。

1994 年 12 月，粤海集团从粤海投资中将"广南集团"分拆在香港上市。广南集团的前身是广南行有限公司，1981 年在香港注册成立。该公司被中国外经贸部授权为广东省向香港提供鲜活商品的总代理和总经销，向香港提供塘鱼、生猪、活家禽、蔬菜、水果等副食品，成为香港鲜活商品市场的主要供应商之一。进入 1990 年代，广南行发展很快。

1994 年 12 月粤海投资将广南集团分拆上市时，正值红筹股热潮，虽然受到美国 6 度加息的影响，香港股市逐日下跌，但广南集团仍获 50 倍以上的认购。上市当日，恒生指数大跌 277 点，但广南集团逆市飙升，升幅及成交额均名列十大。1997 年 2 月 27 日，广南集团股价达 10.40 元，比上市当日收市价 1.09 元上升 8.5 倍，与香港另五家上市公司一起入选"全球最佳股票"，并名列榜首。

其后，粤海集团又先后将粤海制革（1996 年 12 月）、粤海啤酒（1997 年 8 月）、粤海建业等分拆上市，并在香港股市收购上市公司股权，到 1998 年 10 月广信事件爆发时，粤海集团已成为持有五家上市公司的大型企业集团，粤海持有 20% 以上股权的上市公司更多达八家，包括粤海投资、广南集团、粤海制革、粤海啤酒、粤海建业、南方国际、广益国际以及环球饮食等，成为全国众多"窗口公司"中最瞩目的企业集团。1990 年代中，随着业务扩张，中资"窗口公司"的业绩几乎无一例外开始下滑，并暴露出管理上的种种弊端，主业不清、管理混乱、负债过高等问题成为难以解脱的枷锁，严重困扰企业发展。粤海也不例外。

这一时期，粤海的资产虽然迅速膨胀，但

广南行是香港鲜活商品市场的主要供应商之一。

广南属下的超级市场。

营业额却无甚增长，反映出公司资产的质量极低，业务回报远不足以偿还公司的贷款利息，整个企业集团一直处于净现金流出的状态。更严重的是，粤海的借贷中，短期债务在这几年中一直维持在 100 ～ 120 亿港元，约占其总负债的五成。当时，在红筹注资概念推动下，粤海通过不断向旗下上市公司注入资产，令名下股票升值，集团的借贷能力和赢利也水涨船高，银行更对这家大红筹公司趋之若鹜。然而，1997 年的金融风暴令股市、地产大幅下跌，粤海集团的财务状况立即陷入困境，1998 年中期业绩出现了 6.35 亿元的亏损，成为 1995 年以来的首次转盈为亏。

1998 年 8 月 29 日，粤海集团向广东省政府告急：粤海集团的运作尤其是现金流出现了困难，将面临交叉违约的风险。其时，粤海在 1995 年发行的 7,200 万美元的商业票据即将到期，粤海还想"以债养债"，但没有哪一家银行肯再借给它。在走投无路的情况下，粤海向香港中银集团求助。香港中银集团要求粤海出具广东省政府的担保函。当时中国的担保法已经出台一年多了。按规定，地方政府无权为企业举债担保。粤海一旦失去了政府担保这块挡箭牌，债权人就将兵临城下了。如果在 9 月 4 日前不能归还 7,200 万美元的商业票据本息，只要债权人提出，粤海就必须立即偿还几十亿美元的银行债务。为了保护"窗口公司"的商业信誉，避免出现交叉违约，广东省政府只得动用历年财政节余为粤海还债。粤海暂时渡过了这一难关。据粤海财务部门的分析：至 1997 年底，在粤海 357 亿港元总资产中，呆滞、呆账资产约为 128 亿港元，占 35.9%，账面净资产仅 75 亿港元，实际资不抵债 45 亿港元。

粤海的问题，与广信有许多相似之处，诸如内部管理混乱，多至数百家的子公司层层叠叠，相互之间存在严重的三角债，集团无法控制分属各市、县的子公司的借贷、投资，却有义务为其担保贷款，加上盲目投资，替客户垫支的应收账不断上升，致使集团入不敷出，负债累累，问题的暴露只是迟早的事情。及至广信集团破产，银行迅速收紧对中资企业的信贷，粤海无法借钱还债，其债务危机亦即时暴露。

为了摸清情况，广东省政府聘请了毕马威会计师事务所，对粤海和南粤的资产、负债状况进行审计。毕马威对粤海的重点审计报告更让广东省政府大吃一惊：粤海资不抵债已达 91.2 亿港元，竟是这家公司自己报的 45 亿港元的 2 倍！

"窗口公司信用"是特殊历史时期的产物。1980 年代，随着中国的改革开放，广东、福建及内地其他省、市在香港、澳门设立的"窗口公司"日渐增多。这些公司一般为政府全资拥有或实际控制的企业，公司负责人由各地党委和政府任命，早期的对外借贷也有政府担保，贷款一般投向内地经济建设项目。因此，在境外债权银行看来，中国各类"窗口公司"代表的是中国各级政府，所谓的"窗口公司信用"就是由政府信用延伸出来的一种特殊信用。境外投资者和银行把"窗口公司信用"视作政府信用，对公司财务状况不严格审查。根据香港廉政公署的指控，粤海持多数股的一家香港上市公司存在严重的虚开信用证问题，共计几十单，涉及几十家银行，时间长达数年。其间，竟没有一家银行对其中任何一单虚假的交易凭证提出质疑。大量资金流进这些"窗口公司"，然后又通过各种方式流失了，从而埋下了支付危机的隐患。

经过通盘慎重考虑，广东省政府决定对粤海、南粤等几家公司的债务尽快实施重组，并委托毕马威立即着手对参与重组的粤海、南粤及两家香港上市公司——粤海投资和广南集团进行全面审计。根据毕马威的审计报告，截至 1998 年底，参与重组的四家公司总资产 287.56 亿港元，总负债 489.86 亿港元，资不抵债 202.3 亿港元，比重点审计报告的 91.2 亿港元再增加一倍。毕马威审计报告认为，粤海危机形成的原因归结为："投资不善、贷款无方"，"主次不明、重复投资"，"缺乏制约、监控无力"，"弄假作假、账实不符"，"参与投机、损失惨重"，"融资方便、债台高筑"。

1998 年 12 月 16 日，广东省政府在香港召开新闻发布会，宣布"粤海和南粤因为资产品质严重低下，不能支付巨额到期债务，决定重组。从即日起暂时停止支付一切到期本金"。广东省政府并当场宣布聘请高盛为粤海重组顾问，毕马威为粤海重组财务审计师，谢尔曼和齐伯礼为粤海重组法律顾问。当时，消息传出，仿佛在香港资本市场投下一颗重型炸弹。不少债权人怒不可遏，有人甚至扬言：今后绝不再给中资企业贷款。"粤海重组"之所以引起如此大的反响，是因为粤海的全资股东——广东省政府要向"窗口公司信用"告别，依照国际惯例和香港的法律重组粤海，以此来改变国际金融界与海外中资企业之间业已形成的不正常的"游戏规则"。

1999 年 3 月 1 日，财务顾问高盛亚洲在与超过 250 位债权人代表举行的会议上，宣布截至 1998 年 9 月底的 9 个月，粤海集团录得资产亏损（即资不抵债）132 亿元，期内特殊亏损更高达 188 亿元，绝大部分为呆坏账、投资减值等，总负债为 318 亿元，但于 1999 年 1 月 21 日，总负债已降至 225 亿元。高盛亚洲的代表表示，广东省已提出一系列可能注资项目，大部分属基建及公用事业有关的资产，包括东江输水、韶关电力、汕头海湾大桥、虎门大桥、广汕公路惠州段等。

会议期间，政府有关方面向债权银行宣布重组设想。根据该重组方案，粤企和南粤债权人用 39 亿美元的债权换取面值 18 亿美元的粤海投资债券、面值 18 亿美元的粤企优先股和 3 亿美元的现金。广南债权人用 4.9 亿美元的债权换取面值 1.5 亿美元广南债券、面值 2.4 亿美元的广南资产管理公司的股票和 1 亿美元的现金。新粤企用评估值为 22 亿美元以上东深供水项目的股权换取面值 18 亿美元的粤企 50% 的优先股、粤企 100% 的普通股、15 亿股粤投普通股以及广南面值 0.75 亿美元的普通股。粤投债权人用 12.54 亿美元的旧债权换取 12.524 亿美元的新债权，而贷款期限和利率则有待进一步谈判。这就是所谓的"5·25 债务重组方案"。

不过，"5·25债务重组方案"一出台，谈判双方便立刻形成对峙局面。谈判桌上，债权人反应激烈，不肯削债，拒不接受重组方案，债权人尤其是债权银行态度强硬，声称粤海是广东省开办的"窗口公司"，政府要负责清偿全部债务本息。香港报章甚至出现了"要告到北京去"的字样。广东省政府则明确表示："粤海公司资不抵债并非政府干预所致，归因于企业的自主经济行为，应由企业自身负责。而且放贷银行在审核与监督方面也须负一定责任，双方应共同承担经济损失。"对此，粤企和南粤债权银行的回应是：第一，导致粤企和南粤严重资不抵债的责任全部在广东省政府；第二，任何重组建议都必须使"财务债权人最终有实质机会获全数清偿"；第三，债权人的债权必须连本带息由广东省政府负责偿还。粤企和南粤债权银行并提出新重组建议：整个重组需要47亿美元，其中，广东省政府要注入现金或优质资产40亿美元，用粤企持有的粤投9.8亿股股权偿还债权人的债务，并将粤企剩余的资产清盘还债。

粤企和南粤债权银行的回应，把广东省政府逼到"死角"。广东省政府似乎面临两种选择：清盘或者如数还债。1999年9月10日，广东省政府向债权银行和债券持有人委员会再提交了修改后的粤海债务重组方案——"9·10债务重组方案"。其后，谈判双方围绕债务重组的诸多问题展开了激烈的讨价还价。1999年12月16日，广东省政府与粤企、南粤、广南债权银行代表就粤海债务重组签署了原则性框架协定，即"12·15协定"。与此同时，新粤企——广东控股（香港）有限公司与粤海投资就用供水公司股权换取粤投股份签署了有条件协议，粤投与粤投的债权银行代表就粤投债务重组签署了原则性协定，高盛与广东省政府就高盛以2,000万美元购买粤投股签署了原则性协定，债券持有人委员会就广东省政府与债权银行代表达成的原则性协定致函给广东省政府，表达了稍有

香港粤海投资大厦。

保留的支持态度。"12·15 协定"及一系列相关协定，意味着粤海重组已迈出了关键性的一步。

在"12·15 协定"基本框架基础上，双方再经过超过一年的艰苦谈判，终于在 2000 年圣诞前夕完成协定的签署。在最终债务重组协定中，谈判双方确认的成就重组的债权共计 49.40 亿美元，其中，债权银行为 28.71 亿美元，债券持有人为 11.08 亿美元，其中债权人为 5.76 亿美元，广东省政府为 3.85 亿美元。重组后，全体债权人 21.85 亿美元的旧债权转换成实际经济价值为 18.35 亿美元的新债权；22.91 亿美元的旧债权转换成价值 5.25 亿美元的各类股权；4.7 亿美元的旧债权转换成 4.7 亿美元的现金。全体债权人的经济回收率为 57.22，削债率为 42.78%。其中，银行及债券持有人的经济回收率为 61.77%，削债率为 38.23%，削债 15.21 亿美元；广东省政府注入估计价值为 22 亿美元以上的东深供水项目，垫付利息 4.79 亿美元，支付顾问费 1.09 亿美元，再加上其他垫付费 2.32 亿美元，合共出资 30.20 亿美元以上，回收的重组对价及产权为 10.10 亿美元，出资回收率为 33.44%，即净出资 20.10 亿美元以上。

根据最终重组协定，原有的粤企由在香港注册的"广东控股有限公司"所取代。广东控股由广东省政府在内地注册成立的"广东粤港投资控股有限公司"全资拥有。广东控股持有 42.52% 的上市公司粤海投资股权，持有 100% 的担保公司，持有 51%～89% 的广南集团和 100% 的广南资产管理公司。粤海投资持有 81% 的"粤港供水（控股）有限公司"，后者则持有 99% 的粤港供水项目。粤港供水项目另外 1% 的股权由广东粤港投资控股有限公司持有。担保公司由旧粤企改组而成，持有 10.67% 的粤海投资，50% 的新公司（持有原粤企和南粤仍在正常运作的企业，新公司名义上持有 81 家下属企业，但实际运作的只有 12 家），100% 的信托公司。信托公司（持有原粤企和南粤待处理资产，信托公司名义上持有 264 家下属公司）则持有 6% 的广南集团。而重组债权人则持有 11.86% 的粤海投资，19% 的粤港供水（控股），100% 的香港物业，50% 的新公司。

2000 年 2 月，武捷思出任粤海集团董事长兼总经理，全权负责化解粤海集团债务重组危机并打理重组后的广东控股。据武捷思后来的回忆，2000 年 12 月 22 日，"谈判各方顾问中的许多人都买了当天晚上离开香港的飞机票。通宵未眠的律师们还在赶写各种法律文件，财务顾问还在为最后两个问题而争议和协商。下午 2 点 30 分，参与重组工作的十几家律师事务所逐一确认各自负责的法律文件已经完成，并由谈判各方签署完毕之后，主持人邀请过户代理银行——渣打银行的代表正式将重组代价中的现金过户到债权人指定的账户。渣打银行的代表拿起手提电话指示渣打银行的结算部门。15 分钟以后，渣打银行打来电话，声明有关现金已转到指定账户。在场的人们在相互握手、拥抱、干杯庆祝粤海债务重组交易成功结案、交割之后纷纷离开现场，其中很多人直接赶往飞机场。粤海债务重组案就这样结束了"。至此，一度轰动国际资本市场的"粤海重组"终于落下了帷幕。

在整个重组过程中，由于重组所涉的财务和法律问题异常复杂，债务人和债权人双方聘请的中介机构超过 100 家，包括高盛、毕马威、谢尔曼、齐伯礼、罗宾咸、标准普尔等世界知名的投资银行、会计师事务所、律师事务所和评级机构。有评论指出，参与"粤海重组"的中介机构阵容之强大，在世界企业重组史上也是少有的。2001 年，"粤海重组"项目被国际权威杂志《国际金融评论》评为该年度"亚洲最佳重组交易"。粤海之后，福建省的"窗口公司"福海集团、华闽公司，广东珠海市的"窗口公司"珠光集团等一批境外中资企业，也先后宣布进行重组。

广信、粤海事件的爆发，使香港中资企业的发展进入了一个调整、巩固时期。

4. 香港特区政府的"救市行动"

经历了1997年10月、

1998年1月及6月三次狙击后，国际大炒家并没有善罢甘休，又

在1998年8月部署了一场更加惨烈的港元狙击战。

这次，他们的来势更凶猛，

部署更周密，而且直接在汇市、股市、期市3个领域联合出动。

4.1 特区政府的"救市行动"

当时，市场有消息指出，国际大炒家计划从狙击港元入手，推低股市、期市，将恒生指数炒低至 4,000 点水平，从而借股市、期市淡仓获得巨利，并对联汇制形成更大压力，形势相当严峻。踏入 1998 年 8 月的第一周，在谣言四起的市场气氛下，国际大炒家突然再度发难，狂沽港元。8 月 5 日，国际炒家在短短半天就抛出约 290 亿元（37 亿美元）的沽盘，同时买入远期美电，沽售利率期货合约，将港元兑美元的汇率推低至 7.75 的关口。港元利率期货市场成交暴升，单日总成交合约逾 8,300 张，创下新高，比 1997 年 10 月金融风暴期间近 6,700 张的最高纪录还高出 1,600 张。在此之前的 8 月 4 日，未平仓合约已经累积到 32,000 张。

面对这次大规模的狙击，香港金融管理局改变应对策略，动用 31 亿美元的外汇储备，在 7.75 水平买入被沽出的 240 亿元，并将这笔港元全数存入银行，以应付当年度财政预算中可能出现的 210 亿元庞大赤字所需。另外 46 亿多元（6 亿美元）的沽盘则由其他银行承接。这一做法，大大减轻了银行同业市场的压力，因而没有像前几次那样引起同业拆息的大幅攀升。当时，某海外基金还为此曾致电金融管理局总裁任志刚，投诉金管局未按货币管理局的原则运作，令其遭受损失。

当时，香港特区政府财经事务局局长许仕仁指出，这次炒家狙击港元，有两个与以往不同的特点：一是不仅对冲基金沽空港元，投资银行也参与其中；二是炒家不仅利用香港经济疲弱和公司业绩不佳作为沽空港元借口，而且还散布人民币贬值的谣言，以此产生"杠杆效应"，造势冲击港元。

到 8 月 13 日，香港股市在炒家累积大量恒指淡仓、谣言甚嚣尘上的恐慌气氛中急挫，恒

生指数报收 6,660.41 点水平，创 5 年来的新低。当时，市场传闻国际大炒家手持约 10 万张恒指期货淡仓合约，即将在月底结算。恒生指数每下跌 1 点，它们即可赚 500 万元，形势危急。在这种情况下，从 8 月 14 日起，香港金融管理局动用外汇基金进入股市，通过获多利、和升、中银、鹰达等"御用经纪"，大手吸纳汇丰控股、香港电讯、长江实业、和记黄埔、中国电信、中电控股、恒生银行等超级蓝筹股，以推高大市。港府入市干预当天，恒生指数上升 564 点，报收 7,224.69 点，升幅达 8%。从 8 月 18 日到 8 月 27 日，香港金融管理局不断动用外汇基金入市干预，使恒生指数维持在约 7,800 点水平。

国际大炒家索罗斯，他旗下的量子基金被传狙击港元。

到 8 月 28 日恒指期货合约结算日，由于周边形势恶劣，特别是俄罗斯金融局势进一步恶化，欧美股市下跌，香港股市的沽盘如排山倒海般涌至，香港特区政府成为单一买家，通过东盛、中银、唯高达、获多利、金英、宏高、万信、和升等八大"御用经纪"，将所有沽盘全数接纳，全日成交量创下 790 亿元的历史纪录。（见图 6.1）其中，股票沽空金额高达 72.57 亿元，占总成交额的 9.1%，沽空活动亦创历史新高。当日，恒生指数报收 7,829.74 点，微跌 93.23 点。

当时，国际炒家约持有 8 万张期指淡仓合约，恒指每下跌 1 点，便可赚 40 亿元，结果 8 月恒指期货合约以 7,851 点结算，比政府入市干预前上升 1,241 点，国际大炒家计划在期市谋取巨利的期望落空，被迫将期指合约转仓至 9 月份。这一役，特区政府总共动用 1,181 亿元外汇基金与国际大炒家抗衡，以稳定香港股市。

9 月初，国际大炒家准备卷土重来的消息甚嚣尘上，香港特区政府及有关当局为堵塞金融市场上近年来因大量引进金融衍生工具而产生的种种漏洞，在短短数日间连续推出 40 条新措施，以改善联系汇率制度及稳定金融市场。早在 8 月 31 日，香港期交所已颁布三项新措施：

（1）对持有 10,000 张长、短仓合约的大户征收特别按金，从每张合约按金 8 万元提高到 12 万元；

（2）持仓申报制度从原来规定的 500 张降低为 250 张；

（3）期货经纪商须向期货交易所申报大量持仓人的身份。

三项新措施的目的，是要增强期货市场的透明度，并增加炒家的投机成本。9 月 2 日，联交所宣布暂停汇丰控股、香港电讯、中国电信等 3 只蓝筹股的沽空活动。其后，联交所又宣布恢复

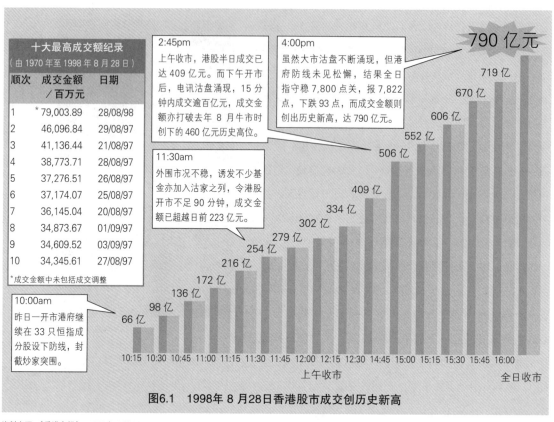

图6.1　1998年8月28日香港股市成交创历史新高

资料来源：《香港商报》，1998年8月29日。

执行1994年实施的限价沽空制度，规定沽空交易不能以低于最佳卖盘价进行，以维持市场秩序。

9月5日，香港金融管理局推出七项改革措施，其内容归纳起来主要有几点：

（1）金管局向香港所有持牌银行提供明确保证，可以按7.75港元兑1美元的固定汇率，把它们的结算账户内的港元兑换为美元。这项明确兑换保证清楚表明了政府维持联系汇率制度的决心。当市况许可时，金管局会将兑换保证适用的汇率转为7.80。

（2）撤销流动资金调节机制的拆入息率。由于银行同业支付系统的效率得以提高，使持牌银行能更有效管理流动资金，因而无须继续以流动资金调节机制下的存款机制来促进有秩序的银行同业市场活动。

（3）以贴现窗（Discount Window）取代流动资金调节机制，贴现窗设基本利率（Base Rate，前称流动资金调节机制拆出息率），由金管局不时厘定。在厘定基本利率时，金管局会确保利率能充分反映资金流量的情况，同时也能抑制利率过度波动而引起的金融不稳情况。

（4）取消对重复使用外汇基金票据和债券进行回购交易以取得隔夜港元流动资金的限制。由于外汇基金债券／票据有外汇储备提供十足支持，所以让持牌银行可以更多利用这些债券／

票据经贴现窗以回购协定形式取得日终流动资金，可以在没有偏离货币发行局的运作原则下，减低投机者操控市场的能力，以及遏止利率过度波动的情况。

（5）只会在有资金流入的情况下，金管局才会发行新的外汇基金债券／票据。此举是要确保所有新发行的外汇基金债券／票据均会得到外汇储备十足支持。

（6）按照持牌银行使用贴现窗涉及的外汇基金债券／票据数量占其所持该等债券／票据总额的百分比，制定适用的贴现率。持牌银行使用所持外汇基金债券／票据最初的 50%，适用基本利率；余下的 50% 适用基本利率加 5 厘，或港元隔夜银行同业拆息当天的水平，以两者较高为准。这将会确保港元受到重大压力时，利率调整机制会被全面启动。

（7）保留重复使用外汇基金债券／票据以外的债务证券，以进行回购协定的限制。贴现窗将不会接受外汇基金债券／票据以外的新发行债券。这将会防止持牌银行利用并无外汇储备支持的债券，以获取大量流动资金。

9 月 7 日，香港特区政府再宣布推出 30 条新措施，内容针对股票抛空以及联交所、中央结算公司、期货交易所、证监会、财经事务局等各有关当局，目的是要加强香港证券及期货市场的秩序和透明度，杜绝有组织及跨市场的造市活动，特别是加强监管沽空的活动。财政司司长曾荫权表示：该等措施与金融管理局上星期六宣布的有关加强货币发行局机制的安排，互相配合，足以增强货币及金融系统抵御炒家跨市场操纵的能力。

特区政府在是役中所采取的一系列政策、措施，在国际间及香港社会引起了广泛的争议。美国联邦储备委员会主席格林斯潘公开批评特区政府的干预行动，认为破坏了香港传统的自由经济。然而，从总体上看，香港舆论基本上支持特区政府的行动。最重要的是，从实践上看，这次干预保卫了香港金融市场的稳定，从而为香港经济早日复苏奠定了基础。

踏入 10 月份，香港股市受到周边利好因素的影响，恒生指数从约 7,500 点水平稳步攀升，并冲破 10,000 点大关。特区政府在 8 月份入市购买的股份，账面利润已高达数百亿元。而国际大炒家则被迫在 9、10 月间先后离场。至此，特区政府达到预期目的。

4.2 特区政府成功捍卫联系汇率的原因

在这次空前的金融风暴中，香港特区政府能够成功捍卫联系汇率制度，主要原因是：

（1）联系汇率制度属货币发行局制度，具有自动调节机制，能承受较强的冲击。理论上，联系汇率制度具有自动调节机制。传统的解释是，这一机制主要通过银行和其他金融机构之间的套戥和竞争的相互作用，即依赖港元的"现钞套戥"机制，使市场汇率能够贴近联系汇率水平。然而，这一套戥过程涉及大量现钞的交付程序，在现行制度下并不能有效发挥作用。根据金融管理局在金融风暴期间的最新解释，联系汇率的自动调节机制的关键在银行体系的结余，金融管理局被动地吸纳或出售港元将直接影响银行体系结余水平的高低，而银行体系结余水平的高低，又会直接影响到银行同业拆息水平的高低，进而影响到联系汇率。依赖这种互动关系，联系汇率制度具有自我调节的能力，故能承受较强的冲击。

（2）多年以来，香港政府围绕着巩固和维持联系汇率制度已建立了一套有效运作机制和雄厚的外汇储备。1983年10月，香港政府推出联系汇率制度时，并没有规定香港的银行要在外汇基金开设结算账户。换言之，银行体系结算余额所代表的该部分货币基础，最初并没有受到货币发行局的规定限制，联系汇率的货币发行局制度在实行初期实际上并不完善。因此，港府从1988年起，采取了一连串的改革措施来完善并巩固该制度。1988年实施的"新会计安排"实际上纠正了上述这种不完善的情况。根据"新会计安排"，香港银行公会结算所的管理银行——汇丰银行需在外汇基金开设结算账户。1996年底港府推出即时支付结算系统取代新会计安排，货币发行局制度更趋完善。在即时支付结算系统下，所有持牌银行都要在外汇基金开设结算账户，这项改革进一步确保整体货币基础符合货币发行局的原则，并加强了联系汇率制度在维持汇率稳定方面的作用。

在此进程中，港府又于1990年推出外汇基金票据/债券，于1992年推出流动资金调节机制，并于1993年成立金融管理局，这些改革措施大大加强了政府调控金融市场的能力，确立了一套维持和巩固联系汇率制度的宏观调控机制。这次金融风暴中，政府的流动资金调节机制就发挥了重要作用。1996年底启动的即时支付结算系统也发挥了积极作用，它使金管局能及时发现异常的港元抛售、及时查明情况、及时采取还击措施。

当然，政府维持庞大外汇储备，也是金管局能够从容操作的重要基础。据统计，1998年，香港外汇基金拥有资产高达9,122.75亿元，折合约1,169.58亿美元（见表6.2），在全球排名第三，再加上有中国内地1,400亿美元的外汇储备做后盾，相信任何国际投机者都会有所顾忌。

（3）香港政局稳定，九七回归实现平稳过渡，经济稳定繁荣，这也是联系汇率能够守得住的重要原因。从政治层面看，由于中国政府贯彻落实"一国两制"方针以及"港人治港""高度自治"等一系列政策，香港顺利实现平稳过渡，政局稳定，投资者信心增强。就连英国驻港总领事邝富达亦公开表示："到目前为止一切正常。"这为特区政府击退国际大炒家营造了有利的政治环境。

从经济层面看，由于实现平稳过渡，加上"中国因素"的支持，香港经济持续发展，稳定繁荣。这一点当时就连美国大型机构投资者也不否认。1997年10月24日，美国摩根士丹利就罕有地发表声明，强调其策略员巴顿·碧斯的言论只反映他个人对后市的看法，与该公司对香港及中国内地前途的信心无关，该公司对两地长远经济持乐观态度。良好的经济基调，无疑为联系汇率提供了坚实的基础。

　　毋庸置疑，这次危机中，香港市民和投资者对联系汇率的信心曾一度有所动摇。1998年6月联系汇率受狙击后，大量资金外流，银行体系结算余额罕有地出现负76亿元的数额就是一个明证。这次危机中，香港为捍卫联系汇率付出了沉重的代价，经济进入二战后以来最严重的衰退之中，香港社会中批评和反对联系汇率的声音因而高涨。毕竟，联系汇率制度是特定政治、经济条件下的产物，不可能永远坚持下去。

表6.2　香港外汇基金资产负债概况（单位：亿港元）

	1996年	1997年	1998年	1999年	2000年
资产					
外币资产	4,938.02	5,884.75	7,012.39	7,551.11	8,566.80
港元资产	407.15	481.98	2,110.36	2,476.41	1,666.83
小计	5,345.17	6,366.73	9,122.75	10,027.56	10,233.63
负债					
负债证明书	824.80	870.15	864.65	1,181.95	992.65
流通硬币	41.64	53.99	57.78	57.77	59.18
银行体系结余	4.74	2.96	25.27	79.60	6.69
外汇基金票据及债券	835.09	893.38	983.34	1,018.28	1,092.88
其他香港政府基金存款	1,458.98	2,376.29	4,245.62	3,922.06	4,171.62
其他负债	451.30	267.70	523.64	859.32	839.62
小计	3,616.55	4,464.47	6,700.30	7,118.98	7,162.64
累计盈余	1,728.62	1,902.26	2,422.45	2,908.58	3,070.99

资料来源：《香港2000》。

　　不过，就这一时期香港的情势而言，联系汇率制度仍然是利大于弊，应该继续维持。这一点就是国际货币基金组织也予以肯定。

　　1998年6月23日，香港金融管理局总裁任志刚接受《彭博资讯》记者访问时表示：如果取消港元联系汇率，港元汇率将可能大幅贬值四成，同时并不能保证利率会回落；而且，极可能导致通货膨胀从目前的4.5%大幅提高到双位数字。因此，特区政府无可选择地要维持联系汇率制度。

5. 港元联系汇率制度的完善及其效应

1997年爆发的亚洲金融危机对香港的冲击，暴露了港元联系汇率制度的弱点。

1998年9月5日，香港特区政府在击退国际机构投资者的冲击后，

随即宣布推出七项技术性措施，目的就是要进一步巩固香港的联系汇率制度，

以减少市场被操控的机会。

5.1 港元联系汇率制度的优化与完善

七项技术性措施的核心内容有两个，其一是建立"兑换保证"，其二是建立"贴现窗"制度。

所谓"兑换保证"，就是七项技术性措施的第一项措施，即金管局给予香港所有持牌银行明确保证，可以按 7.75 港元兑 1 美元的固定汇率，把它们的结算账户（Clearing Account）内的港元兑换为美元，亦即兑换保证（Convertibility Undertaking）。这项明确兑换保证清楚表明了特区政府维持联系汇率制度的决心。从 1998 年 9 月 7 日（星期一）香港开市起，所有持牌银行均可为其本身或为客户的需要，按照兑换保证与金管局进行交易。前提条件是：持牌银行必须确保它们的结算账户在结算当天有足够港元进行结算。为了监察在兑换保证下交易进行情况，以及确保该项安排没有被滥用，持牌银行需要向金管局提供有关资料，金管局亦可能会另行与个别银行处理这一问题。

当时，金管局的兑换保证选择 7.75 的汇率水平，是因为当时它是金管局实际执行的干预汇率的水平。不过，其后金管局已明确表明，在市场情况许可时，金管局会将兑换保证适用的汇率转换为 7.80，即是在联系汇率制度下，适用于发行和赎回支持发钞银行发行港币的负债证明书的固定汇率。1998 年 11 月 6 日，金管局在经过咨询香港银行公会、接受存款公司公会、香港财资市场公会等业内公会以及学者的意见后，宣布将兑换保证的汇率水平，从 7.75 逐步调整至 7.80 水平，每 1 公历日调整 1 点子（即 0.0001 港元），经过 500 公历日调整至 7.80 水平为止，然后固定下来。这项兑换保证其后被称为"弱方兑换保证"。[8]七项技术性措施的另一核心内容，就是建立香港的"贴现窗"制度。

1997 年亚洲金融危机爆发之前，香港的联系汇率制度的外汇储备保证，实际上只是支持发行的流通纸币，并没有包括整个货币基础。金管局解释说：“过去的货币发行局制度中的货币基础在某种程度上只关注纸币，因为这是当时用作结算交易的主要媒介。”金管局认为，不过，“到了今时今日，纸币只用作经济活动中的日常零售交易。大宗交易都是以电子钱和其他形式的货币进行结算，而这些交易绝大部分都涉及银行之间代表客户相互进行支付来完成结算过程，其中包括支票结算。因此，只关注纸币已不合时宜，亦有不足。”[9]

因此，金管局指出，为了保证香港的货币发行局制度能够更有效运作，“为了能有效管理货币，货币基础的定义必须广泛全面，能涵盖所有可以用作结算交易的货币。同时，有关定义也必须符合实际，以便能有效进行管理”。所谓“货币基础”，也称货币基数（Monetary Base）、强力货币、始初货币，因其具有使货币供应总量成倍放大或收缩的能力，又被称为高能货币（High-Powered Money），它是中央银行发行的债务凭证，表现为商业银行的存款准备金和公众持有的通货。货币基础是整个商业银行体系借以创造存款货币的基础，是整个商业银行体系的存款得以倍数扩张的源泉。金管局经过深入的研究，认为香港的货币基础应该包括以下三个部分：

（1）流通货币。一向以来，纸币都是货币基础的一部分，而在以前的年代，纸币可能是货币基础中唯一的元素。如果公众手持的货币——他们能够实际触摸到的货币事实上是由外汇储备支持的，并可按固定汇率兑换为外币，实在会令人感到很稳妥。

（2）银行体系结余总额。在现代的货币发行局中，货币基础应至少是指银行在货币发行局开设的结算账户持有的结余总额（总结余）。因为货币发行局制度中的利率自动调节机制主要是通过总结余来运作的，以确保汇率稳定。

（3）外汇基金票据及债券未偿还总额。在货币发行局制度利率自动调节机制下，外汇基金需要提供流动资金，以便银行同业交易能顺利进行结算，这一措施可能涉及在外汇储备没有相应增加的情况下，在货币基础中的总结余创造额外货币，从而破坏货币局制度的原则。而在贴现窗制度下，“由于货币发行局债券可为银行用贴现方式提供流动资金以结算交易，因此实际上是有需要把这些债券列为货币基础的一部分”[10]。

根据这一扩大的货币基础定义，在没有外汇储备支持的情况下，金管局将不会增加发行外汇基金票据和债券。同时，金管局还认为，货币基础的三个部分具有可转换性，三个部分相互间可以根据持有人的选择自由转换，金管局将为此提供有关安排。

及至 2003 年至 2005 年期间，由于美元疲弱，市场猜测人民币升值，以及香港经济强劲复苏，香港持续有大量资金流入，致使港元现货汇率在接近 2003 年末时由约 7.80 急升至 7.70 的水平。为了稳定港元汇率，金管局进行了强方货币市场操作，结果使银行总结余在 2004 年初急升至约 550 亿港元的高位，将香港银行同业拆息推低至接近零。当时，尽管港元与美元的息率存在负差距，但是在一段相当长的时期内并没有资金外流的明显迹象，主要原因是当时市场相信港元将会跟随人民币升值，因此利用港元为炒卖人民币升值的工具。这种投机活动使联系汇率制度下的利率调节机制难以发挥作用。

为了改变这种状况，2005 年 5 月 18 日，金管局推出了联系汇率制度的三项优化措施，目的是要消除跟港元升值潜力有关的不确定性，令港元利率更加贴近美元利率，以改善和优化联系汇率制度的运作。这三项措施是：

（1）"强方兑换保证"：金管局给予所有持牌银行明确保证，将以每美元兑换 7.75 港元的汇率向持牌银行买入美元。

（2）改变"弱方兑换保证"的汇率水平：金管局将弱方兑换保证的汇率水平由每美元兑换 7.80 港元逐步移至每美元兑换 7.85 港元水平。

（3）设立兑换范围，金管局可在此范围内进行符合货币发行局制度运作原则的市场操作。

三项优化措施实施后，港元现货汇率在 2005 年下半年及 2006 年一直贴近强方兑换保证汇率水平，但始终没有触发兑换保证（见图 6.2），总结余也保持稳定，即港元现货汇率的

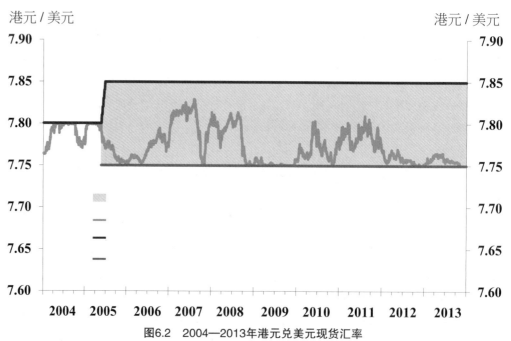

图6.2 2004—2013年港元兑美元现货汇率

资料来源：香港金融管理局。

走势已摆脱了人民币汇率走势的影响。金管局有关研究专家在对三项优化措施实施两周年进行检讨时认为："从宏观经济角度来看，自推出三项优化措施以来，本地货币状况大致维持中性，对香港当前的经济周期情况而言属于适当。"[11]这些措施进一步提升了联系汇率制度的公信力。

根据香港金管局的解释，优化后的联系汇率制度，其自动调节机制是：当香港有资金流入时，市场人士将买入港元，港元市场汇率将面临上升的压力，这一时候，香港货币发行局将沽出港元，从而导致货币基础扩张，利率下跌，因而令港元汇率得以保持稳定。而当资金外流时，情况则相反，市场人士将沽出港元，港元市场汇率将面临下调的压力，这时候，香港货币发行局将买入港元，从而导致货币基础收缩，利率上升，从而使港元汇率得以保持稳定（见图6.3）。[12]

2008年10月，金管局宣布，将从10月9日起改变现行贴现窗基本利率计算办法，即香港的贴现窗基本利率参考标准之一在美国联邦基金利率基础上，增加的幅度由150个基点改为50个基点。同年11月6日，为舒缓当时香港市场资金紧张的情况，香港金管局再宣布，将允许商业银行通过其贴现窗口借款，期限最高为3个月，这样银行贷款最长期限由此前的一个月延长至三个月，银行可以住房抵押贷款支持资产等作为获得贷款的抵押品。

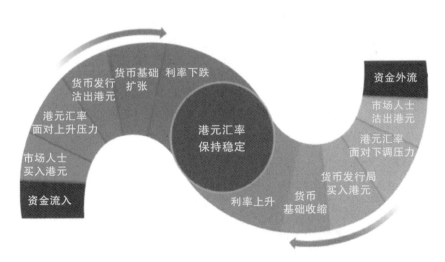

图6.3　优化后的港元联系汇率的自动调节机制

资料来源：香港金融管理局。

5.2 港元联系汇率制度的经济效应

香港联系汇率制度自 1983 年 10 月实施以来，一直运作良好，尤其是在香港回归的过渡时期，对整体经济的稳定发展发挥了积极的作用。不过，1997 年亚洲金融风暴冲击香港，联系汇率制度的弊端开始明显暴露。2001 年阿根廷金融危机爆发后，联系汇率制度的前景成为香港社会各界尤其是金融界业内人士关注的焦点。不过，从总体来看，联系汇率制度的积极作用仍然是明显的，主要表现在以下方面：

第一，联系汇率制度在实施初期迅速扭转了港元大幅贬值的趋势，解除了香港货币制度、金融体系的危机，使香港经济得以平稳进入过渡时期。1983 年 10 月 15 日，即香港政府宣布实施联系汇率当天，港元兑美元汇价是 1 美元兑 8.08 港元，10 月 17 日联系汇率实施第一天，港元兑美元汇价升至 1 美元兑 8.02 港元，18 日报 7.88 港元，19 日报 7.82 港元，20 日报 7.78 港元。至 10 月底，港元兑美元汇价报 1 美元兑 7.8080 港元，11 月底报 7.8110 港元，12 月底报 7.7820 港元，显示港元汇率已趋稳定，并贴近联系汇率水平。在联系汇率制度实施初期，资金外流的压力从汇率转向利率，银行同业拆息利率曾一度飙升至 41 厘的高位，但紧缩效应很快使资金外流转为流入，并使利率逐步恢复正常水平。可以说，联系汇率的实施使面临崩溃的货币、金融体系迅速恢复稳定和秩序。当然，成功的背后还有一系列有利因素的配合，其中主要是中英谈判再度顺利展开，市民信心开始恢复，以及香港经济开始好转等等。

第二，联系汇率制度的实施有效控制了港元货币供应量的增长，保持了港元币值的基本稳定。由于港元联系汇率制实际上就是货币发行局制度，它限制和避免了香港在实行自由浮动汇率制时期发钞银行滥发港元的危险和货币供应的大幅波动，从而保证了港元币值的基本稳定。据统计，在 1983 年前，香港货币供应 M_3 的增长情况波动很大，波幅在 0%～40% 不等，非常不稳定。然而，自实施联汇制以来，货币供应增长的波幅已收窄为 12%～25% 之间，而港汇指数亦从持续下跌之势转为相对稳定，在窄幅波动。

第三，联系汇率制度的实施提高了香港金融体系承受政治、经济震荡冲击的能力。联系汇率制度实施以来，香港经受了一系列严重的政治、经济事件的冲击，包括 1984 年至 1987 年期间 5 次港元投机风潮，1987 年 10 月全球股灾，1989 年政治性挤提，1990 年波斯湾危机，1991 年国际商业银行倒闭事件，1992 年中英政治争拗，1994 年墨西哥金融危机，1997 年亚洲金融危机，2001 年阿根廷放弃货币发行局事件，2008 年全球金融海啸等。然而，这一时期，港元兑美元的最低价仅为 7.950，最高价为 7.714，波幅未超过 2%，表现出相当强的稳定性（见图 6.4）。

第四，联系汇率制度的实施提高了香港作为国际金融中心的战略地位。在联系汇率制度下，港元与美元挂钩，汇率锁定，港元实际上可视同美元，这大大降低了汇率风险，有利国际金融

港元/美元

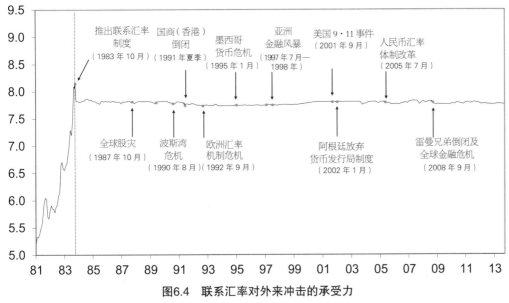

图6.4　联系汇率对外来冲击的承受力

资料来源：香港金融管理局。

资本和机构进入香港发展。在浮动汇率制度下，国际资本如果要大规模进入香港，必须将外币转换为港元，假如港元的汇率风险很大，外资进入香港将会相当审慎。联系汇率制度使香港金融市场具有安全性、可预期性，政府的货币政策透明度高，汇率风险相对较低。亚洲金融危机期间，投机者进入投机并不在货币现货市场，而是在货币远期市场和金融期货市场，港元汇率并没有受到很大的冲击。假如没有该制度，金融风暴期间港元就会处于投机者的攻击之下，汇率大幅波动，影响投资者对经济的预期。因此，联系汇率制度对香港维持金融体系的稳定，对香港维持和巩固国际金融中心的地位，具有重要价值。

　　第五，联系汇率制度的实施还降低了香港贸易、投资等各种经济活动的风险和交易成本，促进了香港对外贸易和整体经济的发展。香港作为一个小型开放经济体，每日都会有大量人才、货物、资金进入，汇率不稳定将会大大增加交易成本，影响整体经济的发展。在很长一段时期，美国曾一直是香港最大出口市场，而中国内地经港转口贸易亦以美元计价，估计以美元计价部分约占香港对外贸易的六至七成。因此，港元与美元挂钩，为香港的对外贸易、投资等活动提供了一个稳定的成本统计、报价结算和盈利评估的计价基础，经营者不需要为相关的经济活动进入风险对冲，从而降低了香港贸易、投资等各种经济活动的风险和交易成本。自1983年采用联系汇率制至2005年的22年间，香港实际GDP年均增长7.3%，高于韩国的6.6%、新加坡的 5.9% 和中国台湾，其中稳定的货币制度显然功不可没。

总体而言，香港在实施联系汇率制度以来，其金融市场稳定发展，整体经济运行良好，国际金融中心、贸易中心和航运中心的地位不断得到巩固和加强。所有这些，货币发行局制度都起到了重要的、积极的作用。

诚然，无可否认，联系汇率制度对香港经济也造成了深远的负面影响，尤其是在 1990 年代中期至 1997 年亚洲金融风暴爆发后的一段时期。这主要表现在：

第一，在联系汇率制度下，港元利率失去了自主性，只能被动地跟随美元利率变动，利率工具的功能受到严重限制，导致了"资产通胀"和"泡沫经济"的形成。1980 年代后期，美日经济不景，须不断调低美元利率刺激经济复苏，这使得香港在经济过热、通货膨胀上升的情况下仍不得不持续下调利率，偏离了经济发展的需要，给高居不下的通胀火上浇油。1989 年 6 月至 1994 年 3 月间，美国因经济衰退或不景气连续多次宣布减息，最优惠利率从 11 厘减到 6 厘，香港因受制于联系汇率被迫跟随减息。当时，香港经济过热，通货膨胀高企，1990 年代初曾高达 13%，结果形成了银行体系的实际负利率，负利率甚至高达 7-8 厘。在负利率环境下，大量资金从银行体系流入地产、股市，大幅推高地产、股票价格，形成了 1990 年代中期的"资产通胀"和"泡沫经济"，并由此对香港社会经济产生一系列负面影响，不但严重削弱了香港经济的国际竞争力，而且为 1997 年金融危机埋下伏笔。在亚洲金融危机中，香港金融管理局虽然成功击退了投机势力的攻击，保持了港币的稳定，但是由于利率的大幅上扬使股市、地产严重下挫，经济进入二战后最严重的衰退之中。

第二，在联系汇率制度下，港元汇率被锁定，汇率工具的功能也受到严重限制，这成为 1997 年金融危机后香港经济陷入长达数年通缩的重要原因之一。在联系汇率制度下，香港经济的内、外部平衡无法通过汇率调整去实行，被迫持续通过内部价格下调，即通过通货紧缩完成，而价格的调整始终不如汇率调整快。香港经济体系虽然较有弹性，有些价格易调，如地价、租金等，但有些价格则不易调整，如工资（尤其是公务员的工资）等。1997 年至 2003 年期间，美元持续升值，在港元价值相对高估的情况下，香港经济内部价格体系被迫大幅下调。到 2003 年，香港股市、楼市价格与 1997 年高峰期相比已大幅下调 65% 以上，产生大批的"负资产"人士，形成了严重的"负财富效应"。而工资持续下调使市民收入普遍下降，市民苦不堪言，社会内部消费疲弱，成为经济持续不景气的重要原因。

注释

〔1〕 参阅冯邦彦著，《香港地产业百年》，香港：三联书店（香港）有限公司，2001 年，第 273–375 页。

〔2〕 香港金融管理局，《金融市场检讨报告》，香港：香港金融管理局，1998 年，第 17 页。

〔3〕 同上，第 13 页。

〔4〕 同上，第 28–29 页。

〔5〕 饶余庆著，《预算案外抗国际炒家，内增港人信心》，载香港《信报财经新闻》，1998 年 2 月 19 日。

〔6〕 详情参阅冯邦彦著，《香港商战经典 —— 企业收购兼并个案实录》，香港：明报出版社，2000 年，第 71–76 页。

〔7〕 乌兰木伦主编，《发展中的香港中资企业》，香港：香港经济导报社，1997 年，第 85 页。

〔8〕 香港金融管理局，《香港的联系汇率制度》，香港：香港金融管理局，2013 年，第 18–19 页。

〔9〕 香港金融管理局，《香港货币发行局制度之检讨》，香港：香港金融管理局，1998 年，第 10 页。

〔10〕 同上，第 11 页。

〔11〕 甘博文、何东、梁伟耀，《港元联系汇率制度的三项优化措施实施两周年的检讨》，香港金管局网站，2007 年 6 月，第 6 页。

〔12〕 同〔8〕，第 12–13 页。

2014 年 11 月 17 日，香港特区行政长官梁振英和香港交易所主席周松岗一起敲
锣，宣布沪港通开通。（供图：香港交易所）

第七章
回归后金融业的转型与发展

1. 银行业转型与离岸人民币业务发展

1997年7月香港回归中国后，

即相继受到亚洲金融危机、地产泡沫破灭以及SARS的冲击，

1998年香港经济陷入二战以来最严重的衰退之中，

香港银行业发展受到空前严峻的挑战。

1.1　银行业转型与发展

香港经济的衰退及其后持续数年的通缩，导致香港企业投资和消费信贷需求持续疲弱，物业价格大幅下跌，个人破产个案创下新高，令银行贷款增长放缓甚至下跌，尤其是银行按揭贷款的有抵押部分所占比例下降，甚至出现负资产贷款，影响了银行的资产品质；而激烈的市场竞争又令来自按揭及个人贷款等消费贷款产品的利润幅度收窄，影响了银行的盈利水平。1997年至2006年间，香港银行的贷存比率从152.1%跌至51.8%，反映了楼宇按揭、贸易融资、银团贷款等银行传统支柱业务的基础萎缩。

受此影响，这一时期香港银行业的资产规模、贷款规模均呈现下降趋势。据统计，1997年至2002年，香港银行业认可机构的资产总额从83,971.8亿港元减少到59,990.8亿港元，5年间减幅达28.56%；其中外币资产从54,628.0亿港元减少到20,763.0亿港元，减幅高达61.99%。同期，银行业认可机构的贷款总额从41,216.7亿港元减少至20,763.0亿港元，减幅达49.62%；其中，外币贷款总额从23,791.9亿港元减少至4,606.6亿港元，减幅高达80.64%。

回归以来，香港银行业的另一个重要变化趋势，就是银行机构数目的减少。据统计，1997年，香港银行业的认可机构及办事处多达520家，其中，持牌银行达180家、有限制牌照银行66家，接受存款公司115家，外资银行的代表办事处159家。然而，亚洲金融危机后，受到亚洲金融危机影响，以及受到日资金融机构大规模撤出香港、银行业电子化和自动化水平提高，以及本地中小银行并购等种种因素影响，香港银行机构的数量大幅减少。到2016年底，香港官方认可银行机构及外资办事处仅249家，其中持牌银行156家，有限制牌照银行22家，接

受存款公司 17 家，境外银行办事处 54 家，比 1997 年高峰时大幅减少五成以上（见表 7.1）。

面对种种挑战，香港银行界唯有改变策略，放弃过多竞争贷款业务，转而集中发展资金管理、收费金融产品及财富管理等业务，创造更多非利息（中间业务）的收入。银行业的业务更从过去简单的存贷款业务，发展到全方位的资金融通和理财业务，包括零售业务、资产管理、收费服务等中间业务领域。其中，"个人理财服务"更成了香港银行业新的竞争焦点。个人理财服务是一套把银行形象、产品与服务、资讯科技系统、服务环境、人员配置和行销宣传等多方面互相结合的综合化及个人化服务，主要由一般银行服务、投资服务、财务策划服务以及专享优惠等组合而成。

这一时期，银行认可机构的存款总额持续增长，增长的幅度远远超过了贷款总额的速度。据统计，1997 年底，香港银行认可机构的存款总额为 26,644.7 亿港元，到 2016 年底增加至 116,995.3 亿港元，19 年间增长 3.39 倍；其中，外币存款总额从 11,268.6 亿港元增加至 59,172.9 亿港元，增长 4.25 倍。同期，银行贷款总额从 41,216.7 亿港元增长至 78,171.6 亿港元，19 年间仅增长了 89.7%。值得关注的是，回归以来香港银行业的贷款总额逐渐从大于存款总额转变为小于存款总额。1997 年，银行业贷款总额为 41,216.7 亿港元，比存款总额多出 14,572 亿港元；但到 2016 年，银行业贷款总额为 78,171.6 亿港元，比存款总额反而少了 38,823.7 亿港元，反映出银行业资金充裕，缺乏贷款出路香港银行业"水浸"严重（见表 7.2）。

表7.1　香港银行业认可机构数目变化概况

认可机构数目	1997 年 12 月	2013 年 12 月	2016 年 12 月
持牌银行	180	156	156
有限制牌照银行	66	21	22
接受存款公司	115	24	17
外资银行代表办事处	159	62	54
合计	520	266	249

资料来源：香港金融管理局。

表7.2　回归后香港银行业认可机构资产、存贷款概况（单位：亿港元）

年份	资产总额		贷款及垫款总额		存款总额	
	总额	外币总额	总额	外币总额	总额	外币总额
1997	83,971.8	54,628.0	41,216.7	23,791.9	26,644.7	11,268.6
1998	72,544.8	45,025.8	33,044.3	16,094.0	29,541.7	12,690.4
1999	67,843.8	41,023.0	28,129.1	12,057.8	31,779.6	14,173.0
2000	66,610.1	38,472.6	24,614.5	8,092.6	35,278.5	16,766.7
2001	61,539.6	34,356.0	21,849.9	5,373.0	34,065.0	15,518.5
2002	59,990.8	33,121.1	20,763.0	4,606.6	33,175.4	14,926.3
2003	64,907.2	37,075.3	20,350.4	4,620.0	35,670.2	16,362.3
2004	71,378.2	41,951.0	21,557.0	4,889.6	38,660.6	118,481.5
2005	72,469.7	42,001.8	23,119.9	5,146.4	40,679.0	19,363.2
2006	83,058.1	47,992.6	24,678.3	5,503.9	47,572.8	21,889.98
2007	103,500.4	62,752.1	29,616.8	7,769.7	58,689.0	27,938.6
2008	107,540.7	68,210.4	32,856.4	9,308.8	60,579.8	30,240.0
2009	106,353.7	62,362.6	32,884.8	8,871.6	63,810.4	30,074.5
2010	122,907.8	76,261.3	42,277.3	14,032.8	68,622.7	32,450.8
2011	125,728.1	79,539.0	50,806.6	19,206.6	75,912.6	38,510.2
2012	148,587.4	94,058.4	55,668.1	22,337.5	82,964.3	41,202.3
2013	169,414.3	111,405.5	64,568.1	28,508.0	91,800.6	47,891.1
2014	184,415.2	121,538.6	72,762.7	32,759.1	100,731.4	52,728.0
2015	191,811.2	123,000.1	75,345.4	33,819.5	107,497.5	54,373.5
2016	198,782.3	126,276.2	78,171.6	34,615.1	116,995.3	59,172.9

注：2016 年数字为 10 月底数字。
资料来源：香港金融管理局。

1.2 香港离岸人民币业务的发展

踏入 21 世纪，中国政府开始推动人民币的国际化进程。2008 年全球金融海啸爆发后，人民币国际化进程进一步加快，推动了香港离岸人民币业务和人民币债券市场的发展。2003 年 11 月 18 日，行政长官董建华宣布，经国务院批准，中国人民银行同意为香港试行办理个人人民币业务，范围只限于方便个人消费，不涉及投资等资本项目的交易。具体业务包括：

（1）存款：参加此项业务的香港持牌银行（参加行）可为香港居民开立自由提存的人民币存款账户，存款期限及利率由银行自行厘定。

（2）兑换：参加行可为存户办理人民币与港币的兑换，每人每天可兑换不超过等值 20,000 元人民币。非存户现钞兑换每人每次不超过等值 6,000 元人民币。参加行亦可为提供购物、餐饮、住宿等个人消费服务的商户，就其在这些服务所收取的人民币现钞提供兑换港币的服务。

（3）汇款：参加行可为存户把人民币由香港汇入内地同名银行账户，每人每天汇款不超过 50,000 元人民币。

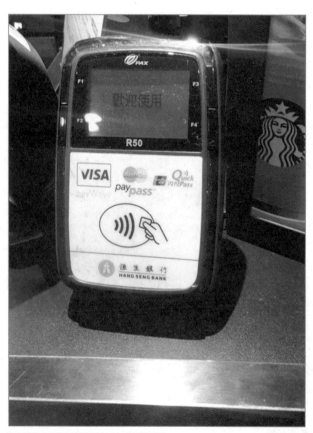

现时香港大多数商铺都已参加"中国银联"系统。

（4）人民币卡：内地居民可以持内地银行发行的人民币扣账卡和信用卡在香港消费。参加行或其附属机构亦可为香港居民发行人民币扣账卡和信用卡，方便他们在内地消费。

对此，金管局总裁任志刚表示："香港银行办理人民币业务，开启了内地与香港之间人民币资金通过银行体系流动的新管道，香港银行界在满足市场及大众的需求的同时，亦拓展了新的业务，巩固香港银行业的优势及增进了它的竞争力。长远而言，这对香港保持国际金融中心的地位有重大意义。金管局将会与人民银行共同努力，协助香港银行界尽早落实和推出各项人民币业务。"[1] 随后，人民银行通过金管局邀请香港银行申请担任人民币清算行，甄选准则为：具有丰富的清算业务经验；拥有完备的系统网络；熟悉两地金融管理政策法律和能够提供优质的清算服务。有 7 家香港银行表示有兴趣，最后有 6 家银行提交申请建议书。人民银行经过评审后，决定委任中国银行（香港）有限公司作为清算行。

2005 年 11 月，金管局宣布，经人民银行同意，进一步扩大人民币业务范围，具体包括：

（1）在香港人民币业务下所指定的"提供个人旅游消费

等服务的商户"可开立人民币存款账户及把该账户的人民币存款单向兑换成港币。指定商户亦由原来提供购物、餐饮、住宿等个人消费服务的商户加入交通、通信、医疗及教育四个类别。

（2）香港居民可开立人民币支票账户，并可用支票在每个账户每天 8 万元人民币的限额内在广东省支付消费性支出。

（3）个人人民币现钞兑换的限额将由每人每次不超过等值 6,000 元人民币提高至 2 万元人民币，而香港个人存户把人民币汇到内地同名账户的限额则由每人每天不超过 5 万元人民币提高至 8 万元人民币。

（4）参加行发行人民币卡每张最高授信 10 万元人民币的限额会取消，改由发卡行按市场原则自行厘定。

2006 年 3 月 6 日，金管局及中国银行（香港）推出全新的人民币交收系统。其主要功能包括：清算及交收由香港银行付款、用作支付在广东省的消费性支出的人民币支票；自动化处理汇款、人民币银行卡支付及人民币平仓；以及为系统参与机构提供即时查询服务。在推出人民币支票清算机制后，香港居民可以在香港银行开立人民币支票账户，并以人民币支票支付在广东省的消费性支出。每个账户每日的支付限额为 8 万元人民币。2007 年 6 月，金管局推出人民币即时支付结算系统（RTGS），由中国银行（香港）作清算行。该系统于 2010 年每日平均处理 976 宗交易，总值 50 亿元人民币。

2008 年 12 月，中央政府宣布在 7 个方面采取 14 条措施支持香港金融稳定和经济发展，其中包括同意人民银行与香港金管局签署货币互换协定（2009 年 1 月 20 日签署）。该协定实施有效期为 3 年，经双方同意可以展期，所提供的流动性支持规模为 2,000 亿元人民币／2,270 亿港元。货币互换安排的建立，有助于必要时为两地商业银行设于另一方的分支机构提供短期流动性支持，加强外界对香港金融稳定的信心，促进地区金融稳定，以及推动两地人民币贸易结算业务的发展。

2009 年 4 月 8 日，国务院决定在上海，广东的广州、深圳、珠海、东莞等 5 个城市先行开展跨境贸易人民币结算试点，而境外暂定范围为港澳地区和东盟国家。同年 7 月 7 日，跨境贸易人民币结算正式启动。2010 年 6 月 22 日，人民银行连同财政部等联合发布《关于扩大跨境贸易人民币结算试点有关问题的通知》，将境内试点从 5 市扩大到包括北京在内的 20 个省市地区，广东省的试点范围从 4 个城市扩大到全省，而境外地域则由港澳、东盟地区扩展到所有国家和地区。2010 年 12 月，内地使用人民币结算出口货物贸易企业的数量，由原来的 365 家大幅增至 67,359 家。

2010 年 7 月 19 日，人民银行和香港金融管理局就扩大人民币贸易结算安排签订了补充合作备忘录，双方同意就已扩大的人民币贸易结算安排加强合作，同时在推动人民币在内地以外跨境贸易人民币结算流程。

的业务开展过程中，进一步加强香港人民币市场平台的地位和作用。人民银行亦同人民币业务清算行中国银行（香港）签署新修订的《香港银行人民币业务的清算协议》。当时，金管局总裁陈德霖表示："随着《清算协议》的修订，香港的银行为金融机构开设人民币账户和提供各类服务，不再存有限制，而个人和企业相互之间亦可以通过银行自由进行人民币资金的支付和转账。预期更多不同形式的人民币金融中介活动陆续出台，将香港的人民币业务平台推上一个新台阶。"

同年 12 月，金管局与人民银行决定优化参加行为客户兑换人民币进行跨境贸易结算的机制。具体包括：

（1）参加行与客户进行贸易结算的兑换，不足之数可以与清算行进行平盘。换言之，参加行需要首先利用在贸易结算项下向客户收购的人民币，来满足客户购买人民币的需求，不足的净额才可通过清算行到上海外汇交易中心购买人民币。

（2）参加行只可以为客户 3 个月内需要进行贸易支付给内地的交易通过清算行到上海购买人民币。

（3）为保持香港人民币供应的稳定，金管局会利用与人民银行的货币互换安排，提供 200 亿元人民币，作为一个常设的资金池，为跨境贸易结算和支付提供人民币资金。

（4）由于人民币的可兑换性目前仍然有限制，将会要求参加行的人民币长仓或短仓，不可超过其人民币资产或负债的 10%。

2011 年 8 月 17 日，国务院副总理李克强视察香港期间，宣布了包括金融、经贸及粤港合作等方面的 36 项惠港措施。其中允许以人民币境外合格机构投资者（RQFII）方式投资内地证券市场，起步金额为 200 亿元，以及港企人民币境外直接投资（FDI）政策，实际上就是为境外人民币资金回流内地资本市场打通一条重要的管道，形成人民币全球流通"有出有进"的完整路径。8 月 22 日，商务部发布的《商务部关于跨境人民币直接投资有关问题的通知（征求意见稿）》中，规定允许外国投资者以境外合法获得的人民币在华开展直接投资业务（FDI）。这就意味着在 RQFII 机制之后，又新增了一条人民币 FDI 方式的境外人民币回流管道。当时，香港证监会署理行政总裁张灼华指出："RQFII 将会拓宽香港现有产品种类，它提供了新的投资管道，让香港的人民币资金能够直接投资于内地的 A 股市场和债券市场，进而可为香港的人民币平台吸引更多的外来投资者和资金。"[2]

2011 年 8 月 23 日，人民银行连同财政部等再次联合发布《关于扩大跨境贸易人民币结算地区的通知》，进一步将跨境贸易人民币结算地区扩大至全国。2012 年 6 月，金管局宣布向人民币业务的参加行提供人民币流动资金安排。有关安排将会运用人民银行与金管局之间的货币互换协议，金管局会因应个别参加行的要求，接纳合资格证券作抵押品，向有关参加行提供有期人民币资金。同年 8 月 1 日，人民币业务扩大至非香港居民。2013 年 6 月 20 日，金管局推出新的人民币香港银行同业拆息定价。金管局按照个别银行在香港离岸人民币市场的活跃程度选出 16 家银行，以提供有关利率报价，而汤森路透则获指定为计算机构，以计算及公布人民币香港银行同业拆息定价。有关定价涵盖 8个期限，包括隔夜、1 个星期、2 个星期、1 个月、2 个月、3 个月、6 个月及 12 个月。

表7.3　香港人民币存款发展概况（单位：亿元）

年（年底）	活期及储蓄存款	定期存款	总计	经营人民币认可机构数 / 家
2004	54.17	67.10	121.27	38
2005	106.20	119.66	225.86	38
2006	122.28	111.75	234.03	38
2007	225.39	108.61	334.00	37
2008	381.18	177.49	543.85	39
2009	406.62	220.56	627.18	60
2010	1,175.73	1,973.65	3,149.38	111
2011	1,763.98	4,121.32	5,885.29	133
2012	1,235.45	4,794.53	6,029.96	139
2013	1,510.55	7,094.17	8,604.72	146
2014	1,769.67	8,265.90	10,035.57	149
2015	1,609.08	6,901.98	8,511.06	145
2016	2,070.66	4,554.71	6,625.37	144

注：2016 年数字为 10 月底数字。
资料来源：香港金融管理局。

在中央政府和香港金管局的推动下，香港的人民币业务取得了快速的发展。据统计，2004 年，香港的人民币存款余额及未偿还人民币存款证达总额为 121.27 亿元，到 2009 年增加到 627.18 亿元，5年间增长了 4.17 倍。从 2010 年起，香港的人民币存款开始出现爆发性增长，年底人民币存款余额未偿还人民币存款证达到 3,149.38 亿元，比 2009 年大幅增长 4 倍。到 2014 年底，人民币存款总额增加到 10,035.57 亿元，比 2010 年再大幅增长 2.19 倍，人民币存款占香港银行体系存款总额的比例超过 10%。同时，获准经营人民币业务的机构也由最初的 38 家增加到 2014年底的 148 家（见表 7.3）。

不过，值得注意的是，自 2015 年以来，人民币贬值压力逐渐增大。2015 年 8 月 11 日中国人民银行宣布实施人民币汇率形成机制改革后，人民币贬值走势转急，2016 年人民币汇率贬值幅度达 7%。受此影响，香港银行体系的人民币存款开始下降，到 2016 年 10 月底下降至6,625.37 亿元，比 2014 年底下降了 33.98%。

1.3　回归后香港银行集团的发展演变

回归以来，由于先后受到 1997 年亚洲金融危机和 2008 年全球金融海啸的两次冲击，香港银行业发生较大的变化。据统计，截至 2016 年底，香港共有 156 家银行，其中，本地注册银行 22 家，其余 134 家在境外注册。按照实益拥有使用权区域划分，亚太区有 96 家，欧洲有 42

港澳中银集团使用的徽章。

家，北美洲有 14 家，中东有 3 家，南美洲有 1 家。这些银行中实力雄厚的仍然是汇丰集团、中资银行集团、美资银行集团、日资银行集团和欧洲银行集团。与回归前相比，这些银行集团的实力也发生了变化。其中，汇丰集团发展成为全球主要银行集团之一，中资银行集团也有了相当快的发展，美资及欧洲资本银行维持增长，日资银行有所消退，而华资家族银行则仅剩下东亚银行和大新银行两家。从总体竞争格局来看，香港银行业具有较为明显的寡头垄断经营特征，包括汇丰、渣打、中银香港、恒生在内的五大银行，约占香港银行资产总额的 64%、贷款总额的 52% 和客户存款的 67%。

（1）汇丰控股集团。

回归以来，香港金融业最重要的银行集团仍然是汇丰控股集团。汇丰自 1991 年业务重组、1992 年收购英国米特兰银行之后，于 1993 年 1 月将集团总管理处由香港迁往伦敦。在新架构下，总公司汇丰控股有限公司的主要监管机构为英伦银行，但旗下附属公司仍继续受经营所在地的有关当局监管。位于伦敦的汇丰集团总管理处提供中央职能，包括策略规划、人力资源管理、法律及公司秘书服务、财务计划及监控等。1998 年 11 月，汇丰集团宣布统一品牌，差不多所有业务地区的附属公司均采用汇丰品牌和六角形标志。同年，汇丰宣布在伦敦兴建新总部大厦，以容纳分散于伦敦市金融区内不同地方的总管理处各部门，该大厦于 2002 年启用，2003 年 4 月正式开幕，同时成为英国汇丰银行总行的所在地。自 2002 年起，汇丰以"环球金融地方智慧"（The world's local bank）作为集团口号，强调集团在众多市场中均拥有丰富经验、透彻了解世界各地的文化特色。汇丰控股除了在香港、伦敦上市之外，亦先后于 1999 年在美国纽约上市、2004 年因收购百慕大银行而在百慕大证券交易所上市。

2008 年全球金融海啸爆发后，英国政府对银行业开始推行"围栏"改革，即将零售银行业务与投资银行业务分离，以隔离风险，维护储户利益，最后期限是 2019 年。2010 年欧洲主权债务危机之后，英国政府多次提高了针对银行的税率。在这种背景下，汇丰集团开始加强了亚太区的业务发展。2009 年 9 月，汇丰控股宣布自 2010 年 2 月 1 日起，将集团行政总裁办公室从伦敦迁回香港。汇丰控股主席葛霖表示："此举是汇丰在全球经济重心逐渐由西向东转移过程中采取的重要一步。"2015 年 6 月,汇丰宣布业务重组计划,大力整顿全球各项业务。汇丰控股总裁欧智华表示,亚洲将呈现高增长并成为未来 10 年的全球贸易中心。汇丰计划加快亚洲投资,并有意在珠三角及东盟地区拓展业务,以及扩展亚洲资产管理及保险业务,把握区域内的财富增长机遇。

表7.4 2016年香港主要银行集团的资产负债表主要项目 (单位:10亿美元)

银行集团	银行资产		客户存款		客户贷款 (香港境外)	
	总额	比重 / %	总额	比重 / %	总额	比重 / %
中资银行	7,260	35.2	3,929	33.5	3,132	39.0
日资银行	1,311	6.3	436	3.7	526	6.6
美资银行	1,079	5.2	524	4.5	230	2.9
欧洲资本银行	2,679	13.0	1,477	12.6	1,030	12.8
其他 *	8,325	40.3	5,361	45.7	3,105	38.7
总计	20,654	100.0	11,727	100.0	8,023	100.0

注:* 中包括汇丰银行集团的数字。
资料来源:香港金融管理局。

回归以后,汇丰集团在香港的业务主要由其全资附属公司——香港上海汇丰银行承担。香港上海汇丰银行是汇丰集团在亚太区的旗舰,也是香港最大的注册银行,是香港三大发钞银行和政府主要往来银行之一。香港汇丰银行并持有恒生银行 62.14% 股权。恒生银行是香港本地注册的最大上市银行,是恒生指数的成分股之一,主要业务以香港和中国内地为重点。2007 年 4 月,香港汇丰银行在中国内地注册成立全资附属公司——汇丰银行(中国)有限公司,总行设于上海。到 2014 年在全国设有 29 间分行及 135 个网点。此外,汇丰集团在香港还设有汇丰银行国际有限公司、HSBC Bank PLC、美国汇丰银行、汇丰私人银行(瑞士)有限公司等持牌银行。由于香港金融管理局没有单列汇丰集团的统计,只是将其纳入"其他"一栏。不过,根据"其他"一栏的相关数字,基本可以了解汇丰集团在香港业务的大体情况。汇丰集团无论在银行资产、客户存款和客户贷款及垫款等各方面都居首位(见表 7.4)。

(2)中银香港与中资银行集团。

回归以后,在受到亚洲金融危机的冲击下,香港银行业的贷款需求萎缩,竞争加剧,中小银行的经营环境日渐不利。在此背景下,香港中小银行的并购步伐加快,有关收购、兼并的个案此起彼伏。同时,随着中国加入 WTO 日期的迫近和世界金融业的迅猛发展,形势要求对香港中银集团的决策程序与运作模式进行改革,以最大程度地优化资源配置,节约经营成本,提高市场竞争力。为此,在有关监管机构的支持下,中国银行自 1999 年底开始,着手对中银集团进行全面结构重组。

中银集团是香港第二大银行集团,旗下银行包括中国银行香港分行、广东省银行香港分行、新华银行香港分行等 12 家银行机构和若干专业公司,资产总值达 8,200 亿港元,存款和贷款在香港银行业中分别占有 17.7% 和 16.2% 的市场份额,其个人客户总数逾 290 万,占香港总人口的 40% 以上;有业务往来的公司客户达 25 万家以上,占香港公司总数 70% 左右。香港中银集团的重组,是以在香港注册的宝生银行为载体,将集团内的 8 家在内地注册银行的香港分行(中银、广东省、新华、中南、金城、国华商业、浙江兴业及盐业银行)、广东省及新华银行的深圳分行，以及在香港注册的华侨商业银行的业务，注入宝生银行，而宝生银行则改名为"中国银行（香港）有限公司"，并持有在香港注册的南洋商业银行、集友银行，以及中银信用卡（国际）有限公司。重组后的中国银行（香港）继续承担发钞职能。

2001 年 10 月 1 日，中国银行（香港）有限公司正式成立。重组后的中银香港，引进现代银行组织架构和管理机制，建立健全的董事会制度，引进战略业务体系概念和前、中、后台的分工模式，建立独立的风险管理及监管机制和全面的问责制度，致力发展成为一家一体化、以股权回报率为驱动的金融机构，以进一步加强在香港和国际市场的竞争力。同时，中银香港的重组，还进一步加强了香港金融市场的稳定性，并有利于进一步提高香港国际金融中心的地位。过渡时期以来，汇丰银行淡出其长期以来一直扮演的"准中央银行"角色，以跨国金融集团的姿态在香港经营。亚洲金融危机显示，香港金融管理局在击退国际对冲基金的狙击时，需要香港本地大银行的支持、配合。中银香港作为以香港为注册地的发钞银行，作为特区政府主要金融顾问、往来银行的角色无疑将会进一步提升，其重组后实力进一步提升，有利于香港金融市场加强其稳定性。

2002 年 7 月 25 日，重组后的中银香港在香港联合交易所主板挂牌上市，股份代号"02388"。按资产及客户存款计算，中银香港成为香港主要上市商业银行集团之一。中银香港及其附属机构通过设在香港的 260 多家分行、逾 600 部自动柜员机和其他服务及销售管道，向个人客户和企业客户提供全面金融服务。此外，中银香港（包括中银香港、南洋商业银行和集友银行组成）及其附属机构在内地设有 43 家分支行，为其在香港及中国内地的客户提供跨境银行服务。2003 年 12 月 24 日，中银香港成为香港首家人民币业务的清算行，并于 2004 年 2 月 25 日开始为开办个人人民币业务的香港持牌银行提供存款、兑换、汇款和人民币银行卡等清算服务。2006 年 3 月 6 日，中银香港推出香港人民币交收系统及人民币支票清算服务。2007 年 6 月 18 日再推出了人民币债券清算服务。2009 年 7 月 4 日，中银香港与中国人民银行签署《关于人民币业务的清算协议》，标志着中银香港正式获得跨境贸易人民币清算银行的资格。中银香港也由此成为香港地区首家可以同时提供跨境贸易人民币结算和清算服务的银行。

2015 年 5 月 23 日，为了配合国家"一带一路"倡议实施，把握人民币国际化和中国企业"走出去"的战略机遇，进一步推进中国银行国际化发展战略，中银香港宣布将旗下所持南洋商业银行的全部股权出售给中国信达资产管理股份有限公司，同时收购中国银行在东盟部分国家的银行业务，并进行资产重组，以优化集团海外机构的布局和资源，扩展集团的经营空间，提升集团的营运效率和国际竞争力，使集团从香港本地银行升级为区域性银行，发展更有后劲。2015 年 12 月 18 日，中国信达资产管理股份有限公司旗下信达金控与中银香港签订南洋商业银行 100% 股权转让协定，信达金控以 680 亿港元现金收购南洋商业银行全部股份。南洋商业银行于 1949 年 12 月 14 日在香港开业，主要业务及分行位于香港及中国内地，分别向个人及企业客户提供全面的个人及商业银行服务。交易完成后，南洋商业银行成为中国信达旗下的间接全资子公司。

除了中银香港之外，回归以来中资银行业务也有了相当大的发展。2000 年 4 月，中国工商银行与招商局集团达成收购协议，以 18.05 亿港元收购香港友联银行 53% 股权，随后友联银行改名为工银亚洲。2004 年 4 月，工银亚洲收购华比富通银行的零售及商业银行业务，华比富通银行随后改名为华比银行，成为中国工商银行（亚洲）的全资附属公司。2005 年 10 月，工银亚洲正式将华比银行香港分行并入，重点发展人民币业务。2008 年 5 月，招商银行以 193 亿港元的价格收购伍氏家族的永隆银行。2013 年 10 月，中资越秀集团宣布以 116.44 亿港元价格收购廖创兴家族的创兴银行。据统计，截至 2016 年底，中资银行集团在香港共拥有 26 家认可机构，包括 21 家持牌银行、2 家有限制牌照银行和 3 家接受存款公司。与回归前的情况相比，回归以来中资银行无论在银行资产、客户存款和客户贷款等方面都有长足的发展。2016 年，中资银行集团的资产总额为 72,600 亿港元，存款总额为 39,290 亿港元，客户贷款总额为 31,330 亿港元，所占比重分别从 1996 年的 11.0%、22.9% 和 9.0% 提高到 2016 年的 35.2%、33.5% 和 39.0%。

（3）欧资银行集团、美资银行集团与日资银行集团。

欧洲资本银行主要包括渣打银行、渣打银行（香港）、法国兴业银行、比利时联合银行等。其中，以渣打银行集团实力最强。渣打银行集团在伦敦证交所、香港证交所，以及印度的孟买及印度国家证券交易所挂牌上市。2004 年 7 月 1 日，渣打银行完成在香港的注册程序，并将银行在香港分行的业务注入在香港注册的渣打集团全资附属公司 —— 渣打银行（香港）有限公司旗下。渣打银行（香港）是香港三大发钞银行和政府主要往来银行之一，在香港拥有广泛的经营网络。2016 年，欧洲资本银行集团拥有 45 家认可机构，包括 42 家持牌银行、3 家有限制牌照银行。截至 2016 年底，欧资银行的资产总额为 26,790 亿港元，客户存款为 14,770 亿港元，客户贷款为 10,300 亿港元。其中，银行资产总额所占比重从 1996 年的 14.7% 下降到 13.0%，客户存款和客户贷款所占比重则从 1996 年的 11.1% 及 10.1% 上升到 12.6% 及 12.8%。

中银集团赠送信达收购南商银行纪念品：一扇门，信达一半，中银香港一半，寓意共同开启美好的未来。（供图：钟锦博士）

美资银行主要包括花旗银行、花旗银行（香港）（前称"万国宝通银行"）、美国大通银行、加拿大皇家银行、花旗国际有限公司、摩根士丹利亚洲国际有限公司等。2016 年，美资银行集团在香港共拥有 14 家认可机构，包括 9 家持牌银行和 5 家有限制牌照银行。截至 2016 年底，美资银行的资产总额为 10,790 亿港元，客户存款为 5,240 亿港元，客户贷款为 2,300 亿港元。其中，美资银行资产总额所占比重从 1996 年的 5.3% 轻微下降至 5.2%；客户存款和客户贷款所占比重则从 1996 年的 5.6% 及 4.2% 轻微下降到 4.5% 及 2.9%。

日资银行集团有了较大变化。回归后，随着日本银行的收购兼并，以及部分银行撤回日本，香港日本银行的数量和业务均大幅减少。2016 年，日资银行在香港拥有 14 家认可机构，包括 11 家持牌银行、2 家有限制牌照银行和 1 家接受存款公司。截至 2016 年底，日资银行的资产总额为 13,110 亿港元，客户存款为 4,360 亿港元，客户贷款为 5,260 亿港元，所占比重从 1996 年的 44.5%、15.5% 及 55.6% 大幅下降到 6.3%、3.7% 及 6.6%。

2. 证券市场转型与红筹股、H 股发展

回归以来，香港证券市场经历了深刻的转型，

从一个主要为本地经济服务的股票市场，

逐渐转型为为内地经济发展与企业融资服务的平台，

成为"中国的纽约"。香港由一个区域性的金融中心，

逐步发展为具全球性国际金融中心雏形的集资中心，其重要性大大提升。

2.1 回归以来香港证券市场的发展概况

回归以来，香港证券市场的发展，大体经历了三个发展阶段：

第一阶段从 1997 年 7 月香港回归至 2003 年中央实施内地居民赴港澳"自由行"。

受到香港顺利回归的刺激，香港股市大涨，恒生指数于 1997 年 8 月 7 日创下 16,820.3 点的历史高位，收市报 16,673.3 点。不过，随后受到亚洲金融危机的猛烈冲击，香港股市很快掉头下行。1997 年 10 月 23 日，恒生指数跌破万点大关，当天收于 10,426.3 点。其后，国际机构投资者在 1998 年连续多次冲击港元联系汇率，并于 1998 年 8 月再次在汇市和股市发起攻击，实行"双边操纵"。面对攻击，香港金融管理局于 8 月 14 日动用外汇储备，大量买入蓝筹股来推高恒生指数，以阻止欧美大鳄在恒生指数期货再次图利。香港股市于 8 月 28 日期指结算日，创下史上最高的 790 亿港元的成交额（是 1997 年泡沫顶峰时期的两倍），使恒生指数回升至 7,800 点收市。是役，香港特区政府共动用 1,200 亿港元的外汇储备，成功守住恒生指数和联系汇率，稳定了人心，也逼使欧美炒家损失惨重地撤离亚太区，还间接减轻了人民币贬值的压力，一场席卷整个东亚的金融风暴终于熬过去。这时期，恒生指数从最高峰的 16,820.3 点下跌至 6,544.79 点，跌幅超过六成。

1998 年 8 月以后，恒生指数开始稳步上扬，此时世界经济步入了电脑互联网时代，一场新科技革命正席卷全球，经济稳步复苏，股市也得到了一定的提振，反复向上。1998 年 10 月 30 日，恒生指数再次站上 10,000 点，当天收于 10,154.94 点。两个半月股指大涨 52%。不过之后一直到 1999 年 3 月底的 5 个月中，大盘始终在 10,000 点上下整固。1999 年 11 月 19 日，恒生指数再次站上 15,000 点，当天收于 15,073.1 点。2000 年 3 月 28 日，恒生指数创下历史

最高纪录 18,397.57 点，当天收于 18,301.69 点。这阶段，恒生指数从反击欧美大鳄的最低点 6,544.79，回升至 18,397.57 点，涨幅为六成四左右。

第二阶段从 2003 年中央实施内地居民赴港澳"自由行"至 2008 年美国爆发次贷危机。

2003 年 SARS 事件发生后，香港经济跌至低谷。当年，中央推出内地居民赴港澳"自由行"政策，其后更于 6 月 29 日与香港特区政府签署关于建立更紧密经贸关系安排（CEPA）。随着内地大批游客赴港旅游，香港零售业迎来了新的发展机遇。与此同时，大批的资金、人才和物资流入特区，为香港的经济发展注入了新生的血液，香港经济重回上升轨道。受此刺激，香港股市也从低位缓步上升，一直到 2007 年 10 月，恒生指数再创新高，达到 31,958.41 点，上涨了 2.8 倍。

其实，早在 2007 年，一场从美国开始的全球性金融危机正在酝酿中。2007 年 10 月，恒生指数创下新高后跟随内地 A 股和全球市场下跌，一场新的环球股灾正在蓄势待发。2008 年 1 月，环球股灾爆发，并以惊人的速度蔓延，随后不断地有全球性的大公司、大财团被接管或者倒闭，全球经济蒙上一层厚厚的阴影。作为全球经济的一分子，中国同样陷入金融危机之中。受此影响，香港恒生指数从高位 31,958.41 点，下跌至 2008 年 10 月的低点 10,676.29，下跌幅度达六成六。值得一提的是，无论是 1997 年的亚洲金融危机，还是 2008 年爆发的全球金融海啸，均未对香港的证券市场造成很大影响，市场一直运作畅顺。

第三阶段从 2008 年全球金融海啸爆发至现在。

2008 年 10 月，全球经济也经过各国政府的努力，稍微有了一定的喘息机会，全球股市出现技术性反弹，香港股市也跟随反弹，整个大反弹延续了近 2 年时间，于 2010 年 11 月达到阶段性高位 24,988.57 点后，恒生指数再度逐步回落，至 2011 年 10 月的低位 16,170.35 点，随后就进行了长达 6 年的漫步盘升之路，始终在 22,000 点至 24,000 点的区间徘徊。

值得重视的是，回归以来，随着大批红筹股特别是大批内地大型国有企业来香港上市集资，推动了香港股市集资功能的提升及规模的扩展。根据香港交易所统计，2001 年至 2016 年期间，香港首次公开招股已经连续多年位居全球五大新股集资市场之列。2006 年，香港股市（主板＋创业板）首次公开募股（IPO）集资总额创下 3,339 亿元的历史纪录。该年，中国银行、中国工商银行先后在香港上市，其

工商银行成为首家在上海及香港同步发行 A+H 股的内地公司。（供图：香港交易所）

中工行股票的发行是首次以"A+H"的方式发行。仅工行IPO一个项目，就融资220亿美元，是2006年全球资本市场上单次融资额最大的新股发行。凭借工行、中行的发行上市，该年香港新股融资额一举超过美国，仅次于伦敦名列全球第二。2011年，香港连续三年成为全

表7.5 1997—2016年香港股市（主板+创业板）发展概况（单位：亿港元）

	1997年	2003年	2007年	2012年	2014年	2015年	2016年
上市公司数目	658	1,037	1,241	1,368	1,752	1,866	1973
上市证券数目	1,533	1,785	6,092	6,723	9,060	9,015	8,591
总市值	32,026.30	55,478.48	206,975.44	218,717.30	250,718.29	246,837.31	247,613.06
集资总额	2,475.77	2,137.60	5,908.46	3,002.31	9,427.17	11,156.42	4,900.50
总成交额	37,889.60	25,838.29	21,665.30	132,675.09	171,557.30	260,906.21	163,964.25
日平均成交额	154.64	104.19	880.71	537.15	694.57	1,056.30	669.24
年底恒生指数	10,722.76	12,575.94	27,812.65	22,656.92	23,605.04	21,914.40	22,000.56

资料来源：香港交易所。

球最大的首次公开招股（IPO）市场，共有89家公司首次公开招股，集资总额达2,597.4亿港元（333亿美元）。这一时期，香港证券市场经历了深刻的转型，香港股市的主导力量，从过去由地产股带动逐步转变为由金融股带动；更重要的是，香港从一个主要为本地经济服务的股票市场，逐渐转型为为内地经济发展与企业融资服务的平台，成为"中国的纽约"。香港由一个区域性的金融中心，逐步发展为具全球性国际金融中心雏形的集资中心，即使香港还不能和纽约、伦敦直接相提并论，但其重要性无疑已大大提升（见表7.5）。

2.2 红筹股的崛起与H股的发展

在香港股市中，人们耳熟能详的名词是蓝筹股、二线股、三线股及蚊型股等，以此区分上市公司的经济规模及经济实力的大小。但进入1990年代，一个崭新的概念——红筹股，已越来越多地被人们提及和关注，并成为香港股市的一股热潮。所谓"红筹股"（Red Chip），根据业内人士所下的定义，是指在香港或海外注册、由中国资本拥有上市公司已发行股本30%或以上的股份，即中资企业拥有的香港上市公司的股份，其主要特点是公司的控制权掌握在中资手中，业务则集中在香港或内地，或两者兼而有之。

中资企业在香港取得上市地位，最早可追溯到1984年。当年1月，为了解决上市公司康力投资的困境，中资的华润集团和中银集团合组新琼企业有限公司，向康力投资注资4.73亿港元，取得康力投资约67%的股权。进入1990年代，中国的改革开放进一步深入发展，国内证券市场已进入试验阶段，上海证券交易所和深圳证券交易所先后成立，若干企业股票正式上市。借此东风，中资企业在香港上市取得了较快的发展。1990年1月，香港中信集团收购上市公司泰富发展，并先后注入港龙航空38.3%股权及两项物业。同年6月，泰富发展向母公司香港中信集团收购国泰航空12.5%股权及澳门电讯20%股权，同时易名中信泰富有限公司。1991年

1月，中信泰富配售新股集资20亿港元，与李嘉诚、郭鹤年等联手收购华资著名的贸易公司恒昌企业全部股权，中信泰富占36%股权。其后，中信泰富再集资25亿港元，全面收购恒昌企业。自此，中信泰富成为香港红筹股的旗舰。

这一时期，中资企业还掀起"借壳上市"的热潮，即通过收购一家上市公司的"空壳"，再将本身的资产注入该公司，收购者绕过正常的上市程序取得上市地位。1992年，先后有首都钢铁厂收购东荣钢铁及开达投资，中国科技连同长江实业收购大众国际，中信集团收购信海康等；1993年再有中国有色金属收购百利大及罗氏地产，光大集团收购宁发国际，东荣国际收购三泰实业，大众国际收购王集团，中国粮油收购海嘉国际及国际实业，中国石油收购PARGON等。"借壳上市"引起了联交所和香港证监会的关注。1993年5月，两机构发表联合声明，表示将加强对有关活动的监管，以保障少数股东的权益。

1997年6月20日，国务院颁布《关于进一步加强在境外发行股票和上市管理规定》。不过，有关规定并未能压抑已经泛起的"红筹泡沫"。红筹股通过上市、注入内地优质资产，以及"染红"（对非红筹股上市公司进行参股或收购）、"染紫"（与香港蓝筹股交叉持股，置换资产形成所谓的"紫筹股"）等一系列资本运作方式，使红筹股股价飙升至远远脱离公司实际盈利水平的高位。当时，红筹股的市盈率平均已超过100倍，最高的达到2,629.6倍。[3] 据统计，1997年在香港上市的红筹公司达到11家，集资总额达460多亿港元。

1997年7月爆发的亚洲金融危机，对于处于历史高位的红筹股构成了严重的冲击。金融危机期间，包括股票、地产在内的港元资产大幅贬值，这对回归前急速扩张的红筹公司造成了

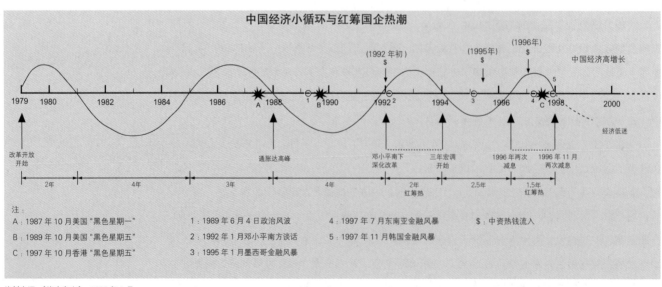

资料来源：《资本杂志》，1998年1月。

极大的财资困难。其中，最具震撼力的事件，就是广信集团的破产和粤海集团的债务重组。两事件引发银行收紧对红筹公司的信贷和基金经理的洗仓，金融界、国际投资者和股民对红筹股的信心跌到历史底谷，红筹股承受严重的抛售打压。1998 年底，红筹股总市值为 3,349.66 亿港元，比 1997 年底的 4,729.70 亿港元大幅下跌了三成。1998 年红筹股全年成交量更比 1997 年大幅下跌了 65%。红筹股进入长达数年的低迷期。

从 2004 年起，随着香港经济恢复强劲增长，红筹股市场重拾信心，再度起步上升。到 2007 年底，红筹股总市值升至 55,140.50 亿港元，占香港股市总值的比重达到 26.85%。不过，2008 年红筹股再受到中信泰富"澳元亏损"事件的影响。当年 10 月，中信泰富宣布，其与银行签订的澳元累计目标可赎回远期合约，因澳元贬值而跌破锁定汇价，导致损失约 147 亿港元。受此影响，中信泰富在一个多月内市值缩水超过 210 亿港元。同年 12 月，中信集团注资 15 亿美元拯救面临破产的中信泰富，令集团的控股权从原来的 29% 大幅上升到 57.51%。2014 年 3 月，中信泰富宣布将收购中信集团主要业务平台中信股份，价值共 2,250 亿港元，从而实现中信集团整体境外上市的战略构想，开创央企改制的先例。

经过多年的发展，目前红筹股已成为香港股票市场一股举足轻重的经济力量。到 2016 年 12 月底，在香港主板上市的红筹公司达到 147 家，总市值达 48,989.47 亿港元，占香港股市总值的 20% 左右。2016 年，红筹股全年成交量达 15,645.17 亿港元，占香港股市全年成交量的 14.15% 左右；全年集资 824.48 亿港元（见表 7.6）。红筹股公司中，市值最大的是中国移动，达 16,830.85 亿港元，其余依次是中国海洋石油（4,330.80 亿港元）、中国中信股份（3,229.02 亿港元）、中银香港（控股）（2,933.95 亿港元）、中国海外发展（2,251.50 亿港元）、中国联合网络通信（香港）股份（2,162.42 亿港元）及华润置地（1,208.76 亿港元）。

1990 年代，香港与内地金融合作的标志性事件，就是引入中国内地企业的 H 股，致力使香港发展成为"中国的纽约"。

当时，随着中国改革开放的深入、经济实力的提升，"中国因素"越来越受到香港证券市场的重视。1991 年，香港联合交易所在搁置第二板研究工作的同时，成立了中国研究小组，着手

表7.6　香港红筹股发展概况（主板）（单位：亿港元）

年份	市值		成交额		集资额
	总额	比重 / %	总额	比重 / %	
1993	1,241.30	4.17	882.90	8.05	150.79
1994	842.79	4.04	575.15	5.59	133.27
1995	1,107.02	4.71	458.57	6.02	66.74
1996	2,633.31	7.58	1,353.59	10.52	190.09
1997	4,729.70	14.77	10,436.73	29.71	809.85
1998	3,349.66	12.58	3,693.87	23.13	173.75
1999	9,569.42	20.24	3,548.18	20.01	551.77
2000	12,035.52	25.10	6,748.57	23.60	2,936.59
2001	9,088.55	23.39	4,972.46	27.31	190.81
2002	8,064.07	22.66	3,093.54	21.04	527.22
2003	11,977.71	21.87	4,939.45	21.79	48.93
2004	14,093.57	21.26	6,147.27	18.10	263.65
2005	17,099.61	21.08	6,038.21	16.83	223.90
2006	29,515.81	22.28	11,005.09	17.13	507.68
2007	55,140.59	26.85	27,256.05	16.51	1,149.74
2008	28,749.07	28.04	22,832.28	18.08	2,238.01
2009	38,621.43	21.73	19,365.89	16.75	780.09
2010	43,806.87	20.92	19,287.12	15.71	554.16
2011	39,990.92	22.91	16,995.19	14.16	607.78
2012	48,352.58	22.11	14,598.48	15.37	400.14
2013	48,153.17	20.14	17,044.19	15.30	663.17
2014	52,149.56	20.95	18,978.11	15.22	3,648.97
2015	51,377.13	21.03	24,155.51	14.02	1,447.89
2016	48,989.47	20.04	15,645.17	14.15	824.48

资料来源：香港交易所《证券市场统计资料》。

上海石化宣布在香港上市。

研究中国企业在香港上市的可行性。当时的联交所行政总裁周文耀表示："我认为香港的市场将来一定会更依赖中国内地。在香港，可以上市的公司都已经上了市，现在只剩下九广铁路、地下铁路、机场管理局等数间大型公共事业机构，其余的已全部上市了。另外，香港的上市公司，大部分都是地产股，就算不是房地产的公司，都沾上物业的成分，比率约有四成。香港没有工业，而全部重工业都在内地，如果想香港的市场结构更理想的话，就一定要有红筹股来港上市，这样可让投资者有较多选择。如他们不喜欢投资地产，可以选择投资工业、能源、公路、电子、化工等，在这方面而言，中国内地的企业自然可以补充香港的不足了。"[4]

1992年2月，中国研究小组发表中期报告，认为："联交所是一个位于重要金融中心，有公认地位的交易所，其监管制度及建设设施均属一流。到1997年……联交所将会是直连内地的一间先进的国际性证券交易所，亦是内地通往世界各地的通道之一。联交所认为这些都属于它的远期优点。"报告并认为："香港联交所非常希望成为国家的重要集资中心之一。"联交所的长期目标，是使香港成为"中国的纽约"。不过，报告认为，鉴于内地和香港在法律及会计制度等方面存在明显差异，内地企业直接在香港上市有困难；但是，"倘若内地企业能够愿意设立一家在香港注册的控股公司，便可解决联交所对国家缺乏全国性的公司法所引起的不少顾虑。"这一建议，得到国家有关方面的同意。

当时的联交所主席后来回忆说："1992年我们便写了一份中期报告书给国务院及中国人民银行，当时内地没有自己的证监会，我们便向国务院及人民银行提出国企在香港上市的方案，但有关公司必须是'优质国企'。到了1992年4月，我们更组团往北京探访国务院及人民银行……其后更见到了朱镕基（当时的国务院总理），向他解释有关的建议。他对国企在香港上市的计划很感兴趣，但我们强调要在香港上市，就必须符合国际标准。当时，人民银行的刘鸿儒和国务院的朱镕基亦非常明理，均赞同上市的步伐宁可慢一点，也要跟随国际标准，这样内地公司若能在香港上市，就如同享有国际市场上市般的地位。"[5]

在这一富有远见的战略推动下，1992年5月，联交所与国家有关部门展开密切的磋商，并联合成立"证券事务内地香港联合工作小组"，下设3个专责小组，分别为会计小组，法律小组，上市、外汇、交易、交收及结算小组。当年9月，国务院公布了计划在香港上市的9家国有企业名单。联交所要求这些国企进行架构上的改组，使其能符合国际标准。9家国企的重组改造工作进行了将近1年的时间。在香港有关会计师事务所、估值公司、投资银行和律师行等协助下，有关企业按照香港上市公司的规定进行改造，包括资产清理、编制招股书、确定股权结构和股本总额等大量复杂细致的工作。

当时，内地的国有企业与在香港上市的公司相比，所涉及的会计制度、法律制度和外汇管理制度等都不相同。为了使计划到香港上市的国企能够符合国际监管标准，财政部在股份制试点企业会计核算制度的基础上，采纳国际会计准则的标准，制定了《关于股份制试点企业股票香港上市有关会计处理问题的补充规定》，明确提出凡到香港公开发行上市股票的内地企业，所提供的财务报表必须符合国际会计准则或香港会计准则，同时必须遵守上市协议的要求，按香港公司法中有关规定，披露审计和财务资料。这一规定经过中国注册会计师协会、香港会计师公会和香港联交所的确认，认为基本达到了国际会计准则的要求。

1993年6月19日，香港联合交易所、中国证券监管委员会、香港证监会、上海证券交易所和深圳证券交易所的代表，在北京签署监管合作备忘录，正式打通了内地企业在香港上市之路。签订监管合作备忘录，各方同意在以下方面加强合作：① 通过相互协助及资讯交流，加强对投资者的保障，确保各方的有关法规得到遵守，以维持公平、有序、高效率的证券市场；② 通过相互协助及资讯交流，确保各方的有关法规得到遵守；③ 通过定期接触及人员交流，促进沟通及相互合作。[6]

根据香港与内地双方达成的协议，在香港上市的内地企业，以H股（因香港英文Hong Kong首字母而得名，指注册地在内地、上市地在香港的外资股）的名义上市。H股在香港上市后，其发行人员必须遵守所有适用于海外注册的香港上市公司的法定及非法定规则，并同意根据香港国际会计师准则编制账目；该公司亦须承诺在其组织大纲及章程中纳入香港公司法中所有有关保障投资者的条文，将所有纠纷交由北京或香港的有关组织仲裁解决，以及在香港聘用保荐人至少3年等。[7]H股为实物股票，实行"T+0"交割制度，无涨跌幅限制。

1993年7月15日，青岛啤酒股份有限公司正式在香港联交所挂牌上市，成为首家在香港发行H股的内地企业。当日，青岛啤酒收市价报3.6港元，比招股价2.8港元上涨了28.5%，市场反应良好。青岛啤酒在联交所挂牌上市，开H股在香港上市之先河。其后，上海石化、北人印刷、广州广船、马鞍山钢铁、昆明机床、仪征化纤、天津渤海化工及东方电机等首批9家国企先后在香港招股上市，集资逾110亿港元。到1996年7月，已有21家内地企业在香港上市，通过发行H股共集资超过257亿港元。

1997年，H股呈现前所未有的发展态势。这一年，H股达到筹资规模的新高峰，其发展速在挂牌仪式上，青岛啤酒打破开香槟庆祝的惯例，改为开啤酒庆祝在香港上市成功。

度也空前加快。由于 H 股具有流通股较少、市值较小和易被市场操纵等特点，受到国企重组的影响，成交量在短短的一个月之内猛增。根据资料显示：当时 34 只 H 股大部分的上升幅度都超过 70%，恒生国企指数也从 1,000 点暴涨到 1,700 点。不过，回归以后，由于受到亚洲金融危机的影响，H 股跟随大市大幅度下跌，甚至跌破历史最低点。恒生国企指数也从 1,783 点跌到了 732 点，跌幅高达五成九。

亚洲金融危机过后，H 股市场陷入持续低迷状态，一路下跌，尽管偶尔也会出现一些反弹现象。1999 年 10 月，恒生国企指数的走势与恒生指数开始发生明显的背离。跨入 2000 年后，背离的现象越趋明显，恒生指数已突破 1997 以来的历史高点 18,000 大关的时候，恒生国企指数却不断走低，跌到惨不忍睹的 300 点，达到当时历史的低位。与此同时，平均的市盈率也保持在 8 倍左右。这一时期，H 股陷入低谷的原因主要有：首先，在香港上市的 H 股大多是国企的大盘股，主要由运输、能源、汽车、钢铁、航空、石油、化工和基建等组成，这些方面的增长潜力有限，无法适应当时市场的投资理念；其次，国企上市公司存在诸多缺点，如不能有效按照现代企业制度和国际惯例运作，产品滞销、效益连年下降，主营业务一直处于下滑状态，而资产的负债率却一直处于较高的水平。

受到市场气氛影响，H 股上市步伐一度放缓。2001 年，在香港新上市的 H 股有 3 家，2002 年有 4 家。1999 年 6 月中国入世趋明朗化，中国概念股再次受到追捧，部分国企 H 股带动升势；2000 年因部分国企业绩理想，及熊猫电子、渤海化工等重组成功，H 股指数再次推波助澜。进入 2001 年，受 B 股市场开放加上业绩理想、中国加入 WTO 即将成为事实等多种因素刺激，国企 H 股再现了又一轮升势。因此，自 2003 年起，H 股在香港上市的步伐再度加快，2003 年增加到 10 家，2006 年增加到 15 家，2010 年 12 家，及至 2013 年，H 股从 1993 年 7 月 15 日青岛啤酒在香港发行上市起，已经走过 20 年的历程。经过 20 年的发展，H 股已经从 6 家上市公司、总市值占港股市场 0.61%，变成了 176 家上市公司、总市值超过 4.2 万亿港元，占香港股本市场的 20.37%。20 年来，176 家 H 股公司，通过 IPO 融资及上市后再融资，共在香港市场筹集了 15,252 亿港元的资金，缓解了内地经济发展的资金饥渴，为内地企业赢得了进一步发展的机会。同时，引入了境外先进管理制度和管理方法、现代公司治理结构等，H

股上市给内地企业带来的影响是非常深远的。[8]

到2016年，在香港上市的H股进一步增加到218家，总市值达53,161.59亿港元，全年成交金额达39,831.33亿港元，分别占香港股票市场的21.74%、36.02%（见表7.7）。H股中，市值最大的公司是中国建设银行，达14,352.91亿港元，其余依次是中国工商银行（4,035.92亿港元）、中国平安保险（2,889.66亿港元）、中国银行（2,876.61亿港元）、交通银行（1,964.17亿港元）、中国人寿保险（1,503.12亿港元）、中国石油化工（1,403.24亿港元）及中国石油天然气（1,219.52亿港元）。

H股的崛起对香港证券市场的发展产生了深远的影响，改变了香港证券市场产品的结构、品种和规模。过去，香港股市一直以地产、金融类为主体，H股

表7.7　H股在香港股市（主板）的发展概况

年份	数目	总市值		成交金额		集资总额	
		亿港元	比重 / %	亿港元	比重 / %	亿港元	比重 / %
1997	39	486.22	1.52	2977.70	8.48	330.8	13.36
1998	41	335.32	1.26	735.39	4.61	35.5	9.30
1999	44	418.88	0.89	1,027.89	5.80	426.4	28.79
2000	47	851.40	1.78	1,643.10	5.74	517.5	11.47
2001	50	998.13	2.57	2,452.01	13.47	60.7	9.42
2002	54	1,292.48	3.63	1,397.11	9.50	168.7	15.27
2003	64	4,031.17	7.36	5,014.97	22.12	468.5	21.91
2004	72	4,551.52	6.87	9,338.96	27.49	592.5	21.03
2005	80	12,804.95	15.78	9,491.55	26.46	1,586.8	53.00
2006	95	33,637.88	25.39	25,217.64	39.26	3,038.2	16.34
2007	104	50,568.20	24.62	77,489.00	46.93	857.3	14.51
2008	110	27,201.89	26.53	61,305.93	48.53	341.1	7.98
2009	116	46,864.19	26.37	51,528.06	44.56	1,217.3	18.96
2010	128	52,103.25	24.88	47,008.42	38.29	2,908.8	33.40
2011	139	40,966.60	23.47	46,627.87	38.84	891.9	18.47
2012	148	48,909.26	22.36	36,814.21	38.77	1,236.7	41.19
2013	164	49,065.83	20.52	42,173.66	37.85	1,356.22	—
2014	—	57,239.94	22.99	43,985.35	35.27	1,934.38	—
2015	—	51,571.10	21.11	68,821.13	39.95	3,303.86	—
2016	218	53,161.59	21.74	39,831.33	36.02	1,501.04	—

资料来源：香港交易所《香港交易所市场资料》。

上市以后，原有的结构逐步向基础产业、金融产业、资源性产业和高科技产业倾斜，特别是增加了一批超大型企业，如金融业的中国银行、中国工商银行、中国建设银行、交通银行、中国人寿、中国平安、中国人民财产保险等；汽车类的东风汽车、长城汽车；通信类的中兴通讯；以及矿产类的紫金矿业等。

这一时期，香港证券市场发展的最主要特点，就是逐渐转型为为内地经济发展与企业融资服务的平台，实现当年香港联交所定出的战略目标，即成为"中国的纽约"。2006年，中国银行、中国工商银行先后在香港上市，其中中国工商银行股票的发行是首次以"A+H"的方式发行。仅工行IPO一个项目，就融资220亿美元，是2006年全球资本市场上单次融资额最大的新股发行。凭借中国银行、中国工商银行的发行上市，该年香港新股融资额一举超过美国，仅次于伦敦，名列全球第二。随着H股的迅速发展，香港作为中国筹资中心的地位迅速上升。

2.3 "沪港通"与"深港通"的开启

踏入 21 世纪以来，随着资讯技术发展以及经济全球化加剧，全球大型证券交易所联盟和合并的案例不断涌现。从国际交易所的发展历程看，香港交易所与上海证券交易所、深圳证券交易所的合作、合并将是大势所趋，有助于巩固和提升香港乃至中国证券市场在全球的地位。

事实上，近年来香港交易所与上海证券交易所、深圳证券交易所之间的合作已经展开。2009 年 1 月，港交所与上交所签订更紧密合作协定，内容包括双方管理层每年会晤两次，回顾年内业务交流和培训的进度，并订立来年交流及培训计划；在产品发展方面双方将以 ETF 为切入点，在资产证券化产品、权证、牛熊证、期权等方面加强合作，并探讨合作编制以两所证券为成分股的指数。同年 6 月，港交所与深交所亦签订合作协定，内容涉及管理层定期会晤、资讯互换与合作、包括 QDII 等产品开发合作研究、技术合作等。

2010 年 5 月 24 日，香港交易所全资附属机构香港交易所资讯服务有限公司与上海证券交易所及深圳证券交易所合营企业中证指数有限公司签署协定，通过香港交易所资讯服务的市场资料平台发布由中证指数公司编纂的指数。根据协定，从 2010 年 7 月 5 日起，三只中证系列指数——沪深 300 指数、中证香港 100 指数及中证两岸三地 500 指数，将通过香港交易所资讯服务的市场资料传送专线系统发布，其中，沪深 300 指数并将在香港交易所网站主页显示；香港交易所的持牌资讯供应商将获准向其客户发送中证香港 100 指数及中证两岸三地 500 指数，但发布沪深 300 指数则须事先取得中证指数公司或其指定代理中国投资资讯有限公司的书面批准。港深双方均表示，通过香港交易所及其持牌资讯供应商庞大高效的市场资料发布网络，将有助于促使由中证指数公司编纂的中国内地及香港主要指数在香港及海外更广泛地发布。

同年 10 月 14 日，深圳证券交易所下属公司深圳证券资讯有限公司与香港交易所的资讯业务附属公司香港交易所资讯服务有限公司签订了 A+H 市场行情合作协定。根据该协定，双方均有权将对方有关在深港两地市场同时上市的公司的基本即时行情转发予其本身认可的资讯供应商，由这些资讯供应商再转发予其用户作内部展示用途。深港互换 A+H 基本行情之港股资料内容包括指定股票

2014 年 11 月 17 日，香港特区行政长官梁振英和香港交易所主席周松岗一起敲锣，宣布沪港通开通。（供图：香港交易所）

的买卖价、最高 / 最低价、最后成交价、按盘价、收市价、自竞价时段的显示平均竞价及其相关成交量、市场成交额 / 成交量的即时行情资料。协定双方、双方的资讯供应商及市场行情使用者均获豁免基本市场行情收费。

2016 年 12 月 5 日香港交易所举行深港通开通仪式。（供图：香港交易所）

2012 年 6 月 28 日，香港交易所与上海证券交易所和深圳证券交易所签订协定，在香港设立合资公司，从事金融产品开发和服务。合资公司的初始注册资本为 3 亿港元，由 3 家交易所各出资 1 亿港元。该公司主营业务将包括：开发并对外授权指数交易产品、股票衍生品等；主要以三方市场交易品种为样本编制跨境指数；研究开发上市公司分类标准、资讯标准、资讯产品；市场推介、参与者服务、技术服务和设施建设等。合资公司成立初期，将会首先开发一个以跨境指数为主体的指数系列，并开发以该指数系列为基础的指数产品家族。香港交易所行政总裁李小加表示："三家交易所长期以来已在多方面开展了良好的合作，新设立的合资公司将为三所合作提供新的平台，同时推动内地和香港资本市场的进一步发展。"

2014 年 4 月，香港交易所发布公告，表示正与上海证券交易所洽谈 "互联互通"（即 "沪港通"）事项。其后上海证券交易所也对此予以确认。香港交易所与上海证券交易所联手推动网络互通，主要内容包括对接合格境内个人投资者（QDII2）资金出境，同时亦将为合格境外个人投资者（QFII2）和 QFII 提供投资 A 股的通道。其实，早在 2007 年，内地有关部门就曾提出 "港股直通车" 计划。不过，当时由于内地监管部门担忧内地投资者风险教育不足，加之因美国次贷危机而导致的全球金融海啸，令 "港股直通车" 计划流产。"沪港通" 的实质是尝试以风险可控的方式开通 "小型港股直通车"，即 "Qualified Domestic Individual Investor"（QDII2），即将 2007 年开始实施的内地机构投资者投资港股（QDII）的额度放宽至 "合格境内个人投资者"，并可投资个股。与此同时，港交所亦成为 QFII2（合格境外个人投资者）投资 A 股的通道，从而提振内地机构与香港交易所双方的交易量。

2014 年 4 月 10 日，中国证监会及香港证监会发布联合公告，决定原则批准上海证券交易所、香港联合交易所、中国证券登记结算有限责任公司、香港中央结算有限公司开展沪港股票市场交易互联互通机制试点（"沪港通"）。沪港通将在 6 个月后正式启动。公告的具体规定是：

（1）沪港通包括沪股通和港股通两部分。其中，沪股通是指香港投资者委托香港经纪商，

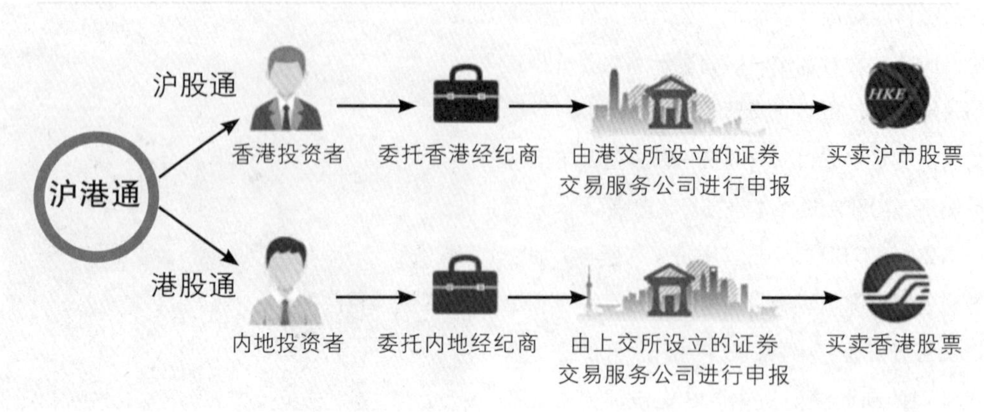

图7.1 沪港通的运作流程

经由香港联合交易所设立的证券交易服务公司，向上海证券交易所进行申报，买卖规定范围内的上海证券交易所上市的股票。港股通是指内地投资者委托内地证券公司，经由上海证券交易所设立的证券交易服务公司，向香港联合交易所进行申报，买卖规定范围内的香港联合交易所上市的股票。中国结算成为香港结算的结算机构参与者，香港结算成为中国结算的结算参与人，为沪港通提供相应的结算服务。沪港通包括沪股通和港股通两部分（见图 7.1）。

（2）试点初期，沪股通的股票范围是上交所上证 180 指数、上证 380 指数的成分股，以及上交所上市的 A+H 股公司股票；港股通的股票范围是港交所恒生综合大型股指数、恒生综合中型股指数的成分股和同时在港交所、上交所上市的 A+H 股公司股票。

（3）试点初期，对人民币跨境投资额度实行总量管理，并设置每日额度，实行即时监控。其中，沪股通总额度为 3,000 亿元人民币，每日额度为 130 亿元人民币；港股通总额度为 2,500 亿元人民币，每日额度为 105 亿元人民币。双方可根据试点情况对投资额度进行调整。

（4）在投资者方面，试点初期，香港证监会要求参与港股通的境内投资者仅限于机构投资者及证券账户和资金账户余额合计不低于人民币 50 万元的个人投资者。

（5）交易结算活动遵守交易结算发生地市场的规定及业务规则。上市公司将继续受上市地上市规则及其他规定的监管。沪港通仅在沪港两地均为交易日且能够满足结算安排时开通。

（6）内地结算、香港结算采取直连的跨境结算方式，相互成为对方的结算参与人，为沪港通提供相应的结算服务。

4 月 29 日，香港交易所和上海证券交易所同时分别公布"沪港通"机制试点实施细则。6 月 13 日，中国证监会发布沪港通试点若干规定，若干规定共 19 条，明确了上交所、港交所、证券交易服务公司、中国结算、香港结算开展沪港通业务履行的职责，对境内开展沪港通工作的要求，明确了持股比例、交收货币等事项，对投资者保护、监督管理、资料保存提出了相关要求。9月4日，港交所旗下的联交所、香港中央结算有限公司、上海证券交易所、中国证券登记结算有限责任公司，就建立沪港通订立"四方协议"，明确各方就沪港通股票交易、结算、存管、市场监察的各项权利及义务，该协议是沪港通最为基础性的操作档。

2005年，中国建设银行选择香港为其唯一上市地点进行首次公开招股。

9月26日，上海证券交易所根据中国证监会《沪港股票市场交易互联互通机制试点若干规定》《上海证券交易所交易规则》及其他相关规定，发布了《上海证券交易所沪港通试点办法》（简称《试点办法》）和《上海证券交易所港股通投资者适当性管理指引》。《试点办法》作为上交所对沪港通业务进行规范的主要规则，全面详细规定了沪港通交易业务（含沪股通交易、港股通交易）开展的基本模式和具体要求，全文共124条，分为总则、沪股通股票交易、港股通股票交易、交易异常情况处理、自律管理和附则六大部分。

11月10日，中国证监会与香港证监会发布联合公告，决定批准上海证券交易所、香港联合交易所、中国证券登记结算公司、香港中央结算公司于11月17日正式启动沪港通。11月14日，财政部、国税总局、中国证监会联合发布《关于沪港股票市场交易互联互通机制试点有关税收政策的通知》，规定从2014年11月17日起至2017年11月16日，对内地个人投资者通过沪港通投资香港联交所上市股票取得的转让差价所得，三年内暂免征收个人所得税；对香港市场投资者（包括企业和个人）投资上交所上市A股取得的转让差价所得，暂免征收所得税；对香港市场投资者（包括单位和个人）通过沪港通买卖上交所上市A股取得的差价收入，暂免征收营业税。而香港市场投资者通过沪港通买卖、继承、赠与上交所上市A股，则按内地税制规定缴纳证券交易印花税；内地投资者通过沪港通买卖、继承、赠与联交所上市股票，则按照香港特区税法规定缴纳印花税。随后，香港金融管理局宣布从11月17日起，取消香港居民每日兑换人民币不得超过20,000元的限制，以便利香港投资者参与沪港通及其他人民币金融产品交易。

11月17日沪港通正式开通。中国证监会主席肖钢在上海证券交易所出席"沪港通"开通仪式时致辞表示："沪港通意义重大，影响深远。它丰富了交易品种，优化了市场结构，为境内外投资者投资A股和港股提供了便利和机会，有利于投资者共享两地经济发展成果，促进两地资本市场的共同繁荣发展。有利于拓展市场的广度和深度，巩固香港国际金融中心地位，加快建设上海国际金融中心，增强我国资本市场的整体实力。有利于推进人民币国际化，提高跨境资本和金融交易可兑换程度。"在香港联交所沪港通开通仪式上，香港特首梁振英亦致辞表示，沪港通是划时代的创新及改革，标志着内地与香港金融市场共同发展及繁荣；沪港通的开通不但可以促进内地与国际金融市场接轨，也将巩固香港作为主要离岸人民币中心的地位。沪港通开通后，港股长江实业和沪股伊利股份分别成为港股通和沪股通的首只交易个股。当日，沪股通130亿元人民币额度用尽，占上海股票市场成交总额的3.6%；而港股通实际使用额度为18亿元人民币，占每日105亿元人民币额度的17%，占香港股市成交总额的2.1%。沪港通开通后，深（深圳）港通也将提到议事日程。

沪港通无疑是中国对外开放以及中国证券市场发展的一大标志性事件。香港交易所行政总裁李小加表示，现在中国的银行资产差不多有22万亿美元，资本市场的市值才4万亿美元，两者是5:1的关系；而美国这两个数字差不多各是17万亿～18万亿美元，是1:1的关系。这就意味着中国资本市场不能给如此大规模的国民财富带来真正的投资和发展机会。这种状况的改变势在必行，这引出了中国资产如何"走出去"及外国资产如何"请进来"的问题。但是，无论是"走出去"还是"请进来"，都不可能一蹴而就，因为两边的法律法规、市场结构、交易习惯都存在巨大差别。而沪港通则是在两个市场存在差别的前提下实现互联互通，双向开放。由于沪港通的循环是人民币的循环，这就推动人民币从贸易结算货币走向世界舞台上大规模的投资货币，从而推动人民币的国际化进程。

从香港的角度来看，沪港通无疑进一步将深化香港与内地的经济、金融合作，扩大投资者的投资管道，有利于香港发展成为内地投资者重要的境外投资市场。沪港通让内地投资者可以买卖香港的指数成分股股票，将大大提升香港市场吸引国外公司上市的优势；同时沪港通让国外投资者买卖在内地上市的股票，亦将大幅增加香港市场对外国投资者的吸引力。沪港通以及日后深港通的开通及发展，将进一步整合香港、上海、深圳三地的证券市场，形成国际上仅次于美国纽约的第二大市场。沪港通既可方便内地投资者直接使用人民币投资香港市场，也可增加境外人民币资金的投资管道，便利人民币在内地与香港的有序流动，将进一步推动和支持香港发展成为人民币离岸业务中心，从而进一步巩固和提升香港国际金融中心地位。正因为如此，李小加将沪港通正式开通的这一天称为"历史性的一天"，并认为这一市场机制将"重新定义香港"。

两年来，沪港通经历了从"慢热"到平稳运行的成长阶段。根据上海证券交易所的统计，沪股通累计标的687只（含已被调出的）和港股通累计标的352只（含已被调出的）全部发生交易，累计交易金额3.48万亿元人民币。其中，沪股通共464个交易日，累计交易金额2.26

万亿元人民币，净买入 1,325 亿元人民币；港股通共 455 个交易日，累计交易金额 1.22 万亿元人民币，净买入 2,947 亿元人民币。沪港通带来的，不仅是资金的南来北往，更是两地市场格局的深刻变化。曾经是估值"洼地"的 A 股，因此进入了更多国际投资者的视野。两年间，沪市平均市盈率从约 12 倍平稳提升至目前的 16.28 倍。[9]

随着"沪港通"的顺利启动，"深港通"也随即提到议事日程。深港通，是深港股票市场交易互联互通机制的简称，指深圳证券交易所和香港联合交易所有限公司建立技术连接，使内地和香港投资者可以通过当地证券公司或经纪商买卖规定范围内的对方交易所上市的股票。 2016 年 8 月 16 日，国务院常务会议显示，深港通相关准备工作已基本就绪，国务院已批准《深港通实施方案》。经过两年多的筹备，2016 年 12 月 5 日深港通终于正式启动。中国证监会主席刘士余在深交所举行的"深港通开通仪式"上表示，深港通开通是两地资本市场进一步协同发展的历史性时刻。据统计，截至 2016 年 12 月 30 日收市，深股通累计交易金额 261.9 亿元人民币，港股通（深市）累计交易金额约为 82.06 亿元人民币。

与"沪港通"相比，"深港通"无疑有不少差别：首先，是两者的投资标的股票与额度限制，深港通下的港股通增加了，包含了市值 50 亿港币以上的恒生综合小型股指数成分股；深股通的标的并不局限于 A/H 股同时上市，而是包含深市的成分股。由于深市成分股与沪市有很大区别，这丰富了香港投资者的投资范围。另外，深港通没有总额限制，而沪港通有总额限制：港股通 2,500 亿元、沪股通 3,000 亿元。其次，沪港通和深港通在影响及作用机理上有所区别。深圳交易所股票数量占据了全部 A 股上市公司的 60%，包括深圳主板、中小板以及创业板，与上证股票相比，深交所股票平均市值更小，交易及活跃度水平更高。

就在"深港通"开通前夕，港交所总裁李小加发表网志表示，如果把两年前开启的沪港通称为香港交易所互联互通机制的 1.0 版本，那么深港通将引领我们进入互联互通 2.0 时代。他认为，与"沪港通"相比，深港通有以下几方面的优化升级：① 交易机制更加便利：总额度限制取消免除了机构投资者的后顾之忧，将鼓励更多机构投资者（尤其是海外机构投资者）参与沪港通和深港通。② 投资者准入不断扩大：沪港通刚刚推出时，内地基金公司和保险资金还不能使用这一投资管道。自 2015 年开始，内地基金公司获准使用港股通，保险资金也在 2016 年获准参与港股通，相信在不久的将来，有更多机构投资者会选用港股通作为海外投资的管道。③ 投资标的扩容：深港通下的深股通将为海外投资者开放一个全新的市场——深圳股票市场，作为中国的创新之都，深圳聚集了很多高成长的创新企业，深股通涵盖的大约 880 只深圳市场的股票，将与沪股通投资标的形成良好互补。

3. 债券市场的发展与雷曼 "迷你债券" 风波

香港的资本市场中，股票市场十分发达，

而债券市场的发展则相对缓慢。

回归以后，特区政府和金融管理局加大了香港债券市场发展的政策支持，

加上人民币债券的发行，有力推动了香港债券市场的发展。

3.1 债券市场的发展与人民币债券发行

1999 年 8 月，为了增加外汇基金债券二级市场的流动性，以及方便散户投资者参与外汇基金债券市场，香港金融管理局安排外汇基金债券在香港联合交易所上市挂牌买卖。同年 12 月 13 日，香港期货交易所接受外汇基金票据和债券作为买卖股票期货及期权的抵押品，使外汇基金票据和债券不仅可以用于贴现窗资金拆借的抵押，而且被广泛用作包括港元回购协定在内的多项投资产品的抵押品。2006 年 1 月，香港金融管理局宣布推出 "CMU 债券报价网站" [10]，以通过提供市场上债券产品及其参考价格的资料，增加零售投资者参与债券市场的机会。

2004 年以来，在特区政府和金融管理局的推动下，香港债券市场取得了较快的发展。据统计，2004 年香港新发行港元债务工具总额为 3,768.24 亿港元，到 2015 年增加到 24,940.17 亿港元，11 年间增长 5.62 倍（见表 7.8）；同期，香港未偿还港元债务工具总额从 6,079.04 亿港元增加到 15,245.58 亿港元，11 年间增长 1.51 倍（见表 7.9）。应该指出，2010 年至 2015 年，香港债券市场的迅速发展，主要原因是香港金融管理局及特区政府相继发行了大量的外汇基金票据／债券以及政府债券。这几年，香港新发行港元债务工具总额中，外汇基金票据／债券以及政府债券所占比重在 88%～92% 之间。

回归以来，香港债券市场发展的另一个新动力，是人民币债券市场的发展。2007 年 1 月，中国政府允许内地金融机构在香港发行人民币债券，为香港债券市场带来了长期性的战略发展机遇。同年 6 月，人民银行和国家发改委共同制定和发布了《境内金融机构赴香港特别行政区发行人民币债券管理暂行办法》，允许符合条件的境内金融机构赴香港发行人民币债券，拉开了

香港人民币债券发行的序幕，为香港债券市场带来了长期性的战略发展机遇。

2007年7月，国家开发银行在香港发行第一笔人民币债券，发售对象为机构及个人投资者，期限两年，票面年利率3%。债券发行为50亿元人民币，当中零售债券最低发行量约10亿元人民币，个人投资者最低认购额2万元人民币。零售投资者和机构投资者均反应踊跃，获得近2倍的超额认购。与此同时，为了配合香港人民币债券的发行和二级市场买卖，香港的即时支付系统和香港债务工具中央结算系统分别加入了人民币清算和处理人民币债券交易的功能。香港财资市场公会宣布，该会将由2007年7月12日起为在香港发行的人民币债券提供每日定价。

其后，人民币债券的发行主体扩大到内地金融机构。2009年6月，汇丰银行（中国）率先在香港发行10亿元人民币债券，成为首家在中国内地以外地区发行人民币浮息债券的香港银行的内地子行，债券的主要销售对象为机构投资者。其后，东亚银行（中国）向散户投资者发行人民币债券。同年9月，财政部首次在香港发行60亿元人民币国债，备受投资者注目。这次发行为香港发展人民币基准利率创造了条件，使其他人民币金融产品的定价机制更具效率。

2010年2月，香港金管局就人民币业务的监管原则作出诠释，以简化人民币的操作安排，就香港发行的人民币债券而言，发行主体类别、发行规模及方式以及投资者主体等方面都没有具体限制。同年7月，中国人民银行与香港人民币业务清算行中国银行（香港）签署了新修订的《香港人民币业务的清算协议》，规定任何公司（包括证券公司、资产管理及保险公司）均可开立人民币存款账户，而个人及公司账户间的跨行转账亦不再有限制。《香港银行人民币业务的清算协议》的签署，让更多不同类型的发行主体可以在香港债券市场筹集人民币资金，极大地促进人民币产品包括债券在香港的发展。

表7.8 1998—2015年香港新发行港元债务工具概况（单位：百万港元）

年份	外汇基金	政府	法定机构及政府持有的公司	认可机构	本地公司	多边发展银行	多边发展银行以外的境外发债体	总计
1998	316,850	0	9,171	32,889	7,320	44,502	7,006	417,738
1999	261,443	0	8,931	81,280	26,228	15,920	21,197	414,999
2000	275,036	0	8,325	97,949	17,902	19,330	37,404	455,946
2001	237,009	0	24,075	72,001	5,808	7,462	42,464	388,798
2002	216,228	0	20,760	94,133	9,484	5,200	50,746	396,551
2003	219,648	0	15,724	94,373	5,470	2,641	51,955	389,810
2004	205,986	10,250	17,799	74,289	9,321	3,530	55,649	376,824
2005	213,761	0	8,560	97,795	11,067	1,800	69,014	401,997
2006	220,415	0	17,419	82,242	21,771	2,950	109,297	454,094
2007	223,521	0	19,368	100,143	19,078	1,700	80,977	444,787
2008	285,875	0	24,308	68,029	14,592	3,000	28,556	424,360
2009	1,047,728	5,500	29,852	75,566	19,539	13,145	50,744	1,242,073
2010	1,816,752	18,500	11,187	103,413	13,583	315	32,222	1,995,972
2011	1,841,278	27,500	20,195	136,310	28,282	0	17,779	2,071,345
2012	1,851,575	26,000	12,027	190,078	27,688	790	22,219	2,130,377
2013	2,123,448	30,000	10,665	143,027	25,573	940	23,121	2,356,774
2014	2,177,293	30,800	9,647	127,130	33,278	1,337	50,529	2,430,015
2015	2,242,206	30,400	12,015	136,350	14,186	0	58,859	2,494,017

注：（1）法定机构及政府持有的公司包括香港按揭证券有限公司、香港机场管理局、香港房屋委员会、香港五隧一桥有限公司、九广铁路有限公司及香港铁路有限公司。

（2）多边发展银行指亚洲开发银行、欧洲理事会社会发展基金、欧洲铁路车辆融资公司、欧洲投资银行、欧洲复兴开发银行、泛美开发银行、国际复兴开发银行、国际金融公司、非洲开发银行及北欧投资银行。

资料来源：香港金融管理局，《2015年香港债券市场概况》，香港金融管理局季报，2016年3月。

表7.9 1998—2015年香港未偿还港元债务工具概况（单位：百万港元）

年份	外汇基金	政府	法定机构及政府持有的公司	认可机构	本地公司	多边发展银行	多边发展银行以外的境外发债体	总计
1998	97,450	0	11,366	161,110	28,286	69,402	25,529	393,143
1999	101,874	0	20,117	177,437	41,219	61,287	37,259	439,192
2000	108,602	0	20,047	189,137	41,970	57,062	55,103	471,921
2001	113,750	0	35,873	178,788	41,703	51,104	72,351	493,548
2002	117,476	0	48,212	184,736	40,245	40,834	99,514	531,018
2003	120,152	0	56,441	196,972	34,519	27,855	121,486	557,425
2004	122,579	10,250	60,186	207,214	35,338	24,735	147,579	607,904
2005	126,709	10,250	57,712	233,422	39,624	21,535	174,247	663,728
2006	131,788	7,700	56,876	241,030	53,864	19,555	237,308	748,141
2007	136,646	7,700	58,476	250,941	62,044	13,155	234,482	764,220
2008	157,653	5,000	64,618	206,471	68,265	14,253	199,943	716,608
2009	534,062	7,000	66,643	194,590	79,962	24,348	200,686	1,108,047
2010	653,138	25,500	60,592	218,886	85,575	15,513	186,166	1,245,654
2011	655,413	49,500	51,034	228,943	97,284	14,731	163,724	1,260,929
2012	657,384	68,500	45,159	263,418	116,188	10,271	147,669	1,308,790
2013	751,151	91,500	39,816	250,104	127,937	10,214	148,698	1,419,420
2014	752,630	98,000	40,990	232,796	137,624	6,101	141,670	1,409,812
2015	828,421	100,400	44,050	242,593	141,659	5,301	162,133	1,524,558

资料来源：香港金融管理局，《2015年香港债券市场概况》，香港金融管理局季报，2016年3月。

2010年7月19日，中国人民银行与香港金融管理局签订补充合作备忘录，以配合经修订的香港人民币业务清算协议的落实。

新的制度安排刺激了各种人民币产品如雨后春笋般出现在香港市场上，并进一步启动了香港的人民币债券市场。7月，香港合和公路基建有限公司及中信银行国际有限公司分别在香港发行首笔人民币企业债券及存款证。6月，香港合和公路基建有限公司宣布发行人民币债券，成为首家在香港发行人民币债券的非金融企业。8月，麦当劳发行2亿元人民币债券，成为首家在香港发行人民币债券的跨国公司。10月，亚洲开发银行及世界银行集团旗下的国际金融公司分别宣布在香港发行人民币债券。其中，亚行的10年期人民币债券是在香港发行的人民币债券中年期最长的；而国际金融公司的发行计划则是持续在香港发行人民币债券，为其于中国内地的项目筹资。同月，首个红筹国企中国重汽发行2年期人民币债券，筹集资金27亿元。据统计，2010年，共有50只人民币债务工具（包括债券、存款证及股票挂钩票据）在香港发行，总值约427亿元人民币；其中债券占360亿元人民币，较2009年增加200亿元人民币。发行机构也由财政部及内地银行，扩展至包括香港及跨国企业及国际金融机构。[11]

2010年10月8日，中国人民银行推出关于境外人民币清算行等三类机构运用人民币投资内地银行间债券市场的试点安排。根据这新安排，香港人民币业务的清算行和参加行在得到人民银行核准后，可以进入内地银行间债券市场进行债券交易。金管局将会与人民银行联系落实有关安排的细节，并会就此事向认可机构发出通函。金管局总裁陈德霖表示："新安排的出台，为香港的人民币资金和金融机构开通了一条在内地投资的出路。这可以促进香港人民币贸易结算业务进一步发展，并增加香港的人民币离岸业务的吸引力。"同年 11 月 22 日，财政部与金管局签订了《关于使用债务工具中央结算系统发行人民币国债的合作备忘录》，为人民币国债通过金管局提供的债务工具中央结算系统（CMU）债券投标平台招标发行奠定基础。财政部宣布计划通过 CMU 债券投标平台面向机构投资者发行 50 亿元人民币国债，分别为 3 年期 20 亿元、5 年期 20 亿元和 10 年期 10 亿元，并且委任交通银行香港分行作为发行及交存代理，负责协助办理人民币国债具体招标事宜。

2011 年 1 月，人民银行发布《境外直接投资人民币结算试点管理办法》，允许境内非金融类企业利用人民币通过设立、并购、参股等方式进行境外投资。香港人民币离岸市场发展步入"快车道"。2012 年 6 月 14 日，财政部宣布中央政府将在香港发行总值 230 亿元人民币的国债。其中，供机构投资者认购的部分总值 155 亿元人民币，继续经由金管局的 CMU 系统债券投标平台发行；同时开拓一个新的发行管道，拨出总值 20 亿元人民币国债以配售方式让中国内地以外的中央银行及货币管理当局认购。为配合这一新管道，金管局设立全新的"金管局 CMU 央行配售统筹窗口"，让有关中央银行认购此次债券。通过这个窗口发行的债券的息票率，将与这次发行的相同年期国债的获接纳的投标息票率相同。

在中央政府和香港特区政府的政策推动下，香港的人民币债券市场有了长足的发展：

首先，香港人民币债券发行额逐年上升，2007 年为 100 亿元人民币，2011 年增加 1,080 亿元人民币，4 年间增长了 9.5 倍。2013 年，香港的人民币债券发行额创下了 1,166 亿元人民币的高位纪录。据不完全统计，截至 2013 年底，香港人民币债券发行共计约 4,000 亿元，其中内地机构和财政部累计在港发行人民币债券 1,745 亿元。2011 年底，香港人民币债券未偿还总额为 2,085.23 亿港元，在第二市场全年成交总额为 3,953.67 亿港元；到 2013 年人民币债券未偿还总额增加到 3,819.83 亿港元，在第二市场全年成交总额增加至 6,353.69 亿港元，分别增长了 83.19% 及 66.33%（见表 7.10）。

其次，发行主体也趋多元化。2007 年和 2008 年，在香港发行人民币债券的主体均为中资机构，而且主要是中资银行和财政部。2009 年扩大到香港银行在内地的分支机构。在香港金管局于 2010 年 2 月发布《香港人民币业务的监管原则及操作安排的诠释》之后，海外金融机构、跨国企业和跨

表7.10 香港人民币债券市场发展概况（单位：亿港元）

年份	定息债务工具年底未偿还总额	浮息债务工具年底未偿还总额	年底未偿还总额	在第二市场成交量（价值）
2011	1,699.11	386.12	2,085.23	3,953.67
2012	2,885.72	250.03	3,135.75	5,576.38
2013	3,560.83	259.00	3,819.83	6,353.69
2014	4,238.95	58.00	4,296.95	5,057.49

注：2014 年数字为 7 月底数字。
资料来源：香港金融管理局。

表7.11　2007—2013年以来香港发行的人民币浮息债券

年份	发行主体	发债额/亿元人民币	参考利率
2007 年	—	—	—
2008 年	—	—	—
2009 年	汇丰银行（中国）	10	3 个月上海银行间拆放利率
	国家开发银行	10	3 个月上海银行间拆放利率
2010 年	国家开发银行	20	3 个月上海银行间拆放利率
2011 年	—	—	—
2012 年	—	—	—
2013 年	汇丰银行（中国）	10	3 个月上海银行间拆放利率
	L-Bank	2.5	3 个月人民币香港银行间拆放利率
	国家开发银行	19	3 个月人民币香港银行间拆放利率

资料来源：香港金融管理局，《2013 年香港债券市场概况》，香港金融管理局季报，2014 年 3 月。

国组织参与到发债主体中来，同时国内在港上市企业也开始利用香港人民币债券市场的平台融资发展，行业涉及银行、地产、能源、金融服务、汽车、物流、生物化学、博彩、建筑、机械、电力、零售消费等多个行业。

再次，发行的债务工具类型日趋多元化。随着香港人民币债券市场发行规模的不断扩大，尤其是财政部在香港发行离岸人民币主权债以来，为人民币在境外建立了首条基于人民币的主权债收益率曲线，基于离岸收益率曲线和离岸债券信用差的衍生品产品也在逐步浮出水面。例如，以往所发行的人民币债券以固定息率为主，但 2013 年共发行了 3 批浮息债券，尤其值得留意的是，德国发债体 L-Bank 在 11 月发行了全球首批与人民币香港银行同业拆息挂钩的人民币债券（见表 7.11）。

近年来，香港的人民币债券市场有了进一步的发展。2014 年，在香港发行的人民币债券总额达 1,970 亿元人民币，发债机构逾 100 家；在香港发行的未偿还人民币债券总额达 3,810 亿元人民币。人民币债券的发债机构类别也越来越多元化。据香港金融管理局的资料显示，截至 2014 年底，42% 人民币债券由内地的官方机构、银行及企业发行，19% 由香港的银行及企业发行，其余由海外机构发行。2015 年 5 月，财政部在香港发行总额共 140 亿元人民币的国债，其后于同年 11 月中旬宣布再发行 140 亿元人民币国债，其中通过香港金融管理局的债务工具中央结算系统面向机构投资者、国外中央银行及地区货币管理当局招标发行 120 亿元人民币，以及通过配售银行及香港交易所平台面向香港居民发行 20 亿元人民币。

总体而言，香港人民币债券市场的发展，为香港债券市场增添了新的市场主体，丰富了债券币种，拓展了香港债券市场的融资功能，完善了债券收益率曲线，增加了香港债券市场的广度和深度。与伦敦、纽约等全球性金融中心由股市和债市双轮驱动的发展模式不同，香港国际金融中心存在着资本结构不平衡的问题，债券市场的发展滞后。因此，香港人民币债券市场的发展，可吸引更多的机构到香港发债筹资，为香港债券市场的发展提供新的机会，有助于扩充香港的债券规模，从而弥补其作为国际金融中心在资本市场上存在的结构性缺陷。

3.2 雷曼"迷你债券"风波的发生与解决

2008 年，美国爆发空前的次贷危机，并引发 2009 年的全球金融海啸。2008 年 9 月 15 日，美国第四大投资银行、有着 158 年历史的雷曼兄弟控股公司（Lehman Brothers Holding Inc.）因投资次级抵押住房贷款产品不当蒙受巨大损失，在所有潜在投资方均拒绝介入之后，被迫申请破产保护。雷曼兄弟的倒闭，导致其之前发行的金融衍生工具信贷挂钩票据价值暴跌，引发香港众多投资者的不满，对香港的金融监管构成严峻的挑战。

根据香港金融管理局的资料，自 2002 年以来，约有价值 202.03 亿港元的各种雷曼相关结构性金融产品曾通过香港的银行授予香港的 43,700 名投资者。其中，迷你债券占 112 亿港元，由约 33,600 人持有。而以私人配售方式分销、约值 62 亿港元的各式雷曼结构性产品，则由 6,130 个银行账户的客户持有。[12] 其中，迷你债券由 Pacific International Finance Limited（简称 PIFL）根据有抵押连续招售债券计划发行的多个系列的信贷挂钩票据，由雷曼兄弟的旗下附属公司——雷曼亚洲安排在香港分销，新鸿基投资服务公司担任香港的协调分销商，并由 16 家零售银行（包括大众银行、大新银行、上海商业银行、中信银行、中国银行、中国工商银行、永亨银行、永隆银行、交通银行、东亚银行、南洋商业银行、集友银行、创兴银行、富邦银行、丰明银行，以及苏格兰皇家银行）及数家证券经纪行（包括新鸿基投资、花旗、渣打、中银香港、工银亚洲等）分销。

在雷曼兄弟发行的相关结构性金融产品中，迷你债券在香港是发行量最大、涉及面最广的。雷曼迷你债是一种可赎回的信贷挂钩票据，以迷你债券的名称推出市场，这些产品不属于香港证监会认可的基金范围，其结构上属于香港《公司条例》下的债权证，包含复杂的衍生安排。大部分的迷你债券投资者将其认为是收益较高的存款替代产品，根本无法接受其本金可能无法收回的结果。由于投资者直接接触的是零售银行，在购买过程中甚至没有注意到其与雷曼兄弟公司的关系，他们对于银行的不满急剧上升。金融危机期间，大量投资者投诉银行等销售机构采用不当手法销售雷曼迷你债，要求全额赔偿。香港证监会及香港金融管理局收到涉及雷曼迷你债券不良销售手法的投诉有几万件。部分雷曼迷你债券的投资者成立了"雷曼兄弟苦主大联盟"，组织数百人上街游行要求政府介入，调查银行及证券行销售人员有否误导投资者，并研究赔偿的问题。

雷曼迷你债券事件在香港引发了对监管当局不信任的空前危机。2008 年 10 月 22 日，香港立法会通过无约束力的动议，谴责香港特区政府在此事件中监管不力。其间，泛民主派促请立法会引用特权法成立委员会调查事件，被民建联及工联会一致投反对票否决。其后，议案再次被提请，金融界立法会议员兼东亚银行主席李国宝去信要求各议员不要引用特权法调查银行，

雷曼投资者到银行抗议，坚持百分百赔偿。

但立法会仍以高票通过引用特权法成立委员会调查事件。2008 年 9 月，立法会引用《权力及特权法》，成立雷曼迷你债券事件小组委员会，对雷曼事件进行调查。立法会的雷曼小组委员会的调查历时 3 年 8 个月，共举行超过 100 场听证会，传召约 60 名政府、监管机构和银行等证人作供。委员会于 2012 年 6 月发表调查报告，对金管局当时的总裁任志刚予以"谴责"，对证监会当时的主席韦奕礼表示"极度失望"，并对财政司司长曾俊华和财经事务及库务局局长陈家强表示"失望"。[13]

调查报告就适用于投资产品要约的披露制度、对注册机构及员工操守的监管、处理投诉及解决纠纷、投资者保障、投资者教育等方面提出政策性建议，并认为："有鉴于雷曼事件，由金管局与证监会共同监管银行证券业务的现行规管架构大致上并不奏效。政府当局及监管机构应研究可否将银行经营的证券业务纳入证监会（作为证券期货业的监管机构）的监管范围。此举将更能确保银行与证券经纪行所进行的受规管活动受到一致的监管。"[14]

2009 年 7 月，在香港监管机构的压力下，16 家银行同意回购散户投资者手中的雷曼兄弟迷你债券，向符合条件的投资者偿还所投资款项的 60% 左右。但迷你债券投资者认为，银行是以不正当手法引诱客户投资，坚持要求 100% 退回本金，并走上了长达数年之久的索赔之路。2011 年 3 月 27 日，在金管局、证监会的大力干预下，16 家销售雷曼迷你债券的银行与大多数购买迷你债券的投资者达成回购和解协定。16 家分销银行同意向合资格客户收回抵押品并为其提供额外特惠款项，其中约有 3.5 万名被界定为非专业投资者的个人投资者取回 88.8 亿港元，大部分散户投资者取回的款项总额约相当于最初投资额的 85% 至 96.5%。不过，其后仍有部分雷曼投资者到银行抗议，坚持百分百赔偿。

当时，香港银行公会主席和广北表示，目前达成的和解协定已是为客户争取到的最佳结果。香港证监会总裁韦奕礼表示，在雷曼兄弟倒闭后的初期，一般认为没有可能取回任何抵押品款项，"现在我们能够做出取回抵押品的安排，显示监管当局在市场发生事故后能够发挥重要作用，迅速落实有效而稳健的应对措施"。不过，有评论就认为，雷曼迷你债券事件暴露了香港金融监管的漏洞。要堵塞监管漏洞，必须从体制上着手完善。监管当局加强对银行销售衍生产品的规范，防止有毒债券再次流入市面，才是杜绝问题的治本之道。

4. 资产管理／基金业的新发展

资产管理业亦即基金管理业，是香港金融业中的一个重要行业。

香港的基金管理业起步较晚，到1980年代进入第一个黄金发展时期。

到1990年代中期，香港发展为亚洲地区仅次于日本的第二大投资基金管理中心。

不过，回归以来，在特区政府的大力推动下，香港的资产管理业取得了强劲的发展，

并成为亚太区主要的资产管理中心。

4.1 回归后资产管理／基金业的新发展

香港的基金主要有两种，一种是英式的"单位信托基金"（Unit Trust Fund）；另一种是美式的"互惠信托基金"（Mutual Fund）。1997 年回归以后，香港基金业面临来自其他国际金融中心特别是新加坡的激烈竞争。亚洲区这两个国际金融中心在基金业发展方面几乎处于同一水平。就所管理的资产来看，2001 年，香港和新加坡分别管理着 1,900 亿美元和 1,600 亿美元，远逊于在全球居领导地位的伦敦和纽约，也落后于以本地市场为主的东京。就互惠基金的渗透率而言，香港还不如新加坡，新加坡为 14%，香港仅为 9%，却比美国的 52% 相差甚远。此外，两地也只有少量的交易所买卖基金。

回归后，为了提高对新加坡的竞争力，推动香港成为亚洲区主要的基金管理中心，特区政府加大了对基金业的支持。由财政司长成立的财经市场发展专责小组成立了一个基金管理工作小组，研究有关政策支持事项。2003 年 3 月，财政司司长梁锦松在 2003—2004 年度财政预算案中首次公开表示，香港正逐步发展成为亚洲基金管理中心，基金业正成为香港金融业的龙头行业。为此，预算案提出了一系列促进基金业发展的具体政策措施。其后，香港特区政府又先后在 2005 及 2006 年财政年度宣布为离岸基金提供豁免利得税优惠及撤销遗产税等举措，以鼓励国际投资者在香港持有资产。与此同时，香港证监会致力于构建一个全新的、更具灵活性的基金监管架构，致力发展具宽度及深度的优质基金市场。

不过，从 2009 年起，基金业再度取得快速的发展。2015 年，香港的基金管理业务合并资产增加到 173,930 亿港元，比 2000 年增长了 10.7 倍，年均增长率达 20% 以上。其中，由持牌法团、注册机构及保险公司提供的财务资产管理达 122,590 亿港元，基金／投资组合提供

表7.12 香港资产管理业发展概况 （单位：10亿港元）

年份	资产管理业务	顾问业务	其他私人银行活动	认可的房地产基金	基金管理业务合并资产	合并资产年增长率 / %
2000 年	1,485	—	—	—	1,485	—
2001 年	1,484	141	—	—	1,625	9.2
2002 年	1,491	144	—	—	1,635	0.6
2003 年	2,250	209	488	—	2,947	80.2
2004 年	2,741	241	636	—	3,618	22.8
2005 年	3,242	330	916	38	4,526	25.1
2006 年	4,134	552	1,415	53	6,154	36.0
2007 年	6,511	712	1,934	66	9,631	56.5
2008 年	3,070	810	1,287	46	5,850	−39.3
2009 年	5,824	921	1,688	74	8,507	45.4
2010 年	6,841	917	2,230	103	10,091	18.6
2011 年	5,762	889	2,263	124	9,038	−10.4
2012 年	8,246	1,488	2,679	174	12,587	39.3
2013 年	11,417	1,661	2,752	177	16,007	27.2
2014 年	12,770	1,611	3,095	206	17,682	10.5
2015 年	12,259	1,268	3,666	200	17,393	−1.6
2016 年	12,824	1,199	4,059	211	18,293	—

资料来源：香港证券监察委员会，《香港基金业活动调查》，2000—2016 年。

的投资顾问服务达 12,680 亿港元，注册机构向私人银行客户提供的财务服务达 36,660 亿港元，分别比 2003 年的 22,500 亿港元、2,090 亿港元和 4,880 亿港元增长了 4.68 倍、6.71 倍和 5.91 倍（见表 7.12）。不过，受周边经济环境影响，2015 年香港的基金管理业务合并资产轻微下降 1.6%。

基金管理业务的强劲增长是由于香港资产管理市场能够提供多种不同类型的证监会认可的单位信托基金及互惠基金予投资者。根据香港证监会的统计，2015 年，在总额为 135,270 亿港元的持牌法团、注册机构及保险公司的资产管理及顾问业务中，政府基金占 10.4%，退休基金占 9.6%，强积金占 4.4%，机构性基金占 24.2%，私人客户（富人）基金占 8.2%，证监会认可的零售基金（共同基金、交易所上市基金等）占 11.5%，包括对冲基金、私募股权基金、海外零售基金、保险投资组合等的其他基金占 31.7%。

其中，以退休基金、机构性基金和政府基金及其他基金为发展最快的组别；而机构性基金及其他基金共占持牌法团、注册机构及保险公司的资产管理及基金顾问业务总值为 55.9%。[15]

2015 年，香港证监会与中国证监会合作，共同推出了以具开创性的内地与香港基金互认安排为核心的新策略。同年 7 月 1 日，香港与内地基金互认安排正式实施，为扩大香港与内地的市场融合及联系奠定基础。安排实施后运作顺利。截至 2016 年 6 月 30 日，香港证监会及中国证监会在基金互认安排下分别认可了 37 只内地基金及 6 只香港基金。2016 年 6 月，香港立法会通过《2016 年证券及期货（修订）条例草案》，将新的开放式基金型公司结构引入香港。此举多提供了一项基金结构选择，让开放式投资基金除了以单位信托形式成立外，也能以公司形式成立，从而令基金经理在成立基金方面享有更大的灵活性。香港证监会作为负责开放式基金型公司注册及监管的主要监管机构，将会通过引入相关附属法例和规例，协助政府建立开放式基金型公司制度。这两项措施进一步巩固和提升了香港作为国际资产管理中心的吸引力和竞争力。

4.2　对冲基金市场的新发展

对冲基金又称避险基金或套利基金（Hedge Fund），是指由金融期货、金融期权等金融衍生工具与金融组织结合后，用高风险投机为手段而以盈利为目的的金融基金。而根据香港证监会的定义，就是"凡采用另类投资策略、追求绝对回报、除管理费外亦额外征收业绩表现费，以及赋予基金经理投资授权，容许他们有更大的弹性去转换策略的基金，一般均被视为对冲基金"[16]。

对冲基金起源于 1950 年代初的美国。当时的操作宗旨在于利用期货、期权等金融衍生产品以及对相关联的不同股票进行买空卖空、风险对冲的操作技巧，在一定程度上可规避和化解投资风险。不过，对冲基金的发展则始于 1980 年代。当时，金融自由化为对冲基金提供了更广阔的投资机会。1990 年代，随着金融工具的日趋成熟和多样化，对冲基金进入了蓬勃发展的阶段。据英国《经济学人》的统计，从 1990 年到 2000 年，3,000 多个新的对冲基金在美国和英国出现。对冲基金中，最著名的是美国的量子基金和老虎基金，它们都曾创造过高达 40% 至 50% 的复合年度收益率。1997 年 7 月，量子基金大量卖空泰铢，迫使泰国放弃维持已久的与美元挂钩的固定汇率而实行自由浮动，从而引发了亚洲金融危机。危机中，量子基金和老虎基金试图狙击港元，迫使香港金融管理局动用庞大外汇储备入市干预。

踏入 21 世纪，随着对冲基金越来越成为投资界的一种重要工具，特区政府也开始采取一系列措施吸引规管良好的对冲基金经理来港发展，推动对冲基金的发展。2002 年，证监会先后发表《指数基金指引》《对冲基金指引》及《对冲基金汇报规定指引》，使香港的散户投资者亦有机会投资于对冲基金。2005 年 9 月，鉴于对冲基金业不断增长，证监会修订了《对冲基金指引》，以进一步加强对投资者利益的保障，提高市场的透明度。根据这些指引，证监会对对冲基金的监管，主要集中在以下几方面：

（1）向对冲基金经理发牌。凡从事资产管理／顾问业务的对冲基金经理必须获证监会发牌。基金经理必须证明本身已具备专业知识、财政资源、适当内部监控及风险管理系统，才可获得证监会发牌。2004 年 10 月，证监会成立了专责小组，处理对冲基金经理的牌照申请。自该小组成立以来，截至 2006 年 6 月 30 日，证监会已处理 54 宗来自对冲基金经理的牌照申请，当中有 44 宗获批准或原则上批准，使香港成为全球第一个允许向散户销售对冲基金的司法管辖区。

（2）监察中介人。2005 年，证监会选取了一批对冲基金经理作为样本，进行调查，目的是审查这些对冲基金经理的基础设施及公司管治、投资策略、风险控制、杠杆借贷、投资估值、解决利益冲突等事宜，以评估对冲基金经理的可接受程度。证监会与若干主要经纪会面，讨论香港证监会为法定机构，其工作由《证券及期货条例》界定及规限。

他们就对冲基金所采取的风险管理监控措施。

（3）为向公众发售的对冲基金进行产品认可。证监会认可的对冲基金都属零售性质，这些基金必须按照《对冲基金指引》遵从特定的资讯披露规定及实施结构上的保障措施。该指引特别强调以下方面：对冲基金经理的资历；对冲基金经理的风险管理及内部监控措施及系统；资讯披露；及其他结构上及运作上的保障措施。其中一个采用的监管做法是"市场划分"的概念。在确认公众对更广泛的投资选择有需求的同时，证监会认为需要以审慎、按部就班的方式向零售投资者推出复杂的新产品。《对冲基金指引》规定不同类别的对冲基金的最低认购金额门槛。

2007 年 6 月，为了进一步促进对冲基金的发展，证监会发出《证监会采取务实的处理方法向基金经理发牌》的通函，简化及厘清了基金经理的发牌程序，为那些已在其他司法管辖区获发牌或注册为投资经理或顾问，以及合规纪录良好和只为专业投资者服务的公司，提供了简化的发牌程序。简化发牌程序后，证监会处理对冲基金经理的牌照申请平均所需时间缩短约 40%，由 2007 年 6 月的 12 个星期减至 2009 年 8 月的 7 个星期。同年 10 月，证监会授予认可基金经理更大的灵活性，准许他们将投资管理职能转授海外公司。这一安排为全球各地最熟悉当地市场的资产管理专才打开了门户，让他们可以向香港的认可基金提供投资管理服务。

在特区政府及市场的推动下，回归以来香港对冲基金有了较快的发展。据统计，2004 年 3 月底至 2006 年 3 月底期间，香港的对冲基金经理、对冲基金的数目以及管理资产总额均获得显著的增长。其中，对冲基金经理从 58 家增加到 118 家，增幅高达 1 倍；对冲基金数目从 112 个增加到 296 个，基金管理资产总值从 91 亿美元增加到 335 亿美元，两年间分别增长 1.64 倍和 2.68 倍。到 2006 年 3 月底，20 名最大规模的对冲基金经理当中（按管理的资产计算），13 名来自美国、英国及日本的对冲基金经理的联属公司，占该 20 名最大规模的对冲基金经理所管理的资产总值的 72%。[17] 据 AsiaHedge 报道，2005 及 2006 年，在香港新成立的亚洲对冲基金的数目是亚洲区内之冠。以这些新基金的资产总值计算，香港在 2005 及 2006 年亦在亚洲区内排名榜首，随后的是日本、澳大利亚及新加坡。[18]

2008 年，由于受到全球金融海啸的冲击，对冲基金发展受到较大的冲击。不过，2009 年 3 月底，对冲基金管理的资产总值仍维持在 553 亿美元，是 2004 年的 6 倍。危机过后，对冲基金再度迅速发展。根据 2013 年 3 月底证监会对持牌基金经理／顾问的对冲基金活动的一项调查，截至 2014 年 9 月底，香港对冲基金的数目已达到 778 个，对冲基金管理的资产总值达

12,090 亿美元，超越了 2008 年 3 月的 901 亿美元的高峰，分别比 2004 年 3 月底的 112 个和 91 亿美元增长了 5.95 倍和 131.86 倍（见表 7.13）。2014 年 9 月底，对冲基金经理及相关机构的数目为 401 家，比 2004 年 3 月底的 58 家大幅增长了 5.91 倍。这些对冲基金主要投资于亚太区市场，所占份额为对冲基金管理资产总值的 63.9%，其中香港和中国内地占 31.7%。这些基金的投资者中，美洲及欧盟的投资者占在香港管理资产总值的 61.3%，而香港投资者则占 7.9%。[19]

表7.13 香港对冲基金数目及管理资产总值

	对冲基金数目/个	管理资产总值/10亿美元	对冲基金经理及相关机构数目/家
2004 年 3 月底	112	9.1	58
2005 年 3 月底	199	17.5	102
2006 年 3 月底	296	33.5	118
2007 年 3 月底	389	63.6	—
2008 年 3 月底	488	90.1	—
2009 年 3 月底	542	55.3	209
2010 年 9 月底	538	63.2	302
2012 年 9 月底	676	87.1	348
2014 年 9 月底	778	120.9	401

资料来源：香港证监会，《证监会持牌基金经理/顾问的对冲基金活动调查报告》，2006 年 10 月、2009 年 9 月、2011 年 3 月、2013 年 3 月和 2015 年 3 月。

4.3 交易所交易基金（ETF）市场的发展

交易所交易基金又称"交易型开放式指数证券投资基金"（Exchange Traded Funds，简称 ETF），是一种跟踪"标的指数"变化、在交易所上市交易、基金份额可变的一种开放式基金。由于 ETF 对投资者来说具有许多优点，如因分散投资降低了投资风险；兼具股票和指数基金的特色；结合了封闭式与开放式基金的优点；交易成本低廉；可以当天套利等等。ETF 最早起源于加拿大，在美国获得快速的发展。从 1993 年底到 2003 年底，美国 ETF 基金资产从 4.64 亿美元增长至 1,509.83 亿美元，10 年间增长了 324 倍。

香港的 ETF 起步发展晚，首只 ETF 产生于 1999 年，"它是在 1997 年亚洲金融危机的大背景下诞生的，肩负着不平凡的历史使命"。[20] 1998 年 8 月，面对国际投机资本的冲击，香港特区政府动用约 1,000 亿港元大量买进恒生指数股，以稳定股市及维持联系汇率制度。危机过后，为了有序地出售政府手中的这批股票，尽量减小对市场的影响，香港证监会审批了香港的第一只 ETF —— "盈富基金"。当时，香港并没有针对 ETF 的监管框架。证监会通过与港交所、政府及证券商、基金经理等通力合作，解决了首次在香港发行 ETF 的一系列关于庄家制度、股票沽空、印花税等等主要难题。1999 年 11 月 12 日，盈富基金在港交所上市，首次公开发售的规模为 333 亿港元（约 43 亿美元），是当时亚洲（除日本以外）最大型的首次公开发售。

2003 年 4 月，新修订的《证券及期货条例》正式生效，标志着香港证券市场的一个重大监管变革，其中一大特色就是赋予了集体投资计划（CIS）一个非常灵活的监管框架。同年 10 月，证监会在新条例的框架下推出跟踪指数交易所买卖基金的监管指引，由于以被动方式管理且与指数挂钩的 ETF 所具有相对简单的投资目标和策略以及较高的透明度，指引简化适用于这

香港首只 ETF 盈富基金的推出大受市民及投资者欢迎。

些 ETF 的规定，同时豁免其无须遵守《单位信托及互惠基金守则》的若干规定。该指引为市场提供了一个适当的 ETF 监管框架，其目的就是要消除若干阻碍该类基金在香港发展的监管限制，同时确保投资者的权益得到保障。另外，证监会和港交所还订立了明确的分工，前者主要负责审批及认可 ETF，而后者则负责 ETF 上市的交易和结算工作。

由于该指引所采纳的取向具灵活性，对于促进各种不同类型的交易所买卖基金在香港的推出发挥了积极的作用。2004 年，证监会审批了首只跟踪中国 A 股市场的交易所买卖基金——iShares 安硕新华富时 A50 中国指数 ETF。这是全球第一只让境外投资者可以涉足中国 A 股市场的 ETF。由于该基金必须将资金悉数投入由一家特定金融机构发行的股票挂钩投资工具，借此跟踪相关 A 股指数的表现，这种做法并不符合《单位信托及互惠基金守则》的规定。证监会在充分考虑了多项因素后，包括直接投资于 A 股市场的法例限制、股票挂钩投资工具发行商的信誉、销售文件已加强披露基金详情、甄选股票挂钩投资工具发行商的原则等，决定通过单位信托委员会豁免该基金遵守上述规定。这一做法为认可其他交易所买卖基金铺路，包括 2006 年 11 月跟踪印度市场表现的交易所买卖基金面世。

A50 还具有另外一层划时代的象征意义，它是合成模拟 ETF 发展一个重要的里程碑。通过合成模拟方法，ETF 可以提升效率及降低成本，运用金融衍生工具跟踪市场的表现。对于监管合成 ETF，证监会主要从两个方面监管：其一是确保风险可控，证监会要求合成 ETF 必须遵守分散对手风险，跟同一发行商所买入的金融衍生工具的净值不得超过合成 ETF 资产净值的 10%。为符合这项规定，合成 ETF 一般会使用不同的交易对手，及通过持有抵押品以降低就单一交易对手所承担的风险。其二，要求合成 ETF 每天向公众披露和更新他们的对手风险及每月更新抵押品的资讯，让投资者能够及时衡量风险。另外，证监会要求合成 ETF 在其证券简称（stock short name）上加上一个"x"的符号，以协助投资者识别。[21]

2007 年，证监会审批了首只跟踪商品期货指数的交易所买卖基金。该基金的目标是跟踪一项成立多年、为最多人参考的商品期货指数的表现，即所跟踪的是商品期货指数，而不是《单位信托及互惠基金守则》所规定的只限于股票、债券或其他证券指数，因而并不符合认可的规定。但当时证监会考虑到《单位信托及互惠基金守则》虽已限定基金可跟踪的若干指数类别，但也为跟踪指数的筛选细则制定了指导原则，证监会考虑到该基金所跟踪的商品期货指数，符合可接受指数的指导原则，因此给予认可宽免。与此同时，由于这项指数对香港的散户投资者来说是崭新的产品，证监会与发行商达成协议，加强披露基金详情，就基金、指数和相关风险向投资者提供充足的资料；同时更和发行商合作，推行与商品指数投资有关的投资者教育活动，从而推动了香港首只跟踪商品期货指数的交易所买卖基金的诞生。

2008 年金融海啸后，为了配合市场的发展趋势，证监会采取了一系列有效的措施支持 ETF 市场的发展，包括批准以法团形式成立的 ETF 豁免遵从《证券及期货条例》关于披露权益的规定，豁免遵从《证券及期货（在证券市场上市）条例》关于成为或聘用认可股份登记机构的规定，为不同法律形式成立的 ETF 提供公平的竞争环境，并使香港的监管与国际标准接轨。2009 年 5 月，证监会与台湾 "金融监督管理委员会" 就 1996 年双边签署的《谅解备忘录》签署附函，以推动两地互认对方的 ETF 及安排 ETF 跨境上市。同年 8 月，香港 ETF 在台湾证券交易所顺利上市，而台湾 ETF 亦于 2009 年 8 月在香港联交所挂牌上市。ETF 在香港与台湾市场相互挂牌上市，不但标志着香港与台湾在金融合作方面迈出历史性的一步，更代表着海峡两岸暨香港市场通过香港这道桥梁，得以建立更紧密的联系。

2016 年 2 月，香港证监会发出一份通函，列出证监会在考虑认可以 ETF 为结构的杠杆及反向产品时所依据的规定。该规定旨在保障投资大众的利益，及维护香港市场稳健。同年 6 月，证监会认可首批杠杆及反向产品，并先后在 4 月及 6 月认可首只原油期货 ETF 及首批采用多柜台模式的 ETF。这些产品令市场的产品种类更多元化，及为投资者带来更多选择，亦标志着香港 ETF 市场发展的一个重要里程碑。

2008 年以来，香港的 ETF 取得了快速的发展，成为全亚洲规模最大及最活跃的 ETF 市场之一。香港 ETF 的种类繁多，主要包括以香港股份为相关资产的 ETF，如盈富基金（股份代号 2800）、恒生 H 股 ETF（2828）、恒生指数 ETF（2833）等；以海外股份为相关资产的 ETF，如安硕富时 A50 中国指数 ETF（2823）、安硕 BSE SENSEX 印度指数 ETF（2836）、领先环球 ETF（2812）等；以商品为相关资产的 ETF，如领先商品 ETF（2809）；SPDR 金 ETF（2840）等；以香港债券为相关资产的 ETF，如 ABF 香港创富债券指数基金（2819）；沛富基金（2821）等；以及试验计划下的 ETF，如 iShares MSCI 韩国指数基金（4362）；iShares MSCI 台湾指数基金

表7.14　香港交易所交易基金（ETF）市场发展概况

年份	发行数目 / 只	市值 / 亿港元	全年交易额 / 亿港元
2005	8	541.34	—
2006	9	734.84	578.19
2007	17	1,056.23	1,605.65
2008	24	2,664.75	4,411.03
2009	43	4,968.13	4,996.86
2010	69	6,963.45	6,044.58
2011	77	7,121.38	5,452.95
2012	100	8,398.02	5,520.79
2013	116	5,388.92	9,031.32
2014	122	5,594.91	11,676.77
2015	133	4,771.43	21,709.59

注：发行数目和市值为年底数值；交易额只包括港元的成交金额。
资料来源：香港交易所。

(4363)等。

据统计，2008 年底，在香港上市的 ETF 只有 24 只，ETF 的总市值为 2,664.75 亿港元；但到 2014 年底，在香港上市的 ETF 已增加到 122 只，ETF 的总市值增加到 5,594.91 亿港元，分别比 2008 年增长 4.01 倍和 102.23%。2013 年，ETF 的全年成交额为 9,031 亿港元，比 2008 年的 4,411.03 亿港元增长 1.10 倍；以全年成交金额计算，2015 年 ETF 全年交易额为 21,709.59 亿港元，比 2008 年的 4,411.03 亿港元大幅增加了 3.92 倍（见表 7.14）。根据香港证监会的市场调查，截至 2016 年 3 月 31 日，按市值计算，香港是亚洲第二大 ETF 市场。[22]

4.4　QDII 与 RQFII 计划的实施及内地基金业来港发展

香港回归以来，在资产管理/基金业的快速发展中，香港与内地的合作也扮演了重要的角色。2007 年初，香港有投资银行游说中央政府，要求允许内地投资者投资一系列范围广泛的海外资产，从而使香港既成为一个投资流出管道，也成为投资目的地。首先提出的概念是"港股直通车"，即允许境内投资者通过在中国银行等试点商业银行开立境外证券投资外汇账户，并委托这些商业银行在香港的证券公司开立代理证券账户，直接投资香港证券市场交易的证券。这一政策的最初设想来源于天津滨海新区与中银国际的业务交流。

2007 年上半年，"港股直通车"（through-train）作为国家对滨海新区诸项优惠政策中在资本项目下的一项特殊政策，上报国务院后获得了批复。同年 8 月 20 日，国家外汇管理局发布《开展境内个人直接投资境外证券市场试点方案》后，中国银行天津分行拟推出个人投资港股业务。港股直通车计划的公布，立刻引发香港股市大涨，当年恒生指数一度冲上 32,000 点水平。不过，其后，有国内金融专家上书国务院，陈述"港股直通车"开放后可能对国家金融安全产生的危害。10 月 16 日，中国证监会主席周小川表示，港股直通车的本质是放宽境内个人对外投资的限制，政策的影响层面广，所以当局需要时间进行测试，在技术上作出准备工作。其后，港股直通车计划被搁置。

与此同时，QDII 计划却被顺利推出。所谓"QDII"，即英文"Qualified Domestic Institutional Investor"的首字缩写，意即"合格境内机构投资者"，是指在人民币资本项下不可兑换、资本市场未开放条件下，在一国境内设立，经该国有关部门批准，有控制地允许境内机构投资境外资本市场的股票、债券等有价证券投资业务的一项制度安排。QDII 最初由香港特区政府部门提出，获得中央有关部门接纳。与 CDR（预托证券）、QFII（外国机构投资者机制）一样，QDII 是在外汇管制下内地资本市场对外开放的权宜之计。由于人民币不可自由兑换，

CDR、QFII 在技术上有着相当大的难度，相比而言，QDII 的制度障碍则要小很多。该制度设立的目的，是为了"进一步开放资本账户，以创造更多外汇需求，使人民币汇率更加平衡、更加市场化，并鼓励国内更多企业走出国门，从而减少贸易顺差和资本项目盈余"。

2007 年 4 月，香港证监会与中国银监会签订了《谅解备忘录》，容许内地商业银行代客进行境外理财（即"QDII"）时可以投资香港的上市股票和认可基金，这使香港成为内地商业银行可代客投资的首个离岸市场。同年 6 月，中国证监会公布了《合格境内机构投资者境外证券投资管理试行办法》，规定获得 QDII 资格的基金管理公司和证券公司，将允许投资已与中国证监会签署双边监管合作《谅解备忘录》的监管机构辖下的市场上市的境外股票及其他指定证券。由于香港与内地经济联系密切，拥有成熟、具深度、流动性高的市场及一系列多元化的投资产品，聚集大量熟悉国际市场又富有内地经验的金融专才，并且已建立具世界级水平的监管制度，香港成为 QDII 基金的首选投资市场之一。

在 QDII 制度安排下，香港证监会积极推动将香港发展成为落实 QDII 计划的首选平台，积极吸引内地资产经理来港展开业务。2008 年 5 月，中国证监会颁布《关于证券投资基金管理公司在香港设立机构的规定》，准许内地基金管理公司根据《内地与香港关于建立更紧密经贸关系的安排》补充协议四申请批准来港设立机构。2007 年 9 月以后，内地首批 QDII 基金相继在香港推出。根据香港证监会在 2007 年度的一项问卷调查，香港共有 17 名基金经理报称源自内地 QDII 业务的资产总值达到 1,300 亿港元。[23]对香港基金管理业而言，内地 QDII 业务无疑提供了另一个重要的资金来源。

不过，首批发行的 QDII 基金，推出不久即遭到 2008 年美国次贷危机和 2009 年全球金融海啸的打击。这些基金相继跌破单位净值，严重打击了投资者对 QDII 基金的信心。及至 2011 年以后，QDII 基金再度起步发展。据香港证监会的统计，2011 年，在香港管理并来自 QDII 的内地资产总值达到 620 亿港元，比 2010 年下跌约 19.5%。到 2015 年，在香港管理并来自 QDII 的内地资产总值达到 1,450 亿港元，比 2011 年增长 1.34 倍。这些 QDII 资产当中有超过一半投资于亚太地区，其中，约 44% 投资于香港，10% 投资于亚太区其他市场，其余 46% 则投资于北美、欧洲和其他地区。[24]

随着人民币国际化的推进，香港离岸人民币业务的发展，RQFII 的推行也提到议事日程上。2011 年 8 月 17 日，国务院副总理李克强在香港出席国家"十二五"规划与两地经贸金融合作发展论坛，并发表演讲，阐述中央政府关于支持香港进一步发展，深化内地与香港经贸金融等方面合作若干新的政策措施。新措施允许以人民币境外合格机构投资者方式（Renminbi Qualified Foreign Institutional Investor，简称 RQFII）投资境内证券市场，起步金额为 200 亿元人民币；同时将在内地推出港股组合 ETF（交易所交易基金），允许内地港资法人银行参与共同基金销售业务。

RQFII 又称"小 QFII"或"人民币 QFII"，是金融业界借 QFII 名称的一种称呼，实际上是指海外人民币可通过投资内地而回流的一个机制。RQFII 主要是指在港中资证券及基金公司通过募集境外人民币投资 A 股市场发行的基金。它与由外资机构募集美元获批后再转换为人民币直接投资 A 股的 QFII[25] 有所不同。RQFII 的推出就是为了让境外人民币有管制地回流，有利于扩大人民币贸易结算的广度和深度。2011 年 12 月 16 日，中国证监会、人民银行、外管局联合发布《基金管理公司、证券公司人民币合格境外机构投资者境内证券投资试点办法》，允许符合条件的基金公司、证券公司香港子公司作为试点机构开展 RQFII 业务，同时规定试点机构投资于股票及股票类基金的资金不超过募集规模的 20%。

根据《试点办法》，试点机构的资格条件是：在香港证券监管会取得资产管理业务资格并已经开展资产管理业务，财务稳健，资信良好；公司治理和内部控制有效，从业人员符合香港地区的有关从业资格要求；申请人及其境内母公司经营行为规范，三年未受到所在地监管部门的重大处罚；申请人境内母公司具有证券资产管理业务资格。在资产托管方面，试点机构开展境内证券投资业务应当委托具有 QFII 托管人资格的境内商业银行负责资产托管业务；在投资运作方面，试点机构可以在经批准的投资额度内投资于人民币金融工具，为控制风险，不超过募集规模 20% 的资金投资于股票及股票类基金；在监督管理方面，证监会依法对试点机构的境内证券投资实施监督管理，央行依法对试点机构在境内开立人民币银行账户进行管理，外管局依法对香港子公司的投资额度实施管理，央行会同外管局依法对资金汇出入进行监测和管理。

2012 年 12 月，RQFII 机制正式启动，香港证监会陆续认可了 19 只在香港作公开销售的非上市 RQFII 基金，其获批的 RQFII 总投资额度为 190 亿元人民币。这些基金由合资格的内地基金管理公司及证券公司的香港附属公司管理，将在香港筹集的人民币资金直接投资内地的债券及股票市场。2012 年 1 月，证监会认可全球首只以人民币计价及交易的黄金交易所买卖基金，该基金成为香港第一只人民币 ETF。同年 4 月，中国证监会宣布将 RQFII 计划的投资额度增加人民币 500 亿元。2012 年 6 月，证监会认可首只在联交所上市并以人民币计价的 RQFII A 股 ETF。该 ETF 直接

表7.15 内地企业来港开设持牌法团或注册机构概况（单位：家）

年度	来港设立分支机构的内地金融机构	内地金融机构设立的持牌法团或注册机构	内地证券公司设立的持牌法团	内地期货公司设立的持牌法团	内地基金管理公司设立的持牌法团	内地保险公司设立的持牌法团	其余从事其他业务设立的持牌法团或注册机构
2010 年 3 月	43	127	44	6	6	5	66
2011 年 4 月	51	152	56	6	9	7	74
2012 年 5 月	62	168	69	8	13	8	70
2013 年 5 月	73	196	85	8	16	9	78
2014 年 5 月	82	222	92	10	20	11	89
2015 年 5 月	93	239	97	10	21	13	98
2016 年 3 月	N.A	270	111	12	25	13	109

资料来源：香港证监会《基金管理活动调查》。

投资国内 A 股市场，借以追踪 A 股指数的表现。据统计，截至 2016 年 3 月底，证监会共认可了 222 只人民币投资产品，包括 94 只 RQFII ／人民币沪港通基金（其中 69 只非上市基金及 215 只 ETF 基金）、80 只具人民币特色的非上市结构性

表7.16　香港证监会认可的内地基金数及管理资产净值

	2008 年	2010 年	2012 年	2013 年	2014 年	2015 年
基金数目	46	81	161	194	253	283
资产净值／亿港元	296	532	1,357	1,451	1,891	N.A

资料来源：香港证监会，《基金管理活动调查》，相关年份。

投资产品、27 只内地与香港基金互认安排下的获认可内地基金，以及其他基金 21 只。[26]

随着香港与内地基金业合作日趋紧密，越来越多的内地相关金融机构来港开展业务。据香港证监会的统计，2010 年 3 月底，约有 43 家内地企业在香港设立了总共 127 家持牌法团或注册机构。而到 2015 年 5 月底，来香港设立分支机构的相关内地企业增加到 93 家，设立的持牌法团或注册机构达到 239 家，分别增长 116% 和 88%（见表 7.15）。2008 年，香港证监会认可的内地基金为 46 只，管理的资产净值为 296 亿港元；到 2014 年分别增加到 253 只及 1,891 亿港元，分别增长了 4.5 倍和 5.4 倍（见表 7.16）。

4.5　强制性公积金制度的形成与建立

1970 年代，随着香港经济起飞、本地居民人均寿命提高、生育率下降，香港开始步入老龄化社会。这一时期，养老保障发展相对滞后引起广泛关注。1993 年 10 月 15 日，香港政府开始实施《职业退休计划条例》（Occupational Retirement Schemes Ordinance），并同时成立了职业退休计划注册处，旨在通过注册制度来监管所有自愿性退休计划，确保计划妥善运作，保护参加计划的雇员的利益。该条例规定，所有雇主必须为其在香港营办的自愿退休计划向职业退休计划注册处申请注册。条例使自愿计划运作进一步规范，但是同时也对雇主设立自愿计划提高了门槛，使计划覆盖范围有限且增长缓慢。截至 1999 年底，全香港共有 19,285 个自愿退休计划，其中注册计划为 17,347 个，豁免计划 1,938 个，覆盖人数为 92.3 万人，仅占当时香港全部就业人口 340 万人的三分之一。[27]

1995 年 7 月 27 日，香港立法局三读通过了《强制性公积金计划条例》（Mandatory Provident Fund Schemes Ordinance）的主体法例。1998 年 3 月，香港特区政府修改了主体法例的部分条文，并制定了两套附属规例，即《强制性公积金计划（一般）规例》[Mandatory Provident Fund Schemes（General）Regulation] 和《强制性公积金计划（豁免）规例》[Mandatory Provident Fund Schemes（Exemption）Regulation]，前者用以规范强积金计划运作，后者旨在规定豁免受条例约束的准则和规定。

1998 年 9 月，香港特区政府成立法定机构——强制性公积金管理局，并于 1999 年 4 月接

2017 年强积金推出重要改革措施"预设投资策略"。

管了强积金办事处的职能。2000 年 1 月，积金局接管特区政府财经事务局辖下的职业退休计划注册处的工作，承担起执行职业退休计划条例的法定职能。 2000 年 12 月 1 日，强制性公积金（Mandatory Provident Fund Schemes，简称"强积金"）制度正式实施，年龄介乎 18 至 65 岁的雇员和自雇人士均须参加强积金计划。为了加强对强积金计划的监管，积金局成立强积金计划运作检讨委员会。香港立法会也根据需要，对强积金计划进行修订，先后通过《2002 年强制性公积金计划（修订）条例》《2002 年强制性公积金计划（修订）（第 2 号）条例》及《2006 年强制性公积金计划（一般）（修订）规例》等，一个被香港称之为香港有史以来规模最庞大的社会计划全面实施。

强积金计划实施以来发展迅速，成为现阶段香港养老体系最重要的支柱。据统计，截至 2016 年 6 月底，香港 381 万就业人口中，参加强积金计划的雇员及自雇人士分别为 348 万、32 万。其中，参与强积金计划的雇主、雇员及自雇人士的比例分别达到 99%、100% 及 68%。另外，有 12% 的就业人口参加其他退休保障计划，如公务员退休金计划及获强积金豁免的职业退休计划。12% 的就业人口没有法律责任参与任何退休计划，他们大部分均为家务人员及 65 岁以上或 18 岁以下雇员。其余 4% 就业人口则仍未参加强积金计划。[28]

据统计，2001 年 2 月底，即强积金计划推出初期，香港共有 51 个注册计划，包括 47 个集成信托计划、2 个雇主营办计划及 2 个行业计划；共核准成分基金数 299 只，其中，强积金保守基金 51 只，货币市场基金 10 只，保证基金 40 只，债券基金 8 只，混合资产基金（当时称为"均衡基金"）138 只，股票基金 54 只；资产净值 115.60 亿港元，平均每档基金的资产净值为 3,866.22 万港元。到 2016 年 9 月底，香港的强积金注册计划减少至 38 个，包括 35 个集成信托计划、1 个雇主营办计划及 2 个行业计划。不过，核准成分基金数则增加至 462 只，其中，强积金保守基金 38 只，货币市场基金及其他基金 9 只，保证基金 25 只，债券基金 49 只，混合资产基金 168 只，股票基金 173 只；资产净值则增加到 6,554.85 亿港元。[29]

5. 保险业转型与发展

回归以来，香港保险业也经历了转型发展，

总体而言是一般保险业务增长放缓，

长期保险业务特别是与投资相连的保险业务和银行保险业务增长强劲。

香港进一步演变成为高度国际化的区域性保险中心。

5.1 一般保险业务的转型与发展

1997 年回归以后，随着香港制造业大规模转移到广东珠三角地区，以及相继受到亚洲金融危机、美国"9·11"事件以及 SARS 等一系列事件的冲击，香港的一般保险业务进入一个困难时期。1997 年亚洲金融危机爆发后，各行业都处于低潮，保险公司的营业额及保费都大幅下降。再加上保险公司过多，承保能力过剩，导致竞争更趋激烈，保费率下降，经营成本上升，经营日趋困难。1998 年，一般保险保费，无论毛保费还是净保费都出现负增长；1999 年，一般保险业务的毛保费及净保费分别为 165.32 亿港元和 111.28 亿港元，比 1998 年下降 8% 和 9%，其中，货运业务的毛保费下跌 24.4%，占毛保费总额 28% 的最大业务类别财产损坏业务下跌 13.3%，汽车业务下跌 12.5%；而承保亏损额则高达 13.79 亿港元。

2001 年 9 月 11 日，美国发生震动全球的"9·11"恐怖袭击事件，对全球一般保险业务构成了严重打击，香港也不例外。香港保险业的保费率大幅提高，受影响行业包括航空、货运、汽车、劳工、旅游、意外等。其中，货运的战争保险保费增加了 1～10 倍，珠宝商的保费增加了数成。长期以来，香港一般保险业务中的法定保险业务，由于竞争激烈以及严重的定价不足，出现连年亏损。其中，劳工保险已经连续 10 年亏损，汽车第三者责任保险也已经连续 6 年亏损。2003 年，受到 SARS 事件的冲击，保险业的承保风险及相关保费进一步提高。香港一般保险业务进入一个低增长时期。

据统计，从 2000 年至 2014 年，香港一般保险直接承保毛保费从 176.78 亿港元增加至 450.04 亿港元，14 年间增长了 1.55 倍；净保费从 121.32 亿港元增长至 301.65 亿港元，增长了 1.49 倍；承保利润则从 2002 年的 12.43 亿港元增加到 2014 年的 30.39 亿港元，12 年间增

表7.17　回归以来香港一般保险业务发展概况（单位：亿港元）

年份	毛保费	净保费	承保利润/（亏损）
1997	194.83	126.35	（-0.59）
1998	179.31	122.21	（-7.04）
1999	165.32	111.28	（-13.79）
2000	176.78	121.32	（-5.59）
2001	194.36	127.93	（-4.73）
2002	234.48	159.03	12.43
2003	247.66	170.45	13.43
2004	234.78	165.78	19.57
2005	225.46	156.42	24.97
2006	229.58	161.98	20.67
2007	242.71	170.58	23.01
2008	267.16	188.25	12.84
2009	285.65	205.30	24.08
2010	310.55	217.36	25.19
2011	348.35	237.61	26.27
2012	392.05	269.98	20.43
2013	417.98	288.60	30.04
2014	450.04	301.65	30.39
2015	459.61	320.85	16.97

资料来源：香港保险业监理处。

长了 1.44 倍（见表 7.17）。2014 年，香港一般保险业务中，以意外及健康险、一般法律责任险、财产损坏险、汽车险为主，分别占一般保险业务毛保费的 25.6%、24.6%、19.9% 及 10.7%。不过，值得注意的是，2015 年，尽管香港一般保险业务继续发展，毛保费和净保费都有所提升，但承保利润则从 2014 年的 30.39 亿港元大幅下降到 16.97 亿港元，降幅为 44.2%。

5.2　长期保险业务的发展与转型

不过，这一时期，香港的长期保险业务却获得了强劲的增长。1997 年香港回归中国时，香港领有保险牌照的公司数目，按人口密度计排在世界前列位置。但是，当时香港居民购买保险意欲相较欧美国家和地区却明显偏低。当年，香港购买寿险的保单总数为 344.47 万张，约占全香港人口的 53%[30]；而欧美发达国家和地区的寿险受保人士往往占总人口的八成，日本甚至高达九成。显而易见，香港寿险业务的发展相对仍然滞后，业内收益和盈利增长潜力巨大。1997 年，国际信贷评级机构标准普尔宣布，给予香港寿险业务前景正面评价，而对一般保险前景则为负面。

2000 年 2 月，特区政府经过长期酝酿，正式推出强积金计划。政府立法规定，从 2000 年 10 月起，香港所有雇员和雇主都须定期向私营的退休金计划作出供款。对于参与该计划的保险公司来说，强积金计划的推行将带来重要的商机，当时估计该计划将有约 200 亿港元供款交由保险公司或银行连同联系的信托公司管理，并有助于扩大保险公司的客户基础及向这些客户推销公司的保险产品。2001 年，中国入世和美国 "9·11" 事件的爆发，对香港保险业产生了深远的影响。中国加入世贸组织和开放保险市场，刺激更多的国际性保险集团以香港作为其亚太区总部拓展中国市场；而 "9·11" 事件则令更多的香港人对生命、保健甚至对物质的价值观产生了调整，对防止恐怖活动的意识提高，对积累财产和退休保障的意识也在提高，对保险产品的需求明显加大。

在种种利好因素刺激下，香港的长期保险业务发展进入黄金时期。据统计，从 2000 年至 2007 年，香港非投资相连个人人寿业务的保单保费从 64.98 亿港元增加至 199.71 亿港元，7 年间增长 2.07 倍；同期，投资相连个人人寿业务的保单保费更从 37.87 亿港元增加至 602.73

亿港元，7 年间增长 14.92 倍。投资相连个人人寿业
务的大幅增长，推动了新造成长期保险业务从 2000
年的 102.84 亿港元增加到 2007 年的 802.44 亿港元，
7 年间增长 7.80 倍。不过，2008 年全球金融海啸后，
投资相连个人人寿业务的监管漏洞明显暴露，投资者
信心严重受挫，相关业务受到了较大的冲击，致使长
期保险业务总体增长放缓，至 2012 年仍然未能回复
2007 年的历史水平。2013 年，新造个人人寿业务保
单保费首次超过 2007 年的最高水平，到 2015 年达
到 1,312.73 亿港元，比 2009 年的 451.84 亿港元大
幅增长了 1.91 倍。其中，非投资相连保单保费达到
1,204.35 亿港元，比 2009 年的 303.95 亿港元大幅增
长了 2.96 倍，而投资相连保单保费则下滑至 102.43
亿港元，只及 2007 年高峰期时的 16.99%（见表
7.18）。资料显示，投资相连产品至今远未恢复元气。
值得一提的是，2015 年，香港保险业向内地发出新
造人寿保单达 24.95 万份，涉及保单保费达 316.44
亿港元，占 2015 年香港新造个人人寿业务总额的
24.2%。

表7.18　回归后香港新造个人人寿业务保单保费（单位：亿港元）

年份	非投资相连	投资相连	总额
1997	44.73	17.86	62.60
1998	48.22	22.52	70.74
1999	64.00	32.54	96.54
2000	64.98	37.87	102.84
2001	80.91	51.27	132.18
2002	118.90	56.57	175.48
2003	161.19	80.66	241.85
2004	191.06	181.54	372.60
2005	238.79	214.71	453.51
2006	205.66	319.44	525.10
2007	199.71	602.73	802.44
2008	237.62	356.75	594.37
2009	303.95	147.90	451.84
2010	380.23	199.24	579.47
2011	489.38	209.26	698.64
2012	581.76	171.01	752.78
2013	696.40	199.16	887.51
2014	928.42	161.10	1,089.52
2015	1,204.35	102.43	1,312.73

资料来源：香港保险业监理处。

5.3　银行保险的兴起与发展

　　回归以来，香港保险业务的另一个重要发展趋势就是银行保险业务的快速发展。银行保
险在香港的发展，其实可追溯到 1960 年代银联保险和 1970 年代的信诺环球保险（CIGNA）。
1965 年，由恒生银行牵头，股东包括永隆银行、永亨银行和东亚银行创办的银联保险，可以说
是香港最早的由保险公司主导的银行保险业。信诺环球保险也是香港银行保险的先驱者之一，
1979 年信诺环球保险即开始与银行及信用卡公司合办市场直销活动，通过邮寄宣传单及电话销
售扩大自己的销售网络。不过，香港银行保险的全面运作，应该从 1990 年代中期开始。1995
年，瑞士丰泰人寿保险有限公司的全资附属公司——瑞士丰泰个人理财服务的创办，可以说是
银行保险业务在香港全面启动的开始。
　　1997 年 7 月爆发的亚洲金融风暴，造成了香港地产泡沫的破灭和银行高息的市场环境，直

接影响到银行边际利润日益收窄。恒生保险总经理及承保业务主管周耀明先生指出：银行做保险早在 1970 年代已开始，但一般而言，由于当时利息是银行的主要收入来源，银行的职员都没有认真去做。但是，1990 年代中后期，由于利息不再是银行的主流，如恒生银行，2007 年度 182 亿港元的利润中，就有 20 多亿港元来自保险。因此，1997 年以后，大部分大中型银行凭借其庞大的客户网络和专业服务，通过本身直属的保险公司或通过联盟的合作形式，大举进军香港保险市场，将银行保险推广至零售银行的前线业务上。随着金融危机后贷款需求及利息收入不断下降，保险计划作为银行非利息收入业务，进一步发展成为银行销售的重要产品之一。回归以来，各银行保险业务中，以汇丰、恒生、中银香港等三大银行集团做得最为突出。

表7.19 香港银行推出的主要保险产品

银行	保险产品
花旗银行	享裕人生保障计划、"智选双全保"保障计划
汇丰银行	旅游万全保、保险计划
渣打银行	人寿保障计划、人寿保险服务
恒生银行	"月薪退休保"计划、"每月教育基金保"计划、"丰盛人生"保险计划、"全面为你"女性保险计划、"黄金十年"保险计划、"源源生息"保险计划、"优游生活"退休保险计划、"今日未来"人寿保险计划、"置安心"保险计划、家庭雇佣保障计划、个人意外保障计划、"岁岁健康"医疗保险计划、"每年定期保"寿险计划、住院保障计划、"钟点家佣"保障计划、中国内地意外急救医疗保障计划、女性门诊医疗保健计划、儿童门诊医疗保健计划、"信用卡周全保"意外保障计划、家居保障计划
东亚银行	中国旅游保、中国紧急支持保、家居保、全年旅游保、住院医疗保障计划、住院现金保障计划、优越医疗保障计划、综合危疾宝、综合意外保、目标储蓄宝、写意人生退休计划、耆康宝、智迅人寿终身宝、开心 100 保、至爱女性保、盈康宝、创富储蓄宝、高尔夫球综合保、门诊医疗保障计划、家佣保、开心置业宝、定期人寿保险、宝宝储蓄宝
中国银行	康俊住院保险计划、康俪住院保险计划、康健住院现金保险计划、家佣综合险、个人保险、工伤保险
中国工商银行（亚洲）	家居保、商铺综合保险、家庭雇佣保险计划、"保一世"院现金保险计划、商业办公室保障计划、旅游保险计划、"智才 21"储蓄保障计划、"尊贵人生"储蓄保障计划、"金辉岁月"退休保障计划、"五光拾息"储蓄保险计划、"八年好合"储蓄计划、"无忧岁月"终身保险计划、富盈终身分红保险计划、"彩虹岁月"终身保险计划、亲子户口
星展银行	"Life 100"终身保障计划、"万健宝"医疗保障计划、意外保障、家佣保障、旅游保障、全年旅游保障、家居保障、中国医疗支持计划、"人生共步"储蓄投资人寿系列—亲子、"人生共步"储蓄投资人寿系列—俊杰、"人生共步"储蓄投资人寿系列—慧妍、RetireRich 退休入息计划
美国银行	个人意外保险、医疗保险、穿梭中国医疗保证卡、家佣保险、综合人才保险、旅游保险、终身医疗保障计划、"你的健康"保障计划、家居财物保险
交通银行	"医疗宝"保障计划、i.15/20 寿险计划（特别版）、"爱逍遥"退休计划、保费归还住院保障计划、"快储宝"储蓄附约
永隆银行	家居综合保险、旅游保险
永亨银行	"医疗快线"中国保证卡、"乐优游"旅游保险计划、业主保障计划
富邦银行	家居财物保险计划、旅游保险计划、"至富"储蓄保障计划、保险服务
大新银行、丰明银行	"秀慧"真女性储蓄保障计划、"晋杰"男性储蓄保障计划、尊贵人生保障计划、"中港乐"人身意外综合保障、"安居乐"家居物品保障计划、附加保障计划、"旅游乐"旅游保障计划、超级教育保障计划、储蓄保障计划
中信嘉华银行	旅游保险计划、"展望成才"寿险计划、"生命储蓄保"寿险计划及"生命多利保"寿险计划、家居财物保险计划、智裕储蓄保、保证退休入息保、尊贵一生、宏利智富锦囊、永明"丰库锦囊"计划

资料来源：陈连华主编，《香港金融理财产品手册》，上海：上海财经大学出版社，2006 年 12 月。

在香港，银行保险所推销的保险产品，可谓五花八门，各种各样，一应俱全。其中，与理财相关的主要包括：推出与按揭贷款相联系的保险产品，如渣打银行推出的楼宇按揭供款保障计划，为那些因非自愿失业或伤残导致丧失工作能力的楼宇按揭客户代为缴付楼宇按揭供款，该计划的赔偿期限为 6 个月，最高赔偿金额为 20 万元，可为失业者暂缓失业后的供款负担，保证失业者的正常生活；推出与信用卡有关的寿险产品，如花旗银行与友邦保险联合推出的"保事双成"计划，友邦保险为宝通信用卡和大来信用卡持有者提供 10 万港元的免核寿险保单，保户可以用信用卡支付保险费；推出强积金产品，如汇丰银行通过旗下公司提供一站式强积金服务，包括信托、托管、投资及行政管理，并通过汇丰和恒生的所有分行网络销售强积金产品（见表 7.19）。

据统计，截至 2016 年 9 月底，香港获授权的保险公司达 161 家，包括从事一般保险业务的公司 94 家，从事长期保险业务的公司 48 家，从事综合业务的公司 19 家；保险代理商 2,479 家，个人代理人 59,024 人；获授权保险经纪的数目 750 个，获授权保险经纪的行政总裁及业务代表的数目 9,358 个。经过多年的激烈竞争，香港保险公司的业务集中度已越来越高。根据 2014 年的统计数字，在一般保险业务方面，首 10 家公司毛保费所占市场份额达 45.3%，首 20 家公司毛保费所占市场份额达 64.4%。其中，占前 5 位的分别安盛保险（8.4%）、Zurich Insurance Company Ltd（6.1%）、保柏（亚洲）（5.4%）、中国太平保险（香港）（4.7%）及中银集团保险（4.2%）（见表 7.20）；而在长期保险业务方面，2014 年香港共有 33 家保险公司承保新造个人人寿业务，其中有 13 家保险公司承保的新造个人人寿业务保费逾 10 亿港元，有 4 家超过 100 亿港元，这 13 家公司承保的保费占长期保险业务市场份额的 93.9%。其余 20 家公司承保的新造保单保费均少于 10 亿港元，占市场份额的 6.1%。[31]

表7.20　2014年按一般保险业务整体毛保费收入计算的10大保险公司

保险公司排名		毛保费 / 百万港元	市场占有率 / %
1	安盛保险有限公司	3,651	8.4
2	Zurich Insurance Company Ltd.	2,657	6.1
3	保柏（亚洲）有限公司	2,352	5.4
4	中国太平保险（香港）有限公司	2,044	4.7
5	中银集团保险有限公司	1,843	4.2
6	昆士兰联保保险有限公司	1,763	4.0
7	美亚保险香港有限公司	1,551	3.6
8	中海石油保险有限公司	1,452	3.3
9	亚洲保险有限公司	1,255	2.9
10	安盛金融有限公司	1,161	2.7
十大保险公司在 2014 年的毛保费收入总额		19,729	45.3

资料来源：香港保险业监理处《年报 2015》。

注 释

〔1〕 香港金融管理局新闻稿，《关于香港银行试办个人人民币业务的新闻公布》，2003 年 11 月 18 日。

〔2〕 张灼华，《拓展香港人民币投资产品市场正当时》，北京：中国证券报，2011 年 9 月 8 日。

〔3〕 郭国灿，《回归十年的香港经济》，香港：三联书店（香港）有限公司，2007 年，第 40 页。

〔4〕 郑宏泰、黄绍伦，《香港股史：1841–1997》，香港：三联书店（香港）有限公司，2006 年，第 470 页。

〔5〕 同〔4〕，第 469 页。

〔6〕 祁保、刘国英、John Newson、李铭普，《十载挑战与发展》，香港：香港联合交易所，1996 年，第 53 页。

〔7〕 同〔6〕，第 54 页。

〔8〕 参阅《H 股 20 年：改变了内地企业改变了香港市场》，上海：上海证券报，2013 年 8 月 6 日。

〔9〕 潘清，《沪港通两周年运行平稳》，人民日报（海外版），2016 年 11 月 21 日。

〔10〕 "CMU 债券报价网站" 的网址为 https://www.cmu.org.hk/cmupbb_ws/chi/page/wmp0100/wmp010001.aspx。

〔11〕 参阅《2010 年香港债券市场概况》，香港金融管理局季报，2011 年 3 月，第 4 页。

〔12〕 香港特别行政区立法会，《研究雷曼兄弟相关迷你债券及结构性金融产品所引起的事宜小组委员会报告》，香港：香港特别行政区立法会，2012 年 6 月，第 24 页。

〔13〕 同〔12〕，第 193–196 页。

〔14〕 同〔12〕，第 211–212 页。

〔15〕 香港证券及期货监察委员会，《2015 年基金活动调查》，2016 年 7 月，第 10 页。

〔16〕 香港证监会，《有关持牌基金经理所管理的对冲基金的调查报告（2004 年 3 月 31 日至 2006 年 3 月 31 日）》，香港证券及期货监察委员会网站，2006 年 10 月，第 2 页。

〔17〕 同〔16〕，第 9–10 页。

〔18〕 韦奕礼（Martin Wheatley），《香港基金管理业展望》，香港证券及期货监察委员会网站，2007 年 2 月 1 日，第 2 页。

〔19〕 香港证监会，《证监会持牌基金经理/顾问的对冲基金活动调查报告》，2015 年 3 月，第 4–5 页。

〔20〕 张灼华，《ETF 及其他指数产品发展》，香港证券及期货监察委员会网站，2011 年 5 月 13 日，第 1 页。

〔21〕 同〔20〕，第 2–3 页。

〔22〕 香港证监会，《2015 年基金管理活动调查》，香港：香港证监会，2016 年 7 月，第 6 页。

〔23〕 香港证券及期货监察委员会，《2007 年基金管理活动调查》，香港：香港证券及期货监察委员会，2008 年 7 月，第 4 页。

〔24〕 香港证券及期货监察委员会，《2015 年基金管理活动调查》，香港：香港证券及期货监察委员会，2016 年 7 月，第 18 页。

〔25〕 QFII 是英文 Qualified Foreign Institutional Investor 的简称，意为合格的境外机构投资者，是指允许经核准的合格外国机构投资者，在一定规定和限制下汇入一定额度的外汇资金，并转换为当地货币，通过严格监管的专门账户投资当地证券市场，其资本利得、股息等经批准后可转为外汇汇出的一种市场开放模式。

〔26〕香港证券及期货监察委员会,《2015 年基金管理活动调查》, 香港：香港证券及期货监察委员会, 2016
　　　年 7 月, 第 17 页。

〔27〕《香港金融十年》编委会,《香港金融十年（1997—2007 年）》, 北京：中国金融出版社, 2007 年, 第
　　　127 页。

〔28〕香港强制性公积金计划管理局,《强制性公积金计划统计摘要》, 2016 年 9 月, 第 1 页。

〔29〕同〔28〕, 第 7-8 页。

〔30〕由于许多人不只购买一份保险, 实际比重远低于这一水平。2000 年 5 月香港寿险总会副主席安德生
　　　（Roddy Anderson）就认为, 全港购买人寿保险的人数不足四成。

〔31〕香港保险业监理处,《年报 2015》, 香港：香港保险业监理处, 2016, 第 56 页。

2013 年香港交易所新一代数据中心启用。(供图 : 香港交易所)

第八章
特区政府的金融政策与金融监管

1. 特区政府的金融政策

1997年香港回归后，香港的金融业进入了一个新的历史发展时期。

《中华人民共和国香港特别行政区基本法》第109条规定：

"香港特别行政区提供适当的经济和法律环境，以保持香港的国际金融中心地位。"

《中华人民共和国香港特别行政区基本法》并列明继续保障金融企业和金融市场的经营自由；

继续开放外汇、黄金、证券及期货等市场；

资金自由进出；港币继续流通，自由兑换。

1.1 香港特区政府金融政策的主要内容

从总体来看，经过 1980 年代中期以来的演变，回归后香港特区政府金融政策的主要内容是：

第一，建立了以分业监管为主的金融监管架构。

从国际上看，金融监管主要可划分为两种模式，即分业监管和混业监管。1930 年代经济大萧条后，美国颁布《格拉斯-斯蒂格尔法案》（Glass-Steagall Act），将投资银行业务和商业银行业务严格地划分开，使美国金融业形成了银行、证券分业经营的模式。在美国的影响下，日本、英国等一些西方发达国家金融业也形成了分业经营模式。不过，到了 1980—1990 年代，随着金融全球化的发展，非银行的金融机构纷纷侵入商业银行的贷款业务，而商业银行也开始积极向投资银行渗透，对分业经营和监管模式形成了挑战。1997 年，英国政府对金融监管体制进行全面改革，整合了原有金融监管机构的职能，成立英国金融服务局（Financial Service Authority，简称 FSA）[1]，对金融业行使统一的监管权。1999 年，美国政府颁布了《金融服务现代化法》，取消了对混业经营的禁令。但美国拒绝了英国的"统一监管"模式，选择了"功能监管"方

香港金融管理局办公地点位于香港国际金融中心二期 55 楼。

法，即对于拥有银行、证券和保险子公司的金融控股公司，由银行监管机构、证券监管机构和州保险监管机构分别对其相应的业务或功能进行监管，包括制定各自的监管规章、进行现场和非现场检查、行使各自的裁决权等；同时，由美联储担任"牵头监管者"，对金融控股公司进行总体监管。

香港实行的基本上是美国的分业监管模式。在特区政府的总体架构中，分别设立了香港金融管理局、证券及期货事务监察委员会、保险业监理处，以及强制性公积金计划管理局。其中，金融管理局成立于1993年，主要负责通过稳定管理外汇基金、执行货币政策及其他适当措施，维持货币汇率的稳定；通过对银行业的有效监管，确保银行体系的安全和稳定发展，提高金融体系的效率。证券及期货事务监察委员会成立于1989年，作为一个独立的法定组织，负责执行监管证券及期货市场的法例，促进和推动证券及期货市场的发展。证监会并取代信托基金委员会，成为基金业的监管机构。金管局与证监会保持密切联系，由于香港银行经营的证券及相关业务不断增长，两机构的联系日趋紧密。根据相关条例，认可财务机构都需要接受金管局的监管，认可财务机构如要进行受证监会监管的活动，必须在证监会注册。

保险业监理处成立于1990年，是特区政府财经事务及库务局辖下的一个部门，专责执行《保险公司条例》，以加强对保险公司及相关人员的监管，确保保单持有人或潜在保单持有人的利益获得保障，以及促进保险业的整体稳定。香港特区政府并计划设立独立的保险业监管局。2015年7月10日，香港特区立法会通过《2014年保险公司（修订）条例草案》，定明将成立独立保险业监管局，并为保险中介人设立法定发牌制度，取代现行自律规管制度。强制性公积金计划管理局成立于1998年，作为独立的法定组织，主要负责监管和监察强积金的运作，确保有关人士遵守强积金条例。积金局与证监会的职责之间也存在关联，包括根据《证监会强积金产品守则》及相关条例审查及授权强积金产品及相关推销，注册、核准投资经理及监控投资经理在投资管理强积金产品时的操守，对提供强积金产品相关服务的投资顾问及证券商所推行的活动进行监督等。

第二，积极推进金融体制改革，加强和完善对金融业的监管，全面与国际监管标准接轨。

从1980年代中期开始，香港政府在金融监管政策上的一个重要转变，就是以英美等西方国家的监管模式为蓝本，加强和完善对金融业的监管，全面与国际惯例接轨。1984年银行危机期间，香港政府邀请英格兰银行金融专家理查·法兰特来港就香港银行业监管提出全面意见，并在此基础上制定1986年《银行业条例》。新条例引进了对认可机构资本与风险资产比率和流动资金比率的有关规定。其后，香港政府根据巴塞尔银行监管委员会制定的《巴塞尔协定》的要求，对香港金融体制中各类认可机构的资本充足比率、流动资金比率、资产品质等，提出了调整和实施方案，将二战后建立的以公开储备为基础的直接监管制度改革为一套以资本为基础

1999 年香港联合交易所会员就交易所与期交所合并计划进行投票。

的银行监管制度。

1997 年回归后，特别是亚洲金融危机后，香港特区政府根据巴塞尔委员会和国际顾问公司的建议，展开了一次前所未有的金融业监管制度改革，改革的深度和广度超过了香港金融业发展史上的任何一次改革。改革最重要的内容之一，就是将 1988 年以来建立起来的以资本为基础的监管制度，转变为以风险为本的监管制度，从而使香港银行业的监管制度出现了质的飞跃，达到了国际先进水平。其后，巴塞尔银行监管委员会根据国际金融业发展的新形势，于 2007 年制定并实施《巴塞尔协定二》；2008 年全球金融危机后又着手制定并于 2013 年开始分阶段实施《巴塞尔协定三》。香港特区成为全球首先引进和实施这些协定的地区之一。

在证券市场，1987 年全球股灾后，香港政府聘请英国著名证券业专家戴维森检讨证券市场存在问题，其后，香港政府根据戴维森报告书的建议，对香港的证券及市场展开全面的整顿和改革，内容包括重组香港联交所管理架构、大幅扩大香港证券及期货监察委员会的权力，重新厘定联交所与证监会的监管许可权与职责，积极吸纳和引进国际证券机构，大力发展中国概念股和 H 股等，从而将香港证券及市场提升至现代化、国际化的先进水平。1999 年 3 月，香港特区政府发表《证券及期货市场改革的政策性文件》，推出一项重大的三管齐下的市场改革方案，内容包括：交易所和结算公司实施股份化和合并；全面改革证券及期货市场的规管制度；以及改善金融市场基础措施。根据改革方案，2002 年 3 月，立法会三读通过新的《证券及期货条例》以取代以往众多的证券条例，标志着香港新的证券及期货市场的监管制度全面实施。这些改革措施，使得香港的证券监管制度与国际标准全面接轨。

第三，政府监管与行业自律并重，推动金融业稳健发展的同时高度重视保持市场弹性和活力。

长期以来，香港政府由于奉行积极不干预的经济政策，十分重视发挥市场的自动调节作用，强调行业自律。在证券及期货业，1988 年，香港政府根据戴维森报告书展开全面改革，就高度重视推动香港联合交易所的架构重组，使联交所从过去的"私人俱乐部"转变为证券及期货市场的前线监管机构。2000 年，在香港特区的积极推动下，香港联交所、期交所和三家结算公司实现合并，注册成立香港交易及结算所有限公司，并在香港挂牌上市，从而使香港交易所从会员制的组织形式转变为股份制形式的上市公司，向国际一流交易所全面看齐，真正发挥交易所一线监管的重要作用。

在保险业，1988 年，在香港政府的推动下，作为保险业行业自律组织的香港保险业联会成立。其后，保联会与保监处形成监管分工，保联会负责保险业的前线自律监管。保联会成立后积极推动业内自律行动，包括制定一般保险业惯例声明及长期保险惯例声明，供一般保险总会和寿险总会的会员遵守；同时成立保险索偿投诉局。1993 年，保联会推出《保险代理管理守则》，建立起保险业中介人自律监管制度。回归后，香港特区政府进一步改善保险业中介人自律监管制度，推出了保险中介人素质保证计划，并计划设立保单持有人保障基金。

在基金管理业，香港证监会在加强及完善监管的同时，积极推动基金管理业的发展。特区政府将对基金业的监管目标，定为"香港政府及监管当局均致力发展具宽度及深度的优质市场"，目的是推动香港成为亚洲区内"一个主要的基金管理中心"。根据监管目标和监管原则，证监会大幅修订了《单位信托及互惠基金守则》，以采纳一套全新的、更具灵活性的基金认可制度。为了回应市场投资需求，证监会在执行守则过程中，不断对守则作出适当增补及细节上的修订，以通函方式向市场发出额外指引，借此简化监管程序，降低市场参与者的交易成本，提高市场效率，促进新产品的引进和开发，推动了基金业的大发展。

这一时期，香港金融业的监管，强调在"政府直接监管及业界之律监管两者之间，必须取得平衡"，重视建立"以公众利益为依归的自律监管机制"。这一监管模式，有利于监管当局在维持有效监管的同时，发挥行业和市场人士的积极性，保持市场的活力。

第四，实施一套以维持和巩固港元联系汇率制度为基石和核心的货币政策，以维持香港金融环境的稳定。

港元联系汇率制是 1980 年代初特殊政治、经济危机下的产物。为了维持和巩固联系汇率制度，回归前香港政府进行了一系列金融体制改革，包括推出新会计安排、实施流动资金调节机制，建立即时支付结算系统等。回归后，在亚洲金融危机期间，联系汇率制度受到空前的冲击，特区政府又推出一系列完善联系汇率制度的改革措施，包括建立贴现窗制度，以及建立"兑换保证"，即以货币发行局制度的原理来进一步改善联系汇率制度的运作。及至 2003—2005 年间，由于美元疲弱和人民币升值引致港元汇率不稳，金管局又推出了三项优化措施，包括强方兑

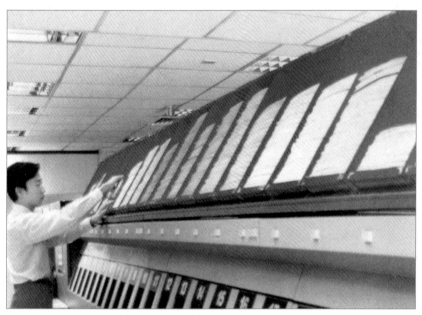

成立于 1997 年的香港中央结算有限公司一角。

换保证、改变"弱方兑换保证"的汇率水平，以及设立兑换范围，目的是要消除跟港元升值潜力有关的不确定性，令港元利率更加贴近美元利率，以改善和优化联系汇率制度的运作。

从过去 30 年的实践看，联系汇率制度自 1983 年 10 月实施以来，运作一直卓有成效，它的实施有效控制了港元货币供应量的增长，保持了港元币值的基本稳定；提高了香港金融体系承受政治、经济震荡冲击的能力；提高了香港作为国际金融中心的战略地位。联系汇率制度已从初期一项应变危机的权宜之计发展成香港货币金融政策的基石和核心。不过，1997 年亚洲金融风暴冲击香港，联系汇率制度的弊端开始明显暴露。在联系汇率制度下，港元利率失去了自主性，只能被动地跟随美元利率变动，利率工具的功能受到严重限制，导致了"资产通胀"和"泡沫经济"的形成。在联系汇率制度下，港元汇率被锁定，汇率工具的功能也受到严重限制，这成为 1997 年金融危机后香港经济陷入长达数年通缩的重要原因之一。

第五，高度重视金融业基础设施建设，以保持香港国际金融中心的竞争力。

香港特区和金融监管当局认为，金融基建对于香港维持和巩固国际金融中心的地位具有极端重要意义，香港要发展具竞争力的国际金融中心，其中的关键性条件之一，是建设安全、高效率及先进的金融基建。多年来，香港政府一直致力于多币种支付、结算及交收系统的建设，包括 1996 年推出港元即时支付结算系统（RTGS 系统），2000 年及 2002 年先后推出美元结算系统和欧元结算系统，2006 年又推出人民币结算系统，并将这些系统连接。2006 年及 2010 年，美元结算系统又分别与马来西亚的马币结算系统（RENTAS 系统）及印尼的印尼盾 RTGS

系统联网。此外，又将支付系统与 1990 年推出的债务工具中央结算系统（CMU）联网，从而
建立国际一流水平的金融基建。

1.2　香港提升国际金融中心竞争力的策略和政策

香港政府发展国际金融中心的政策意图，最早可追溯到 1970 年代。1973 年，香港总督麦
理浩在其施政报告中第一次提出要发展金融"区域中心"。同年，香港政府宣布取消实施了 30
多年的外汇管制，翌年又开发黄金进口。1978 年 3 月，香港政府再"解冻"银行牌照的发放，
宣布对那些信誉良好的外资银行，若符合规模要求及背景条件者将考虑其呈递的银行牌照申请。
1982 年，在香港政府的年报上，第一次出现"国际金融中心"的提法。

1995 年 5 月，香港金融管理局发表《香港作为国际金融中心的策略文件》（简称《策略文
件》）的报告。《策略文件》认为，香港之所以崛起和发展成为国际金融中心，其优势主要概括
为自由开放的经济政策、清晰健全的法律制度、比较完善的基础设施和投资环境、高度发达的
资讯业、高素质的人力资源以及与中国内地相联系的优越区位条件。

不过，《策略文件》也指出："在 1997 年前的过渡期内，我们可看到香港的某些优势正受
到侵蚀，例如在某些环节，其他金融中心正在迎头赶上（如基础设施的质素、公司进出的自由、
财务机构齐全等）；而在某些环节，香港可能正逐渐落后（如政治转趋不明朗、语言能力等）。"
此外，投资者忧虑香港的自由开放政策会否受到任何侵蚀，香港会否改变其作为自由市场的特
点，货币稳定性会否不复存在，法律制度会否有任何倒退等等。文件认为，"上述政策的任何重
大改变，将被视作极为不利"，"将难以维护香港的主要金融中心地位"。

《策略文件》认为，香港最直接的竞争对手是新加坡，原因是它拥有与香港相同的优势，包
括位于伦敦纽约之间的适当时区、毗邻高增长地区，以及低税率。而且，新加坡正在进行多项
重大的政策改革，特别是在税务方面，以图取得领先地位。与新加坡相比，香港在金融产品方
面的优势主要是银行业、股市、国际债券市场、黄金市场、资产管理及保险等。但在公债市场、
外汇市场、期货及期权市场，以及退休金管理等方面，香港则不如新加坡。

金管局认为，在九七回归的重要关键时期，维持投资者对香港自由市场的信心至关重要。
同时，应付来自新加坡的竞争及挑战，是保持香港作为亚洲主要国际金融中心的整体策略中的
不可分割的重要部分。为此，提出相应的策略性建议：

（1）鉴于其他区域性金融中心提供重大的税务优惠计划，香港要考虑将"海外金融业务"
的适用税率调低，务使竞争更趋平等。

（2）与私营机构合作发展若干金融产品，尤其是在债券市场的范畴。债券市场的发展可带

来外汇、银行同业交易和衍生产品的关联交易。为此，必须对金融基础设施建设进行投资，例如在结算、交收及支付系统方面。

（3）通过健全和有组织的方式发展第二按揭市场。

（4）金管局将加强与其他监管机构的合组，共同推动若干范畴，如风险管理、衍生工具产品、股票、保险和再保险产品的发展。

（5）加强对其他相关范畴的改善，包括教育和培训、英语应用能力、国际学校，以及其他设施等。

（6）成立一个专责咨询委员会——国际金融中心策略工作小组，负责对香港作为国际金融中心的相关策略问题作出探讨，并对影响香港国际金融中心竞争力的规例作出监察和提出意见。

1997 年 10 月，香港特区首任行政长官董建华在其首份施政报告中指出，首届特区政府的历史使命，是将"一国两制"构想的理论和基本法条文开始付诸实践。特区政府将以长远、发展和前瞻的思维方式制定政策，包括货币金融政策。为此，董建华在施政报告中倡导成立一个由他出任主席的策略发展委员会。2000 年 2 月，策略发展委员会公布《共瞻远景、齐创未来》的最终报告。报告认为，香港未来发展的战略定位，是"亚洲的首要国际都会和中国的一个主要城市"。实现这一目标的关键所在，是要大力发展 7 个行业和领域。[2] 其中排首位的就是金融和商业服务。

报告认为，纽约和伦敦是全球最突出的两个金融和商业服务中心，两地汇聚了各式各样的金融商业服务，包括银行、保险、银团贷款、融资、证券买卖、基金管理、会计、法律，以及广告和其他通信服务。当前，科技发展一日千里，加上全球金融业不断整合，世界金融中心的特质和角色正急速变动，香港要在变动中把握机会，必须充分利用内地的不断开放，进一步发展资源基础，不断促进新的金融产品和服务的发展，确保香港金融及商业服务的规管制度和技术设施维持世界水平，确保基本制度配合香港作为区内首要金融中心的发展步伐，并维持超卓的效率，才可巩固其国际主要金融商业服务中心的地位。

根据该报告建议，董建华在他的第二份施政报告中，特别强调了香港作为"国家主要集资中心"的作用。[3] 2003 年，董建华在施政报告中，提出要建立一个背靠内地、面向世界的国际金融中心，要提高香港作为亚洲主要金融中心和国家首选集资中心的地位。他表示，和纽约、伦敦这两个大城市相比，香港已在很大程度上具备了很多类似的基础条件，但仍有一段差距，尤其是在人才和生活环境方面。香港具有独特的优势，背靠发展蓬勃的中国内地，尤其是广东珠江三角洲地区，香港将努力加强与珠三角地区的融合，推动经济新的增长。

2003 年 6 月，香港特区与中央政府签署《内地与香港关于建立更紧密经贸关系的安排》（简称"CEPA"）协定。根据 CEPA 协定，香港与内地将建立更紧密的经贸关系，加强在银行、证券和保险领域的合作，包括支持内地银行将国际资金外汇交易中心移至香港；支持内地银行在香港以收购方式发展网络和业务活动；发挥香港金融中介机构在内地金融改革中的作用；支持内地保险企业以及包括内地民营企业在内的其他企业到香港上市。此外，香港银行、证券及保险机构将获得先于内地在世界贸易组织允许的开放时间表进入内地金融市场的机会。

2008 年，中央政府批准广东省对港澳服务业开放先行先试。2009 年初，国务院批准的《珠江三角洲地区改革发展规划纲要（2008—2020）》提出："深化落实内地与港澳更紧密经贸关系安排（CEPA）力度，做好对港澳的先行先试工作。"当年，CEPA 补充协议六规定对香港 9 项服务业开放先行先试措施。其中，在银行业，允许香港银行在广东开设的分行，可在广东省内设立"异地支行"；在证券业，允许符合条件的香港证券公司与内地具备设立子公司条件的证券公司，在广东设立合资证券投资咨询公司，香港证券公司持股比例最高可达到三分之一；允许香港证券公司参与内地证券市场的发展及研究在内地加入港股组合"交易型开放式指数基金"。这些措施有力促进了香港银行业融入珠三角地区的步伐。

1990 年代末中环商业区有东移之势。

2010 年 4 月 6 日，香港与广东省签署《粤港合作框架协定》，协定规定粤港合作的 6 个发展定位，其中就包括"金融合作区域"这一定位，并将金融业列为 8 个重点合作领域的首个领域。协定首次明确提出："建设以香港金融体系为龙头，广州、深圳等珠江三角洲城市金融资源和服务为支撑的具有更大空间和更强竞争力的金融合作区域。"协定还提出一系列深化粤港金融合作的政策、措施，包括共同推进跨境贸易人民币结算试点，逐步扩大香港以人民币计价的贸易和融资业务，支持香港发展离岸人民币业务；支持香港保险公司进入广东保险市场，加强粤港保险产品创新合作；准许香港金融机构深入珠三角腹地开设村镇银行和小额贷款公司等。

鉴于一直以来香港金融市场缺乏系统性推广和发展金融服务业的部门，2008 年全球金融海啸后，香港金融业内人士对于设立专责推动香港金融市场发展的金融发展局的呼声日渐高涨。

2012 年，特区政府着手筹备金融发展局。2013 年 1 月，香港特区政府成立香港金融发展局，由曾经出任中国证监会副主席的香港金融界资深人士史美伦出任主席，主要职能包括：进行政策研究和业界调研，制订建议供政府和监管机构参考；与监管机构和行业团体共同探讨金融服务业持续多元发展的机遇和掣肘；与内地和海外相关机构保持沟通，支持香港金融服务业开拓新市场和新业务等。此外，金融发展局还会与教育培训机构、行业团体和业界合作，提升从业人员的技巧和专业知识，以及通过举办研讨会、路演、印发刊物和积极参与国际活动，在内地和海外推广香港的金融服务业和国际金融中心功能。

同年 11 月，金融发展局发布《巩固香港作为全球主要国际金融中心的地位》的政策文件。根据该文件，香港国际金融中心发展的整体策略大纲包括四项元素：愿景、市场机遇、促进因素及基本条件（见图 8.1）。[4]

第一，发展愿景：香港应致力于成为扎根亚洲、首屈一指的国际金融中心。香港已成为公认的国际金融中心，与纽约、伦敦、东京、新加坡、法兰克福、苏黎世及上海等地区分庭抗礼。香港拥有地理优势、世界级商业基建设施、充裕人才，以及庞大的市场机遇，具备出类拔萃的先决条件。因此，香港应该矢志发展为全球国际金融重镇，以及扎根亚洲、首屈一指的国际金融中心，提供顶级金融服务及产品，全面迎合全球投资者及工商企业的各种业务及投资需要。

第二，市场机遇：香港应致力于把握中国及全球各地涌现的市场机遇，并以固有实力作为根基，拓展新领域。

（1）在内地市场涌现的机遇中争取优越地位，成为投资资金进出中国市场的首选中心。具体包括：保持作为最重要离岸人民币中心的主导地位；管理进出中国内地的投资资金；作为内地企业的集资中心；协助内地企业走向全球；成为内地相关企业的企业财资中心；为珠三角及长三角地区的财务需要提供服务。为求扩大以上业务的市场份额，香港应寻求在内地金融服务业的发展中发挥积极作用，特别是资本账项的开放、人民币国际化及增设企业融资管道等主要领域。

（2）加强核心竞争力，拓展新领域。具体包括：发展成为亚洲最具吸引力的资产管理中心；发展成为财富管理中心；扩大及进一步发展香港首次公开招股市场；扩大及更深入拓展债券市场；发展商品交易业务；拓展其他潜在的机遇，如海事融资、再保险、创投资金、证券化业务等。扩大及深化资产类别以减少对股票市场的依赖，提升金融业的整体抗逆能力。同时，拓展内地之外的市场，吸引不同地区的企业来港上市及在香港设立区域总部。

第三，促进因素：要把握涌现的机遇并在竞争对手之中脱颖而出，香港必须加强金融服务业的实力，继而提升长远竞争力。具体包括：制定可持续发展的人才模式；改善香港的生活问题，并保持香港对人才的吸引力；在市场发展与金融稳定之间取得平衡；加强对香港品牌的市

愿景	**成为扎根亚洲、 首屈一指的国际金融中心**		

市场机遇

在内地市场涌现的机遇中争取优越地位	加强核心竞争力，拓展新领域
• 保持作为最重要离岸人民币中心的主导地位 • 管理进出中国内地的投资资金 • 作为内地企业的集资中心 • 协助内地企业走向全球 • 成为内地相关企业的企业财资中心 • 为珠三角及长三角地区的财务需要提供服务	• 成为亚洲最具吸引力的资产管理中心 • 成为财富管理中心 • 扩大及进一步发展香港首次公开招股市场 • 成为亚洲首选外汇交易中心 • 扩大及更深入拓展债券市场 • 发展商品交易业务

促进因素

制定可持续发展的人才模式	改善香港的生活问题，并保持香港对人才的吸引力	在市场发展与金融稳定之间取得平衡	加强对香港品牌的市场推广工作
• 提升专业技术培训 • 建设中后台部门人才基础	• 通过跨界别和政府决策局间的合作解决问题	• 检讨监管架构及方针 • 修订法例、监管规定和税务安排以推动发展（开放式投资公司、房地产投资信托基金、私募基金）	• 检讨现行市场推广活动，制订完整的市场发展计划

基本条件

争取政府、业界及社会的合作和支持
• 政府应积极与业界及社会各界接触

图8.1 香港发展全球主要的国际金融中心策略

资料来源：香港金融发展局，《巩固香港作为全球主要国际金融中心的地位》，2013 年 11 月。

场推广工作。

第四，基本条件：特区政府、金融业界、金融监管机构及社会人士必须通力合作，共同谋求香港的长远利益。特区政府的愿景及行动计划须在各决策局及部门之间取得协调，除财经事务及库务局外，还需包括教育、环境及房屋等非金融服务相关部门。与此同时，争取公众及媒体支持，亦是顺利通过及执行任何措施的关键。

根据金融发展局这份政策文件，香港国际金融中心的发展目标是要成为全球性的国际金融中心。应该说，香港是有条件实现这一发展目标的。香港的比较优势包括其区位优势；全球最自由经济体、完善有效的司法体制和金融监管制度等方面的制度优势；香港金融业在资本市场、资产管理和银行体系方面的优势和实力。不过，也应该看到，与纽约、伦敦等全球性国际金融中心相比，香港也存在不少差距，包括金融市场、金融机构的发展不平衡，存在众多的"短板"；金融创新不足；金融业发展腹地比较狭小，总体规模仍然偏小等。因此，香港要发展成为全球性国际金融中心，必须扬长避短，其中的关键，是要加强与内地金融中心的合作与错位发展，构建以香港国际金融中心为龙头，以深圳和广州为两翼、珠三角地区其他城市为主要支点的大珠三角金融中心圈。[5]

2. 银行业：建立以"风险为本"的监管制度

回归以来，配合国际银行监管制度的改革和发展，

适应香港银行业的转型和发展，

香港金融管理局积极推动银行监管制度的改革，

包括致力改革和开放市场，

以及进一步提高银行体系的安全性和稳健性等。

2.1 改革和开放市场：撤销《利率协议》和"一间分行"政策

1998 年 3 月，面对亚洲金融危机对银行业的冲击，香港金融管理局委托顾问公司对银行业未来 5 年的前景进行策略性评估。其后，顾问公司发表的《香港银行业顾问研究报告》，提出了银行业改革的一系列措施。1999 年 7 月，金融管理局以《香港银行业顾问研究报告》为蓝本，在公众和业界咨询的基础上，发表了《就"银行业顾问研究"的政策回应》，制定了一套为期 3 年的银行业改革措施，其整体方向是：加强银行基础设施，以提高银行业的安全和稳健程度；鼓励开放市场和提高香港银行业的竞争力，从而促进业内的效率和创新；逐步撤销监管屏障，容许市场力量发挥更大作用，以决定银行业内适当的机构数目。其中一个重点就是改革和开放市场，包括分两阶段撤销《利率协议》、放宽"一间分行"规定，以及研究金融三级制改革的可行性等。[6]

（1）分两阶段撤销《利率协议》。

《利率协议》是 1964 年为了避免银行之间恶性竞争而采取的一项临时性利率管制协议。1994 年，香港消费者委员会在顾问报告《对香港银行业政策和实务的估计——对消费者的影响》基础上，发表《银行对存户是否公平？》的报告，建议撤销定期存款、储备存款和往来存款的利率上限。有关建议得到金融管理局的积极回应。金融管理局在检讨《利率协议》后，开始分阶段撤销适用于定期存款的利率协定：1994 年 10 月撤销了 1 个月以上定期存款的利率上限；1995 年 1 月撤销 7 日以上至 1 个月定期存款的利率协定；同年 11 月撤销余下 7 日以下定

期存款的利率上限。由于 1995 年初墨西哥金融危机引发市场波动，加上当时香港回归出现不明朗因素，金融管理局押后了进一步撤销利率协议的行动。到 1998 年，余下的利率协议涵盖 6 日或以下的定期存款（主要为 24 小时通知存款）、往来账户和储蓄账户，分别占银行体系港元存款总额的 0.1%、5.4% 和 25.1%。[7]

1999 年 7 月，金融管理局在《就"银行业顾问研究"的政策回应》中指出："从全球银行业发展方向来看，撤销余下的利率协议无可避免，而且最终会对香港有利。"但考虑到当时亚洲金融危机期间香港银行业正面对不明朗因素，利率协议仍有助于维持银行业稳定，金融管理局决定分阶段撤销余下的利率协议，而不是采取"大革新"的方法。第一阶段撤销 7 日以下定期存款的利率上限，以及有关存款赠品的限制；第二阶段撤销所有往来和储蓄账户。为了使经济和金融环境有利于撤销利率协议的行动，金融管理局制定了一套质与量兼备的客观指标，包括香港整体经济的表现、银行业的盈利能力、利率波动水平、资本充足比率，以及重大的国际或地区性经济动荡等。撤销利率协议的两个阶段分别于 2000 年 7 月 3 日和 2001 年 7 月 3 日顺利完成，其间没有出现大规模的存款转移，也没有出现银行之间竞逐存款的现象。

（2）取消"一间分行"政策。

1978 年，香港政府为了推动香港国际金融中心的发展，撤销暂停发出银行牌照的限制，以吸引更多跨国银行到香港开设分行。不过，当时银行业界担心，银行数量的增加会导致竞争更趋激烈，对香港本地注册的中小银行构成打击。为此，香港政府推出"一间分行"政策，在香港获发银行牌照的境外金融机构，必须受到"一间分行"政策的限制，即这些金融机构只可在同一幢楼宇内开设办事处，经营银行业务／接受存款业务，或者进行和安排其他金融交易。1994 年 9 月，香港政府开始放宽"一间分行"政策，境外银行除了可设一家分行外，还准许它们在其他楼宇开设最多一个地区办事处和一个后勤办事处，以应付运作需要和降低经营成本。到 1998 年，在香港开业的 144 家境外银行中，只有 37 家开设多家分行，它们基本上都是在 1967 年政府"冻结"发放银行牌照之前进入香港的，不受"一间分行"政策限制。

《香港银行业顾问研究报告》在检讨香港银行业时指出："'一间分行'规定为香港银行制造了一个不公平的竞争环境，限制了银行快捷有效地经营业务的能力。香港金融管理局经过咨询，同意顾问报告的意见，认为'一间分行'政策已经不再适合香港。同时，电话银行和网上银行的发展也降低了这一政策的实际效用。"[8]1999 年 11 月，金融管理局宣布实施第一阶段措施，将对境外金融机构的"一间分行"政策改为"三间分行"政策，同时准许金融机构自由开设任何数量的地区或后勤办事处，但这些办事处不得经营银行或接受存款业务，不得进行或安排其他金融交易。2001 年第 1 季度，金融管理局在政策检讨中发现，境外金融机构根本无意增加分行，"一间分行"政策已无实际意义。金融管理局遂于 2001 年 11 月起，宣布取消对境外银行和有限牌照银行开设分行数量的限制全部取消，使认可机构可以更加灵活地经营业务，以利于巩固和提高香港国际金融中心的地位。

（3）检讨和改革金融三级制和市场准入。

作为改革和开放市场的一个部分，《香港银行业顾问研究报告》对香港的金融三级制也进行了检讨。报告认为："从市场发展形势来看（如金融市场界限模糊、其他市场进行整顿的趋势以及独立的有限制牌照银行和接受存款公司的市场占有率已下跌至不足 2% 等），无须再区分有限制牌照银行和接受存款公司。"[9] 因此，报告建议，将金融三级制简化为银行和有限制牌照银行两级。香港金融管理局在回应顾问报告时表示，支持二级发牌制度。2001 年第 4 季度，金融管理局就金融三级制和市场准入标准进入了深入的检讨，并建议：对境外银行申请人资产总额须达到 160 亿美元的规定，改为实施本地银行申请人所适用的规定，即总资产额为 40 亿港元和客户存款为 30 亿港元，将资产总额的规定大幅降低；缩短有限制牌照银行和接受存款公司申请人的经营期限限制，从原来的 10 年改为 3 年，并撤销"与香港有紧密联系"的限制，使本地注册有限制牌照银行及接受存款公司比较容易升格为持牌银行；维持现行的三级发牌制度，留待建议的新政策逐步实施后再作检讨。

2.2 建立以风险为本的银行监管制度

回归以后，面对全球经济环境的转变和亚洲金融危机的冲击，香港特区政府展开了一次前所未有的银行业监管制度改革，改革的深度和广度超过了香港银行业发展史上的任何一次改革。改革最重要的内容，就是将 1988 年以来建立起来的以资本为基础的监管制度，转变为以风险为本的监管制度，从而使香港银行业的监管制度出现了质的飞跃，达到了国际先进水平。

其实，早在 1990 年代初中期，巴塞尔委员会已开始关注这一问题，分别于 1993 年和 1995 年就控制市场风险的方法发出咨询文件。1996 年 1 月，巴塞尔委员会正式发表《纳入市场风险的资本协定修订》，将银行市场风险纳入监管范围，以确保银行对其承受的市场价格波动风险，持有充足的资本。香港金融管理局积极回应巴塞尔委员会的建议，1994 年底发出了衍生金融工具买卖活动风险管理指引文件。1996 年 3 月，金融管理局根据巴塞尔委员会的建议，要求认可机构在计算资本充足比率时，要把市场风险纳入其中。1997 年第 1 季度，金融管理局要求本地认可机构填写市场风险申报表，使监管当局能够及时掌握银行交易账户和衍生工具交易有关风险情况。随后，金融管理局在对本地认可机构就市场风险的相关情况展开调查，在此基础上着手修订《银行业条例》，为在香港推行市场风险监管制度做好法律准备。1997 年 8 月，香港立法会通过《银行业条例》修订条文。同年 12 月 31 日，香港的市场风险资本充足比率监管制度正式实施。

根据《银行业条例》修订条文，认可机构必须使金融管理专员信纳："如属在香港成立为法团的公司，公司目前备有足够资本，及如获认可会继续备有足够资本，在顾及以下持仓量的价值波动所引致的可能亏损后，支持该公司所持有的任何以下持仓量：① 作为自营买卖用途的债务证券、与利率联系的合约、股权及与股权联系的合约；② 外汇、与汇率联系的合约、商品及与商品联系的合约。"否则，金融管理专员有权撤销该认可机构的认可资格。在新制度下，由于加入了市场风险因素，认可机构必须重新调整资本充足比率的计算方法。调整比率以资本基础占加权风险总值（包括信贷风险和市场风险）的百分比表示。其中，资本基础与原来的相同，即为第一级和第二级资本的总和；信贷风险加权值是原来的净风险加权总值减去自营买卖账户上资产负债表内债务证券和股权以及银行资产负债表内商品的信贷风险加权；市场风险加权值是所有市场风险类别的资本要求的总和乘以 12.5（即巴塞尔协定最低资本充足比率8% 的倒数）。

在新制度下，市场风险的计算方法可采取三种模式：一是巴塞尔标准计算方法，适用于复杂程度较低的认可机构；二是内部模式计算方法，适用于已经具备所需系统以计算市场风险的市场活动参与者，但采用该方法须征得金融管理局事先批准；三是欧洲共同体的资本充足指引。考虑到香港大部分认可机构实际上并没有大量从事衍生工具和自营买卖活动，为了减轻它们申报方面的负担，金融管理局对那些只承受少量市场风险的认可机构，豁免其遵守新资本规定。但必须符合下列条件之一：① 其市场风险持仓量通常不超过资产负债表内外项目总额的 5%；② 其市场风险持仓量通常不超过 5,000 万港元；③ 其资本充足比率不少于 10%；④ 纳入市场风险规定后，调整资本充足比率低于未调整比率不多于 1 个百分点。

《香港银行业新纪元》封面

1998 年 3 月，金融管理局委托毕马威会计师事务所（KPMG）和 Barents Group LLC 对香港银行业的未来发展进行研究，主要目的是对银行业未来 5 年的前景进行策略性评估，并研究金融管理局采用的银行监管方法的成效。经过 9 个月的调查研究，1998 年12 月，顾问公司发表《香港银行业新纪元》。该报告充分肯定了金融管理局致力建立以风险为本的监管制度，认为："金管局继续修订其风险为本监管措施，这种做法与其他用作比较基准的先进国家类似。"[10] 报告指出，金管局要先行做好准备，强化以风险为本的监管方法，以处理市场的风险和激烈的竞争。[11]

报告建议："金管局应该制定正式的风险评估制度，以便能主动地找出重大和酝酿中的机构或系统性问题。这样能确保可以制定适当的监管策略以监察和处理这些风险，以及让金管局能更有效地分配资源。"报告认为："金管局采用的风险评估制度应与其 CAMEL 评级制度一起使用。尤其，风险评估制度应能辨别和评估 CAMEL[12] 评级制度并未明确处理的风险（如策略性和信誉风险）。金管局也应考虑制定一项独立的 CAMEL 组成项目，以评定风险管理的级别，或扩充其现行的 CAMEL 指引，以便更明确地处理这个项目。金管局也应检讨其 CAMEL 评级制度，以及有关的程序，以便能清楚知道应如何在现行的评级架构内加入非传统银行业风险的因素。"

根据报告建议，金融管理局特别聘请一位美国联邦储备局专家顾问，协助制定正式的风险评估制度，并制定有关风险为本监管办法的指引。1999 年底，金融管理局根据美国专家的建议，在香港正式实施以风险为本的监管制度，开始主要集中在本地银行，2001 年以后扩展到境外银行在香港的分行。该制度的重点，是评估认可机构所面临的各种风险的风险管理系统，以及内部管控制度的素质。其中，主要的潜在风险，包括信贷、利率、市场、流动资金、业务操作、法律、信誉和策略风险等 8 个方面。金融管理局通过把认可机构的潜在风险与风险管理制度素质两者综合评估，给予风险管理评级，并将之并入 CAMEL 评级管理和其他有关组成项目最终形成。

在此制度下，金融管理局将根据一套内部制定的素质性因数和数量性衡量标准，对每一个认可机构作出一项综合评级。该评级分为 1 至 5 级，评为 3 级的认可机构为欠佳者，评为 4 级或 5 级的认可机构为问题机构。该项综合评级将会向认可机构的董事局（或外国银行分行的总行）和管理层披露，并在需要时一并提交改善财务状况和加强管理的建议。金融管理局会对 3 至 5 级级别的认可机构执行监管行动，包括提高最低资本充足比率、就其业务施加正式监管条件或规定等。

2.3　提高银行安全和稳健性：最后贷款人角色与电子银行监管

回归以后，香港金融管理局致力于推动银行监管制度的改革，除了改革和开放市场之外，另一个重点就是提高银行体系的安全性和稳健性，包括建立以风险为本的银行监管制度、厘清金融管理局作为银行体系最后贷款人的角色、设立存款保障制度、设立商业机构信贷数据库，以及加强对电子银行的监管等。

（1）厘清金融管理局作为银行体系最后贷款人的角色。

长期以来，香港社会对于银行体系是否存在最后贷款人一直存有疑虑和分歧。1998 年《香港银行业顾问研究报告》在对香港银行业前景的策略性检讨中明确指出："香港的官方最后贷款人是金管局。可供金管局运用以履行这项职能的资源来自外汇基金，而外汇基金则由金管局代表财政司司长管理。金管局对是否以最后贷款人的身份提供援助拥有一般酌情权。"1999 年 8 月，香港金融管理局根据顾问报告建议，发出了一份政策声明，阐明了金管局作为银行业最后贷款人的职能，澄清了金管局将在何种情况下以应急资金协助面临短期资金困难的银行，以及银行可以取得援助资金的类别。在政策声明中，金管局阐明最后贷款人的性质是为遇到短暂资金困难的银行提供最后贷款人援助，使其在出现资金短缺的情况下得到喘息机会，采取补救措施。从整体上来说，援助的目的首先是防范该机构流动资金不足的情况演变成无力偿债事件，其次是避免连锁影响蔓延至其他银行，引起整个体系出现危机。

在另一个场合，金融管理局总裁任志刚表示，是否提供最后贷款人援助，"避免令整个银行体系受到影响，是最重要的考虑。这项考虑涉及金管局在发挥最后贷款人角色时的备用资源，以及金管局面对的法律和其他限制"。他指出："运用外汇基金必须是属于系统性质的用途。换言之，在考虑是否向某家认可机构提供最后贷款人援助时须遵守的指导性原则，就是某家认可机构一旦倒闭，是否会因事件本身或扩散至其他机构的连锁影响而损害汇率或货币金融体系的稳定。"他强调："金管局发挥最后贷款人功能有一项限制，就是有关安排应能配合香港的货币发行局制度。"[13]

（2）设立存款保障制度。

长期以来，是否设立存款保障制度一直是香港金融界一个颇具争议的问题。1991 年"国商事件"爆发后，香港社会曾就是否设立存款保障制度再次展开争论。"国商事件"及由此触发的挤提风潮，暴露了香港银行监管制度的漏洞。事件在香港再次引起应否建立"存款保障制度"的争论。1998 年亚洲金融危机后，《银行业顾问研究报告》再次提出了设立存款保障制度的问题。报告认为：默示的保障一般属于临时性质，以默示方式向个别银行提供保障，会令政府受到批评，被指为歧视或不公平。不过，"优先付还"这种明示的保障也可能会有某些不良后果，可能会引起重大的社会成本，包括道德风险增加和成本超过利益的。因此，报告建议"金管局（连同政府）详细研究各种形式的明示存户保障，考虑各项可行方案（如存款保险或改进优先索赔计划）"，"改进明示存户保障的形式，提高消费者

[計劃成員名稱]是存款保障計劃的成員。本銀行接受的合資格存款受存保計劃保障，最高保障額為每名存款人HK$500,000。

[Name of the Scheme Member] is a member of the Deposit Protection Scheme. Eligible deposits taken by this Bank are protected by the Scheme up to a limit of HK$500,000 per depositor.

存保计划成员银行必须于其营业地点展示成员标志以便识别。

信心，从而巩固银行业的整体稳定，符合香港利益，并且能使香港与国际惯例看齐"〔14〕。

金融管理局原则上接受顾问报告的建议，并表示将对香港存款保险或其他形式的存户保障的可行性和适用性进行全面研究。2000 年 4 月，金融管理局就加强香港存款保障，聘请安达信公司进行顾问研究。2000 年 10 月，金融管理局在顾问报告基础上推出一份咨询文件，就是否以及如何加强存款保障咨询公众意见。结果显示，尽管大银行仍然反对，但公众却广泛支持实施存款保障制度。2000 年 12 月，立法会辩论通过支持实施存款保障计划议案，促请政府"尽快落实一套具成本效益、储户又易于理解的存保计划，为小额储户提供有效保障，并制定适当的配套措施，以降低道德风险"。

2001 年 4 月，行政长官会同行政会议原则上通过在香港设立存款保障制度的计划。2002 年 3 月，金管局发出第二份咨询文件，就存保计划的技术性事项进行咨询，并根据咨询意见，修改拟定了《存款保障计划条例草案》，提交立法会讨论。2004 年 5 月，立法会通过了《存款保障计划条例》，为推行存保计划和其中一些最重要的框架性安排奠定法律基础。同年 7 月，存款保障委员会正式成立，负责推行、管理存款保障计划的具体工作。2006 年 9 月 25 日，筹计 10 多年的存款保障制度正式实施。

该制度的主要内容是：除非获得存款保障委员会豁免，否则所有持牌银行均须参与存保计划，成为计划成员；补偿上限设定为每家计划成员的每名存款人 10 万港元；港币及外币存款均受存保计划保障；存保计划保障存放于计划成员的合资格存款，但年期超过 5 年的定期存款、结构性存款、用作抵押的存款、不记名票据、海外存款及非存款产品如债券、股票、窝轮、互惠基金、单位信托基金及保险单均不受存保计划保障；存款保障委员会将向计划成员收取供款，建立存保基金，基金的目标水平为有关存款总额的 0.3%；按个别计划成员的监管评级评估供款。根据该项计划，香港至少有 84% 的存户受到保障，占银行体系整体存款的 14%。存款保障委员会主席陈志辉教授表示，香港存款保障制度正式投入运作，这是香港金融安全网发展的一个重要里程碑。

（3）成立商业机构信贷数据库。

2000 年第 3 季度，金融管理局就建立信贷数据库进行公开咨询，结果获得银行业和企业界广泛的支持和认同。金融管理局随即成立工作小组。该工作小组在进一步咨询行业公会的意见后，认为鉴于认可机构似乎更愿意通过信贷数据库交换信贷资料，因此，以市场为本和自愿参与的模式发展信贷数据库计划是可行的。工作小组建议推行一个由认可机构自愿参与、以中小企业为目标的商业信贷数据库计划。2002 年 3 月，金融管理局根据这项建议，致函银行公会和接受存款公司公会，建议成立一个工作组，尽快落实该项方案。

2004 年 11 月，香港银行公会、香港接受存款公司公会、香港金融管理局与美国邓白氏银行公会、存款公司公会及金管局印制的小册子，解释商业信贷数据库的运作。

香港［Dun & Bradstreet (HK) Ltd.］合作，正式成立以配合中小企业对贷款的股切需求及为贷款机构提供可靠的中小企业客户信贷资料。商业信贷数据库只涵盖贷款机构的中小企业客户，包括两类：一是每年度营业额不超过 5,000 万港元的非上市有限公司，但不包括年度营业额超过 5,000 万港元的集团辖下成员公司；二是每年度营业额不超过 5,000 万港元且未注册为法团的企业。在数据库成立初期，只涵盖第一类企业。受行业内两个公会委任，邓白氏香港担任数据库的服务商，负责库内资料的收集、存储、交换和运作，包括收集中小型企业的整体欠款和信贷记录，将这些资料提供给银行公会及存款公司公会的会员，作为审批、检讨或延续中小企信贷之用。资料的使用则会受到金管局的监管，以及银行公会、存款公司公会所制定守则的约束。

（4）加强对电子银行的监管。

1990 年代以来，随着互联网等技术的不断发展，香港的电子银行（虚拟银行）业务大幅增长，银行业对资讯科技的依赖越来越深。为此，有必要建立一套全面的电子银行及科技风险的监管制度。

从 1997 年起，香港金管局陆续发布了一系列通告及指引，表明对电子银行及科技风险管理的监管方式，并就有关的风险管理提供建议予银行界。1997 年 7 月 7 日，金管局发出《电子银行业务指引》，其后，再陆续发出《在互联网进行银行交易的保安指引》《有关网上银行业发展的公开密码匙基础建设及法律环境指引》，以及《电子银行服务的保安风险管理建议文件通告》等。2000 年 5 月，金管局发出《虚拟银行的认可指引》，列载金管局决定是否给予电子银行认可资格时所考虑的原则。2004 年 2 月 17 日，金管局发出《电子银行监管指引》，列载金管局对认可机构的电子银行服务的监管模式，以及向认可机构提供有关电子银行风险管理一般原则的指引。

2.4　实施《巴塞尔协定二》和《巴塞尔协定三》

　　银行业监管的国际标准由巴塞尔银行监管委员会制定。1988 年，巴塞尔委员会制定《巴塞尔资本协定》（现称《巴塞尔协定一》）。不过，自《巴塞尔协定一》推出以来，国际经济环境已发生深刻变化，包括科技长足发展、金融产品不断创新，加上全球化的发展日益加快，使得银行业务的性质以及所承受的风险出现了重大变化。该协定所确立的监管框架已经变得过于粗疏，对风险的敏感度亦不足，未能顾及银行所面对的许多其他风险。为了解决《巴塞尔协定一》的不足之处以及更直接地回应金融环境的最新发展，2004 年 5 月 11 日，巴塞尔委员会公布《新巴塞尔资本协定》，全称为《资本计量和资本标准的国际协定：修订框架》（简称《巴塞尔协定二》），以取代 1988 年提出的架构。

　　《巴塞尔协定二》于 2007 年 1 月 1 日正式生效。该协议将国际银行业的风险监控范围由单一的信用风险扩大到信用风险、市场风险、操作风险和利率风险，并提出"三大支柱"，即最低资本规定、监管当局的监督检查和市场纪律／资讯披露。2005 年 7 月，香港通过《银行业（修订）条例》，为实施《巴塞尔协定二》提供法律框架。2006 年 11 月，香港再通过《银行业（资本）规则》和《银行业（披露）规则》，订明了在新制度下在香港注册的认可机构资本充足比率的计算方法，以及需向公众人士披露的有关其业务状况、利润与亏损，以及资本充足比率的资料。为确保有关规则可广泛应用，金管局自 2004 年 8 月制定政策阶段直至其后的立法程序期间，一直广泛咨询银行界和有关各方的意见。2007 年 1 月 1 日，香港根据巴塞尔委员会的《巴塞尔协定二》，正式实施新的银行业资本充足制度。

　　鉴于 2008 年爆发的全球金融危机暴露出国际银行体系的种种弱点和缺陷，2009 年 7 月，巴塞尔委员会公布有关《巴塞尔协定二》的多项优化措施，作为应对全球金融危机的策略之一。这些优化措施包括：在市场风险框架加入递增风险资本要求、运用受压风险值以计算资本要求，以及规定记入交易账内的证券化产品须符合适用于银行账内的证券化风险承担的较高资本要求；提出计算交易账内递增风险资本的指引，以进一步说明计算递增风险资本的原则及指标；提出对三大支柱的优化措施，包括提高第一支柱下某些证券化风险承担的资本规定、为第二支柱提供补充指引以应对银行于管治及风险管理方法方面的不足之处、加强第三支柱下的披露规定以提高银行资产负债表上有关其证券化业务及市场风险承担方面的透明度等。为了落实巴塞尔委员会提出的优化措施，2010 年 6 月，金管局发出有关实施第二支柱的框架及指引的修订。2009 年 9 月及 2010 年 8 月，金管局就有关第一支柱及第三支柱的优化措施咨询银行业界，并于 2011 年 10 月，立法会三读通过《2011 年银行业（资本）（修订）规则》及《2011 年银行业（披露）（修订）规则》。2012 年 1 月 1 日起，香港正式实施《巴塞尔协定二》的优化措施。

香港交易所集团是全球最大金融市场营运机构之一。

继公布《巴塞尔协定二》优化措施后，巴塞尔委员会继续致力加强全球资本框架及银行体系承受冲击的能力。2010 年 12 月及 2011 年 1 月，巴塞尔委员会又先后发出旨在提升银行资本基础的素质、一致性及透明度的进一步资本规定，以及新的全球流动资金标准。这些规定及标准被统称为《巴塞尔协定三》。《巴塞尔协定三》框架的主要元素包括：加强全球资本框架；减低经济周期的影响；加入杠杆比率以强化风险为本的资本要求；加强风险涵盖范围；引入全球流动资金标准等。巴塞尔委员会要求成员地区由 2013 年起开始实施《巴塞尔协定三》，并于 2019 年 1 月 1 日达致全面实施。当时，香港金管局认为，香港银行业的全面参与及准备，对《巴塞尔协定三》的实施至为重要。为此，金管局进行持续咨询，以期分阶段推行与优化资本、流动性和披露规定有关的政策和技术建议。

2012 年 1 月，金管局展开第一阶段的业界咨询，咨询范畴包括资本的最新定义、最低资本规定、对手方信用风险框架的优化措施，以及有关流动性标准的适用范围的初步构思等。银行业普遍支持优化监管资本制度，以及采用《巴塞尔协定三》所定的标准。业界并赞成金管局的建议，按照巴塞尔委员会的过渡时间表实施有关规定。2012 年 2 月 29 日，立法会通过了《2012 年银行业（修订）条例》，为实施《巴塞尔协定三》订立的法律框架。2013 年 4 月，立法会通过了《2013 年银行业（资本）（修订）规则》及《2013 年银行业（披露）（修订）规则》。根据金管局的时间表，香港将于 2019 年之前全面实施《巴塞尔协定三》。

3. 证券市场：实施"三管齐下"的改革纲领

危机过后，特区政府意识到有需要整顿和改革香港证券及期货市场，

以进一步提升证券期货市场的竞争力和稳定性，并符合金融全球化的发展新趋势。

1999年3月，香港特区政府发表《证券及期货市场改革的政策性文件》，

推出一项重大的三管齐下的市场改革方案和改革纲领。

该项改革旨在使得香港的监管制度与最佳国际标准看齐，同时促进市场创新和竞争，

更新技术基础设施，使香港成为其中一处最有效率、最便捷及最能提供成本效益的营商地方。[15]

这三个改革方向是：交易所和结算公司实施股份化和合并；

全面改革证券及期货市场的规管制度；改善金融市场基础设施。

3.1　推动香港交易所和结算公司实施股份化、合并和上市

根据改革纲领，特区政府首先展开交易所和结算公司的股份化和合并工作。改革之前，香港证券及期货市场的监管体系逐渐形成了三个层次的组织架构：第一层是香港证券及期货监察事务委员会，负责整个证券及期货市场的监管；第二层包括两家交易所——香港联合交易所和香港期货交易所，它们分别负责监管属下证券及期货两个市场和各自的会员；第三层是三家结算公司——香港中央结算公司、香港联合交易所期权结算所有限公司和香港期货结算有限公司，分别负责各自结算市场的交易和风险管理。其中，联交所为股份有限公司，法定股本 1,200 港元，分 1,200 股 A 股，每股均可获分配一个会籍。到 1998 年底，联交所已发行股份数目为 929 股，全部由注册经纪持有。期交所亦为股份有限公司，股本为 7,000 万港元，分为 641 股有投票权的普通股份、36 股有投票权的标准股份和 500 股没有投票权的可兑现股份。到 1998 年 6 月底，期交所共发行 231 股股份，包括 196 股普通股份、34 股标准股份和 1 股可兑现股份。

三家结算公司中，香港中央结算公司于 1989 年注册成立，是联交所的全资附属公司，是《证券及期货（结算所）条例》认可的联交所的结算所。该公司主要负责香港的中央结算及交收系统的运作，公司的主要职责是负责在联交所主板及创业板进行交易的符合资格证券的结算及交

收。公司董事局共有 22 名董事，其中 10 名由联交所委任，5 名由中央结算公司的主要银行会员，如汇丰银行、渣打银行、中国银行（香港）、恒生银行等委任，5 名由财政司司长委任，再加上联交所和中央结算公司的行政总裁。其余两家结算公司中，香港期权结算有限公司是联交所的全资附属机构，1995 年 9 月注册成立，是《证券及期货（结算所）条例》认可的结算所。期权结算公司是联交所会员所有期权交易的交易对手，并负责计算和收取保证金、支付和收取期权金，以及处理期权的行使和交收事宜。期权结算公司的董事局有 7 名成员，包括 3 名公司的结算会员代表、联交所理事会 1 名理事和 1 名独立董事、联交所行政总裁，以及 1 名证监会提名人士。而香港期货结算有限公司则是期交所的全资附属机构，是《证券及期货（结算所）条例》认可的另一家结算所。期货结算公司是期交所所有期货、期权合约交收对手，负责厘定结算会员的合约保证金，并实施相关风险监管措施。期货结算公司由一个独立于期交所的董事局管理。

亚洲金融危机冲击香港期间，香港证券及期货市场这种监管模式的弊端暴露无遗。1998 年 8 月，特区政府为迎击国际炒家行动，在股市和期货市场两条战线上大举入市，但其间联交所和期交所却各自为战，两家交易所之间存在立场与利益的矛盾，它们与特区政府之间在沟通上出现不协调现象。其后，特区政府尽管在股票和期指两个市场上操作成功，但中央结算公司却未能有效配合政府的行动，在结算日到底应该严格执行 T ＋ 2 还是 T ＋ 3 问题上模糊不清，最终给国际大炒家提供了脱身而逃的机会。[16] 在这种模式下，从政策制定的层面看，政府部门和市场机构，包括财政司司长、财经事务局、证监会、金管局、联交所和期交所等，在制定和执行市场监管政策方面职能重叠，缺乏统筹和协调机制。

1999 年 7 月 8 日，香港特区政府发表题为《香港交易及结算所有限公司：巩固香港的环球金融中心地位》的改革咨询文件，建议将现有的两家交易所和三家结算公司合并为香港交易及结算所有限公司。咨询期间，业内一度出现反对改革之声，两家交易所在关于合并后所有权分配上也曾出现分歧。不过，7 月底，联交所、期交所和结算所公司联合发表声明，表示合并磋商取得成果，它们一致认为财政司司长提出的市场改革建议，对香港金融服务业的未来发展是必要的，在竞争日趋激烈的国际证券和衍生工具市场中，使香港保持和进一步提高国际金融中心地位至为重要。9 月 27 日，联交所和期交所各自举行股东大会，分别以 98% 和 100% 的大比数，投票通过了合并方案。

2000 年 2 月，立法会三读通过《交易所及结算所（合并）条例》。该条例为两家交易所和三家结算公司合并提供了法律依据。条例规定，禁止任何人士直接或间接控制交易所或结算所，除非得到证监会确认为"认可控制人"；设置持股上限，限制一名"认可控制人"、一家交易所或结算所的持股量不得超过 5%，以防交易及结算所受到任何人士单独或连同任何有联系者一起操控；修订相关条款，提供清晰的法律基础和程序，把香港结算公司由担保有限公司转为股份有限公司；作出相应的修订，以反映新的市场架构。

2000年3月6日，根据《交易所及结算所（合并）条例》，香港交易及结算所有限公司（简称"香港交易所"）注册成立，全资拥有香港联合交易所有限公司、香港期货交易所有限公司和香港中央结算有限公司三家附属公司。财政司司长曾荫权宣布委任李业广为交易及结算所筹备董事会主席，负责公司重组的具体事务。香港交易所属营利机构，但同时负有法定责任维持一个有秩序、资讯灵通及公平的市场。以往由两家交易所直接监察的经纪，在股份化完成后则由证监会负责监管。合并后的香港交易所，包括3家全资附属成员机构——香港联合交易所、香港期货结算有限公司和期权结算所有限公司，转而实施一套严谨的风险管理制度，让交易所参与者及其客户能在一个高流通量和监管完善的市场，进行投资和对冲活动。

同年6月，香港交易所以介绍形式在其全资子公司联交所挂牌上市。香港交易所拥有并营运香港唯一的股票交易所及期货交易所以及相关的结算所［三家结算所分别为香港中央结算有限公司（香港结算）、香港期货结算有限公司（期货结算公司）及香港联合交易所期权结算所有限公司（联交所期权结算所）］。合并和上市时的香港交易所，其法定股本为20亿港元，分为20亿股，每股1港元；已发行股数为1,040,664,864股。其中，联交所股东共获发747,845,000股香港交易所股份。在原有的929股联交所股份的基础上，每名联交所股东获发805,000股香港交易所股份。期交所股东则共获发320,505,000股香港交易所股份。在原有的230股期交所股份的基础上，每名期交所股东获发1,393,500股香港交易所股份。香港交易所在联交所上市的过程中并无发行新股。

3.2 全面改革证券及期货市场的规管制度

改革之前，香港证监会对证券及期货市场进行监管的法律依据共有9条条例，包括1989年制定的《证券及期货事务监察委员会条例》、1974年的《证券条例》和《保障投资者条例》、1976年的《商品交易条例》、1981年的《证券交易所合并条例》、1991年的《证券（内幕交易）条例》和《证券（披露权益）条例》、1992年的《证券及期货（结算所）条例》，以及1994年的《杠杆式外汇买卖条例》。再加上2000年制定的《交易所及结算所（合并）条例》，证监会总共执行上述10条监管法例。过去30年来，随着金融创新、金融衍生工具的不断涌现、金融活动日趋多元化和复杂化，原有的法律监管框架已经与现实情况产生距离，部分监管方式不再适用，特别是作为核心法规的《证券条例》已经明显过时，整个监管法律、法规体系已显得零散而不连贯，无法适应香港作为亚太区主要国际金融中心的发展需要。特别是1997年亚洲金融危机以后，这种不适应性更趋明显。因此，根据香港证券及期货市场发展的实际需要，全面改革有关的规管制度已经势在必行。

1999 年 7 月，特区政府推出《证券及期货条例草案大纲》，进行公开咨询，先后收到来自市场机构、商会、专业团体和社团的 25 份意见书。同年 9 月，立法会成立证券及期货条例草案小组委员会，与财经事务局和证监会代表就改革建议进行商讨。2004 年 4 月，特区政府发表《证券及期货条例草案》，宣布以白纸条例草案形式，再进行为期 3 个月的公开咨询。在多轮充分咨询公众和市场意见的基础上，2000 年 11 月，特区政府正式将经修订的《证券及期货条例草案》提交立法会讨论。2002 年 3 月，立法会三读通过新的《证券及期货条例》。为配合《证券及期货条例》，立法会还通过了 2002 年《银行业（修订）条例》，以规管银行所进行的证券业务。其后，为了补充《证券及期货条例》所设定的监管架构，特区政府再订立 38 条附属法例。同年 12 月，证监会和金管局为了确保规管银行的证券业务的合作，签署了一份新的谅解备忘录。两机构其后发出各自的守则和指引。2003 年 4 月 1 日，《证券及期货条例》及 2002 年《银行业（修订）条例》正式生效，标志着香港新的证券及期货市场的监管制度全面实施。

新的《证券及期货条例》共 17 部及 10 个附表，主要内容包括：对证监会的监管，对市场营办者、投资者赔偿公司和自动化交易服务的监管，对投资产品及集体投资计划的监管，对中介人的监管，对中介人及其代表以及上市公司的监管及采取的纪律处分，对证监会决定的上诉机制，投资者赔偿基金的设立及管理，对市场失当行为的处分，上市公司的权益披露，有关证监会权力的杂项条文（保密、收费及征费、法定豁免及订立规则的一般权力）等。

与原来的证券及期货法律体系相比较，新条例的改革建议主要是：

（1）清楚厘定证监会的规管目标。根据 1998 年 10 月国际证券事务监察委员会组织订立的证券事务规管目标，条例明确规定证监会的规管目标，包括维持和促进证券期货业的公平性、效率、竞争力、透明度和秩序；向投资或持有金融产品的公众提供保障；减低在证券期货业内的系统风险等。

（2）更有效的监管和调查权力。条例规定，证监会如果怀疑上市公司有欺诈、不法或其他失当行为，可要求有关人士交出并解释文件、在会面中对提问作答，以及提供其他合理协助。条例还扩大证监会权力至可向有关公司有最紧密关联人士或机构索取文件及要求解释，条例并引入更有效及公平的制裁方案。

（3）设立市场失当行为审裁处。条例把原来的内幕交易审裁处更名为市场失当行为审裁处，并扩大该处的职责，把属于市场操控性质的市场失当行为纳入审裁处的审裁范围。

（4）精简市场中介机构的发牌制度。条例将原来的各类牌照合而为一，中介机构将获发单一牌照，指明获准经营业务的范围；合伙人和独立牌照将被逐步取缔；引入负责人员概念，规定凡积极参与或监督商号的受规管活动的商号人员，必须在证监会注册为负责人员，直接负责监察持牌法团的受规管活动。

（5）规管自动化交易服务。条例确保证监会有足够权力，促进自动化交易设施的发展，并对其进入规管。规定任何人如果没有获得认可而向香港人积极推广自动交易服务或提供有关要约，都被禁止。

（6）投资要约。条例将"投资安排"概念扩大至与任何财产有关的安排，并引入"集体投资计划"概念，以堵塞以往的监管漏洞和不明确之处。条例授权证监会，当某一产品或其经营者不再符合认可的准则和条件时，可撤回投资安排的认可。

（7）披露证券权益。为了使香港达至国际披露和监管的准则，条例将须作披露的重大持股量的百分率由 10% 降至 5%，并将须作披露的通知期由 5 个营业日缩短至 3 个。

（8）投资者赔偿公司。条例引入新的投资者赔偿机制，以取代原有的赔偿计划。该机制由证监会认可一家投资者赔偿公司，由行政长官会同行政会议发出命令，将有关赔偿基金的规则内的职能，转移到指定的认可投资者赔偿公司，由该公司负责管理和执行赔偿基金。新机制涵盖的范围扩大至更多的中介人，包括交易所参与者和非交易所参与者、银行及证券保证金融资人。

（9）证监会的透明度和问责制。条例将原来的证券及期货上诉委员会提升为证券及期货上诉审裁处，并扩大该处的职能和权力，建立新的行政检讨机制，通过独立的程序复检委员会监督证监会的运作。

3.3 改善金融市场基础设施

金融基建是指金融市场发展的基础设施建设，主要包括市场交易体系、支付结算体系和支持保障体系。其中，市场交易体系主要由交易主体、交易平台、交易工具组成，为投资者提供交易场所；支付结算体系主要由支付服务机构、支付工具、运行设施、支付网络等构成，为投资交易者提供快捷、准确、安全的结算管道；支持保障体系由信用保障、科技保障、后台运作保障、资讯保障、规则规范保障等构成，是维护金融安全运行、提高资金流动效率的支持系统。

金管局认为，金融基建对于香港维持和巩固国际金融中心的地位具有极其重要意义。回归以来，香港特区、金管局一直致力促进金融体系尤其是支付和结算安排的效率、健全与发展。2003 年 6 月，财政司司长特别致函金融管理专员，厘清双方的职能与责任分配。函件多处提及金融管理专员有关金融基础设施建设的职能与职责：在维持金融体系的稳定与健全政策方面，财政司司长授权金融管理专员须负的职责包括：与其他有关机构及组织合作发展债务市场，通过发展涉及认可机构的本地大额及零售支付、结算及交收系统，以及在适当情况下负责操作有关系统，以促进金融基础设施的安全与效率；在保持香港的国际金融中心地位的政策方面，与其他机构和组织合作，从而促进支付结算及交收系统的发展，促进国际及跨境金融活动以安全及有效率的方式在香港进行。

根据《香港的金融基建》，金融管理局策略性目标是："在发展本港金融基建方面担当重要角色，其主要目标是建立以跨币种、多层面平台为基础，并符合安全及高效率要求的系统。这个平台有助维持货币及金融体系的稳定与健全，并且巩固香港作为国际金融中心的地位。"其中的重点是，建设跨币种平台和多层面平台。[17]主要包括：

（1）香港多币种支付、结算及交收系统的建设。

支付系统的作用是进行银行同业资金转拨，是金融基建不可缺少的组成部分。1996 年，香港金管局推出了港元即时支付结算系统（RTGS 系统），就港元银行同业支付交易提供安全及高效率的交收。通过 RTGS 系统，香港的银行同业支付交易在金管局所设的账册上以持续方式逐笔交收，而不是净额处理。

1999 年，香港联交所和美国纳斯达克证券交易所建立了策略性联系，以提升香港作为亚洲时区主要的全球股票市场的地位。香港特区政府计划，在香港建立美元资本市场的基础上，进一步发展以其他外币为本的资本市场。为此，必须建立被广泛接受的外币结算系统。1999 年 10 月，金管局在获得外汇基金咨询委员会批准后，决定推行美元结算系统。11 月，金管局去信所有银行，邀请它们参与投标，结果收到 4 份建议书。2000 年 3 月，由外汇基金咨询委员会和金管局组成的遴选委员会经过评审，决定委任汇丰银行为结算机构，汇丰则委任香港银行同业结算有限公司为结算代理。

从 2000 年 8 月至 12 月，美元结算系统分三阶段推出。该系统的功能主要包括：即时支付结算；通过与港币结算系统联网，为港币／美元交易提供同步交收服务；通过与有关结算系统（如债务工具中央结算系统、证券、股票的中央结算及交收系统等）联网，为美元债券和股票交易提供货银两讫结算服务；美元支票结算。美元结算系统推出后，香港本地及海外银行反应热烈。到 2002 年底，该系统直接参与者共有 64 个，间接参与者 148 个，间接参与者中有 100 个来自海外。2002 年第 4 季度，该系统平均每日处理 3,500 宗交易，涉及金额达 48 亿美元。

2002 年，金管局在成功推出美元结算系统的基础上，开始准备建立欧元结算系统，目标是根据已有的两种货币结算系统模式，建立银行同业之间的欧元结算系统、在香港买卖欧元证券的货银两讫结算系统及欧元与美元之间的外汇交易同步交收系统，以提高结算效率并降低结算风险。2002 年 7 月，金管局宣布，委任渣打银行为香港欧元结算系统的结算机构，渣打银行则委任香港银行同业结算有限公司为结算代理。2003 年 4 月，欧元结算系统正式启用，并与港元支付结算系统和美元结算系统联网，以促进美元及欧元交易在亚洲营业时间内在香港有效率地进行交收。

2006 年 3 月，为了配合人民币业务在香港的快速发展，金管局推出了人民币结算系统，以提升银行同业交易的结算效率。2007 年 6 月，金管局对该系统进行升级，成为全面的人民币即时支付结算系统（RTGS）。人民币 RTGS 系统由中国银行（香港）担任清算行，香港银行同业结算有限公司则负责系统运作事务（见表 8.1）。

（2）香港债务工具交收系统的建设。

进入 1990 年代，在香港政府的推动下，香

表8.1　香港RTGS系统发展概况

RTGS 系统	推出时间	结算机构或清算行	2016 年		截至 2016 年底的参与机构数目
			平均每日成交量	平均每日交易宗数	
美元	2000 年 8 月	香港汇丰银行	272 亿美元	22,833	直接参与：105 间 间接参与：112 间
欧元	2003 年 4 月	渣打银行（香港）	334 亿欧元	594	直接参与：38 间 间接参与：17 间
人民币	2007 年 6 月	中国银行（香港）	8,636 亿元人民币	16,232	直接参与：212 间

资料来源：香港金融管理局。

港债券市场开始加快发展的势头。1990 年 2 月，为了配合外汇基金票据和债券的发行、推动债券市场发展，金管局推出了"债务工具中央结算系统"（CMU），为外汇基金票据及债券提供电脑化结算交收服务。1993 年 12 月，金管局将该系统的结算服务推广至其他港元债券，为港元债券提供高效率、安全及方便的结算托管系统。经 CMU 系统进行交收的债券是最终及不可撤回的。1996 年 1 月，系统进一步扩大至为外币债券服务。当年年底，该系统托管和结算的私营债务工具数量为 446 种，面值达 1,299 亿港元。

1997 年 12 月，CMU 系统为私营机构发行的债券推出债务证券借贷计划，该计划的目的是设立一个有效率的债券借贷机制，让长期投资者手上所持的债务证券转借给较活跃的市场人士作短期用途，从而提高私营机构债券的流通性。1999 年 7 月，金管局分别与香港联交所和中央结算公司签订协定，将外汇基金债券纳为中央结算系统的合资格证券。同年 8 月，金管局将全部 57 期未偿还外汇基金债券在联交所上市，总值 341 亿港元。这一举措有力推动了香港债券市场和证券市场的发展。1999 年 10 月，香港按揭证券有限公司于 1999 年 10 月便效法此举，将其发行的债券在联交所上市。

CMU 系统的服务领域主要包括：① 证券转拨服务；② 抵押品管理系统：如港元、美元及欧元的自动回购机制（即日及隔夜）；③ 证券借贷服务：为私营机构发行的债券提供证券借贷计划；④ 外汇基金票据及债券的市场庄家制度；⑤ 外汇基金票据及债券发行计划；⑥ 作为政府债券及公营机构发行的债券的经办人、托管人、代理及营运机构；⑦ 为存放于 CMU 系统的所有港元、美元、欧元及人民币债券提供即时及日终 DVP 结算服务；⑧ 通过区内中央证券托管机构及国际中央证券托管机构进行跨境 DVP 结算交收；⑨ 其他托管服务：包括支付代理、债券存放、投标配发等；⑩ 利息分配服务；⑪ 银行与银行之间之回购服务；⑫ 投资基金指令传递及交收服务。

2005 年，金管局进行香港金融基建发展检讨。根据检讨报告的建议，CMU 系统推出了

CMU 债券报价网站，方便零售投资者于网上查阅本港个别金融机构所提供的债券买卖参考价格。该网站于 2006 年 1 月推出，通过提供市场上债券产品及其参考价格的资料，增加各界对产品的认识及提高价格的透明度，协助促进零售债券市场的发展。2007 年 12 月，金管局推出债务工具的电子交易平台。

2009 年 8 月，金管局进一步推出 CMU 系统基金指令传递及交收服务，为香港及区内作为投资基金分销商、托管人、经理人及机构投资者的 CMU 系统成员提供一个统一的平台，以处理投资基金交易。该服务的运作范围包括：处理投资基金的认购、赎回及转换指令；编制相应的确认及付款指示；提供定期报表；以及提供投资基金结算及托管服务。

（3）各个系统的联网与流动资金优化机制。

金管局在推动各个支付结算系统建设的同时，也致力推动各个系统之间的联网，特别是与其他地区的支付及债券系统的联网，从而建立跨币种平台和多层面平台，以处理跨境经济交易及金融中介活动。

① 支付系统的联网。

通过港元即时支付结算系统与美元结算系统、欧元结算系统及人民币结算系统的联网，使银行能够以同步交收方式交收美元与港元、美元与人民币、欧元与美元、欧元与港元、欧元与人民币，以及人民币与港元的外汇交易。同步交收服务大大提高了交收效率，并消除了因交易的时间差距及不同时区所引起的交收风险（称为"赫斯特风险"[18]）。

2006 年及 2010 年，美元 RTGS 系统又分别与马来西亚的马币结算系统（RENTAS 系统）及印尼的印尼盾 RTGS 系统联网。这是区内的 RTGS 系统之间首两个外汇交易同步交收联网，这些联网使美元与马币及美元与印尼盾的外汇交易可以在亚洲营业时间同步交收，从而消除赫斯特风险。2007 年，香港的美元 RTGS 系统亦与 RENTAS 系统建立货银两讫联网，确保在马来西亚交付美元债券的同时，在香港交付美元，从而有助消除在马来西亚发行及买卖美元债券所涉及的交收风险。

② CUM 系统与其他区内及国际系统的联网。

为了进一步推动债券市场的发展，金管局还积极推动 CUM 系统与区内及国际系统联网，借此让海外投资者参与港元债券市场，并向海外投资者推广港元债券。1994 年 12 月，CMU 系统与全球两个规模最大的国际中央证券托管机构欧洲结算及明讯建立单向对内联网，让国际投资者可通过这些国际结算所机构持有及结算港元债券。这两项联网分别在 2002 年 11 月（欧洲结算）及 2003 年 1 月（明讯）发展至双向联网，让香港及亚洲其他地区的投资者在安全稳妥的环境下以 DVP 模式直接或间接持有及结算欧洲结算系统及明讯结算系统的债券。1997 年 12 月、1998 年 4 月及 1999 年 9 月，CMU 系统又先后与澳大利亚 Austraclear 结算

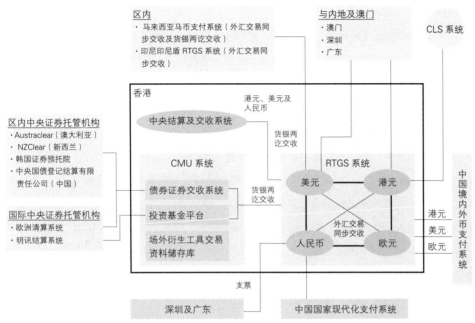

区内
· 马来西亚马币支付系统（外汇交易同步交收及货银两讫交收）
· 印尼印尼盾 RTGS 系统（外汇交易同步交收）

与内地及澳门
· 澳门
· 深圳
· 广东

CLS 系统

香港

港元、美元及人民币

中央结算及交收系统

货银两讫交收

区内中央证券托管机构
· Austraclear（澳大利亚）
· NZClear（新西兰）
· 韩国证券预托院
· 中央国债登记结算有限责任公司（中国）

CMU 系统

债券证券交收系统

投资基金平台

场外衍生工具交易资料储存库

国际中央证券托管机构
· 欧洲清算系统
· 明讯结算系统

货银两讫交收

RTGS 系统

美元　　港元

外汇交易同步交收

人民币　　欧元

港元
美元
欧元

中国境内外币支付系统

支票

深圳及广东

中国国家现代化支付系统

CLS 系统——持续连接结算系统（Continuous Linked Settlement）
CMU 系统——债务工具中央结算系统
RTGS 系统——即时支付结算系统

图8.2　香港的多币种支付及交收基建

资料来源：香港金融管理局，《香港的金融基建（第二版）》，2013 年。

系统、新西兰 Austraclear 结算系统（现称 NZCIEAR）及韩国证券预托院等中央证券托管机构联网（见图 8.2）。

　　2004 年 4 月，金管局与内地的中央国债登记结算有限责任公司签订协定，同意在 CMU 系统与中央国债登记结算公司负责操作的政府债券簿记系统之间联网。2007 年，香港发行首批人民币债券。自此，在香港发行及存放在 CMU 系统的人民币债券数额不断上升。经由 CMU 系统债券投标平台发行的人民币国债总发行量，由 2010 年的 50 亿元人民币迅速上升至 2012 年的 155 亿元人民币，发行的国债年期类别亦有所增加。2012 年，CMU 系统设立 "金管局 CMU 央行配售统筹窗口"，借此将人民币国债配售的投资者基础推广至世界各地央行及货币管理机构。此举有助推动香港人民币债券市场的发展，并巩固香港作为全球离岸人民币业务中心的地位。

　　③ 流动资金优化机制。

　　金管局还相继推出多项流动资金优化机制，包括 "即时支付优化器""流动资金优化器""即时支付系统中央结算优化器"，以及 "跨货币转汇即时支付优化器"，使支付流程畅顺运作，以及让银行更有效率地运用流动资金。

2004 年金管局推出"即时支付优化器"，即以多边抵销方式同步结算支票及自动扣账批量结算项目和结算所自动转账系统的大额支付项目的优化机制。它们在每个营业日指定时间以多边抵销方式进行批量净额结算。若结算这些项目所需资金数目庞大，银行在结算净额点算完毕后，可以安排在批量结算期间利用即时支付优化器，以 CHATS 支付项目方式安排给予交易对手的资金与支票金额一同进行净额结算。这项安排有助银行更有效率地管理流动资金，使它们无须特别预留大量资金以应付在批量结算期间支付项目的交收。

2006 年，金管局就同一批量结算项目引入"跨货币转汇即时支付优化器"。这优化器功能类似即时支付优化器的机制，但增设了外汇交易同步交收的功能。2008 年，金管局再推出"即时支付系统中央结算优化器"，模式与即时支付优化器相近，但是专为处理不同时段批量结算的中央结算及交收系统项目而设。

为进一步降低账项积压的风险，并协助银行降低预留日间流动资金的需要，2006 年金管局推出"流动资金优化器"。这项系统处理器定时为积压在 RTGS 系统内的账项进行多边抵销，让用户可更有效率地管理流动资金。

3.4　香港证券及期货业的监管架构

现阶段，香港证券及期货业的监管架构主要是由作为监管机构的香港证券及期货监察委员会，和作为市场运作机构的香港交易所两级机构组成的。

目前，香港证券及期货业的监管主要由香港证券及期货监察委员会依据《证券及期货条例》负责实施。《证券及期货条例》及附属法例赋予证监会广泛的调查、纠正及纪律处分权力。证监会的监管目标是致力确保证券及期货市场运作有序、投资者享有保障，并协助加强香港作为国际金融中心及中国主要金融市场的地位。具体包括：促进及维持证券期货市场的竞争力、效率、公平性、秩序及透明度；协助公众了解证券期货业的运作[19]；保障广大投资者；尽量减少市场罪行及失当行为；降低证券期货业的系统风险；协助政府维持香港在金融方面的稳定性。

根据《证券及期货条例》，证监会须担当多重职能，主要目的是平衡市场从业员、其他市场人士及社会整体的利益。具体包括：

（1）制定及执行市场法规，包括调查违规个案及市场失当行为，并采取适当的执法行动；

（2）向申请进行受证监会规管的活动的中介人（例如经纪行、投资顾问及基金经理）发牌及予以监管；

（3）监察交易所、结算所及另类交易平台等市场营运机构的运作，并协助优化市场基础建设；

（4）预先审批拟向公众发售的投资产品及／或其销售文件；

（5）监督适用于公众公司的收购合并规例，以及监察香港联合交易所规管上市事宜的表现；

（6）与本地及海外的监管机构合作并提供支持；

（7）协助投资者了解市场运作、投资风险及本身的权利和责任。

证监会的组织架构主要由董事局、行政总裁和执行委员会组成。董事局主要负责制订证监会的整体方向，并向高层管理人员提供策略性指引。证监会的监管对象包括从事证券及期货活动的经纪行、投资顾问、基金经理及中介人，投资产品，上市公司，香港交易所，自动化交易服务提供者，认可股份登记机构，投资者赔偿公司，以及行业及市场参与者。证监会的主要监管措施包括：

（1）辨识及评估风险：如发牌科采取若干措施来评定哪些牌照申请人或会为投资者带来不能接受的风险；中介机构监察科要求持牌中介人每月提交财政资源申报表，并按一套指标来评估中介人的财务风险。

（2）监察或追踪已确定的风险：如中介机构监察科进行桌面分析和实地稽核，以确定中介人是否有失当行为；法规执行部监察市场情况，以搜集有关市场失当行为的证据。

（3）防范或限制风险：证监会的附属机构投资者教育中心推行教育活动，让投资者更加了解本身的权益及认识保障自己的措施。

（4）打击失当行为及处理投资损失的制裁或补救措施：如证实中介人作出失当行为，将实施纪律制裁。另外，若有投资者因中介人倒闭而蒙受损失，投资者赔偿计划可发挥补救作用。

香港交易所与证券会在监管职能方面有明确的分工。2001年2月，证监会与交易所签订了一份谅解备忘录，重新规范了证监会和交易所的监管，以及对交易所参与者的监管。香港交易所属营利机构，但同时负有法定责任维持一个有秩序、资讯灵通及公平的市场。以往由两家交易所直接监察的经纪，在股份化完成后则由证监会负责监管。

根据谅解备忘录，香港交易所是香港证券及衍生产品中央市场的营运者兼前线监管机构。交易所与证监会紧密配合，主要监管上市发行人；执行上市、交易及结算的规则；以及在机构层面向交易所及结算所的客户——包括发行人以及投资银行（或保荐人）、证券及衍生产品经纪、托管银行及资讯供应商等直接服务投资者的中介机构——提供服务。唯一例外是"投资者账户服务"，这项服务主要是提供给散户及机构投资者的托管服务。交易所作为证券及期货市场基础设施的提供者，本质上是一家高度依赖资讯技术的企业，所提供的交易、结算及交收服务、存管及代理人服务以至资讯服务，紧贴证券及衍生产品交易的整个核心流程。

在交易所的组织架构中，董事会是其真正的决策机构，负责拟定主要策略、财务、风险管理、商业与营运等方面的政策。为了确保在政策制定和决策过程中的效率，香港交易所的董事会设计精致，它由两类同等数量的董事组成，一类是从股东中选举而来的董事，另一类是由财政司司长任命、代表公共和市场利益的董事。交易所董事会的这种构成，旨在维持股东代表和公共利益代表之间的适当平衡。香港交易与结算所的最初股东是股票和期货交易所的前会员，通过在股票市场上市和股票交易，香港交易与结算所的所有权实现了多样化，在董事会的股东代表也有所增加。

香港交易所的领导架构由董事会主席、行政总裁、营运总裁、执行委员会和管理委员会组成。董事会主席由董事会提名，由香港特区行政长官核准，但不具执行权力，在管理层以外独立运作。行政总裁由董事会委任，向主席负责，并在平衡公司商业目标和公众利益上扮演重要角色。营运总裁由董事会委任，向行政总裁负责，主要职责是将交易所建成一家以综合商业考虑和盈利为本、协调紧密的公司。执行委员会由主席、行政总裁、营运总裁和两名董事组成，每周检讨公司策略和营运方面的重要事宜，将讨论结果呈交董事会或即时作出决策。管理委员会由行政总裁任主席，成员包括营运总裁、业务单位主管和主要行政部门主管。

香港交易所的业务及营运职能划分为 7 个纵向功能的科，包括上市及监管事务、环球市场、环球结算、资讯技术、企业事务、财务以及人力资源。交易所下辖 5 家全资附属公司，包括 2 家交易所和 3 家结算公司，均为《证券及期货条例》所认可交易所或结算所。这 5 家公司均为独立法人，设有由员工组成的董事会，执行法例规定的职能。其中，香港联合交易所有限公司（联交所）开设主板及创业板两个市场，主板主要吸纳较具规模及拥有营业和盈利记录的公司，而创业板主要为高速增长但可能缺乏盈利记录的公司提供上市交易的平台。联交所是监

2013 年香港交易所新一代数据中心启用。（供图：香港交易所）

管联交所参与者交易事宜的主要监管机构，也是上市公司的主要监管机构。香港期货交易所有限公司（期交所）开设香港期货市场，是监管期交所参与者交易事宜的主要监管机构。此外，香港结算公司及联交所期权结算所分别提供证券及股票认股证交易的结算及交收服务，包括在联交所进行或须受联交所的规则监管的买卖及交易；期货结算公司则提供期交所交易产品的结算及交收服务。

2012 年 5 月，交易所注册成立全资附属公司——香港场外结算有限公司，以作为香港结算场外衍生产品的结算所。其后，交

易所邀请包括农业银行香港分行、汇丰、渣打及摩根大通等 12 家银行和金融机构参与创始股东计划及成为场外结算公司创始股东。所有创始股东共持有场外结算公司 25% 已发行股本（以无投票权普通股方式持有），而香港交易所则持有余下 75% 的无投票权普通股。香港交易所继续全数拥有场外结算公司的具投票权普通股。2013 年 11 月，场外结算公司开始提供场外衍生产品结算服务，其场外结算及交收系统亦同时投入运作，成为所有结算会员结算场外衍生产品的中央结算对手。2012 年 12 月，香港交易所收购伦敦金属交易所（London Metal Exchange，简称 LME）。LME 自 1877 年创立以来一直是全球金属交易所的翘楚。

2012 年 12 月 6 日，香港交易所完成收购 LME。（供图：香港交易所）

　　根据香港交易所制定的《战略规划 2013—2015》，未来香港交易所将发展成为一家提供全方位产品及服务且纵向全面整合的全球领先交易所，并做好准备以把握中国资本项下审慎、加速开放的种种机遇。在发展战略方面，香港交易所将致力于建立一系列横向整合的业务，覆盖现货股票、股票衍生产品、定息产品及货币以及商品等资产类别，同时就每个资产类别建立从产品至交易及至结算的垂直整合业务模式。此外，平台及基础设施战略方面，香港交易所将整合及进一步推动现有各交易及结算平台的现代化，与本地、内地及国际市场业界建立更紧密的联系。

4. 基金业监管制度的发展与改革

回归以来，香港基金管理业获得强劲发展，

其中一个主要因素是香港特区政府及证监会

对基金业的积极推动以及对监管制度的改革，

致力发展具宽度及深度的优质市场。

4.1 基金管理业监管制度的建立

香港政府对基金业的监管制度，是在 1970 年代以后逐步建立起来的。1974 年，为了加强对基金投资者权益的保障，香港政府制定了《保障投资者条例》。1978 年，香港政府制定了《单位信托及互惠基金守则》，确立了零售基金业的基本监管架构。[20]该守则是香港基金成立及运作的具体规范法规，它对基金的信托人、经理人资格作出规定，并规定基金的契约文件必须列明基金投资目标、政策、限制及投资风险，也必须列明所有成本和费用，每个财政年度至少编制两份财务报告等。同年，香港政府成立信托基金委员会（Committee on Unit Trusts），专职执行该项守则。

1989 年 5 月，香港政府根据《戴维森报告书》成立了香港证监会，证监会取代了信托基金委员会，成为基金业的监管机构。证监会依据《证券条例》《保障投资者条例》和《单位信托及互惠基金守则》等法规，通过其属下的投资基金委员会组织实施。根据《证券条例》第 15 条的规定，证监会有权决定批准或撤销基金的认可地位。任何基金在成立前都必须向证监会申请认可地位，并缴纳 1 万港元的申请费。有关申请先由投资基金委员会审核通过，再提交证监会正式批准。证监会在批准基金认可地位时，主要考虑基金信托人和投资管理公司的身份、素质和关系，以及信托契约的条文是否符合基金守则的有关规定。申请获得批准后，还须另外缴交 5,000 港元的认可费，基金才可正式开始运作。为了加强对基金运作的监管，1991 年证监会制定新的《单位信托及互惠基金守则》，作为基金成立和运作的操守指引。

证监会还获授权监管基金出售单位时所进行的广告宣传。根据《保障投资者条例》，任何人未经批准不得刊登吸收投资的广告，违者将会被起诉。因此，认可基金在进行广告发布之前，必须将广告和其他推销宣传的文件资料呈交证监专员批准。证监会对基金的广告宣传形式也有

所限制，如不得使用广播、电视、剧院作广告，也不
允许使用张贴海报和逐户上门的推销手段。1987 年
10 月股灾后，证监会增订了《基金广告守则》，以避
免基金用不实之词误导投资大众，确保投资者从基金
广告中获得准确和全面的资讯。

	2015 年
基金管理业管理的资产/亿美元	22,300
资产管理	15,720
顾问业务	1,630
私人银行活动	4,700
房地产投资信托基金	260

资料来源：证券及期货事务监察委员会 2015 年基金管理活动调查，
2015 年香港基金业数据概览。

1990 年，为了进一步规范基金投资公司的经营，
作为基金业自律组织的香港单位信托基金公会（1993 年改名为 "香港投资基金公会"）制定了
《单位信托基金公会执业守则》。该守则共 14 条，对会员提出了 "必须依从及遵守所有有关的法
例及规则" "必须依从遵守《单位信托及互惠基金守则》的精神及规定" 以及 "必须与香港证券
及期货事务监察委员会和其他有关部门的通力合作" 等要求，守则并对基金从业人员的素质及
职业道德提出了明确具体的规定。《执业守则》作为基金业的自律文件，并无法律效力，但违反
者受到纪律处分的最高级为取消会员资格。

4.2 致力发展具宽度及深度的优质市场

回归以来，香港基金管理业获得强劲发展，其中一个主要因素是香港特区政府及证监会对
基金业的积极推动以及对监管制度的改革。

2007 年 1 月，香港证监会中介团体及投资产品部执行董事张灼华女士在题为《香港基金
管理业的前景及监管挑战》的演讲词中，曾谈及证监会的监管角色和目标。她表示："监管者其
实与业界抱有共同的目标，就是要确保我们的市场在面对全球竞争时，能成功取胜。""身为监
管者，我们经常会问自己，我们的监管架构有否发挥应有的作用，从而持续吸引资金流入本地
市场。我们认为，我们一方面当然不应监管过度，另一方面亦不应，甚至不得看来是以独裁高
压手法监管业界，否则，不少基金便会因高昂的合规成本而却步，而投资者亦会因太少可供选
择的基金产品而利益受损。另一方面，我们非常重视我们作为业界把关者的角色，矢志以坚定
不移、公允持平的手法执行相关的守则及指引。要吸引资金流入的另一先决条件，是投资者获
得公平的对待及有关规则可妥为执行。"[21]

基于这一基本的理念，香港特区政府将对基金业的监管目标，定为 "香港政府及监管当局
均致力发展具宽度及深度的优质市场"，[22] 目的是推动香港成为亚洲区内 "一个主要的基金管
理中心"。为此，监管当局将 "提供稳健的规管架构，确保为市场参与者提供公平的竞争环境，
和为投资者提供具充分透明度的市场，以便投资者作出有根据的投资决定"。为了保证监管架构
的稳健性，政府对基金业监管的基本原则是：① 基金经理必须在香港或在《单位信托及互惠基

金守则》接纳的司法管辖区领有牌照，具备所需的技术和能力；② 基金必须分散投资，涉及单一发行商的投资额一般不可超越基金资产净值的 10%；③ 基金资产必须由受托人／托管人分开持有，受托人／托管人的职责包括核实基金经理的投资决定没有违反基金的投资规定，并确保基金经理不可动用基金的投资资产。[23]

根据新的监管目标和监管原则，1997 年 12 月，证监会大幅修订了《单位信托及互惠基金守则》，以采纳一套全新的、更具灵活性的基金认可制度。经修订的《单位信托及互惠基金守则》除了订明证监会认可基金必须具备的基本营运保障措施之外，没有事先将基金分类，但是那些因为本质独特而必须受到特定条文规限的专门性基金则属例外。此外，该守则亦认可了一系列获认许为大致上与香港证监会的监察机制具同等效力的投资经理监督制度（认可监察制度计划），以便使有关经理符合资格成为证监会认可的零售基金的经理。这些计划使由海外经理管理的海外基金得以在香港获得认可，以扩充香港零售基金的体系，同时也推动香港基金管理业的迅速发展。

为了回应市场上越来越多类别的投资计划以及投资大众不同的投资需求，香港证监会在执行《单位信托及互惠基金守则》的过程中，不断对守则作出适当增补及细节上的修订，以通函方式向市场发出额外指引，借此简化监管程序，降低市场参与者的交易成本，提高市场效率，及促进新产品的引进和开发。其中，如对冲基金、交易所买卖基金、房地产投资信托基金、保证基金、跟踪指数交易所买卖基金等，都是证监会通过在《单位信托及互惠基金守则》内增补新章节后而向市场推出的产品。对于具有崭新或创意特点的产品，证监会通过发出通函澄清《单位信托及互惠基金守则》内适用的条文，从而使该类产品获得认可或申请宽免。

2008 年，鉴于全球基金市场日新月异的变化和发展，证监会决定全面检讨和修订《单位信托及互惠基金守则》，以及当时的认可司法管辖区计划和认可监察制度计划。这一时期，由于全球基金市场不断推陈出新，海外地区的监管机构均已推行或正在推行种种改革和现代化措施，如欧盟地区的监管机构正致力使欧洲各国的规管法例趋向统一，先是于 2001 年 12 月采纳全新的《可转让证券集体投资计划 III 指令》（《UCITS III 指令》），以便让市场人士可以利用先进的金融投资工具进行崭新的投资活动，同时保持适当的风险监控机制。英国金融服务管理局也已于 2003 年中修订集体投资计划的规例，以提供更灵活的监管架构。日本金融厅亦大幅修订其金融及资本市场规则，以配合全球金融市场一体化及金融科技的发展步伐。

修订后的《单位信托及互惠基金守则》于 2008 年 7 月起实施。新修订《单位信托及互惠基金守则》强调以下几点：① 新的守则以原则为本，借以提高灵活性和调节能力，避免制定规范性措施，以迎接行业的未来增长。② 新的守则将不会试图硬性地把基金区分为特定的资产类别或限制其投资结构，但将提供与国际标准和常规一致的指引性投资原则。市场会自行决定某

国家"十三五"规划：香港金融业的发展机遇与政策建议

香港金融发展局 2016年12月

国家"十三五"规划的主要目标及对香港的定位

（1）"十三五"规划提出，到 2020 年全面建成小康社会，国内生产总值（GDP）和城乡居民人均收入比 2010 年翻一番，GDP 总量将达到 92.7 万亿元人民币。要达到这一目标，中国经济在"十三五"时期需保持中高速增长，预计实质 GDP 年均增长 6.5%。国家为此提出了创新、协调、绿色、开放、共享的新发展理念，并提出大力推进国有企业改革，健全现代市场体系，完善对外开放体制，加快金融体制改革等一系列配套的改革目标。

（2）"十三五"提出未来五年要构建全方位开放新格局：全面推进双向开放，沿海地区包括珠江三角洲率先对接国际高标准投资和贸易规则；加快对外贸易优化升级，服务贸易占对外贸易比重达到 16% 以上；扩大利用外资开放领域，放宽包括银行、保险、证券等行业在内的准入限制；支持企业扩大对外投资，支持金融机构和企业在境外融资，推动个人境外投资；有序实现人民币资本项目可兑换，稳步推进人民币国际化，放宽境外投资汇兑限制；提高股票、债券市场对外开放程度，放宽境内机构发行境外债券，以及境外机构发行、投资和交易境内人民币债券的有关规定；提高国内金融市场对境外机构的开放水平；推进"一带一路"建设，推动多边贸易谈判进程，促进全球贸易投资的自由化和便利化。

（3）"十三五"时期，国家将支持香港全面准确贯彻"一国两制"的方针，发挥香港开放经济及双语司法制度的独特优势，促进内地的经济及人民币国际化的发展。支持香港巩固和提升国际金融、航运、贸易三大中心地位，强化全球离岸人民币业务枢纽地位和国际资产管理中心功能，推动服务业向高端高增值方向发展，培育新兴产业，建设亚太区金融及商业纠纷国际仲裁中心。鼓励香港协助国家双向开放、"一带一路"建设，加大内地对香港开放力度，深化内地与香港金融合作，加快两地市场互联互通。

"十三五"期间香港金融业面临的机遇和挑战

（4）中国经济中高速增长将为香港经济的繁荣提供稳健依托。香港与内地一脉相连，商贸交往频繁，金融合作日益紧密。虽然中国经济增速较过去几年有所放缓，但仍是全球主要经济体中增长最快的国家，经济规模有望在十年内翻一番。中国经济未来的持续中高速增长将为香港经济的进一步发展提供稳健依托。

（5）内地全面推进双向及多边开放为香港提供巨大机遇。"十三五"期间，中国要从贸易大国转变为贸易强国，需要走出去的不仅是"中国制造"，还有"中国资金"，这将形成数额庞大的对外投资资金流。香港要致力于成为投资资金进出中国内地市场的首选中心，成为内地企业进行国际融资、走向全球、设立海外总部的首选地点。随着中国中产阶级的兴起和高净值客户的迅速增加，人民币财富管理的需求庞大，市场前景广阔。香港要致力建设成为亚洲最具吸引力的资产管理中心，特别是培育成为人民币财富管理中心。

（6）香港在"十三五"时期的地位和作用得到提升。"十三五"规划把港澳发展作为专章纳入纲要，"提升港澳在国家经济发展和对外开放中的地位和功能"的表述，是中央首次正式提出，显示了中央政府对香港发展的高度重视。未来五年中国 GDP 总值进一步逼近全球第一大经济体，与全球经济深度融合，香港应把握历史机遇，服务国家发展战略，在中国经济发展的新阶段中实现突破。

（7）香港拥有独特优势和条件。"十三五"期间，内地资本账户开放不会一蹴而就，未来几年在部分项目上还会存在一定管制，人民币国际化也是一个渐进的过程，市场体系和法律法规是一个逐渐和国际接轨的过程。而香港资金自由流动，市场完全开放，法律体系健全，金融基建扎实，还有文化和语言优势，有助于聚集全球人才和各项资源，连接内地市场和国际市场。这些优势使香港在促进中国经济对外开放中发挥不可替代的作用。

（8）然而，在看到"十三五"期间香港机遇的同时，香港也面临不少新的挑战。这些挑战既有外部环境的变化，也有本身内部的压力。"十三五"期间，随着内地扩大开放，香港也将面临更多竞争。内地自贸区试点和成功经验将在未来几年推广至更大范围；上海在服务业开放、金融开放改革、投资贸易便利化的多项进展明显增强了其作为国际金融中心的竞争力，香港与上海之间的竞争和合作会进入更具挑战性及互相兼容的局面。同时，中国内地对外资将全面实行准入前的国民待遇加负面清单管理，更多的服务业和制造业准入门槛被降低，港资相对其他外资的政策优势将明显削弱。加之中国与其他主要经济体的自贸协定逐渐突破、人民币国际化落地国家／地区不断增加，香港作为中国经济贸易金融对外开放窗口的重要性也面临着竞争的压力。

(9)"十三五"时期是中国经济转型的关键阶段，在旧的发展方式逐步失效，发展的新方式、新动力尚未完全建立的过程中，香港也面临着各种矛盾和风险增加的挑战。国内经济下行压力明显增大；企业和社会债务过大、产能过剩、杠杆率高企；人民币汇率波动、资本外流压力增大；美元利率上升预期带来全球资本重新配置、新兴市场波动国际金融危机深层次影响长期存在，全球经济整体放缓，各国贸易保护主义抬头。毫无疑问，这些因素都将对香港在受惠于中国经济开放和增长的同时受到负面干扰，需要香港管理好增长预期和市场剧烈波动的风险。作为一个面向全球、背靠内地的国际金融中心，在继续服务内地金融市场发展的同时，香港应该调整定位，投放更多资源，发展内地以外的其他市场，发掘新的增长动力。

(10)香港金融市场的发展受到众多因素的影响。面对全球不断增加的监管要求，作为国际金融中心之一，香港应在积极参与全球监管事务并严格遵守各项有关准则的同时，积极进行必要的制度和规则的创新，提升市场效率；香港股票及外汇市场的优势众所周知，但债券、商品及另类投资等市场发展相对缓慢。制定金融服务业的整体策略及发展多元化金融市场，尤其是债券市场，是香港的当务之急；此外，香港目前的社会问题、居住环境及高昂的经营成本等问题，也影响着香港市场的信心和吸引力，需要着力解决。

政策建议

(11)强化香港作为全球离岸人民币业务枢纽的地位。现时，香港已经成为最大的离岸人民币市场，有条件进一步强化其全球离岸人民币业务枢纽的地位。我们为此提出以下的建议：

① 着力发展香港的人民币债券市场。根据市场的需要，逐步放宽并扩大中央政府、地方政府和金融机构在香港发行人民币债券的规模、品种和频率，并在此基础上推出债券正回购和逆回购工具，拓展市场容量和流动性。

② 推动中国人民银行在港发行票据，特别是三个月期的人民币票据。有关额度应可循环使用，发行规模亦应逐步扩大，从而丰富香港的短期高信用等级人民币金融产品。

③ 加快推动债市通。建立一个覆盖内地与香港场外市场和交易所市场的有关跨境交易、托管、清算和结算的债市互联互通机制。相关的机构，包括香港金融管理局、中国人民银行、香港交易及结算所有限公司、上海清算所、中国证券登记结算有限责任公司、上海证券交易所、深圳证券交易所和内地与香港的银行，均已就此重要计划进行研究。此机制亦应在允许海外金融机构和机构投资者投资中国债市的基础上，进一步扩大一般性企业和合条件的个人投资者投资中国债市。

④ 培育人民币衍生品市场。随着海外资金对在岸人民币资本市场增加投资，其对冲风险的需求也相应增加。香港应及时大力开发人民币定价的风险对冲金融产品，包括期货、期权、利率衍生工具、汇率工具等多方面的产品，形成有特色优势的，服务国际和国内市场主体的高效公平的市场，并与其他离岸人民币中心合作，形成全天连续交易的平台，推进人民币国际化。

⑤ 进一步推动香港和内地交易所的合作。可以参考泛欧交易所的方式，研究通过包括股权合作的各种方式，建立以香港制度为准则，境内外资源互动，发行机制和交易制度通用的股票市场，为人民币国际化发展和内地资本账户的开放奠定基础。

⑥ 发展第三方使用香港人民币服务平台，鼓励外国政府和机构在香港以发行人民币债券等方式进行融资，进一步推动人民币国际化。同时鼓励在香港设立人民币主权投资基金和促进国内机构投资者参与人民币产品的交易，以增加离岸人民币市场的流动性和吸引力。

⑦ 加快国际人民币财富管理中心的建设，发展以人民币作为投资货币的基金管理和相关服务业。这包括人民币清算、账户管理、投资理财、财富管理顾问服务等平台的建设。

(12)积极参与国家"一带一路"建设。"一带一路"倡议是国家在"十三五"时期推动经济发展的重要策略。香港必须珍惜此一发展机遇，积极配合国家并采取有效的推动措施，以充分发挥香港的各项优势。我们为此提出以下建议：

① 香港可凭借其国际金融中心的优势，争取将与"一带一路"有关的财资和市场营运部门设于香港；积极争取香港成为亚洲基础设施投资银行（亚投行）的非主权成员；积极

发展成为亚投行的发债平台和"一带一路"沿线国家和地区的融资中心。

② 香港可担当"超级联系人"的角色，发挥作为"一带一路"地区与中国内地之间的服务平台作用。香港亦可发挥在资金、技术、法律、信息、文化融合等方面的优势，为中国企业的海外并购和直接投资提供融资、咨询和行政支持，成为中国企业"走出去"的重要服务平台。

③ 建立"一带一路"市场推广机制。一方面香港可利用金融、会计、法律等专业人才丰富的优势，为国家相关部门提供配套服务，将有关"一带一路"的项目库和内地企业的投资意向信息，与香港企业及"一带一路"地区的需求进行配对。另一方面，特区政府可推动建立具有品牌效应的高端论坛和峰会，借鉴博鳌论坛、达沃斯年会的模式，建立香港在国际商业、金融、政策讨论中的品牌，扩大香港的话语权。

④ 鼓励香港的银行、证券和保险机构研发有关"一带一路"的金融产品，为中国企业投资"一带一路"地区和"一带一路"地区的融资需要提供服务。

（13）积极推动内地市场对香港进一步开放。

① 推进《内地与香港关于建立更紧密经贸关系的安排》（CEPA）的政策全面升级，解决"大门开了、小门不开"的问题。鼓励香港企业到内地银行间债券市场发行熊猫债券，将《内地与香港基金互认安排》扩展到银行、保险领域产品的双向互认和市场联通，落实香港中小证券商、保险机构在内地落地经营。

② 加快香港与前海、南沙、横琴等粤港澳合作平台的建设。在平台内大力发展现代服务业，实现服务贸易自由化，除少数极敏感领域外，其余的领域都对香港开放。有关资产要求、持股比例、经营范围等方面的门槛要求亦应予降低。

③ 推动内地自贸区提升金融开放力度。自贸区内逐步实现自贸区账户和离岸账户一视同仁。逐渐减少自贸区的负面清单，务求与离岸金融市场的监管方式看齐。

④ 发挥香港在泛珠三角区域中的重要作用，推动粤港澳和跨省区重大合作平台建设。在区域内建立金融协调发展机制，推动区域内金融机构整合，加强区域金融市场合作，建立一个在区域内完全开放、竞争、规范的市场。

（14）以金融服务支持香港产业转型，培育经济发展新动力。

① 配合内地产业结构转型，把握国内经济全方位开放的机遇，培育新兴产业，创造经济发展新动力。推动扩大内地对香港风险投资基金的开放，鼓励香港资金投资内地的创新产业；鼓励金融业的创新，对资产证券化、互联网、大数据金融、跨境投融资模式进行探索，增强香港金融体系的活力和竞争力；建立面向内地开放的创新产业园和孵化基地，进一步降低内地创新人才在香港注册企业的成本；推动香港向知识型经济体转型，促进传统产业和互联网、信息技术的融合，建设数码化经济。

② 加强金融业的基础建设，增强香港金融市场的吸引力。加强金融创新人才的培养和引进，特别是同时具有金融服务能力和高新产业经验的高端复合型人才，如扩大"优秀人才入境计划"，以加大吸引内地人才流入香港的力度；完善和调整税务政策，对创业、创新型企业在税务、资金方面予以支持，优化创业环境，引导资本更多、更便捷地投入到创新、创业企业；支持资本市场改革，为内地创新企业赴港上市和香港上市公司在国际上进行高端领域的并购创造条件，吸引更多全球优秀企业赴港上市，保持香港资本市场的国际地位。

只基金是否合适，有关决定将取决于恰当的披露、有否显示其基金经理具备相关的技能、采取合适的估价准则、风险管理、履行受信责任以及实施营运保障措施。③ 保障投资者的基本原则将不会改变，包括对保管与管理职能必须划分的要求。[24]

总体而言，证监会将在促进市场发展与保障投资者和市场的廉洁稳健之间取得平衡，并一如既往地采纳与其他顶尖国际金融市场一致的标准，以及吸引和挽留高素质的市场参与者和投资者。同时，将加强对投资者教育，让投资者知道，在投资复杂的新产品时，要了解自己的责任和产品的风险所在。

4.3　基金管理业监管制度的改革与完善

2008 年美国次贷危机引发香港雷曼"迷你债券"风波。事件发生后，香港证监当局集中主要精力处理雷曼迷你债券危机。雷曼兄弟在美国申请破产保护后的第二天，证监会便向雷曼旗下 4 家在香港营运的持牌公司发出限制通知，以保障这些公司及相关客户的资产安全；同时，准许 Lehmen Brothers Futures Asia Ltd. 有秩序地为未平仓的合约平仓，并批准美国雷曼兄弟资产管理亚洲有限公司在全面遵循《证券及期货（财政资源）规则》的前提下继续营运，但密切关注其营运合规情况。其后，香港出现大批投资者投诉的个案，证监会为了避免分散调查，采取"由上而下"的方式处理，即合并所有投诉，找出集中的诉求，然后主动出击，对投诉对象进行全方位的调查。2008 年 9 月起，证监会以"由上而下"的方式处理证监会及香港金融管理局收到的大约 29,000 件涉及雷曼迷你债券不良销售手法的投诉。截至 2009 年 12 月，证监会与 19 家迷你债券分销商达成协议，使共约 24,400 名银行客户获付逾 52 亿港元，另有 366 名经纪行客户获付约 1.09 亿港元。

针对雷曼迷你债券风波所暴露的监管漏洞，从 2008 年起，香港证监会着重从以下三方面完善对基金业的监管制度：

第一，维持严格的市场标准，密切监察市场运作，提升基金业的风险管理水平。

2008 年爆发的全球金融风暴，不但给监管机构及市场从业人员带来前所未见的挑战，同时亦凸显了妥善管理交易对手风险的重要性。这一时期，证监会采取了一系列措施维持严格的市场标准，密切监察市场运作。2008 年 10 月，证监会向零售投资产品的发行商发出通函，提醒他们有责任确保销售文件载有最新及足够的资料，让投资者可因应当前情况作出有根据的投资决定，又提醒发行商确保文件载有清晰、显眼和足够的风险警告。其后，证监会再发函认可集体投资计划的发行商和认可基金的管理公司，提醒他们加强持续监控交易对手风险及采取更有效的措施降低有关风险，并提供实用的指引说明如何以持平的方式清晰而显眼地作出披露。为加强对基金宣介材料的监管，证监会向业界发出了经修订的《广告宣传指引》；同时加强对基金广告的执法，对没有遵守《广告宣传指引》的行为进行处罚。

2009 年 10 月，证监会发出咨询文件，建议结构性产品的公开发售不再受《公司条例》的招股章程制度规管，转而纳入《证券及期货条例》第 IV 部的投资要约制度内，依据新订的《非上市结构性投资产品守则》，以加强非上市结构性投资产品的资讯披露及提高产品透明度。2010 年 4 月，证监会公布落实这项建议，所有非上市结构性产品（不论属于哪种法律形式）的公开发售都将受《证券及期货条例》监管。2010 年 1 月，证监会发出另一份咨询文件，就规管房地产基金的收购合并及上市集体投资计划的市场行为提出建议，以加强保障少数股东和协助香港房地产基金市场进一步发展。其后，证监会推出《房地产基金指引注释》，对《房地产投资信托基金守则》作出修订，让房地产基金与上市公司的控制架构趋向一致。

2012 年 12 月，由于市场日趋关注到欧洲主权债务危机及其他潜在市场风险，证监会向认可基金的管理公司发出通函，载述了认可基金投资逾基金资产净值 10% 于信贷评级低于投资级别的单一主权发行人／或担保的证券时需要遵守的披露及其他规定，以加强监察有关产品所承受的欧洲及主权发行人的风险。同年 6 月，鉴于愈来愈多的香港投资者有意投资于可能提供定期收益或股息的投资产品，证监会刊发了一系列的常见问题，阐明有关可从资本派发股息的基金所须遵守的各项披露规定。

2014 年 3 月，因应美国《海外账户税收合规法案》（Foreign Account Tax Compliance Act）的落实时间表，证监会向认可投资产品发行人发出通函，提醒发行人应审慎考虑及评估《海外账户税收合规法案》对业务运作和产品的潜在影响，以及是否有需要执行任何必要程序和监控措施以确保遵从《海外账户税收合规法案》。同年 4 月，为了保障投资者及促进香港零售投资产品市场稳健发展，证监会发出通函，阐述对产品提供者在严谨的内部产品监管及审批程序方面的要求并提供一系列指引，范围涵盖自推出产品至销售后的整个产品周期。该通函提醒产品提供者，他们在产品设计的过程中有责任顾及投资者的利益。

第二，加强对投资产品的监管，保障投资者的权益，重建投资者信心。

2008 年全球金融海啸期间，投资者大受打击，开始对市场失去信心。及至雷曼集团倒闭后，投资者对包括基金在内的各类投资产品的信心变得更加脆弱。明显的例子是 2008 年第 4 季度，证监会收到的基金认可申请显著减少。据基金经理和分销商反映，投资者已将所有的基金标签为高风险投资，不管基金实际涉及的风险如何。不少持有雷曼相关结构性产品的投资者在投诉中表示，他们不了解所购买产品涉及的风险、未能完全明白产品文件的内容及当中披露的风险，或存在不当销售。虽然这些产品不涉及任何证监会认可基金，但证监会认为，基金经理应当在困难的投资环境下，特别留意投资者的需要；基金经理也应作出正面的回应，以显示他们有顾及投资者的关注。[25]

2008 年 12 月，证监会向业界发出通函，促请基金业进一步加强产品的资讯披露，以说明投资者了解他们实际投资的产品及主要风险所在。2009 年 9 月，证监会发表《建议加强投资者保障措施的咨询文件》，提出改进对基金业监管的一系列措施，主要包括：推出一本产品手册，以一系列共享的重要通则作为不同投资产品的监管标准；规定产品手册规管的所有投资产品都必须附有产品资料概要，以协助投资者了解和比较不同的投资产品；要求预定投资期达一年以上的结构性投资产品，必须设有冷静期，让投资者可选择退出投资；加强监管中介人在销售投资产品方面的手法及操守。同年 10 月，证监会发出咨询文件，建议结构性产品的公开发售不再受《公司条例》招股章程制度的规管，转而纳入《证券及期货条例》第 IV 部的投资要约制度内，从而依据新订的《非上市结构性投资产品守则》，加强非上市结构性投资产品的资讯披露及提高产品透明度。

2010 年 6 月，证监会推出《证监会有关单位信托及互惠基金、与投资有关的人寿保险计划及非上市结构性投资产品的手册》，同时修订关于集体投资计划的守则，加入新的监管规定，并从多方面协助业界妥善地实施《手册》所订立的措施。证监会并给予所有产品发行商享有一年的过渡期，以便向投资者提供产品资料概要及修订销售文件，以符合载于《手册》内的新披露规定。2010 年 8 月，证监会成立产品咨询委员会，成员包括具备市场知识及专长的业内人士、专业人员、学者及其他相关人士，以便证监会就《手册》《证监会强积金产品守则》及《集资退休基金守则》所涉及的各类事宜，以及整体市场环境、行业常规及新的产品特点，征询产品咨询委员会的意见。

鉴于与投资有关的人寿保险计划（投资相连寿险计划）的特点和收费架构愈趋复杂，2013年 5 月，证监会为了提高对投资者权益的保障，向认可投资相连寿险计划的发行商发出一份通函，述明加强披露要求和相关的实施与合规程序。同年 6 月及 11 月，证监会分别向认可基金的管理公司及投资相连寿险计划的发行商发出通函，列载证监会认可基金或投资相连寿险计划的计划更改及销售文件修订申请的简化措施。证监会亦发表了一系列的常见问题，并举办了简介会，向业界人士就简化措施的实施进行解释及提供实用的指引。

第三，加强对投资者的教育。

证监会认为，让投资者获得充足的资料和对金融产品具备知识，是保障他们避免因诈骗和不良作业方式而招致损失的第一道防线。因此，将教育及保障香港证券市场的投资者作为证监会的重点工作之一。为此，证监会开展了多项活动，利用不同的形式与投资者沟通，包括网站、电台、电视台短剧、不同类型比赛、报刊文章及证监会本身的《慧博士》教育专栏，向公众讲解他们作为证券及期货市场上的投资者的权责。通过教育投资者，使他们能够作出有根据的选择，尤其是在新产品、结构性产品或可能出现潜在诈骗的范畴。证监会并提醒投资者需对其本身的投资决定负责，特别是他们应谨慎考虑其承受风险的能力，从可供选择的产品中挑选最适合他们的财政状况及风险承受能力的投资工具。证监会还与多所大学合作教育，向新一代灌输有关负责任投资的知识。

5. 保险业：建立保险业监管局

回归以来，特别是经历1997年亚洲金融危机和2009年全球金融海啸的两次冲击后，

香港特区政府加快了保险业监管制度的改革，

其中，最重要的内容就是成立独立的保险业监管局，

并为保险中介人设立发牌制度，取代现行自律规管制度。

5.1 保险中介人规管制度的检讨与改革

香港回归以后，随着长期保险即个人寿险业务的蓬勃发展，从事保险代理的人数亦大幅上升。据统计，1997 年，从事保险代理的人数为 3.12 万人，到 1999 年已增加到 4.85 万人，两年间增幅高达 55%。这些代理大部分都从事寿险业务的推介，而其中素质的参差不齐亦日见明显。2001 年 7 月，香港保险业监理处推出一份名为《保险中介人规管制度检讨咨询文件》，对自 1995 年以来实施的保险中介人自律规管制度进行了检讨。该文件指出，过去几年，有关保险代理人及保险经纪的投诉不断上升，例如，从 1998 年至 2000 年，有关对保险中介人的投诉从 208 宗增加到 459 宗，两年间数字增加了一倍以上，这反映了市民对保险中介人的专业水平及操守日益关注。

该文件认为，有必要加强对保险中介人的监管，并以证监会的"投资中介人"的规管标准作为规管的参考。它指出："在香港，《证券及期货条例草案》已在 2000 年 11 月 24 日刊登宪报，就投资中介人的规管架构作出规定。证监会会对中介人进行背景审查，以确保其为担任该职位适当人选。……由于'证券'一词的定义拟扩大至包括'集体投资计划中的权益'，因此参与买卖属集体投资计划权益的保险产品或就这方面提供意见的保险公司及保险中介人，将被纳入证监会的规管架构内，因而须领取牌照。保险公司及保险中介人的与投资有关的长期业务活动，便将受两个规管当局规管。"

2000 年，为确保保险中介人有足够的保险知识和服务水平，香港保险业监理处推出一项全新的素质保证计划——"保险中介人素质保证计划"。根据该计划，香港所有保险中介人，包括保险代理、保险经纪及其行政总裁或负责

香港十大保险公司（以寿险*保单数量计算）

	保险公司	保单数目
1	友邦（国际）	2,088,979
2	保诚保险	1,098,558
3	宏利（国际）	966,997
4	恒生保险	669,944
5	安盛保险（百慕大）	582,541
6	安盛金融	427,329
7	汇丰人寿	387,029
8	富通保险	372,976
9	中银集团人寿	372,834
10	中国人寿	343,078

* 上述数据不包括投资相连寿险保单。

资料来源：香港保险业监理处 2014 年长期保险业务统计。

人、业务代表，必须通过由香港职业培训局主办的资格考试，才能符合登记或获得授权的资格。资格考试包括四部分，即必考试卷（保险原理及实务）、资格试卷（分一般保险、长期保险和投资相连长期保险三类）、旅游保险代理人考试试卷和独立试卷（强制性公积金中介人考试）。所有保险中介人，必须在 2000 年初至 2001 年底的两年内，通过资格考试，获得牌照；而从 2000 年起所有新入职的保险中介人均需通过资格考试。计划并规定，保险中介人日后必须参与持续的专业培训计划，以确保中介人的专业水平和服务质素。[26]

保险中介人资格考试报名现场。

2002 年 1 月 1 日，保险中介人资格考试两年过渡期结束，两年前获安排而仍然从事保险代理业务的 10,663 名登记人士中，有 9,213 名代理通过资格考试，占总数的 86%。根据香港保险业监理专员提供的数据，过渡期间，有 20 多万人次参加三项资格考试，及格率为 47.3%，当中不少曾多次参加考试，估计仅有不足 1,500 人未能通过。当时，香港人寿保险从业员协会会长李东江表示，在 2001 年的一年内，约有近万名保险业中介人转行"离场"。他认为，资格考试的实施是使这些保险中介人"离场"的主要原因。不过，他相信，"离场"者以只挂牌登记的"游离分子"居多。[27] 无疑，这项保险中介人考试发牌制度，对保证保险中介人的质素起了积极的推动作用。

2010 年 3 月，为切合不断转变的市场需要和公众期望，保监处推出投资相连长期保险试卷的提升版，以取代先前的版本。所有欲从事销售投资相连长期保险产品的保险中介人（除非获得豁免），均须通过投资相连长期保险的提升版考试，以及符合其他规定。至于在职从业员（即在紧接 2010 年 3 月前已登记从事投资相连长期保险中介业务者），只要在为期两年的过渡期内通过该提升版的考试，或完成额外 20 个投资相连长期保险持续专业培训时数，便可继续销售这类产品。据统计，截至 2012 年底，应考投资相连长期保险考试者共达 22.74 万人次，其中，应考先前版本的 16.66 万人次，应考提升版本的有 6.08 万人次，及格率分别为 58% 及 52%。

5.2　设立保单持有人保障基金

回归以后，香港特区政府在对保险中介人规管制度进行检讨的同时，也开始考虑设立保单持有人保障基金的可能性。在此之前，香港已设有赔偿计划，主要是就非人寿保单提供保障的第三者汽车申索和雇员因工受伤事故提供赔偿。根据有关法例，这类保单都是强制性的。如承保这类强制性保单的保险公司无力偿债，该等赔偿计划便会在保单持有人或第三申索人根据保单索偿给予赔偿。除此之外，并没有为人寿保险及其他类别的非人寿保险而设的赔偿计划。

2002 年，保险业监督委托顾问公司研究在香港设立保障基金的可行性，并于 2003 年 12 月至 2004 年 4 月期间曾进行第一轮的公众咨询。当时，香港社会对此存在不同意见，一些回应者赞成为保单持有人提供赔偿基金，认为有助增强消费者的信心；但其他回应者尤其是保险业界人士，则对可能出现的道德风险问题及对保费的影响表示关注。有关考虑因而暂时搁置。[28]

及至 2008 年及 2009 年爆发全球金融危机期间，国际上多家大型金融机构包括保险机构出现财政困难。有关事件凸显了为保单持有人提供赔偿基金的需要，香港保险界人士的立场和态度开始转变。2008 年，香港保险业联会表示原则上同意研究设立应变方案，为保单持有人在保险公司无力偿债时提供保障。其后，保监处与保联共同协商制定了设立保障基金的概念纲领，并在 2009 年 7 月获得立法会财经事务委员会支持。

2010 年，保险业监督再次委托顾问公司进行精算研究，评估拟设立的保障基金最适当的征费率、预定的基金金额及其他细节安排。随后，香港特区政府成立督导委员会，成员包括政府及保联代表，负责监督顾问公司的研究。2011 年 3 月至 6 月，香港特区政府根据顾问公司的研究报告，就设立保单持有人保障基金再次进行为期 3 个月的公众咨询，咨询文件载列拟设立的

保单持有人保障基金的主要特点，保障范围，赔偿水平，征费机制，以及管治安排等。[29]其间，还举办了两次公众咨询会，以及和业界及其他持份者组织进行商讨。

2012 年 1 月，财经事务及库务局和保险业监理处联合发布咨询结果，咨询结果显示，大部分回应者支持设立保障基金的建议，以期更有效保障保单持有人的利益，并在有保险公司无力偿债时，维持市场的稳定性。随后，保监处着手拟备赋权法例，并计划向立法会提交有关条例草案，原计划是准备在 2013—2014 年度正式推出。根据保监处的文件，计划中的保单持有人保障基金的主要内容是：[30]

梁志仁出任保监局行政总监，负责保监局的整体有效运作。

（1）目的和指导原则：保障基金应在加强对保单持有人的保障与尽量减少保险业界的额外负担之间求取合理平衡；保障基金在提高市场的

稳定性之余，应同时尽量减少道德风险。

（2）保障范围：保障基金下应设立两项独立运作的计划，即人寿计划及非人寿计划，主要对象应为个人保单持有人。保障基金亦应涵盖大厦业主立案法团和中小型企业。[31]

（3）赔偿水平及赔偿基础：保障基金的赔偿限额应为申索额港币首 10 万港元的 100%，加余额的 80%，而可获得的赔偿总额最高为港币 100 万港元。人寿保险的赔偿限额以每份保单计算，金额上限为每份保单港币 100 万港元；而非人寿保险的赔偿限额则以每宗申索计算。

（4）征费机制：保障基金采用建议的渐进式征费模式，先行通过较温和的征费率，达到初期预定的基金金额，而一旦有保险公司无力偿债时，则可视乎需要提高征费率。人寿计划初期预定的基金金额为 12 亿港元，非人寿计划初期预定的基金金额为 7,500 万港元。计划在 15 年内达到初期预定的基金金额。人寿和非人寿计划初期的征费率定为适用保费的 0.07%。所有认可保险公司均须参加该保障基金计划并按征费率交纳费用。一旦有保险公司无力偿债，而申索人又获保障基金赔偿时，保障基金应就已赔偿的部分取代申索人，从无力偿债保险公司的资产讨回该部分的款项。

（5）管治安排：设立保障基金管理委员会，成员包括保险、金融、会计、法律及消费者事务等界别的资深专业人员，以及政府代表。

5.3 推动成立独立的保险业监管局

2008 年爆发的全球金融海啸，对全球的金融业包括保险业都构成了重大的冲击。危机过后，为了配合国际规管原则及促进保险业的发展，特区政府开始着手对保险业监管架构进行检讨，研究把保监处转为独立保险业监管局的可行性，以确保保险业的规管架构与时并进，促进保险业的稳健发展，为保单持有人提供更佳保障。

2010 年 7 月 12 日，特区政府发表咨询文件，就成立保监局框架建议进行为期 3 个月的公众咨询。特区政府认为，拟议的保监局旨在为业界及公众带来的好处主要包括：加强规管保险公司及保险中介人，从而为保单持有人提供更佳保障，并促进保险业稳健发展；更灵活地应付新的规管挑战，以及更有效地落实国际规管标准；在不降低规管标准的情况下，以便市场创新和维持业界竞争力；以及提高客户对保险业的信心，从而有助巩固香港的国际金融中心地位。咨询期间，特区政府先后举办了四次公众论坛，并出席了行业／专业团体所举行的会议／论坛，向业界及持份者概述有关建议和收集意见。结果共收到 1,719 份由个人及公司／机构提交的书面意见。根据所收到意见，公众普遍赞同成立保监局；但是也有部分回应者，特别是保险业中介人，对有关建议表示忧虑或提出反对。[32]

2011 年 6 月，特区政府财经事务及库务局向立法会财经事务委员会提交《建议成立独立保险业监管局咨询总结及详细建议》（简称《详细建议》）。《详细建议》认为，在检讨本港及国际间规管金融市场的做法及参考有关经验后，特区政府建议成立保监局，并承担一些新增的职能，具体包括：直接规管保险中介人的操守；举办公众教育活动；进行有关保险业的专题研究和探讨；以及采取与保险业有关的适当步骤，以协助财政司长维持香港在金融方面的稳定性。在规管保险公司方面，建议赋予保监局明确权力，包括展开调查、出示手令以搜查及检取有关资料、循简易程序提出检控，以及就保险公司的不当行为施加规管罚则等。

在规管保险中介人方面，《详细建议》认为："我们完全肯定自律规管机构对保险业的平稳发展功不可没。然而，现有的自律规管制度与本港或国际间规管金融市场的做法并不一致；更重要的是会导致表面上或实际上的利益冲突的问题。"[33]因此建议："保监局将负责发牌予保险中介人，并实行直接监管，以加强公众对其专业水平的信心，并使保险业的发展与国际做法一致。"《详细建议》还表示："为了尽量减少对现有保险中介人的影响，我们建议在法例订明已和自律规管机构有效注册的保险中介人，在保监局成立后及向其签发新牌照前，会被当作已获保监局发牌，为期三年，让中介人在向保监局申领牌照期间可以继续经营业务。"

特区政府在参考了保险公司、自律规管机构及保险中介人团体的意见之后，拟订了主要立法修订方案。2012 年 10 月，特区政府就成立独立保险业监管局的主要立法修订方案再次展开为期 3 个月的公众咨询。结果政府共收到 558 份意见书。财经事务及库务局表示："经考虑回应者的意见，政府在几个方面的建议作出修订，包括保监局组成的草拟条文、负责人员的委任、若干操守要求、指定的暂时禁止从事受规管活动的权力，以及相关的发牌和执法安排，以协助业界符合合规要求和达致有效执法。"该局发言人并指出："成立保监局是继 1983 年通过《保险公司条例》以来，保险业界最重要的改革建议。我们根据回应者具建设性的意见及提议修订了有关的立法建议，并预备将条例草案提交立法会。这标志着向成立保监局迈出重要一步。"[34]

2013 年 10 月，特区政府成立保监局过渡安排工作小组，以协助由自律规管制度顺利过渡至独立保险业监管局（保监局）推行的新制度。2014 年 4 月，行政会议建议，行政长官指令向立法会提交《2014 年保险公司（修订）条例草案》，就成立独立保险业监管局和设立保险中介人法定发牌制度以取代现有的自律规管制度订定条文。2015 年 7 月 10 日，香港立法会三读通过《2014 年保险公司（修订）条例草案》，决定成立独立的保险业监管局，并为保险中介人设立发牌制度，取代现行自律规管制度。香港特区政府财经事务及库务局局长陈家强表示，保监局的成立是 1983 年《保险公司条例》通过以来，保险业最重要的监管制度改革，此举符合国际保险监督联会的规定，为保单持有人提供更佳保障，有利于促进保险业的稳健发展。同年 12 月，独立的香港保险业监管局正式成立，郑慕智出任主席。

注释

〔1〕 由于 2008 年金融危机的影响，2013 年 4 月 1 日，FSA 被拆分为两个机构，一个为 FCA（Financial Conduct Authority），另一个为 PRA（Prudential Regulatory Authority）。自此，FSA 不复存在。

〔2〕 香港发展策略委员会，《共瞻远景，齐创未来——香港长远发展需要及目标》，2000 年，第 8 页。

〔3〕 香港特区行政长官董建华施政报告，《群策群力，转危为机》，1998 年。

〔4〕 香港金融发展局，《巩固香港作为全球主要国际金融中心的地位》，香港：香港金融发展局，2013 年 11 月。

〔5〕 冯邦彦，《香港：打造全球性金融中心——兼论构建大珠三角金融中心圈》，香港：三联书店（香港）有限公司，2012 年，第 105-159 页。

〔6〕 香港金融管理局，《就"银行业顾问研究"的政策回应》，香港：香港金融管理局，1999 年 7 月，第 2-3 页。

〔7〕 同〔6〕，第 8 页。

〔8〕 同〔6〕，第 13 页。

〔9〕 毕马威会计师事务所和 Barents Group LLC，《香港银行业新纪元》，1998 年 12 月，1.8.2 部分。

〔10〕 同〔9〕，1.9 部分。

〔11〕 同〔9〕，1.10 部分。

〔12〕 CAMEL 是国际公认的制度，用作评估资本充足比率（C）、资产素质（A）、管理（M）、盈利（E）和流动资金水平（L）。以 1 至 5 来代表整体或综合评级，数字越大，监管方面的忧虑便越多。

〔13〕 任志刚，《最后贷款人》，载《香港金融管理局季报》第 20 册，1999 年 6 月 29 日。

〔14〕 同〔9〕，1.8.6 部分。

〔15〕 香港证券及期货监察事务委员会，《1997 至 2007 年证券期货市场大事回顾及监管发展概览》，香港证监会网站，2007 年，第 2-3 页。

〔16〕 欣岩，《透视香港交易所合并》，《财经》杂志，1999 年第 4 期，http://magazine.caijing.com.cn/1999-04-05/110056893.html。

〔17〕 香港金融管理局，《香港的金融基建（第二版）》，香港：香港金融管理局，2013 年，第 5 页。

〔18〕 赫斯特风险指外汇交易中的两种货币在不同时区交收而引起的风险。

〔19〕《2012 年证券及期货（修订）条例》颁布后，证监会辖下附属机构投资者教育中心正式成立，负责教育公众认识广泛的零售金融产品及服务，并在提升普罗大众的金融理财知识方面担当关键的角色。

〔20〕 张灼华，《新的〈单位信托及互惠基金守则〉——打造香港成为基金超级市场》，香港证券及期货监察委员会网站，2008 年 4 月 16 日，第 2 页。

〔21〕 张灼华，《香港基金管理业的前景及监管挑战》，香港证券及期货监察委员会网站，2007 年 1 月 18 日，第 1 页。

〔22〕 同〔21〕。

〔23〕 张灼华，《金融危机对基金业的启示》，香港证券及期货监察委员会网站，2009 年 1 月 21 日，第 2 页。

〔24〕 同〔20〕，第 5-6 页。

〔25〕 同〔23〕，第 3 页。

〔26〕 The Office of the Commissioner of Insurance, *Review of the Regulatory System for Insurance Intermediaries*, Consultation Document, July 2001.

〔27〕 陈妍龄，《招聘门槛提高，保险经纪须中七毕业》，载《香港经济日报》，2002 年 1 月 11 日。

〔28〕 香港特区政府财经事务及库务局，《建议设立保单持有人保障基金咨询文件》，香港：香港特区政府财经事务及库务局，2011 年 3 月，第 5 页。

〔29〕 香港特区政府财经事务及库务局，《建议成立独立保险业监管局咨询总结及详细建议》，香港：香港特区政府财经事务及库务局，2011 年 7 月 4 日，第 2—3 页。

〔30〕 香港特区政府财经事务及库务局和保险业监理处，《建议设立保单持有人保障基金咨询总结》，2012 年 1 月 30 日，第 2—6 页。

〔31〕 根据咨询文件，中小企的定义为任何从事制造业而在香港雇用少于 100 人的企业，或任何从事非制造业而在香港雇用少于 50 人的企业。这定义亦为中小企业信贷保证计划所采纳。

〔32〕 香港特区政府财经事务及库务局，《建议成立独立保险业监管局咨询总结及详细建议》，香港：香港特区政府财经事务及库务局，2011 年 7 月 4 日，第 2 页。

〔33〕 同〔32〕，第 3 页。

〔34〕 香港特区政府财经事务及库务局，《成立独立保险业监管局的主要立法建议咨询总结公布》，香港：香港特区政府财经事务及库务局，2013 年 6 月 26 日，第 1 页。

1970 年代初的港岛中环金融商业区。

第九章
迈向全球性国际金融中心

1. 香港国际金融中心的发展演变

所谓国际金融中心，

是指一个在国际金融市场的跨境资产交易中扮演重要参与者角色的城市。

N.巴拉克里什南（1989）认为，作为国际金融中心，

首先其金融业规模要大、效率要高、稳定性要强；

其次金融业的国际化程度要高，这包括业务的国际化、

组织机构的国际化、金融信息的国际化和金融制度与法规的国际化。

1.1 香港国际金融中心的崛起与确立

根据美国学者李德（Reed H.C.）的研究，香港作为国际金融中心的起源，可追溯至 20 世纪初。李德在其关于国际金融中心的著作中，使用 9 个变数（可能是由于缺乏其他金融数据的

原因，9 个变数均为银行变数）进行分析发现，从 1900 年至 1980 年这段时期中，香港除了 1970 年和 1980 年外其余每隔 5 年香港都名列"十大国际银行中心"之列。[1]

不过，香港作为亚太区国际金融中心的崛起，则是从 1960 年代末期开始的。1960 年代期间，香港作为地区性金融中心，经历了两次重大挫折：其一是 1960 年代的银行危机，它一度动摇了整个金融体系。当时，香港政府认为本地银行数量太多，决定暂时冻结颁发银行牌照，直至 1978 年才解冻，使得大批跨国银行无法循正常途径进入香港。其二是新加坡作为亚洲美元市场的崛起。1960 年代末，部分美资跨国银行有意在香港设立亚洲美元市场，作为欧洲美元市场在亚洲时区的延伸。可惜的是，当时香港政府不愿取消外币存款利息税，而新加坡政府则决定以免税等各种优惠政策吸引外资银行，结果成功建立起亚洲美元市场，新加坡作为亚太区国际金融中心乘势而起。

1960 年代末期以后，随着香港经济的蓬勃发展和大量企业的崛起，香港的金融业开始迈向多元化、国际化。首先发展起来的是证券市场。1960 年代末 1970 年代初，远东交易所（1969 年）、金银证券交易所（1971 年）和九龙证券交易所（1972 年）相继成立，与 1891 年成立的香港证券交易所一道，形成所谓的"四会时代"。这一时期，香港证券市场进入空前牛市，大批新兴公司纷纷在香港挂牌上市，香港市民掀起投资股市的空前热潮，反映股市走向的恒生指数从 1971 年底的 341.4 点攀升至 1973 年 3 月 9 日的 1774.96 点的历史高峰，在短短一年多时间内升幅达 5.3 倍。

当时，为配合证券市场的发展，香港不同类型的金融机构，诸如投资银行、商人银行、国际资金银行以至本地小型财务公司纷纷成立，改变了以往由单一银行业主导的局面，这些金融机构经营的业务也与传统的商业银行迥然不同，包括多种货币存款、公司融资、股票认购包销、银团贷款、债券发行、策划收购兼并、分期付款租购租赁等。直至 1980 年，香港在各类零售及大规模银行业务方面，例如国际及本地银行业务、外汇买卖、信用保证，以及其他不属银行系统的金融机构（如互惠基金等），成为获利最丰的领域。[2]

这种发展态势，吸引了大批跨国金融机构进入香港。当时，在政府冻结颁发银行牌照的背景下，外国金融机构进入香港主要有两个途径：

第一，收购本地持牌银行。1965 年银行危机后，本地中小持牌银行为求自保，以便在英资银行与外资银行的夹缝中生存，纷纷向外资银行求援；在港府冻结颁发银行牌照的条件下，一些有意进入香港的外资银行也想方设法对香港本地持牌银行进行资本渗透、控制和收购。1973 年，美国欧文信托公司收购永亨银行 51% 股权，日本三菱银行收购廖创兴银行 25% 股权，就是外资银行通过这种途径进入香港的先声。据不完全统计，至 1987 年 10 月 12 日止，至少有 22 家本地持牌银行被外资收购部分或全部股权。[3]

表9.1　银团贷款及欧洲票据融资中心（1980—1986年）

	签订都市	签订次数	贷款总额/亿美元
1	伦敦	2,216	2,213.4
2	纽约	886	2,193.4
3	巴黎	536	703.7
4	香港	665	357.2
5	东京	328	273.4
6	新加坡	239	181.6
7	法兰克福	204	164.4
8	旧金山	189	133.2
9	巴林	162	127.7
10	布鲁塞尔	157	118.4

资料来源：Euromoney，1987 年 7 月号，转引自香港华商银行公会研究小组著、饶余庆编，《香港银行制度之现况与前瞻》，香港华商银行公会，1988 年，第 9 页。

第二，在香港开设接受存款公司。由于通过收购本地持牌银行进入香港金融业的成本越来越高昂，而且可收购的对象有限，不少跨国银行改以财务公司（Finance Company）的形式来港设立附属机构，参与无需银行牌照的商人银行或投资银行业务，从事安排上市、包销、收购、兼并等业务。这一时期，一批商人银行（Merchant Bank）先后在香港创办，其中最著名的包括怡富（Jardine Fleming & Co., Ltd.）、宝源投资（Schroders Asia Limited）、获多利（Wardley Ltd.）等。与此同时，财务公司如雨后春笋般涌现，主要从事与股票、地产有关的贷款活动，由于并非持牌银行，它们不受"利率协定"的限制，可以高息吸引存款，因而获得快速发展。

1978 年 3 月，在跨国银行的压力及新加坡的竞争下，香港政府宣布重新向外资银行颁发银行牌照，结果大批国际银行涌入香港。1980 年代初，香港政府又宣布了一系列自由化政策，包括 1982 年 2 月撤销外币存款 15% 的利息税，并将港币存款利息税减至 10%；1983 年 10 月完全取消港币存款利息税等。这些措施进一步吸引外资银行的进入，并推动了香港作为亚太区国际金融中心的形成和确立。

到 1980 年代中期，就海外注册银行数量而论，香港已发展成为世界第 4 大金融中心；而就银行体系的对外资产而论，香港亦是世界第 11 大金融中心；在亚洲，香港作为国际性金融中心的地位，则在东京和新加坡之后排名第 3。[4] 这一时期，香港已成为亚太区的银团贷款中心。根据 Euromoney（1987 年 7 月号）的统计，1980 年至 1986 年间，香港签订的银团贷款及欧洲票据融资达 665 次，贷款总额达 357.2 亿美元。以签订次数计，仅次于伦敦（2,216 次）和纽约（886 次），而排名第 3 位，在亚太区超过东京（328 次）和新加坡（239 次）；若以贷款计，香港则在全球排第 4 位，仅次于伦敦（2,213.4 亿美元）、纽约（2,193.4 亿美元）和巴黎（703.7 亿美元），而超过东京（2,733.4 亿美元）和新加坡（181.6 亿美元）。（见表 9.1）

1.2　香港国际金融中心地位的演变和发展

1980 年代初，受国际石油危机冲击，香港经济急剧恶化，资产价格下跌；而随着美元的大幅升值，港元贬值压力空前加大。1982 年 9 月，英国首相撒切尔夫人访问北京，中英关于香港前途问题的谈判拉开序幕。在其后一年里，中英两国谈判陷入僵局，政治气氛转趋紧张，触发港人信心危机。1983 年 10 月 15 日，香港政府宣布改变港钞发行机制，废除自 1974 年以来实行的浮动汇率制度，改为实行与美元挂钩的联系汇率制度，以挽救急跌中的港元汇率。该制度实施以后至 1997 年回归，香港先后经受了一系列严重的政治、经济事件的冲击，然而，这一期间联系汇率表现出相当强的稳定性，对维持和巩固香港国际金融中心的地位发挥了积极作用。

1992 年香港中央结算有限公司推出中央结算及交收系统。（供图：香港交易所）

1980 年代初，就在香港经历了空前的港元危机的同时，香港金融业也经历了两次重大的危机：一次是 1982 年至 1986 年香港财务公司和银行连串倒闭的危机；另一次是 1987 年全球股灾引发的香港联合交易所停市事件和香港期货交易所期濒临破产危机。金融危机暴露了香港在金融监管方面存在的问题，香港政府先是对银行条例进行全面检讨，以英美等先进国家的制度为蓝本，制定颁布 1986 年《银行业条例》，进一步加强了对金融业的监管。其后，又成立香港证券业检讨委员会，对整个证券体系进行全面检讨，并在此基础上，对香港证券及期货市场展开大刀阔斧的改革。这些措施将香港的监管水平提高至国际标准，进一步推动了香港国际金融中心的发展。

到 1990 年代中后期，香港已形成门类齐全、发达的金融市场体系。香港金融市场体系中，最早发展起来的是香港银行同业拆息市场。长期以来，香港各认可机构之间及香港与海外机构之间的银行同业拆借非常活跃。1997 年平均每日成交额为 1,830 亿港元。银行同业拆息市场以短期借贷为主，港元和外币借贷均由 24 小时到期至 12 个月到期不等。港元的贷款机构，传统上以本地注册银行居多，而主要的借款机构是没有强大港元存款基础的外国银行。香港的外汇市场发展完善，买卖活跃，成为全球外汇市场不可或缺的一部分。根据国际清算银行的调查，1995 年 4 月香港平均每日的成交额为 910 亿美元，占全球总额的 6%，在世界位列第 5 位。

这一时期，香港的债券市场也获得了进一步发展。1990 年，香港金融管理当局发行外汇基金票据及债券，推动了债券市场的发展。外汇基金票据及债券市场催生了 1990 年 CMU 系统的产生，活跃了债券第二市场，并形成了可供其他机构发行债务工具的基准孳息曲线，对债券市场的发展产生重要影响。1996 年，金融管理局发表《香港作为国际金融中心的策略文件》，明确将"建立一个蓬勃而高效的债券市场"列为发展金融中心的重点目标。1999 年，认可机构

年份	成交总额/亿港元	恒生指数		
		最高	最低	年底收市
1987	3,714.06	3,949.73	1,894.94	2,302.75
1988	1,994.81	2,772.53	2,223.04	2,687.04
1989	2,991.47	3,309.64	2,093.61	2,836.57
1990	2,887.15	3,559.64	2,736.55	3,024.55
1991	3,341.04	4,297.33	2,984.01	4,297.33
1992	7,005.78	6,447.11	4,301.78	5,512.39
1993	12,226.75	11,888.39	5,437.80	11,888.39
1994	11,374.14	12,201.09	7,707.78	8,191.04
1995	8,268.01	10,073.39	6,967.93	10,073.39
1996	14,122.42	13,530.95	10,204.87	13,451.45
1997	37,889.60	16,673.27	9,059.89	10,722.76

表9.2　1987—1997年香港股市发展概况

资料来源：香港联合交易所编，《股市资料》。

1995年香港股票期权首日交易庆祝仪式，左二是香港联交所主席郑维健。

债券发行额比上年增加超过1倍，本地公司发行额比上年增加接近3倍，非多边发展银行的海外发债体发行额增加2.4倍。[5] 到2000年底，未偿还港元债券额达4,730亿元，比1999年由增加7%，其中，外汇基金票据及债券占23%。

香港最发达的金融市场是证券市场。1990年代，香港证券市场发展的一个标志性事件，就是引入中国内地企业的H股。香港证券市场改革与H股的上市，刺激了国际机构投资者大举涌入香港，推动了股市的发展。据统计，1987年香港股市全年成交总额为3,714.06亿港元，到1997年已增加到37,889.6亿港元，10年间增长9.2倍。从1995年起，在香港回归及一系列利好因素的带动下，香港股市进入新一轮的大牛市，恒生指数从1995年初的低位6,967.93点，逐步攀升至1997年8月7日的新高峰16,673.27点（见表9.2）。1997年，香港的证券市场市值总额达32,030亿港元，成为全球第6大股票市场，在亚洲区排第2位，仅次于东京。到2000年3月与期交所完成合并前，联交所共有570家会员公司。

与此同时，香港金融期货市场也得到了快速的发展。1987年全球股灾爆发，香港期指市场一度面临倒闭危机。不过，经过股灾后的整顿、改革，到1990年代，香港的金融期货市场再度取得迅速的发展。这一时期，香港期货交易所相继推出了一系列新的金融期货、期权产品，香港的金融衍生工具市场成为亚洲最大的市场之一。1997年买卖合约总数为810万张，平均每日成交合约数目超过35,000张。在各类成交合约中，恒生指数期货合约是最受欢迎的项目，占成交总数近90%。此外，香港还是区内的主要基金管理中心。1997年，认可单位信托及互惠基金的数目达1,356个。在认可基金的资产总值中，股本基金所占的比重超过一半，其次为货币市场基金及其他基金，如投资基金、债券基金等。

这一时期，香港金融业已成为香港经济中仅次于进出口贸易业、房地产业的第三大产业。据统计，1997 年，香港金融业创造的增加价值达 1,245.05 亿港元，比 1985 年的 142.78 亿港元大幅增长 7.72 倍；同期，金融业占本地生产总值的比重从 5.6% 上升到 10.1%，提高了 4.5 个百分点（见表 9.3）。金融业为香港本地及海外资金提供了出路，推动了香港工商业及对外贸易的发展，并通过私人信贷促进社会消费，从而推动了香港经济的发展。

根据香港大学饶余庆教授的研究，到 1990 年代中期，综合考虑各方面因素，香港作为国际金融中心的排名，在全球约居第六七位，在亚太区居第 2 位，落后于东京，但领先于新加坡（见表 9.4）。饶余庆认为："香港之崛兴为一国际金融中心，是第二次世界大战结束以来，香港经济的两大成就之一。"[6]（另一成就是从一转口埠转变为一富裕的工业经济体）

1.3 香港国际金融中心的巩固和提升

回归以来，香港金融业先后遭遇了亚洲金融危机、"9·11"事件及 2008 年全球金融海啸的冲击，并且受到来自东京、新加坡、上海的挑战。不过，依托"中国因素"的支持，香港金融业仍然取得了长足的发展，香港作为国际金融中心的地位跃居至全球第 3 位。香港已成为全球第 8 大、亚洲第 3 大股票市场，全球第 15 大、亚洲第 3 大国际银行中心，全球第 5 大外汇交易中心，全球最开放的保险中心之一、亚洲保险公司最集中的地区，亚洲区内主要的资产管理中心。

2008 年 1 月，美国《时代》周刊（亚洲版）发

表9.3 金融业以当时价格计算在香港本地生产总值中的比重

年份	增加价值/百万港元	占本地生产总值的比重/%	年份	增加价值/百万港元	占本地生产总值的比重/%
1980	8,760	6.5	1989	29,781	6.0
1981	11,487	7.0	1990	34,600	8.6
1982	12,926	7.1	1991	54,142	9.5
1983	13,103	6.5	1992	69,602	10.0
1984	14,177	5.9	1993	83,272	10.0
1985	14,278	5.6	1994	88,785	9.3
1986	18,362	6.0	1995	94,487	9.4
1987	23,763	6.2	1996	112,300	9.9
1988	26,057	8.6	1997	124,505	10.1

资料来源：香港政府统计处。

表9.4 香港作为国际金融中心的评估（1995年）

项目	亚太区排名	世界排名
银行业		
外资银行数目	1	2
银行海外资产	2	4
银行海外负债	2	5
越境银行同业债权	2	6
越境银行同业负债	2	4
越境对非银行企业信贷	1	2
银团贷款及承销票据融资（1994 年）	1	4
外汇市场		
每日净成交量	3	5
衍生工具市场		
每日净外汇合约成交量	3	5
每日净利率合约成交量	4	8
每日衍生工具总成交量	3	7
股票市场		
总市值	2	9
成交量	4	11
本地公司上市数目	7	16
黄金市场	1	4
保险业		
注册保险公司	1	—
保费	5	27
合格精算师	1	—
基金管理	2	—

资料来源：饶余庆著，《香港——国际金融中心》，香港：商务印书馆（香港）有限公司，1997 年，第 73 页。

表一篇由该杂志副主编迈克尔·埃利奥特（Michael Elliott）所写的题为《三城记》（A Tale of Three Cities）的署名文章。该文章创造了一个新概念——"纽伦港"（Nylonkong），即世界上三个最重要城市纽约、伦敦及香港的合称。文章指出：现在大银行都将其总部和关键的地区办事处设于"纽伦港"三地，如花旗银行集团、高盛公司、汇丰银行和摩根公司。这三地也是那些雄心勃勃的公司前往融资或谋求上市的地方。特别是香港，成千上万希望在全球市场筹资的中国内地公司带来的业务使它获益匪浅。香港股市资本总金额在 1996 年后的 10 年中几乎增长了 3 倍。文章强调：在金融全球化时代，香港金融业的重要性正迅速提升，香港有可能成为金融全球化总体格局中的重要一员。然而，香港要成为与伦敦、纽约并驾齐驱的全球性金融中心，仍然受到经济规模偏小、经济腹地有限等因素的制约。香港要发挥其金融业的比较优势，跻身全球性金融中心行列，必须突破制度上的制约，有效拓展其庞大经济腹地，特别是广东珠三角地区。

2007 年 3 月，伦敦金融城公司联手英国专业机构 Z/Yen 研究咨询公司共同发表《全球金融中心排名指数 1》（Global Financial Centers Index 1，简称"GFCI1"）报告，列出 46 个城市的金融中心排名。决定排名的 5 个方面包括：人力、商业环境、市场准入、基础设施和总体竞争力。该报告对数百名金融机构主管进行网上调查并对另外 47 种单独的竞争指数进行了综合考

2008 年 1 月美国《时代》周刊封面。

察。按照 1 至 1,000 的得分范围，伦敦得分最高，为 765 分；纽约其次，为 760 分；香港排名第 3 位，为 684 分。紧随其后的是新加坡（第 4）、悉尼（第 7）和东京（第 9）。上海居第 24 位。该报告称伦敦和纽约堪称"全球"绝无仅有的两个金融中心，而香港只能算是"国际"金融中心。香港在人力因素方面得分很高，在专业服务领域形成强大的专业特长。香港拥有的注册金融分析师的数量排名全球第 4，仅次于美国、加拿大和英国。香港的注册金融分析师有近 3,000 名，而 1995 年仅有 200 名。金融服务人群还包括精通法律人员，香港有 5,000 名诉状律师和 1,000 名出庭律师。

从全球主要金融中心的特点看，美国及英国的金融体系均已进入证券化阶段，属于证券化金融体系（securitized financial system）。根据国际清算银行的资料，目前这两国企业融资的 70% 通过证券市场运作，个人金融资产的 80% 左右交由证券公司、基金、保险公司管理；相比之下，日本个人金融资产的 60% 以上存放银行管理，企业融资亦主要利用银行进行，属于银行主导型金融体系；德国及法国的投融资结构类似日本，亦属于银行主导型金融体系。香港的法律及金融体系深受英国的影响，较接近英美式金融中心，是金融业较先进的表现。GFCI1 将香港列为全球 46 个金融城市

的第 3 位，其中一条理由便是认为香港近几年资本市场规模与证券化水平获得较大提升。

从 2007 年 3 月起，伦敦金融城公司与 Z/Yen 公司合作每半年发表一份《全球金融中心指数》报告，以连续反映全球金融中心城市竞争力的动态变化与排名。目前，"全球金融中心指数"已成为国际公认的全球金融中心排名的最权威指标。根据该指数，2007 年 3 月以来，除了 GFCI4 和 GFCI5 两期（2008 年 9 月至 2009 年 3 月）外，香港一直排在第 3 位，仅次于伦敦和纽约，而居于新加坡之前。而在亚洲太平洋区，香港、新加坡的排名则一直领先于东京、首尔、悉尼。根据 2016 年 9 月伦敦金融城公司公布的《全球金融中心排名指数 20》（Global Financial Centers Index 20）报告，香港的总评分为 748 分，位居第 4，次于伦敦（795 分）、纽约（794 分）和新加坡（752 分）。这是 2007 年以来香港第 4 次被新加坡超越而屈居第 4 位。

表9.5 国际金融中心指数综合得分及排名

金融中心	GFCI20	GFCI19	GFCI18	GFCI17	GFCI16	GFCI15	GFCI14	GFCI13
伦敦	795 (1)	800 (1)	796 (1)	784 (2)	777 (2)	784 (2)	794 (1)	807 (1)
纽约	794 (2)	792 (2)	788 (2)	785 (1)	778 (1)	786 (1)	779 (2)	787 (2)
新加坡	752 (3)	755 (3)	750 (4)	754 (4)	746 (4)	751 (4)	751 (4)	759 (4)
香港	748 (4)	753 (4)	755 (3)	758 (3)	756 (3)	761 (3)	759 (3)	761 (3)
东京	734 (5)	728 (5)	725 (5)	722 (5)	718 (6)	722 (6)	720 (5)	718 (6)
旧金山	720 (6)	711 (8)	712 (9)	708 (8)	719 (5)	711 (10)	697 (12)	695 (13)
波士顿	719 (7)	709 (9)	709 (12)	706 (10)	705 (9)	715 (8)	714 (7)	711 (8)
芝加哥	718 (8)	706 (11)	710 (11)	707 (9)	702 (12)	704 (15)	695 (14)	698 (11)
苏黎世	716 (9)	714 (6)	715 (7)	719 (6)	717 (7)	730 (5)	718 (6)	723 (5)
华盛顿特区	713 (10)	712 (7)	711 (10)	703 (12)	704 (10)	706 (13)	689 (17)	692 (14)
上海	700 (16)	693 (16)	698 (21)	695 (16)	690 (20)	695 (20)	690 (16)	674 (24)
深圳	691 (22)	688 (19)	694 (23)	689 (22)	680 (25)	697 (18)	660 (27)	650 (38)

注：括弧内数字为当期的排名。

资料来源：The Global Financial Centers Index 13–20, The City of London Corporation.

值得重视的是，上海和深圳的排名分别从 2013 年 3 月的第 24 名和 38 名上升至 2016 年 9 月的 16 位和 22 位（见表9.5）。近年来，受到各种政治、经济等主客观因素的影响，香港国际金融中心受到新加坡的严峻挑战，香港无论在排名还是得分都有下降的趋势。2016 年，香港已经两次在排名上被新加坡超过；而且，其所得分值已从前几年的 755 ~ 760 分逐步下降到 748 分。

《全球金融中心排名指数 20》报告指出：伦敦、纽约、香港、新加坡和东京，仍然是居领导地位的 5 大全球性金融中心。[7]《全球金融中心排名指数 19》报告根据"联系性"（Connectivity）、"多元化"（Diversity）和"专业性"（Speciality）三个指标，将全球金融中心划分为不同的等级，其中，伦敦、纽约、香港、新加坡、苏黎世、东京、波士顿、巴黎、多伦多、法兰克福、悉尼等 11 个金融中心，因为开展广泛而专业的金融活动，并且与世界其他金融中心有密切的联系，均被评为"全球领先的金融中心"（Global Leaders）。从金融业的行业分类来看，香港在保险业方面排在第 2 位，仅次于纽约；在银行业、财富管理／私人银行、政府监管等方面排在第 3 位，仅次于伦敦和纽约；在资产管理方面排在第 4 位，仅次于伦敦、纽约和新加坡。在竞争力分类排名方面，香港在人才、商业环境、市场准入、基础设施、一般竞争力等各个方面都排在第 3 位，次于伦敦、纽约而居于新加坡之前。[8]

2. 香港国际金融中心的比较优势与差距

从国际金融中心角度分析，香港的比较优势主要表现在：

在金融全球化格局中的区位优势及制度优势；

香港金融业的比较优势，包括资本市场、资产管理与银行体系。

不过，香港要发展成为全球性国际金融中心，仍然存在不少主要差距：

金融市场、金融机构的发展不平衡，存在众多的"短板"；

金融业发展腹地比较狭小，总体规模仍然偏小。

2.1　香港作为全球性金融中心的比较优势

回归以来，香港金融业取得了长足的发展，成为香港经济中最具战略价值的行业。据统计，1998 年，香港金融业创造的增加价值达 1,263 亿港元，到 2014 年已增加到 3,659 亿港元，16 年间增长了 1.90 倍；金融业占香港本地生产总值的比重亦从 10.5% 上升到 16.6%，已超过房地产业而成为香港经济中仅次于进出口贸易业的第二大产业。同期，金融业的就业人数从 17.52 万人增加到 23.65 万人，所占比重从 5.6% 增加到 6.3%（见表 9.6）。

从全球竞争的视角看，目前香港金融业的比较优势主要集中在以下几个方面：

（1）区位优势和制度优势。

从区位优势看，香港与纽约、伦敦在时区上相互衔接，使全球金融业保持 24 小时运作。从东亚区位看，香港位于东亚中心，从香港到东亚大多数城市的飞行时间不超过 4 小时，而东京则位于东亚北端，新加坡位于东南端。从中国区位看，香港背靠经济快速发展的中国内地，与新加坡相比经济腹地辽阔，且与广东珠三角地区经济正日趋融合。

制度优势包括全球最自由的经济体、完善有效的司法体制及金融监管制度等。目前，香港已连续 22 年被美国传统基金会评为全球最自由的经济体。根据该基金会发表 2016 年《经济自由度指数》报告，香港的总分为

表9.6　回归以来香港金融业发展概况

年份	1998	2003	2007	2009	2011	2013	2014
金融业增加值 / 亿港元	1,263.0	1,540.0	3,226.0	2,599.0	3,068.0	3,460.0	3,659
金融业占 GDP 比重 / %	10.5	13.1	20.1	16.2	16.1	16.5	16.6
金融业就业人数 / 万人	17.52	17.3	19.27	21.14	22.63	23.17	23.65
金融业占就业总人数比重 / %	5.6	5.4	5.5	6.1	6.3	6.2	6.3

资料来源：香港特别行政区政府统计处。

中国委托公证人（香港）制度已服务中港居民和企业多年。

88.6 分（100 分为满分），虽然较上个报告低 1 分，但依然远高于全球平均的 60.7 分。《经济自由度指数》报告每年由美国传统基金会和《华尔街日报》联合发布，是全球权威的经济自由度评价指标之一。该指数通过 10 项指标评定经济自由度，分别是营商自由、贸易自由、财政自由、政府开支、货币自由、投资自由、金融自由、产权保障、廉洁程度和劳工自由。在《经济自由度指数》报告用以评估的 10 项因素中，香港在其中 7 项取得 90 分或以上的佳绩，并在"营商自由""贸易自由""金融自由"等方面，继续获评为全球首位。传统基金会并赞扬香港执行稳健的经济政策、市场高度对外开放、恪守财政纪律、拥有稳定和透明的司法制度，以及对产权的充分保障，令香港能够保持国际商业枢纽和金融中心的领先地位。研究表明，香港作为国际金融中心的优势包括：金融监管审慎而稳健，资金货币自由流通，税制简单且税率低，拥有全球最自由的经济体及完善有效的司法体制。

（2）资本市场。

香港金融业中，资本市场一直是其强项，回归以来在"中国因素"的支持下更取得快速的发展。据统计，到 2016 年 6 月底，香港在全球 10 大证券市场中位列第 8 位，居于纽约泛欧交易所（美国）、纳斯达克 OMX（美国）、日本证券交易所集团、上海证券交易所、伦敦证券交易所集团、纽约泛欧交易所（欧洲）、深圳证券交易所之后。不过，若以市值占 GDP 比重计算，香港股市市值占 GDP 的比重，则在全球 10 大证券市场中高居首位。2016 年，香港证券市场共有 117 家公司首发上市，集资 1,961 亿港元（约 253 亿美元），集资额蝉联全球第 1 名。

回归以来，香港资本市场最重要的发展，就是成为中国内地企业的境外首要的上市及融资中心。这是香港资本市场最重要的战略优势。据统计，截至 2016 年底，在香港主板上市的红筹股和 H 股就有 365 家，总市值达 102,151.06 亿港元，2016 年全年成交额 55,476.50 亿港元，分别占香港股票市场的 20.78%、41.74% 及 50.17%。从全年成交额看，红筹股、H 股已占香港股市的"半壁江山"。更重要的，是香港汇集了上千名熟悉中国内地市场和经济发展的经济分析员，每年出版众多的关于内地企业发展的研究报告，因而成为全球投资者了解、投资中国内地企业的最重要平台。

　　同时，香港已形成多层次的资本市场体系。除了股票市场外，金融衍生工具市场也获得迅速发展。金融衍生工具市场主要包括股市指数期货、股票期货、黄金期货、港元利率期货、三年期外汇基金债务期货等 5 类期货产品和股市指数期权、股票期权等 2 类期权产品。2015 年，香港期货及期权的总成交量为 18,982.44 万张合约，比 1999 年的 852.9 万张大幅增长 21.26 倍；其中，期货合约 7,346.22 万张，期权合约 11,636.22 万张，分别比 1999 年大幅增长 12.2 倍和 38.2 倍。期货合约中，主要是恒生指数期货合约、H 股指数期货合约，两项共占期货合约的 75% 以上；期权合约中，主要是恒生指数期权合约、H 股指数期权合约和股票期权合约，三者共占期权合约的 95% 以上。此外，在香港交易所上市的交易所买卖基金（简称 ETF）数量大幅增加，到 2015 年底，上市的 ETF 总数达到 133 只。2015 年，交易所买卖基金成交总额达到 21,710 亿港元，比 2014 年的 11,680 亿港元大幅增长 85.9%。以成交额及市值计算，香港已成为亚洲（日本除外）最大的 ETF 市场。

　　（3）资产管理。

　　离岸金融核心竞争力之一就是资产管理业务。经过 10 多年的发展，目前香港已成为亚洲区主要的基金管理中心和资产管理中心。这其中的原因是多方面的：

　　首先，回归以后，香港进一步巩固了其作为中国内地与国际经济的桥梁和枢纽地位，成为全球资金的重要集散地，既是国际资金进入中国内地和亚洲其他国家市场的跳板，又是内地资金进入海外市场的重要平台。这一时期，香港监管当局，连同香港特区政府和香港金管局，积极利用内地更加开放的政策取向，先后与中央政府签署了多种协定以建立更紧密经贸关系，包括合格内地机构投资者 QDII 及 RQFII 在港运作，以及"沪港通"与"深港通"的开通，吸引内地资产管理公司入驻香港、推动人民币跨境结算业务扩大、人民币离岸业务拓展等经贸合作。

　　其次，香港证监部门在加强对市场监管的同时，采取灵活而有弹性的积极推进市场发展的措施，重视不断推出新产品以满足境外投资者的金融需要。香港证监会先后批准了对冲基金、房地产信托单位（REIT）、欧盟可转让证券集合投资计划（Undertakings for Collective Investment in Transferable Securities）等产品进入市场发售，适时批准新的交易所交易基金（ETF）产品，涉及范围包括内地的 A 股、越南股票、印度股票、商品期货指数、黄金等产品，大大丰富了香港资产管理的产品。

　　第三，在发展过程中，香港资产管理业的专业能力不断提高，专业队伍日渐成熟。香港证监会最早于 2000 年 6 月公布《基金管理业务调查》，在其管理的资产总量中，21.8% 的资金由香港本地机构管理，78.2% 的基金则由香港境外机构管理。然而，到了 2015 年末，香港本地管理的基金比例为 55.7%，而 2007—2010 连续 4 年稳居 60% 以上。目前，香港已形成一支

恒生指数期货是香港最重要的金融衍生工具。

多元化资产管理专业人才。据统计，截至 2015 年底，香港资产管理的持牌及注册机构达 621 家，包括 555 家持牌法团、45 家注册机构及 21 家保险公司，从业人员达 3.49 万人，其中从事资产管理核心业务（包括资产管理、研究及买卖）的专业人才人数持续增长，达到 4,581 人。这标志着香港资产管理业已日趋成熟。

2015 年 11 月，国际会计咨询机构毕马威（KPMG）发表《2020 愿景：香港基金管理行业的未来》。该报告认为，香港在未来 5 年有望保持其亚洲主要资产管理中心的地位，主要原因是中国内地市场的发展机遇、人口老化与强积金改革所带来的商机。报告指出，随着沪港通和内地与香港基金互认的推出，大多数受访的基金管理公司预计在未来五年内地将占据它们的顾客和所管理资产的更大份额。但与此同时，受访的投资专业人士均同意香港享有进入内地的独特优势将来可能会减退，上海和新加坡也在加强发展它们自己的金融中心。报告指出，不论香港与内地的关系如何发展，香港都必须继续将自己与其他地区及全球基金管理中心进行对比衡量，并加强与其他市场的联系，包括双边关系和基金跨境互通计划（fund passporting initiatives）。

（4）银行体系。

长期以来，银行业一直是香港金融业的优势所在。香港作为亚太区主要的国际金融中心，聚集了大量的国际银行机构。根据 2015 年的资料，在全球排名前 100 位的大银行中，有 74 家在香港营运业务，总共在香港设立 87 家持牌银行、12 家有限牌照银行、4 家接受存款公司及 10 家办事处。而全球排名前 500 的银行中，则有 139 家在香港营运业务。依据香港金融发展局的资料，截至 2016 年，金融服务业对香港 GDP 直接贡献约为 17.6%。此外，金融业间接创造了 10 万个职位，也间接对本地 GDP 贡献 6%。以金融服务业的增加值占本地生产总值（GDP）的比重计算，银行业大幅领先，达到 63.1%；保险业居次席，约占 18.2%；包括证券经纪、资产管理、融资租赁公司和投资及控股公司在内的其他金融服务业占 18.6%。回归以来，面对金融危机的冲击，香港银行业虽然经历了艰难的业务转型和发展，但目前仍然是香港金融业的主力军。

回归以来，伴随中国加入世贸组织及内地银行业逐步放开，香港各大银行纷纷"北上""西扩"，进军中国内地市场。根据香港贸易发展局的统计，截至 2010 年 12 月底，已有 13 家香港银行在内地开展业务，其中 8 家通过在内地注册的附属银行经营。这 13 家银行在内地通过附属银行或直接经营的分行及支行数目超过 300 家。香港银行体系整体资产负债表内对中国内地非银行类客户的贷款总额相当于 1.4 万亿港元，占总资产的 10%。[9] 其中，仅汇丰银行就在北京、上海、广州、天津、重庆、杭州等 20 多个城市设立了 29 间分行。2009 年，CEPA 补充协议九允许在广东的香港银行分行设立异地支行。这项新措施大大降低了香港银行在广东开设支行的资本金要求，进一步推动了香港银行在内地特别是广东珠三角地区的发展。截至 2013 年末，汇丰、东亚、恒生、永亨、南商和大新等 6 家香港银行的 13 家分行已在广东全省 19 个地级市，设立 61 家异地支行。广东省银监局资料显示，2013 年香港银行异地支行实现利润 1.82 亿元人民币，同比增长 1.64 倍；2010 年至 2013 年，累计实现利润 3.41 亿元人民币，异地支行已成为香港银行在内地发展新的利润增长来源。香港银行业在内地的战略布局和发展，进一步拓宽了其经营空间，提升了国际竞争力。

2.2 香港金融发展存在的主要问题与差距

当然，与伦敦、纽约等全球性国际金融中心相比，香港金融业发展也存在不少问题，主要表现在：

第一，金融市场、金融机构的发展不平衡，存在众多的"短板"。

诚然，香港作为全球日趋重要的国际金融中心，其市场发展并不平衡，包括债券市场、外汇市场规模与国际金融中心实力不相匹配；一些金融市场中创新型的交易工具，如指数期货、期权交易等还远远没有得到普及；同时几乎没有大宗商品期货交易。这些方面甚至落后于亚洲地区其他主要的国际金融中心。

香港债券市场一直是金融业中较为薄弱环节，过去 10 年在多方努力下，配合低息等市场环境的转变，债券市场出现了加速发展的良好势头。然而，与新加坡相比，香港的债市规模仍然较小，无论在上市债券的总市值还是成交额，都远落后于新加坡。在外汇市场上，香港与新加坡一样都是亚洲地区继东京之后两个主要的外汇交易市场，但香港一直落后于新加坡。不过，根据国际清算银行发布的最新调查报告显示，2016 年 4 月，香港日平均外汇交易量（连同场外利率

2015 年 11 月 27 日，内地与香港签署《内地与香港关于建立更紧密经贸关系的安排》（CEPA）服务贸易新协议。

衍生工具计）达到 5,463 亿美元，比 2013 年同期大幅上升 81%，首次超越新加坡而晋升第 4 位，仅次于伦敦、纽约和东京。原因之一是期内美元兑人民币的交易额大幅增长 56.2%。

在全球急速增长的另类投资产品市场、商品期货市场，香港也没占有足够的份额。近年来香港在另类投资产品市场虽然有不俗的发展，例如，香港已成为亚洲第二大私募基金中心，但这个行业规模仍然偏小。在商品期货市场方面，香港尽管早在 1977 年已开办商品期货市场，但发展一直不顺利，已大幅落后于上海。不过，由于中国内地对期货市场存在庞大的潜在需求，香港若能在这些业务中找到合适的定位，其潜力仍不容忽视。

在机构体系中，与高度发达的银行体系相比，香港的非银行金融机构发展不平衡。香港非银行金融机构主要有保险公司、投资基金公司、租赁公司。而新加坡的非银行金融机构则较为强大，种类繁多，包括投资银行，从事抵押贷款、消费贷款、楼宇建筑贷款、一般商业贷款、租赁、票据融资、代客收账等业务的各种金融公司，保险业也相当活跃，还有从事货币经纪、证券经纪等业务的各种金融中介公司。

第二，香港金融业创新不足，特别是科技金融的发展已滞后于邻近的深圳。

国际金融中心的竞争力主要表现在金融创新的竞争。过去主要集中在两个方面，一是金融衍生产品的开发，二是金融资产证券化水平。目前，香港从事金融衍生产品开发的主要是欧美大型金融机构，它们以伦敦、纽约为基地，香港主要在其中扮演亚太区产品分销中心的角色。近年来，资本市场的快速发展使香港开始聚集这方面的功能与人才，但远未达到发展成为区域内金融产品创新中心的程度；而香港的债务市场不够发达，以及欠缺根植本土的大型国际银行，更成为

2014 年香港贸易发展局、香港科技园公司及香港设计中心合办 "设计及创新科技博览 2014"。

提升金融创新水平的先天缺陷。另外，金融资产证券化的创新空间主要在二级市场。香港从事这类金融创新遇到两个瓶颈，一是市场或投资者不足，二是金融机构与人才不足。

特别是近年来，全球及国内金融科技（FinTech）迅速崛起，正在成为金融行业未来发展的一个重要趋势，通过金融科技的创新技术手段与模式重构传统的金融产业链条并提升行业的整体运行效率，将可能成为传统金融机构的发展趋势。花旗集团的研究报告显示，近五年金融科技吸引到的投资额从 2010 年的 18 亿美元增长至 2015 年的 191 亿美元，增长超过 10 倍。从邻近的深圳来看，互联网 + 金融

发展迅速，涌现大批科技金融业态和企业，推动了金融业的快速发展，金融科技正在向传统的保险、银行、证券、风险管理以及财富管理等方向渗透。相比之下，香港在这方面显得严重滞后了。

第三，金融业发展腹地比较狭小，总体规模仍然偏小。

与纽约、伦敦、东京相比，香港金融业的发展腹地明显偏小。纽约、东京金融业的基础是全球第一、第二大经济体。纽约金融中心的基础是占据全球 GDP 三成左右的美国经济；伦敦的腹地绝不仅仅是英国本土，欧洲不少大型企业的股票都在伦敦上市。但香港只是一个都会城市，香港与内地的经济联系，还在很大程度上受到彼此之间属不同关税区、不同市场的制约。香港要发挥其金融业的比较优势，跻身全球金融中心行列，就必须突破制度上的制约，有效拓展其庞大经济腹地，甚至包括整个大中华经济圈乃至东南亚诸国。

正因为如此，目前香港与纽约、伦敦两大全球性金融中心的总体规模和实力仍有相当大的差距。根据 2011 年的资料，香港金融业对本地生产总值的增值贡献为 390 亿美元，仅为纽约（2,010 亿美元）的 19.4%，为伦敦（930 亿美元）的 41.9%。[10] 2007 年《香港金融管理局季报》的一份报告指出，根据所有金融市场标准化得分的简单平均数，香港整体金融活动集中度名列世界第 6 位。除新股上市集资额在全球市场所占比重较大外[11]，相比其他国家或地区，香港国际债券市场已发行总额仅占全球的 0.3%。香港股市成交额占全球的 1.2%。外汇及衍生工具活动占全球的比重与发达的经合组织国家相比仍有明显差距（见表 9.7）。由此可见，香港作为国际金融中心，其金融市场活动的集中度不够，在全球金融市场活动中所占的比重有限。

当然，倘若香港能够有效推进其与中国内地的经济融合，则香港有条件发展成为全球性金融中心。基于这一点，香港金融管理局提出，香港金融发展要立足五大战略方向，包括：香港金融机构"走进"内地；香港作为内地资金和内地金融机构"走出去"的大门；香港金融工具"走进"内地；加强香港金融体系处理以人民币为货币单位的交易的能力；加强香港与内地金融基础设施的联系。其核心就是要打通香港与内地资金流通的经络。

表9.7　传统金融活动的全球集中情况

	金融活动集中程度（平均标准化得分）	在全球个别市场所占比重 / %							
		股市成交额	新股上市集资额	国际债券市场－已发行总额	本土债券市场－已发行总额	银行海外资产	银行海外负债	外汇成交额	外汇/利率衍生工具市场成交额
美国	100.0	49.0	16.3	23.3	44.6	8.9	11.7	19.2	19.4
英国	90.6	10.9	16.9	12.6	2.4	19.8	22.5	31.3	38.1
日本	32.7	8.3	3.7	0.9	18.1	7.6	3.2	8.3	6.0
德国	23.0	3.9	3.6	10.6	4.4	10.6	7.3	4.9	4.1
法国	22.1	2.8	3.8	6.2	4.4	9.1	9.3	2.6	6.6
中国香港	13.2	1.2	12.9	0.3	0.1	2.3	1.4	4.2	2.7
荷兰	10.9	1.3	3.7	7.1	1.5	3.8	3.7	2.0	2.0
瑞士	9.9	2.0	0.8	0.1	0.5	4.6	4.4	3.3	2.4
新加坡	9.9	0.3	1.5	0.3	0.2	2.4	2.6	5.2	3.2

资料来源：《评估香港的国际金融中心地位》，香港金融管理局季报，2007 年 12 月。

3. 迈向全球性国际金融中心的发展趋势

香港作为亚太地区主要的国际金融中心，

具有资金流通自由、金融市场发达、

金融服务业高度密集、法制健全和司法独立、

商业文明成熟等种种优势，

最有条件发展成为全球性金融中心。

3.1　战略定位：致力发展成为全球性国际金融中心

目前，能够真正称为全球性金融中心的实际上只有纽约和伦敦。一个全球性金融中心必然会以一个巨大的经济体作为后盾，纽约依托的是北美经济体，伦敦依托的是欧盟经济体。在全球 24 小时全天候运作的金融体系中，纽约和伦敦分别占了一个 8 小时时区，换言之，剩余的 8 小时时区即亚洲区需要第 3 个全球性金融中心，这样的金融体系才能完整。而在亚洲特别是东亚的经济体当中，刚刚超越日本的中国内地经济、日本经济和东盟十国经济，分别位居前三位，依托这些经济体的香港、上海、东京、新加坡等城市正在激烈角逐亚太时区的全球性金融中心的战略地位。最近 10 年，由于"金砖四国"及其他新兴市场的高速发展，国际上的投融资活动，均提高了对新兴市场的兴趣。中国内地企业在香港上市，更是占了这类活动中的最大份额。因此，香港通过深化与内地特别是广东珠三角地区的金融合作，利用广东乃至内地经济社会发展的金融需求推动香港的金融创新，将可大幅提高香港金融资源的集聚程度，拓宽香港金融发展的腹地，提高香港国际金融中心的竞争力。香港若能与广东珠三角的两大中心城市——广州、深圳，甚至上海联成一体、错位发展，将有可能发展为仅次于纽约、伦敦的全球性国际金融中心。

第一，与深圳、广州联手共同构建以香港为龙头的大珠三角金融中心圈。

香港在 GFCI 排名中，仅次于伦敦和纽约（个别年份落后于新加坡），但香港作为一个小型开放的经济体，如果仅凭自身发展很难成为全球性金融中心的"第三极"，更受到东京、新加坡甚至上海等其他亚洲城市的严重挑战。香港只有高度融入中国经济体系中，加强与内地合作，才有可能发展成为世界级国际金融中心。香港与内地金融体系接通得最好、最理想的区域无疑

是毗邻的广东珠江三角洲地区。从广东方面看，随着经济的持续快速发展，经济总量的迅速扩大，金融发展滞后的情况日趋明显。广东要转变经济增长方式，构建现代产业体系，其中的重要途径之一，就是要借助香港金融体系的优势，大力发展金融业，将广州、深圳两大中心城市建设成为与香港互补及错位发展的区域性金融中心。

从广东方面看，1997年亚洲金融危机对广东金融业造成严重冲击，先是1998年广东国际投资信托公司破产，香港粤海集团债务重组，其后又有上千家中小金融机构发生人民币支付危机，影响了广东金融业的健康发展。近年来，随着经济的持续快速发展，经济总量的迅速扩大，广东金融发展滞后的情况日趋明显、突出。2005年，广东金融业占第三产业增加值及GDP的比重分别为7.02%和3.01%，大幅低于上海（14.61%和7.37%）、浙江（12.54%和5.02%）和江苏（8.67%和3.07%）。2007年，广东省召开金融工作会议，提出"金融强省"的战略，大力发展金融业，金融业在第三产业和GDP的比重才有了较大幅度的提升。不过，直到2015年，广东金融业在第三产业和GDP的比重才上升到13.94%和7.08%，但仍低于全国平均水平的16.83%及8.50%，低于上海23.96%及16.23%，江苏的15.65%及7.61%，以及浙江的14.30%及7.12%，总体发展滞后于客观经济发展的需要。

正是基于此，近年来粤港双方对于加强两地的金融合作都表现出较高的积极性。2009年初，国务院颁布的《珠江三角洲地区改革发展规划纲要（2008—2020）》明确提出：要"发展与香港国际金融中心相配套的现代服务业体系"，并且授予广东"在金融改革与创新方面先行先试，建立金融改革创新综合试验区"的许可权。2010年4月，粤港两地政府共同签署的《粤港合作框架协议》首次提出，要"建设以香港金融体系为龙头，广州、深圳等珠江三角洲城市金融资源和服务为支撑的具有更大空间和更强竞争力的金融合作区域"。CEPA补充协议六规定，允许香港银行在广东开设的分行，可在广东省内设立"异地支行"。这项规定被认为是CEPA先行先试的重大突破。

2014年，中央与香港政府在CEPA框架下签署《关于内地在广东与香港基本实现服务贸易自由化的协定》（简称《广东协定》）。《广东协定》是中国内地首份以准入前国民待遇及负面清单模式制定的自由贸易协定，该协定除了列入负面清单的领域外，香港公司在广东享有与内地公司同等的待遇。2015年1月，中央批准广东设立自由贸易试验区，范围为116.2平方公里，包括珠海横琴片区（28平方公里）、广州南沙片区（60平方公里）及深圳前海、蛇口片区（28.2平方公里）。同年4月，广东自贸区正式挂牌启动建设。4月20日，《中国（广东）自由贸易试验区总体方案》正式出台。其中，深化粤港澳金融合作的制度和政策集中在三方面：推动跨境人民币业务创新发展；推动适应粤港澳服务贸易自由化的金融创新；推动投融资汇兑便利化。

因此，香港应积极加强与广东方面的合作，充分利用中央授予广东 CEPA "先行先试"的制度安排、授予建立"金融改革创新综合试验区"许可权，以及广东自贸区建设等制度安排，推动广东扩大和深化金融业对香港的开放，提高区域内金融要素的流动性，实现区域内金融资源的优化配置，通过深化粤港金融合作，推动形成以香港国际金融中心为龙头、深圳和广州为两翼、珠三角地区其他城市为主要支点的大珠三角金融中心圈。

第二，与上海形成"上港"[12]：中国的"纽约和芝加哥"。

香港要发展成为全球性国际金融中心面临的一个挑战，是如何处理好与上海国际金融中心的关系。上海背靠的是一个统一监管、没有内部壁垒、基于人民币的巨大金融市场，这是香港所没有的优势。有学者认为，将来谁是人民币金融业务的中心，谁就是今后中国最重要的国际金融中心，也是将来世界的第三个全球金融中心。但是，上海与香港比较，最大的弱势将是制度建设的滞后和开放度。可以说，上海和香港两地各有各的优势：受腹地经济的驱动，上海比香港更好一些；而香港的制度、法规和其他各项软硬件配套设施更为完善。不过，从目前的情况看，即使不考虑中国仍会在较长时间内对资本账户进行管制等制度性因素，仅就市场本身的力量来看，上海在相当长的时间内仍不会成为香港作为全球性资源配置中心的强有力竞争对手。

根据上海交通大学安泰经济与管理学院潘英丽教授的分析，亚洲国际金融中心的发展有四种可能的趋势：一是东京成为全球性金融中心，上海、香港、新加坡、孟买、悉尼成为二线国际金融中心，前提条件是日本经济强劲复苏；二是香港成为类似伦敦的全球金融中心，上海等大都市成为二线国际金融中心，前提是中国经济持续高速增长，人民币资本账户迅速开放，香港承担起更多的国家责任；三是上海成为类似纽约的全球金融中心，香港成为类似芝加哥或法兰克福式的金融中心；四是亚洲不存在全球性金融中心。潘英丽教授认为，中国的目标应是排除第一和第四种可能性，20 年以后在中国建成与纽约、伦敦齐名的第三个全球金融中心。她认为，在资本账户完全可兑换之前，香港的定位应该是中国的离岸国际金融中心，上海的定位是国内金融中心，并逐步增加国内金融中心的国际成分；而在人民币完全可兑换之后，上海与香港完全是互补的，香港走伦敦模式，上海走纽约模式，中国大经济体可以支撑两个国际金融中心。

总体而言，香港若能打通与广东珠三角地区的金融联系，利用广东乃至内地经济社会发展的金融需求推动香港的金融创新，与广东珠三角地区的广州、深圳，甚至华东地区的上海联成一体、错位发展，将可大幅提高香港金融资源的集聚程度，拓宽香港金融发展的经济腹地，打通香港与内地的经济、金融联系，大幅提高香港作为全球性国际金融中心的竞争力和影响力，发展为仅次于纽约、伦敦的全球性国际金融中心。

3.2 发展趋势一：中国内地企业首要境外上市中心与"走出去"平台

从过去十多年的实践来看，对于中国内地企业而言，香港、纽约、新加坡是最主要的境外上市市场。其中，香港作为亚太区国际金融中心，拥有除日本之外亚洲最大的证券交易所，资本市场规模庞大，市场成熟及规范，有着众多包括国际基金、信托基金、财务机构、专业投资者、投资大众等多元化投资者，参与性极高；特别是由于香港众多的股票分析员对中国内地了解较深，研究报告在品质和数量上远胜于其他市场，大部分在香港上市的公司，上市后都能够再进行股本集资，有利公司长远的发展。从法律角度来看，香港更是拥有强大的优势，香港拥有廉洁的政府、健全的法制、简单的税制，还有自由的流动市场制度，对海外与中国内地的投资者均一视同仁；包括证券及期货条例、上市规则、收购合并守则等资本市场法规日趋完善。与此同时，香港特别行政区政府、香港证监会及香港交易所，多年来均做了大量的工作，订立确保市场能公平有效运作的法律和法规，为企业和投资者创造了合适的法律和监管环境。2004年，香港联交所修订了上市规则，放宽大型企业赴港上市在赢利与业绩连续计算方面的限制，为大型国有企业赴港上市创造了更为便利的条件。香港证监会不仅对收购合并守则进行了修订，香港联交所也修订了创业板的规则，保证监管架构能与时俱进，这其中就包括港交所对于主板上市实行预披露计划的修改。[13]

2003 年以来，随着中国人寿、交通银行、中国建设银行和神华能源等大型国企先后在香港上市，香港作为中国内地企业境外上市最重要的资本市场和境外融资中心地位得到了极大的提升。香港已发展成为内地最主要的境外上市集资市场，并有效引导国际资金投资于香港上市的内地企业。在香港努力巩固提升这方面的功能外，也有优势可以让内地企业和机构在香港发行以外币计价的债券。此外，香港高度市场化和国际化的金融体系，可为内地进行境外投资的机构和个人提供丰富的投资产品、全面的服务及完善的风险管理，成为它们管理对外投资最有效的平台。因此，发挥香港发达的资本市场、国际资本聚集的优势，推动内地企业赴港上市、发行债券，并鼓励内地企业以香港金融市场为平台开展境外投资，可将香港发展成为内地企业最重要的境外上市和投融资中心。

当然，从长期的眼光看，香港要真正成为中国内地企业首要的境外上市和投融资中心，在发展策略方面还需要加强以下几方面：

第一，进一步完善对中国内地企业的上市监管制度。从实践看，目前内地国企在香港上市仍存在不少值得关注和重视的问题，诸如一些国有企业上市后并未能真正与国际惯例接轨，在经营管理、会计审核制度、业务评估等方面同香港惯用的规则还存在着不少的距离；部分国企的公司治理不规范，管理水平低，盲目投资，导致经营亏损严重；部分国有企业在业务运作、政策变动及监管等方面的资讯披露不及时，投资者无法清晰、及时地获得第一手资料，造成投资者信任危机，等等。因此，香港证监当局必须进一步完善对中国内地企业的上市监管制度，例如借鉴美国的做法，根据香港的实际情况推出更加透明的审计报表模式，致力推动香港与内地证监当局对跨境上市企业进行实地调研；加强香港审计机构和内地中介机构的合作，以便能够更专业和准确地处理因香港与内地之间会计、税法差异而产生的财务资料差异，避免出现申报资料与实际资料相差很大的情况。此外，要进一步完善在香港上市的中国内地企业的资讯披露制度，加强和完善 H 股在资讯披露方面的制度建设，提高 H 股上市公司的透明度，最大限度地保护投资者的合法权益。

第二，积极推动更多经营规范的大中型民营企业和科技型民营企业到香港上市。过去 10 年来，越来越多的民营企业到香港上市集资。从长远角度看，内地民营企业到香港上市是未来发展的大趋势。特别是内地经营较为规范的大中型民企和科技型民企，目前正处于快速发展时期，可为香港主板市场和创业板市场提供源源不断的优质上市证券。不过，民营企业到香港上市并不顺畅，除了民企主自身经营的规范性问题之外，最大的问题是到香港上市的制度"瓶颈"。2012 年 12 月，中国证监会发布《关于股份有限公司境外发行股票和上市申报文件及审核程序的监管指引》，取消了境内企业到境外上市的"456"条件和前置程序，不再设盈利、规模等门槛，同时简化了境外上市的申报文件和审核程序。可以预料，未来一段时期，大中型民营企业将成为香港上市的重要动力。为了进一步推动更多经营规范的大中型民营企业和科技型民营企业到香港上市，香港证监会必须加强与内地的监管合作，积极协助民企解决好到香港上市的制度"瓶颈"问题，包括进一步简化民企境外上市的申报文件和审核程序，推动内地证券法的修订以彻底取消审核程序等，使更多的企业能够直接以 H 股形式在香港直接上市。

2008 年 5 月"香港伊斯兰金融推介会"在迪拜及约旦举行。

第三，随着香港与内地证券市场的互联互通等新发展，与时俱进地完善香港与内地证券监管合作的制度安排，堵塞监管漏洞，遏制跨境违法犯罪。从过去十多年的监管实践看，目前香港与内地之间的证券监管合作制度本身，仍然存在着不少问题。例如，最近，香港中文大学法律学院黄辉教授就指出："近年来，监管合作出现了一些挑战，比如会计档案资料请求中的问题。来香港上市的有些内地公司存在会计造假，2014 年 5 月 23 日香港证监会对安永华明会计师事务所提起了诉讼，要求其提供相关会计工作底稿，以协助相关调查，最终保护投资者。在会计资料的合作共享中，一个关键的问题是内地对于国家秘密的界定，如果是国家秘密，就要经过严格审批，不能擅自向境外机构提供。"[14]投资者利益保护是证券市场发展的基石，如果这方面有问题，对于香港保持和提升其国际金融中心的地位将是一个重大的挑战。因此，中国证监会与香港证监会需要就这些问题加强监管合作，完善相关制度安排。同时，随着香港与内地证券市场的互联互通，金融市场的交叉、交融将越来越紧密，进行跨境市场操纵的案件将会时有发生。未来中国证监会与香港证监会的跨境执法协作将日益密切，在违法线索发现、调查资讯通报、协助调查取证等各个环节的协作数量和互助需求将不断增加。而且，由于香港与内地在市场生态、交易规则、法律环境等方面存在诸多差异，如何加强合作、联手遏制跨境违法犯罪等等，也需要更完善的制度安排。有学者建议，可考虑香港与内地应建立联合证券监管小组。诸如此类问题，需要深入研究，妥善处理。

3.3 发展趋势二：亚太区首要的国际资产管理中心

目前，在亚太地区，作为国际资产管理中心，香港与新加坡可以说是旗鼓相当。据有关方面的统计，2010年底，香港管理的资产规模达到1.3万亿美元，而同年新加坡资产的管理规模也达到1.1万亿美元的规模。香港稍微领先于新加坡，但并没有取得很大的优势。

从中长期看，东亚特别是中国内地，作为全球经济增长最快的地区，将吸引大量区外资金到区内投资，资产与财富管理业务的增长潜力庞大。而香港金融市场高度成熟，拥有良好的发展基础，得天独厚，具备成为世界一流资产管理中心的潜质。国家"十二五"规划纲要指出："支持香港发展成为离岸人民币业务中心和资产管理中心。"资产管理业作为香港金融业未来重点发展的范畴之一，将占有愈来愈大的比重，并且成为巩固香港金融中心地位、增强全球影响力的一个重要支撑环节。因此，香港作为全球性国际金融中心，应该进一步巩固和发展基金管理、私人银行、财富管理以及企业资本性融资、金融衍生产品等方面的高附加值和资本市场业务，发展成为亚太地区首要的资产管理中心。当前需要注意以下发展策略：

第一，加强在资产管理方面的软硬件、监管及人才等方面的建设，优化香港资产管理的基础设施，优化现行资产管理业的相关法律法规。毋庸置疑，在发展成为世界一流国际资产管理中心方面，香港已具备一定基础，拥有不少优势，也迎来了"十二五"规划的重大发展机遇。[15]香港特区政府在这方面已推出不少政策措施去促进基金管理业发展，包括早几年撤销遗产税及离岸基金利得税等，香港证监会公布了一套有关精简海外基金经理发牌程序的措施，针对结构性产品公开发售、产品资料、从业人员手法和操守等方面作出更严格和明确的规范。不过，为了促进资产管理业的进一步发展，香港金融监管当局必须进一步完善有关配套措施，加强在资产管理的软硬件建设，改善营商环境，要尽量简化审批程序，以方便市场推出新的投资产品；特别是要完善监管制度，提高监管水平，增强市场透明度。因应市场发展和金融创新，各类投资产品日新月异、愈趋复杂多元，给监管当局带来巨大挑战，资产管理业务亦不例外。如果对资产管理的监管水平跟不上，不单会削弱对投资者的保障，亦将增加投资机构的经营风险，影响金融市场稳定。金融监管当局应汲取全球金融危机时发生的"雷曼债券"事件的教训，平衡监管及发展，优化现行资产管理业的相关规例，包括资产管理公司及中介人涉及佣金和独立意见的操守、稳妥保管基金资产及流动性管理，为投资者提供健康稳定的市场环境。此外，加强风险管理方面与国际对接，特别是在系统性风险、流通性及风险管理、加强托管规定、证券借贷及回购、利益冲突以及产品设计等方面。

第二，充分发挥"中国因素"的作用，致力发展成为大中华地区和亚洲区主要的资产管理中心。

香港之所以能成为全球重要的投资平台、国际资金的集散地，归根究底，"中国因素"厥功至伟。2008 年全球金融危机爆发以来，欧美等西方国家债台高筑，经济复苏缓慢，而以中国为代表的新兴市场国家却迅速崛起，对全球经济的影响力愈来愈大，成为拉动全球经济复苏的火车头。近年来，中国经济的持续、快速发展，个人储蓄存款提高，大大增加内地对投资产品及财富管理的需求。根据胡润富豪榜统计资料，2000 年至 2015 年，中国财富超过 5 亿元人民币的富豪数量由不到 40 人大幅上升 1.7 万人，财富超过 20 亿元的富豪数量则由寥寥 10 人扩大至 1,737 人；从全球范围来看，中国富豪人数的增幅明显超过其他国家。近 10 年的福布斯全球富豪榜中，中国的上榜人数增加了 205 人，增幅位居全球首位。同时，作为中国内地经济与国际经济的桥梁，香港越来越成为内地资金走出去和外来资金流进来的资金交流平台和国际资产管理中心。根据商务部等部委联合发布的《2015 年度中国对外直接投资统计公报》，2015 年中国对外直接投资流量创下 1,456.7 亿美元的历史新高，同比增长 18.3%，超过日本成为全球第二大对外投资国。其中，很大部分是投资到香港或经香港投资到全球各地的。香港已成为内地公司接触全球金融市场的平台，越来越多的内地相关金融机构来港开展业务。这种发展态势，为香港的资产管理业带来持续的庞大发展商机。香港应把握内地改革开放政策带来的发展机遇，积极推动与内地的相关制度安排。2015 年 7 月 1 日，香港与内地基金互认安排正式展开。这项重大举措无疑将进一步推动香港作为基金管理枢纽及基金注册地的发展。为此，香港证监会应与中国证监会加强合作，努力建立共同基金监管标准。为了适应形势的快速发展，目前香港证监会正努力制定一套更有效率而又不会损害投资者权益及保障的审批程序，包括引入处理申请的双轨模式，令标准申请能够加快获得处理。

1979年香港证券交易所会员合照。

第三，积极把握伊斯兰金融带来的发展机遇。根据伊斯兰金融服务委员会（Islamic Financial Services Board）发布的报告，随着亚洲出口导向型经济与海湾国家石油收入的增长，穆斯林富裕阶层的需求正逐步扩大，伊斯兰金融资产可望从2005年的7,000亿美元飙升至2015年的2.8万亿美元，获得三倍扩张。而由于受世界金融危机影响，富有石油、美元和闲置资金的伊斯兰国家投资欧美国家意愿转趋低迷，而愿意更多与亚洲国家寻求合作，目前香港、新加坡、吉隆坡、东京等城市都在角逐成为"国际伊斯兰金融中心"[16]。香港是全球最活跃的国际金融中心之一，具有完善的司法体系、稳定开放的社会环境、高效的服务体系、国际化的语言环境、优惠的税率，以及富有管理经验和专业化的团队，这些都是香港发展资产管理业务得天独厚的优势条件。[17] 更重要的是，香港毗邻内地，而中国内地则是世界上最大的经济体系之一，经济持续快速增长，市场发展的潜力非常可观，各地区的投资者都看准这里的机会。香港作为国际投资者投资中国内地的跳板，在吸引中东投资方面具备优势。因此，香港应积极把握伊斯兰金融带来的发展机遇，努力发展成为伊斯兰金融资产的管理中心。

3.4 发展趋势三：全球主要的人民币离岸业务中心

近年来，随着中国经济贸易的发展和人民币国际化进程的推进，人民币离岸业务市场的规模越来越大，除了香港之外，新加坡、伦敦等金融中心都提出了建立人民币离岸业务中心的要求。2011 年 4 月 20 日，英国《金融时报》头条刊文《新加坡欲成首个人民币离岸中心》，引发了市场对于人民币国际化及中国布局全球离岸中心的关注。2011 年 4 月，英国伦敦金融城荣誉市长白尔雅（Alderman Michael Bear）在上海接受《中国经济周刊》采访时表示："伴随着中国全球贸易和金融的发展，（人民币离岸）这个市场的蛋糕会越来越大，不是中国香港一个中心可以独享这一市场的，多个人民币离岸中心对人民币的发展是更为有利的。"他认为："伦敦总有一天会成为另一个离岸人民币中心。"[18]

在诸多争取成为人民币离岸业务中心的城市中，香港"一国两制"的属地特征、"自由港"的金融运作与风险控制能力，使其当之无愧地成为人民币离岸业务中心的首选之地。首先，香港背靠中国内地，长期以来一直与中国内地保持着经济、文化以及社会发展方面的紧密联系。特别是在经济上，香港虽是一个有别于中国内地的独立关税区，但其与中国内地总体关联的深度与广度是其他任何一个经济体所无法比拟的。这种联系使香港最有资格充当人民币国际流转的中转站，并满足更广阔范围的非居民人民币的融资与交易需求。其次，香港具有发展人民币离岸市场的制度性先发优势。人民币清算制度安排已经运作了多年，QFII 等制度安排让回流机制不断拓宽。金管局曾多次路演，以推动中国企业走出去。第三，香港作为主要的国际金融中心之一，具备了良好的法律、资讯、人才和金融市场交易基础，它可以设在全球任何国家、地区和城市。凭借完善的基础设施、极富吸引力的简单税制和高度的贸易便利化等优势，香港一举成为全球贸易中间商的集聚之地。在共同推进中国公司海外投融资过程中，香港金融市场在市场监管、风险管理以及资讯流通等方面都显示了较强的实力。

香港交易所行政总裁李小加表示，人民币国际化会为香港带来变革性发展，在不远的将来，香港金融市场将进入高收益、更大规模、品种更全、二级市场交易更加活跃的发展阶段。在此阶段，香港的证券、资本市场将得到巨大发展，香港的整体经济也会随着金融市场的兴旺而获益。[19] 不过，香港要真正发展成为全球最重要的人民币离岸业务中心、亚洲人民币债券市场，目前还存在不少问题和困难，突出表现在：① 人民币资金池的规模仍然总体偏小。② 人民币资产创造的进程仍然较缓慢。香港金融市场上的人民币投资产品的相对匮乏，导致了香港人民币持有收益非常低，背后隐藏了严重的供需失衡问题。人民币产品在香港叫好不叫座，重要原因是缺乏对应投资产品及资金用途。③ 人民币回流机制的建设刚起步发展，有待深化、完善。

针对上述问题，当前香港推动人民币离岸业务中心的发展，还需加强以下几方面的工作：

第一，进一步扩大人民币资金池规模，建立多元化的人民币交易市场，推出多元化的人民币投资产品，拓宽人民币投资管道。香港要在众多的竞争者之中强化领先优势，真正建设成为全球主要的人民币离岸业务中心，当前需首先解决两个问题：一是人民币资金池的规模要进一步扩大；二是要有多元化的投资产品和交易市场。香港金融界应积极推动人民币产品创新，大力发展人民币投资产品，包括开发以人民币计价或交割的贸易融资、保值避险等金融产品，提高人民币投资收益，推进跨境贸易人民币结算业务发展；支持境内机构在香港发行人民币债券，进一步发展香港人民币债券市场；积极参与并支持香港联交所在香港股票市场上实行港币与人民币的双币种报价，允许投资者自由选择币种进行交易和交割。同时，要鼓励粤港两地银行开展人民币及港币交易结算、票据交换、代理行、项目融资、银团贷款和 QDII、QFII 等多种业务合作，开办两地银行同业拆借市场；鼓励境内金融机构参与香港的人民币与外币无本金远期交易市场等，使香港在人民币国际化进程中，发挥试验田、突破口、排头兵作用。当然，香港人民币债券市场发展，还要解决二级市场交易问题，即人民币债券在交易所挂牌买卖问题。

第二，进一步拓宽人民币投资管道，完善和优化人民币回流机制。目前，人民币回流机制的建设才刚起步。正如有专家所指出，在人民币回流机制建设中，最基础的是利率市场化改革、汇率形成机制的完善和包括股票、债券和衍生品在内的人民币金融市场的充分发展。目前，中国金融体系还比较脆弱，银行体系缺乏竞争，股市炒作严重。资本项目开放后，金融体系可能难以有效抵御境外金融市场大幅波动的冲击。有业内人士担心，人民币境外合格机构投资者的资金具有相当高的流动性，它的快进快出可能会加大内地资本市场的流动性风险，也会加大通胀的压力。因此，人民币回流机制的建设，在制度安排上只能是循序渐进，逐步开放。在这方面，粤港可联手"先行先试"，率先探索建立风险可控的人民币回流机制，为进一步开放积累经验。

第三，加强港深金融创新合作，积极推动深圳前海发展成为人民币国际化的境内桥头堡以及香港的后援基地，支持香港人民币离岸业务中心的发展。现阶段，深圳前海金融发展最大的战略价值，就是充分发挥前海保税港和毗邻香港的优势，在人民币国际化过程中发挥积极作用。中国人民银行副行长杜金富公开表示，人民银行支持前海金融创新和先行先试，鼓励前海区域开展境内人民币"走出去"和境外人民币"流进来"两个方向的跨境人民币业务创新。人民银行将通过若干人民币跨境政策的新安排，来促进前海地区现代服务业合作的深化，只要市场需要、风险可控，不与国家既有法律法规相冲突，符合国家宏观调控政策的各种政策需求和创新，人民银行都将予以积极支持。对此，深圳有关方面提出了前海与香港合作共同发展人民币离岸中心、探索资本开放以及在合作区内实施人民币自由兑换的设想，建议前海与香港金融市场以及全球金融市场实施资金流通自由，不受现有金融政策的管制。

换言之，深圳前海地区的金融发展，可以考虑在中国尚未放开资本项目、人民币尚不能自由兑换的总体宏观背景下，通过中央政府和人民银行的政策和制度创新安排，在前海"撕开一道口子"，积极试行人民币有限度的自由兑换，探索人民币国际化和资本项目的开放路径及其风险防范措施，为人民币国际化积累经验、探索路径。当然，亦有业界担心在前海开放人民币资本项目所带来的风险。但是，由于放开是一个逐步的过程，在前海小范围区域试点，影响有限。另一方面，随着香港人民币离岸业务中心的建设、发展，前海亦可担当香港人民币离岸业务的后台中心，为香港提供支持服务。目前，一些在港金融机构推出的人民币产品销售非常火爆，表明人民币业务在香港市场非常受欢迎。随着人民币投资内地管道打通，企业在香港进行人民币筹资或者在港人民币能够到内地投资，将极大地刺激港深两地的金融融合，前海可在这方面发挥积极作用。

第四，处理好香港人民币离岸业务与上海人民币在岸业务之间的协调发展和错位发展。在2010年伦敦金融城金融中心排名中，香港和上海分别排在第三和第六位，可见两地自身经济金融基础良好。同时，因为两地背靠的都是中国经济体，所以对于两者之间的竞争与合作关系的讨论尤为激烈。根据金融中心分工理论，任何一个国家都不局限于一个金融中心，像美国的以纽约为中心，辅之以华盛顿、新泽西、芝加哥相配合的金融中心格局，可见，只要明确各个金融中心的功能定位，各有侧重，上海和香港就可以各施所长发挥各自金融中心的功能。此外，香港与上海作为金融中心的辐射范围也不同，一个主要以珠三角经济圈为腹地，一个主要以长三角经济圈为腹地，两个金融中心的相互配合才可以最大程度的支持中国经济的全面发展。正如香港交易所总裁李小加所说："香港和上海两个金融中心的关系，10%是竞争，20%是合作，70%～80%是要把各自的市场做好。"

展望未来，香港若能进一步充分发挥"中国因素"的作用，加强与内地特别是广东珠三角地区的金融合作和错位发展，加强金融创新，努力发展成为内地企业首要境外上市中心与"走出去"平台、亚太区首要的国际资产管理中心，以及全球主要的人民币离岸业务中心，最终就有希望发展成为与伦敦、纽约并驾齐驱的全球性国际金融中心。

3.5 结束语

过去 20 年，在"中国因素"的有力推动下，在香港特区政府和香港金融管理局的审慎监管下，香港金融业取得了长足的发展，成为当今香港经济中最具战略价值的产业。不过，香港要充分发挥金融业的比较优势，克服其发展短板，真正成为像伦敦、纽约那样的全球性国际金融中心，仍需要一系列宏观经济政策的配合，这些政策主要是：

第一，维持香港政治、经济、社会的繁荣稳定，进一步改善投资营商环境。回归之前，特别是进入过渡时期之前，香港是一个高度经济化的城市，这是它经济成功发展的奥秘之一。然而，回归以后，在中美两大国全球角力的大背景以及在本土政党政治迅速崛起的影响下，香港正快速发展成为一个高度政治化的地区。有迹象显示，香港正成为各种矛盾交织的焦点。政治、经济、社会的种种不稳定、不确定性，直接影响了香港特区政府的施政及其效率，影响了香港的投资营商环境，影响了投资者的投资意欲。因此，在"一国两制"的框架下如何有效维持香港政治、经济、社会的繁荣稳定，进一步改善香港的投资营商环境，是成功迈向全球性国际金融中心的重要政策前提。

第二，特区政府和香港社会转变"积极不干预"的思维方式，制定和实施"适度有为"的产业政策，积极推动整体经济转型和金融业的进一步发展。长期以来，香港政府实行的是"积极不干预"政策。不过，"积极不干预"的前提是市场结构的高度竞争性，市场价格能够发挥自动调节社会资源的作用。然而，时移世易，今天"积极不干预"的基础已发生改变。香港回归后，特区政府在面对金融风暴的冲击时，已加强了对经济的干预，典型例子是大规模入市干预。目前，全球的经济大环境正发生极大的变化，新的科技、互联网、大数据、新材料、3D 打印、生化科技等等都在冲击着全球经济，特区政府如果仍然抱着过去那套思维方式，无为而治，必将落伍。以金融业为例，长期以来，香港金融市场实行的是拿来主义，金融变革与创新大体是效仿纽约与伦敦的成功实践。这种做法在香港只是一个区域性国际金融中心时，风险小，成效大。但是，香港倘若要发展为全球性国际金融中心，就必须克服过去这些拿来主义的思维定式。特区政府和香港社会要真正有所作为，借鉴新加坡的经验，制定金融发展的长远战略规划，实施"适度有为"的产业发展政策。

第三，深化与中国内地特别是广东珠江三角洲地区的经济融合，重建香港在国际经济中的战略优势。香港回归后，其与中国内地的关系构建在"一国两制"的框架下，香港与内地是不同的独立关税区，两者之间的经贸交往受到"边界"的限制。这是全球任何一个商业大都会都没有的特例。在经济全球化、区域经济一体化的时代，这制约了香港的发展。从香港的角度来看，香港要发展成为全球性金融中心，其中的关键，就是要打通香港与内地特别是广东珠三角地区之间金融的经脉联系，构建大珠三角金融中心圈。因此，香港特区政府的重要政策之一，就是如何深化与内地特别是广东珠三角地区的经济融合、金融联系，重建香港对内地尤其是广东珠三角地区的战略优势，从而重建其在国际经济中的战略优势。

注释

〔1〕 Reed, H.C., "The Ascent of Tokyo as an International Financial Center", Journal of International Business Studies, 1980, Vol.11, No.3, Winter, pp.19–35, 转引自饶余庆著，《香港 —— 国际金融中心》，香港：商务印书馆（香港）有限公司，1997 年，第 37 页。

〔2〕 SRI 国际公司项目小组，《共建繁荣：香港迈向未来的五个经济策略》，美国：SRI 国际公司，1989 年，第 7 页。

〔3〕 香港华商银行公会研究小组著、饶余庆编，《香港银行制度之现况与前瞻》，香港：香港华商银行公会，1988 年，第 61 页。

〔4〕 同〔3〕，第 3 页。

〔5〕 参阅《1999 年港元债务市场的发展》，香港：香港金融管理局季报，2000 年第 5 期，第 11–12 页。

〔6〕 饶余庆著，《香港——国际金融中心》，香港：商务印书馆（香港）有限公司，1997 年，第 3 页。

〔7〕 The Global Financial Centers Index 20, The city of London, 2016.

〔8〕 The Global Financial Centers Index 19, The city of London, 2016.

〔9〕 香港贸易发展局，《香港银行业概况》，2012 年 3 月 15 日。

〔10〕 香港金融发展局，《巩固香港作为全球主要国际金融中心的地位》，2013 年 11 月，第 12 页。

〔11〕 2009 年香港新股集资额超逾纽约及伦敦，但上市后再集资额不及纽约和伦敦的四分之一及二分之一，创业板新股集资额占本港新股总集资额不到 1%，创业板 / 主板集资比例远低于纽约（33%:66%）及伦敦（20%:80%）。综合起来看，香港的集资功能与纽约及伦敦两地仍存在一定差距。

〔12〕 美国耶鲁大学管理学院教授杰佛瑞加滕，《经济危机当中"上港"将崛起》，英国：《金融时报》网站，2009 年 5 月 10 日。

〔13〕 远东贸易服务中心驻香港办事处，《香港仍是中国内地企业境外上市首选》，北京：新华网，2008 年 2 月 4 日，http://big5.xinhuanet.com/gate/big5/news.xinhuanet.com/fortune/2008-02/04/content_7564179.htm。

〔14〕 参阅《黄辉："一国两制"下内地与香港证券监管合作的演变》，香港：紫荆网，2016 年 12 月 27 日。

〔15〕 黄启聪，《打造世界级资产管理中心》，香港：香港商报，2011 年 8 月 1 日。

〔16〕 参阅《全球多城市争建伊斯兰金融中心，香港宁夏欲参与》，广州：21 世纪经济报道，2010 年 5 月 26 日。

〔17〕 刘柳，《港迎来国际资产管理中心大发展机遇》，香港：《紫荆》杂志网络版，2011 年 5 月 6 日，http://

www.zijing.org。

〔18〕参阅《香港新加坡伦敦竞争，人民币需要几个离岸中心？》，北京：中国经济周刊，2011 年 5 月 10 日，http://news.xinhuanet.com/fortune/2011–05/10/c_121400223.htm。

〔19〕参阅《人民币离岸业务与香港金融中心的未来》，上海：第一财经日报，2011 年 5 月 3 日。

香港金融业大事记

■ 1805 年　　　　　　谏当保险行（Canton Insurance Society）在广州创办，成为外商在中国创办最早的一家保险公司。

■ 1832 年　　　　　　怡和公司在广州创办。

■ 1835 年　　　　　　宝顺洋行退出谏当保险公司，在广州成立于仁洋面保安行。

■ 1841 年　　　　　　谏当保险公司从澳门迁往香港，并于 1842 年在香港注册，成为香港最早的保险公司之一。

■ 1842 年 3 月 29 日　香港首任总督璞鼎查宣布香港货币的暂时使用办法，规定西班牙本洋、墨西哥鹰洋、东印度公司所发行的卢比银洋、英国铸造的银币，以及中国的两制银锭、铜钱等，均可在市面流通。

■ 1845 年 4 月　　　　东藩汇理银行在香港开设分行，成为第一家进入香港的外资银行，该行于 1884 年倒闭。

■ 1857 年　　　　　　有利银行在香港开设分行，该行于 1859 年起发钞，1892 年暂停，1912 年恢复发钞，至 1974 年后停止，1958 年被汇丰银行收购，1984 年转售予万国宝通银行，1987 年再转售给日本三菱银行。

■ 1859 年　　　　　　渣打银行在香港开设分行，1862 年起发钞至今。

■ 1862 年　　　　　　呵加喇银行在香港开业，该行从 1863 年起发钞，1866 年倒闭。

■ 1863 年　　　　　　港英政府宣布银元是香港唯一的法定货币，并于 1866 年开始在香港发行本身的银元。

　　　　　　　　　　印度东方商业银行在香港开设分行，该行于 1866 年发钞，同年倒闭。

■ 1865 年 3 月　　　　汇丰银行创办，同年发钞。

■ 1867 年　　　　　　香港出现证券买卖活动。

■ 1868 年　　　　　　怡和洋行在香港创办香港火烛保险公司。

■ 1881 年　　　　　　谏当保险根据第一部公司法正式改组为一家有限责任公司。

■ 1882 年 10 月 24 日　于仁保险根据 1865 年至 1881 年的《香港公司法》进行注册，改组为一家股份有限责任制公司。

■ 1891 年 2 月 3 日　　香港股票经纪会成立，1914 年易名为香港证券交易所。

■ 1891 年　　　　　　香港第一家华资银行中华汇理银行创办，1911 年倒闭。

■ 1895 年　　　　　　法国东方汇理银行在香港开设分行。

■ 1897 年　　　　　　香港外汇银行公会成立。

■ 1898 年　　　　　　宏利保险在香港成立代理公司布兰得利公司。

■ 1901 年　　　　　　日本正金银行（东京银行的前身）在香港开设分行。

■ 1905 年　　　　　　荷兰小公银行在香港开设分行。

■ 1906 年　　　　　　荷兰安达银行在香港开设分行。

■ 1907 年　　　　　　银业联安堂成立。

■ 1910 年　　　　　　金银业贸易场创办。

■ 1912 年　　　　　　广东银行创立。

■ 1913 年　　　　　　万国宝通银行在香港开设分行。

　　　　　　　　　　港英政府先后颁布《禁止外币流通条例》和《外国银币镍币条例》。

■ 1917 年　　　　　　工商银行创立。

　　　　　　　　　　中国银行在香港开设分行。

■ 1918 年　　　　　　华商银行创立。

　　　　　　　　　　盐业银行在香港开设分行。

■ 1919 年　　　　　　东亚银行创立。

■ 1921 年 10 月 1 日　香港证券经纪协会成立。

■ 1922 年　　　　　　国民商业储蓄银行创立。

　　　　　　　　　　嘉华储蓄银行创立。

■ 1923 年　　　　　　美国大通银行在香港开设分行。

　　　　9 月 9 日　香港票据交换所成立。

■ 1929 年　　　　　　美国华尔街股市暴跌，触发了 1930 年代的经济大萧条。

■ 1931 年　　　　　　广东信托商业银行创立。

■ 1932 年 12 月 12 日 香港银业联安公会成立。

■ 1933 年 3 月 3 日　恒生银号创立。

　　　　　　　　　　永隆银号创立，1960 年改组为永隆银行。

■ 1935 年 11 月 4 日　中国政府宣布放弃银本位制。

　　　11 月 9 日　香港立法局通过《货币条例》（Currency Ordinance），规定管理汇率及货
　　　　　　　　　　币的通则，禁止白银流通，银本位制宣告废除。

　　　12 月 6 日　《货币条例》（后改称《外汇基金条例》）正式生效。

　　　　　　　　　　华资银行爆发挤提风潮，受影响的银行包括嘉华银行、广东银行、工商银
　　　　　　　　　　行、国民储蓄银行等。

　　　　　　　　　　恒隆银号创立，1965 年改组为恒隆银行。

■ 1937 年　　　　　　　大生银号创立，1961 年改组为大生银行。

■ 1938 年　　　　　　　广安银号创立，1960 年改组为广安银行。

■ 1939 年　　　　　　　永亨银号创立，1960 年改组为永亨银行。

■ 1941 年 12 月 29 日　占领香港的日本当局发布《汇兑行市公定措置要纲》，规定从 1942 年 1 月起废除香港汇兑行市以英镑、美元为基准的传统裁定方式，改由日本政府直接决定各国货币对日元的汇率。

■ 1945 年 8 月 30 日　英国重返香港，并成立军政府，9 月 13 日军政府宣布废用日本军票，恢复战前的港元纸币为法定货币。

■ 1946 年　　　　　　　香港意外险公会成立。

　　　　　4 月 2 日　　香港政府宣布承认"迫签纸币"，并与汇丰共同制定"迫签纸币"合法化方案。

　　　　　　　　　　　大有银号创立，1962 年改组为大有银行。

■ 1947 年 3 月　　　　香港证券交易所和香港证券经纪协会合并，仍称为"香港证券交易所"。

　　　　　　　　　　　大新银行创立。

■ 1948 年 1 月 29 日　香港政府制定并正式通过第一部银行法律——《银行业条例》。

　　　　　　　　　　　中国联合银行创立。

　　　　　　　　　　　廖创兴储蓄银行创立。

■ 1949 年 4 月 14 日　香港政府根据国际货币基金（IMF）协定要求，颁布法令，限制纯金买卖。

　　　　　12 月 14 日　南洋商业银行创立。

■ 1950 年　　　　　　　浙江第一商业银行创立。

■ 1951 年 11 月 9 日　 香港政府批准颁布实施《汽车保险（第三者意外）条例》。

■ 1952 年 12 月 5 日　恒生银号注册为私人有限公司。

　　　　　　　　　　　集友银行创立。

■ 1953 年 12 月　　　香港政府颁布实施《劳工因公受伤赔偿法案》。

■ 1955 年　　　　　　　香港华人银行创立。

■ 1956 年　　　　　　　海外信托银行创立。

■ 1958 年　　　　　　　远东钱庄创立，1960 年改组为远东银行。

■ 1960 年 2 月 7 日　恒生银号重组为恒生银行。

■ 1961 年 6 月　　　　怡和公司上市。

　　　　　　　　　　　廖创兴银行发生挤提风潮。

■ 1962 年 4 月　　　　汤姆金斯向港府提交《关于香港银行制度的报告及重订银行条例的建议》。

　　　　　　　　　　　华侨商业银行创立。

■ 1963 年　　　　　　　银行利率战达到高潮。

■ 1964 年 7 月 1 日　"利率协议"正式实施。

　　　　　11 月 16 日　香港政府在立法局通过 1964 年《银行业条例》。

11 月	友联银行创立。
■1965 年	"贝齐"飓风冲击香港,使香港保险业遭受有史以来的最大单项承保灾难。
1 月	明德银号发生挤提,4 月 30 日宣布破产。
2 月 6 日	广东信托商业银行发生挤提,2 月 8 日被政府接管。挤提风潮迅速蔓延到恒生、广安、道亨、永隆等银行。
4 月	银行挤提风潮再起,首当其冲的是恒生银行,恒生以 5,100 万元价格向汇丰售出 51% 控股权,风潮才告平息。
	香港政府暂停签发银行牌照。
■1966 年 9 月 15 日	根据港府财政司的命令,汇丰银行接管有余银行。
12 月 23 日	香港出口信用保险局成立。
■1967 年 11 月 20 日	英镑贬值 14.3%,与英镑挂钩的港元亦同时贬值 14.3%,但其后港府宣布将港元对英镑升值 10%。
■1969 年 11 月 24 日	恒生银行公开推出香港股市指数——恒生指数。
	李福兆与多位财经人士一起创办远东交易所。
■1970 年	英国商人银行富林明公司与香港怡和集团合资创办怡富。
■1971 年 3 月 15 日	金银证券交易所有限公司创立。
	英国商人银行施罗德与渣打银行、嘉道理家族合资创办宝源投资。
■1972 年 1 月 5 日	九龙证券交易所有限公司创立。
7 月 6 日	香港政府宣布港元与英镑脱钩,改与美元挂钩,价定为 1 美元兑 5.65 港元,允许在 2.25% 的幅度内上下波动。
10 月	置地宣布将以换股方式收购牛奶公司。
11 月 26 日	港元与美元脱钩,实行浮动汇率制度。
	汇丰银行创办获多利。
■1973 年	太古集团与英国皇家保险集团合作创办太古皇家保险公司。
2 月	冯景禧正式注册成立新鸿基证券有限公司。
3 月 9 日	恒生指数攀上 1,774.96 点的历史高位。
3 月 12 日	合和实业假股票被发现,股市开始暴跌。
	置地公司发行了香港第一只股本认股权证。
■1974 年 2 月	港府正式颁布《证券条例》及《保障投资者条例》对证券行业加强监管。
	港府解除对黄金进出口的管制。
■1975 年 8 月	香港证券事务监察委员会颁布《收购及合并守则》以加强对上市公司收购兼并活动的监管。
■1976 年 8 月	港府通过《商品交易条例》,同年 12 月 17 日香港商品交易所成立,随后获港府发出经营期货市场的牌照。
	港府制定《接受存款公司条例》。

■1977 年 5 月 9 日　香港商品交易所首先推出棉花期货合约买卖，其后相继推出原糖、黄豆及黄金的期货合约买卖。

　　　12 月　港府成立内幕买卖审裁处，专责审裁内幕人士的股票交易行为。

■1978 年 3 月　香港政府宣布重新向外资银行颁发银行牌照。

■1979 年 9 月 25 日　长江实业以每股 7.1 元价格向汇丰收购和记黄埔 9,000 万股普通股。

■1980 年 6 月　九龙仓争购战爆发。

　　　7 月 7 日　香港联合交易所正式注册成立。

　　　　汇丰收购美国海丰银行。

■1981 年　粤海企业集团有限公司成立。

　　　1 月　香港证券事务监察委员会修订《收购及合并守则》，将上市公司"控股权"定义修订为 35%。

　　　1 月　港府成立香港银行公会，以取代传统的香港外汇银行公会。

　　　4 月　港府修订银行业条例，建立金融三级制，该制度于 1983 年 7 月 1 日正式实施。

　　　7 月 17 日　恒生指数攀上 1,810.20 点新高位。

　　　12 月　置地宣布斥资 9 亿元收购香港电话 34.9% 股权。

　　　　汇丰与香港银行公会达成协定，出任票据交换所管理银行。

■1982 年 3 月　新鸿基财务获港府颁发银行牌照，重组为新鸿基银行。

　　　4 月　置地宣布斥资 27.58 亿元收购香港电灯 34.9% 股权。

　　　9 月 6 日　谢利源金铺倒闭。

　　　9 月　英国首相撒切尔夫人访问北京，中英就香港问题谈判拉开序幕。

■1983 年 6 月　香港政府颁布实施《保险公司条例》。

　　　9 月 24 日　港元对美元的汇价已跌至 9.6∶1 的历史最低位。

　　　9 月 28 日　港府接管恒隆银行，1989 年 9 月转售予国浩集团。

　　　10 月　一度被称为"铁股"的佳宁置业罕有的宣布取消派发中期息，暴露了佳宁的困境，其股价在一天内暴跌三成，最终破产。

　　　10 月 17 日　香港开始实行港元联系汇率制度。

　　　11 月 15 日　大来信贷财务公司无法偿还债务，其控股公司在香港股市停牌。

■1984 年 3 月 28 日　怡和宣布将公司注册地迁到英属自治区百慕大。

　　　9 月　中英两国经过 22 轮艰苦谈判，草签关于香港前途问题的联合声明。

　　　12 月　中英两国正式签订关于香港前途问题的《中英联合声明》。

■1985 年 1 月　和记黄埔以 29.05 亿元向置地收购香港电灯 34.6% 股权。

　　　5 月　中东阿拉伯银行收购新鸿基银行 75% 股权，该行易名港基银行。

　　　　香港商品交易所改组为香港期货交易所。

　　　5 月 6 日　期交所推出亚洲首个指数期货合约——恒生指数期货合约。

6 月	港府接管海外信托银行，1993 年 7 月转售予国浩集团。
■ 1986 年 3 月 27 日	香港、远东、金银、九龙四会宣布停业。
4 月 2 日	香港联合交易所正式开业，并通过电脑系统进行证券交易。
5 月	恒生银行收购永安银行 50.29% 股权。
	香港立法局三读通过 1986 年《银行业条例》。
6 月	中信收购嘉华银行。
	新思想收购友联银行。
9 月	香港联合交易所获国际证券交易所联会接纳正式成为会员。
■ 1987 年 3 月	怡和宣布发行 B 股计划。
7 月 15 日	汇丰与香港政府金融事务科签订"新会计安排"。
9 月	长实系 4 家上市公司宣布有史以来最庞大集资计划，集资额高达 103 亿元。
9 月 11 日	恒生指数期货成交量创下 40,147 张的历史纪录。
10 月 1 日	恒生指数报收 3,949.73 点创下历史新高。
10 月 19 日	美国股市急跌，道琼斯工业平均指数下跌 508 点，引发全球股灾。
10 月 20 日	联交所宣布停市 4 天，期指市场面临破产危机。
10 月 26 日	香港股市暴跌，恒生指数全日跌去 1,120.70 点，跌幅高达 33.33%。
10 月	中银与汇丰、渣打共同组成 20 亿元的备用信贷，支持期货交易所度过期指危机。
12 月	汇丰银行收购米特兰银行 14.9% 股权。
■ 1988 年 1 月	廉政公署拘捕前联交所主席李福兆等人。
	银行公会公布《利率及存款收费规则》，宣布将实施负利率制度。
6 月	戴维森报告——《证券业检讨委员会报告书》发表。
8 月 8 日	香港保险业联会成立。
9 月	百富勤集团创办。
■ 1989 年 5 月	香港证券及期货事务监察委员会成立。
9 月	美资证券所罗门兄弟首次将备兑认股权证这一投资工具引入香港。
■ 1990 年	香港保险业监理处成立。
1 月	香港中信集团收购上市公司泰富发展，其后易名为中信泰富。
2 月	香港金融管理局推出"债券工具中央结算服务系统"。
3 月	香港金融管理当局首次推出为期 91 天的外汇基金票据。
12 月	发生了怡和附属公司康乐投资有限公司违例回购股份事件。
12 月 17 日	汇丰银行宣布结构重组。
12 月 20 日	香港保险索偿投诉局成立。
■ 1991 年 1 月	中信泰富与李嘉诚、郭鹤年等联手收购恒昌企业。

2 月	香港外汇基金管理局成立。
3 月	香港联合交易所首次发表衍生认股证指引，将备兑证纳入监管。
7 月	"国商事件"爆发，受此影响，道亨、港基、万国宝通、渣打等先后遭到挤提。
10 月	联交所会员大会一致表决通过改组方案，同时修订组织章程，转为非牟利机构。

■ **1992 年** 3 月　汇丰控股发表声明，表示将向米特兰银行提出合并建议，其后成功收购米特兰银行。

6 月　港府设立流动资金调节机制。

香港中央结算有限公司推行中央结算系统。

7 月　招商局将其全资附属企业海虹集团，以发行新股方式在香港公开上市，成为首家在中国内地以外交易所通过公开发行股票上市的中资企业。

9 月　怡和控股在伦敦正式作第一上市。

■ **1993 年** 1 月　汇丰控股将集团总管理处由香港迁往伦敦。

3 月　香港期交所推出恒生指数期权。

4 月　香港金融管理局成立。

6 月　香港联合交易所、中国证券监督管理委员会、香港证监会、上海证券交易所和深圳证券交易所的代表，在北京签署监管合作备忘录，正式打通国企在香港上市之路。

7 月 15 日　青岛啤酒在香港挂牌上市，成为首家在香港发行 H 股的中国内地企业。

10 月 15 日　香港政府实施《职业退休计划条例》。

■ **1994 年**　粤海集团从粤海投资中将广南集团分拆上市。

3 月　怡和宣布从 1994 年 12 月 31 日起终止其股票在香港第二上市。

5 月 2 日　中国银行发行港钞票，成为香港第三家发钞银行。

12 月　香港金融管理局参考巴塞尔委员会和 30 人小组的建议首次制定关于金融衍生工具的风险管理指引。

■ **1995 年** 3 月　香港期交所推出上市股票期货。

5 月　香港银行同业结算有限公司成立。

香港金融管理局发表《香港作为国际金融中心的策略文件》。

9 月　香港期交所推出上市股票期权。

■ **1996 年** 12 月　香港金融管理局建立即时支付结算系统。

■ **1997 年** 3 月　香港按揭证券有限公司成立。

6 月 20 日　国务院颁布《关于进一步加强在境外发行股票和上市管理规定》。

7 月 1 日　香港回归，香港特区政府成立。

7 月 2 日　亚洲金融风暴骤起泰国。

7 月 7 日　香港金融管理局发出《电子银行业务指引》。

8 月 7 日　恒生指数攀上 16,673.27 点的历史高位。

9 月　香港期交所推出香港中资企业指数（红筹）期货、期权。

10 月 20 日　国际对冲基金冲击港元联系汇率制度。

10 月 23 日　香港银行同业拆息攀上 280 厘的历史性水平。

12 月　香港的市场风险资本充足比率监管制度正式实施。

■ 1998 年 1 月 10 日　百富勤集团倒闭。

1 月 16 日　正达证券清盘。

4 月　香港特区政府财经事务局向公众提交《金融市场检讨报告》。

8 月 14 日　香港特区政府入市干预。

9 月 5 日　香港金融管理局推出 7 项改革措施。

9 月 7 日　香港特区政府推出 30 项改革措施。

9 月　香港期交所推出恒指 100 期货、期权。

香港特区政府成立法定机构——强制性公积金管理局。

12 月　特区政府委托的顾问公司发表题为《香港银行新纪元》的研究报告。

■ 1999 年 1 月　广信集团申请破产。

粤海集团债务重组。

3 月　香港特区政府发表《证券及期货市场改革的政策性文件》，推出一项重大的三管齐下的市场改革方案和改革纲领。

7 月　香港金融管理局发表了题为《就"银行业顾问研究"的政策回应》，制定了一套为期 3 年的银行业改革措施。

11 月　香港创业板市场推出。

11 月 12 日　盈富基金在港交所上市。

■ 2000 年 2 月　香港立法会三读通过《交易所及结算所（合并）条例》。

3 月 6 日　联交所、期交所和结算公司合并成香港交易及结算所。

5 月 31 日　美国纳斯达克证券市场 7 家公司的股票在香港挂牌上市。

7 月 3 日　香港金融管理局撤销"利率协议"中 7 天以下定期存款利率的上限。

8 月　香港金融管理局推出美元即时支付结算系统。

12 月　粤海集团债务重组成功。

强制性公积金制度正式实施。

■ 2001 年 7 月 3 日　香港金融管理局最后撤销"利率协议"。

10 月 1 日　中国银行（香港）有限公司成立。

■ 2002 年　香港证监会先后发表《指数基金指引》《对冲基金指引》及《对冲基金汇报规定指引》，使香港的散户投资者亦有机会投资于对冲基金。

3 月 6 日　香港交易及结算所有限公司（简称"香港交易所"）注册成立。

3月	香港立法会三读通过新的《证券及期货条例》以取代以往众多的证券条例，标志着香港新的证券及期货市场的监管制度全面实施。
7月25日	中银香港在香港联合交易所主板挂牌上市。

■ 2003年　香港发生SARS事件，香港经济跌至低谷。

4月	欧元结算系统正式启用。
6月29日	香港特区政府与中央政府签署关于建立更紧密经贸关系安排（CEPA）。

■ 2004年　香港证监会审批了首只跟踪中国A股市场的交易所买卖基金——iShares安硕新华富时A50中国指数ETF。

4月	工银亚洲收购华比富通银行的零售及商业银行业务，华比富通银行随后改名为华比银行，成为中国工商银行（亚洲）的全资附属公司。
7月1日	渣打银行完成在香港注册程序，并将银行在香港分行的业务注入于在香港注册的渣打集团全资附属公司——渣打银行（香港）有限公司旗下。
11月	香港银行公会、香港接受存款公司公会、香港金融管理局与美国邓白氏香港 ［ Dun & Bradstreet (HK) Ltd. ］ 合作，成立以配合中小企业对贷款的殷切需求及为贷款机构提供可靠的中小企业客户信贷资料。

■ 2005年5月18日　香港金融管理局推出了联系汇率制度的三项优化措施。

■ 2006年　香港金融管理局推出"流动资金优化器"。

中国银行、中国工商银行先后在香港上市，其中工行股票的发行是首次以"A+H"的方式发行。香港新股融资额一举超过美国，仅次于伦敦名列全球第二。

3月6日	香港金融管理局及中国银行（香港）推出全新的人民币交收系统。
9月25日	存款保障制度正式实施。

■ 2007年　香港发行首批人民币债券。

1月1日	香港根据巴塞尔委员会的《巴塞尔协定二》，正式实施新的银行业资本充足制度。
4月	香港汇丰银行在中国内地注册成立全资附属公司——汇丰银行（中国）有限公司，总行设于上海。
3月	伦敦金融城公司联手英国专业机构Z/Yen研究咨询公司共同发表《全球金融中心排名指数1》（"GFCI1"）报告。
4月	香港证监会与中国银监会签订了《谅解备忘录》，容许内地商业银行代客进行境外理财（即"QDII"）时可以投资于香港的上市股票和认可基金。
6月	香港金融管理局推出人民币即时支付结算系统（RTGS），由中国银行（香港）作清算行。
6月	香港证监会发出《证监会采取务实的处理方法向基金经理发牌》通函，简化及厘清了基金经理的发牌程序。

7月1日　《巴塞尔协定二》正式生效。

■ 2008 年　　美国爆发空前的次贷危机，并引发 2009 年的全球金融海啸。

　　　　　　中央政府批准广东省对港澳服务业开放先行先试。

1月　　　　环球股灾爆发。

1月　　　　美国《时代》周刊（亚洲版）发表一篇由该杂志副主编迈克尔·埃利奥特所写的题为《三城记》（A Tale of Three Cities）的署名文章。

5月　　　　中国证监会颁布《关于证券投资基金管理公司在香港设立机构的规定》，准许内地基金管理公司根据 CEPA 补充协议四申请批准来港设立机构。

5月　　　　招商银行以 193 亿港元的价格收购伍氏家族的永隆银行。

9月15日　美国第四大投资银行雷曼兄弟控股公司因投资次级抵押住房贷款产品不当蒙受巨大损失，被迫申请破产保护。

9月　　　　香港立法会引用《权力及特权法》，成立雷曼迷你债事件小组委员会，对雷曼事件进行调查。

10月　　　中信泰富宣布与银行签订的澳元累计目标可赎回远期合约，因澳元贬值而跌破锁定汇价，导致损失约 147 亿港元。

10月22日　香港立法会通过无约束力的动议，谴责香港特区政府在雷曼迷你债券事件中监管不力。

12月　　　中信集团注资 15 亿美元拯救面临破产的中信泰富。

■ 2009 年 1 月　国务院批复《珠江三角洲地区改革发展规划纲要（2008—2020）》。

1月　　　　香港交易所与上海证券交易所合作签订更紧密合作协定。

4月8日　国务院决定在上海，广东的广州、深圳、珠海、东莞等 5 个城市先行开展跨境贸易人民币结算试点，而境外暂定范围为港澳地区和东盟国家。

6月　　　　CEPA 补充协议九允许在广东的香港银行分行设立异地支行。

7月7日　跨境贸易人民币结算正式启动。

■ 2010 年 2 月 1 日　汇丰控股将集团行政总裁办公室从伦敦迁回香港。

4月6日　香港特区政府与广东省政府签署《粤港合作框架协定》。

7月　　　　中国人民银行与香港人民币业务清算行中国银行（香港）签署了新修订的《香港人民币业务的清算协议》。

11月22日　财政部与香港金融管理局签订《关于使用债务工具中央结算系统发行人民币国债的合作备忘录》。

■ 2011 年　　香港连续三年成为全球最大的首次公开招股（IPO）市场。

1月　　　　人民银行发布《境外直接投资人民币结算试点管理办法》，允许境内非金融类企业利用人民币通过设立、并购、参股等方式进行境外投资。

3月27日　在香港金管局、证监会的干预下，16 家销售雷曼迷你债券的银行与大多数购买迷你债券的投资者达成回购和解协定。

8 月 17 日　国务院副总理李克强视察香港期间，宣布了包括金融、经贸及粤港合作等
　　　　　　方面的 36 项惠港措施。

■ 2012 年 1 月 1 日　香港正式实施《巴塞尔协定二》的优化措施。

1 月　香港证监会认可全球首只以人民币计价及交易的黄金交易所买卖基金，该
　　　基金成为香港第一只人民币 ETF。

6 月 28 日　香港交易所与上海证券交易所和深圳证券交易所签订协定，在香港设立合
　　　　　　资公司，从事金融产品开发和服务。

12 月　RQFII 机制正式启动。

■ 2013 年 1 月　香港特区政府成立香港金融发展局。

4 月　香港立法会通过《2013 年银行业（资本）（修订）规则》及《2013 年银
　　　行业（披露）（修订）规则》。根据金管局的时间表，香港将于 2019 年之
　　　前全面实施《巴塞尔协定三》。

10 月　越秀集团宣布以 116.44 亿港元价格收购廖创兴家族的创兴银行。

11 月　香港金融发展局发表《巩固香港作为全球主要国际金融中心的地位》的政
　　　策文件。

■ 2014 年　中央政府与香港特区政府在 CEPA 框架下签署《关于内地在广东与香港基
　　　　　本实现服务贸易自由化的协定》。

4 月 10 日　中国证监会及香港证监会发布联合公告，决定原则批准上海证券交易所、
　　　　　　香港联合交易所、中国证券登记结算有限责任公司、香港中央结算有限公
　　　　　　司开展沪港股票市场交易互联互通机制试点（"沪港通"）。

11 月 17 日　沪港通正式开通。

■ 2015 年 1 月　中央政府批准广东设立自由贸易试验区。

6 月　汇丰宣布业务重组计划，大力整顿全球各项业务。

4 月 21 日　广东自贸区正式挂牌启动建设，广州南沙、深圳前海蛇口、珠海横琴片区
　　　　　　成为三大组成片区。

5 月 23 日　中银香港宣布将所持南洋商业银行的全部股权出售给中国信达资产管理股
　　　　　　份有限公司。

7 月 10 日　香港立法会三读通过《2014 年保险公司（修订）条例草案》，决定成立独
　　　　　　立的保险业监管局，并为保险中介人设立发牌制度。

8 月 11 日　中国人民银行宣布实施人民币汇率形成机制改革。

12 月　香港保险业监管局成立。

■ 2016 年　香港证券市场共有 117 家公司首发上市，集资 1,961 亿港元（约 253 亿
　　　　　美元），集资额蝉联全球第一名。

6 月　香港在全球 10 大证券市场中位列第 8 位。

10 月 29 日　香港保险公司全面暂停内地客户银联刷卡缴纳保费。

11月	香港立法会通过《支付系统及储值支付工具条例》，正式将储值支付工具纳入监管的范畴。
12月5日	深港通正式开通。
■2017年1月1日	香港正式实施经济与合作组织（OECD）2014年制定的"共同申报准则"（Common Reporting Standard，简称"CRS"），即"金融账户涉税信息自动交换标准"。
1月	香港特区政府与香港贸易发展局共同在香港主办"2017年亚洲金融论坛"。

主要参考文献资料

（1） 姚启勋著，《香港金融》，香港：泰晤士书屋，1940 年。

（2） 香港保险业联会，*Lowe, Bingham & Matthews Notes on the history of the firm as secretaries of the Insurance Associations*，香港：香港保险业联会，1962 年 8 月。

（3） 鲁言著，《百年来香港币制沿革》，载《香港掌故》，香港：广角镜出版社，1977 年。

（4） 毛里斯·柯立斯著，中国人民银行总行金融研究所译，《汇丰银行百年史》，北京：中华书局，1979 年。

（5） 聂宝璋编，《中国近代航运史资料》第一辑（上册），上海：上海人民出版社，1983 年。

（6） 戴维·莱思布里奇编著，《香港的营业环境》，上海：上海翻译出版公司，1984 年。

（7） 饶余庆著，《香港的银行与货币》，上海：上海翻译出版公司，1985 年。

（8） 香港保险改革委员会，《香港保险改革委员会报告书》，香港：香港保险改革委员会，1986 年 1 月 15 日。

（9） 胡汉辉遗著，《香港黄金市场》，香港：三联书店，1986 年。

（10） 陈谦著，《香港旧事见闻录》，香港：中原出版社，1987 年。

（11） 香港华商银行公会研究小组著、饶余庆编，《香港银行制度之现况与前瞻》，香港：香港华商银行工会，1988 年。

（12） 香港证券业检讨委员会，《证券业检讨委员会报告书》（中文版），香港：香港证券业检讨委员会，1988 年 5 月。

（13） SRI 国际公司项目小组，《共建繁荣：香港迈向未来的五个经济策略》，旧金山：SRI 国际公司，1989 年。

（14） 吕汝汉著，《香港金融体系》，香港：商务印书馆，1989 年。

（15） T. K. Ghose 著、中国银行港澳管理处培训中心译，《香港银行体制》，北京：中华书局，1989 年。

（16） 简达恒著，《银行监理专员向香港总督提交的报告》，1991 年 7 月 30 日。

（17） 张仲礼等著，《太古集团在旧中国》，上海：上海人民出版社，1991 年。

（18） 霍礼义（Robert Fell）著，《危机与转变》，三思传播有限公司，1992 年。

（19） 费安道（Dr. Andrew F. Freris）、饶余庆、任志刚著，《外汇基金职能的转变及香港的金融管理》，香港：香港银行学会，1992 年。

（20） 吕汝汉著，《股票市场》，香港：商务印书馆，1992 年。

（21） 中国人民银行广东省分行金融研究所等编，《银海纵横：近代广东金融》，广州：广东人民出版社，1992 年。

（22） 罗拨·郭瞳著、岳经伦等译，《香港的终结——英国撤退的秘密谈判》，香港：明报出版社，1993 年。

（23） 饶余庆著，《走向未来的香港金融》，香港：三联书店，1993 年。

（24） 冼玉仪著，《与香港并肩迈进：东亚银行 1919–1994》，香港：东亚银行，1994 年。

（25） 香港保险业联会寿险总会，《寿险转保守则》，1994 年 12 月。

（26） 余绳武、刘存宽主编，《十九世纪的香港》，香港：麒麟书业有限公司，1994 年。

（27） 香港金融管理局，《香港作为国际金融中心的策略档》，1995 年 5 月。

（28） 薛俊豪编著，《香港金市录》，London: Rosendale Press Limited，1995 年。

（29） 香港金融管理局编，《香港的货币与银行体系：回顾与前瞻》，1996 年。

（30） 祈保、刘国英、John Newson、李铭普著，《十载挑战与发展》，香港：香港联合交易所，1996 年。

（31） 冯邦彦著，《香港英资财团（1841–1996）》，香港：三联书店，1996 年。

（32） 陈元主编，《香港金融体系与一九九七》，北京：中国金融出版社，1996 年。

（33） 聂俊安著，《外汇基金简史》，载香港金融管理局，《香港的货币与银行体系：回顾与前瞻》，香港：香港金融管理局，1996 年。

（34） 沈联涛，《管理衍生工具市场风险》，香港：香港金融管理局季报，1997 年第 8 期。

（35） 董建华，《共创香港新纪元》，香港特区施政报告，1997 年 12 月。

（36） 周亮全著，《香港金融体系》，载王赓武主编《香港史新编（上）》，香港：三联书店，1997 年。

（37） 香港金融管理局，《金融市场检讨报告》，香港：香港金融管理局，1997 年。

（38） 香港金融管理局，《香港金融体系的审慎监管》，香港：香港金融管理局，1997 年。

（39） 郑宝鸿著，《图片香港货币》，香港：三联书店，1997 年。

（40） 饶余庆著，《香港——国际金融中心》，香港：商务印书馆，1997 年。

（41） 冯邦彦著，《香港华资财团（1841–1997）》，香港：三联书店，1997 年。

（42） 余德麟著，《保险业的发展》，香港：商务印书馆，1998 年。

（43） 刘志强、沙振林著，《九十年代香港金融改革与发展》，香港：三联书店，1997 年。

（44） 乌兰木伦主编，《发展中的香港中资企业》，香港：香港经济导报社，1997 年。

（45） 饶余庆著，《预算案外抗国际炒家，内增港人信心》，香港：信报财经新闻，1998 年 2 月 19 日。

（46） 毕马威会计师事务所和 Barents Group LLC，《香港银行业新纪元》，1998 年 12 月。

（47） 香港联合交易所编，《百年溯源》，香港：香港联合交易所，1998 年。

（48） 任志刚著，《香港货币发行局制度之检讨》，香港：香港金融管理局，1998 年。

（49） 香港保险业联会，《十年岁月（10th Anniversary HKFI）1988–1998》，香港：香港保险业联会，1998 年。

（50） 刘蜀永主编，《简明香港史》，香港：三联书店，1998年。

（51） 吴越主编，《中国保险史》，北京：中国金融出版社，1998年。

（52） 郑文华著，《衍生工具与股票投资》，香港：商务印书馆，1998年。

（53） 香港金融管理局，《就"银行业顾问研究"的政策回应》，香港：香港金融管理局，1999年7月。

（54） Brian Blomfield 著，《十载耕耘——证监会10年（1989–1999）》，香港证券及期货监察委员会，1999年。

（55） 蒋照坪、郑汉杰著，《剖析期货期权》，香港：香港期货交易所有限公司，1999年。

（56） 饶余庆著，《亚洲金融危机与香港》，香港：三联书店，2000年。

（57） 香港策略发展委员会，《共瞻远景，齐创未来——香港长远发展需要及目标》，香港：香港策略发展委员会，2000年。

（58） 香港金融管理局，《香港联系汇率制度》，香港：香港金融管理局，2000年。

（59） 香港金融管理局，《监管政策手册：风险为本监管制度》，香港：香港金融管理局，2001年10月11日。

（60） 张晓辉著，《香港近代经济史（1840–1949）》，广州：广东人民出版社，2001年。

（61） 冯邦彦著，《香港地产业百年》，香港：三联书店（香港）有限公司，2001年。

（62） 冯邦彦著，《香港金融业百年》，香港：三联书店（香港）有限公司，2002年。

（63） 武捷思著，《粤海重组实录》，香港：商务印书馆（香港）有限公司，2002年。

（64） 赵兰亮著，《近代上海保险市场研究（1843—1937）》，上海：复旦大学出版社，2003年。

（65） 香港金融管理局，《金融基建发展检讨》，香港：金融管理局季报，2005年12月。

（66） 香港金融管理局，《香港金融管理局的授权及管治》，香港：香港金融管理局，2006年12月。

（67） 郑宏泰、黄绍伦著，《香港股史：1841–1997》，香港：三联书店（香港）有限公司，2006年。

（68） 陈连华主编，《香港金融理财产品手册》，上海：上海财经大学出版社，2006年12月。

（69） 韦奕礼（Martin Wheatley）著，《香港基金管理业展望》，香港：香港证券及期货监察委员会，2007年2月1日。

（70） 弗兰克·韦尔什著，王皖强、黄亚红译，《香港史》，北京：中央编译出版社，2007年5月。

（71） 甘博文、何东、梁伟耀著，《港元联系汇率制度的三项优化措施实施两周年的检讨》，香港：香港金管局网站，2007年6月。

（72） 郭国灿著，《回归十年的香港经济》，香港：三联书店（香港）有限公司，2007年。

（73） 香港证券及期货监察事务委员会，《1997至2007年证券期货市场大事回顾及监管发展概览》，香港：香港证监会网站，2007年。

（74） 香港金融管理局，《香港的储备管理》，香港：香港金融管理局，2007年。

（75） 张灼华，《新的〈单位信托及互惠基金守则〉——打造香港成为基金超级市场》，香港：香港证券及期货监察委员会，2008 年 4 月 16 日。

（76） 方正，《证监会的监管理念和工作取向》，香港：香港证券及期货监察委员会，2008 年 6 月 17 日。

（77） 简达恒著，《金管局维持银行体系稳定工作的研究报告（翻译本）》，香港：香港金融管理局，2008 年 7 月。

（78） 香港金融管理局，《支付及结算系统之间的互系关系：香港经验》，香港：香港金融管理局季报，2009 年 3 月。

（79） 张灼华，《香港——推动交易所买卖基金（ETF）市场发展的理想平台？》，香港：香港证券及期货监察委员会，2009 年 10 月 5 日。

（80） 冯邦彦著，《厚生利群：香港保险史（1841—2008）》，香港：三联书店（香港）有限公司，2009 年。

（81） 香港金融管理局，《香港银行业监理》（第二版），香港：香港金融管理局，2010 年 8 月。

（82） 香港金融管理局，《香港外汇及衍生工具市场》，香港：香港金融管理局季报，2010 年 9 月。

（83） 香港金融管理局，《监管政策手册：风险管理的一般措施》，香港：香港金融管理局，2010 年 12 月 31 日。

（84） 香港特区政府财经事务及库务局，《建议设立保单持有人保障基金咨询档》，香港：香港特区政府财经事务及库务局，2011 年 3 月。

（85） 香港金融管理局，《金融管理局的授权及管治》，香港：香港金融管理局，2011 年 8 月 15 日。

（86） 香港特区政府财经事务及库务局，《建议成立独立保险业监管局咨询总结及详细建议》，香港：香港特区政府财经事务及库务局，2011 年 7 月 4 日。

（87） 香港金融管理局，《风险为本监管制度》，香港：香港金融管理局，2011 年 10 月。

（88） 冯邦彦著，《在国家金融开放和金融安全总体战略下推进粤港金融合作"先试先行"专题研究》，香港：香港金融研究中心，2011 年。

（89） 香港贸易发展局，《香港银行业概况》，香港：香港贸易发展局，2012 年 3 月 15 日。

（90） 香港特别行政区立法会，《研究雷曼兄弟相关迷你债券及结构性金融产品所引起的事宜小组委员会报告》，香港：香港特别行政区立法会，2012 年 6 月。

（91） 冯邦彦著，《香港：打造全球性金融中心——兼论构建大珠三角金融中心圈》，香港：三联书店（香港）有限公司，2012 年。

（92） 香港特区政府财经事务及库务局，《成立独立保险业监管局的主要立法建议咨询总结公布》，香港：香港特区政府财经事务及库务局，2013 年 6 月 26 日。

（93） 香港金融管理局，《香港的联系汇率制度》，香港：香港金融管理局，2013 年。

（94） 香港金融管理局，《香港的金融基建（第二版）》，香港：香港金融管理局，2013 年。

（95） 香港金融发展局，《巩固香港作为全球主要国际金融中心的地位》，香港：香港金融发展局，2013 年 11 月。

（96） 香港金融管理局，《银行体系的稳定》，香港：香港金融管理局，2013 年。

（97） 冯邦彦著，《香港金融与货币制度》，香港：三联书店（香港）有限公司，2015 年。

（98） 香港政府，《香港年鉴》，历年。

（99） 香港经济导报社，《香港经济年鉴》，历年。

（100） 香港联合交易所，《股市资料》，历年。

（101） 香港金融管理局，《年报》，历年。

（102） 香港保险业监理处，《年报》，历年。

（103） 金银业贸易场会刊。

（104） 香港证券及期货监察委员会，《基金管理活动调查》，历年。

（105） 香港证券及期货监察委员会网站资料。

（106） The Manufacturers Insurance Company, *South China Hong Kong and Macau 1898–1976.*

（107） G. B. Endacott, *A History of Hong Kong*, Hong Kong: Oxford University Press,1964.

（108） J. W. Matthews, B.Sc.(Econ.),F.C.A., Hong Kong, *"Hong Kong", from "Insurance Market of The World"*, Swiaa Reinsurance Company, 1964.

（109） C. F. Joseph Tom, *The Entrepot Trade and Monetary Standards of Hong Kong, 1842–1941,* Hong Kong: Graphic Press Ltd., 1964.

（110） Sir Philip Haddon-Cave, *The Change Structure of the Hong Kong Economy,* paper read to the XXII Association Cambiste Internationale Congress ,Singapore, June 6, 1980, paragraph 54.

（111） Maggie Keswick (ed.), *The Thistle and The Jade,* Hong Kong: Jardine, Matheson & Co. Ltd., 1982.

（112） CLIVE A.BROOK-FOX, "Marketing Effectiveness in the Hong Kong Insurance Industry: A Study of the Elements of Marketing Strategy and Their Effect on Performance", In partial fulfillment of the requirements for the degree of masters of business administration of the university of Hong Kong, March 1982.

（113） Y.C. Jao, "The Financial Structure", in David Lethbridge (ed.), *The Business Environment in Hong Kong, 2nd edition,* Hong Kong: Oxford University Press, 1984.

（114） Chalkley, Alan B., *Adventures and Perils: The First Hundred and Fifty Years of Union Insurance Society of Canton, Ltd.,* Hong Kong: Ogilvy & Mather Public Relations (Asia) Ltd., 1985.

（115） Yuen Tak Tim, Anthony. "A Study on The Popularity of Utilizing Insurance Brokers by Industrial Concerns in Hong Kong for Management of Their Insurance Programme",

MBA thesis, Department of Management Studies Faculty of Social Science University of Hong Kong, May 20, 1986.

(116) T. K. Ghose, *The Banking System of Hong Kong*, London: Butterworth & Co (Asia) Ltd., 1987.

(117) Frank H. H. King, *The History of The Hongkong and Shanghai Banking Corporation Volume IV, The Hongkong Bank in the Period of Development and Nationalism, 1941–1984,* Hong Kong: Hong Kong and Shanghai Banking Corporation,1988.

(118) Gillian Chambers, *Hang Seng: The Evergrowing Bank*, Hong Kong: Everbest Printing Company, Ltd., 1991.

(119) Robin Barrie and Gretchen Tricker, *Share in Hong Kong*, The Stock Exchange of Hong Kong Ltd., 1991.

(120) Hong Kong Monetary Authority, *Supervisory Guideline on Risk Management of Derivative*, Hong Kong: Hong Kong Monetary Authority, Quarterly Bulletin May 1996.

(121) Hong Kong Monetary Authority, *Banking Survey of Hong Kong*, Hong Kong: Hong Kong Monetary Authority, Quarterly Bulletin May 1996.

(122) Teter Pugh, "Absolute Integrity — The Story of Royal Insurance 1845–1995", Royal Insurance.

(123) Joseph Yam, *Review of Currency Board Arrangement in Hong Kong*, Hong Kong: Hong Kong Monetary Authority, 1998.

(124) Tsang Shu-ki, *A Study of Linked Exchange Rate System and Policy Options for Hong Kong*, Hong Kong: Hong Kong Policy Research Institute Ltd., 1999.

(125) The Office of the Commissioner of Insurance, *Review of the Regulatory System for Insurance Intermediaries*, Consultation Document, July 2001.

(126) Martin Wheatley, *Hong Kong as a Leading Fund Management Centre in Asia*, Hong Kong: Securities and Future Commission, 21 September 2007.

(127) Martin Wheatley, *Regulator's Role in Today's Fund Management Business,* Hong Kong: Securities and Future Commission, 29 September 2008.

(128) *The Global Financial Centres Index 20,* The city of London, 2016.

(129) Adam Lynford, *Hong Kong Stocks Sky-High-Intense Activity on Hong Kong Stock Exchange,* Hong Kong: Hong Kong Government Information Services, Feature Article 6004/2.